Medienstrafrecht

AF166707

Weitere Bände in dieser Reihe
http://www.springer.com/series/1183

Wolfgang Mitsch

Medienstrafrecht

 Springer

Wolfgang Mitsch
Juristische Fakultät
Universität Potsdam
Potsdam
Deutschland

ISBN 978-3-642-17262-5   ISBN 978-3-642-17263-2 (eBook)
DOI 10.1007/978-3-642-17263-2
Springer Heidelberg Dordrecht London New York

Die Deutsche Nationalbibliothek verzeichnet diese Publikation in der Deutschen Nationalbibliografie;
detaillierte bibliografische Daten sind im Internet über http://dnb.d-nb.de abrufbar.

Gedruckt auf säurefreiem Papier

Springer ist Teil der Fachverlagsgruppe Springer Science+Business Media (www.springer.com)

Vorwort

Wie das Medienrecht insgesamt ist auch das Medienstrafrecht ein noch junges und modernes Rechtsgebiet, das im Lehr- und Prüfungsprogramm der Juristenfakultäten allmählich seinen Platz findet. Überwiegend sind es die Schwerpunktbereiche, in denen medienbezügliche Rechtsgebiete berücksichtigt werden. Man braucht kein Prophet zu sein, um dem Medienstrafrecht eine Karriere vorauszusagen, die vergleichbar ist der Entwicklung anderer neuer Fächer wie Europäisches Strafrecht oder Umweltstrafrecht. Das aktuelle Zeitgeschehen ruft z. B. mit Abhörskandalen, Plagiatsaffären und einer Vielzahl computer- und internetgestützter Angriffe auf Privatsphäre und Vermögen die wachsende Bedeutung des Strafrechts in diesen Bereichen ins Bewusstsein. Wo mit Medien gearbeitet wird, entsteht Bedarf nach rechtlicher Ordnung, Begrenzung und Orientierung. Deshalb gibt es Medienrecht. Wo Menschen aktiv oder passiv mit Medien in Berührung kommen, wächst Potential für zwischenmenschliche Konflikte heran, deren Bewältigung genuine Aufgabe des Strafrechts ist. Deswegen gibt es Medienstrafrecht. Für die Juristenausbildung eröffnet sich hier ein großes Feld der Vermittlung von juristischem Know-How, mit dem Juristen und zum Teil auch Nichtjuristen die neuen Herausforderungen, die das Zusammentreffen von Medien und Strafrecht stellt, annehmen und sachverständig managen können. Dazu bedarf es neben spezialisierter Lehrveranstaltungen auch einer ausbildungsbegleitenden Spezialliteratur. Das Medienrecht ist auf dem Markt der Ausbildungsliteratur mit zahlreichen Titeln vertreten. Vom Medienstrafrecht lässt sich das hingegen noch nicht sagen. Überwiegend besetzt dieses Teilgebiet einen kleinen Raum in den schwerpunktmäßig dem zivil- und öffentlichrechtlichen Stoff gewidmeten Lehr- und Handbüchern des Medienrechts. Da ich an der Universität Potsdam seit 2005 regelmäßig die Vorlesung „Medienstrafrecht" halte und es von Jahr zu Jahr als unbefriedigender empfinde, den Studierenden keine Lehrbuchempfehlung geben und auch zur Vorlesungsvorbereitung nicht auf ein ausschließlich Medienstrafrecht behandelndes Lehrbuch zurückgreifen zu können, habe ich mich entschlossen, selbst ein solches Buch zu schreiben. Das hiermit vorgelegte Werk ist das Resultat der Bemühungen.

Im Zentrum des Lehrbuches steht das Wort und der Begriff „Medien" bzw. – Singular – „Medium". Daher soll hier kurz dargestellt werden, was der Verfasser unter Medium und Medien im hiesigen Zusammenhang versteht. Denn das Begriffsverständnis setzt den thematischen Rahmen des Buches und leitet des Verfassers

Suche nach und Auswahl von Einzelthemen, die in diesem Buch behandelt werden. In Gesetzestexten wird das Wort selten verwendet. Im Jugendschutzgesetz dient das Wort „Medien" als Teil der Definition von „Trägermedien" (§ 1 Abs. 2 S. 1 JuSchG) und „Telemedien" (§ 1 Abs. 3 S. 1 JuSchG). Was man aber unter „Medien" zu verstehen hat, wird nicht definiert. Obwohl z. B. der Gegenstand des Art. 5 Abs. 1 GG inzwischen nicht mehr nur als Meinungsfreiheit, Informationsfreiheit, Pressefreiheit, sondern als „Medienfreiheit" bezeichnet wird, findet man dieses Wort im Text dieses Grundgesetz-Artikels (noch) nicht. Auch das Strafgesetzbuch, die Strafprozessordnung, das Gerichtsverfassungsgesetz und andere Gesetze, auf die in diesem Lehrbuch häufig Bezug genommen wird, verwenden zur Beschreibung medienrelevanter Gegenstände andere Ausdrücke (z. B. Schriften, Druckwerk, Tonträger, Bildträger usw.). Es gibt also keine offizielle rechtssprachliche Definition für „Medien". Gleichwohl existiert ein breiter Konsens über den Bedeutungsgehalt des Begriffs und über die Einzelgegenstände, die ihm zu- oder unterzuordnen sind. Deshalb könnte man zum Zwecke eines Lehrbuches auch auf eine Definition verzichten. Dennoch ist es zweckmäßig, einen Begriffsinhalt festzulegen und sich an ihm zu orientieren. Etymologisch steht das Wort Medium sowohl mit „Mitte" als auch mit „Mittel" in Beziehung. Das Medium steht in der Mitte zwischen einem Wahrnehmungssubjekt und einem Wahrnehmungsgegenstand. Es ist das Mittel zur Ermöglichung von Wahrnehmungen. Mit Medien kann der Mensch Wahrnehmungen machen, die er ohne Medien nicht machen könnte. Wahrnehmungen ohne Medien sind unmittelbar (immediate). Aber unmittelbares Sehen mit den Augen, unmittelbares Hören mit den Ohren ist begrenzt. Durch den Einsatz von Medien kann die Reichweite von Wahrnehmungen erheblich gesteigert werden. Schon mit dem Telefon Alexander Graham Bell's konnte man die Stimme eines anderen Menschen hören, der während des Gesprächs tausende Kilometer vom Gesprächspartner entfernt ist. Die moderne „Internet-Telefonie" macht es möglich, den Kommunikationspartner dabei auch „live" zu sehen. In zeitlicher Hinsicht erweitern Medien unsere Wahrnehmungsmöglichkeiten durch Speicherung des Wahrgenommenen. Die schönen Erinnerungen an einen Sommerurlaub können mithilfe von Fotos und Videoaufnahmen in zeitversetzte und beliebig oft wiederholbare Wahrnehmungserlebnisse verwandelt werden. Der Bereich „Medien" – wie er hier verstanden wird – umfasst also Sachen, Personen und Einrichtungen, die etwas damit zu tun haben, dass die Wahrnehmungsmöglichkeiten der Menschen erweitert werden sollen. Deswegen gehört die Sekretärin eines Verlegers ebenso hierhin wie ein Fotoapparat, ein Buch, eine Rundfunkanstalt oder das Internet.

In einem Rechtsgebiet, das auf zahlreiche komplizierte technische Grundlagen Bezug nehmen muss, die sich zudem in einem rasanten Prozess der Weiterentwicklung befinden, ist es für einen gelernten Juristen schwierig, auf außerrechtlichem Gebiet annähernd das Kompetenzniveau zu erreichen, das zu besitzen er im vertrauten juristischen Bereich behaupten kann. Daher bin ich vor allem für Anregungen und Hinweise dankbar, die es mir ermöglichen, die strafrechtlichen Erläuterungen auf ein tragfähigeres medientechnisches Wissensfundament zu stützen.

im Februar 2012   Wolfgang Mitsch

Inhalt

Teil I Medienbezüge strafrechtlicher Gebiete

§ 1 Strafrecht Allgemeiner Teil I – Strafgesetz und Straftat 3
    I.   Einführung 3
    II. Geltungsbereich des Strafrechts 4
        1. Grundzüge des räumlichen Geltungsbereichs 4
        2. Geltung des deutschen Strafrechts bei Mediendistanzdelikten 5
            a) Unproblematischer Inlandstatort 5
            b) Problematischer Inlandstatort 6
               aa) Volksverhetzung, § 130 StGB 7
               bb) Verwendung verbotener Symbole, § 86 a StGB 8
               cc) Unerlaubte Veranstaltung eines Glücksspiels,
                    § 284 StGB 9
            c) Fehlender Inlandstatort 10
    III. Tatbestand der Straftat 10
        1. Objektiver Tatbestand 11
            a) Objektive Zurechnung 11
            b) Tatbestandsausschließendes Berichterstatterprivileg 13
            c) Schriften, § 11 Abs. 3 15
        2. Subjektiver Tatbestand 16
            a) Vorsatz 16
            b) Fahrlässigkeit 17
    IV. Rechtfertigungsgründe 18
        1. Notwehr 18
            a) Angriff mit Medien 19
               aa) Angriff 19
               bb) Rechtswidrigkeit 20
               cc) Gegenwärtigkeit 21
               dd) Verteidigung 22
               ee) Erforderlichkeit 23
               ff) Subjektives Rechtfertigungselement 23
            b) Verteidigung mit Medien 24

       2. Wahrnehmung berechtigter Interessen 24
          a) § 193 StGB 25
          b) § 201 Abs. 2 S. 3 StGB............................. 27
          c) § 6 Abs. 2 VersG 28
    V. Sonstige Strafbarkeitsvoraussetzungen 28
       1. Schuldfähigkeit.. 29
       2. Unrechtsbewusstsein 29
       3. Strafbefreiende Selbstanzeige 30
       4. Berichterstatterprivileg 31
   VI. Täterschaft und Teilnahme 32
       1. Kundgabe von Äußerungen mittels Medien 32
       2. Straftatunterstützung durch Medientätigkeit 33
    Literatur.. 34

§ 2 Strafrecht Allgemeiner Teil II – Sanktionen 37
    I. Medien und Strafzumessung 37
       1. Allgemeines 37
       2. Einbeziehung von Medien in die Tat
          als Strafzumessungs-Umstand 38
          a) Verschuldete Auswirkungen der Tat 38
          b) Art der Ausführung 40
       3. Begleitung des Strafverfahrens durch Medien
          als Strafzumessungs-Umstand 41
   II. Öffentliche Bekanntgabe der Verurteilung 43
       1. Wesen und Rechtsgrundlagen 43
       2. Voraussetzungen 43
          a) Anlasstat... 43
          b) Tatbegehungsart 44
          c) Bekanntgabegrund 45
       3. Verfahren 45
          a) Antrag... 45
          b) Anordnung 45
          c) Vollstreckung 46
  III. Einziehung von Schriften 46
       1. Allgemeines 46
       2. Einziehung gem. § 74 StGB 47
       3. Einziehung gem. § 74 d StGB............................ 48
       4. Verfahren... 49
  IV. Berufsverbot 49
       1. Rechtsnatur 49
       2. Voraussetzungen 50
       3. Verfahren 50
    Literatur.. 51

§ 3 Strafrecht Besonderer Teil 53
I. Medienunspezifische und medienspezifische Straftaten 53
II. Medienspezifische Straftaten 54
  1. Verbreitung krimineller Inhalte 54
    a) Volksverhetzung und verwandte Straftaten 54
      aa) Volksverhetzung, § 130 StGB 54
        (1) Medienbezüge 54
        (2) § 130 Abs. 1 StGB 55
        (3) § 130 Abs. 2 StGB 57
        (4) § 130 Abs. 3 StGB 59
        (5) § 130 Abs. 4 StGB 59
      bb) Gewaltdarstellung, § 131 StGB 60
        (1) Medienbezüge 60
        (2) Strafbarkeitsvoraussetzungen 60
      cc) Verbreiten und Verwenden verfassungsfeindlicher Texte
        und Symbole, §§ 86, 86 a StGB 61
        (1) Medienbezüge 61
        (2) Verbreiten von Propagandamitteln, § 86 StGB 61
        (3) Verwenden von Kennzeichen verfassungswidriger
          Organisationen, § 86 a StGB 62
    b) Pornographie 63
      aa) Medienbezüge 63
      bb) Einfache Pornographie 63
      cc) „Harte" Pornographie 66
        (1) Gewalt- und Tierpornographie, § 184 a StGB 66
        (2) Kinderpornographie, § 184 b StGB 67
        (3) Jugendpornographie, § 184 c StGB 70
    c) Bekenntnisbeschimpfung 70
      aa) Medienbezüge 70
      bb) Strafbarkeitsvoraussetzungen des § 166 StGB 70
    d) Androhung und Belohnung von Straftaten 71
      aa) Medienbezüge 71
      bb) Androhung von Straftaten, § 126 StGB 72
      cc) Belohnung und Billigung von Straftaten, § 140 StGB 72
    e) Verunglimpfungen 73
      aa) Medienbezüge 73
      bb) Verunglimpfung des Bundespräsidenten, § 90 StGB 74
      cc) Verunglimpfung des Staates und seiner Symbole,
        § 90 a StGB 74
      dd) Verfassungsfeindliche Verunglimpfung von
        Verfassungsorganen, § 90 b StGB 74
  2. Verhaltensbeeinflussung durch Medien 75
    a) Öffentliche Aufforderung zu Straftaten 75
      aa) Medienbezüge 75
      bb) Strafbarkeitsvoraussetzungen § 111 StGB 75

b) Anleitung zu Straftaten und schweren staatsgefährdenden
   Gewalttaten 76
   aa) Medienbezüge 76
   bb) Anleitung zu Straftaten, § 130 a StGB 76
   cc) Anleitung zur Begehung einer schweren
       staatsgefährdenden Gewalttat, § 91 StGB 77
c) Sexueller Missbrauch von Minderjährigen 77
   aa) Medienbezüge 77
   bb) Sexueller Missbrauch von Kindern, § 176 StGB 78
       (1) Grundtatbestände 78
       (2) Qualifikationstatbestände 79
   cc) Sexueller Missbrauch von Jugendlichen 82
       (1) Sexueller Missbrauch von Schutzbefohlenen,
           §174 StGB 82
       (2) Förderung sexueller Handlungen Minderjähriger,
           §180 StGB 83
       (3) Sexueller Missbrauch von Jugendlichen, §182 StGB .. 83
d) Computerbetrug und Kapitalanlagebetrug 84
   aa) Medienbezüge 84
   bb) Computerbetrug, § 263 a StGB 85
   cc) Kapitalanlagebetrug, § 264 a StGB 86
e) Nachstellung 87
   aa) Medienbezüge 87
   bb) Paparazzi-Stalking, § 238 Abs. 1 Nr. 1 StGB 88
   cc) Telefon- und Cyber-Stalking, § 238 Abs. 1 Nr. 2 StGB 88
   dd) „Identitätsklau", § 238 Abs. 1 Nr. 3 StGB 89
f) Urkundendelikte 89
   aa) Medienbezüge 89
   bb) Urkundenfälschung, § 267 StGB 90
   cc) Fälschung technischer Aufzeichnungen, § 268 StGB 92
   dd) Fälschung beweiserheblicher Daten, § 269 StGB 93
   ee) Urkundenunterdrückung, § 274 StGB 93
g) Werbung für den Abbruch der Schwangerschaft 94
   aa) Medienbezüge 94
   bb) Strafbarkeitsvoraussetzungen des § 219 a StGB 94
3. Ermöglichung von Wahrnehmungen durch Medien 95
   a) Akustisch 95
      aa) Medienbezüge 95
      bb) Strafbarkeitsvoraussetzungen des § 201 StGB 96
   b) Optisch 98
      aa) Medienbezüge 98
      bb) §§22 ff. KUG 99
      cc) Strafbarkeitsvoraussetzungen des § 201 a StGB 101
      dd) Strafbarkeitsvoraussetzungen des § 202 StGB 103

c) Elektronisch 105
aa) Medienbezüge 105
bb) Strafbarkeitsvoraussetzungen der §§202 a–202 c StGB ... 105
d) Sonstige Fälle der Offenbarung von Geheimnissen 107
aa) Medienbezüge 107
bb) Verletzung des Post- und Fernmeldegeheimnisses,
§ 206 StGB 107
cc) Verbotene Mitteilungen über Gerichtsverhandlungen,
§ 353 d StGB 109
4. Beschädigungen der Medieninfrastruktur 110
a) Medienbezüge 111
b) Datenveränderung, § 303 a StGB 111
aa) Allgemeines 111
bb) Strafbarkeitsvoraussetzungen des § 303 a Abs. 1 StGB ... 111
cc) Vorbereitungsstrafbarkeit, § 303 a Abs. 3 StGB 112
c) Computersabotage, § 303 b StGB 112
aa) Allgemeines 112
bb) Strafbarkeitsvoraussetzungen des § 303 b Abs. 1,
Abs. 2 StGB 112
cc) Vorbereitungsstrafbarkeit, § 303 b Abs. 5 StGB 113
d) Störung öffentlicher Betriebe, § 316 b StGB 113
aa) Allgemeines 113
bb) Strafbarkeitsvoraussetzungen des § 316 b Abs. 1 Nr. 1
StGB 113
e) Störung von Telekommunikationsanlagen, § 317 StGB 114
aa) Allgemeines 114
bb) Strafbarkeitsvoraussetzungen des § 317 StGB 114
Literatur 114

§ 4 Strafprozessrecht 117
I. Medienberichterstattung über Strafverfahren 117
1. Informationen aus dem Verfahren 118
a) Auskunftspflicht der Strafverfolgungsbehörden 118
b) Auskunft- und Akteneinsichtsrecht 119
c) Auskünfte sonstiger Verfahrensbeteiligter 120
2. Öffentlichkeit der Hauptverhandlung 121
a) Grundsatz, § 169 S. 1 GVG 121
b) Unzulässige Aufnahmen, § 169 S. 2 GVG 122
c) Nichtöffentliche Hauptverhandlungen 124
aa) Immanente Schranken 124
bb) Gesetzlicher Ausschluss der Öffentlichkeit 125
cc) Gerichtlicher Ausschluss der Öffentlichkeit 126
d) Zulassung oder Ausschluss einzelner Personen 127
3. Unschuldsvermutung 128
a) Rechtsgrundlage 128

b) Inhalt 128
c) Anwendungsbereich 129
4. Besorgnis richterlicher Befangenheit 130
a) Allgemeines 130
b) Medienkontakte und Besorgnis der Befangenheit 131
II. Medien als Fahndungshelfer 132
1. Fahndung nach Beschuldigten 133
a) Ausschreibung zur Festnahme 133
b) Ausschreibung zur Aufenthaltsermittlung 134
c) Einbeziehung von Medien 134
2. Suche nach Zeugen 135
a) Ausschreibung zur Aufenthaltsermittlung 135
b) Einbeziehung von Medien 136
III. Medien und strafprozessuale Informationsgewinnung 136
1. Zeugenpflicht und Zeugnisverweigerungsrecht 136
a) Begriff des Zeugen 136
b) Pflichten des Zeugen 137
aa) Ladungsbefolgungspflicht 137
bb) Aussagepflicht 137
cc) Eidespflicht 138
c) Zeugnisverweigerungsrechte 138
aa) Persönlicher Anwendungsbereich 138
(1) Privilegierte Medien 138
(2) Privilegierte Funktionsträger 139
bb) Sachlicher Anwendungsbereich 139
cc) Rechtliche Konsequenzen 141
2. Beschlagnahme und Beschlagnahmeverbot 141
a) Beweismittelbeschlagnahme 141
b) Beschlagnahmeverbot 144
3. Maßnahmen in Bezug auf Telekommunikation 145
a) Überwachung der Telekommunikation, § 100 a StPO 145
b) Verkehrsdatenerhebung, § 100 g StPO 148
c) Einsatz von IMSI-Catchern, § 100 i StPO 149
4. Akustische und optische Überwachungsmaßnahmen 150
a) Akustische Wohnraumüberwachung, § 100 c StPO 150
b) Akustische Überwachung außerhalb von Wohnungen,
§ 100 f StPO 151
c) Bildaufnahmen außerhalb von Wohnungen, § 100 h StPO 152
5. Elektronischer Datenabgleich 153
a) Rasterfahndung, § 98 a StPO 153
b) Datenabgleich, § 98 c StPO 154
6. Offenkundigkeit, Unmittelbarkeit und Freibeweis 154
a) Offenkundigkeit 154
b) Unmittelbarkeit 155

c) Freibeweis 157
Literatur 158

§ 5 Nebengebiete 161
  I.   Übersicht 161
  II. Strafvollstreckungs- und Strafvollzugsrecht 161
     1. Strafvollstreckungsrecht 161
       a) Begriff und Rechtsgrundlagen 161
       b) Medienbezüge 162
       c) Vollstreckung der medienspezifischen Sanktionen 162
          aa) Einziehung von Schriften 162
          bb) Öffentliche Bekanntgabe der Verurteilung 163
       d) Medien als Fahndungshelfer im Vollstreckungsverfahren 163
          aa) Nichtbeachtung der Ladung zum Strafantritt,
              Entweichen 163
          bb) Nachholung der Vollstreckung 164
     2. Strafvollzugsrecht 164
       a) Strafvollzug als Medien-Thema 164
          aa) Medienfreiheit und Vollzugsziele 165
          bb) Medienkontakte des Strafgefangenen 166
          cc) Bildaufnahmen von Strafgefangenen 168
       b) Strafgefangene als Medienschaffende 170
          aa) Anstaltseigene Medien 170
          bb) Freigang zwecks Ausübung eines Medienberufs 171
       c) Strafgefangene als Mediennutzer 171
          aa) Zeitungen und Zeitschriften 172
          bb) Hörfunk und Fernsehen 173
          cc) Sonstige Medien 173
  III. Ordnungswidrigkeitenrecht 174
     1. Materielles Ordnungswidrigkeitenrecht 175
       a) Allgemeiner Teil 175
          aa) Geltungsbereich des deutschen
              Ordnungswidrigkeitenrechts 175
          bb) Allgemeine Deliktsmerkmale 177
             (1) Medien als Wissensquelle 177
             (2) Schriften 178
             (3) Notwehr 178
          cc) Rechtsfolgen 179
             (1) Bemessung der Geldbuße 179
             (2) Einziehung 179
             (3) Öffentliche Bekanntgabe der Bußgeldentscheidung ... 180
       b) Besonderer Teil 181
          aa) Dritter Teil des OWiG 181
             (1) §115 OWiG 181

(2) § 116 OWiG 181
(3) § 119 OWiG 182
(4) § 120 OWiG 182
bb) Nebengesetze 182
2. Bußgeldverfahren 182
a) Medienberichterstattung über Bußgeldverfahren 183
b) Medien als Fahndungshelfer 183
c) Medien und Wahrheitsfindung im Bußgeldverfahren 183
IV. Kriminologie 184
1. Darstellung und Wahrnehmung von Kriminalität 185
a) Wirkliche und statistische Kriminalität 185
b) Kriminalität in der Darstellung der Medien 186
2. Medienwirkungen 187
a) Kriminalitätsfurcht 187
b) Förderung von Gewaltbereitschaft 188
Literatur 190

Teil II Strafrechtsbezüge medienrechtlicher Gebiete

§ 6 Internet- und Telekommunikationsrecht 193
A. Internetrecht 193
I. Einführung 193
II. Internet-Straftaten 195
1. Straftatenkatalog der Cyber Crime Convention 196
2. Neue Erscheinungsformen von Straftaten 197
a) Phishing, Pharming 197
aa) Tatbild 197
bb) Strafrechtliche Bewertung 198
b) Spamming 201
aa) Tatbild 201
bb) Strafrechtliche Bewertung 201
c) Denial-of-Service-Angriff 202
aa) Tatbild 202
bb) Strafrechtliche Bewertung 202
III. Strafrechtliche Privilegierungen von Internet-Providern 203
1. Provider-Begriff und Erscheinungsformen 203
2. Providerhaftung und Strafrechtsdogmatik 205
3. Providerstrafbarkeit nach dem Telemediengesetz 207
a) Allgemeines 207
b) Content-Provider 207
c) Access-Provider 208
d) Host-Provider 209
e) Caching 210
IV. Internet und Strafprozessrecht 211
1. Physischer Zugriff auf Speichermedien 211
2. Überwachung der Telekommunikation 212

3. Online-Durchsuchung 213
   a) Sachverhalt 213
   b) Rechtliche Bewertung 214
      aa) § 161 StPO 214
      bb) § 100 a StPO 215
      cc) § 100 c StPO 215
      dd) § 100 h Abs. 1 S. 1 Nr. 2 StPO 216
      ee) § 102 StPO 216
B. Telekommunikationsrecht 217
   I. Allgemeines 217
   II. Materielles Strafrecht 217
       1. Verstoß gegen Abhör- und Mitteilungsverbote,
          § 148 Abs. 1 Nr. 1 TKG 217
          a) Allgemeines 217
          b) § 148 Abs. 1 Nr. 1 Alt. 1 TKG 218
          c) § 148 Abs. 1 Nr. 1 Alt. 2 TKG 219
       2. Verstoß gegen Missbrauchsverbote, § 148 Abs. 1 Nr. 2 TKG ... 219
          a) Allgemeines 219
          b) § 148 Abs. 1 Nr. 2 TKG 219
       3. Verstoß gegen Mitteilungsverbot, § 18 G 10 220
   III. Strafprozessrecht 220
        1. Überwachung der Telekommunikation, §§ 100 a, b StPO 220
        2. Erhebung von Verkehrsdaten, § 100 g StPO 221
   Literatur 221

§ 7 Presse- und Rundfunkrecht 223
   I. Grundlagen 223
       1. Rechtsgrundlagen 223
       2. Begriffe 225
          a) Presse 225
          b) Rundfunk 227
       3. Presse- und Rundfunkfreiheit 228
          a) Pressefreiheit 228
          b) Rundfunkfreiheit 229
   II. Materielles Strafrecht 229
       1. Allgemeines Pressestrafrecht 229
          a) Räumlicher Geltungsbereich 230
             aa) Interlokales Strafrecht 230
             bb) Internationales Strafrecht 231
          b) Verweisung auf die „allgemeinen Strafgesetze" ... 231
       2. Presseinhaltsdelikte 231
          a) Begriff 231
          b) Strafrechtliche Relevanz 233
             aa) Einziehung 233

bb) Strafbarkeit des verantwortlichen Redakteurs
und des Verlegers 233
(1) Allgemeines 233
(2) Personenkreis 234
(3) Pflichtverletzung 235
(4) Bezug zur „rechtswidrigen Tat" 236
(5) Rechtslage im Bereich des Rundfunks 238
3. Presseordnungsvergehen 238
a) Allgemeines 238
b) Einzelne Tatbestände 239
aa) Bestellung eines ungeeigneten verantwortlichen
Redakteurs 239
bb) Zeichnung einer ungeeigneten Person
als verantwortlicher Redakteur 239
cc) Verletzung der Impressumpflicht 240
dd) Verstoß gegen Verbreitungs-
und Wiederabdrucksverbot 240
ee) Falschangaben über Inhaber-
und Beteiligungsverhältnisse 241
III. Strafprozessrecht 241
1. Gerichtliche Zuständigkeit 242
a) Allgemeines 242
b) Gerichtsstand bei Presseinhaltsdelikten 242
2. Verjährung 243
a) Allgemeines 243
b) Die presserechtliche Verjährungsprivilegien 244
aa) Gründe 244
bb) Anwendungsbereich 244
cc) Verjährungsbeginn 245
dd) Verjährungsfrist 246
3. Beschlagnahme 246
a) Beweismittelbeschlagnahme 247
b) Beschlagnahme von Einziehungsgegenständen 247
Literatur 248

§ 8 Urheberrecht 249
I. Urheberrecht und Urheberstrafrecht 249
1. Urheberrecht 249
a) Begriffe 249
b) Urheber 250
c) Werk 251
2. Urheberstrafrecht 253
II. Allgemeines Urheberstrafrecht 253
1. Internationales Strafrecht 253
a) Allgemeines 253

b) Persönlicher Schutzbereich 254

c) Territorialitätsprinzip 255

2. Vorsatz 255

3. Versuch 257

4. Täterschaft und Teilnahme 258

III. Besonderes Urheberstrafrecht 259

1. Unerlaubte Verwertung urheberrechtlich geschützter Werke,
§ 106 UrhG 259

a) Grundtatbestand 259

aa) Objektiver Tatbestand 259

(1) Tatobjekt 259

(2) Tathandlungen 260

(3) Gesetzlich zugelassene Fälle 261

bb) Sonstige Strafbarkeitsvoraussetzungen 262

(1) Subjektiver Tatbestand 262

(2) Rechtswidrigkeit 263

b) Qualifikationstatbestand 264

2. Unzulässiges Anbringen der Urheberbezeichnung,
§ 107 UrhG 264

a) Allgemeines 264

b) Strafbarkeitsvoraussetzungen 265

aa) § 107 Abs. 1 Nr. 1 265

bb) § 107 Abs. 1 Nr. 2 266

3. Unerlaubte Eingriffe in verwandte Schutzrechte, § 108 UrhG 266

a) Allgemeines 266

b) Strafbarkeitsvoraussetzungen 267

aa) § 108 Abs. 1 Nr. 1 267

bb) § 108 Abs. 1 Nr. 2 267

cc) § 108 Abs. 1 Nr. 3 267

dd) § 108 Abs. 1 Nr. 4 267

ee) § 108 Abs. 1 Nr. 5 268

ff) § 108 Abs. 1 Nr. 6 268

gg) § 108 Abs. 1 Nr. 7 269

hh) § 108 Abs. 1 Nr. 8 269

4. Unerlaubte Eingriffe in technische Schutzmaßnahmen und zur
Rechtewahrnehmung erforderliche Informationen,
§ 108 b UrhG 270

a) Allgemeines 270

b) Strafbarkeitsvoraussetzungen 270

aa) § 108 b Abs. 1 Nr. 1 270

bb) § 108 b Abs. 1 Nr. 2 a 270

cc) § 108 b Abs. 1 Nr. 2 b 271

dd) § 108 b Abs. 2 271

ee) § 108 b Abs. 3 271

IV. Rechtsfolgen 271

  1. Strafen 271
  2. Berufsverbot 272
  3. Verfall und Einziehung 272
     a) Allgemeines 272
     b) Verfall 273
     c) Einziehung.. 273
  4. Bekanntgabe der Verurteilung.. 273
 V. Urheberstrafprozessrecht 274
  1. Gerichtszuständigkeit.. 274
     a) Sachliche Zuständigkeit 274
     b) Örtliche Zuständigkeit 274
  2. Strafantragserfordernis 275
  3. Privatklage 275
  4. Verjährung.. 276
 Literatur 276

§ 9 Jugendschutzrecht 279
 I. Allgemeines 279
  1. Verfassungsrecht.. 279
     a) Grundrechtsrelevanz 279
     b) Gesetzgebungszuständigkeit 280
  2. Einfachgesetzliche Grundlagen 280
     a) Strafgesetzbuch 280
     b) Jugendschutzgesetz... 280
     c) Jugendmedienschutz-Staatsvertrag 281
  3. Behandlung jugendgefährdender Medien 281
     a) Medienverbote.. 281
        aa) § 15 JuSchG 281
        bb) § 4 JMStV 282
     b) Altersbezogene Beschränkungen................................... 283
        aa) Alterskennzeichnung 283
        bb) Zugangsbeschränkungen 283
 II. Strafrecht 283
  1. Allgemeines 283
     a) Interlokales Strafrecht.. 283
     b) Presse- und Rundfunkstrafrecht 284
  2. Straftaten nach dem Jugendmedienschutz-Staatsvertrag 285
     a) Allgemeines.. 285
     b) § 23 iVm § 4 Abs. 2 S. 1 Nr. 3, S. 2 JMStV 285
        aa) Objektiver Tatbestand 285
           (1) Täter 285
           (2) Tatobjekt.. 286
           (3) Tathandlung 286
        bb) Subjektiver Tatbestand 286
        cc) Rechtsfolgen.. 287

        dd) Verhältnis zu korrespondierenden Straftatbeständen
            des StGB 287
    3. Straftaten nach dem Jugendschutzgesetz 287
      a) Allgemeines 287
        aa) Systematik 287
        bb) Erzieherprivileg 288
      b) Strafbarkeitsvoraussetzungen gem. § 27 JuSchG 289
        aa) § 27 Abs. 1 Nr. 1 289
           (1) Objektiver Tatbestand 289
           (2) Subjektiver Tatbestand 291
        bb) § 27 Abs. 1 Nr. 2 292
        cc) § 27 Abs. 1 Nr. 3 292
        dd) § 27 Abs. 1 Nr. 4 292
        ee) § 27 Abs. 1 Nr. 5 293
        ff) § 27 Abs. 2 Nr. 1 293
        gg) § 27 Abs. 2 Nr. 2 293
      c) Rechtsfolgen 294
      d) Verhältnis zu korrespondierenden Straftatbeständen
        des StGB 294
  Literatur 294

§ 10 Datenschutzrecht 295
  I. Allgemeines 295
    1. System datenschutzrechtlicher Vorschriften 295
      a) Bestandsaufnahme 295
      b) Verhältnis des BDSG zu anderen Datenschutzvorschriften 296
        aa) Anwendungsbereich 296
        bb) Subsidiarität des BDSG 296
        cc) Verhältnis des BDSG zu Landesdatenschutzgesetzen 297
        dd) Verhältnis des BbgDSG zu speziellen Datenschutzvor-
           schriften des brandenburgischen Landesrechts 297
        ee) System 297
    2. Verfassungsrecht 298
      a) Grundrechte 298
      b) Gesetzgebungszuständigkeit 299
    3. Begriffe 299
      a) Personenbezogene Daten 299
      b) Verarbeiten 300
      c) Erheben 300
    4. Grundsätze des Datenschutzes 300
      a) Erlaubnisvorbehalt 300
      b) Datenvermeidung und Datensparsamkeit 300
      c) Erforderlichkeit 301
  II. Datenschutzstrafrecht 301
    1. Typologie datenbezüglicher Straftaten 301

2. Strafgesetzbuch 302
3. Nebenstrafrecht 302
4. Bereichsspezifische Datenschutzgesetze 302
5. Landesdatenschutzgesetze................................. 303
6. Bundesdatenschutzgesetz 304
   a) Allgemeines 304
   b) Straftatbestände....................................... 306
      aa) § 44 Abs. 1 iVm § 43 Abs. 2 Nr. 1 BDSG 306
      bb) § 44 Abs. 1 iVm § 43 Abs. 2 Nr. 2 BDSG 307
      cc) § 44 Abs. 1 iVm § 43 Abs. 2 Nr. 3 BDSG 307
      dd) § 44 Abs. 1 iVm § 43 Abs. 2 Nr. 4 BDSG 307
      ee) § 44 Abs. 1 iVm § 43 Abs. 2 Nr. 5 BDSG 308
      ff) § 44 Abs. 1 iVm § 43 Abs. 2 Nr. 5 a BDSG 309
      gg) § 44 Abs. 1 iVm § 43 Abs. 2 Nr. 5 b BDSG 309
      hh) § 44 Abs. 1 iVm § 43 Abs. 2 Nr. 6 BDSG 309
      ii) § 44 Abs. 1 iVm § 43 Abs. 2 Nr. 7 BDSG.............. 309
   c) Strafprozessrecht...................................... 310
      aa) Strafantragserfordernis 310
      bb) Verjährung 310
Literatur... 310

Literatur 311

Sachverzeichnis 315

Paragraphenverzeichnis....................................... 319

Abkürzungsverzeichnis

aA	anderer Ansicht
Abs.	Absatz
a E	am Ende
a F	alte Fassung
AG	Amtsgericht
AIG	Akteneinsichts- und Informationszugangsgesetz
Alt	Alternative
AnwBl	Anwaltsblatt (Zeitschrift)
AO	Abgabenordnung
Art	Artikel
AT	Allgemeiner Teil
AufenthG	Gesetz über den Aufenthalt, die Erwerbstätigkeit und die Integration von Ausländern im Bundesgebiet
BayObLG	Bayerisches Oberstes Landesgericht
BayPG	Bayerisches Pressegesetz
BayRG	Gesetz über die Errichtung und die Aufgaben einer Anstalt des öffentlichen Rechts „Der Bayerische Rundfunk"
BayVersG	Bayerisches Versammlungsgesetz
BB	Betriebsberater (Zeitschrift)
BbgDSG	Gesetz zum Schutz personenbezogener Daten im Land Brandenburg
BbgHG	Gesetz über die Hochschulen des Landes Brandenburg
BbgJAG	Gesetz über die Juristenausbildung im Land Brandenburg
BbgPG	Pressegesetz des Landes Brandenburg
BbgPolG	Gesetz über die Aufgaben, Befugnisse, Organisation und Zuständigkeit der Polizei im Land Brandenburg
BbgSchulG	Gesetz über die Schulen im Land Brandenburg
BDSG	Bundesdatenschutzgesetz
BerlPG	Berliner Pressegesetz
BetrVG	Betriebsverfassungsgesetz
BGB	Bürgerliches Gesetzbuch
BGBl	Bundesgesetzblatt
BGH	Bundesgerichtshof

BGHSt	Entscheidungen des Bundesgerichtshofs in Strafsachen
BT	Besonderer Teil
BVerfG	Bundesverfassungsgericht
BVerfGE	Entscheidungen des Bundesverfassungsgerichts
bzw	beziehungsweise
CR	Computerrecht (Zeitschrift)
DAR	Deutsches Autorecht (Zeitschrift)
ders	derselbe
d. h.	das heißt
dies	dieselbe
DRiZ	Deutsche Richterzeitung (Zeitschrift)
DStR	Recht, Steuern und Wirtschaft (Zeitschrift)
DuD	Datenschutz und Datensicherheit (Zeitschrift)
EGMR	Europäischer Gerichtshof für Menschenrechte
EGStGB	Einführungsgesetz zum Strafgesetzbuch
Einl	Einleitung
EU	Europäische Union
ff	folgende
Fn	Fußnote
FS	Festschrift
G10	Gesetz zur Beschränkung des Brief-, Post- und Fernmeldegeheimnisses
GA	Goltdammers Archiv für Strafrecht (Zeitschrift)
GebrMG	Gebrauchsmustergesetz
gem	gemäß
GeschmMG	Gesetz über den rechtlichen Schutz von Mustern und Modellen
GG	Grundgesetz
GjS	Gesetz über die Verbreitung jugendgefährdender Schriften und Medieninhalte
Gr	Gruppe
GVG	Gerichtsverfassungsgesetz
HalblSchG	Gesetz über den Schutz der Topographien von mikroelektronischen Halbleitererzeugnissen
HFR	Humboldt Forum Recht (Zeitschrift)
h.M.	herrschende Meinung
HRRS	Online Zeitschrift für Höchstrichterliche Rechtsprechung im Strafrecht
Hrsg	Herausgeber
Hs	Halbsatz
HU	Humboldt Universität zu Berlin
IPbpR	Internationaler Pakt über bürgerliche und politische Rechte
IFG	Gesetz zur Regelung des Zugangs zu Informationen des Bundes
iSd	im Sinne des, im Sinne der
iVm	in Verbindung mit
JA	Juristische Arbeitsblätter (Zeitschriften)

JGG	Jugendgerichtsgesetz
JMStV	Staatsvertrag über den Schutz der Menschenwürde und Jugend-schutz in Rundfunk und Telemedien
JR	Juristische Rundschau (Zeitschrift)
Jura	Juristische Ausbildung (Zeitschriften)
JuS	Juristische Schulung (Zeitschrift)
JuSchG	Jugendschutzgesetz
JZ	Juristenzeitung (Zeitschrift)
K & R	Kommunikation & Recht (Zeitschrift)
Kap	Kapitel
KG	Kammergericht
KKOWiG	Karlsruher Kommentar zum Gesetz über Ordnungswidrigkeiten
KritJ	Kritische Justiz (Zeitschrift)
KUG	Gesetz betreffend das Urheberrecht an Werken der bildenden Künste und der Photographie
KWG	Gesetz über das Kreditwesen
LG	Landgericht
LMG	Landesmediengesetz
LPG	Landespressegesetz
MarkenG	Gesetz über den Schutz von Marken und sonstigen Kennzeichen
MDR	Monatsschrift für Deutsches Recht (Zeitschrift)
MMR	Multimedia und Recht (Zeitschrift)
MRK	Konvention zum Schutze der Menschrechte und Grundfreiheiten
MschrKrim	Monatsschrift für Kriminologie und Strafrechtsreform (Zeitschrift)
NJW	Neue Juristische Wochenschrift (Zeitschrift)
Nr	Nummer
NRW	Nordrhein-Westfalen
NStZ	Neue Zeitschrift für Strafrecht (Zeitschrift)
NStZ-RR	Neue Zeitschrift für Strafrecht Rechtsprechungs-Report
NZA	Neue Zeitschrift für Arbeitsrecht (Zeitschrift)
NZV	Neue Zeitschrift für Verkehrsrecht (Zeitschrift)
OHG	Offene Handelsgesellschaft
OLG	Oberlandesgericht
OWiG	Gesetz über Ordnungswidrigkeiten
PatG	Patentgesetz
PostPersRG	Gesetz zum Personalrecht der Beschäftigten der früheren Deutschen Bundespost
RdA	Recht der Arbeit (Zeitschrift)
RiStBV	Richtlinien für das Strafverfahren und das Bußgeldverfahren
Rn	Randnummer
RPflG	Rechtspflegergesetz
RStV	Staatsvertrag für Rundfunk und Telemedien
S, s	Seite, siehe
SMG	Saarländisches Mediengesetz
s. o.	siehe oben

SortSchG	Sortenschutzgesetz
SpuRt	Sport und Recht (Zeitschrift)
StÄG	Strafrechtsänderungsgesetz
StGB	Strafgesetzbuch
StPO	Strafprozessordnung
StV	Strafverteidiger (Zeitschrift)
StVG	Straßenverkehrsgesetz
StVO	Straßenverkehrs-Ordnung
StVollzG	Gesetz über den Vollzug der Freiheitsstrafe und der freiheitsentziehenden Maßregeln der Besserung und Sicherung
s. u.	siehe unten
TDG	Gesetz über die Nutzung von Telediensten
TKG	Telekommunikationsgesetz
TMG	Telemediengesetz
TPG	Gesetz über die Spende, Entnahme und Übertragung von Organen und Geweben
u. U.	unter Umständen
UrhG	Gesetz über Urheberrecht und verwandte Schutzrechte
usw	und so weiter
VersG	Gesetz über Versammlungen und Aufzüge
vgl	vergleiche
VStGB	Völkerstrafgesetzbuch
wistra	Zeitschrift für Wirtschafts- und Steuerstrafrecht (Zeitschrift)
WRP	Wettbewerb in Recht und Praxis (Zeitschrift)
z. B.	zum Beispiel
ZJS	Zeitschrift für das Juristische Studium
ZRP	Zeitschrift für Rechtspolitik
ZStW	Zeitschrift für die gesamte Strafrechtswissenschaft
ZUM	Zeitschrift für Urheber- und Medienrecht
zust	zustimmend

Teil I
Medienbezüge strafrechtlicher Gebiete

§ 1 Strafrecht Allgemeiner Teil I – Strafgesetz und Straftat

I. Einführung

Der Allgemeine Teil des Strafrechts, womit der in §§ 1 bis 79 b kodifizierte Allgemeine Teil des Strafgesetzbuches einschließlich der nichtkodifizierten Allgemeinen Lehren des materiellen Strafrechts (z. B. Kausalität, objektive Zurechnung) gemeint ist[1], ist überwiegend „medienneutral" gestaltet[2]. Nur vereinzelt finden sich Vorschriften, die einen expliziten Medienbezug aufweisen. Offensichtlich der Fall ist das bei § 11 Abs. 3 und auch bei § 37, während man z. B. bei § 17, §§ 25 ff. und § 32 nicht bereits durch den Gesetzestext auf Beziehungen der Norm zur Medienwelt hingewiesen wird. Dennoch können auch derartige Vorschriften mit einem Mediensachverhalt in Verbindung stehen (siehe näher unten Rn 24 ff). Sie dürfen insofern zum Medienstrafrecht gerechnet und einer entsprechend spezialisierten Betrachtung unterzogen werden. Das spezifisch medienstrafrechtliche Interesse richtet sich bei ihnen darauf, inwiefern der Versuch der Rechtsanwendung auf Sachverhalte mit Medienkomponenten Auffälligkeiten, Probleme und Schwierigkeiten zutage fördert, die auf eben diesen medienspezifischen Sachverhaltsbestandteilen beruhen. Dabei kann sich dann unter Umständen die Erkenntnis einstellen, dass medienneutrale Strafrechtsvorschriften zur sachgerechten Behandlung medienrelevanter Sachverhalte nur bedingt oder überhaupt nicht geeignet sind. Insbesondere im Gegenstandsbereich der „Neuen Medien" drängt sich die Frage nach der Adäquanz „alten Strafrechts" auf[3]. Die Darstellung der einzelnen Themen dieses Kapitels beschränkt sich teilweise auf einen knappen Hinweis, soweit wegen eines engen Sachzusammenhangs mit einer in diesem Buch an anderer Stelle bearbeiteten Spezialmaterie die Darstellung ebendort zweckmäßig erscheint. Das trifft etwa auf die zum Allgemeinen Strafrecht gehörende

1

---

[1] *Frister*, AT, 7. Kap. Rn. 1 ff.

[2] Zutreffend weist *Petersen*, Medienrecht, vor § 17 Rn. 1 darauf hin, dass die Schöpfer des Strafgesetzbuches „das Medienrecht noch nicht im Blick hatten".

[3] *Kudlich* Jura 2001, 305: „Altes Strafrecht für Neue Medien?"; vgl. auch *M. Heinrich* NStZ 2005, 361.

W. Mitsch, *Medienstrafrecht*, Springer-Lehrbuch,
DOI 10.1007/978-3-642-17263-2_1, © Springer-Verlag Berlin Heidelberg 2012

Verantwortlichkeit von Internet-Providern zu[4], die im Kap. § 6 „Internetrecht" erörtert wird.

II. Geltungsbereich des Strafrechts

1. Grundzüge des räumlichen Geltungsbereichs

2   Die Frage nach dem räumlichen Geltungsbereich deutscher Strafrechtsvorschriften stellt sich bei Sachverhalten mit Auslandsberührung. Diese kann die räumliche Dimension der Straftat – den Tatort – oder die beteiligten Personen – Täter, Teilnehmer, Opfer – betreffen. Der wichtigste Anknüpfungspunkt für die Bestimmung des räumlichen Geltungsbereichs ist der Tatort. Liegt er in Deutschland, ist die Tat eine Inlandstat. Liegt er nicht in Deutschland, ist die Tat eine Auslandstat. Auf Inlandstaten ist das deutsche Strafrecht stets anwendbar, gleich ob die Tat sonstige Auslandsbezüge aufweist oder nicht, § 3 StGB (Territorialitätsprinzip). Auf Auslandstaten ist das deutsche Strafrecht grundsätzlich nicht anwendbar. Ausnahmen sind in §§ 5 bis 7 StGB geregelt.

3   Wo der Tatort einer Straftat liegt, richtet sich zunächst nach dem Tatortbegriff. Dieser ist in § 9 StGB vielschichtig definiert. Für den Inlandsbezug des Tatorts genügt es, wenn eine der in dieser Vorschrift berücksichtigten Tatortkomponenten einen Inlandsbezug aufweist: Bei einer im Ausland begangenen Tat handelt es sich um eine Inlandstat, wenn der zum Tatbestand gehörende Erfolg in Deutschland eingetreten ist (deutscher Erfolgsort), § 9 Abs. 1 Alt. 3 StGB. Umgekehrt ist eine in Deutschland begangene Tat auch dann eine Inlandstat, wenn der zum Tatbestand gehörende Erfolg im Ausland eintritt (deutscher Handlungsort), § 9 Abs. 1 Alt. 1 StGB. „Inland" ist das deutsche Staatsgebiet, also das Festland einschließlich Luftraum und Küstengewässer[5]. Erweitert wird der Inlandsbegriff durch § 4 StGB. Die dort angesprochenen Schiffe oder Luftfahrzeuge gelten als Teil des deutschen Staatsgebiets. Hat der Tatort überhaupt keine relevanten Inlandsbezüge, ist die Tat Auslandstat. Das deutsche Strafrecht ist dann nur unter den Voraussetzungen der §§ 5, 6 oder 7 StGB auf diese Tat anwendbar[6]. Praktisch wichtig sind vor allem die Fälle personalen Inlandsbezugs gem. § 7 StGB: Ist der Täter deutscher Staatsangehöriger (§ 7 Abs. 2 Nr. 1 StGB, aktives Personalitätsprinzip) oder ist der Verletzte deutscher Staatsangehöriger (§ 7 Abs. 1 StGB, passives Personalitätsprinzip) wird das deutsche Strafrecht meistens trotz ausländischen Tatorts anwendbar sein.

---

[4] Vgl. *Bernd Heinrich*, in: Wandtke (Hrsg.), Kap. 3 Medienstrafrecht, der „Die Verantwortlichkeit im Internet" (Rn. 61 ff.) unter „Probleme im Zusammenhang mit dem Allgemeinen Teil des Strafrechts" (Rn. 32 ff.), „Täterschaft und Teilnahme gem. §§ 25 ff. StGB" (Rn. 55 ff.) behandelt.

[5] *Schönke/Schröder/Eser*, vor § 3 Rn. 44 ff.

[6] *Pelz* ZUM 1998, 530.

Von dem allgemeinen Geltungsbereich des Strafrechts insgesamt zu unterscheiden **4** ist der jeweilige Schutzbereich des anzuwendenden Straftatbestands[7]. Bei Taten mit Auslandsberührung wird dieses Thema relevant, wenn das vom Tatbestand geschützte Rechtsgutsobjekt einen Auslandsbezug hat. Soweit die Strafvorschrift nicht selbst explizit regelt, ob neben deutschen auch ausländische Rechtsgutsobjekte geschützt werden (vgl. z. B. § 162 StGB), gilt der Grundsatz, dass der straftatbestandliche Schutz Individualrechtsgüter stets auch bei ausländischem Rechtsgutinhaber erfasst[8]. Ausländische überindividuelle Rechtsgüter werden hingegen grundsätzlich nicht von deutschen Straftatbeständen geschützt[9].

2. Geltung des deutschen Strafrechts bei Mediendistanzdelikten

a) Unproblematischer Inlandstatort

Wird bei Begehung einer Straftat mit Medienbezug ausländisches Territorium be- **5** rührt, ist die Geltung des deutschen Strafrechts gem. § 3 StGB unproblematisch, wenn entweder die tatbestandsmäßige Handlung in Deutschland vollzogen wurde oder ein tatbestandsmäßiger Erfolg in Deutschland eingetreten ist[10]. Schickt der Täter z. B. einen Brief[11] mit beleidigendem Inhalt von Deutschland nach Frankreich, ist die erste Alternative (deutscher Handlungsort, § 9 Abs. 1 Alt. 1 StGB) gegeben, schickt er den Brief von Frankreich nach Deutschland, ist die zweite Alternative (deutscher Erfolgsort[12], § 9 Abs. 1 Alt. 3 StGB) gegeben. § 185 StGB ist in beiden Fällen anwendbar.

Schwierigkeiten entstehen, wenn unklar ist, worin genau der tatbestandsmäßige **6** Erfolg besteht, ob es einen solchen bei dem betroffenen Straftatbestand überhaupt gibt und was zur tatbestandsmäßigen Handlung gehört. Fotografiert ein „Spanner" in Slubice (Polen) stehend über die Grenze hinweg eine sich im Schlafzimmer ihrer grenznahen Wohnung in Frankfurt an der Oder entkleidende Frau mit einem Superteleobjektiv, hängt die Anwendbarkeit des § 201 a Abs. 1 StGB davon ab, ob die Tat einen in Deutschland eingetretenen Erfolg verursacht hat. Der Tatbestand des § 201 a Abs. 1 StGB enthält ein Erfolgsmerkmal, nämlich die „Verletzung des höchstpersönlichen Lebensbereichs"[13]. Fraglich ist jedoch, ob der Ort, an dem dieser Erfolg eintritt, der Aufenthaltsort der aufgenommenen Person oder der Ort ist, wo

---

[7] *Satzger*, Internationales und Europäisches Strafrecht, § 6.

[8] *Schönke/Schröder/Eser*, vor § 3 Rn. 33.

[9] *Schönke/Schröder/Eser*, vor § 3 Rn. 34 ff.

[10] *Derksen* NJW 1997, 1878 (1880).

[11] Zur Beleidigung per Internet vgl. *Hilgendorf* ZIS 2010, 208 (212).

[12] Tatbestandsmäßiger Erfolg der Beleidigung ist der Kundgabeerfolg, vgl. *Heinrich*, FS Weber, S. 91 (93); *Koch* JuS 2002, 123 (126); *Küpper*, BT I, Teil I, § 4 Rn. 9.

[13] *Kargl* ZStW 117 (2005), 324 (336, 343); *Lackner/Kühl*, § 201 a Rn. 3; *Schönke/Schröder/ Lenckner/Eisele*, § 201 a Rn. 9.

die Bildaufnahme als Produkt der Tat entstanden ist. Versteht man „Lebensbereich" als die räumliche Sphäre, in der sich privates Leben in seiner „höchstpersönlichen" Ausprägung entfaltet, kann nur der Aufenthaltsort des Opfers während des Aufnahmevorgangs gemeint sein[14]. Denn § 201 a StGB soll verhindern, dass der Mensch sich nicht einmal mehr in diesem privaten Rückzugsbereich frei und unbefangen „ausleben" kann[15]. Damit liegt der Erfolgsort in Deutschland und gem. § 3 StGB ist § 201 a StGB anwendbar.

7   Der Fähigkeit moderner Medien – insbesondere des Internet – zur Übertragung strafrechtlich erheblicher Äußerungen, Abbildungen usw. über große Distanzen ist die Gefahr immanent, den Geltungsbereich deutschen Strafrechts nach §§ 3, 9 StGB auf Sachverhalte auszudehnen, die keinen erkennbaren Bezug zu Deutschland aufweisen, der nach völkerrechtlichen und strafrechtlichen Maßstäben die Anwendung deutschen Strafrechts rechtfertigen könnte[16]. Ein solcher Inlandsbezug des konkreten Falles ist deshalb als zusätzliche ungeschriebene Voraussetzung des § 3 StGB oder des § 9 StGB zu fordern[17]. Wie dieser Bezug inhaltlich zu definieren ist, ist allerdings unklar und umstritten. Zum Teil wird an objektive Komponenten eines spezifisch deutschen Strafbedürfnisses angeknüpft (Opfer ist Deutscher, Täter ist Deutscher)[18]. Andere schlagen vor, auf eine gegen Deutschland gerichtete Willensrichtung abzustellen[19]. Empfehlenswert ist letztlich eine spezialgesetzliche Regelung[20].

b) Problematischer Inlandstatort

8   Das weltweite Netz des Internet sorgt dafür, dass kriminelle Aktionen mit weltweitem Ausstrahlungs- und Zielgebiet begangen werden können, ohne dass der Täter über den engen räumlichen Bereich seines Schreibtisches hinaus physisch tätig werden müsste. Die Tatortfrage, von der nach § 3 StGB die Anwendbarkeit deutscher Straftatbestände abhängt, enthält dadurch neuartige Facetten. Dementsprechend umstritten ist die Behandlung der betroffenen Fälle. Dies spiegelt sich in Gerichtsentscheidungen und Literatur. Drei besonders prominente Strafvorschriften sollen hier exemplarisch vorgestellt werden.

---

[14] Für die Erfüllung des Tatbestandes des § 201 a Abs. 1 StGB ist es gleichgültig, von welchem Standort aus der Täter die Tat begeht, *Kargl* ZStW 117 (2005), 324 (332).

[15] *Hoyer* ZIS 2006, 1 (4); *Kargl* ZStW 117 (2005), 324 (340, 351).

[16] *Schönke/Schröder/Eser*, § 9 Rn. 7.

[17] *Collardin* CR 1995, 618 (621); *Breuer* MMR 1998, 141 (142); *Lagodny* JZ 2001, 1198 (1200); *Stegbauer* JR 2002, 182 (188); *Werle/Jeßberger* JuS 2001, 35 (39); *Heinrich*, Medienstrafrecht, Rn. 39; MK-*Ambos*, § 9 Rn. 34; aA *Pelz* ZUM 1998, 530 (531).

[18] *Breuer* MMR 1998, 141 (144); *Lagodny* JZ 2001, 1198 (1200); *Clauß* MMR 2001, 232 (233).

[19] *Collardin* CR 1995, 618 (621); *Conradi/Schlömer* NStZ 1996, 366 (369); *Derksen* NJW 1997, 1878 (1881).

[20] *Derksen* NJW 1997, 1878 (1880); *Schönke/Schröder/Eser*, § 9 Rn. 7d; a. A. *Koch* JuS 2002, 123 (127).

aa) Volksverhetzung, § 130 StGB

Großes Aufsehen erregte eine Volksverhetzungstat, die ein australischer Staatsbürger   **9**
in Adelaide (Australien) begangen hatte, indem er Texte mit antisemitischem Inhalt –
u. a. Leugnung des Holocaust (§ 130 Abs. 3 StGB) – auf einem australischen Server
zum Abruf – auch von Deutschland aus – ins Internet stellte. Die Anwendbarkeit deutschen Strafrechts ließ sich nicht mit einem deutschen Handlungsort (§ 9 Abs. 1 Alt. 1
iVm § 3 StGB) begründen, da der Täter nur in Australien und nicht in Deutschland
gehandelt hatte[21]. Der BGH hielt gleichwohl § 3 StGB für einschlägig, weil Deutschland der Ort eines zum Tatbestand der Volksverhetzung gehörenden und durch die Tat
des Angeklagten verursachten Erfolges (§ 9 Abs. 1 Alt. 3 StGB) sei[22]. Fragwürdig
ist diese Argumentation deswegen, weil Volksverhetzung kein Verletzungs- und kein
konkretes Gefährdungsdelikt ist[23]. Vielmehr haben die hier relevanten Alternativen
§ 130 Abs. 1 und Abs. 3 die Struktur eines abstrakt-konkreten bzw. „potentiellen"
Gefährdungsdelikts[24]. Zum Tatbestand eines solchen Delikts gehört weder ein Verletzungserfolg noch ein konkreter Gefährdungserfolg. Es handelt sich daher um einen
Spezialfall des abstrakten Gefährdungsdelikts[25]. Der BGH meinte jedoch, die Eignung der Tat, in Deutschland den öffentlichen Frieden zu stören, sei ein „Erfolg" iSd
§ 9 Abs. 1 Alt. 3 StGB[26]. Denn der hier maßgebliche Erfolgsbegriff sei nicht identisch
mit dem, den die allgemeine Tatbestandslehre der Unterscheidung verschiedener Deliktstypen[27] zugrunde legt[28]. Aufgrund der Kontextabhängigkeit des Begriffsinhalts
ist dieser Ausgangspunkt zwar vertretbar[29]. Dennoch ist fraglich, ob man die „Weise,
die geeignet ist, den öffentlichen Frieden zu stören" noch als Umschreibung eines
Erfolgs-Sachverhalts verstehen kann. Dies dürfte zu weit gehen und daher verbotene
Analogie (Art. 103 Abs. 2 GG, § 1 StGB)[30] sein, da mit „Weise" bestimmte Merkmale
des Handlungsvollzugs gemeint sind, die dieser Handlung das Friedensstörungspo-
tential verleihen[31]. Die Voraussetzungen des § 3 StGB lagen daher nicht vor[32].

---

[21] MK-*Ambos*, § 9 Rn. 29; *Satzger* Jura 2010, 108 (115): Handlungsort des Täters kann immer nur sein Aufenthaltsort sein.

[22] BGHSt 46, 212 (220).

[23] *Hellmann*, Strafrecht und neue Medien, S. 24 (29).

[24] *Lackner/Kühl*, § 130 Rn. 1.

[25] *Werle/Jeßberger* JuS 2001, 35 (39); aA *Schönke/Schröder/Eser*, § 9 Rn. 7a.

[26] BGHSt 46, 212 (221).

[27] Dazu *Kindhäuser*, AT, § 8 Rn. 20 ff.; *Rengier* AT, § 10 Rn. 8 ff.; *Wessels/Beulke*, AT, Rn. 26 ff.

[28] BGHSt 46, 212 (220).

[29] *Hecker* ZStW 115 (2003), 880 (888); *Hörnle* NStZ 2001, 309 (310); *Kudlich* StV 2001, 397 (398); *Vassilaki* CR 2001, 262; *Vassilaki/Martens*, S. 12.

[30] *Schönke/Schröder/Eser/Hecker*, § 1 Rn. 25 ff.

[31] *Breuer* MMR 1998, 141 (142); *Cornils* JZ 1999, 394 (396); *Heghmanns* JA 2001, 276 (279); *Hilgendorf* NJW 1997, 1873 (1875); *Satzger* NStZ 1998, 112 (114); *ders.* Jura 2010, 108 (116); *Schönke/Schröder/Eser*, § 9 Rn. 7a.

[32] *Hellmann*, Strafrecht und neue Medien, S. 24 (31); *Hilgendorf/Frank/Valerius*, Rn. 248; *Koch* JuS 2002, 123 (125); *ders.* GA 2002, 703 (708); *Kudlich* StV 2001, 397 (399).

bb) Verwendung verbotener Symbole, § 86 a StGB

10   Um das Zeigen des „Hitlergrußes" ging es in einem Fall, über den das Berliner
Kammergericht als Revisionsgericht (§ 121 Abs. 1 Nr. 1 GVG) zu entscheiden hat-
te[33]. Die Angeklagten hatten während eines Fußballländerspiels zwischen Polen und
Deutschland im Stadion der polnischen Stadt Zabrze durch Erheben des rechten Ar-
mes den „Hitlergruß" ausgeführt. Da das Sportereignis im Fernsehen live übertragen
wurde, war dieser Vorgang auch in Deutschland am Fernsehschirm zu sehen. Der
„Hitlergruß" ist gem. § 86 a Abs. 2 S. 1 StGB („Grußformen") Kennzeichen (§ 86 a
Abs. 1 Nr. 1 StGB) einer „ehemaligen nationalsozialistischen Organisation" iSd § 86
Abs. 1 Nr. 4 StGB[34]. Bedenken gegen die Anwendung der Strafvorschrift bestanden
wegen der Tatortbeziehung zum polnischen Staatsgebiet. Da sich die Täter während
der Tat in dem polnischen Fußballstadion aufhielten, ließ sich ein territorialer Bezug
zum Inland (§ 3 StGB) nur mittels des Fernsehempfangs auf deutschem Boden herstellen. Das KG bejahte eine solche Beziehung und erklärte, dass ein Tatort auch in
Deutschland liege. Zwar könne man nicht auf einen deutschen Erfolgsort (§ 9 Abs. 1
Alt. 3 StGB) abstellen, weil § 86 a StGB kein Erfolgsdelikt, sondern ein abstraktes Gefährdungsdelikt sei[35]. Jedoch hätten die Täter auch in Deutschland gehandelt
(§ 9 Abs. 1 Alt. 1 StGB). Ihre tatbestandsmäßige Eigenschaft als „Verwenden" habe die Handlung der Täter nämlich erst dadurch erhalten, dass Fernsehzuschauer
den gezeigten Hitlergruß an ihren Fernsehgeräten optisch wahrnehmen konnten. Die
Ermöglichung dieses Wahrnehmungsaktes in Deutschland sei somit noch Teil der
tatbestandsmäßigen Handlung[36]. In der Literatur wird dies zum Teil auch auf das
Einstellen von Kennzeichen auf einem ausländischen Internetserver übertragen[37].
Jedoch ist diese Argumentation nicht haltbar. Ein mit dem Aufenthaltsort des Täters
nicht identischer Tatort ist möglich in den Alternativen 2, 3 und 4 des § 9 Abs. 1
StGB. Dagegen ist der an die aktive Handlung des Täters anknüpfende Tatort (§ 9
Abs. 1 Alt. 1 StGB) nur dort, wo der Täter sich während seiner tatbestandsmäßigen
Aktivität befindet[38]. Die Täter haben in dem Fußballstadion in Zabrze gehandelt und
nirgends sonst[39]. Da ihr Hitlergruß von anderen im Stadion anwesenden Personen
unmittelbar wahrgenommen werden konnte, bedurfte es auch keiner Fernsehbilder,
um den Handlungen die Eigenschaft als „Verwenden" zu verleihen. Gewiss handelte es sich insoweit um keine Verwendung „im Inland". § 86 a Abs. 1 StGB ist
also auf eine solche Tat nicht anwendbar, es sei denn, man vertritt die Auffassung,
dass auch abstrakte Gefährdungsdelikte einen „zum Tatbestand gehörenden Erfolg"

---

[33] KG NJW 1999, 3500.

[34] BayObLG NStZ 2003, 89 (90); *Heinrich* NStZ 2000, 533.

[35] KG NJW 1999, 3500 (3502).

[36] KG NJW 1999, 3500 (3502); zust. *Stegbauer* JR 2002, 182 (188); *Werle/Jeßberger* JuS 2001, 35
(39).

[37] *Stegbauer* JR 2002, 182 (188).

[38] MK-*Ambos*, § 9 Rn. 8.

[39] *Heinrich*, Medienstrafrecht, Rn. 35; *ders.* NStZ 2000, 533 (534); *ders.*, FS Weber, S. 91 (103).

iSd § 9 Abs. 1 Alt. 3 StGB haben könnten[40]. „Zum Tatbestand gehörend" sind jedoch nur Tatsachen, deren Vorliegen zur Erfüllung des objektiven Tatbestandes erforderlich ist bzw. auf die sich die „Vorstellung des Täters" (§ 9 Abs. 1 Alt. 4 StGB), also der Vorsatz (§ 16 Abs. 1 S. 1 StGB) beziehen muss. Ein Tatbestandsmerkmal „abstrakte Gefährdung" oder „abstrakte Gefahr" gibt es aber nicht[41]. Es gibt nur Handlungsweisen, die man wegen ihrer typischen Riskantheit als „abstrakt gefährlich" bezeichnen kann. Rechtlich ist diese Bezeichnung jedoch vollkommen irrelevant. Denn die Gesetzessprache umschreibt die Anforderungen an die Tatbestandsmäßigkeit solcher Handlungen niemals mit den Worten „abstrakt gefährlich" oder „abstrakte Gefährdung", wie sich z. B. an § 316 StGB demonstrieren lässt. Diese Begriffe sind eine Erfindung der Strafrechtswissenschaft. Daher ist das Fehlen abstrakter Gefährlichkeit auch kein der Strafbarkeit entgegenstehender Umstand, solange die Handlung der gesetzlichen Beschreibung entspricht[42]. Diese Beschreibungen enthalten keine Anknüpfungspunkte für vom Handlungsvollzug abtrennbare Handlungswirkungen, die man zum Tatbestand gehörende Erfolge nennen könnte. Abstrakte Gefährdungsdelikte haben deshalb keinen Erfolgsort[43].

cc) Unerlaubte Veranstaltung eines Glücksspiels, § 284 StGB

Das Internet ermöglicht grenzüberschreitende, weltweite Kommunikation, bei der **11** die Partner keine physische grenzüberschreitende Aktivität entfalten müssen. Daher kann der Veranstalter eines Glücksspiels, einer Wette oder Lotterie eine grenzüberschreitende globale Glücksspiel-, Wett- und Lotterieinfrastruktur auf einem engen Handlungsraum – z. B. einer kleine Insel im Ärmelkanal – aufbauen und betreiben, ohne selbst diesen Standort verlassen und jenseits der Landesgrenzen tätig werden zu müssen. Wenn an einem solchen Glücksspiel über das Internet auch Internetnutzer in Deutschland teilnehmen können, zeitigt die Tat Wirkungen im Inland. Ob dadurch gemäß § 3 StGB die Anwendbarkeit deutschen Strafrechts – insbesondere des § 284 StGB – begründet wird, hängt davon ab, ob dieser Inlandsbezug eine Tatortkomponente iSd § 9 StGB impliziert. An einem inländischen Handlungsort fehlt es, da die tatbestandserfüllenden Handlungen[44] ausschließlich außerhalb Deutschlands vollzogen werden[45]. Demgegenüber wird in der Literatur die Ansicht vertreten, dass zum Handlungsmerkmal „Veranstalten" auch die Eröffnung einer Spielbeteiligungsmöglichkeit von einem Standort in Deutschland gehöre. Könnten sich also Spieler in Deutschland via Internet an dem Glücksspiel beteiligen, veranstalte der Täter das

---

[40] So *Beisel/Heinrich* JR 1996, 95 (96); *Hecker* ZStW 115 (2003), 880 (886); *Heinrich* NStZ 2000, 533 (534); *ders.* GA 1999, 72 ff.; *Hombrecher* JA 2010, 637 (640).

[41] Anders *Heinrich* GA 1999, 72 (80).

[42] Ausdrücklich anders *Heinrich* GA 1999, 72 (80): „ungeschriebenes Tatbestandsmerkmal".

[43] *Hilgendorf* NJW 1997, 1873 (1876); *Satzger* Jura 2010, 108 (113); *Schönke/Schröder/Eser*, § 9 Rn. 7a.

[44] Zum „Veranstalten" vgl. z. B. *Schönke/Schröder/Heine*, § 284 Rn. 12.

[45] *Duesberg* JA 2008, 270 (272); *Klengel/Heckler* CR 2001, 243 (244).

Glücksspiel auch in Deutschland[46]. Jedoch ist die Mitspielmöglichkeit kein Teil der Veranstaltungshandlung, sondern ein durch sie geschaffener Zustand. Handlungsort iSd § 9 Abs. 1 Alt. 1 StGB ist allein der Ort des Handlungsvollzugs. Auf einen in Deutschland eingetretenen Erfolg könnte gem. § 9 Abs. 1 Alt. 3 StGB abgestellt werden, wenn § 284 StGB ein Erfolgsmerkmal enthielte und im konkreten Fall dessen Voraussetzungen auf deutschem Territorium erfüllt worden sind. Da unerlaubte Glücksspielveranstaltung gem. § 284 StGB jedoch ein abstraktes Gefährdungsdelikt ist, existiert ein Erfolgsort nicht. Die Voraussetzungen der §§ 3, 9 StGB sind deshalb nicht erfüllt. § 284 StGB ist nicht anwendbar[47].

c) Fehlender Inlandstatort

12   Berührt das Mediendelikt deutsches Staatsgebiet mit keiner für § 9 StGB relevanten Tatkomponente, kommt deutsches Strafrecht nicht über § 3 StGB zur Anwendung. In den Geltungsbereich des deutschen Strafrechts fällt die Auslandstat dann allein unter den Voraussetzungen der §§ 5 bis 7 StGB. Diesbezüglich ergeben sich aus dem Charakter als Mediendelikt keine Besonderheiten. Schreibt ein in Paris lebender Deutscher einem in Brüssel lebenden Belgier einen beleidigenden Brief, ist § 185 StGB gem. § 7 Abs. 2 Nr. 1 StGB anwendbar. Ist der Briefschreiber Franzose und der Empfänger Deutscher, ergibt sich die Anwendbarkeit des § 185 StGB aus § 7 Abs. 1 StGB. Benutzt der Täter ein Telefon oder beleidigt er per e-mail, ist die Rechtslage dieselbe. Erwähnenswert ist in diesem Zusammenhang noch § 6 Nr. 6 StGB, der das deutsche Strafrecht zu einem weltweit einsetzbaren Instrument zur Bekämpfung „harter" Pornographie macht. Allerdings bestehen Zweifel an der Völkerrechtskonformität dieser Regelung, soweit sie Fälle erfasst, in denen keinerlei schützenswerte Interessen Deutschlands betroffen sind[48].

III. Tatbestand der Straftat

13   Medienbezüge des Tatbestandes sind in erster Linie in den Deliktsbeschreibungen des Besonderen Teils abgebildet (dazu unten § 3). Im vorliegenden Kapitel geht es daher allein um die Berührungspunkte von Medien und Tatbestand, die entweder nicht an bestimmte Tatbestände gebunden sind oder – sofern sie das doch sind – eine verallgemeinerbare strafrechtsdogmatische Aussage beinhalten. Teilweise wird dies durch den Standort der betroffenen Norm im Allgemeinen Teil des Strafgesetzbuches bekräftigt.

---

[46] *Heckmann*, in: Heckmann, Internetrecht, Kap. 8 Rn. 70; *Lesch* wistra 2005, 241 (242); *Meyer* JR 2004, 447 (450); a. A. *Laukemann/Junker* AfP 2000, 254 (256).

[47] *Barton/Gercke/Janssen* wistra 2004, 321 (323); *Duesberg* JA 2008, 270 (273); *Klengel/Heckler* CR 2001, 243 (248).

[48] MK-*Ambos*, § 6 Rn. 16.

1. Objektiver Tatbestand

a) Objektive Zurechnung

Eine der Hauptfunktionen von Medien ist die Ermöglichung von Wahrnehmun- **14** gen, Informationsaufnahmen und Wissenserwerb. Wissen und Nichtwissen haben im Strafrecht eine große Bedeutung, entscheiden häufig über Strafbarkeit oder Straflosigkeit. Allerdings ist der dogmatische Rahmen, innerhalb dessen sich diese Wirkung entfaltet, überwiegend nicht der objektive Tatbestand, sondern der Vorsatzbereich und das Unrechtsbewusstsein. So verhält es sich in Bezug auf den Täter, dessen Kenntnisse und Irrtümer naheliegenderweise den Blick auf die genannten subjektiv geprägten Straftatelemente lenken[49]. Stellt man hingegen auf Bewusstseinsinhalte des Verletzten ab, wird man zu der dem objektiven Tatbestand angehörenden objektiven Erfolgszurechnung geführt[50].

Eine der am stärksten anerkannten Fallgruppen im Gesamtbereich der Lehre **15** von der objektiven Zurechnung ist die Selbstschädigung oder Selbstgefährdung des von der Tat betroffenen Rechtsgutsinhabers[51]. Die Selbstschädigung schließt die objektive Zurechnung des Schädigungserfolges zum Verhalten des an dem selbstschädigenden Vorgang beteiligten Täters aus[52]. Bei Fahrlässigkeitstaten genügt dafür bereits eine Selbstgefährdung[53]. Unabdingbare Voraussetzung des Zurechnungsausschlusses ist jedoch stets die Eigenverantwortlichkeit des selbstschädigenden oder selbstgefährdenden Opferverhaltens[54]. Hat sich der Rechtsgutsinhaber nicht eigenverantwortlich gefährdet oder verletzt, wird der Erfolg dem Täter objektiv zugerechnet. Die Eigenverantwortlichkeit hängt unter anderem von dem Wissen des Rechtsgutsinhabers ab. Eigenverantwortlich ist seine Selbstgefährdung oder Selbstschädigung, sofern er über das Risiko der Verletzung seines Rechtsgutes informiert ist[55]. In der Rechtsprechung sind es vor allem Fälle tödlich verlaufenden Rauschgiftkonsums gewesen, die diesem Aspekt und seiner Relevanz für die objektive Zurechnung Aufmerksamkeit verschafft haben[56]. Darüber hinaus ist die Infizierung mit dem HIV-Virus durch ungeschützten Geschlechtsverkehr zu nennen. Eine Frau, die weiß, dass ihr Sexualpartner HIV-positiv ist und dennoch mit ihm Geschlechtsverkehr ohne Kondom hat, büßt unter Umständen auf Grund eigenverantwortlicher Selbstgefährdung ihren strafrechtlichen Schutz ein. Die

---

[49] *Kindhäuser*, AT, § 11 Rn. 29.

[50] *Rengier*, AT, § 13.

[51] *Gropp*, § 5 Rn. 49.

[52] *Heinrich*, AT I Rn. 252; *Rengier*, AT § 13 Rn. 77; *Frister*, AT, 10/27; *Kindhäuser*, AT, § 11 Rn. 23; *Wessels/Beulke*, Rn. 186.

[53] *Rengier*, AT, § 13 Rn. 78.

[54] *Kindhäuser*, AT, § 11 Rn. 26.

[55] *Kindhäuser*, AT, § 11 Rn. 29.

[56] BGHSt 32, 262 ff.

Schädigung ihrer Gesundheit, die von ihrem Partner durch Übertragung des HIV-Virus beim Geschlechtsverkehr verursacht worden ist, wird diesem nicht objektiv zugerechnet[57]. Daher scheidet eine Strafbarkeit wegen Körperverletzung aus. Zurechnungsausschließend wirkt also das Wissen der infizierten Frau in Bezug auf zwei Wissensgegenstände: die HIV-Infektion des männlichen Partners und die Eigenschaft ungeschützten Geschlechtsverkehrs als Virusübertragungsweg. Kenntnis von der Infiziertheit des Partners wird das Opfer in aller Regel nur durch eine entsprechende Aufklärung seitens des Partners erlangen. Medien spielen dabei keine spezifische Rolle. Hingegen haben die meisten Menschen ihre Informationen über die AIDS-Krankheit im allgemeinen, die Art der Virusübertragung, die gesundheitsschädigenden Folgen einer Infektion und die Möglichkeiten der Prävention aus diversen Medien. Gäbe es die Berichterstattung über dieses Thema nicht, wären die meisten Menschen ahnungslos. Viele würden sich blind in riskante Situationen begeben und mit dem Virus infizieren, ohne die genaue Ursache erkennen zu können. Fälle eigenverantwortlicher Selbstgefährdung wären selten. Der hohe Grad an medialer Aufklärung hat also eine hohe Rate informierter Bürger zur Folge, die „auf eigene Gefahr" handeln, wenn sie sich entgegen allen Warnungen in eine Situation mit hohem Infektionsrisiko begeben.

16   In entgegengesetzter Richtung beeinflusst Wissen um risikorelevante Tatsachen die objektive Erfolgszurechnung, wenn das Wissen auf der Seite des Täters in erheblich größerem Maße vorhanden ist als auf der Seite des Verletzten. Hat der Täter im Vergleich mit dem Opfer „überlegenes Wissen", kann dies die zurechnungsausschließende Wirkung des beim Opfer vorhandenen Wissens aufheben mit der Folge, dass der eingetretene Erfolg letztlich doch dem Täter objektiv zuzurechnen ist. Kennt der Täter also die Wirkungsweise und Gefährlichkeit eines Betäubungsmittels noch besser als der Rauschgiftkonsument, der durch den Konsum der Droge zu Tode gekommen ist, wird die zurechnungsausschließende Selbstgefährdung des Opfers neutralisiert. Erfasst der Täter kraft überlegenen Sachwissens das Risiko besser als der Verletzte, bewahrt ihn dessen – „unterlegenes" – Risikowissen nicht vor Strafbarkeit[58]. Überlegenes Wissen mit strafrechtlicher Bedeutsamkeit hat oftmals Bezugsobjekte, von denen der Laie ohne Wissensvermittlung durch Medien keinerlei Kenntnisse hätte. Auch insoweit haben Medien also Einfluss auf die objektive Zurechnung straftatbestandsmäßiger Erfolge. Ein Beispiel aus dem aktuellen Zeitgeschehen möge diesen Zusammenhang verdeutlichen: Bei dem im Sommer 2008 ausgetragenen Sportwettkampf „Zugspitzlauf" herrschten extrem ungünstige Wetterverhältnisse, denen zahlreiche Teilnehmer zum Opfer fielen. Zwei Läufer starben, zahlreiche andere erlitten Gesundheitsschäden. Der wegen fahrlässiger Tötung und fahrlässiger Körperverletzung angeklagte Organisator der Veranstaltung wurde vom Amtsgericht Garmisch-Partenkirchen freigesprochen, weil die geschädigten Läufer sich eigenverantwortlich selbst gefährdet hätten. Sie hätten nämlich beim Start gewusst, dass auf der Strecke die Temperatur dramatisch sinken würde, dass

---

[57] BayObLG NJW 1990, 131 (132).
[58] BGHSt 32, 262 (265); *Wessels/Beulke*, Rn. 187; aA *Kindhäuser*, AT, § 11 Rn. 29.

Wind, Regen und Schnee entsprechend wetterfeste Sportbekleidung erforderlich machen würden. Der bewusste Verzicht auf besser gegen die Widrigkeiten des Wetters schützende Kleidung sei also eine eigenverantwortliche Selbstgefährdung[59]. Diese Informationen über die Wetterlage werden die Läufer aus der Wettervorhersage in Presse, Hörfunk, Fernsehen oder Internet – also durch Medien – erlangt haben. Einen aktuelleren und genaueren Kenntnisstand über die Wetterverhältnisse – vor allem im Zielbereich unterhalb des Zugspitzgipfels – könnte aber der Organisator gehabt haben[60]. Durch Einsatz moderner Kommunikationsmittel könnte er kurz vor dem Start und selbst während des Rennens über die neueste Entwicklung des Wetters im Bereich der Laufstrecke unterrichtet worden sein. Dadurch hätte er den Läufern gegenüber einen erheblichen Informationsvorsprung, also „überlegenes Wissen", erworben[61]. Daraus resultierte die objektive Zurechenbarkeit der Körperverletzungs- und Todeserfolge[62].

b) Tatbestandsausschließendes Berichterstatterprivileg

Berufsausübung im Bereich der Medienwelt kann es erforderlich machen, Handlun-   **17**
gen auszuführen, die den Tatbestand einer Straftat erfüllen. Wäre beispielsweise das oben bei Randnummer 10 erwähnte Fußballländerspiel zwischen Polen und Deutschland in Berlin ausgetragen worden, hätten sich die den „Hitlergruß" zeigenden Hooligans zweifellos aus § 86 a Abs. 1 Nr. 1 iVm § 86 Abs. 1 Nr. 4 StGB strafbar gemacht. Daran würde sich aber sogleich die Frage anschließen, ob nicht auch die für die Fernsehübertragung verantwortlichen Mitarbeiter des Fernsehsenders aus diesem Straftatbestand strafbar sind. Wenn Millionen von Fernsehzuschauern die Gesten der Täter (vgl. § 86 a Abs. 2 S. 1 StGB: Grußformen) sehen und die von ihnen skandierten Schmähungen (vgl. § 86 a Abs. 2 S. 1 StGB: Parolen) hören konnten, dann sind die rundfunktechnischen Maßnahmen, die diesen Empfang ermöglichten, ein „Verbreiten" iSd § 86 a Abs. 1 Nr. 1 StGB. Zumindest eine Strafbarkeit wegen Beihilfe (§ 27 StGB) läge somit nahe. Dadurch würde aber der Handlungsspielraum der Medien, die mit der Information der Allgemeinheit eine für das Funktionieren einer lebendigen Demokratie unverzichtbare öffentliche Aufgabe erfüllen (vgl. § 1 Abs. 1, § 3 BbgPG), unerträglich beschnitten. Zugleich müssten auch die Mediennutzer auf einen großen Teil an Informationen durch die Medien verzichten. Den Medien muss also ein strafrechtsfreier Raum eröffnet werden, der ihnen Berichterstattung über strafrechtlich erhebliche Gegenstände ermöglicht, ohne dadurch selbst gegen strafbewehrte Verhaltensnormen verstoßen zu müssen. Diese freiheitssichernde Funktion kommt dem sog. „Berichterstatterprivileg" zu, das in einigen Strafvorschriften des StGB-BT verankert ist.

---

[59] *Schuld* SpuRt 2011, 90 (92).

[60] *Schuld* SpuRt 2011, 90 (91).

[61] *Schuld* SpuRt 2011, 90 (92).

[62] *Albrecht/Kaspar* JuS 2010, 1071 (1073); *Mitsch* studere, 2010/I, S. 31 (36).

18   Tatbestandsausschließende Berichterstatterprivilegien enthalten die §§ 86 Abs. 3, 86 a Abs. 3, 91 Abs. 2 Nr. 1, 130 Abs. 6, 130 a Abs. 3 und § 131 Abs. 3 StGB. Im Nebenstrafrecht ist § 15 Abs. 2 Nr. 3 iVm § 27 Abs. 1 Nr. 1, Nr. 2 JuSchG zu nennen[63]. Es handelt sich jeweils um Tatbestandsausschlussgründe, deren materielle Berechtigung auf dem Gedanken der Sozialadäquanz beruht[64]. Unter den Voraussetzungen des Berichterstatterprivilegs ist die Tat nicht objektiv-tatbestandsmäßig[65]. Demgegenüber entfaltet sich die privilegierende Wirkung des § 37 StGB zugunsten der Parlamentsberichterstattung nicht durch Ausschluss der objektiven Tatbestandsmäßigkeit, sondern als Rechtfertigungs- oder Strafausschließungsgrund (dazu unten V 4). Berichterstattung ist jede Form der Nachrichtenübermittlung oder Dokumentation, durch die jemand wahrheitsgemäß über Ereignisse des Zeitgeschehens oder der Geschichte informiert werden soll[66]. Da der tragende Grund der tatbestandlichen Exemtion in der Sache „Berichterstattung" und nicht in der Person des Berichterstatters wurzelt, ist § 28 Abs. 2 StGB nicht anwendbar. Deshalb profitieren von dem Tatbestandsausschluss auch Tatbeteiligte, die selbst nicht Berichterstattung betreiben.

19   Eine komplizierte Erscheinungsform strafrechtlicher Privilegierung für publizierende Tätigkeit mit Berührungspunkten zu strafrechtlich relevanten Inhalten hat der Gesetzgeber im Bereich der Strafvorschriften über den Verrat von Staatsgeheimnissen konstruiert: Bringt ein Journalist ein Staatsgeheimnis an die Öffentlichkeit, so macht er sich aus § 95 StGB wegen „Offenbaren von Staatsgeheimnissen" strafbar. Diese medientypische Form des Geheimnisbruchs ist gegenüber dem nichtpublizistischen Landesverrat des § 94 StGB durch eine niedrigere Strafdrohung privilegiert. Sogar Privilegierung in Gestalt von Straflosigkeit gewährt das Gesetz der medientypischen Aufdeckung von Geheimnissen im Fall des „illegalen Staatsgeheimnisses". Unter den Voraussetzungen des § 93 Abs. 2 StGB ist ein geheimer Sachverhalt kein Staatsgeheimnis im Sinne des Strafrechts. Daher erfüllt der Verrat oder die Offenbarung derartiger Tatsachen nicht die Straftatbestände §§ 94, 95 StGB. Allerdings stellt § 97 a StGB auch den Verrat „illegaler Geheimnisse" iSd § 93 Abs. 2 StGB unter Strafdrohung. Dieser Tatbestand ist jedoch so gefasst, dass die für investigativen Journalismus typische Veröffentlichung von Geheimnissen nicht tatbestandsmäßig ist[67]. § 97 a StGB pönalisiert nur nichtpublizistischen Verrat. Seine Legitimation bezieht dieses Presseprivileg aus dem vorrangigen Interesse an Pressefreiheit und

---

[63] Zu Recht weist jedoch *Liesching* (in: Hamburger Kommentar Gesamtes Medienrecht, 10. Teil 1. Kapitel Rn. 22) darauf hin, dass ein überwiegendes Berichterstattungsinteresse an einer die Menschenwürde verletzenden Darstellung kaum vorstellbar ist.

[64] MK-*Steinmetz*, § 86 Rn. 36; § 86 a Rn. 25; *Schönke/Schröder/Sternberg-Lieben*, § 86 Rn. 17; § 86 a Rn. 10; § 91 Rn. 7; § 130 Rn. 25; § 130 a Rn. 10; § 131 Rn. 15; MK-*Miebach/Schäfer*, § 130 Rn. 82; § 130 a Rn. 41; § 131 Rn. 47.

[65] BGHSt 46, 36 (43).

[66] MK-*Steinmetz*, § 86 Rn. 39; MK-*Miebach/Schäfer*, § 131 Rn. 50.

[67] *Klug*, Rechtsphilosophie Menschenrechte Strafrecht, S. 271; *Schönke/Schröder/Sternberg-Lieben*, § 97 a Rn. 5.

der Information der Allgemeinheit über illegale Vorgänge im Staatsapparat durch die Presse[68].

c) Schriften, § 11 Abs. 3

Ein zentraler Begriff der zum Medienstrafrecht im engeren Sinn zu zählenden Straf-   **20**
tatbestände des StGB-BT (ausführlich dazu unten § 3) ist der Begriff der „Schriften".
Wegen seiner häufigen Verwendung im Besonderen Teil[69] legt der Allgemeine Teil in
§ 11 Abs. 3 fest, welche Arten von Datenträgern den Schriften im eigentlichen Sinn
im Bereich des Strafgesetzbuches („im Sinne dieses Gesetzes")[70] gleichgestellt werden. Neben schriftlichen werden auch sonstige visuell oder akustisch wahrnehmbare
Darstellungen dem Schriftenbegriff zugeordnet, desgleichen elektronische Speichermedien. Gesetzestechnisch wird § 11 Abs. 3 StGB durch Verweisungen in den
Tatbestand verschiedener Delikte einbezogen. Die Erwähnung des Wortes „Schriften" mit dem Klammerzusatz (§ 11 Abs. 3) – z. B. in § 184 Abs. 1 StGB – besagt,
dass der Tatbestand auch mittels Ton- und Bildträgern, Datenspeichern, Abbildungen und anderen Darstellungen erfüllt werden kann. Wo das Strafrecht nicht diese
Verweisungstechnik anwendet, sondern die tatbestandsmäßigen Medien eigenstän-
dig bezeichnet, kann nicht auf § 11 Abs. 3 StGB zurückgegriffen werden. Daher
kann z. B. der Tatbestand Kapitalanlagebetrug (§ 264 a StGB) auch durch mündliche „Darstellungen" verwirklicht werden, was deutlich über § 11 Abs. 3 StGB, der
nur verkörperte Darstellungen berücksichtigt, hinausgeht[71]. Kreditbetrug (§ 265 b
Abs. 1 StGB) hingegen setzt „schriftlich" gemachte Angaben voraus, ohne dabei auf
§ 11 Abs. 3 StGB Bezug zu nehmen. Ein Werbefilm, in dem ein Sprecher die in
Wirklichkeit desolate wirtschaftliche Lage des um einen Kredit ersuchenden Unternehmens wortreich als „hervorragend" preist und im Stil „Potemkinscher Dörfer"
gefälschte Bilder hochmoderner und auf Hochtouren arbeitender Produktionsstätten
gezeigt werden, ist also – sofern er nicht „Unterlage" iSd § 265 b Abs. 1 Nr. 1 a StGB
ist[72] – kein taugliches Tatmittel, obwohl er als „Schrift" iSd § 11 Abs. 3 StGB gilt.
Der häufigste tatbestandsmäßige Vorgang, in den Schriften involviert sind, ist deren
„Verbreiten", vgl. z. B. §§ 111 Abs. 1, 130 Abs. 2 Nr. 1, 130 a Abs. 1, 131 Abs. 1,
166, 184 Abs. 1 StGB[73]. In der Regel ist das Merkmal Bestandteil eines Grundtatbestandes und hat insoweit strafbarkeitsbegründende Funktion. Vereinzelt besteht die
Bedeutung der Schriftenverwendung in der Qualifikation eines Delikts, das ohne die

---

[68] *Klug*, Rechtsphilosophie Menschenrechte Strafrecht, S. 271; *Lackner/Kühl*, § 97 a Rn. 1;
Schönke/Schröder/Sternberg-Lieben, § 93 Rn. 25; § 97 a Rn. 1.

[69] Instruktiv *Franke* GA 1984, 452 ff.

[70] Zur Geltung im Nebenstrafrecht vgl. Art. 1 EGStGB; *Schönke/Schröder/Eser/Hecker*, § 11 Rn. 1;
keine Geltung im Ordnungswidrigkeitenrecht, vgl. z. B. §§ 119 Abs. 1 Nr. 2, Abs. 3, 120 Abs. 1 Nr.
2 OWiG.

[71] *Schönke/Schröder/Cramer/Perron*, § 264 a Rn. 21; *Wittig*, Wirtschaftsstrafrecht, § 18 Rn. 37.

[72] *Schönke/Schröder/Perron*, § 265 b Rn. 34.

[73] *Derksen* NJW 1997, 1878 (1881); *Franke* GA 1984, 452 (457).

Schriftenkomponente grundtatbestandlichen Charakter hat: §§ 186, 187, 188 StGB. Daran ist zu erkennen, dass die Begehung einer Tat mittels Schriftenverbreitung bei Delikten, die auch ohne Schriften begangen werden können, unrechtserhöhende Wirkung hat. Wo das nicht – wie z. B. bei § 186 StGB – in einer tatbestandlichen Qualifikation Niederschlag gefunden hat, ist dieser Umstand bei der Strafzumessung zu berücksichtigen (näher unten § 2 Rn. 4). Die Verletzung von Privatgeheimnissen (§ 203 StGB) durch Verteilung von Flugblättern wird daher ein wesentlich höheres Strafmaß nach sich ziehen als ein Geheimnisverrat, den der Täter durch eine mündliche Mitteilung an einen einzigen Gesprächspartner begeht. Neben dieser Relevanz für die Tatbestandserfüllung und die Strafzumessung kennzeichnet die strafrechtliche Bedeutung der Schriften noch die ihnen gewidmete Sonderregelung im Recht der Einziehung, § 74 d StGB (dazu unten § 2 Rn. 16 ff).

2. Subjektiver Tatbestand

a) Vorsatz

21   Das subjektive Tatbestandsmerkmal Vorsatz (§ 15 StGB) besteht aus einer Wissens- und einer Willenskomponente[74]. Während letztere in der Diskussion um den dolus eventualis umstritten ist[75], besteht am Erfordernis eines kognitiven Elements kein Zweifel[76]. Das Strafgesetzbuch selbst nimmt in § 16 Abs. 1 S. 1 auf die Kenntnis des Täters Bezug. Inhalt des Vorsatzes sind die Tatsachen, die vorliegen müssen, damit der objektive Tatbestand erfüllt ist[77]. Bei vielen Erscheinungsformen der Tatbestandsverwirklichung entspringt das vorsatzrelevante Faktenwissen unmittelbar der aktuellen Tatsituation und ihrer Wahrnehmung durch den Täter. Wenn der Täter mit einer geladenen Pistole auf das 5 m vor ihm stehende gut sichtbare Opfer schießt, resultiert das Wissen um die Tatbestandelemente Tatopfer, Tathandlung, Taterfolg und Kausalität aus der optischen Wahrnehmung der tatsächlichen Gegebenheiten hic et nunc. Zusätzliches durch Medienkonsum ex ante erworbenes Hintergrund- oder Begleitwissen[78] ist dafür nicht erforderlich. Füttert hingegen eine Mutter ihren Säugling mit salmonellenverseuchter Babynahrung, wird im konkreten Fall die Vorsätzlichkeit ihres Handelns bezüglich der durch sie verursachten Gesundheitsbeschädigung (§§ 223 Abs. 1, 224 Abs. 1 Nr. 1 StGB) z. B. davon abhängen, ob sie im Radio von der Rückrufaktion des Nahrungsmittelherstellers gehört hat oder nicht. In dem oben erwähnten „Zugspitzlauf-Fall" (Rn. 16) wäre es gewiss ein für die Prüfung bedingten Körperverletzungs- oder Tötungsvorsatzes erheblicher Umstand, wenn der

---

[74] *Gropp*, § 5 Rn. 60; *Rengier*, AT, § 14 Rn. 5.

[75] *Rengier*, AT, § 14 Rn. 17 ff.; *Wessels/Beulke*, Rn. 204.

[76] BGHSt 36, 1 (10).

[77] *Gropp*, § 5 Rn. 63; *Rengier*, AT, § 14 Rn. 2.

[78] *Wessels/Beulke*, Rn. 240.

Organisator kurz vor dem Startschuss per Funk die neuesten meteorologischen Daten über eine sich bedrohlich zuspitzende Wetterlage übermittelt bekommen hätte. In der bekannten AIDS-Entscheidung im 36. BGHSt-Band verweist der 1. Strafsenat des Bundesgerichtshofs im Zusammenhang mit dem Körperverletzungsvorsatz des Angeklagten bezüglich der gesundheitsschädigenden Wirkung ungeschützten Geschlechtsverkehrs eines HIV-positiven Sexualpartners[79] auf das „inzwischen weit verbreitete Wissen über das Ansteckungsrisiko bei ungeschützten Sexualkontakten"[80]. Es liegt auf der Hand, dass für diese weite Verbreitung in erster Linie die Berichterstattung über die Krankheit in den Medien verantwortlich ist, wenngleich in dem konkreten Fall das Risikowissen des Angeklagten auf eine individuelle ärztliche Aufklärung gestützt wurde. Zugleich wurden aber auch – dem Vorsatz eventuell entgegenstehende – Informationen einer englischsprachigen Broschüre über „Safer Sex" mit ins Kalkül gezogen[81]. Dies zeigt, dass – unrichtige, missverständliche oder irreführende – Information durch Medien im Einzelfall gegebenenfalls auch vorsatzausschließende Wirkung entfalten kann. Fehlinformation durch Medien ist also u. U. Ursache eines Tatbestandsirrtums iSd § 16 Abs. 1 S. 1 StGB.

b) Fahrlässigkeit

Während im Zentrum des Vorsatzbegriffs vorhandenes Wissen steht, ist es bei Fahrlässigkeitsdelikten vor allem fehlende, unvollständige oder unrichtige Informiertheit, die das Kriterium der „Sorgfaltspflichtverletzung" ausfüllt. Wie § 16 Abs. 1 S. 2 StGB verdeutlicht, begründet ein vermeidbarer Tatbestandsirrtum häufig Fahrlässigkeitsunrecht[82]. Denn es ist sorgfaltspflichtwidrig, wenn der Täter auf der Grundlage fehlender Kenntnisse oder falscher Vorstellungen handelt, obwohl er sich zutreffende Informationen mit zumutbarem Aufwand hätte verschaffen können und müssen („Erkundigungspflicht")[83]. Auch die Fahrlässigkeitselemente Vorhersehbarkeit und Vermeidbarkeit stehen zu pflichtwidriger Vernachlässigung von Wissenserwerb in dieser Beziehung. Als Informationsquelle stehen neben der unmittelbaren zwischenmenschlichen Kommunikation – z. B. medizinische Beratung durch einen Arzt – alle Arten von Medien zur Verfügung. Ein Vater, der es im Winter zulässt, dass sein 12-jähriger Sohn bei Temperaturen um den Gefrierpunkt mit Schlittschuhen die dünne Eisfläche eines zugefrorenen Sees betritt, entgeht dem Fahrlässigkeitsvorwurf nicht, wenn er die behördlichen Warnungen vor dem Betreten nicht tragfähiger Eisflächen zwar gehört hat, dennoch sein Kind von der lebensgefährlichen Freizeitbeschäftigung nicht abgehalten hat. Unbewusst fahrlässig ist sein Verhalten, wenn er die Möglichkeit eines Unglücks auf dem Eis nicht in Erwägung gezogen hat[84].

22

---

[79] Zur objektiven Tatbestandsmäßigkeit BGHSt 36, 1 (6).

[80] BGHSt 36, 1 (11).

[81] BGHSt 36, 1 (12).

[82] *Schönke/Schröder/Sternberg-Lieben*, § 16 Rn. 12.

[83] BGHSt 37, 55 (67); *Gropp*, § 12 Rn. 29.

[84] *Gropp*, § 12 Rn. 19.

Um einen Fall bewusster Fahrlässigkeit handelt es sich, wenn er das für möglich gehalten aber darauf vertraut hat, dass schon nichts passieren werde[85]. Fahrlässigkeitsrelevantes „Sonderwissen"[86] wird ein Täter oftmals deshalb haben, weil er – z. B. als Wissenschaftler – Informationen aus speziellen Quellen – z. B. Fachliteratur – gewinnt, die dem „Durchschnittsbürger" eher verschlossen sind. Um einen Fall von „Übernahmefahrlässigkeit" handelt es sich, wenn der Täter die Bewältigung einer schwierigen Aufgabe übernimmt, ohne sich zuvor durch Verwendung von Informationsquellen die erforderliche Sachkunde angeeignet zu haben[87]. In einer durch die Schlagwörter „Informationsgesellschaft" und „Risikogesellschaft" charakterisierten modernen Welt, in der immer mehr Wissen aus vielfältigen leicht zugänglichen Quellen erschlossen und erworben werden kann, steigen naturgemäß die Anforderungen an die Informationsbemühungen des einzelnen. Die Gefahr einer Hypertrophie der Fahrlässigkeitskriminalisierung ist daher nicht von der Hand zu weisen.

IV. Rechtfertigungsgründe

23   Das Thema „Rechtfertigungsgründe" hat mit dem Thema „Medien" zwei Arten von Berührungspunkten. Erstens: Ganz allgemein stellt sich die Frage, inwiefern Medienkomponenten des Tatsachverhalts dazu beitragen, dass die Voraussetzungen von Rechtfertigungsgründen erfüllt werden (z. B. Notwehr gegen einen Medienangriff, dazu unten 1 a). Zweitens: Sind Medien in die Erfüllung eines Straftatbestandes involviert, stellt sich auf der Rechtswidrigkeitsebene die Frage, wie eine solche Tat eventuell gerechtfertigt sein könnte (z. B. Notwehrhandlung mittels Medien, dazu unten 1 b; Wahrnehmung berechtigter Interessen, dazu unten 2) und welche spezifischen Probleme die Medienkomponente bei der Anwendung des Rechtfertigungsgrundes bereitet.

1. Notwehr

24   Die Notwehr ist ein allgemeiner – medienunspezifischer – Rechtfertigungsgrund, dessen Voraussetzungen in § 32 Abs. 2 StGB[88] normiert sind. Die beiden einleitend skizzierten Fragestellungen lassen sich bei diesem Rechtfertigungsgrund anschaulich erläutern. Werden bei der Begehung einer Tat Medien als Angriffswerkzeuge verwendet, ist zur Abwehr dieses Angriffs möglicherweise eine durch Notwehr gerechtfertigte straftatbestandsmäßige Handlung erlaubt (dazu unten a). Die geeignete

---

[85] *Gropp*, § 12 Rn. 19; *Rengier*, AT, § 52 Rn. 7.

[86] *Gropp*, § 12 Rn. 34; *Rengier*, AT, § 52 Rn. 20.

[87] *Gropp*, § 12 Rn. 26; *Rengier*, AT, § 52 Rn. 24.

[88] Identisch sind die Notwehrregelungen in § 227 BGB und in § 15 OWiG.

und erforderliche Verteidigung gegen einen notwehrfähigen Angriff besteht möglicherweise in einer Mediennutzung, durch die der Tatbestand einer Strafvorschrift verwirklicht wird (dazu unten b).

a) Angriff mit Medien

Medienobjekte als Angriffswerkzeuge und Mediensubjekte als Angreifer sind in der **25** Rechtsprechung mehrfach im Zusammenhang mit Eingriffen in Persönlichkeitsrechte – vor allem das Recht am eigenen Bild – in Erscheinung getreten. Meistens verhält es sich in Fällen dieser Art so, dass jemand von einem anderen mit einem Fotoapparat oder einer Kamera eine Bildaufnahme macht und der andere sich dagegen wehrt, indem er gegen den ungebetenen Fotografen gewaltsam vorgeht, ihn dabei verletzt, seine Kleidung beschädigt oder verunreinigt, Kamera und Film wegnimmt, beschädigt oder vernichtet. In dem anschließenden Strafverfahren gegen den Fotoverweigerer geht es demzufolge um Straftatbestände wie Nötigung, Körperverletzung, Sachbeschädigung. Im Mittelpunkt der Rechtswidrigkeitsprüfung steht der Rechtfertigungsgrund Notwehr, § 32 StGB. Dabei bedürfen fast alle Notwehrmerkmale einer eingehenden problembewussten Erörterung, weil es sich nicht um „normale" Notwehrfälle handelt.

aa) Angriff

Das Vorliegen eines Angriffs ist dann unproblematisch, wenn die Beeinträchtigung **26** des Persönlichkeitsrechts auf willensgesteuertem menschlichen Verhalten[89] beruht, was z. B. der Fall ist, wenn der Angreifer auf den Auslöser seiner Kamera drückt oder ein Abhör- oder Tonaufnahmegerät einschaltet, mit dem ein privates Gespräch belauscht oder aufgenommen wird („Lauschangriff"). Schaltet sich das Gerät jedoch automatisch – z. B. infolge des Passierens einer Lichtschranke – ohne unmittelbares Zutun eines Menschen ein, wie es etwa bei Geschwindigkeits- oder Abstandsmessungen im Rahmen der Straßenverkehrsüberwachung üblich ist, fehlt es an dem für den Angriffsbegriff notwendigen Element des menschlichen Verhaltens. Zwar könnte man darauf abstellen, dass die automatisch aufnehmende Anlage irgendwann von einem Menschen installiert, programmiert und eingeschaltet worden sein muss. Jedoch fehlt es in Bezug auf dieses Angriffsverhalten zumindest an der Gegenwärtigkeit.

Nach diesen Kriterien handelt es sich zweifelsfrei um einen Angriff auf das Recht **27** auf informationelle Selbstbestimmung[90] bzw. das Recht am eigenen Bild, wenn die Polizei ein Videobrückenmesssystem verwendet, bei dem ein verdächtiges Fahrzeug und sein Fahrer von der installierten Identifizierungskamera erst infolge manuellen Einschaltens durch den Messbeamten erfasst und aufgenommen werden[91]. Werden

---

[89] MK-*Erb*, § 32 Rn. 49.

[90] BVerfG DAR 2009, 577 (578).

[91] So in dem Fall, der der Entscheidung OLG Düsseldorf, NZV 2010, 474 zugrunde lag.

hingegen Fahrzeuge und Fahrer von einer auf Dauerbetrieb programmierten Kamera erfasst, ohne dass der einzelne Aufnahmevorgang durch aktuelle Handlungen des Bedienpersonals ausgelöst worden ist[92], kann man bereits das Vorliegen eines Angriffs in Frage stellen. An der Gegenwärtigkeit der Angriffshandlung würde es jedenfalls fehlen. Eine Notwehrlage ließe sich dann allenfalls bejahen, indem man die Gegenwärtigkeit des Angriffs auf den Zeitpunkt des Angriffserfolgs bezöge (dazu auch unten cc).

bb) Rechtswidrigkeit

28　Die Rechtswidrigkeit des notwehrfähigen Angriffs ergibt sich zunächst aus der Anerkennung der konkret beeinträchtigten Objekte als rechtlich geschützte Güter. Sowohl das Persönlichkeitsrecht als auch seine einzelnen Ausprägungen als Recht am eigenen Bild, Recht am nichtöffentlich gesprochenen Wort oder Recht auf informationelle Selbstbestimmung sind notwehrfähige Individualrechtsgüter[93], deren Bedrohung rechtswidrig ist, sofern kein Rechtfertigungsgrund eingreift. Nicht erforderlich ist, dass der konkrete Angriff einen Straftatbestand erfüllt[94] oder dass das angegriffene Rechtsgut überhaupt Schutzgut einer Strafvorschrift ist. Aus diesem Grund ist die Rechtswidrigkeit eines Angriffs auf das Recht am eigenen Bild nicht deswegen ausgeschlossen, weil er weder den Tatbestand des § 33 Abs. 1 iVm § 22 KUG noch den Tatbestand § 201 a Abs. 1 StGB erfüllt[95]. Auch das von § 33 KUG noch nicht erfasste[96] Herstellen einer Bildaufnahme außerhalb des von § 201 a StGB abgedeckten räumlichen Bereichs kann somit eine Notwehrlage begründen[97].

29　Die Rechtswidrigkeit des Medienangriffs ist ausgeschlossen, wenn die Tat gerechtfertigt ist. Neben der unten noch näher zu erörternden Rechtfertigung einer mediengestützten Rechtsgüterbeeinträchtigung durch Notwehr oder Wahrnehmung berechtigter Interessen kommen Einwilligung, und Notstand sowie spezielle hoheitliche Eingriffsbefugnisse in Betracht. Bildaufnahmen – also Eingriffe in das Recht am eigenen Bild – sind im Rahmen der Verfolgung von Straftaten oder Ordnungswidrigkeiten zulässig unter den Voraussetzungen des § 100 h Abs. 1 Nr. 1 StPO. Gemäß § 100 h Abs. 3 StPO muss sogar ein unvermeidbar mitbetroffener Nichtbeschuldigter den Eingriff in sein Persönlichkeitsrecht dulden. Das Versammlungsrecht gestattet der Polizei die Anfertigung von Bild- und Tonaufnahmen von Teilnehmern einer öffentlichen Versammlung zum Zweck der Gefahrenabwehr, §§ 12 a Abs. 1, 19 a

---

[92] OLG Düsseldorf NZV 2010, 263 (265): ständig durchlaufende Kamera.

[93] OLG Düsseldorf NJW 1994, 1971 (1972); OLG Hamburg NJW 1972, 1290; *Haberstroh* JR 1983, 314 (315); MK-*Erb*, § 32 Rn. 86; *Paeffgen* JZ 1978, 738 (739); *Rengier*, AT, § 18 Rn. 8.

[94] MK-*Erb*, § 32 Rn. 47; *Rengier*, AT, § 18 Rn. 30.

[95] Unzutreffend *Dittmar* NJW 1979, 1311: „Die fotografische Aufnahme als solche ist … niemals rechtswidrig. Erst ihre Veröffentlichung kann einen Straftatbestand erfüllen."

[96] OLG Celle NJW 1979, 57.

[97] OLG Düsseldorf NJW 1994, 1971; AmtsG Hamburg ZUM 428 (429); LG Hamburg ZUM 1996, 430 (431); OLG Karlsruhe NStZ 1982, 123; *Franke* JR 1982, 48 (49); *Wanckel*, Foto- und Bildrecht Rn. 312.

VersG[98]. Soweit die Polizei innerhalb dieses rechtlichen Rahmens Bildaufnahmen macht, haben die Betroffenen dagegen kein Recht auf Notwehr.

cc) Gegenwärtigkeit

Gegenwärtigkeit des Angriffs bedeutet enger zeitlicher Zusammenhang zwischen **30** Angriff und Verteidigungstat[99]. Im Idealfall finden Angriff und Verteidigung gleichzeitig statt, wobei der Angriff der Verteidigung vorausgegangen sein und diese herausgefordert haben muss. An der Gegenwärtigkeit fehlt es, wenn die Tat zu einem Zeitpunkt begangen wird, zu dem entweder ein erwarteter Angriff noch in der Zukunft liegt oder der zurückliegende Angriff bereits beendet ist. Ein Spezifikum von mediengestützten Rechtsgüterbeeinträchtigungen ist die mit einem Speicherungsvorgang verbundene Perpetuierung. Wird eine Bild- oder Tonaufnahme hergestellt, ist ein Teil der Persönlichkeit des Betroffenen auf dem Speichermedium „verewigt". Es besteht dann dauerhaft die Gefahr, dass die „Konserve" zu weiteren vielfältigen Eingriffen in das betroffene Persönlichkeitsrecht benutzt wird, ohne dass der Betroffene sich dagegen wirkungsvoll wehren kann. Vorschriften des öffentlichen Rechts, die Staatsorganen zum Zwecke ihrer hoheitlichen Aufgabenwahrnehmung die Befugnis zur Herstellung von Bild- oder Tonaufnahmen verleihen, ordnen deshalb die Löschung, Vernichtung oder Rückgabe an, sobald sich der legitimierende Zweck erledigt hat, vgl. §§ 101 Abs. 8, 489 StPO, 12 a Abs. 2 VersG.

Bei Angriffen auf Persönlichkeitsgüter in Gestalt von Bild- oder Tonaufnahmen **31** ist hinsichtlich des Notwehrmerkmals Gegenwärtigkeit folgendermaßen zu differenzieren: Wird der Verteidiger in dem Moment tätig, in dem der Angreifer dazu ansetzt, mit seiner Kamera oder seinem Mikrofon eine Bild- oder Tonaufnahme herzustellen, ist die Gegenwärtigkeit des Angriffs unproblematisch. Ebenso verhält es sich, wenn der Verteidiger einschreitet, während der Angreifer beginnt, die hergestellte Aufnahme einem Dritten zu zeigen oder vorzuspielen. Darin liegt ein erneuter Angriff auf das betroffene Persönlichkeitsrecht, an dessen Gegenwärtigkeit im Zeitpunkt des Handlungsvollzugs nicht zu zweifeln ist. Schwieriger zu beurteilen sind Abwehrhandlungen in der „Ruhephase" zwischen Abschluss des Herstellungsvorgangs und Beginn eines Gebrauchs-, Verwertungs- oder Weitergabeaktes. Der in der Herstellung liegende Angriff ist nicht mehr gegenwärtig[100], der im Gebrauch der Aufnahme liegende Angriff ist noch nicht gegenwärtig. Dürfte der Inhaber des verletzten Persönlichkeitsrechts in die Wohnung des Angreifers eindringen, um sich den Film zu verschaffen und so zu verhindern, dass es zu weiteren künftigen Verletzungen seines

---

[98] Von der infolge der Föderalismusreform vom Bund auf die Länder übergegangenen Gesetzgebungszuständigkeit für das Versammlungsrecht haben viele Bundesländer noch nicht Gebrauch gemacht. Eine § 12 a VersG ähnelnde Befugnisnorm enthält z. B. Art. 9 BayVersG.

[99] *Kühl*, AT, § 7 Rn. 39.

[100] *Haberstroh* JR 1983, 314 (316).

Rechts kommt?[101] Die Gegenwärtigkeit des Angriffs könnte man damit begründen, dass durch die rechtswidrige Herstellung der Aufnahme ein illegaler Dauerzustand geschaffen wurde, durch dessen Aufrechterhaltung das Persönlichkeitsrecht permanent verletzt wird. Gegenwärtig ist zwar nicht mehr die Angriffshandlung, aber der durch sie verursachte Angriffserfolg. Allerdings widerspricht dies der ganz herrschenden Auffassung, wonach der durch einen Diebstahl begangene Angriff auf das Eigentum in der Phase des Behaltens der gestohlenen Sache nicht mehr gegenwärtig ist[102]. Auch eine Unterschlagung ist kein andauernder Angriff auf das Eigentum. Hält man dies für richtig, kann man in dem andauernden Besitz einer unerlaubt hergestellten Bild- oder Tonaufnahme auch keinen gegenwärtigen Angriff auf das verletzte Persönlichkeitsrecht sehen[103]. Zur Abwehr künftiger Verletzungen bleibt dem Betroffenen dann neben dem gegebenenfalls eingreifenden Notstandsrecht die Inanspruchnahme hoheitlicher Hilfe und – sofern dies versagt – das Selbsthilferecht des § 229 BGB.

dd) Verteidigung

32 Die Notwehrhandlung muss die Eigenschaft einer Verteidigung haben. Das hat zwei Voraussetzungen: Die Handlung muss ex ante gesehen zur Angriffsabwehr geeignet sein[104]. Daran fehlt es z. B., wenn sich bei einem „Foto-Angriff" auf das Recht am eigenen Bild in der Kamera, mit der der Angreifer die Aufnahme gemacht hat und die der Angegriffene zur Verhinderung einer Verwendung des Fotos wegnimmt, gar kein Film mehr befindet[105]. Die zweite Voraussetzung des Verteidigungscharakters ist die Tatrichtung. Die Tat bzw. ihre rechtsgutsbeeinträchtigende Wirkung darf nur den Angreifer bzw. Rechtsgüter des Angreifers treffen und verletzen. Beeinträchtigung nichtangreifender Dritter ist keine Verteidigung und deshalb nicht durch Notwehr gerechtfertigt[106]. Bei Notwehrsituationen mit Medienbezug kann sich eine derartige Drittwirkung der Abwehraktion ergeben, wenn das technische Gerät (Kamera, Tonaufnahmegerät) nicht demjenigen gehört, der es als Angriffswerkzeug benutzt. Wird nun bei der Abwehr des Angriffs dieses Gerät beschädigt oder zerstört, ist die dadurch begangene Sachbeschädigung (§ 303 StGB) nicht durch Notwehr gerechtfertigt, weil der von der Sachbeschädigung betroffene Eigentümer nicht Angreifer ist. Die vereinzelt vertretene Ansicht, dass diese Sachbeschädigung doch gemäß § 32 StGB zu rechtfertigen ist, weil der Eigentümer mit seiner zu einem Angriffswerkzeug

---

[101] Jedenfalls das Recht zur Wegnahme des Films bejahend OLG Düsseldorf NJW 1994, 1971 (1972).

[102] *Kühl*, AT, § 7 Rn. 47; *Rengier*, AT, § 18 Rn. 27.

[103] *Haberstroh* JR 1983, 314 (317).

[104] Nach *Kühl*, AT, § 7 Rn. 94; *Rengier*, AT, § 18 Rn. 33 handelt es sich um eine Komponente der Erforderlichkeit.

[105] So in dem Fall des OLG Düsseldorf NJW 1994, 1991 (1972), wo deswegen ein Erlaubnistatbestandsirrtum angenommen wurde.

[106] *Kühl*, AT, § 7 Rn. 84; MK-*Erb*, § 32 Rn. 114; *Rengier*, AT, § 18 Rn. 31.

zweckentfremdeten Sache in den Angriff involviert ist, ist abzulehnen. Den Schutzinteressen des Angegriffenen ist hinreichend damit gedient, dass die Beschädigung oder Zerstörung der Kamera in der Regel durch Notstand (§ 34 StGB, § 228 BGB) gerechtfertigt sein wird[107].

ee) Erforderlichkeit

Die Verteidigung ist erforderlich, wenn es keine andere ausreichend wirksame Ab- **33** wehrmöglichkeit gibt, deren Wahrnehmung den Angriff überhaupt nicht oder weniger schädigen würde (Grundsatz des mildesten Mittels). Bei Angriffen auf das Persönlichkeitsrecht mittels unerwünschter Ton- oder Fotoaufnahmen könnte man spontan daran denken, den Angegriffenen darauf zu verweisen, sich dem Angriff dadurch zu entziehen, dass er seinen Standort wechselt bzw. einen Ort, an dem mit derartigen Eingriffen in das Persönlichkeitsrecht gerechnet werden muss (z. B. Bahnhofsbereich einer Großstadt mit zahlreichen Überwachungskameras), nicht aufsucht. Aber dieses angriffsvermeidende Verhalten wäre ein Aus- oder Zurückweichen, was in einer Notwehrlage von dem Angegriffenen grundsätzlich nicht verlangt wird[108]. Das Recht braucht dem Unrecht nicht zu weichen. Der einzelne braucht nicht aus Furcht vor Angriffen auf die Ausübung seiner rechtlich garantierten Freizügigkeit zu verzichten.

ff) Subjektives Rechtfertigungselement

Die Notwendigkeit eines subjektiven Rechtfertigungselements bei der Notwehr und **34** allgemein bei Rechtfertigungsgründen entspricht der herrschenden Auffassung[109]. Der Täter muss daher Kenntnis von den Tatsachen haben, durch die die objektiven Notwehrvoraussetzungen erfüllt werden[110]. Da Angriffe auf das Recht am eigenen Bild oder andere Ausprägungen des Persönlichkeitsrechts häufig verdeckt und heimlich mit technischen Instrumenten (z. B. Handykamera) begangen werden, wird dem Angegriffenen diese Lage oftmals nicht bekannt sein. Wenn er gleichwohl eine Handlung ausführt, durch die nicht nur Rechtsgüter des Angreifers tatbestandsmäßig verletzt, sondern auch noch der Angriff abgewehrt wird, ist das Zufall. Rechtlich hat die Unkenntnis die Bedeutung, dass das subjektive Rechtfertigungselement fehlt und die Notwehrvoraussetzungen nicht vollständig erfüllt sind. Nach h. M. reduziert allerdings die Erfüllung der objektiven Notwehrvoraussetzungen das Unrecht auf das Format einer versuchten Tat[111]. Strafbarkeit wegen vollendeter Straftat entfällt also bereits auf Grund der Erfüllung der objektiven Notwehrvoraussetzungen.

---

[107] *Kühl*, AT, § 7 Rn. 84; MK-*Erb*, § 32 Rn. 118.

[108] MK-*Erb*, § 32 Rn. 110; *Rengier*, AT, § 18 Rn. 38.

[109] MK-*Erb*, § 32 Rn. 213.

[110] MK-*Erb*, § 32 Rn. 215.

[111] *Rengier*, AT, § 18 Rn. 18.

b) Verteidigung mit Medien

35　Das Thema „Verteidigung mit Medien" zielt auf Sachverhalte ab, in denen ein An-
gegriffener oder Nothelfer eine tatbestandsmäßige Tat mit Medienbezug begeht, um
damit einen gegenwärtigen rechtswidrigen Angriff abzuwehren. Ob in derartigen
Fällen tatsächlich alle Voraussetzungen der Notwehr erfüllt werden können, ist fraglich und wird in der Literatur – so sich diese des Themas überhaupt annimmt –
als „schwer vorstellbar" bezeichnet[112]. Denn z. B. die Herstellung einer Bild- oder
Tonaufnahme wird allenfalls in außergewöhnlich gelagerten Fällen geeignet sein,
den gegenwärtigen Angriff abzuwehren[113]. Meistens wird eine solche Maßnahme,
mit der der Täter ein gegen den Angreifer anwendbares Druck- und/oder Beweismittel produziert, als Abwehr gegenüber dem nicht mehr gegenwärtigen Angriff
„zu spät" kommen, gegenüber befürchteten künftigen Angriffen hingegen „zu früh"
einsetzen. In diesem Sinne hatte das KG der vom Erpressungsopfer hergestellten
Tonbandaufnahme (§ 201 Abs. 1 Nr. 1 StGB) eines vom Erpresser getätigten Tele-
fonanrufs mangels Gegenwärtigkeit die Notwehrqualität abgesprochen und auch der
Konstruktion einer „notwehrähnlichen Lage" eine Absage erteilt[114]. Ähnlich wird zu
entscheiden sein, wenn jemand unter den Rahmenbedingungen des § 201 a Abs. 1
StGB einen gerade stattfindenden rechtswidrigen Angriff fotografisch aufnimmt, um
mithilfe der Aufnahme künftigen Angriffen vorbeugen zu können und bezüglich des
aktuellen Angriffs ein Beweismittel für eine spätere Sanktionierung zu erhalten[115].
Denkbar ist hingegen die auf § 32 StGB gestützte Rechtfertigung einer Telefon- oder
Videoüberwachung, mit der die Befreiung eines Entführungsopfers ermöglicht wird.
In diesem Fall entfaltet die Tat ihre Verteidigungswirkung während des andauernden
Angriffs auf die Freiheit des Opfers. Die Tat ist also geeignet, den gegenwärtigen –
und nicht erst einen zukünftigen – Angriff abzuwehren.

2. Wahrnehmung berechtigter Interessen

36　Ein spezieller Rechtfertigungsgrund mit beschränktem Anwendungsbereich ist die
Wahrnehmung berechtigter Interessen. Dieser Rechtfertigungsgrund hat eine Me-
dienaffinität, weil er vor allem bei der rechtlichen Bewertung journalistischer
Berufsausübung zum Tragen kommt.

---

[112] *Kächele*, S. 211.

[113] *Nelles*, FS Stree/Wessels, 1993, S. 719 (733); aA *Klug*, FS Sarstedt, S. 101 (125).

[114] KG JR 1981, 254; zust. *Küpper*, BT 1, Teil I, § 5 Rn. 25; *Tenckhoff* JR 1981, 255 (256).

[115] Als „relevant" wird die Notwehr im Zusammenhang mit § 201 a Abs. 1 StGB jedoch bezeichnet
bei *von Heintschel-Heinegg/Heuchemer*, StGB, 2010, § 201 a Rn. 19.

a) § 193 StGB

Die Medienrelevanz des § 193 StGB[116] ist im Gesetzestext dieser Vorschrift deut-   **37**
lich abgebildet und wird bekräftigt durch Verweisungen in Pressegesetzen einiger
Bundesländer. So heißt es etwa in § 3 des Pressegesetzes des Landes Brandenburg:
„Die Presse erfüllt eine öffentliche Aufgabe insbesondere dadurch, dass sie Nach-
richten beschafft und verbreitet, Stellung nimmt, Kritik übt oder auf andere Weise
an der freien individuellen und öffentlichen Meinungsbildung mitwirkt. Sie nimmt
insoweit grundsätzlich berechtigte Interessen im Sinne von § 193 StGB wahr.“[117]
Kritik übende, Werturteile abgebende, Verdachtsvermutungen äußernde, ja selbst
Vorwürfe artikulierende Berichterstattung und Kommentierung ist essentieller und
unverzichtbarer Bestandteil eines lebendigen und dynamischen Medienbetriebs in
einer freiheitlich und demokratisch verfassten Bürgergesellschaft[118]. Auf Buchrezen-
sionen, Theaterkritiken, Warentestergebnisse usw. soll der Medienkonsument nicht
deshalb verzichten müssen, weil das Strafrecht den Produzenten von Medienerzeugnissen wegen der textimmanenten „tadelnden Urteile" eine Schranke setzt. Soweit
derartige Medieninhalte also den Tatbestand von Strafvorschriften erfüllen, muss
diese rechtliche Schranke durch einen Rechtfertigungsgrund geöffnet werden. Diese
Funktion übernimmt § 193 StGB[119].

Der Anwendungsbereich des § 193 StGB wird durch den Begriff „Beleidigung"   **38**
insofern klar definiert, als eine unmittelbare Anwendung auf Straftatbestände außerhalb des Vierzehnten Abschnitts des StGB-BT nicht in Betracht kommt[120]. Obwohl
„Wahrnehmung berechtigter Interessen" durchaus als Formel eines allgemeinen
Rechtfertigungsgrundgedankens taugt[121] und gewiss auch eine zutreffende Charak-
terisierung etwa der Notwehr und des rechtfertigenden Notstands zum Ausdruck
bringt, ist eine Übertragung des § 193 StGB z. B. auf die §§ 201 ff, auf § 123 StGB
oder auf § 148 TKG nach dem eindeutigen Wortlaut nicht möglich. Überwiegend wird
auch analoge Anwendung abgelehnt[122]. Dies ist richtig, da von einer planwidrigen
Regelungslücke nicht die Rede sein kann und in den meisten relevanten Fällen andere Rechtfertigungsgründe – z. B. § 34 StGB – eingreifen. Andererseits besteht kein
Einwand gegen eine ausfüllende Verwendung bei der Anwendung generalklauselar-
tiger Rechtswidrigkeitsbestimmungen wie dem Verwerflichkeitskriterium in § 240
Abs. 2 StGB und § 253 Abs. 2 StGB. Die Auskunftsfreudigkeit eines verstockten In-
terviewpartners mit der versteckten Drohung anzustacheln, man werde anderenfalls

---

[116] *Heinrich*, Medienstrafrecht, Rn. 74; *Petersen*, Medienrecht, vor § 17 Rn. 2.

[117] Ähnlich lautende Verweise auf § 193 StGB in § 3 Abs. 3 BayPG und § 3 Abs. 3 BerlPG.

[118] *Fritze/Holzbach*, FS Tilmann, 2003, S. 937 (940).

[119] MK-*Joecks*, § 193 Rn. 1; *Roxin*, AT I, § 18 Rn. 35; *Schönke/Schröder/Lenckner/Eisele*, § 193
Rn. 1.

[120] *Schönke/Schröder/Lenckner/Eisele*, § 193 Rn. 3.

[121] Anders die h. M., vgl. z. B. *Heinrich*, Medienstrafrecht, Rn. 74.

[122] OLG Frankfurt NJW 1977, 1547 (1548), *Heinrich*, Festschrift 200 Jahre Juristische Fakultät
der Humboldt-Universität zu Berlin, 2010, S. 1241 (1261); MK-*Altenhain*, § 148 TKG Rn. 76;
MK-*Joecks*, § 193 Rn. 6; *Roxin*, AT I, § 18 Rn. 39.

den Bericht auch ohne die erbetenen Informationen in einer Weise verfassen, die dem Betroffenen unangenehm sein könnte, ist tatbestandlich eine Nötigung, deren Verwerflichkeit unter Bezugnahme auf § 193 StGB in Abrede gestellt werden könnte. Ebenfalls offen für eine die Rechtswidrigkeitsentscheidung stark beeinflussende Wirkung des § 193 StGB ist der vom Gesetzgeber breit und teilweise offen konzipierte Stalking-Tatbestand § 238 StGB. Der Medienbezug dieses Tatbestandes ist in § 238 Abs. 1 Nr. 2 und Nr. 3 StGB explizit manifestiert (s. u. § 3 Rn. 76) und darüber hinaus auch im Rahmen der Auffang-Alternative Nr. 5 denkbar. Da der Gesetzgeber die Strafbarkeitsvoraussetzung[123] „unbefugt" nicht selbst inhaltlich umrissen hat, ist ein Rückgriff auf § 193 StGB in geeigneten Fällen durchaus in Betracht zu ziehen[124].

39 Welche Tatbestände innerhalb des 14. Abschnitts Anwendungsgebiet des § 193 StGB sein können, geht aus dem Gesetzestext nicht klar hervor. Da dieser Abschnitt mit „Beleidigung" überschrieben ist, könnten alle Straftatbestände erfasst sein. Aus sachlichen Erwägungen von vornherein ausgeschlossen sind jedoch § 187 StGB und § 188 Abs. 2 StGB[125]. Die vorsätzliche Verbreitung ehrenrühriger Lügen kann per se nicht Gegenstand berechtigter Interessenwahrnehmung sein, da sie sich mit der publizistischen Wahrheitspflicht (§ 6 S. 1 BbgPG)[126] nicht vereinbaren lässt. Auch die Verunglimpfung des Andenkens eines Verstorbenen (§ 189 StGB) sollte in der Regel als Mittel berechtigter Interessenwahrnehmung ungeeignet oder nicht erforderlich sein[127]. Hauptanwendungsfall des § 193 StGB – insbesondere im Medienbereich – ist die üble Nachrede, § 186 StGB. Berichterstattung über Tatsachen, die geeignet sind, das öffentliche Ansehen einer Person zu beschädigen, gehört zum Alltagsgeschäft („tägliches Brot") einer pluralistischen Medienwelt, die die Wirklichkeit so abbildet, wie sie ist und nicht ausschließlich über Gutes, Schönes und Wahres berichtet. Korruptionsaffären, Sexskandale, Menschenrechtsverletzungen und viele andere Unappetitlichkeiten müssen der Öffentlichkeit unterbreitet werden können, ohne dass über dem Berichterstatter ständig das Damoklesschwert der bei missglücktem Wahrheitsbeweis drohenden Strafbarkeit schwebt.

40 Die Rechtfertigungsvoraussetzungen sind in § 193 StGB recht unpräzise umschrieben. Grundvoraussetzung ist das Vorhandensein eines rechtlich anerkannten öffentlichen oder privaten Interesses[128], dessen Wahrnehmung die tatbestandsmäßige

---

[123] Deren Rechtsnatur als Tatbestandsmerkmal (dafür z. B. *Lackner/Kühl*, § 238 Rn. 6) oder Rechtswidrigkeits-Synonym (dafür teilweise *Schönke/Schröder/Eisele*, § 238 Rn. 26; NK-*Sonnen*, § 238 Rn. 50: Doppelnatur) ist umstritten. Davon hängt aber die Anwendbarkeit des § 193 StGB nicht ab.

[124] *Krüger*, Stalking als Straftatbestand, 2007, S. 190; *Schönke/Schröder/Eisele*, § 238 Rn. 28.

[125] *Heinrich*, Medienstrafrecht, Rn. 113; MK-*Joecks*, § 193 Rn. 4; *Roxin*, AT I, § 18 Rn. 38; *Schönke/Schröder/Lenckner/Eisele*, § 193 Rn. 2.

[126] *Paschke*, Medienrecht, Rn. 978 ff.

[127] *Heinrich*, Medienstrafrecht, Rn. 113; differenzierend und auf den Einzelfall abstellend MK-*Joecks*, § 193 Rn. 4.

[128] *Lackner/Kühl*, § 193 Rn. 5.

Handlung dient. Nicht ausdrücklich erwähnt, jedoch zweifellos zur Begründung der Rechtfertigung notwendig, sind die Erforderlichkeit[129] und die Verhältnismäßigkeit der Tat. Wenn sich die Interessenwahrnehmung auch auf andere schonendere Weise – im günstigsten Fall sogar ohne Eingriff in die Ehre des Betroffenen – befriedigend bewerkstelligen lässt, ist die ehrverletzende Äußerung nicht erforderlich und demzufolge rechtswidrig. Als spezielle Ausprägung des Erforderlichkeitskriteriums kann man die Form- und Umständeklausel des § 193 StGB[130] verstehen: Kann das Interesse auch in anderer Form oder unter anderen Umständen wahrgenommen werden, ist die konkrete beleidigende Art der Tatbegehung nicht erforderlich[131]. Ebenfalls nicht gerechtfertigt ist die Tat, wenn die Abwägung aller bewertungserheblichen Umstände und Gesichtspunkte ergibt[132], dass das vom Täter wahrgenommene Interesse das entgegenstehende Interesse des Betroffenen an der Unversehrtheit seiner Ehre nicht überwiegt[133]. Wie jeder Rechtfertigungsgrund hat auch der des § 193 StGB eine subjektive Komponente[134]. Der Täter muss in dem Bewusstsein und mit dem Willen handeln, mit seiner Tat berechtigte Interessen wahrzunehmen. Das impliziert insbesondere die Erfüllung der journalistischen Sorgfaltspflicht, also eine gewissenhafte Prüfung des Sachverhalts[135], das Bemühen um Wahrhaftigkeit und die Rücksichtnahme auf entgegenstehende Interessen unmittelbar und mittelbar Betroffener[136].

b) § 201 Abs. 2 S. 3 StGB

41 Ein Rechtfertigungsgrund mit ausgeprägter Medienrelevanz ist die „Wahrnehmung überragender öffentlicher Interessen". Der korrespondierende Tatbestand ist § 201 Abs. 2 S. 1 Nr. 2 StGB[137], der durch eine „öffentliche" Mitteilung verwirklicht wird. Dies muss nicht in einem Medienkontext geschehen, wird es aber in der Regel. Verglichen mit § 193 StGB ist § 201 Abs. 2 S. 3 StGB erheblich enger gefasst. Rechtfertigungstauglich sind nur öffentliche Interessen. Der Hauptfall ist die Aufdeckung gravierender Rechtsverstöße und Missstände in der politischen Klasse, in

---

[129] *Heinrich*, Medienstrafrecht, Rn. 117; MK-*Joecks*, § 193 Rn. 27; *Roxin*, AT I, § 18 Rn. 44.

[130] MK-*Joecks*, § 193 Rn. 61.

[131] Ebenso *Lackner/Kühl*, § 193 Rn. 13: unnötige Ehrverletzung.

[132] *Heinrich*, Medienstrafrecht, Rn. 114: umfassende Güterabwägung.

[133] *Lackner/Kühl*, § 193 Rn. 10: Interesse des Beleidigers muss mindestens gleich-, wenn nicht höherwertig sein.

[134] *Lackner/Kühl*, § 193 Rn. 9; MK-*Joecks*, § 193 Rn. 9, 57; *Roxin*, AT I, § 18 Rn. 48.

[135] *Heinrich*, Medienstrafrecht, Rn. 119; *Lackner/Kühl*, § 193 Rn. 10; MK-*Joecks*, § 193 Rn. 56: *Roxin*, FS Welzel, S. 447 (456).

[136] *Paschke*, Medienrecht, Rn. 979.

[137] Auf die anderen Tatbestandsvarianten des § 201 StGB bezieht sich der Rechtfertigungsgrund nicht, MK-*Graf*, § 201 Rn. 52.

Regierung, Verwaltung und Justiz, Wirtschaft, Kultur und Sport[138]. Vorgängen in der Privatsphäre von Personen fehlt in der Regel der erforderliche Öffentlichkeitsbezug. Dies erklärt, warum die ansonsten ähnliche Strafvorschrift § 201 a StGB keine Rechtfertigungsregelung enthält[139]. Da die wahrgenommenen Interessen nicht nur berechtigt, sondern auch „überragend" sein müssen, kommen nur gravierende Ausnahmesituationen in Frage. Die Handlung muss zur Interessenwahrnehmung geeignet und erforderlich sein. Der Täter muss die objektiv rechtfertigenden Umstände kennen. Da seine Tat oftmals nicht mehr ist als ein Anstoß oder Auslöser eines nicht mehr in seiner Hand liegenden Prozesses öffentlicher Interessenwahrnehmung, muss er zudem mit der Intention handeln, durch seine Tat einen Beitrag zu diesem Prozess zu leisten. Ähnlich wie das Recht zur vorläufigen Festnahme (§ 127 Abs. 1 StPO) hat dieser Rechtfertigungsgrund also eine „unvollkommen zweiaktige" Struktur bzw. eine „überschießende Innentendenz"[140].

c) § 6 Abs. 2 VersG

42   Eine exklusiv Presseangehörige privilegierende Befugnis zur ungehinderten Teilnahme an öffentlichen Versammlungen in geschlossenen Räumen[141] normiert § 6 Abs. 2 VersG. Dieses Recht überwindet auch entgegenstehendes Hausrecht und eine Aufforderung zum Verlassen der Räumlichkeit. Sie bewahrt den Pressevertreter somit vor einer Strafbarkeit wegen Hausfriedensbruchs, § 123 Abs. 1 StGB[142]. Eine Aufforderung zum Entfernen (§ 123 Abs. 1 2. Alt. StGB) braucht der Pressevertreter nicht zu befolgen, weil er wegen § 6 Abs. 2 VersG nicht „ohne Befugnis" verweilt. In Bezug auf andere Räume haben Medienvertreter hingegen keine Befugnis auf Zutritt und Anwesenheit ohne Erlaubnis des Berechtigten[143].

V. Sonstige Strafbarkeitsvoraussetzungen

43   Medienbezüge lassen sich auf der Ebene der Schuld feststellen, desgleichen vereinzelt bei Strafbarkeitsvoraussetzungen, die in dem dreistufigen Straftataufbau[144] keinen Standort haben und demzufolge erst „nach der Schuld" geprüft werden[145].

---

[138] *Lackner/Kühl*, § 201 Rn. 15; *Schönke/Schröder/Lenckner/Eisele*, § 201 Rn. 33 a.

[139] Zur ausnahmsweisen Zulässigkeit der Verbreitung von Bildnissen ohne Einwilligung des Abgebildeten (§ 22 KUG) vgl. *Hochrathner* ZUM 2001, 669 (671).

[140] *Schönke/Schröder/Lenckner/Sternberg-Lieben*, vor § 32 Rn. 16.

[141] Vgl. die Überschrift von Abschnitt II vor § 5 VersG.

[142] MK-*Schäfer*, § 123 Rn. 61; *Soehring*, Presserecht, § 10 Rn. 4.

[143] *Hochrathner* ZUM 2001, 669 (670).

[144] Dazu sehr anschaulich die Grafik bei *Wessels/Beulke*, Rn. 811.

[145] *Wessels/Beulke*, Rn. 493.

1. Schuldfähigkeit

In der Kriminologie ist der Zusammenhang von (Massen-)Medien und Kriminalität[146] ein Forschungsgebiet, auf dem unter anderem nach Erklärungen für die Entstehung von Kriminalität – insbesondere Gewaltkriminalität – gesucht wird[147]. Die Strafrechtsdogmatik interessiert sich eher für das Phänomen medialer Einflüsse, die geeignet sind, die Verantwortlichkeit von Tätern für ihre Taten auszuschließen oder zu mindern. Mit dem spektakulären „Jason"-Fall[148] ist ins Blickfeld der Strafrechtslehre ein Beispiel realer Kriminalität geraten, an dem die Ursächlichkeit suchtartigen Konsums von gewaltdarstellenden Horror-Videos für eine „schwere andere seelische Abartigkeit" iSd § 20 StGB studiert werden kann[149]. Da vor allem im Freizeitverhalten junger Menschen mediale Darstellungen extrem brutaler und unmenschlicher Handlungen ihre unheilvolle Wirkung entfalten, muss in strafrechtsdogmatischer Hinsicht differenziert werden: Zum einen kann der Reifeprozess des Kindes bzw. Jugendlichen unterwandert und die Entwicklung zu einer Persönlichkeit mit der charakterlichen und intellektuellen Ausstattung für Unrechtseinsichtsvermögen und Fähigkeit zu normkonformer Selbststeuerung gestört werden. Das ist Thema der jugendstrafrechtlichen Verantwortlichkeitsprüfung am Maßstab des § 3 S. 1 JGG. Zum anderen können in der Psyche des Medienkonsumenten psychopathische Normabweichungen erzeugt oder verstärkt werden, deren strafrechtliche Erheblichkeit an §§ 20, 21 StGB zu messen ist. Dies betrifft auch Strafrechtsfälle, in denen Erwachsenenstrafrecht anzuwenden ist.

44

2. Unrechtsbewusstsein

Unrechtsbewusstsein wird auf der Grundlage des § 17 StGB als eigenständiges Schuldelement qualifiziert, dessen Fehlen den Vorsatz unberührt lässt („Schuldtheorie")[150]. Der Verbotsirrtum, also die Unkenntnis oder Fehlvorstellung bezüglich der Widerrechtlichkeit des tatbestandsmäßigen Verhaltens, schließt die Schuld aus, sofern er unvermeidbar war, § 17 S. 1 StGB. Der vermeidbare Verbotsirrtum lässt die Strafbarkeit unberührt, kann aber eine Strafmilderung begründen, § 17 S. 2 StGB. Im Bereich des § 17 StGB gibt es somit vier Varianten unrechtsbezogenen Bewusstseins: Unrechtsbewusstsein, unvermeidbarer Verbotsirrtum, vermeidbarer

45

---

[146] Näher dazu unten in Kapitel § 5 Rn. 54.

[147] *Göppinger*, Kriminologie, § 28 Rn. 34; *Laubenthal*, Fallsammlung zur Wahlfachgruppe Kriminologie, Jugendstrafrecht und Strafvollzug, S. 52 ff.; *Schwind*, Kriminologie, § 14 Rn. 20 ff.

[148] LG Passau NStZ 1996, 601; krit. zu der Entscheidung *Eisenberg* NJW 1997, 1136 ff.; *Weiler* AnwBl 1998, 2 (5); zust. hingegen *Brunner* JR 1997, 120 ff.; *Laue* Jura 1999, 634 (641).

[149] Nach *Weiler* AnwBl 1998, 2 (4) handelt es sich um den „ersten bekanntgewordenen Fall der medienbeeinflußten Begehung einer Gewalttat". Zum Strafverfahren gegen den Onkel des Jugendlichen, der diesem die Horrorvideos überlassen hatte, vgl. *Vahle* DVP 1999, 345.

[150] *Schönke/Schröder/Sternberg-Lieben*, § 17 Rn. 3.

Verbotsirrtum mit Strafmilderungspotential, vermeidbarer Verbotsirrtum ohne Strafmilderungspotential. Von welcher Art die Relevanz der Medien in diesem normativen
Kontext ist, ist leicht zu erkennen. Soweit Medien tatsächlich Quellen und Träger von
Informationen über die Rechtslage sind, können sie (mit)ursächlich dafür ein, dass
der Täter entweder Unrechtsbewusstsein hat oder Unrechtsbewusstsein haben müsste
oder einem Verbotsirrtum unterliegt. Hat er zutreffende Informationen wahrgenommen, handelt er mit Unrechtsbewusstsein; ist er falsch informiert worden, handelt
er im Verbotsirrtum; hätte er richtige Informationen bekommen können, war sein
Verbotsirrtum vermeidbar[151]. Da Informationen über Recht heutzutage auch über
Massenmedien einschließlich des Internets zu erlangen sind, steht die Vermeidbarkeit des Verbotsirrtums in Zusammenhang mit der individuellen Medienkompetenz
des Täters[152]. Ein Autofahrer, der am 6. Dezember 2010 mit Sommerreifen angetrof-
fen wird, kann sich auf Unvermeidbarkeit seiner Unkenntnis von der Neuregelung
der Winterreifenpflicht in § 2 Abs. 3 a StVO eher berufen, wenn er 80 Jahre alt ist
und keinen Computer besitzt als ein 30-jähriger Berufskraftfahrer, der während der
Fahrten regelmäßig Autoradio hört und abends stundenlang im Internet surft[153].

3. Strafbefreiende Selbstanzeige

46   Die Selbstanzeige bei Steuerhinterziehung (§ 371 AO) ist ein persönlicher Strafauf-
hebungsgrund[154]. Die zuvor bereits begründete Strafbarkeit wegen vollendeter[155]
Steuerhinterziehung (§ 370 AO) wird durch die Selbstanzeige wieder beseitigt.
Diese Rechtsfolge tritt ein, wenn der Täter die in § 371 Abs. 1 und Abs. 3 AO
beschriebenen Leistungen erbringt und die negativen Wirksamkeitsvoraussetzungen des § 371 Abs. 2 AO nicht vorliegen. Einfluss der Medien auf die Erfüllung
der Voraussetzungen einer strafbefreienden Selbstanzeige ist denkbar in Bezug auf
§ 371 Abs. 2 Nr. 2 AO. Danach tritt Straffreiheit trotz Selbstanzeige nicht ein,
wenn die Tat entdeckt war und der Täter dies wusste oder mit Entdeckung rechnen musste. Diese Kenntnis bzw. Möglichkeit der Kenntniserlangung könnte auf
Medienberichterstattung über die Tätigkeit der zuständigen Behörden[156] beruhen.
Im Zusammenhang mit der „Liechtenstein-Finanzaffäre" ist dieses Thema aktuell
geworden[157]. Insbesondere der von deutschen Behörden getätigte illegale Ankauf

---

[151] BGHSt 37, 55 (67).

[152] LK-*Vogel*, § 17 Rn. 54, 74.

[153] Vgl. z. B. WELT ONLINE vom 3. 12. 2010: Ab morgen gilt Winterreifenpflicht.

[154] *Joecks*, in: Franzen/Gast/Joecks, Steuerstrafrecht, § 371 Rn. 32; *Rolletschke*, in: Graf/
Jäger/Wittig, § 371 AO Rn. 1.

[155] Im Falle bloß versuchter Steuerhinterziehung (§ 370 Abs. 2 AO) ist Rücktritt gem. § 24 StGB
möglich, *Joecks*, § 371 Rn. 232.

[156] *Joecks*, § 371 Rn. 192.

[157] *Rolletschke*, in: Graf/Jäger/Wittig, § 371 AO Rn. 118.

von Datenträgern (CD-ROM)[158] mit umfangreichen Informationen über mutmaßliche Steuerhinterzieher hat ein beträchtliches Medienecho ausgelöst und somit einem breiten Publikum Kenntnis davon verschafft, dass die Ermittlungsbehörden einer Vielzahl von Verdächtigen auf die Spur gekommen sind. Für Steuerschuldner, die ihr zu versteuerndes Geld am Fiskus vorbei auf Konten in Liechtenstein transferiert haben, bestand deshalb Grund zur Besorgnis, dass ihre Taten bereits von den Behörden entdeckt worden sind. Allerdings war den Medienberichten nicht zu entnehmen, welche Steuerschuldner anhand der ausgewerteten Daten bereits als Steuerhinterzieher identifiziert worden sind[159]. Deshalb ist positive Kenntnis des Täters von der Tatentdeckung jedenfalls nicht mit der Medienberichterstattung zu begründen[160]. Dasselbe gilt für die Alternative des Rechnenmüssens. Denn aus den Medien konnte kein Täter die sichere Kenntnis davon erlangen, dass die Behörden gerade „seinen" individuellen Fall von Steuerhinterziehung aufgedeckt haben[161]. Im Ergebnis steht die massive Medienbegleitung der „Liechtensteiner Steueraffäre" wirksamen strafbefreienden Selbstanzeigen also nicht entgegen[162].

4. Berichterstatterprivileg

Oben (Rn. 17) wurde auf die Existenz verschiedener Vorschriften im Besonderen **47** Teil des StGB hingewiesen, deren Regelungsgegenstand als „Berichterstatterprivileg" bezeichnet werden kann. Strafrechtsdogmatischer Standort dieser Regelungen ist der objektive Tatbestand, Rechtsfolge des Berichterstatterprivilegs ist der Ausschluss der objektiven Tatbestandsmäßigkeit. Das Berichterstatterprivileg, das erst hier zur Sprache kommt, ist in § 37 StGB geregelt und hat nach einhelliger Auffassung keine tatbestandsausschließende Wirkung. Der Gesetzestext gibt auf die Frage nach Rechtsnatur und Standort im Straftataufbau keine Antwort. Dementsprechend umstritten ist die Thematik. Nach verbreiteter Ansicht handelt es sich um einen Rechtfertigungsgrund[163]. Andere präferieren die Qualifizierung als sachlicher[164] oder persönlicher[165] Strafausschließungsgrund. Theoretisch hängt von der Entscheidung zwischen diesen Varianten das Notwehrrecht des von einem solchen Bericht Angegriffenen ab. Gegen die Rechtfertigungs-Lösung wird eingewandt, die

---

[158] Zur materiell-strafrechtlichen Bewertung des Vorganges s. z. B. *Kelnhofer/Krug* StV 2008, 660 (661–664); *Sieber* NJW 2008, 881 (882–885); *Trüg* StV 2011, 111 (113); *Trüg/Habetha* NJW 2008, 887 ff.

[159] *Randt/Schauf* DStR 2008, 489.

[160] *Randt/Schauf* DStR 2008, 489 (491).

[161] *Rode*, Strafverteidigung im Rechtsstaat, 2009, S. 365 (375).

[162] *Randt/Schauf* DStR 2008, 489 (491); *Rode*, S. 365 (377).

[163] MK-*Joecks*, § 37 Rn. 2.

[164] *Fischer*, § 37 Rn. 1; *Heinrich*, Medienstrafrecht, Rn. 77; *Jescheck/Weigend*, § 52 II 1; *Lackner/Kühl*, § 37 Rn. 1; *Schönke/Schröder/Perron*, § 37 Rn. 1.

[165] *Gropp*, § 8 Rn. 15.

strafrechtliche Privilegierung, die § 37 StGB der Parlamentsberichterstattung gewährt, könne nicht weiter gehen als diejenige, die aus § 36 StGB den Parlamentariern
selbst eingeräumt wird[166]. § 36 StGB normiert einen persönlichen Strafausschließungsgrund[167]. Daher bleibt z. B. eine üble Nachrede, die ein Abgeordneter in einer
Sitzung des Bundestages ausspricht, eine rechtswidrige Tat. Berichtet nun ein Journalist wahrheitsgemäß über diese ehrverletzende Äußerung, verwirklicht er selbst
ebenfalls den Tatbestand der üblen Nachrede in der Variante des „Verbreitens". Nach
h. M. hat der Beleidigte gegen den Parlamentarier ein Notwehrrecht, dem Journalisten gegenüber dagegen nicht. Da sie diesen Widerspruch vermeidet, ist die Lehre
vom sachlichen Strafausschließungsgrund vorzugswürdig.

48   Berichtsgegenstand muss ein Vorgang in einer öffentlichen Sitzung des Bundestages, der Bundesversammlung, eines Länderparlaments (Landtag, Abgeordneten-
haus, Bürgerschaft) oder eines Ausschusses sein. Bericht ist die reine Wiedergabe
des Geschehens ohne eigene kommentierende Bemerkungen des Berichtsverfassers.
Auf Wertungen und Meinungsäußerungen ist das Kriterium „wahrheitsgetreu" nicht
anwendbar, weshalb es für Äußerungen dieser Kategorie keine Straffreistellung geben kann. Macht sich der Berichterstatter die straftatbestandsmäßige Äußerung eines
Parlamentariers zueigen, ist insoweit die Grenze des Formats „Bericht" und damit
zugleich die Schwelle zur Strafbarkeit überschritten[168].

VI. Täterschaft und Teilnahme

49   Grundsätzlich richtet sich die strafrechtliche Verantwortlichkeit als Täter oder Teilnehmer im Medienbereich nach den allgemeinen strafrechtlichen Regeln, also nach
§§ 25 ff. StGB. Besondere Sachstrukturen der Medienwelt erzeugen jedoch spezielle Regelungsbedürfnisse, denen vereinzelt besondere Regelungen gewidmet sind.
Diese finden sich im Bereich des Internet- und Presse- bzw. Rundfunkrechts und
werden daher hier in den betreffenden Kapiteln behandelt.

1. Kundgabe von Äußerungen mittels Medien

50   Ein auch „altmodische" Medien betreffendes Sonderproblem mit speziellem Bezug
zu Täterschaft und Teilnahme stellt sich bei einer Gruppe von Straftaten, die üblicherweise als „Äußerungsdelikte" charakterisiert und bezeichnet werden. In erster
Linie geht es um Ehrverletzungsdelikte und damit um Straftaten, in deren Begehung Medien naturgemäß als Tatinstrument involviert sein können. Die Frage nach
der Beteiligtenrolle stellt sich in Fällen, in denen der Urheber des Äußerungsinhalts

---

[166] *Schönke/Schröder/Perron*, § 37 Rn. 1.

[167] *Lackner/Kühl*, § 36 Rn. 3; MK-*Joecks*, § 36 Rn. 2; *Schönke/Schröder/Perron*, § 36 Rn. 1.

[168] MK-*Joecks*, § 37 Rn. 8; *Schönke/Schröder/Perron*, § 37 Rn. 3.

nicht selbst den anschließenden Kundgabeakt vollzieht, sondern damit einen anderen beauftragt, der seinerseits zum Äußerungsinhalt keine persönliche Beziehung hat. Nach allgemeinen Tatherrschaftskriterien müsste dem Überbringer eines Briefes mit beleidigendem Inhalt[169] die Täterrolle schon deswegen zufallen, weil seine Mitwirkung letztlich dafür sorgt, dass der Kundgabeerfolg eintritt und damit der objektive Tatbestand einer vollendeten Beleidigung (§ 185 StGB) verwirklicht wird. Der Briefschreiber wäre wegen Anstiftung zur Beleidigung strafbar[170]. Dennoch wird überwiegend der Verfasser des ehrverletzenden Textes als Täter und sein den Brief überbringender Bote als Gehilfe qualifiziert. Begründen lässt sich dies nicht mit allgemeinen dogmatischen Erwägungen der Beteiligungslehre, sondern mit der Eigenart der betroffenen BT-Tatbestände: Täterschaftliche Verwirklichung des Beleidigungstatbestandes (§ 185 StGB) setzt die Kundgabe einer eigenen ehrverletzenden Äußerung voraus[171]. Wer nicht selbst Urheber des ehrverletzenden Äußerungsinhaltes ist, kann zum Täter nur dadurch werden, dass er sich die fremde Äußerung zueigen und dies auch nach außen sichtbar macht[172]. Wer in Kenntnis des beleidigenden Inhalts einen Brief nur vom Absender zum Adressaten trägt, bringt damit nicht zum Ausdruck, dass der Betroffene ihm gegenüber keinen Anspruch auf Achtung und Respekt habe.

Die strafrechtsdogmatische Aussage dieses einfachen Beispiels lässt sich verallgemeinernd auf andere Formen der Mitwirkung an Äußerungen Dritter übertragen: macht in einer Fernseh-Talkshow ein Teilnehmer der Gesprächsrunde eine beleidigende Bemerkung über einen Dritten, werden die Mitarbeiter der Rundfunkanstalt in Redaktion und Technik, deren Tätigkeit es zu verdanken ist, dass das Publikum an den heimischen Fernsehgeräten diese Äußerung wahrnimmt, nicht zu Beleidigungstätern. Ihre Mitwirkung an dem Vorgang hat dem Opfer gegenüber keinen ehrabschneidenden Aussagegehalt. **51**

2. Straftatunterstützung durch Medientätigkeit

Die allgemeine Thematik der strafrechtlichen Behandlung sog. „neutraler" oder „berufsadäquater" Handlungen mit Straftatunterstützungseffekt steht zweifellos auch mit der Berufsausübung im Medienbereich in Verbindung. Zumindest objektiv als Beihilfe zu einer strafbaren Tat könnte sich z. B. die Herausgabe einer Schrift darstellen, in der legal Handlungsanweisungen zu Verrichtungen gegeben werden, die in der Zerstörung von Gegenständen münden. Nutzt der Täter das aus der Lektüre eines Buches über den Umgang mit Sprengstoff erworbene Wissen zur Begehung einer gemeingefährlichen Straftat, sehen sich die an Herstellung und Verbreitung **52**

---

[169] Beispiel bei *Roxin*, Täterschaft und Tatherrschaft, S. 388.

[170] *Roxin*, Täterschaft und Tatherrschaft, S. 388.

[171] OLG Köln NJW 1993, 1486 (1487); 1996, 2878 (2879); *Joecks*, § 185 Rn. 3.

[172] OLG Köln NJW 1993, 1486 (1487); 1996, 2878 (2879); *Kindhäuser*, LPK-StGB, § 185 Rn. 10; LK-*Hilgendorf*, § 185 Rn. 40; SSW-*Sinn*, § 185 Rn. 24.

des Werk es beteiligten Personen unter Umständen dem Vorwurf der Beihilfe zu dieser Tat ausgesetzt[173]. Es ist hier nicht der Ort, dem umfangreichen Schrifttum zu diesem vielbehandelten Thema eine weitere Abhandlung hinzuzufügen. Hingewiesen sei aber darauf, dass gerade für journalistische Tätigkeit zahlreiche spezielle Vorschriften existieren, die einschlägige Handlungen weitgehend vor Strafbarkeit bewahren. Die oben behandelten Berichterstatterprivilege sowie der Rechtfertigungsgrund „Wahrnehmung berechtigter Interessen" (§ 193 StGB) sollten geeignet sein, den im Medienbereich Tätigen einen ausreichend großen Entfaltungsspielraum zu eröffnen, in dem sie straflos zu ihrer Berufsausübung gehörende Handlungen vollziehen können, aus denen andere Unterstützungseffekte zur Begehung eigener Straftaten ableiten.

Literatur

Barton/Gercke/Janssen, Die Veranstaltung von Glücksspielen durch ausländische Anbieter per Internet unter besonderer Berücksichtigung der Rechtsprechung des EuGH, wistra 2004, 321

Breuer, Anwendbarkeit des deutschen Strafrechts auf exterritorial handelnde Internet-Benutzer, MMR 1998, 141

Collardin, Straftaten im Internet, CR 1995, 618

Cornils, Der Begehungsort von Äußerungsdelikten im Internet, JZ 1999, 394

Derksen, Strafrechtliche Verantwortung für in internationalen Computernetzen verbreitete Daten mit strafbarem Inhalt, NJW 1997, 1878

Duesberg, Die Strafbarkeit des Online-Pokers, JA 2008, 270

E. Franke, Bildberichterstattung über Demonstrationen und Persönlichkeitsrechtsschutz der Polizei, JR 1982, 48

Haberstroh, Notwehr gegen unbefugte Bildaufnahmen – Angst als Rechtfertigungsgrund?, JR 1983, 314

Heine, Oddset-Wetten und § 284 StGB, wistra 2003, 441

B. Heinrich, Der Erfolgsort beim abstrakten Gefährdungsdelikt, GA 1999, 72

B. Heinrich, Festschrift für Ulrich Weber, 2004

Hellmann, Strafrecht und neue Medien, in: Juristische Fakultät der Universität Potsdam (Hrsg.), Neue Medien und Recht, 2002, S. 24

Hilgendorf, Überlegungen zur strafrechtlichen Interpretation des Ubiquitätsprinzips im Zeitalter des Internet, NJW 1997, 1873

Hochrathner, Hidden Camera – Ein zulässiges Einsatzwerkzeug des investigativen Journalismus?, ZUM 2001, 669

Hombrecher, Grundzüge und praktische Fragen des Internationalen Strafrechts, JA 2010, 637

Klengel/Heckler, Geltung des deutschen Strafrechts für vom Ausland aus im Internet angebotenes Glücksspiel, CR 2001, 243

Klug, Konfliktlösungsvorschläge bei heimlichen Tonbandaufnahmen zur Abwehr krimineller Telefonanrufe, Festschrift für Werner Sarstedt, 1981, S. 101

Klug, Der Ossietzky-Prozeß 1931, in: Rechtsphilosophie Menschenrechte Strafrecht, Aufsätze und Vorträge, hrsg. von G. Kohlmann, 1993, S. 266

Koch, Zur Strafbarkeit der „Auschwitzlüge" im Internet, JuS 2002, 123

Koch, Nationales Strafrecht und globale Internet-Kriminalität, GA 2002, 703

Kudlich, Altes Strafrecht für Neue Medien?, Jura 2001, 305

Laue, Der Fall „Jason" – LG Passau NJW 1997, 1165, Jura 1999, 634

---

[173] *Rackow*, Neutrale Handlungen als Problem des Strafrechts, S. 369.

Laukemann/Junker, Neues Spiel, neues Glück? – Zur strafrechtlichen Zulässigkeit von Lotterien und Ausspielungen im Internet, AfP 2000, 254

Lesch, Sportwetten via Internet – Spiel ohne Grenzen?, wistra 2005, 241

Meyer, Sportwetten als illegales Glücksspiel? – Zur Anwendbarkeit des § 284 StGB auf Sportwetten, JR 2004, 447

Paeffgen, Fotografieren von Demonstranten durch die Polizei und Rechtfertigungsirrtum, JZ 1978, 738

Pelz, Die strafrechtliche Verantwortlichkeit von Internet-Providern, ZUM 1998, 530

Satzger, Das deutsche Strafanwendungrecht (§§ 3 ff. StGB), Jura 2010, 108

Schuld, Veranstalterpflichten bei Berglauf(extrem)-Events, SpuRt 2011, 90

Trüg, Steuerdaten-CDs und die Verwertung im Strafprozess, StV 2011, 111

Vahle, Zur (Mit-)Verantwortlichkeit beim Überlassen von sog. Horror-Videos an Kinder bzw. Jugendliche, DVP 1999, 345

Weiler, Medien als Ursache von Straftaten und Kompromissen im Strafverfahren, AnwBl 1998, 2

§ 2 Strafrecht Allgemeiner Teil II – Sanktionen

I. Medien und Strafzumessung

1. Allgemeines

Im Prozess richterlicher Urteilsfindung ist die Strafzumessung einer der letzten Akte, **1** dem zahlreiche strafrechtliche Vorentscheidungen über Tat und Rechtsfolgen vorausgegangen sind. Gesetzlich ist eine bestimmte Reihenfolge nicht vorgeschrieben, jedoch besteht zumindest teilweise eine rechtslogisch begründete Vor- oder Nachrangigkeit der einzelnen Schritte im Verhältnis zueinander[1]. Steht fest, dass ein Sachurteil überhaupt ergehen darf[2], ist zunächst zu entscheiden, ob der Angeklagte eine Straftat begangen hat (Schuldspruch), § 260 Abs. 4 S. 1 StPO[3]. Bejahendenfalls ist die Verhängung einer Strafe als Hauptrechtsfolge grundsätzlich geboten. Sofern jedoch Umstände vorliegen, an die eine spezielle Vorschrift das obligatorische (§ 60 S. 1 StGB) oder fakultative (z. B. § 46 a StGB) Absehen von Bestrafung knüpft, ist zunächst darüber zu entscheiden. Gegebenenfalls kann in diesem Zusammenhang bereits ein Vorgriff auf das tat- und schuldangemessene Strafmaß erforderlich werden, wie etwa bei §§ 60 S. 2, 46 a, 46 b Abs. 1 S. 4 StGB. Kommt ein Absehen von Strafe nicht in Betracht, ist zu klären, welcher Strafrahmen der Strafmaßentscheidung zugrunde zu legen ist[4]. Dies ergibt sich zunächst aus dem Straftatbestand, auf dem der Schuldspruch beruht. Gegebenenfalls ist in Bezug auf ein und denselben Straftatbestand eine Auswahlentscheidung zwischen dem Normalstrafrahmen und einem Sonderstrafrahmen für besonders schwere oder/und minder schwere Fälle zu treffen[5]. Eine derartige Strafrahmen-Trichotomie gibt es z. B. beim Verbrechen der sexuellen Nötigung (§ 177 StGB): Normalstrafrahmen Absatz 1, besonders schwere

---

[1] *Meyer-Goßner*, § 194 GVG Rn. 1.

[2] Das ist nicht der Fall, wenn das Verfahren wegen eines Verfahrenshindernisses (z. B. Verjährung, § 78 StGB) oder endgültigen Fehlens einer Verfahrensvoraussetzung (z. B. Strafantrag, § 77 StGB) eingestellt werden muss, *Jescheck/Weigend*, vor § 85; *Meyer-Goßner*, Einleitung Rn. 141 ff.

[3] *Meyer-Goßner*, § 260 Rn. 21.

[4] *Bunz* Jura 2011, 14 (15); *Günther* JZ 1989, 1025 (1026); *Jescheck/Weigend*, § 82 II 1.

[5] *Jescheck/Weigend*, § 82 II 2.

W. Mitsch, *Medienstrafrecht*, Springer-Lehrbuch, DOI 10.1007/978-3-642-17263-2_2, © Springer-Verlag Berlin Heidelberg 2012

Fälle Absatz 2 und minder schwere Fälle Absatz 5[6]. Eine Senkung des Strafrah-
menniveaus ist vorzunehmen, wenn eine Vorschrift zur Anwendung kommt, die auf
§ 49 StGB verweist (z. B. §§ 13 Abs. 2, 21, 157 StGB). Beruht der Schuldspruch
auf mehreren verwirklichten Straftatbeständen oder sogar auf mehreren Taten, ist
das Konkurrenzverhältnis zu berücksichtigen. Im Falle von Idealkonkurrenz ist der
Strafrahmen zu ermitteln, der die höchste Strafe ermöglicht, § 52 Abs. 2 S. 1 StGB.
Besteht Realkonkurrenz, kommen vor der Bildung der Gesamtstrafe (§ 54 StGB)
zunächst einmal sämtliche Strafrahmen zur Anwendung, auf deren Grundlage die
Einzelstrafen bemessen werden[7]. Ist nunmehr der bemessungserhebliche Strafrahmen festgelegt, findet anschließend die Strafzumessung im engeren Sinne statt[8].
Nach Maßgabe des § 46 StGB ist innerhalb des Rahmens der Punkt zu finden, an dem
das notwendige Korrespondenzverhältnis zur Tatschuld unter Berücksichtigung des
Resozialisierungszwecks besteht. Dabei ist das Maß der „Strafzumessungsschuld" in
ein Maß der Strafe umzusetzen[9]. Zu diesem Zweck sind die strafzumessungserhebli-
chen Umstände zu gewichten und gegeneinander abzuwägen, § 46 Abs. 2 S. 1 StGB.
Welche Tatsachen strafzumessungserheblich sind, ist in § 46 Abs. 3 StGB lediglich
negativ definiert. Positiv enthält § 46 Abs. 2 S. 2 StGB einen nicht abschließen-
den („namentlich")[10] und für den konkreten Fall unverbindlichen Kriterienkatalog,
dessen Bestandteile zudem ambivalent sind[11]. „Medien" sind in ihm nicht explizit
erwähnt. Gleichwohl können Tatsachen mit Medienbezug strafzumessungsrelevante
Umstände sein.

2. Einbeziehung von Medien in die Tat als Strafzumessungs-Umstand

a) Verschuldete Auswirkungen der Tat

2   Straftaten mit Ingredienzien eines Sensationsereignisses ziehen naturgemäß ein starkes Interesse der Allgemeinheit und intensive Anteilnahme der Medien auf sich[12].
Vor allem wenn Täter oder/und Opfer in einem gesellschaftlichen Segment behei-
matet sind, das man als „Prominenz" bezeichnen kann, läuft der Medienbetrieb
auf Hochtouren. Dasselbe lässt sich bei spektakulären Kriminalfällen wie z. B. den
„Amokläufen" oder terroristischen Anschlägen der jüngsten Vergangenheit beobachten. In die Nähe des Strafzumessungsgesichtspunkts „verschuldete Auswirkungen

---

[6] Die Absätze 3 und 4 normieren Qualifikationstatbestände, *Lackner/Kühl*, § 177 Rn. 12.

[7] *Deiters*, Strafzumessung bei mehrfach begründeter Strafbarkeit, S. 15; *Jescheck/Weigend*, § 68 III 1 a.

[8] MK-*Franke*, § 46 Rn. 23.

[9] *Jescheck/Weigend*, § 82 IV 3.

[10] *Bunz* Jura 2011, 14 (16); MK-*Franke*, § 46 Rn. 24.

[11] *Bunz* Jura 2011, 14 (16).

[12] *Kühl*, FS Müller-Dietz, S. 401 (403).

der Tat" (§ 46 Abs. 2 S. 2 4. Gr. StGB) gerät der Sachverhalt mit Medienkomponente dann, wenn z. B. ein exzessiver „Medienrummel" für das Tatopfer, seine Angehörigen und sonstige dem Umfeld angehörende Personen zur Plage wird. Das Opfer, das das Bedürfnis hat, „in Ruhe gelassen zu werden"[13], wird verfolgt, bedrängt und öffentlich zur Schau gestellt. Der durch die Tatbegehung unmittelbar verursachten primären[14] folgt damit eine „sekundäre Viktimisierung"[15] auf dem Fuße[16]. Dass es sich um Auswirkungen der Tat handelt, ist nicht zu bestreiten. Fraglich ist hingegen, ob und in welchem Umfang dies dem Täter zuzurechnen ist, also als von ihm „verschuldete" Folge seiner Tat anzuerkennen ist. Wie bei der Zurechnung tatbestandsmäßiger Erfolge kommt es in objektiver Hinsicht darauf an, wie weit die Verantwortung des Täters für Verhalten Dritter reicht[17]. Opferbelastungen infolge Medientätigkeit, die sich im Rahmen der grundgesetzlich garantierten Berichterstattungsfreiheit (Art. 5 Abs. 1 S. 2 GG) bewegt, sind dem Täter, der das Medienecho mit seiner Tat ausgelöst hat, zuzurechnen. Für Exzesse kann er dagegen nicht verantwortlich gemacht werden. In subjektiver Hinsicht stellt sich die Frage, ob Vorsatz erforderlich ist oder Fahrlässigkeit ausreicht. Da es nicht um eine strafbarkeitsbegründende Zurechnung, sondern um das Maß der Strafe geht, ist eine Orientierung an § 15 StGB[18] nicht sachangemessen. Näher liegt eine Analogie zu § 18 StGB, sodass Fahrlässigkeit – d. h. Vorsehbarkeit der Folgen[19] – als ausreichend zu betrachten ist[20]. Denn da § 46 Abs. 2 StGB zur quantitativen Berücksichtigungsfähigkeit der Kriterien im Strafzumessungsprozess keinerlei Vorgaben macht, ist gegen ein Höchstmaß an Flexibilität nichts einzuwenden. Ließe man aber nur vorsätzlich verursachte Auswirkungen zu, würden ohne Not Bestandteile des Sachverhalts aus der Strafzumessung ausgeschlossen, die isoliert betrachtet geringfügige Strafschärfungen rechtfertigen und als Element der Gesamtabwägung zusätzliches Gewicht bekommen könnten.

In diesem Zusammenhang ist aber auch eine gegenläufige Berücksichtigung von **3** medienbezüglichen Tatauswirkungen denkbar. Diese können in der Strafzumessung auch zugunsten des Täters zu Buche schlagen[21]. Nicht ausgeschlossen ist, dass Medientätigkeit zu einer Linderung der durch die Tat erlittenen Schäden führt, z. B. indem durch Publizierung des Opferschicksals eine Welle von Sympathie- und Mitleidsbekundungen sowie materielle Wohltaten in Form von Spenden und Geschenken

---

[13] *Meier*, Kriminologie, § 8 Rn. 47.

[14] *Göppinger*, Kriminologie, § 11 Rn. 6.

[15] *von Danwitz*, Kriminologie, Rn. 242; *Kropp* JuS 2005, 686 (688); *Meier*, Kriminologie, § 8 Rn. 35; *Neubacher*, Kriminologie, 12. Kap. Rn. 3.

[16] *Raschke* ZJS 2011, 38 (43).

[17] MK-*Franke*, § 46 Rn. 38 bzgl. freiverantwortlicher Selbstgefährdung des Verletzten.

[18] Dafür *Schönke/Schröder/Stree/Kinzig*, § 46 Rn. 26 b.

[19] BGHt 10, 259 (263); *Fischer*, § 46 Rn. 34; MK-*Franke*, § 46 Rn. 37.

[20] BGHSt 10, 259 (264); *Lackner/Kühl*, § 46 Rn. 34.

[21] MK-*Franke*, § 46 Rn. 38.

ausgelöst werden. Ebenfalls hierher gehört der Fall, dass das Tatopfer selbst die Medien zum eigenen Vorteil nutzt, etwa das eigene Opfererlebnis als „Story" vermarktet[22] oder über die Medien einen Rachefeldzug gegen den Täter führt[23].

b) Art der Ausführung

4   Bei dieser Gruppe von Strafzumessungstatsachen ist besonderes Augenmerk auf das Doppelverwertungsverbot (§ 46 Abs. 3 StGB) zu richten, da Einzelheiten des Tatbegehungsmodus zunächst einmal die Tatbestandsmäßigkeit des Verhaltens mitbegründen (z. B. listige Vorgehensweise bei § 234 StGB), als tatbestandliches Qualifizierungsmerkmal gesetzlich verarbeitet sind (z. B. Hinterlist bei § 224 Abs. 1 Nr. 3 StGB) oder als Teil eines Regelbeispiels das Vorliegen eines besonders schweren Falles anzeigen (z. B. Einbruch bei § 243 Abs. 1 S. 2 Nr. 1 StGB)[24]. Deswegen kann die tatwirkungsverstärkende Einbeziehung von Medien in die Tatausführung bei übler Nachrede (§ 186 StGB) und Verleumdung (§ 187 StGB) nicht als strafschärfender Umstand im Rahmen des § 46 Abs. 2 StGB verwertet werden. Denn die Tatbegehung durch Verbreiten von Schriften (§ 11 Abs. 3 StGB) entfaltet bei diesen Delikten ihre unrechtserhöhende Wirkung als Qualifikationsmerkmal schon auf der Tatbestandsebene. Jedoch lässt sich gerade aus diesen beiden Vorschriften die verallgemeinerungsfähige Wertung ableiten, dass bei einer Straftat mit Äußerungs- oder Kundgabeelement der Unrechtsgehalt erhöht wird, wenn bei der Verwirklichung dieses Handlungsmerkmals Medien benutzt werden. Wo dieser Umstand anders als bei §§ 186, 187 StGB noch nicht in den (Qualifikations-)Tatbestand einbezogen ist, bleibt seine Verwertbarkeit als Strafzumessungstatsache erhalten. Begeht der Täter also z. B. eine Beleidigung (§ 185 StGB), eine Verunglimpfung des Ansehens Verstorbener (§ 189 StGB) oder einen Geheimnisverrat (§ 203 StGB) über die Medien, kann dies als besonders schwerwiegende „Art der Ausführung" zu einer Strafmaßanhebung führen.

5   Den wohl spektakulärsten Fall unmittelbarer Einbeziehung der Medien in eine Verbrechensbegehung erlebte die Bundesrepublik Deutschland im Jahr 1988 mit der „Geiselnahme von Gladbeck". Vor laufender Fernsehkamera in die Mikrofone der anwesenden Reporter sprechend präsentierten sich die beiden Bankräuber und Geiselnehmer wie Fernsehstars und ließen die gesamte Zuschauergemeinde „live" die Machtlosigkeit der Polizei gegenüber dieser bisher nie dagewesenen Erscheinungsform krimineller Niedertracht und Überheblichkeit miterleben. Diese perfide – den Staat und seine Rechtsordnung verhöhnende – Nutzung der Medien als Bühne ist ein Tatausführungskennzeichen, das in den einschlägigen Straftatbeständen keine Merkmalsqualität hat. Sie kann daher als „Art der Ausführung" strafschärfend

---

[22] *Meier*, FS Rolinski, S. 425 (437).

[23] Instruktiv *Freuding* ZRP 2010, 159 ff.

[24] MK-*Franke*, § 46 Rn. 34.

berücksichtigt werden, was in dem Strafverfahren gegen die überlebenden[25] Geiselnehmer wegen der aus § 211 StGB verwirkten lebenslangen Freiheitsstrafe allerdings
nicht zur Geltung kam.

3. Begleitung des Strafverfahrens durch Medien als Strafzumessungs-Umstand

Medienberichterstattung über Strafverfahren ist zur Information über Recht und Ju-   **6**
stiz, zur Entwicklung und Stabilisierung von Rechtsbewusstsein und zur Stärkung
des Vertrauens in die Rechtsordnung und die zu ihrer praktischen Handhabung berufenen Vertreter des Staates eine wertvolle Einrichtung, auf die eine rechtsstaatlich und
demokratisch verfasste Gesellschaft nicht verzichten kann[26]. Andererseits kann mit
dem Gebrauch dieses Instruments auch beträchtlicher Schaden angerichtet werden[27].
Heinrich Böll hat mit „Die verlorene Ehre der Katharina Blum" ein eindrucks-
volles Beispiel für die zerstörerische Kraft skrupellos und menschenverachtend
eingesetzter Medienmacht geschaffen. Insbesondere eine öffentliche mediale „Vorverurteilung" des Beschuldigten ist ein Phänomen, dessen rechtliche Behandlung
schwierig und umstritten ist. Zwar hat die Unschuldsvermutung (Art. 6 Abs. 2 MRK)
für Privatpersonen und damit auch für die Unternehmen der Medienbranche und
ihre Mitarbeiter keine unmittelbar verpflichtende Wirkung[28]. Dennoch entfaltet dieses Fundamentalprinzip einer fairen Strafrechtspflege bei der Konkretisierung des
Persönlichkeitsrechts und der Bestimmung der daraus abzuleitenden Schranken zulässiger Prozessberichterstattung eine erhebliche Ausstrahlungswirkung („mittelbare
Drittwirkung")[29]. Der Respekt vor dem noch nicht verurteilten Beschuldigten und
vor dem allein zur Entscheidung über Schuld oder Unschuld berufenen Strafgericht
gebietet eine entsprechende Zurückhaltung und Mäßigung. Dem gerichtlichen Urteil darf nicht vorgegriffen werden, der Beschuldigte nicht vorschnell als schuldig
an den Pranger gestellt werden. Welche rechtlichen Konsequenzen in dem Strafverfahren die Missachtung dieser Begrenzungen hat, ist umstritten. Der am weitesten
gehende Vorschlag, ein Verfahrenshindernis wegen Unmöglichkeit einer fairen Ver-
fahrensfortsetzung anzuerkennen und das Strafverfahren gegen den von den Medien

---

[25] Bekanntlich war der Haupttäter bei der polizeilichen Befreiungsaktion – ebenso wie eine der
Geiseln – getötet worden.

[26] *Kühl*, FS Müller-Dietz, S. 401 (403).

[27] *Heinrich*, Medienstrafrecht, Rn. 394; *Roxin*, FS Münch. Jur. Gesellschaft, S. 97.

[28] *Bornkamm* NStZ 1983, 102 (104); *Roxin* NStZ 1991, 153 (156); *Weigend*, FS Rolinski, S. 253
(267).

[29] *Barrot* ZJS 2010, 701 (703); *Bornkamm* NStZ 1983, 102 (104); *Hassemer* NJW 1985, 1921
(1923); *Kühl*, FS Müller-Dietz, S. 401 (413); *Lettl* WRP 2005, 1045 (1072, 1075); *Marxen* GA
1980, 365 (373); *Raschke* ZJS 2011, 38 (41); *Roxin*, FS Münch. Jur. Gesellschaft, S. 97 (98);
Roxin/Schünemann, Strafverfahrensrecht, § 18 Rn. 20 ff.

vorverurteilten Beschuldigten einzustellen[30], hat wenig Zuspruch gefunden[31]. Das ist richtig, da anderenfalls den Medien ein nicht mehr hinnehmbares Maß an Einfluss auf den Gang des Verfahrens eingeräumt würde. Vor allem der gewissen- und würdelosen Boulevardpresse – die ebenso wie die „seriöse" Presse aus Art. 5 Abs. 1 GG ein Recht auf Kriminalberichterstattung ableiten kann[32] – würde damit ein juristischer Hebel in die Hand gegeben, um ein Verfahren zum „Kippen" zu bringen[33]. Zudem würde die Verfahrenseinstellung dem Beschuldigten, der unschuldig ist und Rehabilitierung nur durch einen Freispruch erlangen könnte, nichts nützen[34]. Dagegen stößt auf mehr Sympathie die Ansicht, dass extreme Verletzungen des Persönlichkeitsrechts durch die Medien dem Beschuldigten bei der Strafzumessung sanktionsmildernd gutgeschrieben werden müssen[35]. Im Detail ist hier aber vieles offen und streitig. So stößt beispielsweise der in der BGH-Rechtsprechung vertretene „Prominenten-Malus", wonach Personen des öffentlichen Lebens, die ohnehin stärker unter medialer Beobachtung stehen, auch im Falle eines Strafverfahrens mehr ertragen müssten als „Normalverbraucher"[36], in der Literatur nicht auf ungeteilte Zustimmung[37]. Streiten kann man auch über die These, dass einem Beschuldigten, der selbst offensiv Medienpräsenz sucht, um daraus Vorteile für sich zu erwirken, auf der anderen Seite ein größeres Maß an medialer Bloßstellung zugemutet werden kann. Dogmatisch lässt sich die grundsätzliche strafmildernde Berücksichtigung aus dem Gedanken des § 60 S. 1 StGB herleiten[38]. Wenn die Berichterstattung zum „Pranger" wird, hat der Beschuldigte einen Teil des verdienten Strafübels bereits erlitten, bevor er verurteilt worden ist[39]. Zuzugeben ist jedoch auch, dass die Strafmilderungslösung einem wegen Mordes Verurteilten wenig nützt, da kein Gericht bereit ein wird, allein wegen unerträglicher Vorverurteilung durch die Medien von der gesetzlich verabsolutierten lebenslangen Freiheitsstrafe (§ 211 Abs. 1 StGB) abzurücken[40].

---

[30] *Kühl*, FS Müller-Dietz, S. 401 (407); *Trüg* NJW 2011, 1040 (1045); *Wohlers* StV 2005, 186 (190).

[31] *Hillenkamp* NJW 1989, 2841 (2845); *Meyer-Goßner*, Einl. Rn. 148 b.

[32] *Kühl*, FS Müller-Dietz, S. 401 (409).

[33] *Hassemer* NJW 1985, 1921 (1928); *Roxin* NStZ 1991, 153 (154); *ders.*, FS Münch. Jur. Gesellschaft, S. 97 (101); *Roxin/Schünemann*, Strafverfahrensrecht, § 8 Rn. 17, § 18 Rn. 25; *Weigend*, FS Rolinski, S. 253 (271).

[34] *Roxin* NStZ 1991, 153 (154), der aus diesem Grund auch die Strafmilderung für ein untaugliches Mittel hält.

[35] *Gross*, FS Hanack, S. 39 (53); *Hassemer* NJW 1985, 1921 (1928); *F. Knauer* GA 2009, 541 (546 ff.); *Weiler* ZRP 1995, 130 (135); *Wohlers* StV 2005, 186 (191).

[36] BGHSt 52, 220 (222).

[37] *F. Knauer*, GA 2009, 541 (549); *Streng* JR 2009, 78 (79).

[38] *Bunz* Jura 2011, 14 (17); gegen eine analoge Anwendung des § 60 S. 1 StGB *F. Knauer* GA 2009, 541 (546).

[39] *F. Knauer* GA 2009, 541 (547).

[40] *Weiler* ZRP 1995, 130 (133).

II. Öffentliche Bekanntgabe der Verurteilung

Eine spezielle Sanktionsart, zu deren Wesen ein unmittelbarer Medienbezug gehört,   **7**
ist die öffentliche Bekanntgabe der Verurteilung. Denn sowohl die zugrunde liegende
Tat als auch die Sanktion selbst kennzeichnet ein Ausführungsmodus, bei dem ein
Öffentlichkeit schaffendes Medium verwendet wird.

1. Wesen und Rechtsgrundlagen

Die öffentliche Bekanntgabe der Verurteilung eines Straftäters dient der Rehabilitie-   **8**
rung des durch die zugrundeliegende Tat diffamierten Opfers. Sie hat Genugtuungs-
funktion[41] und soll den durch die Tat beschädigten Ruf des Opfers wiederherstellen[42].
Deshalb sieht das Strafrecht diese Nebenfolge[43] nur bei Straftaten mit entsprechender
Angriffsrichtung vor[44]. Im StGB begegnet man dieser Sanktion in § 103 Abs. 2 (iVm
§ 103 Abs. 1), § 165 (iVm § 164) und § 200 (iVm §§ 185 ff.; dagegen nicht §§ 90, 90
b[45]). Anwendungsfälle des Nebenstrafrechts sind § 111 UrhG, § 143 Abs. 6 MarkenG,
§ 142 Abs. 6 PatG, § 25 Abs. 6 S. 1 GebrMG, § 10 Abs. 6 S. 1 HalblSchG, § 39 Abs. 6
S. 1 SortSchG sowie §§ 51 Abs. 6 S. 1, 65 Abs. 2 GeschmMG. Wegen ihres un-
günstigen Einflusses auf erzieherische Bemühungen gegenüber einem jugendlichen
Straftäter ist die Verurteilungsbekanntgabe bei der Anwendung von Jugendstrafrecht
ausgeschlossen, §§ 6 Abs. 1 S. 2, 105 Abs. 1 JGG[46].

2. Voraussetzungen

a) Anlasstat

Die zugrunde liegende Tat muss zu einer „Verurteilung" geführt haben und es   **9**
muss „auf Strafe erkannt" worden sein. Das bedeutet zweierlei: In materiell-
strafrechtlicher Hinsicht ist eine alle Strafbarkeitsvoraussetzungen einschließlich
der Schuld erfüllende Tat erforderlich. Die tatbestandsmäßige und rechtswidrige

---

[41] MK-*Zopfs*, § 165 Rn. 1; SSW-*Sinn*, § 200 Rn. 2.

[42] Krit. *Schomburg* ZRP 1986, 65 (67): „Das 'Brandmarken' von Tätern ist mit dem Menschenbild
des Grundgesetzes nicht vereinbar".

[43] *Schönke/Schröder/Lenckner/Bosch*, § 165 Rn. 1; *Schricker/Loewenheim/Haß*, Urheberrecht, 4.
Aufl. 2010, § 111 Rn. 1; SSW-*Jeßberger*, § 165 Rn. 1; SSW-*Sinn*, § 200 Rn. 1; a. A. BGHSt 10,
306 (310): Nebenstrafe; MK-*Regge*, § 200 Rn. 1.

[44] Ein gesetzgeberisches Gesamtkonzept hinter den Einzelregelungen vermisst *Schomburg* ZRP
1986, 65 (67).

[45] NK-*Zaczyk*, § 200 Rn. 2; a. A. MK-*Regge*, § 200 Rn. 4.

[46] *Laubenthal/Baier*, Jugendstrafrecht, Rn. 425: „Prangerwirkung".

Tat eines Schuldunfähigen (§ 20 StGB) reicht also nicht. Keine Bestrafung ist die Verwarnung mit Strafvorbehalt (§ 59 StGB)[47]. In strafprozessualer Hinsicht muss es zu einer gerichtlichen Entscheidung gekommen sein, in deren Tenor die Schuld des Täters festgestellt wird. Wird das Verfahren wegen Verjährung eingestellt und in der Entscheidungsbegründung inzident erklärt, dass der Angeklagte eine strafbare Tat begangen habe, rechtfertigt dies eine öffentliche Bekanntgabe dieser Entscheidung nicht. Ebensowenig genügt ein im selbständigen Verfahren gem. §§ 444 Abs. 3 S. 1, 441 Abs. 2 StPO ergangener Beschluss, mit dem das Gericht einer juristischen Person oder sonstigen Personenvereinigung eine Geldbuße gem. § 30 OWiG anlässlich einer Tat auferlegt, die von einer Organperson begangen wurde und die ihrerseits eine öffentliche Bekanntgabe der Verurteilung gerechtfertigt hätte. Der Verurteilung durch Sachurteil iSd 260 StPO gleichgestellt ist die Straffestsetzung durch Erlass eines Strafbefehls, § 407 Abs. 2 S. 1 Nr. 1 StPO. Wird das Strafverfahren gem. § 153 a StPO eingestellt, kommt es weder zu einer Verurteilung noch zu einer Bestrafung. Für eine öffentliche Bekanntgabe fehlt daher bereits ein Bekanntgabegegenstand.

10 Die Verurteilung muss unmittelbar auf einer Strafvorschrift beruhen, auf die die oben (Rn. 8) erwähnten Sanktionsvorschriften verweisen. Ausreichend ist Strafbarkeit wegen Teilnahme (§§ 26, 27 StGB). Dagegen rechtfertigt es keine öffentliche Urteilsbekanntgabe, wenn ein verantwortlicher Redakteur einer Zeitung auf der Grundlage des besonderen presserechtlichen Straftatbestands (z. B. § 14 Abs. 2 BbgPG) verurteilt wird, weil er seine Verpflichtung verletzt hat, das Druckwerk von einem strafbaren Inhalt freizuhalten, der seinerseits gem. § 164 StGB oder §§ 185 ff. StGB geeignet wäre, die Voraussetzungen des § 165 StGB oder § 200 StGB zu erfüllen[48].

b) Tatbegehungsart

11 Bei den Delikten des StGB ist als besondere Form der Tatbestandsverwirklichung öffentliche Begehung oder Verbreitung von Schriften (§ 11 Abs. 3 StGB) Sanktionsvoraussetzung. § 103 Abs. 2 StGB fügt als dritte Variante die Begehung in einer (nichtöffentlichen) Versammlung hinzu. Auf diese Kennzeichen stellen die nebenstrafrechtlichen Vorschriften nicht ab. Jedoch handelt es sich dort um Deliktstypen, deren Charakteristikum darin besteht, dass sich der Täter einem größeren Personenkreis (z. B. § 143 Abs. 1 MarkenG: „im geschäftlichen Verkehr") gegenüber die Rechtsstellung anmaßt, die dem Verletzten zusteht. Ein Bedürfnis nach öffentlicher Richtigstellung und Schadenswiedergutmachung besteht bei diesen Taten ebenso wie bei öffentlich oder durch Schriftenverbreitung begangenen Delikten.

---

[47] MK-*Zopfs*, § 165 Rn. 5; MK-*Regge*, § 200 Rn. 6; *Schönke/Schröder/Lenckner/Bosch*, § 165 Rn. 4; *Schomburg* ZRP 1986, 65.

[48] LK-*Hilgendorf*, § 200 Rn. 1.

c) Bekanntgabegrund

Ein spezielles Bekanntgabeinteresse des Berechtigten ist in den im StGB geregelten **12**
Fällen nicht erforderlich. Die Straftat als solche ist Grund genug, dem Verletzten die
Befugnis einzuräumen, die öffentliche Bekanntgabe der Verurteilung zu verlangen.
Anders ist die Rechtslage in den nebenstrafrechtlichen Fällen. § 111 S. 1 UrhG, § 143
Abs. 6 S. 1 MarkenG und § 142 Abs. 6 S. 1 PatG machen die Sanktion von einem
berechtigten Interesse des Verletzten abhängig. Die Gesetzestexte stellen darauf ab,
dass der Berechtigte das berechtigte Interesse „dartut". Daraus ist jedoch nicht zu
schlussfolgern, dass der Berechtigte über die Antragstellung hinaus begründen muss,
woraus er seine Berechtigung ableitet. Entscheidend und ausreichend ist, dass ein
berechtigtes Interesse objektiv besteht und vom Gericht (an)erkannt wird[49].

3. Verfahren

a) Antrag

Die öffentliche Bekanntmachung der Verurteilung ist eine Folge der Straftat, die **13**
nicht von Amts wegen, sondern nur auf Antrag des Berechtigten angeordnet wird.
Antragsberechtigt ist gem. §§ 165 Abs. 1, 200 Abs. 1, 103 Abs. 2 S. 1 iVm 200 Abs. 1
StGB, § 143 Abs. 6 S. 1 MarkenG, § 142 Abs. 6 S. 1 PatG, § 111 S. 1 UrhG, § 25 Abs. 6
S. 1 GebrMG, § 10 Abs. 6 S. 1 HalblSchG, § 39 Abs. 6 S. 1 SortSchG und §§ 51 Abs. 6
S. 1, 65 Abs. 2 GeschmMG der Verletzte. Dies ist im Fall des § 165 StGB nur der
fälschlich Verdächtige und auch das nur, wenn er in die Tat nicht eingewilligt hat[50].
Bei Ehrverletzungsdelikten können auch sonstige Strafantragsberechtigte den Antrag
stellen, § 200 Abs. 1 StGB. Damit wird auf § 194 StGB verwiesen. § 103 Abs. 2
S. 2 StGB räumt auch der Staatsanwaltschaft ein Antragsrecht ein. Da außer §§ 103
Abs. 1, 164 StGB alle der relevanten Delikte Privatklagedelikte (§ 374 Abs. 1 Nr.
2, Nr. 8 StPO) sind und zum Teil auch zum Anschluss als Nebenkläger berechtigen
(§ 395 Abs. 1 Nr. 6 StPO), ist praktisch gewährleistet, dass der Antragsberechtigte
an dem Verfahren teilnimmt und dort die Gelegenheit hat, den Antrag zu stellen.

b) Anordnung

Wird der Antrag vom Berechtigten gestellt, ordnet das Gericht die öffentliche **14**
Bekanntgabe der Verurteilung an. Im Strafbefehlsverfahren muss die Art der Bekanntmachung bereits im Strafbefehlsantrag bezeichnet werden[51]. Das Gericht

---

[49] *Schricker/Loewenheim/Haß*, § 111 Rn. 6.

[50] *Schönke/Schröder/Lenckner/Bosch*, § 165 Rn. 5.

[51] *Meyer-Goßner*, § 407 Rn. 18.

erlässt den Strafbefehl dann wie beantragt. Inhaltlich ist bereits im Urteil zu bestim-
men, auf welche Weise die Verurteilung öffentlich bekannt gemacht wird, §§ 103
Abs. 2 S. 1, 165 Abs. 2, 200 Abs. 2 S. 1 StGB, § 111 S. 2 UrhG, § 143 Abs. 6
S. 2 MarkenG, § 142 Abs. 6 S. 2 PatG, § 10 Abs. 6 S. 2 HalblSchG, § 39 Abs. 6 S. 2
SortSchG, § 25 Abs. 6 S. 2 GebrMG, §§ 51 Abs. 6 S. 2, 65 Abs. 2 GeschmMG[52].
Bei den Delikten des StGB soll die Bekanntgabe möglichst in demselben Medium
erfolgen, mit dem auch die zugrunde liegende Straftat begangen wurde, § 200 Abs. 2
S. 2 StGB. Obwohl in § 200 Abs. 2 S. 2 StGB noch nicht erwähnt, wird man auch
das Internet als Bekanntgabemedium einbeziehen können.

c) Vollstreckung

15   Die Vollstreckung der Urteilsbekanntmachung ist in § 463 c StPO geregelt. Nach-
      dem das Gericht die Bekanntmachung im Strafurteil oder im Strafbefehl angeordnet
      hat, wird diese Entscheidung dem Berechtigten zugestellt, § 463 c Abs. 1 StPO.
      Dieser hat danach einen Monat Zeit, um den Vollzug der Anordnung zu verlangen,
      § 463 c Abs. 2 StPO. Die Bekanntgabe erfolgt also nicht „automatisch" infolge der
      gerichtlichen Anordnung[53]. Zuständig für die Vollziehung ist die Staatsanwaltschaft
      als Vollstreckungsbehörde, § 451 StPO[54]. Gemäß § 31 Abs. 2 S. 1 RPflG wird diese
      Aufgabe vom Rechtspfleger wahrgenommen. Setzt der verpflichtete Verleger oder
      verantwortliche Redakteur die Anordnung nicht um, kann er vom Gericht mittels
      Zwangsgeld oder Zwangshaft dazu angehalten werden.

III. Einziehung von Schriften

1. Allgemeines

16   Im Falle einer vorsätzlich begangenen Tat sieht § 74 StGB eine Rechtsfolge vor, die
      entweder strafähnlichen Charakter[55] hat oder Sicherungsmaßnahme ist[56]. Die straf-
      ähnliche Einziehung setzt eine schuldhafte Tat voraus[57] und richtet sich gegen den
      Täter oder Teilnehmer (§ 74 Abs. 2 Nr. 1 StGB) bzw. in bestimmten Fällen gegen
      einen Dritten, der in beteiligungsähnlicher Weise in die Tat involviert ist, § 74 a
      StGB[58]. Die Sicherungseinziehung ist unter den in § 74 Abs. 2 Nr. 2 StGB beschrie-
      benen Voraussetzungen zulässig gegenüber einem Dritten, der zu der Tat in keiner

---

[52] *Meyer-Goßner*, § 260 Rn. 40.

[53] *Schomburg* ZRP 1986, 65 (66).

[54] *Meyer-Goßner*, § 463 c Rn. 3.

[55] *Lackner/Kühl*, § 74 Rn. 1.

[56] *Lackner/Kühl*, § 74 Rn. 2; MK-*Joecks*, § 74 Rn. 4.

[57] *Eser*, Die strafrechtlichen Sanktionen gegen das Eigentum, S. 210; MK-*Joecks*, § 74 Rn. 7.

[58] Krit. dazu *Eser*, S. 238 ff.

Beziehung steht, die eine Strafe oder strafähnliche Sanktion rechtfertigen würde. Gegenüber dem Täter oder Teilnehmer ist sie zulässig, wenn dessen Verhalten nicht schuldhaft war, § 74 Abs. 3 StGB. Da sich die Einziehung auf Gegenstände bezieht, die jemandem gehören oder zustehen, ist sie eine Sanktion gegen das Eigentum. Dieser Charakter manifestiert sich in der Wirkung der Einziehung, die darin besteht, dass das Eigentum an der eingezogenen Sache oder das eingezogene Recht mit Rechtskraft der anordnenden Entscheidung auf den Staat übergeht, § 74 e Abs. 1 StGB. Damit dieser enteignende Akt mit Art. 14 GG im Einklang steht, gewährt § 74 f. Abs. 1 StGB dem Betroffenen einen Anspruch auf Entschädigung, sofern er weder Täter noch Teilnehmer ist.

2. Einziehung gem. § 74 StGB

Objekt der Einziehung sind Gegenstände. Das sind in erster Linie Sachen iSd § 90   **17** BGB, aber auch Rechte[59]. Dies erklärt, warum § 74 e Abs. 1 StGB neben dem – auf Sachen bezogenen – Eigentum noch das „eingezogene Recht" erwähnt. Schriften iSd § 11 Abs. 3 StGB sind Sachen und daher einziehungsfähige Gegenstände. Der Tatbezug des Gegenstands, den § 74 Abs. 1 StGB voraussetzt, wird üblicherweise schlagwortartig mit den Begriffen „productum sceleris"[60] und „instrumentum sceleris"[61] gekennzeichnet. Der Gegenstand muss also entweder durch die Tat erzeugt worden oder zur Begehung der Tat oder deren Vorbereitung gebraucht worden oder für diesen Gebrauch bestimmt gewesen sein. Auch diese Voraussetzungen können durch Schriften erfüllt werden. Durch die Tat hervorgebracht – nämlich „hergestellt" – ist z. B. eine volksverhetzende Schrift gem. § 130 Abs. 2 Nr. 1 d StGB oder eine pornographische Schrift gem. § 184 Abs. 1 Nr. 8 StGB. Gebraucht ist eine solche Schrift, wenn sie z. B. vorgeführt wurde, § 130 Abs. 2 Nr. 1 b StGB, § 184 Abs. 1 Nr. 2 StGB. Schriften, die in straftatbestandsmäßige Taten verstrickt sind, können also bereits auf der Grundlage des § 74 StGB eingezogen werden. Um die Besonderheit der Regelung des § 74 d StGB und den Unterschied zu § 74 StGB zu verstehen, ist darauf hinzuweisen, dass nach § 74 StGB jedes einzelne einzuziehende Exemplar sämtliche Einziehungsvoraussetzungen erfüllen muss[62]. Der in § 74 d Abs. 1 S. 1 StGB verwendete Konjunktiv („verwirklichen würde") zeigt hingegen, dass auf der Grundlage dieser Norm auch Schriften eingezogen werden können, die selbst nicht in eine straftatbestandsmäßige Tat verwickelt gewesen sind[63].   **18**

§ 74 StGB ist für Einziehungen im Medienbereich die einzige Rechtsgrundlage, soweit der einzuziehende Gegenstand keine Schrift iSd § 11 Abs. 3 StGB ist. Das betrifft vor allem Materialien, Geräte und Apparate, aus bzw. mit denen Schriften

---

[59] *Lackner/Kühl*, § 74 Rn. 4; MK-*Joecks*, § 74 Rn. 9; *Schönke/Schröder/Eser*, § 74 Rn. 6.

[60] *Lackner/Kühl*, § 74 Rn. 4; MK-*Joecks*, § 74 Rn. 10.

[61] *Lackner/Kühl*, § 74 Rn. 5; MK-*Joecks*, § 74 Rn. 12.

[62] MK-*Joecks*, § 74 Rn. 19; *Schönke/Schröder/Eser*, § 74 Rn. 15.

[63] MK-*Joecks*, § 74 d Rn. 1.

hergestellt werden. Diese Gegenstände werden zumindest zur Vorbereitung von Taten, die mittels Schriften begangen werden, gebraucht. Teilweise kommt es auf diese Funktion nicht an, weil eine spezielle Vorschrift ihre Einziehbarkeit für den Fall vorsieht, dass der Täter der Teilnehmer sie „verwendet" hat, vgl. §§ 201 Abs. 4, 201 a Abs. 4 StGB[64]. Darüber hinaus ist § 74 StGB die ausschließliche Einziehungsgrundlage für Schriften, die nicht die speziellen Voraussetzungen des § 74 d StGB erfüllen, also insbesondere nicht im Hinblick auf ihren Inhalt inkriminiert sind[65].

3. Einziehung gem. § 74 d StGB

19   Die besondere Schrifteneinziehung nach § 74 d StGB hat reinen Sicherungscharakter[66], ist also keine strafähnliche Sanktion. Das erkennt man zum einen daran, dass – abweichend von § 74 Abs. 2 Nr. 1 StGB – die Eigentumsverhältnisse keine Rolle spielen[67] und zum anderen daran, dass als Anlasstat lediglich eine „rechtswidrige Tat", also keine „Straftat", erforderlich ist[68]. Tatobjekte sind Schriften iSd § 11 Abs. 3 StGB. Herstellungsmittel sind ebenfalls erfasst. Allerdings beschränkt § 74 d Abs. 1 S. 2 StGB insoweit die Rechtsfolge auf die mildere – vgl. § 74 b Abs. 2 S. 2 Nr. 1 StGB – Unbrauchbarmachung. Ein Eigentumsübergang auf den Staat (§ 74 e Abs. 1 StGB) findet also nicht statt[69]. Auch bezüglich der Schriften kann auf Einziehung verzichtet und eine weniger einschneidende Maßnahme getroffen werden, sofern dies ausreicht, § 74 d Abs. 5 StGB. Die Schriften müssen einen strafrechtlich relevanten Inhalt haben. Dieser muss so beschaffen sein, dass die vorsätzliche Verbreitung – oder gleichgestellte Handlung (z. B. Ausstellung, § 74 d Abs. 4, § 130 Abs. 2 Nr. 1 b StGB) – der Schrift gerade wegen dieses Inhalts eine Straftat wäre[70]. Hauptanwendungsgebiet des § 74 d StGB sind deshalb die sog. „Presseinhaltsdelikte" (s. u. § 7 Rn. 17). Dabei ist nicht erforderlich, dass in der einschlägigen Strafvorschrift „Verbreiten" ein Tatbestandsmerkmal ist (so z. B. in §§ 86, 86 a, 90, 90 a, 111, 130 Abs. 2 Nr. 1 a, 184, 219 a StGB). Daher kommt z. B. auch Beleidigung (§ 185 StGB) in Betracht. Dagegen scheiden Delikte aus, bei denen die Strafbarkeit des Verbreitens nicht auf dem Inhalt der Schrift, sondern durch die Tatsache, dass überhaupt verbreitet wird, beruht. Das betrifft z. B. §§ 201 Abs. 1 Nr. 2, 201 a Abs. 2, 3, 203, 206 sowie Urheberrechtsverletzungen gem. § 106 UrhG. Durch die Anknüpfungstat braucht lediglich ein Stück der Schrift verbreitet, ausgestellt, angeschlagen, vorgeführt oder in anderer Weise öffentlich zugänglich gemacht worden zu sein. Dann können auch alle anderen existierenden Stücke, deren Verbreitung in gleicher Weise

---

[64] *Schönke/Schröder/Lenckner/Eisele*, § 201 Rn. 39.

[65] *Schönke/Schröder/Eser*, § 74 d Rn. 4.

[66] *Schönke/Schröder/Eser*, § 74 d Rn. 1.

[67] *Schönke/Schröder/Eser*, § 74 d Rn. 8.

[68] *Schönke/Schröder/Eser*, § 74 d Rn. 7.

[69] *Schönke/Schröder/Eser*, § 74 d Rn. 16.

[70] *Schönke/Schröder/Eser*, § 74 d Rn. 6.

strafrechtswidrig wäre, eingezogen werden[71]. Soweit die Straftatbestandsmäßigkeit vom „Hinzutreten weiterer Tatumstände" abhängig ist, ist die Einziehung ebenfalls möglich (§ 74 d Abs. 3 S. 1 StGB), jedoch durch die Voraussetzungen des § 74 d Abs. 3 S. 2 StGB eingeschränkt. Eigentum des Täters oder Teilnehmers ist keine Einziehungsvoraussetzung[72]. Stattdessen stellt § 74 d Abs. 2 StGB auf den Besitz der bei der Verbreitung oder deren Vorbereitung mitwirkenden Personen ab.

4. Verfahren

Die Einziehung wird in dem Strafurteil oder im Strafbefehl (§ 407 Abs. 2 S. 1 Nr. 1   **20** StPO) angeordnet. Gehört die einzuziehende Sache nicht dem Täter oder Teilnehmer, ist der als Eigentümer in Betracht kommende Dritte an dem Verfahren zu beteiligen, § 431 Abs. 1 StPO. Kommt eine Bestrafung nicht in Betracht, weil die Anlasstat nicht schuldhaft begangen wurde (§ 74 Abs. 3 StGB) oder die Tat z. B. verjährt ist (§ 76 a Abs. 2 S. 1 Nr. 1 StGB), kann die Einziehung selbständig angeordnet werden, § 76 a Abs. 1 StGB. Dieses selbständige Einziehungsverfahren richtet sich nach §§ 440, 441 StPO. Seine Einleitung und Durchführung unterliegt dem Opportunitätsprinzip und ist von einem Antrag der Staatsanwaltschaft abhängig[73]. Zur Sicherung der mit Rechtskraft der Entscheidung wirkenden Einziehung kann der Gegenstand bereits im Ermittlungsverfahren sichergestellt werden, §§ 111 b, 111 c StPO. Dabei sind für Schriften die Sonderregeln der §§ 111 m, 111 n StPO zu beachten.

IV. Berufsverbot

1. Rechtsnatur

Begeht ein Medienschaffender im Zusammenhang mit seiner Berufsausübung eine   **21** Straftat, kann gegen ihn ein bis zu fünf Jahren dauerndes, im Extremfall lebenslängliches (§ 70 Abs. 1 S. 2 StGB) Berufsverbot verhängt werden, § 70 StGB. Diese Sanktion ist eine Maßregel der Besserung und Sicherung, § 61 Nr. 6 StGB, die als Folge einer Straftat neben der Strafe angeordnet werden kann, jedoch auch bei einer wegen Schuldunfähigkeit nicht strafbaren strafrechtswidrigen Tat möglich ist. Die strafrechtliche Sanktion ist im Bereich der Presse auch zulässig, wenn die ihr zugrunde liegende Tat zugleich die Voraussetzungen einer Grundrechtsverwirkung iSd Art. 18 GG erfüllt. Ein Vorrang des Bundesverfassungsgerichts und eine Sperrwirkung

---

[71] *Schönke/Schröder/Eser*, § 74 d Rn. 7.

[72] *Schönke/Schröder/Eser*, § 74 d Rn. 8.

[73] BGHSt 37, 55 (69).

des Art. 18 GG im Verhältnis zu § 70 StGB ist nicht anzuerkennen[74]. Unzulässig ist das Berufsverbot im Falle der Anwendung von Jugendstrafrecht, vgl. § 6 Abs. 1 JGG[75].

2. Voraussetzungen

22   Die Anlasstat ist entweder Straftat oder wegen Schuldunfähigkeit (§ 20 StGB) nicht strafbare rechtswidrige Tat (§ 11 Abs. 1 Nr. 5 StGB). Diese Tat muss in einem inneren (Missbrauchs- oder Pflichtverletzungs-)Zusammenhang mit Beruf oder Gewerbe des Täters stehen. Missbrauch ist die Ausnutzung der durch Beruf oder Gewerbe eröffneten Möglichkeiten und Gelegenheiten zur Straftatbegehung[76]. Bei den maßregelrelevanten Pflichtverletzungen handelt es sich um solche, die dem Täter obliegen, weil sein Beruf z. B. besondere Sorgfaltsanforderungen stellt. Da das Berufsverbot eine Maßregel mit Sicherungsfunktion ist[77], muss ihre Anordnung zur Abwendung der Gefahr weiterer erheblicher rechtswidriger Taten erforderlich sein. Unzulässig ist die Maßregel gleichwohl, wenn sie unverhältnismäßig wäre, § 62 StGB[78]. In jedem Fall steht ihre Anordnung im Ermessen des Gerichts[79].

3. Verfahren

23   Das Berufsverbot wird im Strafverfahren durch Strafurteil (§ 260 Abs. 2 StPO) angeordnet. Im Strafbefehlsverfahren ist das Berufsverbot nicht möglich, § 407 Abs. 2 StPO. Wirksam wird es mit Eintritt der Rechtskraft, § 70 Abs. 4 S. 1 StGB. Zuvor kann ein vorläufiges Berufsverbot angeordnet werden, § 132 a StPO. Liegt eine wegen Schuldunfähigkeit nicht strafbare Tat zugrunde, ist die selbständige Anordnung im Rahmen eines Sicherungsverfahrens (§ 413 StPO) möglich, § 71 Abs. 2 StGB[80]. Fällt die Gefahr, der mit dem Berufsverbot begegnet werden soll, weg, kann die Maßregel zur Bewährung ausgesetzt werden, § 70 a StGB. Der Verstoß gegen ein nicht zur Bewährung ausgesetztes Berufsverbot ist eine Straftat gem. § 145 c StGB.

---

[74] *Heinrich*, Medienstrafrecht, Rn. 82; MK-*Bockemühl*, § 70 Rn. 5; *Schönke/Schröder/Stree/Kinzig*, § 70 Rn. 4.

[75] *Laubenthal/Baier*, Jugendstrafrecht, Rn. 428; *Meier/Rössner/Schöch*, Jugendstrafrecht, § 6 Rn. 21; *Ostendorf*, Jugendstrafrecht, Rn. 259; *Schaffstein/Beulke*, Jugendstrafrecht, S. 91; *Streng*, Jugendstrafrecht, Rn. 250.

[76] *Lackner/Kühl*, § 70 Rn. 3.

[77] *Lackner/Kühl*, § 70 Rn. 1; MK-*Bockemühl*, § 70 Rn. 2.

[78] MK-*Bockemühl*, § 70 Rn. 26.

[79] *Heinrich*, Medienstrafrecht, Rn. 78; *Lackner/Kühl*, § 70 Rn. 13; MK-*Bockemühl*, § 70 Rn. 25.

[80] MK-*Bockemühl*, § 70 Rn. 8.

Literatur

Barrot, Die Unschuldsvermutung in der Rechtsprechung des EGMR, ZJS 2010, 701

Bunz, Eine Einführung in die Grundlagen der Strafzumessung, Jura 2011, 14

Hassemer, Vorverurteilung durch die Medien, NJW 1985, 1921

Kühl, Unschuldsvermutung und Resozialisierungsinteresse als Grenzen der Kriminalberichterstattung, FS Müller-Dietz, 2001, S. 401

F. Knauer, Bestrafung durch die Medien?, GA 2009, 541

Marxen, Medienfreiheit und Unschuldsvermutung, GA 1980, 365

Meier, Vom Verbrechensopfer zum Medienopfer?, FS Rolinski, 2002, S. 425

Neuling, Strafjustiz und Medien – mediale Öffentlichkeit oder „justizielle Schweigepflicht" im Ermittlungsverfahren? HRRS 2006, 94

Roxin, Strafprozeß und Medien, in: Festschrift zum 30-jährigen Bestehen der Münchener Juristischen Gesellschaft, 1996, S. 97

Schomburg, Die öffentliche Bekanntmachung einer strafrechtlichen Verurteilung, ZRP 1986, 65

Trüg, Medienarbeit der Strafjustiz – Möglichkeiten und Grenzen, NJW 2011, 1040

Weigend, Ermittlungsverfahren im Lichte der Medienöffentlichkeit?, FS Rolinski, 2002, S. 253

Wohlers, Prozessuale Konsequenzen präjudizierender Medienberichterstattung, StV 2005, 186

§ 3 Strafrecht Besonderer Teil

I. Medienunspezifische und medienspezifische Straftaten

Lässt man die Straftaten, die zu den Medien in keinerlei Beziehung stehen, von **1** vornherein weg, kann man die Arten der Beziehung, die zwischen den Straftatbeständen des Besonderen Teils des Strafgesetzbuches und den Medien besteht, grob in zwei Kategorien einteilen: Medienunspezifische Delikte und medienspezifische Delikte[1]. Wird ein Reporter während eines Aufenthalts im Irak entführt oder ermordet, wird einem Studenten sein PC gestohlen, wird das Verlagsgebäude eines auf Boulevardmedien spezialisierten Konzerns in Brand gesetzt und wird jemand von einem anderen durch einen Telefonanruf beleidigt, so sind das alles Straftaten, die eine mehr oder weniger enge Beziehung zu Medien haben. Jedoch wäre es nicht sinnvoll, schon deswegen von Mediendelikten zu sprechen und sie einem juristischen Spezialgebiet namens „Medienstrafrecht" zuzuordnen. Nicht nur, weil dann dieses Kapitel uferlos würde, sondern vor allem, weil der Medienbezug unspezifisch ist. Er ist unspezifisch, weil in der gesetzlichen Tatbestandsfassung keine Medienkomponente enthalten ist und weil die im konkreten Fall vielleicht einmal medienbezogene Tatbegehungsweise nicht die typische Art und Weise ist, diesen Straftatbestand zu verwirklichen. Die gesetzlichen Tatbestände Mord, Totschlag, Sachbeschädigung, Diebstahl, Brandstiftung, Beleidigung usw. sind so gestaltet, dass sie ohne jeden tatsächlichen Medienbezug verwirklicht werden können – was in der Realität überwiegend der Fall ist. Entführt und ermordet werden auch Menschen, die mit Medien nichts zu tun haben, zerstört und gestohlen werden auch Sachen, die nicht zu den Medienobjekten zu zählen sind usw.

Demgegenüber gibt es Straftatbestände, deren besonderer Medienbezug schon **2** im Gesetzestext in Gestalt einer Medienkomponente abgebildet ist. Das markanteste Beispiel einer solchen Medienkomponente ist das Tatbestandsmerkmal „Schriften" mit der Verweisung auf § 11 Abs. 3 StGB[2]. Außerdem ist eine Gruppe von Straftatbeständen zu nennen, die zwar keine textliche Medienkomponente aufweisen, für die

---

[1] *Heinrich*, Festschrift 200 Jahre Juristische Fakultät der Humboldt-Universität zu Berlin, 2010, S. 1241.

[2] *Beater*, Medienrecht, § 22 Rn. 1753.

W. Mitsch, *Medienstrafrecht*, Springer-Lehrbuch,
DOI 10.1007/978-3-642-17263-2_3, © Springer-Verlag Berlin Heidelberg 2012

aber eine Tatbestandsverwirklichung mit Medienbezug typisch ist. Beispielsweise ist eine Tatbestandsvariante der „Störpropaganda gegen die Bundeswehr" (§ 109 d StGB) die Verbreitung von unwahren Behauptungen. Anders als bei den meisten Verbreitungsdelikten (z. B. § 130 Abs. 2 StGB) schreibt der Gesetzestext nicht die Verwendung von Schriften (§ 11 Abs. 3 StGB), Rundfunk, Medien- oder Teledien- sten vor. Jedoch wird sich tatsächlich die Verbreitungswirkung ohne diese Mittel nur schwer erzeugen lassen[3]. Die meisten dieser Straftatbestände können zwar auch ohne jede Beziehung zu Medien verwirklicht werden. Aber die Berührungspunkte zu den Medien sind ausgeprägt genug, um pauschal von „medienspezifischen" Delikten sprechen zu können. Um allein diese Delikte soll es in diesem Kapitel gehen.

3   Eine besondere Kategorie wiederum bilden die Straftaten, die mittels Internet begangen werden („Online-Delikte"). In diesem Kontext erlangt z. B. ein an sich me- dienneutraler Straftatbestand wie § 263 StGB[4] eine spezielle Prägung. Deliktische Phänomene wie das „Phishing" oder den missbräuchlichen Einsatz von „Dialern" (vgl. §§ 66 f. TKG) gäbe es ohne die neuen Medien nicht. Auf der anderen Seite ist der alles andere als neue Betrugtatbestand eines der strafrechtlichen Instrumente, mit denen man dieser neuartigen Kriminalitätsform zu begegnen versucht. Insoweit ist also auch der Betrug ein medienspezifisches Delikt. Die in diesem sachlichen Zu- sammenhang stehenden Vorschriften des StGB-BT werden jedoch nicht hier, sondern in dem Kapitel „Internetrecht" behandelt.

II. Medienspezifische Straftaten

4   Im Folgenden werden Straftatbestände aus dem Besonderen Teil des Strafgesetzbu- ches behandelt, die eine besondere Nähe zur Welt der Medien aufweisen. Da alle diese Straftatbestände in StGB-Kommentaren und BT-Lehrbüchern eine ausführliche Darstellung erfahren, wird hier von einer vollständigen kommentar- oder lehrbuch- mäßigen Erläuterung dieser Straftatbestände abgesehen. Der Text beschränkt sich auf die Akzentuierung der medienrelevanten Aspekte sowie im Übrigen auf Grundzüge, deren Kenntnis für das Verständnis des Delikts notwendig ist.

1. Verbreitung krimineller Inhalte

a) Volksverhetzung und verwandte Straftaten

aa) Volksverhetzung, § 130 StGB

(1) Medienbezüge

5   Die Straftat Volksverhetzung tritt in § 130 StGB mit mehreren Tatbestandsvarianten in Erscheinung. Den offensichtlichsten Medienbezug findet man in § 130 Abs. 2

---

[3] *Schönke/Schröder/Eser*, § 109 d Rn. 13: Gefahr des Bekanntwerdens in weiteren Kreisen.

[4] *Malek*, Strafsachen im Internet, Rn. 221.

StGB. Dieser Tatbestand kann nur mittels Schriften iSd § 11 Abs. 3 StGB oder durch Benutzung von Rundfunk, Mediendiensten oder Telediensten verwirklicht werden. Medienspezifisch sind jedoch auch die Tatbestände in § 130 Abs. 1, 3 und 4 StGB. Tatbestandsmäßige Handlung ist jeweils eine Äußerung, die entweder den öffentlichen Frieden stört (§ 130 Abs. 4 StGB) oder geeignet ist, den öffentlichen Frieden zu stören (§ 130 Abs. 1, 3 StGB). Diesen Friedensstörungseffekt kann eine Äußerung nur haben, wenn sie an eine Vielzahl von Empfängern gerichtet ist oder unter Umständen gemacht wird, die gewährleisten, dass zahlreiche Menschen von ihr Kenntnis nehmen können. Diesen Wirkungsgrad erreicht eine Äußerung typischerweise durch den Einsatz von Medien[5].

(2) § 130 Abs. 1 StGB

Der Tatbestand hat die Struktur eines abstrakt-konkreten Gefährdungsdelikts[6]. Die **6** Tat muss geeignet sein, den öffentlichen Frieden zu stören. Nicht erforderlich ist der Eintritt eines Störungserfolges oder einer konkreten Gefährdung des öffentlichen Friedens[7]. Letztendlich handelt es sich um einen Fall des abstrakten Gefährdungsdelikts[8]. Der Gesetzgeber geht davon aus, dass nicht jeder Aufstachelungshandlung ein typisches Gefahrpotential immanent ist, wie er dies in anderem Zusammenhang z. B. beim Fahren im Zustand alkoholbedingter Fahruntüchtigkeit (§ 316 StGB) ausnahmslos unterstellt. Daher ist die Eignungsklausel notwendig, damit nur abstrakt gefährliche Handlungen vom Tatbestand erfasst werden[9].

Der öffentliche Friede ist ein objektiver Zustand der Sicherheit, also des Feh- **7** lens von Umständen, die Anlass zu der Besorgnis geben, dass zumindest bestimmte Mitglieder der inländischen Bevölkerung ihres Lebens und ihrer körperlichen Unversehrtheit nicht sicher sein können und mit gewaltsamen verbrecherischen Übergriffen rechnen müssen. Hinzukommen muss das Vertrauen der Bevölkerung in die Stabilität der Rechtsordnung und die Fähigkeit von Justiz und Polizei, die Bewahrung der freiheitlich rechtsstaatlichen Ordnung zu garantieren[10]. Gestört ist der öffentliche Friede, wenn das gesellschaftliche Klima vergiftet ist, wenn es zu sozialen Unruhen und Aufruhr kommt, wenn eine feindselig aggressive Stimmung vor allem gegen die Opfer von Hetzkampagnen gärt, wenn die staatliche Ordnungsmacht erkennbar nicht mehr Herr der Lage ist und die Bürger das staatliche Gewaltmonopol ignorierend zu illegaler Selbsthilfe und Methoden der Selbst- und Lynchjustiz greifen[11].

---

[5] MK-*Schäfer*, § 130 Rn. 26: Massenhaftes Versenden von Mitteilungen per SMS oder E-Mail.

[6] *Schönke/Schröder/Lenckner/Sternberg-Lieben*, § 130 Rn. 1, 11.

[7] A/W/H/H-*Hilgendorf*, § 44 Rn. 45; *Schönke/Schröder/Lenckner/Sternberg-Lieben*, § 130 Rn. 11.

[8] *Otto*, BT, § 63 Rn. 28; aA *Schönke/Schröder/Lenckner/Sternberg-Lieben*, § 126 Rn. 9: Zwischenstellung zwischen den konkreten und abstrakten Gefährdungsdelikten.

[9] *Schönke/Schröder/Heine*, vor § 306 Rn. 3.

[10] MK-*Schäfer*, § 126 Rn. 1; MK-*Schäfer*, § 130 Rn. 22; *Schönke/Schröder/Lenckner/Sternberg-Lieben*, § 126 Rn. 1.

[11] *Schönke/Schröder/Lenckner/Sternberg-Lieben*, § 130 Rn. 10.

8   Täter kann jedermann sein, Volksverhetzung ist kein Delikt, das ausschließlich von Deutschen gegen Nichtdeutsche begangen werden kann. Ein Palästinenser, der zur Verfolgung aller in Deutschland lebenden Juden aufruft, ist ebenso Täter wie ein Israeli, der zur Verfolgung aller in Deutschland lebenden Araber aufruft. Opfer der Tat sind „Teile der Bevölkerung". Damit sind nur in Deutschland lebende Menschen gemeint, wobei die Staatsangehörigkeit keine Rolle spielt[12]. Bevölkerungsteile im Ausland sind nicht geschützt, da der Tatbestand allein die Wahrung des öffentlichen Friedens in Deutschland bezweckt[13]. Um einen „Teil" der inländischen Bevölkerung handelt es sich bei einer Gruppe von Menschen, die sich von der übrigen Bevölkerung auf Grund gemeinsamer äußerer (z. B. Hautfarbe, Geschlecht) oder innerer (z. B. Weltanschauung, Religion) Merkmale unterscheiden und quantitativ von einiger Erheblichkeit sind, also individuell nicht mehr überschaubar sind[14]. Die verbindenden Merkmale können politischer, nationaler, ethnischer, rassischer, religiöser, weltanschaulicher, sozialer, wirtschaftlicher, beruflicher oder sonstiger Natur – z. B. sexuelle Orientierung (Schwule, Lesben) – sein. Hinsichtlich der Größe des Bevölkerungsteils grenzt der Tatbestand Gruppen aus, die zu klein sind. Ob es in umgekehrter Richtung auch eine Grenze gibt, die „zu große" Bevölkerungsteile vom Schutz des Tatbestandes ausschließt, wird in der Literatur bislang nicht erörtert. Die Frage betrifft hauptsächlich Taten, die sich pauschal gegen „die Deutschen", also die inländische Mehrheitsbevölkerung richten. Da der Tatbestand kein Merkmal enthält, der seinen Anwendungsbereich auf Minderheitenschutz beschränkt[15] und deutsche Staatsangehörige mit einem Anteil von ca. 91 % der Gesamtbevölkerung einen (den größten) Teil derselben bilden, werden nicht nur „Ausländer", „Türken", „Bayern", „Preußen" und „Schwaben"[16], sondern auch „Deutsche" geschützt. Wenn in der Öffentlichkeit die Auffassung verbreitet wird, strafbare Volksverhetzung gegen Deutsche gebe es nicht, ist dies auf der Grundlage des geltenden § 130 StGB schlicht falsch. Politische Forderungen nach Einbeziehung Deutscher in den Schutzbereich des Volksverhetzungstatbestandes („Eine Äußerung wie 'Scheiß-Deutscher' soll künftig als Volksverhetzung bestraft werden") können daher nur als Empfehlungen an den Gesetzgeber zu einer klarstellenden Ergänzung des Gesetzestextes verstanden werden.

9   Tatbestandsmäßige Handlung ist nach Nr. 1 eine anstiftungsähnliche Aufstachelung oder Aufforderung, mit der andere zu feindselig aggressiver Einstellung (Hass)[17] oder Aktion (Gewalt- oder Willkürmaßnahmen)[18] gegen Teile der Bevölkerung gebracht werden sollen. Nicht erforderlich ist, dass es tatsächlich zu Übergriffen gegen

---

[12] MK-*Schäfer*, § 130 Rn. 31.

[13] MK-*Schäfer*, § 130 Rn. 31; *Schönke/Schröder/Lenckner/Sternberg-Lieben*, § 130 Rn. 3.

[14] MK-*Schäfer*, § 130 Rn. 30.

[15] Anders – ohne Begründung – *Maurach/Schroeder/Maiwald*, BT 2, § 60 Rn. 60.

[16] Beispiele nach *Maurach/Schroeder/Maiwald*, BT 2, § 60 Rn. 60; MK-*Schäfer*, § 130 Rn. 34; *Otto*, BT, § 63 Rn. 31; *Schönke/Schröder/Lenckner/Sternberg-Lieben*, § 130 Rn. 4.

[17] *Schönke/Schröder/Lenckner/Sternberg-Lieben*, § 130 Rn. 5 a.

[18] *Schönke/Schröder/Lenckner/Sternberg-Lieben*, § 130 Rn. 5 b.

die bedrohten Bevölkerungsteile kommt. Anderenfalls wäre nicht hinnehmbar, dass der Versuch nicht mit Strafe bedroht ist[19]. Es handelt sich also um ein unechtes Unternehmensdelikt. Tatbestandsmäßige Handlung nach Nr. 2 ist eine besonders intensive Form der Kollektivbeleidigung[20], durch die die Menschenwürde der Betroffenen angegriffen wird[21]. Den Grad einer Menschenwürdeverletzung erreicht eine Kollektivbeleidigung jedoch erst, wenn den angegriffenen Personen „ihr Lebensrecht als gleichwertige Persönlichkeit in der staatlichen Gemeinschaft bestritten wird und sie als 'unterwertige Wesen' behandelt werden"[22]. Die Sozialadäquanzklausel des § 86 Abs. 3 StGB passt zu den beschriebenen Taten offensichtlich nicht und ist deshalb in Absatz 6 auch nicht dem Absatz 1 zugeordnet worden.

(3) § 130 Abs. 2 StGB

Dieser Tatbestand erfasst Handlungen, die jenen, durch die der Tatbestand § 130 **10** Abs. 1 Nr. 1 oder Nr. 2 StGB verwirklicht wird (oben Rn. 8), vorgelagert sind. Das Aufstacheln, Auffordern und Angreifen ist hier nicht die tatbestandsmäßige Handlung, sondern Inhalt der Schriften (Nr. 1) oder Darbietungen (Nr. 2), durch deren Verbreitung usw. die Tat begangen wird. Die Strafbarkeit ist sehr weit vorverlagert, indem z. B. bereits die Herstellung von Schriften unter Strafdrohung gestellt ist, § 130 Abs. 2 Nr. 1 d StGB. Schutzobjekte sind neben den Teilen der Bevölkerung auch nationale, rassische, religiöse oder durch ihr Volkstum bestimmte Gruppen. Da diese bereits „Teile der Bevölkerung" sind, wenn sie im Inland leben, dehnt ihre ausdrückliche Erwähnung im Gesetzestext den Anwendungsbereich des Tatbestandes auf Gruppen im Ausland aus[23]. Geschützt sind daher auch im Ausland lebende Deutsche, die nicht nur in ihrem Gastgeberland, sondern auch im Verhältnis zur in Deutschland lebenden deutschen Bevölkerung eine Minderheit bilden. Die Störung des öffentlichen Friedens wird nicht ausdrücklich erwähnt. Das ist verständlich, weil einige tatbestandsmäßige Handlungen, nämlich das Herstellen, Beziehen, Liefern usw. (§ 130 Abs. 2 Nr. 1 d StGB) Vorbereitungscharakter haben und noch nicht so weit aus der privaten Tätersphäre nach außen gedrungen sind, dass sie das gesellschaftliche Klima beeinträchtigen könnten. Das Potential zur Störung des öffentlichen Friedens haben die tatbestandsmäßigen Handlungen überwiegend gleichwohl. Die Strafbarkeit hängt jedoch nicht davon ab, dass im konkreten Fall tatsächlich Störungseignung vorhanden ist. Deshalb handelt es sich im Unterschied zu § 130 Abs. 1 StGB um ein allgemeines abstraktes Gefährdungsdelikt[24].

In ihrer Variante § 130 Abs. 2 Nr. 1 a StGB ist die Volksverhetzung ein Schriften- **11** verbreitungstatbestand. Dieses Handlungsmerkmal ist ein in vielen Strafvorschriften

---

[19] MK-*Schäfer*, § 130 Rn. 115.

[20] BGHSt 36, 83 (87): Soldaten der Bundeswehr.

[21] *Schönke/Schröder/Lenckner/Sternberg-Lieben*, § 130 Rn. 6.

[22] BGHSt 36, 83 (90).

[23] *Maurach/Schroeder/Maiwald*, BT 2, § 89 Rn. 11; MK-*Schäfer*, § 130 Rn. 63; *Schönke/Schröder/Lenckner/Sternberg-Lieben*, § 130 Rn. 12.

[24] *Schönke/Schröder/Lenckner/Sternberg-Lieben*, § 130 Rn. 1.

verwendetes Tatelement und typisches Kennzeichen einer Medienstraftat. In seiner Beziehung zu dem körperlichen Gegenstand „Schrift" hat Verbreiten den Bedeutungsgehalt einer körperlichen Weitergabe[25]. Der Täter muss sich also der Schrift entäußern, um einem anderen den Besitz daran zu verschaffen. Nicht ausreichend ist die bloße Inhaltsvermittlung[26]. Liest der Täter vor einem größeren Publikum den Text eines volksverhetzenden Pamphlets vor, verbreitet er zwar den Inhalt, aber nicht die Schrift selbst. Ein weiteres Kriterium des Verbreitens ist ihre Streu- und Vervielfältigungswirkung. Die Schrift muss in größerer Stückzahl an einen zahlenmäßig erheblichen und individuell unbestimmten Personenkreis weitergegeben werden[27]. Hinsichtlich des Inhalts der Schriften erstreckt Absatz 5 den Anwendungsbereich des Tatbestandes auf die Inhalte der Absätze 3 und 4.

12   Im Unterschied zu § 130 Abs. 2 Nr. 1 a StGB bezieht sich in § 130 Abs. 2 Nr. 2 StGB das Verbreiten nicht auf eine Schrift, sondern auf eine Darbietung. Da dies mittels Rundfunk, Mediendiensten oder Telediensten geschieht, handelt es sich nicht um körperliche Weitergabe von Sachen[28], sondern um akustische oder optische Ausstrahlung mit rundfunktechnischen oder telekommunikativen Einrichtungen[29]. Der Begriff „Rundfunk" ist weit auszulegen und umfasst neben dem Hörfunk auch Fernsehen und zwar sowohl in öffentlich-rechtlicher als auch privatrechtlicher Form[30]. Ebenfalls Rundfunk kann Amateurfunk sein[31]. Mediendienste sind an die Allgemeinheit gerichtete Informations- und Kommunikationsdienste in Text, Ton oder Bild, die unter Benutzung elektromagnetischer Schwingungen ohne Verbindungsleitung oder längs oder mittels eines Leiters verbreitet werden. Diese Definition ist § 2 des 2007 außer Kraft getretenen Mediendienstestaatsvertrags entnommen. Dessen § 2 Abs. 2 enthielt Beispiele von Mediendiensten (z. B. Teleshopping, Pay-TV). Teledienste sind alle elektronischen Informations- und Kommunikationsdienste, die für eine individuelle Nutzung von kombinierbaren Daten wie Zeichen, Bilder oder Töne bestimmt sind und denen eine Übermittlung mittels Telekommunikation zugrunde liegt. Diese Definition basiert auf § 2 Abs. 1 des 2007 außer Kraft getretenen Teledienstegesetzes. Dessen § 2 Abs. 2 nannte Beispiele wie etwa das Telebanking. Die Abgrenzung von Medien- und Telediensten ist auf Grund der Gleichstellung in § 130 Abs. 2 Nr. 2 StGB sowie der Verschmelzung im seit 2007 geltenden Telemediengesetz bedeutungslos geworden[32].

---

[25] *Derksen* NJW 1997 1878 (1881); *Heinrich*, Medienstrafrecht, Rn. 156; *Maurach/Schroeder/Maiwald*, BT 2, § 60 Rn. 62; *Schönke/Schröder/Perron/Eisele*, § 184 b Rn. 5.

[26] Instruktiv zum Unterschied zwischen „Datenspeicher" und „Datei" *Hörnle* NStZ 2010, 704 (706).

[27] OLG Bremen NJW 1987, 1427 (1428); BayObLG NJW 2000, 2911 (2912); *Schönke/Schröder/Perron/Eisele*, § 184 b Rn. 5 a.

[28] *Schönke/Schröder/Perron/Eisele*, § 184 d Rn. 5.

[29] *Hörnle* NStZ 2010, 704 (705): Entkoppelung von Inhaltswahrnehmung und Speichermedium.

[30] *Heinrich*, Medienstrafrecht, Rn. 252.

[31] *Schönke/Schröder/Perron/Eisele*, § 184 d Rn. 3.

[32] *Heinrich*, Medienstrafrecht, Rn. 252; *Hörnle* NJW 2002, 1008 (1009); *Petersen*, Medienrecht, § 1 Rn. 25; *Schönke/Schröder/Perron/Eisele*, § 184 d Rn. 3.

Eingeschränkt wird der Tatbestand durch die Verweisung auf die Sozialadäquanz-   **13**
klausel des § 86 Abs. 3 StGB in Absatz 6[33]. Diese Einschränkung ist zur Vermeidung
einer Strafrechtshypertrophie notwendig, weil das in den anderen Tatbeständen begrenzende Merkmal (Eignung zur) „Störung des öffentlichen Friedens" fehlt. Gäbe
es diesen Tatbestandsausschluss nicht, könnte keine Ausstellung (§ 130 Abs. 2 Nr.
1 b StGB) veranstaltet werden, in der Exemplare des „Stürmer" der Öffentlichkeit
gezeigt werden.

(4) § 130 Abs. 3 StGB

Dieser Tatbestand stellt u. a. die sog. „Auschwitzlüge" unter Strafe, also die Ver-   **14**
fälschung der historischen Wahrheit des nationalsozialistischen Völkermordes (vgl.
die Verweisung auf § 6 Abs. 1 VStGB) an den Juden in Deutschland und Europa[34].
Die Vorschrift ist umstritten und verfassungsrechtlichen Einwänden ausgesetzt, die
an Art. 103 Abs. 2 GG und Art. 5 GG anknüpfen[35]. Allerdings ist der Tatbestand restriktiv gestaltet. Beschränkt wird die Strafbarkeit zum einen durch das Erfordernis
der Tatbegehung in der Öffentlichkeit oder in einer Versammlung. Außerdem muss
die Tat geeignet sein, den öffentlichen Frieden zu stören. Dass Absatz 6 die entsprechende Anwendung des § 86 Abs. 3 StGB auch auf § 130 Abs. 3 StGB erstreckt,
muss wohl als Redaktionsversehen beurteilt werden[36].

(5) § 130 Abs. 4 StGB

Der 2005 neu in § 130 StGB eingefügte Tatbestand knüpft thematisch an § 130 Abs. 3   **15**
StGB an und dehnt die Strafbarkeit aus. Während es in § 130 Abs. 3 StGB allein um
die Billigung, Leugnung oder Verharmlosung von Völkermord (§ 6 Abs. 1 VStGB)
geht, bezieht sich der Tatbestand des § 130 Abs. 4 StGB auf die nationalsozialistische
Gewalt- und Willkürherrschaft in ihrer Totalität. Eingeschränkt wird die Strafbarkeit
dadurch, dass die Tat in einer die Würde der Opfer verletzenden Weise begangen
worden sein muss[37]. Zudem macht der Tatbestand die Strafbarkeit sogar davon abhängig, dass der öffentliche Frieden tatsächlich gestört worden ist[38]. Die Anordnung
der entsprechenden Anwendung des § 86 Abs. 3 StGB (Absatz 6) dürfte hier wie bei
§ 130 Abs. 3 StGB leerlaufen[39].

---

[33] BGHSt 46, 36 (43); *Schönke/Schröder/Lenckner/Sternberg-Lieben*, § 130 Rn. 25.

[34] *Lackner/Kühl*, § 130 Rn. 8 a.

[35] MK-*Schäfer*, § 130 Rn. 76 f.

[36] *Schönke/Schröder/Lenckner/Sternberg-Lieben*, § 130 Rn. 25.

[37] *Schönke/Schröder/Lenckner/Sternberg-Lieben*, § 130 Rn. 22 d.

[38] *Schönke/Schröder/Lenckner/Sternberg-Lieben*, § 130 Rn. 22 c.

[39] *Schönke/Schröder/Lenckner/Sternberg-Lieben*, § 130 Rn. 25.

bb) Gewaltdarstellung, § 131 StGB

(1) Medienbezüge

16 § 131 StGB begründet ein generelles Medienverbot gegenüber jedermann[40]. Denn jede einzelne der zahlreichen Alternativen tatbestandsmäßigen Verhaltens stützt sich auf den Schriften-Begriff des § 11 Abs. 3 StGB. Der Verbreitens-Tatbestand (§ 131 Abs. 1 Nr. 1 StGB) kann zudem mittels Rundfunk, Medien- und Telediensten verwirklicht werden, § 131 Abs. 2 StGB. Werden die in § 131 Abs. 1 StGB beschriebenen Inhalte ohne diese Medien anderen nahegebracht, ist dies nicht strafbar. Die mündliche Schilderung von Grausamkeiten, eventuell durch Gesten illustriert, erfüllt den Tatbestand ebenso wenig wie die Aufführung eines Theaterstückes.

(2) Strafbarkeitsvoraussetzungen

17 Der spezielle Unrechtscharakter der Straftat wird durch die inadäquate Art der Darstellung übelster Brutalität und Unmenschlichkeit geprägt. Anstatt Abscheu und Entsetzen auszudrücken und beim Empfänger auszulösen, vermittelt die Tat die Botschaft („werbendes Element"[41]), das Quälen, Foltern und Misshandeln von Menschen sei ein „normaler" positiv bewertbarer Vorgang, mit dem man das Bedürfnis nach Vergnügen, Spaß, gesellschaftlicher Anerkennung befriedigen könne und dürfe („bejahende Anteilnahme des Rezipienten"[42]). Die tatbestandsmäßigen Handlungsmerkmale bilden den Umgang mit den Schriften in vielfältiger Weise ab und erfassen mit Herstellen, Beziehen, Liefern usw. (§ 131 Abs. 1 Nr. 4 StGB) bereits die Vorbereitungsphase, mit Verbreiten (§ 131 Abs. 1 Nr. 1 StGB), öffentlicher Ausstellung (§ 131 Abs. 1 Nr. 2 StGB) usw. die eigentliche Medienwirkungsphase. Der Täter braucht sich die verherrlichende oder verharmlosende Bewertung nicht zueigen zu machen. Strafbar ist auch, wer Gewalt gegen Menschen zutiefst ablehnt, DVDs oder Computerspiele mit Gewaltexzessen aber vertreibt, um damit Geld zu verdienen. Einen Verletzungs- oder konkreten Gefährdungserfolg verlangt die Strafvorschrift nicht[43]. Auch wird nicht explizit auf die Störung des öffentlichen Friedens Bezug genommen, obwohl dessen Schutz Zweck der Strafvorschrift ist[44]. Wegen der Häufung unbestimmter Rechtsbegriffe im objektiven Tatbestand werden Zweifel an der Verfassungsmäßigkeit des § 131 StGB im Hinblick auf Art. 103 Abs. 2 GG geäußert[45].

18 Zur Ermöglichung einer straffreien Berichterstattung über Vorgänge des Zeitgeschehens oder der Geschichte schränkt § 131 Abs. 3 StGB den Tatbestand ein. Personensorgeberechtigte (Eltern) von Minderjährigen genießen gem. § 131 Abs. 4

---

[40] *Erdemir* ZUM 2000, 699.

[41] *Erdemir* ZUM 2000, 699 (703).

[42] *Erdemir* ZUM 2000, 699 (703).

[43] *Erdemir* ZUM 2000, 699 (703); *Weigend*, FS Hermann, S. 35 (42).

[44] *Erdemir* ZUM 2000, 699 (701); *Schönke/Schröder/Lenckner/Sternberg-Lieben*, § 131 Rn. 1; skeptisch *Weigend*, FS Hermann, S. 35 (41)

[45] *Erdemir* ZUM 2000, 699.

StGB ein Erzieherprivileg in Bezug auf den Tatbestand des § 131 Abs. 1 Nr. 3 StGB. Vorführung von Gewaltmedien während der Beweisaufnahme einer strafgerichtlichen Hauptverhandlung ist nicht ausdrücklich von der Strafbarkeit ausgenommen. Zur Vermeidung von Strafbarkeit aus § 131 Abs. 1 Nr. 2 StGB muss während dieses Vorgangs die Öffentlichkeit ausgeschlossen werden. Als Rechtsgrundlage kommt dafür wohl § 172 Nr. 1 GVG (Gefährdung der öffentlichen Ordnung oder der Sittlichkeit) in Betracht.

cc) Verbreiten und Verwenden verfassungsfeindlicher Texte und Symbole, §§ 86, 86 a StGB

(1) Medienbezüge

Die in §§ 86, 86 a StGB beschriebenen Straftaten basieren auf dem Umgang mit Gegenständen, die überwiegend zu den Medienobjekten zu zählen sind. Wie § 86 Abs. 2 StGB erläutert, haben alle tatbestandsmäßigen Propagandamittel eine Schrift iSd § 11 Abs. 3 StGB als Grundlage. Weiter ist der Gegenstandsbereich des § 86 a StGB, der auf „Kennzeichen" abstellt, für die § 86 a Abs. 2 StGB Beispiele nennt. Der Tatbestand kann medienneutral verwirklicht werden, z. B. durch Skandieren von Parolen oder das (fälschlich[46]) als „Hitler-Gruß" bezeichnete Heben von ausgestrecktem rechtem Arm und rechter Hand. Dennoch sind Medien als „Transportmittel" ein tatsächlich wichtiges Tatbegehungsutensil, wie die Erwähnung der „Schriften" in § 86 a Abs. 1 Nr. 1 StGB unterstreicht[47]. **19**

(2) Verbreiten von Propagandamitteln, § 86 StGB

Der Tatbestand erfasst neben der Verbreitung von Propagandamitteln verschiedene Vorbereitungsmaßnahmen, die der Verbreitung vorausgehen und von einer auf künftige Verbreitung („zur Verbreitung") gerichteten überschießenden Innentendenz getragen sind[48]. Eigens erwähnt ist im Gesetzestext zudem das öffentliche Zugänglichmachen in Datenspeichern. Damit wird auch das Ausstreuen der verpönten Inhalte ohne körperliche Weitergabe des Trägermediums dem Tatbestand einverleibt. Da sich das Handlungsmerkmal „Verbreiten" auf die „Schrift" bezieht, setzt es körperliche Weitergabe voraus[49]. Unkörperliche Verbreitung des Inhalts allein ist nur mittels Datenspeicher in Form öffentlichen Zugänglichmachens tatbestandsmäßig. „Öffentlich" ist der Vorgang, wenn einer grundsätzlich unbestimmten Vielzahl von Personen oder einem nicht durch persönliche Beziehungen innerlich verbundenen größeren bestimmten Kreis von Personen die Kenntnisnahme ermöglicht **20**

---

[46] *Stegbauer* JR 2002, 182 (185).

[47] Nach Auskunft von *Stegbauer* JR 2002, 182 haben sich bei § 86 a StGB „aufgrund der zunehmenden Nutzung des Internets durch die rechtsextremistische Szene weitere Problemfelder ergeben".

[48] *Lackner/Kühl*, § 86 Rn. 6.

[49] *Schönke/Schröder/Sternberg-Lieben*, § 86 Rn. 14.

wird[50]. Der Inhalt tatbestandsmäßiger Propagandamittel wird in Absatz 2 durch die Begriffe „freiheitlich demokratische Grundordnung" und „Völkerverständigung" eingegrenzt[51]. Außerdem muss das tatgegenständliche Propagandamittel in einer Beziehung zu den in Absatz 1 Nr. 1 bis Nr. 4 genannten Vereinigungen und Organisationen stehen (Organisationsbezug). Diese Beziehung („Propagandamittel einer . . . Partei" usw.) rekurriert weder auf Sachherrschaft (Eigentum, Besitz) noch auf Urheberschaft der Organisation oder eines ihrer Mitglieder. Ausreichend ist, dass das Propagandamittel für Zwecke einer der Vereinigungen mit deren Einverständnis Verwendung findet[52]. Aus dem objektiven Tatbestand ausgeschlossen sind Propagandamittel oder Handlungen unter den Voraussetzungen der „Sozialadäquanzklausel" des Absatzes 3[53].

(3) Verwenden von Kennzeichen verfassungswidriger Organisationen, § 86 a StGB

21   Der Unrechtscharakter dieses abstrakten Gefährdungsdelikts[54] erschöpft sich darin, dass bestimmte Gegenstände öffentlich wahrnehmbar gemacht werden. Eine Verletzung oder konkrete Gefährdung eines Schutzgutes ist nicht erforderlich. Dessen bedarf es zur Strafwürdigkeitsbegründung nicht, weil man davon ausgehen kann, dass die Taten generell geeignet sind, den öffentlichen Frieden zu stören[55]. Eine entsprechende Eignungsklausel ist im Gesetzestext nicht notwendig. Allein das Auftauchen derartiger Objekte in der Öffentlichkeit ist geeignet, Unruhe, Besorgnis und Angst zu erzeugen. Denn zumindest den über die Geschichte des 20. Jahrhunderts halbwegs informierten Zeitgenossen wird bei der Konfrontation mit solchen „Kennzeichen" das ungute Gefühl beschleichen, dass – frei nach Brecht („Arturo Ui") – der Schoß noch fruchtbar ist, aus dem das kroch[56]. Tatbestandsmäßige Handlung gem. § 86 a Abs. Nr. 1 StGB ist die Verbreitung oder Verwendung der Kennzeichen in der Öffentlichkeit oder in einer Versammlung. § 86 a Abs. 1 Nr. 2 StGB dehnt die Strafbarkeit auf diverse Vorfeldhandlungen aus. Verwenden ist jede Art des Kennzeichengebrauchs, die anderen eine optische oder akustische Wahrnehmung möglich macht[57]. Wie bei § 86 StGB wird der objektive Tatbestand durch die „Sozialadäquanzklausel" (§ 86 a Abs. 3 iVm § 86 Abs. 3 StGB) eingeschränkt[58]. Darüber hinaus ist der Tatbestand in Anlehnung an seinen Schutzzweck und unter Berücksichtigung

---

[50] *Lackner/Kühl*, § 74 d Rn. 6.

[51] Näher dazu MK-*Steinmetz*, § 86 Rn. 10 f; *Schönke/Schröder/Sternberg-Lieben*, § 86 Rn. 5.

[52] *Schönke/Schröder/Sternberg-Lieben*, § 86 Rn. 12.

[53] BGHSt 46, 36 (43); *Schönke/Schröder/Sternberg-Lieben*, § 86 Rn. 17.

[54] BGHSt 52, 364 (374); MK-*Steinmetz*, § 86 a Rn. 2; *Schönke/Schröder/Sternberg-Lieben*, § 86 a Rn. 1; *Stegbauer* JR 2002, 182 (184).

[55] BGHSt 51, 244 (246): „Wahrung des politischen Friedens".

[56] BGHSt 51, 244 (246); 52, 364 (373): „Wiederbelebung der verbotenen Organisation oder der von ihr verfolgten verfassungsfeindlichen Bestrebungen".

[57] *Lackner/Kühl*, § 86 a Rn. 4; *Stegbauer* JR 2002, 182 (187).

[58] BGHSt 51, 244 (246); *Schönke/Schröder/Sternberg-Lieben*, § 86 a Rn. 10.

des Grundrechts auf freie Meinungsäußerung (Art. 5 Abs. 1 GG)[59] dahingehend teleologisch zu reduzieren, dass der Gebrauch von Kennzeichen in einer Darstellung,
deren Inhalt offenkundig und eindeutig die Gegnerschaft zu der Organisation und
die Ablehnung ihrer Ideologie zum Ausdruck bringt, von der Strafvorschrift nicht
erfasst wird[60].

b) Pornographie

Durch den Aufbau des Internet hat die Medienrelevanz der legalen und illegalen   **22**
Pornographie enorm zugenommen. Bezeichnend ist z. B., dass sich eine öster-
reichische Dissertation mit dem „pornographieneutralen" Titel „Die Strafbarkeit
von Internetdelikten" ausschließlich mit Pornographietatbeständen beschäftigt[61]. In
StGB-Kommentaren und Lehrbüchern wird die – keineswegs auf Pornographiekriminalität beschränkte – Thematik der Verantwortlichkeit von Internet-Providern
vorzugsweise in den Erläuterungen zu §§ 184 ff. StGB erörtert[62]. Die Pornographiestraftaten der §§ 184 ff. StGB sind also die medienspezifischen Delikte
schlechthin[63].

aa) Medienbezüge

Die Medienbezüge der Pornographiestraftaten ergeben sich aus den Tatmitteln, deren   **23**
Verwendung in sämtlichen Tatbeständen obligatorisch ist[64]. Es gibt keine Tatbe-
standsvariante, die anders als durch bestimmten Umgang mit pornographischen
Schriften (§ 11 Abs. 3 StGB) oder mittels Rundfunk, Medien- oder Telediensten
(§ 184 d StGB) verwirklicht werden könnte. Eine Ansprache mit pornographischem
Inhalt vor einer Schulklasse 13-jähriger Gymnasiasten wird erst dann zu einer Por-
nographiestraftat, wenn der Redner seinen Vortrag mit thematisch einschlägigen
Abbildungen anreichert, vgl. § 184 Abs. 1 Nr. 2 StGB.

bb) Einfache Pornographie

Als „einfache" oder „weiche" Pornographie bezeichnet man die in § 184 Abs. 1 StGB   **24**
sehr variantenreich vertatbestandlichten Fälle des – verglichen mit der „harten" Pornographie – weniger schwerwiegenden Umgangs mit pornographischem Material[65].

---

[59] *Stegbauer* JR 2002, 182.

[60] BGHSt 51, 244 (248); 52, 364 (375).

[61] *Freund*, Die Strafbarkeit von Internetdelikten, 1998.

[62] *Lackner/Kühl*, § 184 Rn. 7 ff.; *Laubenthal*, Sexualstraftaten, Rn. 743 ff.; MK-*Hörnle*, § 184
Rn. 44 ff.; *Schönke/Schröder/Perron/Eisele*, § 184 Rn. 53 ff.

[63] Vgl. auch *Petersen*, Medienrecht, § 17 Rn. 7: Online-Delikte.

[64] *Petersen*, Medienrecht, § 17 Rn. 15.

[65] *Schönke/Schröder/Perron/Eisele*, § 184 Rn. 1 b.

Die Strafwürdigkeit einzelner Tatbestandsvarianten ist zweifelhaft, die Vorschrift insgesamt reformbedürftig[66]. Angesichts der Vielgestaltigkeit der Tatbeschreibungen ist ein einheitliches Schutzgut nicht auszumachen. Primär dient die Strafvorschrift dem Jugendschutz (so § 184 Abs. 1 Nr. 1–5, 7, 8 StGB)[67], vereinzelt (§ 184 Abs. 1 Nr. 6, 9 StGB) liegen aber auch andere Schutzzwecke zugrunde[68]. Da in keiner der Tatbestandsvarianten die Verletzung oder konkrete Gefährdung des jeweiligen Schutzgutes erforderlich ist, handelt es sich insgesamt um ein abstraktes Gefährdungsdelikt[69]. Strafbar ist daher auch die Tat gegenüber einem Jugendlichen, dessen „ungestörte sexuelle Entwicklung" wegen umfangreicher Vorerfahrungen vielfältigster Art auf diesem Gebiet durch das Betrachten pornographischer Darstellungen nicht mehr beeinträchtigt werden kann[70].

25   Die Vorschrift trägt die Überschrift „Verbreitung pornographischer Schriften". Tatsächlich enthalten jedoch nur die Varianten § 184 Abs. 1 Nr. 5 und Nr. 9 StGB das Merkmal „Verbreiten". Wie immer, wenn Verbreitungsobjekt eine Schrift iSd § 11 Abs. 3 StGB ist (s. oben Rn. 11), ist damit die Herstellung einer unmittelbaren körperlichen Beziehung zwischen dem Tatobjekt und einer anderen Person gemeint[71]. Der mündlich vorgetragene Bericht über den Inhalt einer pornographischen Schrift ist nicht tatbestandsmäßig, wie überhaupt das „Schwingen" obszöner Reden nicht unter § 184 StGB fällt. Wer auf dem Schulhof eines Gymnasiums in der großen Pause vor hunderten Minderjähriger aus „Josefine Mutzenbacher"[72] vorliest, macht zwar den – möglicherweise gar nicht pornographischen – Inhalt, nicht aber die Schrift selbst zugänglich, § 184 Abs. 1 Nr. 2 StGB. Wenngleich dieses Tatbestandsmerkmal nicht die Ermöglichung der Besitzverschaffung verlangt, muss doch zumindest die Möglichkeit unmittelbarer – im Beispielsfall optischer – Wahrnehmung geschaffen werden[73]. Dasselbe gilt für das Tatbestandsmerkmal „vorführt". Bloßes Vorlesen genügt nicht[74], da das Vortragen erdachter – (noch) nicht in einer Schrift verkörperter – pornographischer Texte nicht strafbar ist. Strafbar ist hingegen das Abspielen einer CD oder DVD sowie die Ermöglichung der Kenntnisnahme am Computerbildschirm einschließlich der Versendung von e-mails[75]. Technisch kann der Tatbestandsverwirklichung durch Verschlüsselungen (Codierung) einschlägiger

---

[66] *Duttge/Hörnle/Renzikowski* NJW 2004, 1065 (1069); *Schönke/Schröder/Perron/Eisele*, § 184 Rn. 2.

[67] BGHSt 37, 55 (63); OLG Hamm NJW 2000, 1965 (1966); *Hörnle* NJW 2002, 1008.

[68] *Laubenthal*, Sexualstraftaten, Rn. 699, 753; *Otto*, BT, § 66 Rn. 101; *Schönke/Schröder/ Perron/Eisele*, § 184 Rn. 3.

[69] *Beisel/Heinrich* JR 1996, 95.

[70] *Lackner/Kühl*, § 184 Rn. 1; *Laubenthal*, Sexualstraftaten, Rn. 754.

[71] BayObLG NJW 2000, 2911; *Schönke/Schröder/Perron/Eisele*, § 184 Rn. 8.

[72] BVerwG NJW 1987, 1435.

[73] *Derksen* NJW 1997, 1878 (1881).

[74] Anders offenbar *Schönke/Schröder/Perron/Eisele*, § 184 Rn. 9.

[75] *Schönke/Schröder/Perron/Eisele*, § 184 Rn. 9.

Programme entgegengewirkt werden. Die Strafbarkeitsprüfung verlagert sich dann auf das Zugänglichmachen von Decodern und Decodierkarten[76].

Die Definition des zentralen Begriffs „Pornographie" ist schwierig[77]. Sicher ist **26** allein, dass der Begriff etwas mit Sexualität zu tun hat[78]. Wie aber der BGH schon zu dem früheren Tatbestandsmerkmal „unzüchtig" bemerkt hat, sind die Anschauungen darüber, welche sexualbezogenen Darstellungen nicht mehr toleriert werden können, „zeitbedingt und dem Wandel unterworfen"[79]. Zudem erschwert die unsichere empirische Erkenntnislage über die vermuteten schädlichen Auswirkungen bestimmter Darstellungen von Sexualität die theoretische Eingrenzung. Sieht man einmal von diesem für die Strafwürdigkeitseinschätzung natürlich fundamental bedeutsamen Aspekt ab, kann an sich jede Zurschaustellung des unbekleideten menschlichen Körpers in einem eindeutig die physische Komponente sexuellen Lustgewinns betonenden Zusammenhang („Posieren")[80] als „pornographisch" bezeichnet werden. Für die Entscheidung über die Strafbarkeit im konkreten Fall bedarf es dann einer richterlichen Einschätzung des Schädlichkeitsgrades der tatgegenständlichen Darstellung. Dies entzieht sich einer abstrakten fallunabhängigen Definition[81]. Einer einzelfallbezogenen Beurteilung und Abwägung unterliegt auch das Verhältnis von Pornographie und Kunst (Art. 5 Abs. 3 GG)[82]. Weder schließen Pornographie und Kunst sich aus[83] noch gebührt der Kunstfreiheit stets der Vorrang vor den rechtlichen Erwägungen, die dem sektoralen Pornographieverbot zugrunde liegen[84].

Damit Eltern bei der Erziehung ihrer Kinder auch das Thema „Pornographie" anschneiden können, ohne strafrechtliche Verfolgung befürchten zu müssen, gewährt **27** § 184 Abs. 2 StGB einen besonderen Tatbestandsausschluss („Erzieherprivileg")[85]. Dessen Anwendungsbereich ist beschränkt auf die in § 184 Abs. 1 Nr. 1 StGB beschriebenen Taten. Gäbe es diesen Tatbestandsausschluss nicht, dürften Erwachsene, die mit minderjährigen Kindern zusammen leben, entweder selbst überhaupt keine pornografischen Schriften besitzen oder müssten diese zumindest streng unter Verschluss halten. Denn auf Grund der elterlichen Garantenstellung (§ 13 StGB) wäre bereits eine nachlässige Aufbewahrung in der eigenen Wohnung ein „Zugänglichmachen" durch garantenpflichtwidriges Unterlassen. Ein derart rigides Reglement wäre

---

[76] *Beisel/Heinrich* JR 1996, 95 ff.

[77] *Schönke/Schröder/Perron/Eisele*, § 184 Rn. 4.

[78] *Fischer*, Die strafrechtliche Beurteilung von Werken der Kunst, S. 152.

[79] BGHSt 23, 40 (42).

[80] BGHSt 50, 370 (371).

[81] Vgl. *Fischer*, Die strafrechtliche Beurteilung von Werken der Kunst, S. 153, nach dem der Maßstab stets „die in der Gesellschaft jeweils vorherrschende Moralauffassung" bilde und jeweils „auf einen objektiven Durchschnittsbetrachter abzustellen" sei.

[82] *Lackner/Kühl*, § 184 Rn. 3; *Laubenthal*, Sexualstraftaten, Rn. 729; *Otto*, BT, § 66 Rn. 100; *Schönke/Schröder/Perron/Eisele*, § 184 Rn. 5 a; krit. *Maurach/Schroeder/Maiwald*, BT 1 § 23 Rn. 7.

[83] BGHSt 37, 55 (57); A/W/H/H-*Hilgendorf*, § 10 Rn. 24; MK-*Hörnle*, § 184 Rn. 24.

[84] BGHSt 37, 55 (64); MK-*Hörnle*, § 184 Rn. 26.

[85] *Laubenthal*, Sexualstraftaten, Rn. 765; *Schönke/Schröder/Perron/Eisele*, § 184 Rn. 9 b.

ein unverhältnismäßiger Eingriff in die Privatsphäre[86]. Der Tatbestandsausschluss
kommt auch Tatbeteiligten zugute, die zu dem Minderjährigen nicht in der privilegierten Sorgerechtsbeziehung stehen[87]. Es handelt sich um keinen Anwendungsfall
des § 28 Abs. 2 StGB. Eine § 184 Abs. 2 StGB entsprechende Vorschrift enthält § 27
Abs. 4 JuSchG (dazu unten § 9 Rn. 22).

cc) „Harte" Pornographie

28 Die wesentlich strengere strafrechtliche Behandlung der „harten" Pornographie
drückt sich nicht allein in den höheren Strafdrohungen (§ 184 StGB: 1 Monat bis
1 Jahr; § 184 b Abs. 3 StGB: 6 Monate bis 10 Jahre) aus. Im Bereich der Strafbarkeitsvoraussetzungen schlägt sich die erhöhte strafrechtliche Schärfe im Fehlen
des in § 184 StGB dominierenden – und die Strafbarkeit einschränkenden – Aspekts
Jugendschutz aus. Für jede Erscheinungsform harter Pornographie besteht ein absolutes Verbreitungsverbot[88] (vgl. §§ 184 a Nr. 1, 184 b Abs. 1 Nr. 1 und 184 c Abs. 1
Nr. 1 StGB). Die Nichtgeltung des Erzieherprivilegs (§ 184 Abs. 2 StGB) hat jedoch
keine Auswirkung, weil die individuelle Weitergabe oder Überlassung harter Pornographie selbst im Verhältnis zu Kindern und Jugendlichen nicht tatbestandsmäßig ist,
solange dieser Vorgang nicht Teil eines Verbreitens usw. ist. Allerdings wird sich der
Erziehungsberechtigte in der Regel aus § 184 Abs. 1 Nr. 1 StGB strafbar machen,
da die Überlassung harter Pornographie kaum eine andere Bewertung als die der
„gröblichen" Verletzung der Erziehungspflicht verdienen wird, § 184 Abs. 2 S. 1 Hs.
2 StGB.

(1) Gewalt- und Tierpornographie, § 184 a StGB

29 Tatgegenstand sind pornographische Schriften, die Gewalttätigkeiten gegenüber
Menschen oder sexuelle Handlungen von Menschen mit Tieren darstellen. Grundlage
ist der allgemeine Pornographiebegriff, wie er auch in den Tatbeständen der einfachen Pornographie (§ 184 StGB) zur Geltung kommt[89]. Die Komponenten „Gewalt"
und „Pornographie" müssen in einem Zusammenhang stehen, der die Gewalt als
Instrument zur Steigerung des spezifisch pornographischen Gehalts der Darstellung
erscheinen lässt[90]. Insbesondere Manipulationen mit Werkzeugen im Genital- und
Analbereich des menschlichen Körpers, die erkennbare Zufügung von Schmerzen
und Verletzungen sowie die Überwindung oder Verhinderung von Widerstand eines „Opfers" sexueller Handlungen sind typische „Stilmittel" zur Erzeugung eines

---

[86] *Duttge/Hörnle/Renzikowski* NJW 2004, 1065 (1069): Unsorgfältige Verwahrung ohne Kenntnis
der wiederholten „Mitnutzung" durch minderjähriges Kind noch kein „gröblicher" Erziehungs-
fehler.

[87] *Schönke/Schröder/Perron/Eisele*, § 184 Rn. 9 e; aA *Laubenthal*, Sexualstraftaten, Rn. 767.

[88] *Hörnle* NJW 2002, 1008; *Laubenthal*, Sexualstraftaten, Rn. 853; *Schönke/Schröder/Perron/
Eisele*, § 184 a Rn. 1; *Schroeder* ZRP 1990, 299.

[89] *Schönke/Schröder/Perron/Eisele*, § 184 a Rn. 2.

[90] *Schönke/Schröder/Perron/Eisele*, § 184 a Rn. 3 a.

gewaltpornographischen Gesamtbildes. Die Strafwürdigkeit von Pornographie mit Tieren ist fraglich, da die tatsächliche sexuelle Praxis mit Tieren, deren Darstellung gem. § 184 a StGB strafbar ist, strafrechtlich nicht unmittelbar erfasst ist[91]. Weder in §§ 174 ff. StGB noch im Tierschutzgesetz gibt es einen Straftatbestand „Sexueller Missbrauch von Tieren".

Die tatbestandsmäßigen Handlungen in § 184 a Nr. 1 und Nr. 2 StGB sind alle-   **30** samt Formen des Inverkehrbringens, die einer unbestimmten Vielzahl von Personen die Wahrnehmung der pornographischen Darstellungen ermöglichen. Weitergabe an einen einzelnen ist nur unter den Voraussetzungen des § 184 Abs. 1 StGB strafbar. Die „Härte" der verwendeten pornographischen Schriften kann in der Strafzumessung berücksichtigt werden. In § 184 a Nr. 3 StGB sind Vorbereitungshandlungen erfasst, die vom Täter in der Absicht[92] vollzogen werden, ein Inverkehrbringen iSd Nr. 1 oder Nr. 2 entweder selbst auszuführen oder einem Dritten zu ermöglichen. Diese Tatbestandsalternative hat also hinsichtlich des subjektiven Tatbestands die Struktur eines Delikts mit überschießender Innentendenz.

(2) Kinderpornographie, § 184 b StGB

Taten mit kinderpornographischen Schriften sind im System der Pornographiestraf-   **31** taten diejenigen mit dem höchsten Unrechtsgehalt. Zu dem bereits in §§ 184, 184 a StGB umgesetzten Normzweck des Jugendschutzes kommt in § 184 b StGB als besonderes Schutzgut die Bewahrung von Kindern vor Missbrauch als Darsteller in pornographischen Filmen hinzu[93]. Da als Konsumenten derartigen Materials gewiss in erster Linie Menschen mit pädophiler Neigung im Focus der Strafvorschrift stehen, zielt das Verbreitungsverbot indirekt auch auf Verhinderung tatsächlichen Missbrauchs von Kindern durch Täter, die – durch das Betrachten entsprechender Darstellungen angeregt – sich nicht mehr mit der Abbildung von Kindern begnügen, sondern sich mittels wirklich lebender Kinder sexuelle Befriedigung verschaffen wollen[94]. Kind ist, wer noch nicht 14 Jahre als ist, § 176 Abs. 1 StGB. Maßgeblich ist das Alter zur Zeit des Geschehens, das in Form einer Schrift iSd § 11 Abs. 3 StGB dargestellt wird. Dass die betroffene Person im Zeitpunkt des Verbreitens usw. älter und daher vielleicht nicht mehr Kind, sondern Jugendlicher ist, steht der Strafbarkeit aus § 184 b StGB nicht entgegen.

In der Binnenstruktur des § 184 b StGB ist die straftatbestandliche Erfassung   **32** des Umgangs mit kinderpornographischen Schriften auf die Absätze 1 bis 4 verteilt. Dabei entspricht die Tatbeschreibung in § 184 b Abs. 1 StGB der des § 184

---

[91] *Beisel* ZUM 1996, 859 (861); MK-*Hörnle*, § 184 a Rn. 2.

[92] *Schönke/Schröder/Perron/Eisele*, § 184 a Rn. 6.

[93] *Harms* NStZ 2003, 64; *Hörnle* NJW 2002, 1008; MK-*Hörnle*, § 184 b Rn. 1; *Renzikowski* NStZ 2000, 28; *Schönke/Schröder/Perron/Eisele*, § 184 b Rn. 1.

[94] *Laubenthal*, Sexualstraftaten, Rn. 861: sexueller Missbrauch von Kindern als Folge des Konsums; skeptisch zu diesem Normzweck wegen unzureichender empirischer Erkenntnislage *Gropp*, FS Otto, S. 249 (259); MK-*Hörnle*, § 184 b Rn. 1; *Scheffler*, FS Herzberg, S. 627 (636); *Schönke/Schröder/Perron/Eisele*, § 184 b Rn. 1; umgekehrt auf wissenschaftlich nicht auszuschließende kriminogene Wirkung abstellend *Lackner/Kühl*, § 184 b Rn. 1.

a StGB. Tatbestandliche Besonderheit des Kinderpornographiestrafbarkeit ist die Poenalisierung der fremdnützigen (Absatz 2) und eigennützigen (Absatz 4 S. 1) Besitzverschaffung bzw. des tatsächlichen Besitzes (Absatz 4 S. 2)[95]. Einen Qualifikationstatbestand normiert Absatz 3 mit Beziehung zu den Grundtatbeständen in Absatz 1 und Absatz 2. Eine enge tatbestandliche Beziehung besteht zu § 176 a Abs. 3 StGB. Auf der Grundlage dieser Strafvorschrift kann der sexuelle Missbrauch von Kindern bei der Produktion kinderpornographischer Schriften mit Freiheitsstrafe von 2 bis 15 Jahren bestraft werden.

33   In § 184 b Abs. 2 StGB ist das Unternehmen der fremdnützigen Besitzverschaffung unter Strafdrohung gestellt. Hinsichtlich des Tatobjektes ist der tatbestandliche Bereich verengt, da nur Schriften erfasst sind, die ein tatsächliches oder wirklichkeitsnahes Geschehen wiedergeben. Auf Grund der Verwendung des Wortes „unternimmt" ist der Tatbestand auf Besitzverschaffungsversuche ausgedehnt, § 11 Abs. 1 Nr. 6 StGB[96]. Der Rücktritt von diesem Versuch führt nicht zu Straffreiheit[97]. „Besitz" ist die tatsächliche Sachherrschaft über die kinderpornographische Schrift. Diese kann auch durch Versenden von Dateien über das Internet begründet werden. Dass der Täter an dem Datenspeicher des Empfängers, der diese Datei aufnimmt, keinen Besitz gehabt hat, ist unerheblich. Ausreichend ist, dass dem Empfänger durch die Tat die Gelegenheit verschafft wird, mittels eines in seinem Besitz befindlichen Trägermediums kinderpornographische Inhalte wahrzunehmen[98]. Bloßes Betrachten von Abbildungen – z. B. auf dem Bildschirm eines Computers, der sich im Besitz eines anderen befindet – ist hingegen keine Besitzverschaffung[99].

34   Da § 184 b Abs. 2 StGB als tatbestandstauglichen Empfänger der kinderpornographischen Schrift ohne Differenzierung und Einschränkung jeden „anderen" erfasst, bedarf es einer teleologischen Reduktion. Teilweise hat diese das Gesetz selbst in Absatz 5 vorgenommen. Daher bleibt straflos nicht nur, wer durch die Handlung selbst eine eigene dienstliche oder berufliche Pflicht erfüllt, sondern auch, wer das Tatobjekt an jemanden weitergibt, zu dessen Pflichten es gehört, derartiges Material aus dem Verkehr zu ziehen, in Besitz zu nehmen, als Beweismaterial zu verwenden, zu vernichten usw. Liefert z. B. der Finder einer kinderpornographischen DVD dieselbe bei einer Polizeidienststelle ab, erfüllt dieses an sich unter § 184 b Abs. 2 StGB subsumierbare Verhalten den Tatbestand nicht, § 184 b Abs. 5 StGB. Denn auch die Abgabe an einen Polizeibeamten dient der Erfüllung einer dienstlichen Pflicht, nämlich der des in Empfang nehmenden Polizeibeamten[100]. Über § 184 b Abs. 5 StGB hinaus muss ebenfalls straflos bleiben jeder Besitzverschaffungsakt,

---

[95] Kritisch zum gesetzlichen Strafmaß, soweit es den bloßen Besitz der aktiven Verschaffung des Besitzes gleichstellt, *Duttge/Hörnle/Renzikowski* NJW 2004, 1065 (1070).

[96] MK-*Hörnle*, § 184 b Rn. 31; *Schönke/Schröder/Perron/Eisele*, § 184 b Rn. 9.

[97] *Schönke/Schröder/Eser/Hecker*, § 11 Rn. 46.

[98] BayObLG NJW 2000, 2911 (2912); MK-*Hörnle*, § 184 b Rn. 30.

[99] *Hörnle* NStZ 2010, 704 (705); *Koch* GA 2005, 589 (601); *Schönke/Schröder/Perron/Eisele*, § 184 b Rn. 15 a.

[100] MK-*Hörnle*, § 184 b Rn. 41; aA – im Ergebnis aber wie hier – *Schönke/Schröder/Perron/Eisele*, § 184 b Rn. 16.

dessen Zweckbestimmung es ist, die Schaffung oder Aufrechterhaltung eines „Marktes" für kinderpornographische Schriften zu be- und verhindern[101]. Wer also einem anderen Schriften übergibt, damit dieser sie sogleich vernichte, erfüllt den Besitzverschaffungstatbestand nicht[102]. Formell begeht der Empfänger, dem der Täter Besitz verschafft hat, eine Teilnahme an der Tat des anderen. Insbesondere wenn der Erwerber das Tatobjekt angefordert hat, sind die Voraussetzungen einer Anstiftung (§ 26 StGB) erfüllt. Die Folge wäre eine Strafbarkeit „gleich einem Täter" mit Bestrafungsmöglichkeit im Bereich von 3 Monaten bis 5 Jahren Freiheitsstrafe. Auf der anderen Seite wird gemäß § 184 b Abs. 4 StGB die täterschaftliche Besitzverschaffung „nur" mit Freiheitsstrafe bis 2 Jahren geahndet. Daraus folgt, dass jegliches Handeln auf der Erwerberseite ausschließlich von § 184 b Abs. 4 StGB erfasst sein soll, eine Strafbarkeit wegen Teilnahme an der aus § 184 b Abs. 2 StGB strafbaren Tat also ausgeschlossen ist[103].

Auch der Tatbestand des § 184 b Abs. 4 S. 1 StGB hat die Struktur eines Unternehmensdelikts iSd § 11 Abs. 1 Nr. 6 StGB. Zielt der Täter zugleich auf eigenen Besitz und Mitbesitz eines anderen, stellt sich die Frage, ob zur Strafbarkeit aus § 184 b Abs. 4 S. 1 StGB Strafbarkeit aus § 184 b Abs. 2 StGB hinzutritt. Da § 184 b Abs. 2 StGB denselben Strafrahmen hat wie § 184 b Abs. 1 StGB, ist die Verschaffung von Mitbesitz erst dann aus § 184 b Abs. 2 StGB strafbar, wenn dem anderen die Möglichkeit der eigenständigen Verfügung über die Schrift eingeräumt wird. Denn dann besteht die Gefahr, dass auch noch weitere Personen Gelegenheit erhalten, die pornographischen Inhalte wahrzunehmen oder sogar die Schrift selbst zu erlangen. Besitzverschaffung an kinderpornographischen Inhalten im Internet setzt das Herunterladen und Abspeichern auf einem Speichermedium (z. B. Festplatte) voraus[104]. Bloßes Betrachten pornographischer Bilder am Monitor ist noch keine Besitzverschaffung[105]. Denn die im Arbeitsspeicher des Computers vorhandenen Bilder sind „flüchtig"[106]. Der objektive Zustand des Besitzes wird jedoch durch die automatisch ablaufende Speicherung der Daten im „Cache"-Speicher bewirkt[107]. Allerdings wird vielen Internetnutzern insoweit der Vorsatz fehlen[108]. **35**

§ 184 b Abs. 3 StGB normiert einen Qualifikationstatbestand[109], der auf den grundtatbestandlichen Alternativen des Absatzes 1 und dem fremdnützigen Besitzverschaffen (Absatz 2) aufbaut. Qualifikationstaugliche Tatobjekte sind nur **36**

---

[101] LG Stuttgart NSZ 2003, 36 (37); *Schönke/Schröder/Perron/Eisele*, § 184 b Rn. 9.

[102] *Schönke/Schröder/Perron/Eisele*, § 184 b Rn. 16.

[103] *Schönke/Schröder/Perron/Eisele*, § 184 b Rn. 18.

[104] *Harms* NStZ 2003, 66 (647); MK-*Hörnle*, § 184 b Rn. 34; *Schönke/Schröder/Perron/Eisele*, § 184 b Rn. 15 a.

[105] LG Stuttgart NStZ 2003, 36; *Harms* NStZ 2003, 646 (648); *Lackner/Kühl*, § 184 b Rn. 8; *Maurach/Schroeder/Maiwald*, BT, 1 § 23 Rn. 23; MK-*Hörnle*, § 184 b Rn. 35; *Schönke/Schröder/Perron/Eisele*, § 184 b Rn. 15 a.

[106] *Harms* NStZ 2003, 646 (649).

[107] BGH NStZ 2007, 95; *M. Heinrich* NStZ 2005, 361 (363).

[108] *Harms* NStZ 2003, 646 (650).

[109] *Schönke/Schröder/Perron/Eisele*, § 184 b Rn. 12.

Schriften mit realem oder wirklichkeitsnahem Inhalt. Qualifizierend wirkt die entweder gewerbsmäßige oder bandenmäßige Begehungsweise. Gewerbsmäßigkeit ist ein besonderes persönliches Merkmal mit strafschärfender Wirkung, weshalb bei Taten mit mehreren Beteiligten § 28 Abs. 2 StGB zu beachten ist[110].

(3) Jugendpornographie, § 184 c StGB

37 Diese Strafvorschrift unterscheidet sich von § 184 b StGB nur geringfügig. Die geschützten Personen gehören der Altersklasse „Jugendlicher" an. Sie müssen älter als 14 Jahre, aber noch nicht 18 Jahre alt sein. Da dem höheren Schutzalter ein geringerer Unrechtsgehalt korrespondiert, sind die Strafdrohungen niedriger als in § 184 b StGB. Abweichend von § 184 b Abs. 4 StGB enthält § 184 c Abs. 4 S. 2 StGB eine Privilegierung von Taten, die sich auf Schriften beziehen, die der Täter als Jugendlicher mit Einwilligung der dargestellten Personen hergestellt hat. War der Täter im Zeitpunkt der Herstellung bereits 18 Jahre alt, kommt ihm der Tatbestandsausschluss nicht zugute[111].

c) Bekenntnisbeschimpfung

aa) Medienbezüge

38 Gotteslästerung ist eine Straftat, die im säkularen Strafrecht[112] als strafwürdig nur unter der Voraussetzung eingeschätzt wird, dass sie in den öffentlichen Frieden störender Weise begangen wird[113]. Kein tragfähiges Schutzgut der Strafvorschrift sei das „religiöse Gefühl" oder das „Pietätsempfinden" von Gläubigen, die sich durch Bekenntnisbeschimpfung persönlich angegriffen fühlen[114]. Die Tatbegehung muss also auf Breitenwirkung und massenhafte Wahrnehmung angelegt sein. Dies geschieht entweder durch Verbreiten von Schriften iSd § 11 Abs. 3 StGB oder durch öffentliche Kundgabe tatbestandsmäßiger Inhalte[115]. In die typische Tatbegehungsart sind also Medienobjekte als Tatwerkzeuge involviert.

bb) Strafbarkeitsvoraussetzungen des § 166 StGB

39 Die tatbestandliche Ausgestaltung des Delikts ist durch Bildung zweier Tatbestände auf Absatz 1 und Absatz 2 verteilt. Beide Tatbestände unterscheiden sich nur

---

[110] *Schönke/Schröder/Perron/Eisele*, § 184 b Rn. 18.

[111] Kritisch dazu *Schönke/Schröder/Eisele*, § 184 c Rn. 9.

[112] MK-*Hörnle*, § 166 Rn. 1; *Schönke/Schröder/Lenckner/Bosch*, vor § 166 Rn. 1: weltanschauliche Neutralität.

[113] Für Streichung des Straftatbestands *Montag* DRiZ 2007, 72; *Steinke* KritJ 2008, 451 ff.; dagegen *Bosbach* DRiZ 2007, 73.

[114] *Fischer*, § 166 Rn. 2; *Steinbach* JR 2006, 495 (496); *Stumpf* GA 2004, 104 (106).

[115] MK-*Hörnle*, § 166 Rn. 21.

durch das Zielobjekt der Beschimpfungshandlung: Nach § 166 Abs. 1 StGB ist tatbestandsmäßig die Beschimpfung des Inhalts eines religiösen oder weltanschaulichen Bekenntnisses[116], nach § 166 Abs. 2 StGB richtet sich die Beschimpfung gegen eine im Inland bestehende Kirche, Religionsgesellschaft oder Weltanschauungsvereinigung, ihre Einrichtungen oder Gebräuche[117]. „Beschimpfen" ist eine besonders grobe und verletzende Form einer beleidigenden Äußerung[118]. Erfolgt die Beschimpfung im Rahmen künstlerischer Betätigung, ist bei der Auslegung des Tatbestandsmerkmals Art. 5 Abs. 3 GG zu beachten und gegebenenfalls eine einzelfallbezogene Abwägung vorzunehmen[119]. Die Beschimpfung muss öffentlich oder durch Verbreitung von Schriften zum Ausdruck gebracht werden und zudem geeignet sein, den öffentlichen Frieden zu stören. Diese Voraussetzung ist erfüllt, wenn Anhänger eines religiösen oder weltanschaulichen Bekenntnisses, Mitglieder einer Kirche, Religionsgesellschaft oder Weltanschauungsvereinigung Grund zu der Besorgnis haben, dass man sie hier gerade wegen ihres Bekenntnisses nicht „in Frieden" und ungestört ihr Bekenntnis ausüben lässt[120].

d) Androhung und Belohnung von Straftaten

aa) Medienbezüge

Der Tatbestand der Androhung von Straftaten ist in § 126 StGB ohne Verwendung der Merkmale beschrieben, die in verwandten Strafvorschriften den Einsatz von Medien als typische Art der Tatbestandsverwirklichung kennzeichnen. Der Gesetzestext stellt – anders als z. B. § 111 Abs. 1 StGB – weder auf Verbreiten von Schriften noch auf den Auftritt des Täters in einer Versammlung oder in der Öffentlichkeit ab. Indirekt weist der Gesetzeswortlaut doch auf derartige Begehungsweisen als die zur Tatbestandserfüllung besonders geeigneten hin. Die Straftatandrohung muss nämlich geeignet sein, den öffentlichen Frieden zu stören. Daraus ergibt sich eine Ähnlichkeit mit § 130 Abs. 1 StGB, der ebenfalls nicht Schriftenverbreitung, öffentliche Propaganda oder Hetze in einer Versammlung explizit erwähnt. Friedensstörungseffekte lassen sich bei beiden Delikten aber nur durch Erzeugung von Emotionen (Hass, Furcht, Angst[121]) bei einer größeren Anzahl Menschen auslösen[122], weshalb Medien als Tatinstrumente prädestiniert sind[123].

40

---

[116] MK-*Hörnle*, § 166 Rn. 6 ff.

[117] MK-*Hörnle*, § 166 Rn. 10 ff.

[118] *Fischer*, § 166 Rn. 12; *Liesching* ZUM 2006, 578 (579); MK-*Hörnle*, § 166 Rn. 15.

[119] *Fischer*, § 166 Rn. 16; MK-*Hörnle*, § 166 Rn. 20; *Schönke/Schröder/Lenckner/Bosch*, § 166 Rn. 10.

[120] *Schönke/Schröder/Lenckner/Bosch*, § 166 Rn. 12.

[121] *Schönke/Schröder/Lenckner/Sternberg-Lieben*, § 126 Rn. 1: „Angst und Schrecken in der Bevölkerung".

[122] *Schönke/Schröder/Lenckner/Sternberg-Lieben*, § 126 Rn. 8.

[123] *Schönke/Schröder/Lenckner/Sternberg-Lieben*, § 126 Rn. 11.

41　　Die Belohnung und Billigung von Straftaten (§ 140 StGB) zerfällt in einen medienunspezifischen Belohnungstatbestand (§ 140 Nr. 1 StGB) und einen medienspezifischen Billigungstatbestand (§ 140 Nr. 2 StGB). In der Variante des Schriftenverbreitungstatbestandes manifestiert sich der Medienbezug unmittelbar. Das Erfordernis der Eignung zur Störung des Öffentlichen Friedens bringt auch die Alternativen „öffentlich" und „in einer Versammlung" mit den Medien zusammen.

bb) Androhung von Straftaten, § 126 StGB

42　　Tathandlung ist entweder die Androhung einer Straftat (§ 126 Abs. 1 StGB) oder die wahrheitswidrige Warnung vor einer Straftat bzw. deren Vollendung (§ 126 Abs. 2 StGB). Nicht tatbestandsmäßig, sondern gegebenenfalls vielleicht sogar geboten (vgl. § 138 StGB) ist die Warnung vor einer wirklich bevorstehenden Straftat. Da der Begriff „Androhung" auch die Ankündigung einer eigenen Straftat ohne Begehungsabsicht oder Begehungsvermögen umfasst, beschränkt sich der Vortäuschungs-Tatbestand des § 126 Abs. 2 StGB auf die unwahre Ankündigung der Straftat eines Dritten, auf deren Begehung der Täter keinen Einfluss hat bzw. sich keinen Einfluss zuschreibt. Die Vortäuschung eines auf angeblichem eigenen Handeln beruhenden Taterfolgseintritts ist keine Androhung, wenn der Täter nicht erklärt, den Erfolg noch abwenden zu können. Daher wird diese Täuschung ebenfalls von § 126 Abs. 2 StGB erfasst[124].

43　　Tatbestandsmäßiger Drohungs- oder Täuschungsinhalt sind nur die im Katalog des § 126 Abs. 1 Nr. 1 bis Nr. 7 StGB aufgezählten Verbrechen und Vergehen. Wie sich aus § 126 Abs. 2 StGB ergibt, kommt es nicht auf schuldhafte Tatbegehung an[125]. Da der Tatbestand nur den öffentlichen Frieden in Deutschland schützt, wird als Tatort der angekündigten Tat hauptsächlich das Inland (§ 3 StGB) geeignet sein. Soweit die Androhung einer Auslandstat jedoch geeignet wäre, in Deutschland Kriminalitätsfurcht zu schüren, kann damit der Tatbestand erfüllt werden[126]. Die z. B. über einen arabischen Fernsehsender verbreitete Androhung von Anschlägen gegen die in Afghanistan stationierten Soldaten und Offiziere der Deutschen Bundeswehr könnte somit aus § 126 Abs. 1 StGB strafbar sein.

cc) Belohnung und Billigung von Straftaten, § 140 StGB

44　　Beide Tatbestände beziehen sich auf einen geschlossenen Katalog von rechtswidrigen Taten[127]. Eine solche Vortat muss tatsächlich begangen worden und dabei mindestens ins Stadium des mit Strafe bedrohten Versuchs gelangt sein. Strafbar

---

[124] MK-*Schäfer*, § 126 Rn. 18; *Schönke/Schröder/Lenckner/Sternberg-Lieben*, § 126 Rn. 6.

[125] *Schönke/Schröder/Lenckner/Sternberg-Lieben*, § 126 Rn. 4.

[126] MK-*Schäfer*, § 126 Rn. 45.

[127] MK-*Hohmann*, § 140 Rn. 6.

braucht die Vortat nicht zu sein, insbesondere genügt die Tat eines Schuldunfähigen[128]. Dagegen scheiden Taten aus, die auf Grund §§ 33, 35 StGB entschuldigt sind[129]. Auslandstaten sind vortattauglich, sofern ihre Belohnung oder Billigung geeignet ist, den öffentlichen Frieden in Deutschland zu stören[130], was in der Regel der Fall ist, wenn das betroffene Rechtsgut(objekt) von den entsprechenden Straftatbeständen des deutschen Strafrechts geschützt wird[131]. Belohnung oder Billigung von Taten, deren Begehung noch bevorsteht, erfüllt den Tatbestand des § 140 StGB nicht. Ein Wertungswiderspruch ist das nicht, da die vorweggenommene Belohnung oder Billigung in vielen Fällen als (psychische) Beihilfe bestraft werden kann. Ansonsten enthält § 126 StGB eine abschließende Regelung zur Strafbarkeit von Straftatankündigungen.

Tathandlung nach § 140 Nr. 1 StGB ist die Belohnung der Vortat. Darunter ist **45** die Zuwendung jedweden materiellen oder immateriellen Vorteils zu verstehen[132]. Zuwendungsempfänger muss nicht unbedingt der Vortäter oder ein an der Vortat Beteiligter sein. Es genügt, dass ein Vortatbeteiligter mittelbar durch die Belohnung begünstigt wird. Die bloße befürwortende, belobigende Stellungnahme zu der begangenen Tat ist keine Belohnung, selbst wenn sie von dem Empfänger als ideeller Vorteil empfunden wird. Anderenfalls würde die restriktive Regelung des § 140 Nr. 2 StGB unterlaufen. Die Billigung der Straftat ist eine ausdrückliche oder konkludente Meinungskundgabe, durch die der Täter sein Einverständnis mit der Tat zum Ausdruck bringt[133]. Tatbestandsmäßig ist die Billigung, wenn sie in der qualifizierten Verlautbarungsform (Schriftenverbreitung usw.) ausgedrückt und geeignet ist, den öffentlichen Frieden zu stören. Letzteres ist vor allem der Fall, wenn in der Bevölkerung die Furcht vor einer Wiederholung derartiger Taten geschürt wird. Daran wird es bei lange zurückliegenden Taten von lediglich historischem Interesse in der Regel fehlen[134].

e) Verunglimpfungen

aa) Medienbezüge

Sämtliche hier vorgestellte Straftatbestände stützen die tatbestandsmäßige Tatbege- **46** hung auf das Verbreiten von Schriften, auf öffentliche oder in einer Versammlung erfolgende Kundgabe ehrverletzender Inhalte. Die Delikte haben also medientypische Handlungsmerkmale.

---

[128] *Lackner/Kühl*, § 140 Rn. 2.

[129] MK-*Hohmann*, § 140 Rn. 7.

[130] *Schönke/Schröder/Sternberg-Lieben*, § 140 Rn. 2.

[131] MK-*Hohmann*, § 140 Rn. 9.

[132] MK-*Hohmann*, § 140 Rn. 12.

[133] MK-*Hohmann*, § 140 Rn. 14.

[134] MK-*Hohmann*, § 140 Rn. 20.

bb) Verunglimpfung des Bundespräsidenten, § 90 StGB

47 Die Tat kann nur gegen den jeweiligen amtierenden Bundespräsidenten[135] begangen werden. Verunglimpfung des Bundesratspräsidenten anlässlich eines Vertretungsfalles gem. Art. 57 GG ist kein Fall des § 90 StGB[136]. Verunglimpfung ist eine besonders gravierende Art der Ehrverletzung in Form von Beleidigung, übler Nachrede oder Verleumdung[137]. Unter den Voraussetzungen es § 90 Abs. 3 StGB ist die Tat qualifiziert[138]. Die Merkmale „Bestrebungen gegen den Bestand der Bundesrepublik Deutschland" und „Verfassungsgrundsätze" sind in § 92 Abs. 3 und Abs. 2 StGB definiert.

cc) Verunglimpfung des Staates und seiner Symbole, § 90 a StGB

48 Die Strafvorschrift stellt in Absatz 1 verbale Verunglimpfungen des deutschen Staates und seiner Symbole unter Strafe[139], Die in Absatz 2 aufgeführten Formen tätlichen Frevels sind ihnen nicht wegen ihrer schädigenden Einwirkung auf die physische Substanz der Tatobjekte, sondern wegen ihrer konkludent verunglimpfenden Zeichensetzungsfunktion gleichgestellt. Dies wird durch die Versuchspönalisierung in Satz 2 bekräftigt. Durch das strafbarkeitseinschränkende subjektive Tatbestandsmerkmal „böswillig"[140] (verächtlich macht) sind vor allem politische Karikatur, Satire und Kabarett sowie deren Publikum davor geschützt, zur Vermeidung von Strafbarkeit auf bissige Ausdrucksformen verzichten zu müssen. Absatz 3 enthält einen Qualifikationstatbestand[141]. Die Merkmale „Bestrebungen gegen den Bestand der Bundesrepublik Deutschland" und „Verfassungsgrundsätze" sind in § 92 Abs. 3 und Abs. 2 StGB definiert.

dd) Verfassungsfeindliche Verunglimpfung von Verfassungsorganen, § 90 b StGB

49 Tatobjekte sind die höchsten Staatsorgane in Bund und Ländern und ihre Mitglieder in dieser Eigenschaft[142]. Die Strafbarkeitsvoraussetzungen sind in mehrfacher Weise restriktiv ausgestaltet: So genügt die – ohnehin nur schwere Formen ehrverletzender Äußerungen umfassende – „Verunglimpfung" allein nicht. Sie muss das Ansehen des Staates gefährden. Hinzukommen muss die Absicht des Täters, sich mit seiner Tat für verfassungsfeindliche Bestrebungen einzusetzen. Die Merkmale „Bestrebungen

---

[135] Dem Schutz ausländischer Staatsoberhäupter dient § 103 StGB.

[136] *Schönke/Schröder/Sternberg-Lieben*, § 90 Rn. 1.

[137] *Schönke/Schröder/Sternberg-Lieben*, § 90 Rn. 2.

[138] MK-*Steinmetz*, § 90 Rn. 24.

[139] Dem Schutz ausländischer Flaggen und Hoheitszeichen dient § 104 StGB.

[140] *Schönke/Schröder/Sternberg-Lieben*, § 90 a Rn. 9.

[141] *Schönke/Schröder/Sternberg-Lieben*, § 90 a Rn. 20.

[142] Dem Schutz ausländischer Regierungsmitglieder dient § 103 StGB.

gegen den Bestand der Bundesrepublik Deutschland" und „Verfassungsgrundsätze"
sind in § 92 Abs. 3 und Abs. 2 StGB definiert.

2. Verhaltensbeeinflussung durch Medien

Nötigung (§ 240 StGB), Erpressung (§ 253 StGB) und Betrug (§ 263 StGB) sind **50**
Beispiele für Straftaten, in deren tatbestandlichem Zentrum die Herbeiführung eines
(selbstschädigenden) Opferverhaltens durch die Tat des Täters steht. Diese Tatbestände enthalten keine medientypischen Merkmale – wie z. B. „Verbreitung von
Schriften" (§ 11 Abs. 3 StGB) – und können ohne jeden konkreten Medienbezug
verwirklicht werden. Möglich ist es aber auch, die Einwirkung auf das Opfer durch
Verwendung von Medienobjekten oder –subjekten zu vollziehen[143]. Typisch ist eine derartige Begehungsweise für diese Tatbestände aber nicht[144]. Sie werden daher
hier nicht berücksichtigt. Soweit sich aus der Nutzung des Internet Besonderheiten bezüglich dieser und ähnlicher Tatbestände ergeben, wird darauf im Kap. § 6
eingegangen.

a) Öffentliche Aufforderung zu Straftaten

aa) Medienbezüge

Die Tat wird durch Verbreiten von Schriften (§ 11 Abs. 3 StGB) oder durch Verlautba- **51**
rung in der Öffentlichkeit oder in einer Versammlung begangen, § 111 Abs. 1 StGB.
Die Verwendung von Medien als Tatinstrument ist also die typische Begehungsweise.

bb) Strafbarkeitsvoraussetzungen § 111 StGB

Die Tatbestandsstruktur des Delikts und das Handlungsmerkmal „Aufforderung" **52**
entsprechen der Anstiftung iSd § 26 StGB[145]. Wie sich im Umkehrschluss aus § 111
Abs. 2 StGB ergibt, normiert § 111 Abs. StGB eine „erfolgreiche" Aufforderung.
Auch die Gleichstellung mit der Anstiftung auf der Rechtsfolgenseite bestätigt, dass
die rechtswidrige Tat, die Gegenstand der Aufforderung ist, tatsächlich begangen
worden sein muss. Es muss also ein Aufforderungsadressat zumindest den mit Strafe bedrohten (§ 23 Abs. 1 StGB) Versuch begangen haben, die Tat zu begehen.
Schuldhaft braucht die Tat nicht zu sein[146]; wie bei der Anstiftung liegt das Prinzip

---

[143] Zum Betrug bei Internetauktionen vgl. *Popp* JuS 2005, 689 ff.

[144] Zu § 240 StGB vgl. aber *Heinrich*, Medienstrafrecht, Rn. 143 ff. (Medien als Täter) und Rn. 277
(Medien als Opfer).

[145] BGHSt 32, 310 (311); *Schönke/Schröder/Eser*, § 111 Rn. 3.

[146] *Schönke/Schröder/Eser*, § 111 Rn. 12.

der limitierten Akzessorietät[147] zugrunde. Nicht ausreichend ist die Begehung einer
Ordnungswidrigkeit[148]. Die Verursachung eines derartigen Aufforderungserfolges ist
eine Ordnungswidrigkeit gem. § 116 OWiG. Aufforderung zu einem Verhalten, das
als solches nicht strafbar – nicht einmal verboten –ist, stellt § 29 Abs. 1 Nr. 12 BtMG
unter Strafdrohung: Aufforderung zum Verbrauch von Betäubungsmitteln („Dro-
genverherrlichung")[149]. Erfolglose Aufforderung ist ein spezieller Fall versuchter
Anstiftung, § 111 Abs. 2 StGB. Soweit Aufforderungsgegenstand ein Verbrechen
(§ 12 Abs. 1 StGB) ist, konkurriert § 111 Abs. 2 StGB mit § 30 Abs. 1 StGB. Da
auf der Grundlage des § 30 Abs. 1 StGB auch unter Berücksichtigung der Milderung
gem. §§ 30 Abs. 1 S. 2, 49 Abs. 1 StGB eine über den Strafrahmen des § 111 Abs. 2
StGB hinausgehende Strafe möglich ist[150], besteht in diesem Fall Tateinheit (§ 52
StGB) zwischen der individuellen Anstiftung und der öffentlichen Aufforderung[151].

b) Anleitung zu Straftaten und schweren staatsgefährdenden Gewalttaten

aa) Medienbezüge

53   Die beiden Straftatbestände, um die es hier geht, sind stark durch das Schriften-
Merkmal des § 11 Abs. 3 StGB geprägt. In § 91 Abs. 1 StGB ist eine Tatbestandserfüllung ohne Schriften weder in der Alternative Nr. 1 noch in der Alternative
Nr. 2 möglich. § 130 a StGB ist in Absatz 1 und in Absatz 2 Nr. 1 ein reiner
Schriftenverbreitungstatbestand, in Absatz 2 Nr. 2 tragen die ebenfalls für Mediendelikte typischen Tatbegehungsformen der öffentlichen oder in einer Versammlung
gemachten Äußerung den Tatbestand.

bb) Anleitung zu Straftaten, § 130 a StGB

54   Der Inhalt aller Tatbestandsalternativen ist eine Anleitung zur Begehung einer rechtswidrigen Tat aus dem Katalog des § 126 Abs. 1 StGB. In Absatz 1 und Absatz 2 Nr. 1
StGB ist diese Anleitung Gegenstand einer Schrift, in § 130 a Abs. 2 Nr. 2 StGB genügt zur Tatbestandserfüllung die mündliche Äußerung. „Anleitung" ist die Verschaffung von Informationen über die technischen und sonstigen Voraussetzungen der
Tatbegehung[152]. Da dies gegebenenfalls auch auf ein Chemielehrbuch (Angaben zur
Herstellung von Sprengstoff)[153] zutreffen kann, wird die Strafwürdigkeitsschwelle

---

[147] *Gropp*, § 10 Rn. 108.

[148] *Lackner/Kühl*, § 111 Rn. 5; *Schönke/Schröder/Eser*, § 111 Rn. 11.

[149] MK-*Kotz*, § 29 BtMG Rn. 1330.

[150] Nach *Lackner/Kühl*, § 111 Rn. 8 ist die unterschiedliche Tatbewertung in Absatz 1 und Absatz
2 unverständlich.

[151] MK-*Bosch*, § 111 Rn. 36; aA *Lackner/Kühl*, § 111 Rn. 10: Zurücktreten des § 111 StGB.

[152] *Lackner/Kühl*, § 130 a Rn. 2.

[153] *Schönke/Schröder/Lenckner/Sternberg-Lieben*, § 130 a Rn. 4.

erst bei Vorliegen einer Anreizintention zur Begehung einer Katalogtat erreicht[154]. In den Fällen des § 130 a Abs. 1 StGB muss bereits dem Inhalt der Schrift eine derartige Zweckbestimmung immanent sein[155]. Dies ist Bestandteil des objektiven Tatbestandes. Demgegenüber sind die Anleitungsschriften des § 130 a Abs. 2 Nr. 1 StGB insoweit objektiv „neutral"[156]. Ihre Eigenschaft als Instrument zur Förderung oder Weckung der Tatbegehungsbereitschaft eines anderen ist versubjektiviert und Inhalt einer diesbezüglichen Absicht (im Sinne zielgerichteten Handelns) des Täters[157]. Eingeschränkt wird der objektive Tatbestand durch die Sozialadäquanzklausel, § 130 a Abs. 3 iVm § 86 Abs. 3 StGB[158].

cc) Anleitung zur Begehung einer schweren staatsgefährdenden Gewalttat, § 91 StGB

Die 2009 in das StGB eingefügte Strafvorschrift hat eine dem § 130 a StGB ähnelnde Struktur, erfasst aber Sachverhalte, die aus dem Anwendungsbereich des § 130 a StGB herausfallen[159]. Die Gestalt der Tat, bezüglich derer die tatgegenständliche Schrift Anleitungscharakter hat, ist in § 89 a Abs. 1 StGB umschrieben. Dem § 130 a Abs. 2 Nr. 1 StGB entsprechende „neutrale" Anleitungsschriften können den Tatbestand des § 91 Abs. 1 Nr. 1 StGB erfüllen, sofern „die Umstände ihrer Verbreitung" die Tatbegehungsbereitschaft anderer fördern oder wecken können. Eine diesbezügliche Absicht ist hingegen nicht erforderlich. Auf das Sich-Verschaffen einer Schrift vorverlegt wird die Strafbarkeit in § 91 Abs. 1 Nr. 2 StGB. Hier ist im subjektiven Tatbestand Tatbegehungsabsicht erforderlich[160]. Absatz 2 normiert zwei tatbestandseinschränkende Sozialadäquanzklauseln, die einerseits (Nr. 1) dem § 86 Abs. 3 StGB, andererseits (Nr. 2) dem § 184 b Abs. 5 StGB nachgebildet sind.   **55**

c) Sexueller Missbrauch von Minderjährigen

aa) Medienbezüge

Sexueller Missbrauch minderjähriger Personen geht in der Regel mit sexualbezogener Verhaltensbeeinflussung einher: das Opfer wird vom Täter dazu gebracht, sexuelle Handlungen entweder selbst vorzunehmen oder sexuelle Handlungen des Täters oder eines Dritten am eigenen Körper zu dulden oder sexuelle Handlungen des Täters oder eines Dritten zu betrachten. Bei der letztgenannten Variante ist die   **56**

---

[154] *Lackner/Kühl*, § 130 a Rn. 4.

[155] *Schönke/Schröder/Lenckner/Sternberg-Lieben*, § 130 a Rn. 5.

[156] *Schönke/Schröder/Lenckner/Sternberg-Lieben*, § 130 a Rn. 7.

[157] *Schönke/Schröder/Lenckner/Sternberg-Lieben*, § 130 a Rn. 9.

[158] *Schönke/Schröder/Lenckner/Sternberg-Lieben*, § 130 a Rn. 10.

[159] *Schönke/Schröder/Sternberg-Lieben*, § 91 Rn. 1.

[160] *Schönke/Schröder/Sternberg-Lieben*, § 91 Rn. 6.

Relevanz von Medien – insbesondere des Internet[161] – offensichtlich. Aber auch bei anderen Arten des Missbrauchs spielen Medien eine große Rolle, z. B. zur Kontaktanbahnung mit der Absicht anschließender sexueller Betätigung (vgl. § 176 Abs. 4 Nr. 2–4 StGB) oder bei der Vornahme sexueller Handlungen vor einem anderen (vgl. § 176 Abs. 4 Nr. 1 iVm § 184 g Nr. 2 StGB)[162].

bb) Sexueller Missbrauch von Kindern, § 176 StGB

(1) Grundtatbestände

57   Eine Vielzahl unterschiedlicher Grundtatbestände normiert § 176 StGB in seinen Absätzen 1, 2, 4 und 5. Absatz 3 enthält den im StGB selten gewordenen Fall einer Strafrahmenanhebung für (unbenannte) besonders schwere Fälle ohne gesetzliche Konkretisierung durch Regelbeispiele. „Kind" ist ein Mensch beiderlei Geschlechts, der im Zeitpunkt der Tat noch nicht vierzehn Jahre alt ist. Bei Taten, deren Versuchsstadium vor Erreichen dieser Altersgrenze liegt, die aber erst vollendet werden, nachdem der junge Mensch 14 Jahre alt geworden ist (z. B. § 176 Abs. 2 StGB: Täter bestimmt das fast 14 Jahre alte Kind zu sexuellen Handlungen, die nach dem 14. Geburtstag vorgenommen werden), kann nur der Versuchstatbestand (§ 176 Abs. 6 StGB) verwirklicht werden[163]. Vollendungsstrafbarkeit ist dann gegebenenfalls auf der Grundlage des § 174 StGB begründet.

58   Zu körperlichen Berührungen des Kindes bzw des Täters oder eines Dritten im Zusammenhang mit sexuellen Handlungen iSd § 184 g Nr. 1 StGB kommt es in den Fällen des § 176 Abs. 1[164] und Abs. 2 StGB. Medienbezug ist möglich bei der Erfüllung des Tatbestandsmerkmals „bestimmt" in § 176 Abs. 2 StGB (z. B. psychische Einwirkung per Telefon). „Dritter" kann auch jemand sein, der sich durch seine Mitwirkung an dem Geschehen nicht strafbar macht, z. B. ein anderes Kind[165].

59   Die Vornahme sexueller Handlungen „vor" einem Kind (§ 176 Abs. 4 Nr. 1 StGB) setzt keine räumlichen Nähe des Kindes voraus. Tatbestandsmäßig ist daher die sexuelle Handlung des Täters, deren Wahrnehmung durch das Kind im Wege einer Simultanübertragung per Internet ermöglicht wird[166]. Zur Vermeidung einer hypertrophen Strafbarkeit ist der Tatbestand jedoch einschränkend auszulegen und zu verlangen, dass der Täter das Kind in der Weise in das sexuelle Geschehen einbezieht, dass für ihn gerade die Wahrnehmung der sexuellen Handlung durch das Tatopfer von Bedeutung ist[167]. Der gegenüber § 176 Abs. 1 und Absatz 2 StGB mildere und subsidiäre Tatbestand des § 176 Abs. 4 Nr. 2 StGB bezieht sich auf Fälle, in denen es

---

[161] Vgl. den Fall BGHSt 53, 283.

[162] *Schönke/Schröder/Perron/Eisele*, § 184 g Rn. 20.

[163] *Schönke/Schröder/Perron/Eisele*, § 176 Rn. 8.

[164] BGHSt 50, 370 (372); *Schönke/Schröder/Perron/Eisele*, § 176 Rn. 2, 5.

[165] *Schönke/Schröder/Perron/Eisele*, § 176 Rn. 6.

[166] BGHSt 53, 283 (285); *Schönke/Schröder/Perron/Eisele*, § 176 Rn. 12.

[167] BGH NJW 2005, 1133 (1135).

bei der Vornahme der sexuellen Handlungen nicht zu Berührungen des Körpers einer anderen Person kommt[168]. Nicht erforderlich ist, dass der Täter oder ein Dritter die sexuelle Handlung wahrnimmt[169]. Eine spezielle Form des Versuchs einer Bestimmung – materiell also eine Vorbereitung[170] – stellt § 176 Abs. 4 Nr. 3 StGB unter Strafe. Zur Vermeidung einer überzogenen Strafbarkeitsvorverlagerung nimmt § 176 Abs. 6 Hs. 2 StGB diesen Tatbestand ausdrücklich von der Versuchsstrafdrohung aus. Nur Einwirkungen mit Schriften sind tatbestandsmäßig. Die diesbezügliche Handlung muss nicht unbedingt ein „Verbreiten" sein. Tatbestandsmäßig ist jedwede Einwirkung „durch" Schriften[171]. Darunter fallen z. B. Verabredungen im Internet (Chatrooms)[172]. Die Tat ist mit erfolgter Einwirkung vollendet, auch wenn der Täter sein Ziel, das dogmatisch in die Absicht des „Dazu-Bringens"[173] gebettet ist, noch nicht erreicht hat. Ebenfalls durch Einwirken ist der Tatbestand des § 176 Abs. 4 Nr. 4 StGB erfüllt, ohne dass es auf irgendeine Reaktion des Kindes ankäme. Eine solche wird im Gesetzestext im Unterschied zu Nr. 3 nicht einmal als Inhalt einer Täterabsicht definiert. Dem Begriff Ein-"wirken" ist jedoch die Erzeugung einer Wirkung immanent, die der Handlung Intention und Richtung vorgibt. Weniger als sexuelle Handlungen, jedoch diese näher rücken lassendes sexuelles Interesse ist die Zielsetzung, die – in Ermangelung eines entsprechenden Absichtsmerkmals – der Einwirkungshandlung objektiv das tatbestandsmäßige Gepräge geben muss[174]. Unverzichtbar ist daher eine Wahrnehmung der Täterhandlung durch das Kind[175]. Da § 176 Abs. 4 Nr. 4 StGB die Vollendungsstrafbarkeit vorverlagert, schließt § 176 Abs. 6 StGB eine formelle Versuchsstrafbarkeit aus.

Der Tatbestand des § 176 Abs. 5 StGB pönalisiert Handlungen mit Vorbereitungs- **60** charakter und ist den Varianten des § 30 StGB nachempfunden[176]. Die hinter den Tatbestandsalternativen stehende Kommunikation kann mit und ohne Verwendung von Medien betrieben werden[177]. Von besonderer praktischer Bedeutung ist auch hier das Internet.

(2) Qualifikationstatbestände

Sämtliche Qualifikationstatbestände des § 176 a StGB und des § 176 b StGB haben **61** Verbrechensqualität (§ 12 Abs. 1 StGB). Deshalb ist nicht nur der Versuch strafbar,

---

[168] *Lackner/Kühl*, § 176 Rn. 4; *Schönke/Schröder/Perron/Eisele*, § 176 Rn. 13.

[169] *Schönke/Schröder/Perron/Eisele*, § 176 Rn. 13 b.

[170] Kritisch *Duttge/Hörnle/Renzikowski* NJW 2004, 1065 (1067): „Fremdkörper im System des StGB".

[171] Merkwürdig ist, dass z. B. das Einwirken durch Schenken von Süßigkeiten oder Geld nicht strafbar ist, *Duttge/Hörnle/Renzikowski* NJW 2004, 1065 (108).

[172] *Schönke/Schröder/Perron/Eisele*, § 176 Rn. 14.

[173] *Lackner/Kühl*, § 176 Rn. 4 a; *Schönke/Schröder/Perron/Eisele*, § 176 Rn. 18.

[174] *Schönke/Schröder/Perron/Eisele*, § 176 Rn. 17.

[175] BGHSt 53, 283 (287).

[176] *Schönke/Schröder/Perron/Eisele*, § 176 Rn. 19.

[177] *Schönke/Schröder/Perron/Eisele*, § 176 Rn. 20.

sondern auch jede Form der versuchten Beteiligung iSd § 30 StGB[178]. Aus diesem Grund kann es zu Konkurrenzsituationen zwischen § 176 Abs. 5 und §§ 176 a, 30 StGB kommen. Die durch §§ 176 a, 30 StGB begründete schwerere Strafbarkeit verdrängt § 176 Abs. 5 StGB[179]. Medien haben bei der Begründung der Qualifikation des § 176 a Abs. 3 StGB evidente Relevanz, ansonsten spielen sie keine über die Grundtatbestandsverwirklichung hinausgehende Rolle.

62   § 176 a Abs. 1 StGB ist eine spezielle Rückfallregelung, die in eigenartigem Widerspruch steht zu der hinter der 1986[180] erfolgten Abschaffung des § 48 StGB a. F[181] stehenden Erkenntnis, dass nicht jeder Rückfall per se ein qualifiziertes, die Vorwerfbarkeit steigerndes und somit eine pauschale Strafschärfung legitimierendes Versagen des Täters gegenüber den Anforderungen des Rechts steht[182]. Gerechtfertigt ist die Rückfallschärfung, wenn der erneute Rechtsbruch zum Ausdruck bringt, dass sich der Täter seine Vorverurteilung nicht hat zur Warnung dienen lassen[183]. In diesem Sinne ist § 176 a Abs. 1 StGB verfassungskonform auszulegen und deshalb in jedem Einzelfall zu prüfen, ob diese einschränkende Voraussetzung erfüllt ist[184].

63   § 176 a Abs. 2 Nr. 1 bis Nr. 3 StGB stützt die Qualifikation auf die besondere Intensität und Gefährlichkeit der sexuellen Handlungen, wobei auch die Gefahr der Infizierung mit HIV relevant ist[185]. Bei § 176 a Abs. 2 Nr. 1 StGB kann das Kind hinsichtlich der qualifizierenden Modalitäten (z. B. Eindringen in den Körper) sowohl passiver (Eindringen in den Körper des Kindes) als auch aktiver (Eindringen in den Körper des Täters) Teil des Geschehens sein[186]. Tatbestandsmäßige Erscheinungsformen des „Eindringens" sind nicht nur vaginale, anale oder orale Penetration[187], sondern auch das Einführen von festen Gegenständen (z. B. Flaschenhals, Maiskolben[188]) in After oder Scheide – dagegen nicht in jedem Fall in den Mund[189] – oder das Ejakulieren in den Mund[190]. Die Formulierung „gemeinschaftlich begangen" in § 176 a Abs. 2 Nr. 2 StGB entspricht der des § 25 Abs. 2 StGB, weshalb – abweichend von § 224 Abs. 1 Nr. 4 StGB[191] – Zusammenwirken von mindestens zwei Mittätern

---

[178] *Lackner/Kühl*, § 176 a Rn. 1; *Schönke/Schröder/Perron/Eisele*, § 176 a Rn. 1.

[179] *Schönke/Schröder/Perron/Eisele*, § 176 Rn. 19.

[180] 23. Strafrechtsänderungsgesetz vom 13. 4. 1986, BGBl I, S. 393.

[181] Nach *Jung* JuS 1986, 741 (743) immerhin „eine der bedeutsamsten Korrekturen in der Struktur des strafrechtlichen Sanktionensystems".

[182] *Duttger/Hörnle/Renzikowski* NJW 2004, 1065 (1067).

[183] *Schönke/Schröder/Stree/Kinzig*, § 46 Rn. 31.

[184] *Renzikowski* NStZ 1999, 440 (441); *Schönke/Schröder/Perron/Eisele*, § 176 a Rn. 3; aA *Lackner/Kühl*, § 176 a Rn. 2.

[185] BGHSt 53, 118 (121); BGH NJW 1999, 2977 (2978).

[186] BGHSt 53, 118 (119); BGH NJW 1999, 2977 (2978); *Hörnle* NStZ 2000, 310 (311); *Lackner/Kühl*, § 176 a Rn. 2; *Schönke/Schröder/Perron/Eisele*, § 176 a Rn. 8.

[187] *Renzikowski* NStZ 2000, 367.

[188] *William Faulkner*, Die Freistatt.

[189] *Renzikowski* NStZ 2000, 367.

[190] BGHSt 53, 118 (121).

[191] *Schönke/Schröder/Stree/Sternberg-Lieben*, § 224 Rn. 11.

erforderlich ist[192]. Die nach § 176 a Abs. 2 Nr. 3 StGB qualifizierende Gefahr muss „durch die Tat" bewirkt worden ein. Es müssen gerade die sexualitätsbezogenen Handlungselemente des § 176 Abs. 1 oder Abs. 2 StGB sein, auf denen diese Gefahr beruht[193]. Da die „Gefahr" keine „Folge der Tat" iSd § 18 StGB ist, muss sich der Vorsatz des Täters auf sie richten, § 15 StGB[194].

Die in § 184 b Nr. 1 StGB pönalisierte Verbreitung kinderpornographischer Schrif- **64** ten steht zum sexuellen Kindesmissbrauch in einer ähnlichen Beziehung wie die Hehlerei zu der vermögensschädigenden Vortat. Der Schaden an Leib und Seele des Kindes wird durch die „Vortat" verursacht. Daher ist das Strafniveau schon auf der grundtatbestandlichen Ebene (§ 176 StGB) höher als in § 184 b Abs. 1 StGB. Handelt ein an dem Missbrauch Beteiligter in der Absicht, dadurch die Herstellung und Verbreitung kinderpornographischer Schriften zu ermöglichen, stuft § 176 a Abs. 3 StGB die Tat zu einer mit mindestens 2 Jahren Freiheitsstrafe zu ahndenden Qualifikation hoch. Die qualifizierenden Merkmale gehören zum subjektiven Tatbestand. Es handelt sich um eine doppelte Absicht[195]: Dem Täter oder Beteiligten muss es darum gehen, dass das kindesmissbrauchende Geschehen zum Gegenstand einer pornographischen Schrift gemacht und diese alsdann in einer den Tatbestand des § 184 b Abs. 1 bis 3 StGB erfüllenden Weise vermarktet wird. Ob es dem Täter oder anderen gelingt, diese Absichten zu verwirklichen, ist unerheblich.

Das nach § 176 a Abs. 5 StGB qualifizierende Merkmal „körperlich schwer **65** mißhandelt" ist in dieser wenig konkreten Fassung in keinem Körperverletzungstatbestand (§§ 223 ff. StGB) enthalten. Angesichts der Möglichkeit, die Tatbestandsmäßigkeit schwerer Körperverletzung durch Anknüpfung an typische Erscheinungsformen gravierender Schäden präzise und bestimmt auszugestalten (vgl. § 226 StGB), sind Zweifel an der hinreichenden Bestimmtheit (Art. 103 Abs. 2 GG) nicht unbegründet. Möglicherweise schwebt dem Gesetzgeber vor, dass es auf Bestimmtheit der gesetzlichen Strafbarkeitsvoraussetzungen in erster Linie auf der grundtatbestandlichen Ebene ankommt und die Hinzufügung eines weniger bestimmten Strafschärfungsmerkmals unschädlich ist, da dieses ja „nur" zur Qualifikation der ohnehin begründeten Strafbarkeit führt. Dass derartige Überlegungen nicht tragen, bedarf keiner Erläuterung. Abmildern lässt sich die Unbestimmtheit hier durch eine Auslegung, bei der § 226 StGB leitbildgebend wirkt, ohne den Zugriff auf weitere ähnlich gravierende Verletzungsformen zu sperren[196]. Die zweite Alternative des § 176 a Abs. 5 StGB ist eine Steigerungsform des § 176 a Abs. 2 Nr. 3 und die unmittelbare Vorstufe der schwersten Qualifikation des § 176 b StGB.

Sexueller Missbrauch von Kindern mit Todesfolge gem. § 176 b StGB ist ein **66** erfolgsqualifiziertes Delikt[197]. Der Todeserfolg muss sich als Verwirklichung eines

---

[192] *Schönke/Schröder/Perron/Eisele*, § 176 a Rn. 9.

[193] *Schönke/Schröder/Perron/Eisele*, § 176 a Rn. 10.

[194] *Laubenthal*, Sexualstraftaten, Rn. 389; *Lackner/Kühl*, § 176 a Rn. 2; *Schönke/Schröder/Perron/ Eisele*, § 176 a Rn. 11.

[195] *Schönke/Schröder/Perron/Eisele*, § 176 a Rn. 12.

[196] *Schönke/Schröder/Perron/Eisele*, § 176 a Rn. 14.

[197] *Schönke/SchröderPerron/Eisele*, § 176 b Rn. 1.

spezifischen tödlichen Risikos der zugrunde liegenden Missbrauchstat (§ 176 oder § 176 a StGB) darstellen. Dafür kann ausreichend sein, dass durch den Missbrauch eine Schwangerschaft verursacht wurde, in deren Verlauf das geschwängerte Mädchen verstirbt oder dass das durch das Geschehen schwer traumatisierte Kind Suizid begeht[198]. Im subjektiven Tatbestand ist Leichtfertigkeit bezüglich des Todeserfolgs erforderlich und – entgegen § 15 StGB – ausreichend[199]. Handelt der Täter mit (bedingtem) Tötungsvorsatz, ist § 176 b StGB ebenfalls einschlägig („wenigstens leichtfertig"). Das ist wegen der hohen Strafdrohung des § 176 b StGB praktisch wichtig, wenn die vorsätzliche Todesverursachung kein Mordmerkmal (§ 211 Abs. 2 StGB) erfüllt und daher lediglich als Totschlag (§ 212 StGB) bestraft werden kann. Zwischen § 176 b StGB und dem Tötungsdelikt besteht Idealkonkurrenz, § 52 StGB[200].

cc) Sexueller Missbrauch von Jugendlichen

67 Auf ein Schutzalter, das auch Jugendliche – also Personen zwischen 14 und 18 Jahren – einbezieht, stellen im 13. Abschnitt des StGB-BT – neben dem hier nicht interessierenden § 180 a Abs. 2 Nr. 1 StGB – die §§ 174, 180 und 182 StGB ab. In allen Tatbestandsvarianten geht es darum, dass ein Jugendlicher in einen Vorgang involviert wird, in dem er in unterschiedlicher Art und Weise an sexuellen Handlungen beteiligt oder mit ihnen konfrontiert ist, wodurch seine normale geschlechtliche Entwicklung beeinträchtigt werden kann[201].

(1) Sexueller Missbrauch von Schutzbefohlenen, § 174 StGB

68 Außer durch das Alter im Bereich zwischen 14 und 18 Jahren wird der Kreis tatbestandlich geschützter Opfer durch eine elternähnliche Beziehung zwischen dem Jugendlichen und dem Täter definiert. Der Täter ist entweder Vater oder Mutter des Jugendlichen (§ 174 Abs. 1 Nr. 3 StGB) oder er hat dem Jugendlichen gegenüber eine Stellung, mit der die Aufgabe der Erziehung, Ausbildung oder Betreuung in der Lebensführung verbunden ist (§ 174 Abs. 1 Nr. 1, 2 StGB) oder er ist dem Jugendlichen im Rahmen eines Dienst- oder Arbeitsverhältnisses übergeordnet (§ 174 Abs. 1 Nr. 2 StGB). Tatbestandsmäßige Handlungen sind in sämtlichen Alternativen des § 174 Abs. 1 StGB sexuelle Handlungen, die der Täter am Jugendlichen vornimmt oder die Veranlassung des Jugendlichen zur Vornahme sexueller Handlungen am Täter. In den Fällen des § 174 Abs. 2 StGB ist tatbestandsmäßiges Verhalten die Vornahme sexueller Handlungen des Täters vor dem Jugendlichen oder die Bestimmung des Jugendlichen zur Vornahme sexueller Handlung vor dem Täter. Hinzukommen muss

---

[198] *Schönke/Schröder/Perron/Eisele*, § 176 b Rn. 2.

[199] *Schönke/Schröder/Perron/Eisele*, § 176 b Rn. 3.

[200] *Schönke/Schröder/Perron/Eisele*, § 176 b Rn. 5.

[201] So die Schutzgutbezeichnung bei *Lackner/Kühl*, § 174 Rn. 1; § 180 Rn. 1; § 182 Rn. 1.

die Absicht des Täters, sich oder den Jugendlichen sexuell zu erregen[202]. Bei der
Vornahme sexueller Handlungen vor dem anderen bzw. der Bestimmung dazu können Medien – z. B. Internet – zur Anwendung kommen[203]. Im Unterschied zu § 176
StGB sind Sexualkontakte mit Dritten nicht explizit erfasst. Ein Dritter kann jedoch
eine Art Tatinstrument in Fällen des § 174 Abs. 2 Nr. 1 und Nr. 2 StGB sein, wenn
der Täter die sexuelle Handlung an einem Dritten vor dem Jugendlichen bzw. der
Jugendliche die sexuelle Handlung an einem Dritten vor dem Täter vornimmt[204]. Im
Übrigen ist die Strafbarkeit der Organisation sexueller Kontakte eines Jugendlichen
mit Dritten Thema des § 180 StGB. Bei sämtlichen Tatbestandsalternativen des § 174
StGB bleiben die Mitwirkungshandlungen des Opfers stets straflos, auch wenn sie
über den zur Tatbestandserfüllung notwendigen Beitrag („notwendige Teilnahme")
hinausgehen[205].

(2) Förderung sexueller Handlungen Minderjähriger, § 180 StGB

Diese Strafvorschrift normiert ausschließlich Teilnahmehandlungen (Vorschublei-   **69**
sten, Bestimmen) an sexuellen Kontakten des Jugendlichen mit Dritten. Dabei sind
Jugendliche über 16 Jahre nur unter der Voraussetzung geschützt, dass der sexuelle
Kontakt prostitutiven Charakter (§ 180 Abs. 2 StGB: „gegen Entgelt")[206] hat oder
die Tat im Rahmen eines Unterordnungsverhältnisses unter Missbrauch der Abhän-
gigkeit des Jugendlichen begangen wird (§ 180 Abs. 3 StGB). Medien können als
Mittel der Förderungs- oder Bestimmungshandlung zum Einsatz kommen, sowie die
Vornahme sexueller Handlungen vor einem anderen ohne körperliche Nähe ermöglichen (Live-Darbietung via Internet). Eltern, die ihrem noch nicht 16-jährigen Kind
bei ersten sexuellen Erfahrungen mit Dritten Hilfestellung leisten, handeln gemäß
§ 180 Abs. 1 S. 2 StGB nicht tatbestandsmäßig (Erzieherprivileg)[207], sofern sie nicht
ihre Erziehungspflicht gröblich verletzen. Der Jugendliche selbst bleibt in jedem
Falle straffrei, selbst wenn sein Verhalten die Grenzen der notwendigen Beteiligung
übersteigt[208].

(3) Sexueller Missbrauch von Jugendlichen, § 182 StGB

Die Strafvorschrift schützt Personen unter 18 Jahren (§ 182 Abs. 1, Abs. 2 StGB)   **70**
bzw. unter 16 Jahren (§ 182 Abs. 3 StGB) davor, in sexuelle Vorgänge mit körperlichen Berührungen unter Umständen verwickelt zu werden, die die Fähigkeit zu
einer freien Willensentschließung einschränken. Die Absätze 1, 2 und 3 beschreiben

---

[202] *Schönke/Schröder/Perron/Eisele*, § 174 Rn. 18.

[203] *Schönke/Schröder/Perron/Eisele*, § 174 Rn. 16.

[204] *Schönke/Schröder/Perron/Eisele*, § 174 Rn. 12.

[205] *Lackner/Kühl*, § 174 Rn. 17.

[206] *Schönke/Schröder/Perron/Eisele*, § 180 Rn. 19.

[207] *Schönke/Schröder/Perron/Eisele*, § 180 Rn. 12, 33.

[208] *Schönke/Schröder/Perron/Eisele*, § 180 Rn. 31.

unterschiedliche Lagen des Jugendlichen, in denen Widerstand gegen die Zudring-
lichkeit des Täters erschwert ist: Das trifft auch auf § 182 Abs. 2 StGB zu, da Opfer in
einer finanziellen Notlage dem verlockenden Angebot des Täters kaum widerstehen
werden, selbst wenn die Situation noch keine „Zwangslage" (§ 182 Abs. 1 StGB) ist.
Die körperliche Beteiligung des Jugendlichen kann aktiv (Jugendlicher nimmt vor)
oder passiv (am Jugendlichen wird vorgenommen) sein. Strafbar ist der Jugendliche
in keinem Fall, da die Tatbestände seinem Schutz dienen[209].

d) Computerbetrug und Kapitalanlagebetrug

aa) Medienbezüge

71 Der Betrug iSd § 263 StGB ist ein Straftatbestand, der in einer Weise verwirklicht werden kann, die mit Medien nicht in Berührung kommt. Demgegenüber sind
Computerbetrug und Kapitalanlagebetrug betrugsähnliche Sonderdelikte, die bereits
in ihrer gesetzlichen Tatbestandsbeschreibung Beziehungen zu Medien erkennen
lassen. Computerbetrug kann nur durch Nutzung elektronischer Datenverarbei-
tungstechnik begangen werden. Dabei geht es um Erfassung, und Verarbeitung
von Informationen und Erzeugung neuer Informationen, also einen medientypischen Vorgang. Kapitalanlagebetrug ist ein Delikt, in dessen Tatbestandszentrum
die Verteilung von Werbematerial an eine Vielzahl von Empfängern steht. Obwohl
der Gesetzestext auf § 11 Abs. 3 StGB nicht abstellt, sind die „Werbeträger" in erster
Linie Schriftstücke (Prospekte)[210] und die sonstigen von § 11 Abs. 3 StGB Schriften
gleichgestellten Informationsträger einschließlich des Internets[211]. „Darstellungen"
und „Übersichten" können zwar auch mündlich vermittelt werden[212]. Dennoch liegt
§ 264 a StGB eine medientypische Tatbegehungsart zugrunde. Kapitalanlagebetrug
kann daher ein Presseinhaltsdelikt (dazu u. § 7 Rn. 15) sein[213]. Bei beiden Delikten geht es dem Täter darum, mit seiner Tat eine bestimmte Reaktion auszulösen:
Dies ist zwar beim Computerbetrug kein Verhalten eines anderen Menschen, weil
der Mensch, der bei einem „normalen" Betrug iSd § 263 StGB getäuscht wird, beim
Computerbetrug durch das Datenverarbeitungssystem ersetzt wird. Aber funktional
entspricht das „Ergebnis eines Datenverarbeitungsvorgangs" iSd § 263 a Abs. 1 StGB
der „Vermögensverfügung" des Getäuschten iSd § 263 StGB[214]. Deshalb passt der
§ 263 a StGB in den hiesigen Zusammenhang. Beim Kapitalanlagebetrug erstrebt

---

[209] *Schönke/Schröder/Perron/Eisele*, § 182 Rn. 18.

[210] *Hellmann/Beckemper*, Wirtschaftsstrafrecht, Rn. 7; MK-*Wohlers*, § 264 a Rn. 50; *Wittig*,
Wirtschaftsstrafrecht, § 18 Rn. 36.

[211] *Hellmann/Beckemper*, Wirtschaftsstrafrecht, Rn. 7; MK-*Wohlers*, § 264 a Rn. 51; *Wittig*,
Wirtschaftsstrafrecht, § 18 Rn. 38.

[212] *Wittig*, Wirtschaftsstrafrecht, § 18 Rn. 37.

[213] BGHSt 40, 385 (387).

[214] *Wittig*, Wirtschaftsstrafrecht, § 15 Rn. 20: „Computerverfügung".

der Täter positive „Entscheidungen über den Erwerb oder die Erhöhung" sowie Leistungserbringungen (vgl. Absatz 3) der Personen, die er mit seinen „Angaben" in Prospekten usw. anspricht.

bb) Computerbetrug, § 263 a StGB

Der (Grund-)Tatbestand des Vergehens Computerbetrug (§ 263 a Abs. 1 StGB) ist **72** in allen vier Tatbestandsalternativen dem Betrugstatbestand (§ 263 StGB) nachgebildet[215]. Die Person, die im Kontext des § 263 StGB als Getäuschter, Irrender und Verfügender den Zusammenhang zwischen der Täuschungshandlung des Täters und dem Vermögensschaden herstellt, ist in § 263 a Abs. 1 StGB durch den Datenverarbeitungsvorgang ersetzt[216]. Die dem Täuschungsmerkmal entsprechende Beeinflussung des Datenverarbeitungsergebnisses ist in vier alternative Manipulationsarten untergliedert: Unrichtige Programmgestaltung, Verwendung falscher Daten, unbefugte Datenverwendung und unbefugte Einwirkung auf den Ablauf des Datenverarbeitungsvorgangs. Bei der Auslegung der Tatbestandsmerkmale wird überwiegend eine „betrugsspezifische" Interpretation gefordert[217]. Hinsichtlich des Tatbestandsmerkmals „Vermögensschaden" besteht Übereinstimmung mit § 263 StGB[218]. Auch im subjektiven Tatbestand weicht § 263 a Abs. 1 StGB von § 263 StGB nicht ab: Zum allgemeinen Tatvorsatz (§ 15 StGB) kommt die Bereicherungsabsicht hinzu[219].

Der Tatbestand des Verbrechens (§ 12 Abs. 1 StGB) qualifizierter Computerbetrug **73** besteht aus dem Grundtatbestand gem. § 263 a Abs. 1 StGB und den gem. Absatz 2 entsprechend anwendbaren Merkmalen des § 263 Abs. 5 StGB. Zwei Merkmale begründen die Qualifikation: die Beziehung der Tat zur Mitgliedschaft in einer Bande und die Gewerbsmäßigkeit der Tatbegehung. Das Bandenmerkmal gehört zum objektiven Tatbestand und ist nach h. M. ein besonderes persönliches Merkmal iSd § 28 Abs. 2 StGB[220]. Gewerbsmäßigkeit ist ein besonderes subjektives Tatbestandsmerkmal, das ebenfalls in den Anwendungsbereich des § 28 Abs. 2 StGB fällt[221].

Zur frühzeitigen Abwehr vermögensschädigenden Computermissbrauchs hat der **74** Gesetzgeber im Jahr 2003 durch das 35. Strafrechtsänderungsgesetz[222] im Anschluss an den EU-Rahmenbeschluss vom 28. 5. 2001 den Vorbereitungstatbestand § 263 a Abs. 3 StGB eingeführt[223]. Das den Deliktscharakter prägende Tatbestandsmerkmal

---

[215] *Rengier*, BT I, § 14 Rn. 1; *Wittig*, Wirtschaftsstrafrecht, § 15 Rn. 3; krit. MK-*Wohlers*, § 263 a Rn. 4.

[216] *Rengier*, BT I, § 14 Rn. 4.

[217] *Rengier*, BT I, § 14 Rn. 1; krit. MK-*Wohlers*, § 263 a 4, 42 ff.

[218] MK-*Wohlers*, § 263 a Rn. 61; *Rengier*, BT I, § 14 Rn. 6.

[219] MK-*Wohlers*, § 263 a Rn. 66.

[220] *Lackner/Kühl*, § 28 Rn. 9.

[221] *Schönke/Schröder/Heine*, § 28 Rn. 14.

[222] Dazu *Husemann* NJW 2004, 104 ff.

[223] Krit. *Duttge*, FS Weber, 2004, S. 285 ff.

„vorbereitet" hat im Straftataufbau eine Doppelfunktion: Im objektiven Tatbestand stellt es die Beziehung zu der Tat her, die mithilfe des Computerprogramms begangen werden soll. Vorbereitungsqualität hat die Tat nur, wenn das hergestellte usw. Computerprogramm zur Begehung eines Computerbetrugs geeignet ist.[224] Die bloße irrtümliche Annahme dieser Tauglichkeit kann Strafbarkeit nicht begründen, da anderenfalls die Straflosigkeit des Versuchs unterlaufen würde. Im subjektiven Tatbestand trägt das Merkmal „vorbereitet" das Erfordernis einer auf die vorbereitete Tat gerichteten Intention. Der Täter muss die Absicht haben, einen Computerbetrug zu ermöglichen oder zu unterstützen[225]. Da der Umgang mit Computerprogrammen, die der Begehung eines Computerbetruges zuträglich sein können, auch in vielfältigen legalen Zusammenhängen möglich ist, wird die Strafbarkeit durch das Erfordernis eines tatspezifischen „Zwecks" eingeschränkt[226]. Die Herstellung eines tauglichen Computerprogramms ohne Tatförderungszweck ist daher – anders als die Herstellung geldfälschungstauglicher Gegenstände (§ 149 Abs. 1 StGB, § 127 Abs. 1 Nr. 1 a OWiG) – keine Ordnungswidrigkeit.

cc) Kapitalanlagebetrug, § 264 a StGB

75   Die Gegenüberstellung von § 264 a Abs. 1 StGB und § 263 Abs. 1 StGB zeigt, dass der objektive Tatbestand des Kapitalanlagebetrugs nur ein Betrugsfragment ist. Lediglich im Täuschungsmerkmal besteht eine Übereinstimmung der beiden Tatbestände, dagegen fehlen dem § 264 a Abs. 1 StGB die Betrugsmerkmale Irrtum, Vermögensverfügung und Vermögensschaden. Die Vollendungsstrafbarkeit ist also weit vorverlagert. § 24 StGB ist daher nicht anwendbar, die Lücke wird durch § 264 a Abs. 3 StGB geschlossen[227]. Auch im subjektiven Tatbestand bleibt § 264 a StGB hinter § 263 StGB zurück. Strafbarkeit wegen Kapitalanlagebetrugs setzt weder einen Vermögensschädigungsvorsatz noch eine Bereicherungsabsicht voraus.

76   Die Verwirklichung des Tatbestandes wird durch das Vorspiegeln einer anlagebezogenen Entscheidungsgrundlage begangen, die dem Adressaten die Profitabilität einer entsprechenden Anlageentscheidung suggeriert. Das geschieht entweder durch das „Machen" unrichtiger vorteilhafter Angaben oder das Verschweigen nachteiliger Tatsachen. Letzteres kommt in erster Linie im Zusammenhang mit richtigen vorteilhaften Angaben in Betracht, deren Gewicht durch die nachteiligen Umstände relativiert wird. Das Vorenthalten dieser Informationen verfälscht den Gesamteindruck, den das eingesetzte Werbemittel (Prospekt usw.) bei dem Anlageinteressenten erzeugt. Einer Garantenpflicht iSd § 13 StGB bedarf es zur Tatbestandsverwirklichung in der Variante des Verschweigens nicht. Die Pflicht zur wahrheitsgemäßen und vollständigen Offenbarung nachteiliger Tatsachen resultiert aus der in § 264 a

---

[224] MK-*Wohlers*, § 263 a Rn. 68.

[225] MK-*Wohlers*, § 263 a Rn. 70.

[226] *Schönke/Schröder/Cramer/Perron*, § 263 a Rn. 33.

[227] *Hellmann/Beckemper*, Wirtschaftsstrafrecht, Rn. 28; *Weber* NStZ 1986, 481 (485); *Wittig*, Wirtschaftsstrafrecht, § 18 Rn. 7.

Abs. 1 StGB beschriebenen Kommunikationssituation: Sobald jemand in einem tatbestandsmäßigen „Zusammenhang" mit Prospekten usw. an einen „größeren Kreis von Personen" herantritt und dadurch die Gefahr verursacht, dass diese Personen riskante Anlageentscheidungen treffen, ist er zur Aufklärung verpflichtet[228]. Meistens wird es der Verschweigende selbst sein, der die korrespondierenden positiven Angaben gemacht hat. In diesem Fall ist das Verschweigen kein Unterlassungsdelikt, sondern Komponente des durch die Angaben begangenen Begehungsdelikts[229]. Denn die Lücken sind in dem Prospekt usw. vorhanden und somit Bestandteil der Handlung, mit denen dem Adressatenkreis Kenntnis verschafft wird. Sofern sich jedoch das Verschweigen auf die von einem anderen gemachte und herausgegebene Darstellung oder Übersicht bezieht, hat die Vorenthaltung der richtigstellenden Angaben den Charakter eines Unterlassungsdelikts[230].

e) Nachstellung

aa) Medienbezüge

Der dem „Stalking"-Phänomen[231] nachempfundene und durch das 40. Strafrechtsänderungsgesetz 2007 als neuer § 238 in das StGB eingefügte Straftatbestand der „Nachstellung" hat ein erhebliches Konfliktpotential, in das zum Teil auch die Medien involviert sind. Das wurde in dem von heftigen Kontroversen begleiteten Gesetzgebungsverfahren[232] sichtbar, wo u. a. darüber gestritten wurde, ob im Lichte des Grundrechts der Presse- und Informationsfreiheit (Art. 5 Abs. 1 GG) den Medien ein strafrechtsfreier Raum gesichert werden müsste, um insbesondere ungehinderten „investigativen Journalismus"[233] praktizieren zu können[234]. Der Gesetz gewordene Normtext geht auf dieses Thema nicht ein, enthält aber im Übrigen einige Merkmale, die auf Berührungspunkte zwischen Medien und Nachstellungskriminalität hindeuten. Unverkennbar ist das bei der Tatbestandsalternative § 238 Abs. 1 Nr. 2 StGB, die ausschließlich Tatbegehungsformen erfasst, bei denen vom Täter Kommunikationsmittel verwendet werden. Ebenfalls schon im Gesetzestext verankert ist die Medienrelevanz bei § 238 Abs. 1 Nr. 3 StGB, wo zur Beschreibung des strafbaren Verhaltens mit der „Verwendung personenbezogener Daten" ein zentraler Begriff des Medienrechts (vgl. § 1 Abs. 1 BDSG)[235] herangezogen wurde.

77

---

[228] *Schönke/Schröder/Cramer/Perron*, § 264 a Rn. 28.

[229] *Hellmann/Beckemper*, Wirtschaftsstrafrecht, Rn. 20.

[230] *Schönke/Schröder/Cramer/Perron*, § 264 a Rn. 27; *Wittig*, Wirtschaftsstrafrecht, § 18 Rn. 28.

[231] *Schönke/Schröder/Eisele*, § 238 Rn. 1: Stalking = Anpirschen, Anschleichen, Auflauern.

[232] NK-*Sonnen*, § 238 Rn. 4 ff.

[233] *B. Heinrich*, FS HU Berlin, 2010, S. 1241 (1255).

[234] *Krüger*, S. 189; *Schönke/Schröder/Eisele*, § 238 Rn. 28.

[235] *Paschke*, Medienrecht, Rn. 1179 ff.

bb) Paparazzi-Stalking, § 238 Abs. 1 Nr. 1 StGB

78   Hauptsächlich Prominente[236], im Zusammenhang mit sensationellen Ereignissen
(z. B. Amoklauf, Flugzeugabsturz, Naturkatastrophe) aber auch unbekannte Menschen werden Opfer der in § 238 Abs. 1 Nr. 1 StGB skizzierten Stalking-Form, weil
sich neben Voyeuren vor allem Reporter und Fotografen auf sie stürzen, wenn bei ihnen Futter für den sensationshungrigen Boulevard zu holen ist[237]. Aufdringliche Fo-
toreporter (Paparazzi) verfolgen die Objekte ihrer Begierde auf Schritt und Tritt, lau-
ern ihnen vor der Wohnung oder in der Öffentlichkeit auf, belagern sie tage- und näch-
telang und machen auch vor physischem Eindringen in die Privatsphäre (§ 123 StGB)
nicht halt. Welche (Über-)Reaktionen dies bei dem Opfer auslösen kann, zeigte der
tragische Unfalltod der Princess of Wales, der auf die Verfolgung durch rücksichts-
lose Paparazzi zurückzuführen war. Dass Journalisten das Recht zuzugestehen ist,
im Rahmen ihrer Berufsausübung Informationen über andere Menschen zu sammeln
und zu diesem Zweck – notfalls sogar „beharrlich" – Interviews, Beobachtungen,
Ton- und Bildaufnahmen zu machen, steht außer Frage. Das ist Ausfluss der Pressefreiheit (Art. 5 Abs. 1 GG) und daher im Kontext des § 238 Abs. 1 Nr. 1 StGB
nicht „unbefugt". Jedoch wird dieses Grundrecht durch die „allgemeinen Gesetze"
beschränkt (Art. 5 Abs. 2 GG), zu denen auch § 238 StGB gehört. Eine dem Opfer an
sich nicht mehr zumutbare Stärke, Dauer und Häufigkeit unerwünschter körperlicher
Annäherungen kann durch das Mediengrundrecht allenfalls unter der Voraussetzung
gerechtfertigt sein, dass das Publikationsinteresse wesentlich überwiegt[238].

cc) Telefon- und Cyber-Stalking, § 238 Abs. 1 Nr. 2 StGB

79   Vor allem nach dem Scheitern einer Partnerbeziehung[239] kommt es häufig zu Ver-
suchen des – meistens männlichen – ehemaligen Lebensgefährten, die Ex-Partnerin
zur Wiederaufnahme der Lebensgemeinschaft zu bewegen[240]. Mitunter scheut sich
der Bewerber dabei nicht vor der Anwendung rabiater Methoden, die – sofern sie
nicht schon strafbare Übergriffe iSd §§ 123, 185, 223, 240, 241 StGB usw. sind –
den Straftatbestand der Nachstellung verwirklichen können. Neben der physischen
Belästigung iSd § 238 Abs. 1 Nr. 1 StGB ist das Bedrängen mit wiederholten Te-
lefonanrufen, e-mails, Briefen und sonstigen Kommunikationsmedien eine beliebte
– bei den Opfern gefürchtete – Stalking-Praxis[241]. „Telekommunikationsmittel" ist
in § 3 Nr. 22 und Nr. 23 TKG definiert[242]. „Sonstige" Mittel der Kommunikation

---

[236] *Knecht*, Kriminalistik 2003, 364 (366): Risikofaktor Prominentenstatus.

[237] NK-*Sonnen*, § 238 Rn. 2.

[238] NK-*Sonnen*, § 238 Rn. 50; *Schönke/Schröder/Eisele*, § 238 Rn. 28.

[239] Der „verschmähte (Ex-)Liebhaber" gilt als eine der gefährlichsten Erscheinungsformen des
Stalkers, vgl. *Knecht*, Kriminalistik 2003, 364 (368).

[240] *Knecht*, Kriminalistik 2003, 364 (367); *Müller*, in: Krüger, Stalking als Straftatbestand, S. 26.

[241] *Knecht*, Kriminalistik 2003, 364 (366).

[242] *Heckmann*, in: Heckmann, Internetrecht, Kap. 8 Rn. 236; NK-*Sonnen*, § 238 Rn. 35.

sind alle Gegenstände, die geeignet sind, Informationen über eine größere Distanz zu transportieren und somit das Stalking-Element der körperlich-räumlichen Nähe (§ 238 Abs. 1 Nr. 1 StGB) entbehrlich machen. Dass das Gesetz Menschen nicht unter „Mittel" fasst, zeigt die Alternative „über Dritte". Gibt also der Täter einem 12-jährigen Jungen den Auftrag, jeden Tag mehrmals an der Wohnung seiner Ex-Frau zu klingeln und der Bewohnerin mitzuteilen, dass ihr Ex-Mann sie immer noch liebe, lässt sich die Strafbarkeit sowohl auf §§ 238 Abs. 1 Nr. 1, 26 StGB als auch auf § 238 Abs. 1 Nr. 2 StGB stützen. Nicht erforderlich ist, dass es tatsächlich zur Herstellung des angestrebten Kontaktes kommt. Das Delikt hat die Struktur eines Unternehmensdelikts, ausreichend ist der Kontaktanbahnungsversuch[243].

dd) „Identitätsklau", § 238 Abs. 1 Nr. 3 StGB

Diese Stalking-Variante hat die Struktur einer mittelbaren Täterschaft, da der Täter   80
sich im Hintergrund hält und den Angriff auf das Opfer von gutgläubigen Dritten ausführen lässt[244]. Dabei gibt sich der Täter dem Dritten gegenüber als die Person aus, die anschließend Nachstellungs-Opfer werden soll. Der Beeinträchtigungseffekt besteht darin, dass das Opfer ständig von fremden Menschen mit der Lieferung angeblich bestellter Waren oder in Auftrag gegebener Dienste überhäuft wird und sich anschließend in nervenaufreibenden juristischen Auseinandersetzungen gegen unberechtigte Forderungen der Lieferanten wehren muss. Der Täter kann das Opfer auch umgekehrt in eine Pseudo-Anbieter-Rolle drängen, indem er unter dem Namen des Opfers in Zeitungen Anzeigen schaltet oder über das Internet Kunden für Verkäufe, Vermietungen und sonstige Leistungen (z. B. Dienste sexueller Art) offeriert[245], mit denen das Opfer gar nichts zu tun hat. Im Anschluss daran wird das Opfer von ahnungslosen Dritten mit Anfragen belästigt und muss gegebenenfalls aufwendige Gegenmaßnahmen treffen, um künftig in Ruhe gelassen zu werden.

f) Urkundendelikte

aa) Medienbezüge

Urkunden und urkundenähnliche Beweisgegenstände sind Medienobjekte, weil sie   81
als Surrogat für einen Kommunikationspartner fungieren und einer anderen Person die Wahrnehmung von Informationen ermöglichen, die dem nicht unmittelbar an der Kommunikationssituation beteiligten Partner zugerechnet werden. Dies lässt sich gut demonstrieren am Vorgang der Verlesung eines Vernehmungsprotokolls in der strafgerichtlichen Hauptverhandlung: Wird die unmittelbare Vernehmung eines Zeugen

---

[243] *Schönke/Schröder/Eisele*, § 238 Rn. 11.

[244] *Krüger*, S. 130.

[245] *Krüger*, S. 131; *Schönke/Schröder/Eisele*, § 238 Rn. 18.

ersetzt durch die Verlesung des Protokolls einer früheren Vernehmung dieses Zeugen (§§ 250, 251 StPO), tritt das Medium Protokoll an die Stelle der Aussageperson Zeuge. Unmittelbar verwendetes Beweismittel ist die Urkunde „Vernehmungsprotokoll", für die Wahrheitsfindung von primärem Interesse ist hingegen die nur mittelbar verwertete Zeugenaussage.

bb) Urkundenfälschung, § 267 StGB

82 Urkunde ist die dauerhafte Verkörperung einer menschlichen Gedankenerklärung, die zum Beweis geeignet und bestimmt ist und ihren Aussteller erkennen lässt[246]. Abschriften und Fotokopien, die als solche erkennbar – d. h. vom Original deutlich unterscheidbar – sind, haben nach h. M. keine Urkundenqualität[247]. Eine „unechte" Urkunde kann hingegen eine Fotokopie sein, die nach der Intention des Täters den Anschein eines Originals erwecken soll. Zumindest der Versuch einer Urkundenfälschung kann mit einem derartigen Gegenstand ohne weiteres begangen werden. Darüber hinaus haben offene Fotokopien, die im Rechtsverkehr dem Original gleichgeachtet werden, auch im strafrechtlichen Kontext Urkundenqualität. Telefaxausdrucke und ausgedruckte e-mails können je nach technischen Gegebenheiten ebenfalls Urkundenqualität haben[248].

83 Der Grundtatbestand in § 267 Abs. 1 StGB pönalisiert bestimmte Handlungen, mit denen einem anderen wahrheitswidrig vorgespiegelt werden soll, die verkörperte Erklärung stamme von der Person, die als Aussteller angezeigt ist. Das charakteristische Unrecht ist also die Täuschung über den Aussteller, nicht die Täuschung über den Wahrheitsgehalt der Gedankenerklärung. Die schriftliche Lüge ist ebenso straflos wie die mündliche Lüge[249]. Behauptet ein Hochstapler in einem von ihm unterzeichneten Schreiben wahrheitswidrig, er sei promovierter Jurist, schafft dies ebenso wenig einen strafrechtlich schutzwürdigen Vertrauenstatbestand, wie wenn er dies mündlich oder telefonisch einem anderen sagt. Die Vertrauenswürdigkeit einer Auskunftperson einzuschätzen ist Sache des Adressaten, der deswegen das Fehleinschätzungsrisiko trägt. Der Adressat muss selbst von der Person auf den Wahrheitsgehalt ihrer Äußerung schließen. Allerdings schützt das Strafrecht ihn davor, sich über die Vertrauenswürdigkeit der „falschen" Person Gedanken zu machen, einer Person, die gar nicht Urheber der Gedankenerklärung ist. Deswegen wird der Tatbestand dadurch verwirklicht, dass Urkunden hergestellt oder in den Verkehr gebracht werden, bei denen hinter dem Erklärungsinhalt nicht die als Aussteller angegebene Person steht.

---

[246] A/W/H/H-*Heinrich*, § 31 Rn. 1; *Küpper*, BT 1, Teil II, § 1 Rn. 3; *Lackner/Kühl*, § 267 Rn. 2; *Schönke/Schröder/Cramer/Heine*, § 267 Rn. 2.

[247] A/W/H/H-*Heinrich*, § 31 Rn. 12; *Küpper*, BT 1, Teil II, § 1 Rn. 22 f.; *Lackner/Kühl*, § 267 Rn. 16.

[248] A/W/H/H-*Heinrich*, § 31 Rn. 13; AnwK-StGB/*Brehmeier-Metz*, § 267 Rn. 13 f.

[249] AnwK-StGB/*Brehmeier-Metz*, § 267 Rn. 16; *Küpper*, BT 1, Teil II, § 1 Rn. 27; *Lackner/Kühl*, § 267 Rn. 1.

Der objektive Tatbestand des § 267 Abs. 1 StGB gliedert sich in drei Alternativen: **84** Herstellung einer unechten Urkunde, Verfälschung einer echten Urkunde und Gebrauchen einer unechten oder verfälschten Urkunde. Unecht ist die Urkunde, wenn ihr „geistiger Vater" nicht die als Aussteller angegebene Person ist. Bei der 1. Tatbestandsalternative – Herstellung – ist die Ausstellerangabe von Anfang an falsch. Eine unechte Urkunde entsteht aber auch bei der Tathandlung der 2. Alternative. Obwohl sich der verfälschende Eingriff auf den Inhalt der Gedankenerklärung bezieht, wird damit zugleich die ursprünglich richtige Information über die Person des Ausstellers falsch. Denn eine Erklärung dieses Inhalts hat diese Ausstellerperson nicht abgegeben[250]. Schwieriger ist dies in dem Fall zu begründen, dass der ursprüngliche Aussteller selbst den Inhalt seiner eigenen Gedankenerklärung abändert. Geschieht dies zu einem Zeitpunkt, zu dem der Aussteller über den Inhalt der Erklärung nicht mehr verfügen darf, soll nach h. M. eine tatbestandsmäßige Verfälschung vorliegen[251]. Während die beiden ersten Alternativen des § 267 Abs. 1 StGB die Vollendungsstrafbarkeit weit ins Vorfeld der Rechtsgutsbeeinträchtigung verlagern, nähert sich der Täter mit der Verwirklichung der 3. Alternative – dem Urkundengebrauch – dem Gefährdungsbereich des geschützten Rechtsgut „Sicherheit und Zuverlässigkeit des Rechtsverkehrs"[252]. Die unechte oder verfälschte Urkunde wird mit dieser Tat einem anderen so zugänglich gemacht, dass dieser von ihr Kenntnis nehmen und daraufhin in einen Irrtum versetzt werden kann[253]. Dass er tatsächlich Kenntnis nimmt oder gar sich täuschen lässt, ist hingegen keine Strafbarkeitsvoraussetzung[254].

Der subjektive Tatbestand besteht aus dem Tatvorsatz (§ 15 StGB) und der **85** Täuschungsabsicht („zur Täuschung im Rechtsverkehr"). Den Urkundencharakter des Tatobjekts braucht der Täter nur in laienhafter „Parallelwertung" intellektuell erfasst zu haben[255]. Umgekehrt begründet die irrige Vorstellung, ein schriftlich fixierter Text mit „juristischem Inhalt" ohne Ausstellerangabe sei eine Urkunde, keinen Vorsatz und damit keinen untauglichen Versuch der Urkundenfälschung, sondern ein strafloses Wahndelikt[256]. Die Täuschungsabsicht ist der zielgerichtete Wille oder das sichere Wissen[257] des Täters, dass die unechte bzw. verfälschte Urkunde jemanden in einen Irrtum bezüglich des Ausstellers versetzen und dadurch zu rechtserheblichem Verhalten veranlassen werde. Rechtlich neutrale Reaktionen des Getäuschten („Verjüngung" des Geburtsdatums im Personalausweis aus

---

[250] *Küpper*, BT 1, Teil II, § 1 Rn. 42.

[251] AnwK-StGB/*Brehmeier-Metz*, § 267 Rn. 21; *Lackner/Kühl*, § 267 Rn. 20; aA *Küpper*, BT 1, Teil II, § 1 Rn. 43.

[252] *Schönke/Schröder/Cramer/Heine*, § 267 Rn. 1.

[253] A/W/H/H-*Heinrich*, § 31 Rn. 33; *Lackner/Kühl*, § 267 Rn. 23; *Schönke/Schröder/Cramer/Heine*, § 267 Rn. 76.

[254] *Küpper*, BT 1, Teil II, § 1 Rn. 44; *Schönke/Schröder/Cramer/Heine*, § 267 Rn. 94.

[255] A/W/H/H-*Heinrich*, § 31 Rn. 37; *Küpper*, BT 1, Teil II, § 1 Rn. 46; *Schönke/Schröder/Cramer/Heine*, § 267 Rn. 83.

[256] *Lackner/Kühl*, § 267 Rn. 24.

[257] *Küpper*, BT 1, Teil II, § 1 Rn. 48; *Schönke/Schröder/Cramer/Heine*, § 267 Rn. 91.

Eitelkeit) sind kein tauglicher Absichtsinhalt[258]. Durch § 270 StGB wird der Anwendungsbereich des Täuschungsmerkmals auf beabsichtigte Beeinflussungen eines
Datenverarbeitungsvorgangs erweitert.

86   Einen Qualifikationstatbestand mit Verbrechenscharakter (§ 12 Abs. 1 StGB) normiert § 267 Abs. 4 StGB. Die Qualifikation wird kumulativ durch den Bandenbezug
und die Gewerbsmäßigkeit der Tat begründet[259]. Die Gewerbsmäßigkeit ist ein subjektives Tatbestandsmerkmal und unterfällt dem § 28 Abs. 2 StGB[260]. Auf Grund der
Einstufung als Verbrechen sind Vorfeldhandlungen gem. § 30 StGB strafbar, wenn
sie sich auf eine qualifizierte Urkundenfälschung beziehen. Ob das auch für Beteiligte gilt, die nicht gewerbsmäßig handeln wollen, ist umstritten[261], sollte jedoch in
konsequenter Anknüpfung an § 28 Abs. 2 StGB verneint werden[262].

cc) Fälschung technischer Aufzeichnungen, § 268 StGB

87   Wie Urkunden haben technische Aufzeichnungen eine Beweismittelfunktion. Sie
verschaffen jemandem eine Information über Tatsachen, die eine rechtliche Bedeutung haben. Während bei der Urkunde Quelle der Information das Gehirn des
Ausstellers ist, ist es bei der technischen Aufzeichnung das „technische Gerät", das
diese Information „selbsttätig" generiert hat, § 268 Abs. 2 StGB. § 268 Abs. 1 StGB
schützt das Vertrauen darauf, dass die Aufzeichnung einem Informationsgewinnungs-
vorgang des technischen Geräts entstammt. Vertrauen in die inhaltliche Richtigkeit
wird grundsätzlich nicht geschützt[263], da die Beeinträchtigung des ordnungsgemä-
ßen Funktionierens des Geräts nur in dem Fall des § 268 Abs. 3 StGB Strafbarkeit
begründet. Wer dagegen ein von vornherein falsche Messergebnisse produzierendes
Gerät lediglich in Gang setzt, macht sich aus § 268 StGB nur dann strafbar, wenn er
zugleich die Pflicht zur Gewährleistung eines störungsfreien Betriebs (§ 13 StGB)
verletzt[264]. Strafrechtlich geschützt wird somit wie bei § 267 StGB nur das Vertrau-
en in die Herkunft der Information[265]. § 268 Abs. 1 StGB enthält drei verschiedene
Handlungsvarianten, die eng an die drei Alternativen des § 267 Abs. 1 StGB ange-
lehnt sind[266]. Auch der subjektive Tatbestand des § 268 Abs. 1 StGB ist dem des
§ 267 Abs. 1 StGB nachgebildet[267]. § 270 StGB ist auch hier anwendbar. Da § 268
Abs. 5 StGB die entsprechende Anwendung des § 267 Abs. 4 StGB anordnet, gibt
es auch den Tatbestand einer qualifizierten Fälschung technischer Aufzeichnungen.

---

[258] A/W/H/H-*Heinrich*, § 31 Rn. 39; *Lackner/Kühl*, § 267 Rn. 25.

[259] *Schönke/Schröder/Cramer/Heine*, § 267 Rn. 112.

[260] *Schönke/Schröder/Heine*, § 28 Rn. 14.

[261] AnwK-StGB/*Waßmer*, § 30 Rn. 10 ff.

[262] *Schönke/Schröder/Heine*, § 30 Rn. 14.

[263] *Schönke/Schröder/Cramer/Heine*, § 268 Rn. 44 a.

[264] *Schönke/Schröder/Cramer/Heine*, § 268 Rn. 54.

[265] *Schönke/Schröder/Cramer/Heine*, § 268 Rn. 4.

[266] *Schönke/Schröder/Cramer/Heine*, § 268 Rn. 5.

[267] *Schönke/Schröder/Cramer/Heine*, § 268 Rn. 64.

dd) Fälschung beweiserheblicher Daten, § 269 StGB

Dieser Straftatbestand ist die Ergänzung des § 267 StGB, die dadurch notwendig **88** wurde, dass die Beweisfunktion von Urkunden vielfach von elektronischen Datenverarbeitungsvorgängen übernommen wird, bei denen eine visuelle Wahrnehmbarkeit der Inhalte nicht gegeben ist[268]. Das ist der sachliche Hintergrund des Konjunktivs im Gesetzestext: „Urkunde vorliegen würde". Die tatbestandsmäßigen Daten sind bei der Tatbegehung nicht sichtbar, sie können jedoch sichtbar gemacht werden[269]. Inhaltlich müssen sich die Daten auf eine menschliche Gedankenerklärung beziehen, weil nur unter dieser Voraussetzung das Ergebnis der visuellen Sichtbarmachung Urkundenqualität hätte[270]. Ebenfalls wie bei einer Urkunde muss der Aussteller erkennbar sein, wobei allerdings computerspezifische Besonderheiten zu berücksichtigen sind[271]. Ausreichend ist, dass der Aussteller durch einen Ausdruck der elektronisch gespeicherten Daten sichtbar gemacht wird. Die drei Handlungsalternativen des Grundtatbestandes sind denen des § 267 Abs. 1 StGB nachgebildet: „Speichern" impliziert eine falsche Ausstellerangabe von Anfang an und entspricht somit der Herstellung einer unechten Urkunde[272]. „Verändern" ist der nachträgliche Eingriff in die gespeicherten Daten mit der Folge, dass diese einer verfälschten Urkunde ähneln[273]. Das „Gebrauchen" deckt sich vollständig mit dem gleichnamigen Handlungsmerkmal in § 267 Abs. 1 StGB[274]. Übereinstimmung mit § 267 StGB besteht ferner hinsichtlich des subjektiven Tatbestandes[275] und – über die Verweisung in § 269 Abs. 3 StGB – des Qualifikationstatbestandes § 267 Abs. 4 StGB. § 270 StGB erweitert den Inhalt des subjektiven Tatbestandsmerkmals „Täuschungsabsicht".

ee) Urkundenunterdrückung, § 274 StGB

Das strafwürdige Unrecht der Unterdrückung von Urkunden, technischen Auf- **89** zeichnungen (§ 274 Abs. 1 Nr. 1 StGB) und beweiserheblichen Daten (§ 274 Abs. 1 Nr. 2 StGB) liegt darin, dass der Täter dem Opfer eine Beweisführungsmöglichkeit in einem rechtserheblichen Zusammenhang entzieht. Der vereitelte Beweisführungserfolg ist der Nachteil, auf den im typischen Fall die zum subjektiven Tatbestand gehörende Nachteilszufügungsabsicht des Täters gerichtet ist[276]. Das auf den Rechtsgutinhaber deutende Tatbestandsmerkmal „gehört" hat nichts mit der sachenrechtlichen Eigentümerstellung zu tun, da der Schutzzweck der Strafvorschrift

---

[268] *Schönke/Schröder/Cramer/Heine*, § 269 Rn. 1.

[269] *Schönke/Schröder/Cramer/Heine*, § 269 Rn. 8.

[270] *Schönke/Schröder/Cramer/Heine*, § 269 Rn. 19.

[271] *Lackner/Kühl*, § 269 Rn. 6.

[272] *Lackner/Kühl*, § 269 Rn. 8.

[273] *Lackner/Kühl*, § 269 Rn. 9.

[274] *Lackner/Kühl*, § 269 Rn. 10.

[275] *Lackner/Kühl*, § 269 Rn. 11.

[276] Zu weiteren relevanten Nachteilen *Schönke/Schröder/Cramer/Heine*, § 274 Rn. 16.

nicht der Erhaltung unversehrter Sachsubstanz gewidmet ist[277]. Vielmehr geht es um die Bewahrung der Beweisführungstauglichkeit des Tatobjekts. Derjenige, dem dieses „gehört", ist der Inhaber des Beweisführungsrechts[278]. Auch die Auslegung des Tatbestandsmerkmals „beschädigt" richtet sich an diesem Schutzzweck und nicht an dem des ebenfalls das Merkmal „beschädigt" enthaltenden § 303 StGB aus. Eine Verschlechterung der Sachsubstanz ist im Rahmen des § 274 Abs. 1 StGB so lange noch keine Beschädigung, wie die Beweisfunktion des Objekts nicht beeinträchtigt ist. Andererseits ist eine Urkunde nicht erst dann „vernichtet", wenn ihre physische Substanz vollständig ausgelöscht ist, sondern bereits dann, wenn ihr beweiserheblicher Gedankeninhalt nicht mehr zu erkennen ist[279]. Das subjektive Tatbestandsmerkmal Nachteilszufügungsabsicht wird von der h. M. als Gewissheitsvorstellung (dolus directus 2. Grades[280]) verstanden[281]. Der Anwendungsbereich der Strafvorschrift wäre gravierend verengt, wenn nur Fälle zielgerichteten Wollens (dolus directus 1. Grades[282]) erfasst wären.

g) Werbung für den Abbruch der Schwangerschaft

aa) Medienbezüge

90   Werbung für Schwangerschaftsabbrüche zu machen ist strafbar erst, wenn dabei die Kommunikationsformen praktiziert werden, mit denen der Täter eine große Breitenwirkung erzielen kann. Die Medienrelevanz des Delikts ergibt sich also aus der Verbreitung von Schriften (§ 11 Abs. 3 StGB) oder dem Reklamezweck gleichermaßen dienlichen Auftreten in der Öffentlichkeit oder in einer Versammlung.

bb) Strafbarkeitsvoraussetzungen des § 219 a StGB

91   Alle tatbestandsmäßigen Handlungsalternativen sind auf die abstrakte Beschreibung des Vorgangs eines Schwangerschaftsabbruchs bezogen. Weder wird eine solche Tat bereits begangen noch ist sie schon konkret geplant. Die Werbemaßnahme ist darauf gerichtet, für den Fall eines geplanten Schwangerschaftsabbruchs das Interesse daran beteiligter Personen für die beworbenen Dienst- und Sachleistungen zu wecken. Unterbunden werden soll durch die Strafdrohung also die Kommerzialisierung des Schwangerschaftsabbruchs. Nach h. M. ist es gleichgültig, ob die Leistungen einem

---

[277] MK-*Freund*, § 274 Rn. 18; *Schönke/Schröder/Cramer/Heine*, § 274 Rn. 5.

[278] MK-*Freund*, § 274 Rn. 17; *Lackner/Kühl*, § 274 Rn. 2.

[279] MK-*Freund*, § 274 Rn. 40; *Schönke/Schröder/Cramer/Heine*, § 274 Rn. 7.

[280] *Schönke/Schröder/Sternberg-Lieben*, § 15 Rn. 68.

[281] *Lackner/Kühl*, § 274 Rn. 7; *Schönke/Schröder/Cramer/Heine*, § 274 Rn. 15; a. A. MK-*Freund*, § 274 Rn. 49.

[282] *Schönke/Schröder/Sternberg-Lieben*, § 15 Rn. 66.

illegalen oder einem legalen Schwangerschaftsabbruch dienen sollen[283]. Für eindeutig legale Kommunikationsvorgänge schließen Absatz 2 und Absatz 3 die Tatbestandsmäßigkeit aus[284].

3. Ermöglichung von Wahrnehmungen durch Medien

Im Vorwort wurde der Begriff „Medien" mit der Wahrnehmung von Menschen **92** in Verbindung gebracht. Medien erweitern die Wahrnehmungsmöglichkeiten des Menschen über den Bereich der unmittelbaren sinnlichen Wahrnehmung durch Sehen, Hören, Tasten usw. hinaus. Eine spezielle Gruppe von Straftaten zeichnet sich dadurch aus, dass sie mittels Medien Wahrnehmungsschranken durchbricht, Wahrnehmungshindernisse überwindet, räumliche Wahrnehmungsdistanzen überbrückt und so jemandem das Eindringen in Sphären ermöglicht, die vor unbefugter Wahrnehmung geschützt sind. Diese Delikte werden im folgenden dargestellt.

a) Akustisch

aa) Medienbezüge

Das bloße technikfreie Belauschen privater Gespräche ist nicht strafbar[285], weil **93** ein solches Verhalten nicht strafbedürftig ist. Denn der Betroffene kann sich dagegen ausreichend selbst schützen. Die Fähigkeit des menschlichen Gehörs zur Wahrnehmung von Geräuschen korreliert mit deren Lautstärke und der Entfernung der Geräuschquelle. Zur Verhinderung unerwünschten Belauschtwerdens braucht der Sprecher somit nur eine entsprechend große räumliche Distanz zum Lauscher herzustellen oder – wenn dies nicht möglich ist – entsprechend leise zu sprechen[286]. Die Abschirmung gegen Lauscher durch Räumlichkeiten ist im Übrigen in § 123 StGB strafrechtlich geschützt. Spezifischer Strafrechtsschutz gegen Lauschangriffe ist also erst notwendig, wenn sich der Täter technischer Geräte bedient, um dadurch die begrenzte Reichweite seines natürlichen Gehörsinns zu erweitern[287] bzw. sonstige Hindernisse akustischer Wahrnehmung zu überwinden oder eine Speicherung des Gehörten zu bewirken. Der einschlägige Straftatbestand § 201 StGB nimmt auf derartige Geräte Bezug mit den Tatbestandsmerkmalen „Tonträger" (§ 201 Abs. 1 Nr. 1) und „Abhörgerät" (§ 201 Abs. 2 Nr. 1). Diese Gegenstände sind Medienobjekte, die Verletzung der Vertraulichkeit des Wortes ist daher ein Mediendelikt. Die thema-

---

[283] *Lackner/Kühl*, § 219 a Rn. 1.

[284] *Lackner/Kühl*, § 219 a Rn. 6.

[285] *Lackner/Kühl*, § 201 Rn. 5; *Schönke/Schröder/Lenckner/Eisele*, § 201 Rn. 18.

[286] *Kargl* ZStW 117 (2005), 324 (342).

[287] *Schönke/Schröder/Lenckner/Eisele*, § 201 Rn. 20: „das gesprochene Wort über dessen normalen Klangbereich hinaus unmittelbar akustisch verstehbar zu machen".

tisch ebenfalls in den hiesigen Zusammenhang gehörenden Straftatbestände des § 148 Abs. 1 TKG werden in dem Kapitel „Telekommunikationsrecht" erläutert (unten § 6).

bb) Strafbarkeitsvoraussetzungen des § 201 StGB

94 In den vier verschiedenen (Grund-)Tatbestandsalternativen der beiden ersten Absätze des § 201 StGB sind zwei Angriffsformen in jeweils zwei verschiedenen Ausprägungen beschrieben: Das Abschöpfen des gesprochenen Wortes mit (§ 201 Abs. 1 Nr. 1) und ohne (§ 201 Abs. 2 Nr. 1) Perpetuierung einerseits und das Weitergeben an Dritte in verkörperter (§ 201 Abs. 1 Nr. 2) oder körperloser (§ 201 Abs. 2 Nr. 2) Form andererseits. Angriffsobjekt ist das „nichtöffentlich gesprochene Wort". Geschützt ist nur die Wörterbildung mit der menschlichen Stimme. Schriftliche Aufzeichnungen, Zeichen- und Gebärdensprachen unterfallen dem Tatbestand nicht[288]. Die Kommunikation Sprach- und Gehörbehinderter wird vom tatbestandlichen Schutzbereich nicht erfasst. Die Nichtöffentlichkeit der Sprache ergibt sich nicht aus dem – für die Tatbestandsverwirklichung gleichgültigen[289] – Inhalt, sondern aus den Umständen der Sprechsituation, also dem Ort, der Anzahl von Zuhörern, den Möglichkeiten den Zuhörerkreis zu kontrollieren und zu begrenzen[290].

95 Tathandlung nach § 201 Abs. 1 Nr. 1 StGB ist die Aufnahme des unmittelbar gesprochenen Wortes auf Tonträger. Mittelbare Aufnahme durch Herstellung einer Kopie von einer Aufnahme ist nicht tatbestandsmäßig[291]. Keine Rolle spielt es, ob das Gesprochene während der Aufnahme mitgehört wird oder nicht. Überhaupt ist es für die Strafbarkeit gleichgültig, ob jemals ein Unbefugter die aufgenommenen Worte „live" oder zeitversetzt wahrnimmt. Daher beseitigt Löschen der noch nicht abgehörten Aufnahme die Strafbarkeit nur in dem Fall, dass die Aufnahme misslungen und daher vollendungsuntauglich war, §§ 201 Abs. 1, Abs. 4, 24 StGB[292].

96 Die Tathandlungsalternativen „gebraucht" und „zugänglich macht" (§ 201 Abs. 1 Nr. 2 StGB) beziehen sich auf unbefugtes Abhören der Aufnahme bzw. die Ermöglichung derartigen Abhörens. Ziel der Tat muss sein, dass entweder der Täter selbst oder ein Dritter vom Inhalt der Aufnahme Kenntnis erlangt, indem er die Aufnahme oder eine davon hergestellte Kopie[293] akustisch wahrnimmt. Dagegen sind bloße mündliche oder schriftliche Mitteilungen des Aufnahmeinhalts nicht tatbestandsmäßig[294], vgl. § 201 Abs. 2 Nr. 2 StGB. Umstritten ist, was unter einer „so hergestellten" Aufnahme zu verstehen ist[295]. Klar ist, dass es sich um die Aufnahme des nichtöffentlich gesprochenen Wortes eines anderen mittels Tonträgers handeln muss. Aufnahmen

---

[288] MK-*Graf*, § 201 Rn. 9.

[289] MK-*Graf*, § 201 Rn. 10.

[290] MK-*Graf*, § 201 Rn. 14.

[291] MK-*Graf*, § 201 Rn. 22.

[292] MK-*Graf*, § 201 Rn. 57.

[293] MK-*Graf*, § 201 Rn. 25.

[294] A/W/H/H-*Hilgendorf*, § 8 Rn. 16; MK-*Graf*, § 201 Rn. 26.

[295] *Lenckner*, FS Baumann, S. 135 (145).

eigener Worte fallen also nicht nur aus dem Tatbestand des § 201 Abs. 1 Nr. 1 StGB, sondern auch aus dem Tatbestand des § 201 Abs. 1 Nr. 2 StGB heraus. Keine eindeutige Vorgabe macht der Gesetzestext hingegen zu der Frage, ob der Herstellungsvorgang „unbefugt" gewesen sein muss. Ein Strafbedürfnis ließe sich nämlich durchaus auch für den Fall begründen, dass eine – z. B. gem. § 100a StPO[296] – befugt hergestellte Tonaufnahme unbefugt – d. h. unter Missachtung des § 101 Abs. 8 StPO – gebraucht wird[297]. Die h. M. steht demzufolge auf dem Standpunkt, dass die Verweisung auf den Herstellungstatbestand zwar auch dessen strafbarkeitsbegründendes Merkmal „unbefugt" umfasse[298]. Jedoch gelte dies nur in Bezug auf Fälle, in denen die Unbefugtheit durch Einverständnis des Aufgenommenen ausgeschlossen ist[299]. Unbefugte Verwendung von Aufnahmen, deren Herstellung aus anderen Gründen – z. B. gem. § 100 a StPO – rechtmäßig war, sei dagegen nach § 201 Abs. 1 Nr. 2 StGB strafbar[300]. Teilweise Bestätigung hat diese Auffassung erfahren durch den Gesetzgeber, der in der 2004 neugeschaffenen Strafvorschrift § 201 a StGB für die unbefugte Benutzung einer befugt hergestellten Bildaufnahme eine explizite Regelung in Absatz 3 formuliert hat. Gedacht war dabei vor allem an die Weitergabe von Bildaufnahmen, die mit Einwilligung der aufgenommenen Person hergestellt worden waren[301]. Daraus folgt, dass der § 201 Abs. 1 Nr. 2 StGB entsprechende § 201 a Abs. 2 StGB sich nur auf die Verwendung unbefugt hergestellter Aufnahmen bezieht[302].

Keine technische Speicherung, sondern lediglich technisch unterstützte Kenntnisnahme von nichtöffentlich gesprochenen Worten ist in § 201 Abs. 2 Nr. 1 StGB unter Strafdrohung gestellt. Die Verwendung eines Abhörgeräts bewirkt eine Verstärkung der Schallwellen und ermöglicht die akustische Wahrnehmung über eine für das menschliche Gehör zu große Entfernung. Daher reicht als Selbstschutz gegen unerwünschtes Lauschen die Schaffung einer ausreichend großen Distanz zu möglichen Spionen nicht aus. Das Unterlaufen dieses Selbstschutzes durch den Einsatz technischer Mittel ist deshalb strafwürdig. Tatbestandsrelevant sind nur Äußerungen, die nicht zur Kenntnis des Täters bestimmt sind. Durch ein Einverständnis des Sprechers wird dieses Tatbestandsmerkmal ausgeschlossen[303]. **97**

Bloße Inhaltsweitergabe („Informationshehlerei"[304]) illegal aufgenommener oder wahrgenommener mündlicher Äußerungen ist unter den Voraussetzungen des § 201 Abs. 2 Nr. 2 StGB strafbar. Die Aufnahme (§ 201 Abs. 1 Nr. 1 StGB) oder Abhörung (§ 201 Abs. 2 Nr. 1 StGB) muss ihrerseits unbefugt in dem Sinne gewesen **98**

---

[296] *Küpper*, BT 1, Teil I, § 5 Rn. 24; *Lackner/Kühl*, § 201 Rn. 10; MK-*Graf*, § 201 Rn. 43.

[297] *Schönke/Schröder/Lenckner/Eisele*, § 201 Rn. 16.

[298] OLG Düsseldorf NJW 1995, 975 (976); *Küpper*, BT 1, Teil I, § 5 Rn. 21; *Lackner/Kühl*, § 201 Rn. 9 a; MK-*Graf* § 201, Rn. 24.

[299] *Lenckner*, FS Baumann, S. 135 (147).

[300] *Lenckner*, FS Baumann, S. 135 (146); MK-*Graf*, § 201 Rn. 24.

[301] *Schönke/Schröder/Lenckner/Eisele*, § 201 a Rn. 19.

[302] *Lackner/Kühl*, § 201 a Rn. 6; *Schönke/Schröder/Lenckner/Eisele*, § 201 a Rn. 14.

[303] *Lackner/Kühl*, § 201 Rn. 5.

[304] A/W/H/H-*Hilgendorf*, § 8 Rn. 16; *Lenckner*, FS Baumann, S. 135 (137).

sein, dass ihr keine Einwilligung des Betroffenen zugrundelag[305]. Dagegen schließt eine aus anderen rechtlichen Gründen resultierende Befugtheit der Aufnahme oder Abhörung – z. B. nach § 100a StPO – die Strafbarkeit der unbefugten Inhaltsweitergabe nicht aus[306]. Tatbestandsmäßig ist allein die „öffentliche" Mitteilung. Der Täter muss sich also an einen nach Zahl und Individualität unbestimmten oder einen nicht durch persönliche Beziehungen innerlich verbundenen größeren bestimmten Kreis von Personen richten[307]. Durch die Bagatellklausel des § 201 Abs. 2 S. 2 StGB werden Mitteilungen ohne ausreichende Beeinträchtigungswirkung aus dem Tatbestand ausgeschlossen[308]. Einen speziellen Fall[309] der „Wahrnehmung berechtigter Interessen"[310] regelt § 201 Abs. 2 S. 3 StGB. Praktische Bedeutung erlangt dieser Rechtfertigungsgrund vor allem bei der Aufdeckung schwerwiegender Missstände durch investigativen Journalismus[311]. Oftmals wird sich eine Rechtfertigung jedoch schon aus § 34 StGB ergeben[312].

99   Einen Qualifikationstatbestand mit dem Charakter eines unechten Amtsdelikts normiert § 201 Abs. 3 StGB. Die Eigenschaft als Amtsträger oder für den Öffentlichen Dienst besonders Verpflichteter ist ein besonderes persönliches Merkmal iSd § 28 Abs. 2 StGB[313]. Amtsträgertaten werden in erster Linie im Zusammenhang mit behördlich oder gerichtlich angeordneter Überwachung der Telekommunikation begangen. Sofern es für diesen Eingriff eine gesetzliche Grundlage gibt und deren Voraussetzungen erfüllt sind – z. B. § 3 G10, § 100 a StPO – ist die Tat gerechtfertigt[314].

100   Strafantragsdelikt gem. § 205 Abs. 1 StGB, jedoch keine Privatklagedelikte (§ 374 StPO) sind die grundtatbestandlichen Taten des § 201 Abs. 1, Abs. 2 StGB. Das Amtsdelikt des § 201 Abs. 3 StGB wird hingegen von Amts wegen verfolgt.

b) Optisch

aa) Medienbezüge

101   Vor unerwünschter Betrachtung des eigenen (nackten) Körpers durch andere kann der Mensch sich dadurch schützen, dass er genügend Abstand zu potentiellen Betrachtern hält oder den Körper durch entsprechende Kleidungsstücke verhüllt. Wie bei akustischen Angriffen auf die Privatsphäre gilt auch hier zunächst einmal, dass

---

[305] *Lenckner*, FS Baumann, S. 135 (149).

[306] *Lenckner*, FS Baumann, S. 135 (150); *Schönke/Schröder/Lenckner/Eisele*, § 201 Rn. 23.

[307] *Lackner/Kühl*, § 201 Rn. 7.

[308] *Lackner/Kühl*, § 201 Rn. 8.

[309] Allgemein zur Wahrnehmung berechtigter Interessen vgl. oben § 1 Rn. 36 ff.

[310] *Lenckner*, FS Baumann, S. 135 (151).

[311] *Lackner/Kühl*, § 201 Rn. 15.

[312] *Lenckner*, FS Baumann, S. 135 (151).

[313] MK-*Graf*, § 201 Rn. 54.

[314] A/W/H/H-*Hilgendorf*, § 8 Rn. 22; MK-*Graf*, § 201 Rn. 43.

die begrenzte Reichweite des menschlichen Wahrnehmungsvermögens einen aus-
reichenden Schutz vor optischer Belästigung bietet. Mit bloßem Auge kann man
nicht kilometerweit[315] und auch nicht durch Wände und Mauern hindurchsehen.
Daher ist das bloße Beobachten einer Person („Voyeurismus", „frecher Blick") –
ob heimlich oder offen, mit bloßem Auge oder mittels optischer Geräten (Fernglas,
„Flugdrohnen"[316]) – nicht strafbar[317]. Technik macht aber auch in diesem Bereich die
Durchbrechung und Überwindung natürlicher Blickschutzbarrieren möglich (Street-
view, Flugdrohnen), was den Selbstschutz des Angegriffenen überfordert und deshalb
strafrechtlichen Schutz notwendig macht, § 201 a StGB. Dasselbe gilt für die optische Fixierung, durch die letztlich auch Menschen der Blick auf den Körper einer
Person ermöglicht wird, von der sie meilenweit entfernt sind. Letztendlich wird
durch den Einsatz technischer Aufnahmegeräte die Gefahr geschaffen, dass der
Körper einer Person einem Personenkreis zur Betrachtung dargeboten wird, den
der Betroffene nicht mehr überschauen und kontrollieren – also auch nicht von der
Betrachtung ausschließen – kann. Insbesondere erweisen sich zivilrechtliche Schutz-
mechanismen – vorbeugende Unterlassungsklage – diesen Bedrohungen gegenüber
als wirkungslos[318]. Die strafwürdigen Arten der unerwünschten und unerlaubten
optischen Wahrnehmung von Personen setzen also stets den Einsatz von Medienobjekten voraus. Der Medienbezug der Verletzung des Briefgeheimnisses (§ 202
StGB) ergibt sich schon daraus, dass das Angriffsobjekt (Brief, Schriftstück) ein
Trägermedium für Texte ist.

bb) §§ 22 ff. KUG

Im Strafgesetzbuch ist der Schutz des Rechts am eigenen Bild seit 2004 in § 201   **102**
a verankert. Zuvor enthielt das Kernstrafrecht keinen dieses Rechtsgut schützenden
Tatbestand[319]. Die einzige spezifisch auf dieses Rechtsgut zugeschnittene Strafvorschrift war der heute immer noch gültige § 33 KUG. Aus der Verweisung auf § 22
KUG ergibt sich, dass der Straftatbestand die Verbreitung oder öffentliche Zurschaustellung von Bildnissen erfasst. Nicht tatbestandsmäßig ist also der Herstellungsakt,
egal mit welchen Mitteln – Fotoapparat, Bleistiftzeichnung, Kopiergerät usw. – er
vollzogen wird[320]. In dieser Hinsicht hat § 201 a StGB die Strafbarkeit vorverlagert
und ausgedehnt (s. u. Rn. 105). Ebenfalls nicht nach § 33 KUG strafbar ist das private

---

[315] Anderer Ansicht *Pete Townsend* und *Roger Daltrey* (The Who): „I can see for miles".

[316] *Esser* JA 2010, 323 (325).

[317] BayObLG NJW 1962, 1782 (1783); A/W/H/H-*Hilgendorf*, § 8 Rn. 23 d; *Bosch* JZ 2005, 377
(380); *Heinrich* ZIS 2011, 416 (419); *Kargl* ZStW 117 (2005), 324 (326); *Koch* GA 2005, 589
(591).

[318] *Kargl* ZStW 117 (2005), 324 (325).

[319] *Heinrich* ZIS 2011, 416 (417).

[320] *Dreier/Schulze*, § 22 KUG Rn. 12; *Heinrich* ZIS 2011, 416 (417); *Hoeren/Nielen*, Fotorecht,
Rn. 439; *Koch* GA 2005, 589 (593).

Herumzeigen des unerlaubt angefertigten Bildnisses[321]. Deswegen kommen als Tatwerkzeuge in erster Linie Massenmedien – z. B. Internet[322] – in Betracht, durch deren Einsatz eine öffentliche Präsentation ermöglicht wird. Die Tatbestandsalternative „Verbreitung" wird in der Regel eine Vervielfältigung des Bildnisses voraussetzen, bei der entsprechende technische Geräte Anwendung finden. Wesentlich weiter als § 201 a StGB zieht § 22 KUG den tatbestandlichen Bereich hinsichtlich des Tatobjekts: „Bildnisse" sind nicht nur Bildaufnahmen, sondern z. B. auch Porträtzeichnungen[323]. Die abgebildete Person muss aber erkennbar sein[324]. Darauf, dass die abgebildete Person sich an einem gegen unerwünschte Einblicke besonders geschützten Ort (Wohnung) aufhält, kommt es nicht an. Auch die Verbreitung eines Bildnisses, das den Betroffenen während des Aufenthalts an einem öffentlichen Ort zeigt, ist verboten und strafbar. Anders ist die Rechtslage, wenn die Person nur als „Beiwerk" eines öffentlichen Motivs erscheint, § 23 Abs. 1 Nr. 2 KUG[325]. Eine besondere Einschränkung ihres – auch strafrechtlichen – Schutzes des Rechts am eigenen Bild müssen „Personen der Zeitgeschichte" hinnehmen[326]. Prominente Persönlichkeiten sehen sich einem überdurchschnittlichen Informationsinteresse der Allgemeinheit ausgesetzt, das von ihnen die Duldung auch überdurchschnittlicher Eingriffe in ihr Recht am eigenen Bild verlangt. Die Wissenschaft hat zur Abstufung des Interesses an diesem Personenkreis die Kategorien der „absoluten"[327] und „relativen"[328] Person der Zeitgeschichte kreiert[329]. Zur letzteren Gruppe gehören auch Personen, die ihre Prominenz einer außergewöhnlich verwerflichen Art der Persönlichkeitsentfaltung verdanken, also Straftäter, die eine außerordentlich aufsehenerregende Tat begangen haben, wie z. B. die Täter des „Soldatenmordes von Lebach"[330].

103   Der Strafrechtsschutz, den § 33 KUG iVm § 22 KUG bietet, ist schwach und vermag daher das Kriminalisierungsbedürfnis, das der Einführung des § 201 a StGB zugrunde lag, nicht zu befriedigen[331]. Der subjektive Tatbestand setzt Vorsatz voraus, § 15 StGB. Der Versuch ist nicht mit Strafe bedroht, § 23 Abs. 1 StGB. Die Strafverfolgung setzt einen Strafantrag voraus, § 33 Abs. 2 KUG, und wird auch dann – da es sich um ein Privatklage delikt handelt (§ 374 Abs. 1 Nr. 8 StPO) – von der Staatsanwaltschaft nur übernommen, wenn dies im öffentlichen Interesse liegt, § 376 StPO[332]. Zudem ist der Strafrahmen sehr niedrig aufgehängt.

---

[321] *Koch* GA 2005, 589 (593).

[322] *Dreier/Schulze*, § 22 KUG Rn. 11.

[323] *Dreier/Schulze*, § 22 KUG Rn. 1.

[324] *Beck* MMR 2008, 77 (79); *Kargl* ZStW 117 (2005), 324 (340); *Koch* GA 2005, 589 (594).

[325] *Hoeren/Nielen*, Fotorecht, Rn. 479.

[326] *Dreier/Schulze*, § 23 KUG Rn. 3 ff.; krit. *Koch* GA 2005, 589 (593).

[327] *Dreier/Schulze*, § 23 KUG Rn. 5; *Hoeren/Nielen*, Fotorecht, Rn. 443.

[328] *Dreier/Schulze*, § 23 KUG Rn. 8; *Hoeren/Nielen*, Fotorecht, Rn. 444.

[329] Scharf ablehnend *Eberhard Schmidt*, DRiZ 1968, 95.

[330] *Hoeren/Nielen*, Fotorecht, Rn. 446; *Lettl* WRP 2005, 1045 (1063); *Raschke* ZJS 2011, 38 (42).

[331] A/W/H/H-*Hilgendorf*, § 8 Rn. 23 b.

[332] *Koch* GA 2005, 589 (594).

cc) Strafbarkeitsvoraussetzungen des § 201 a StGB

Vor der Einführung des § 201 a StGB enthielt der Besondere Teil des StGB den **104** unerklärlichen Widerspruch, dass zwar der „Lauschangriff" mit Abhörgeräten strafbar war/ist, § 201 Abs. 2 Nr. 1 StGB (s. o. Rn. 95), nicht aber – trotz mindestens gleich schwerwiegender Verletzung des Persönlichkeitsrechts – das heimliche Fotografieren[333]. Der technische Fortschritt hat die Gefährdetheit des Rechts am eigenen Bild weiter verschärft. § 201 a StGB war daher überfällig. Die Vorschrift enthält in den Absätzen 1, 2 und 3 drei verschiedene Tatbestände. Tatobjekt sind jeweils Bildaufnahmen von einer im Zeitpunkt der Aufnahme schon und noch lebenden Person[334], die mit dem Täter nicht identisch ist. Das Fotografieren eines Leichnams („Fall Uwe Barschel") ist nicht tatbestandsmäßig[335]. Der Aufgenommene – auf dessen Erkennbarkeit es nicht ankommt[336] – muss sich entweder in einer Wohnung – nicht notwendig seiner eigenen[337] – oder einem sonstigen Raum aufgehalten haben, der gegen Einblick besonders geschützt ist. Letzteres trifft insbesondere auf Räumlichkeiten zu, in denen der Mensch – zumindest vorübergehend – unbekleidet ist (Umkleidekabine, Sauna, Dusche) oder Handlungen am oder mit dem – teilweise – unbekleideten Körper vollzogen werden (ärztliche Behandlungsräume in Kliniken, Praxen, Toiletten)[338]. Hinter dieser örtlichen Beschränkung auf den „letzten Rückzugsbereich"[339] – der aber keine thematische Beschränkung auf Nacktheit und Sexualität korrespondiert[340] – steht der Gedanke, dass der Strafrechtsschutz nur in Fällen eines nachvollziehbaren und billigenswerten Bildzurückhaltungsinteresses gewährt werden soll. Wem es peinlich ist, in der Öffentlichkeit von einem Fremden fotografiert zu werden, ist entweder überempfindlich oder an seiner Situation, die auch ein objektiver Betrachter als unvorteilhafte Darbietung des eigenen Körpers empfinden würde (zerzauste Frisur, schlampige, schmutzige, geschmacklose Kleidung, dümmlicher Gesichtsausdruck, lächerliche Pose usw.) selbst schuld. Die Verweigerung strafrechtlichen Schutzes kann man in derartigen Fällen mit dem „viktimodogmatischen Prinzip" begründen[341]. Dagegen geht dieser Gedanke ins Leere bei Personen, die für ihr unfotogenes Erscheinungsbild nichts können und denen es wegen ihres Aussehens verständlicherweise unangenehm ist, von anderen aufgenommen zu werden: Körperbehinderte, im Gesicht schwer entstellte Opfer von Unfällen oder Straftaten, Albinos, Klein- und Riesenwüchsige, der Glöckner von

---

[333] *Koch* GA 2005, 589 (590); *Lenckner*, FS Baumann, S. 135 (139).

[334] Krit. zu dieser Beschränkung des Tatbestandes *Kargl* ZStW 117 (2005), 324 (352).

[335] *Koch* GA 2005, 589 (592); *Schönke/Schröder/Lenckner/Eisele*, § 201 a Rn. 4.

[336] *Beck* MMR 2008, 77 (79); *Koch* GA 2005, 589 (595).

[337] *Schönke/Schröder/Lenckner/Eisele*, § 201 a Rn. 5.

[338] *Kargl* ZStW 117 (2005), 324 (331); *Koch* GA 2005, 589 (599); *Schönke/Schröder/Lenckner/Eisele*, § 201 a Rn. 7.

[339] *Koch* GA 2005, 589 (597).

[340] *Koch* GA 2005, 589 (597): insbesondere Nacktheit, Sexualität, Krankheit, Tod; vgl. auch *Kargl* ZStW 117 (2005), 324 (337): „Schwerpunkt auf Nacktaufnahmen in allen Schattierungen".

[341] *Eisele* JR 2005, 6, (8); *Kargl* ZStW 117 (2005), 324 (342).

Notre Dame oder der „Elefantenmensch" usw. können sich nicht ihr ganzes Leben in einem Raum verkriechen oder nur mit einer Burka verhüllt in der Öffentlichkeit auftreten. Wenn es schon nicht möglich ist, sie mit rechtlichen Mitteln vor Begafft-, Ausgelacht- und Verspottet-Werden zu bewahren, sollte ihnen wenigstens ein besonderer Strafrechtsschutz am eigenen Bild zuteil werden[342]. Zugegebenermaßen dürfte dieses Anliegen gesetzgebungstechnisch aber schwer zu realisieren sein. Entweder gerät der Straftatbestand viel zu unbestimmt oder er nimmt Begriffe auf, die von den Personen, die durch ihn geschützt werden sollen, als diskriminierend und beleidigend empfunden werden könnten. Spätestens im Strafverfahren könnte dann aus gut gemeintem Strafrechtsschutz eine massive „sekundäre Viktimisierung" werden, wenn der Verletzte aus Richtermund hört, dass er wegen seines außergewöhnlich hässlichen Gesichts ein berechtigtes Interesse hatte, von dem Angeklagten nicht während einer S-Bahn-Fahrt fotografiert zu werden. Der Gesetzgeber ist mit § 201 a StGB in die entgegengesetzte Richtung gegangen: Nachdem der Tatbestand bereits durch das restriktive Aufenthaltsort-Merkmal stark eingeengt worden ist, wurde mit dem Erfordernis einer Verletzung des „höchstpersönlichen Lebensbereichs" noch eine zusätzliches Nadelöhr eingebaut. Selbst in den eigenen vier Wänden ist der Mensch also vor Paparazzi mit Superteleobjektiven strafrechtlich nicht umfassend geschützt[343]. Vor allem dieses – zudem recht unbestimmten –Tatbestandsmerkmals wegen hat § 201 a StGB berechtigte massive Kritik geerntet[344].

105   Die Bildherstellungsphase, die in §§ 22, 33 KUG eine strafrechtsfreie Phase ist, wird von § 201 a Abs. 1 StGB erfasst[345]. Herstellen der Bildaufnahme ist der Sammelbegriff für alle Handlungen, mit denen die erstmalige Abspeicherung optischer Informationen auf einem Bild- oder Datenträger bewirkt wird[346]. Die Anfertigung von Kopien, Ausdrucken und sonstigen Derivaten unterfällt nicht mehr Absatz 1, kann jedoch gem. Absatz 2 strafbar sein. Der Herstellung gleichgestellt ist die Übertragung in Echtzeit ohne längerdauernde Speicherung mittels Webcams oder Spycams[347]. Eines Wahrnehmungsakts des Täters oder eines Dritten bedarf es zur Vollendung der Tat nicht. Wird eine Kamera nur zur Beobachtung und nicht zur Aufnahmeherstellung oder – übertragung verwendet, ist der Tatbestand nicht erfüllt[348]. Unbefugt ist die Tat, wenn sie weder durch Einwilligung noch durch eine sonstige Erlaubnisnorm gerechtfertigt ist[349].

106   Gebrauch oder Zugänglichmachen einer hergestellten Bildaufnahme ist nach § 201 a Abs. 2 StGB strafbar. Damit wird die Strafvorschrift auf Handlungen ausgedehnt, deren Wesen das Ausnutzen der mit der Aufnahme geschaffenen technischen

---

[342] Dagegen *Kargl* ZStW 117 (2005), 324 (350).

[343] *Koch* GA 2005, 589 (598); krit. *Kargl* ZStW 117 (2005), 324 (349).

[344] *Schönke/Schröder/Lenckner/Eisele*, § 201 a Rn. 9; anders *Koch* GA 2005, 589 (596).

[345] *Koch* GA 2005, 589 (592).

[346] *Schönke/Schröder/Lenckner/Eisele*, § 201 a Rn. 10.

[347] *Kargl* ZStW 117 (2005), 324 (332).

[348] *Schönke/Schröder/Lenckner/Eisele*, § 201 a Rn. 10.

[349] *Schönke/Schröder/Lenckner/Eisele*, § 201 a Rn. 12, 13.

Möglichkeiten ist. Dazu bedarf es hier jedoch ebenso wenig einer tatsächlichen Kenntnisnahme von der aufgenommenen Person wie im Kontext des Absatzes 1[350]. Bloßes Betrachten der Aufnahme ist nicht tatbestandsmäßig[351]. Anders als bei § 201 Abs. 1 Nr. 2 StGB (dazu oben Rn. 96) kann bei § 201 a Abs. 2 StGB von vornherein nicht zweifelhaft sein, ob sich die Verweisung „durch eine Tat nach Absatz 1 hergestellte" nur auf unbefugte oder auch auf befugte Herstellungsvorgänge bezieht. Im Umkehrschluss folgt aus Absatz 3, dass allein unbefugt hergestellte Bildaufnahmen Tatobjekte des Absatzes 2 sein können[352]. Das Tatbestandsmerkmal „Verletzung des höchstpersönlichen Lebensbereichs" ist in § 201 a Abs. 2 StGB nicht erwähnt, da dieser Verletzungserfolg bereits durch die Herstellung der Bildaufnahme verursacht worden sein muss. Anderenfalls wäre die Bildaufnahme keine „durch eine Tat nach Absatz 1 hergestellte".

Eine Art „Veruntreuung" von mit Einwilligung der aufgenommenen Person hergestellten Aufnahmen stellt § 201 a Abs. 3 StGB unter Strafdrohung. Denn die Einwilligung ist der Hauptfall einer Befugnis, die verhindert, dass bereits der Herstellungsakt strafbar ist[353]. Tatbestandstauglich sind jedoch auch andere Aufnahmebefugnisse[354]. Tathandlung ist allein das Zugänglichmachen der Aufnahme, nicht sonstige Formen des Gebrauchs. Strafrechtsdogmatisch ungewöhnlich ist bei § 201 a Abs. 3 StGB die Bildung des subjektiven Tatbestandes[355]. Zu dem allgemeinen (§ 15 StGB) – auch dolus eventualis berücksichtigenden – Vorsatzerfordernis kommt – strafbarkeitseinschränkend – hinzu, dass der Täter hinsichtlich der Unbefugtheit „wissentlich" (dolus directus 1. Grades) gehandelt haben muss[356]. **107**

dd) Strafbarkeitsvoraussetzungen des § 202 StGB

Tatgegenstand sämtlicher Tatbestandsvarianten ist ein verschlossenes Schriftstück bzw. eine gem. Absatz 3 gleichgestellte verschlossene Abbildung. Der in § 202 Abs. 1 Nr. 1 StGB erwähnte „Brief" ist eine spezielle Erscheinungsform des Oberbegriffs „Schriftstück"[357]. Inhaltlich muss es sich um mit Schriftzeichen ausgedrückte und stofflich fixierte Gedankenäußerungen handeln[358]. Die Qualität der Gedanken ist gleichgültig, es brauchen keine Geheimnisse im materiellen Sinn zu **108**

---

[350] *Schönke/Schröder/Lenckner/Eisele*, § 201 a Rn. 15.

[351] *Bosch* JZ 2005, 377 (380); *Heinrich* ZIS 2011, 416 (420); *Koch* GA 2005, 589 (601); aA *Kargl* ZStW 117 (2005), 324 (334).

[352] *Kargl* ZStW 117 (2005), 324 (333); *Schönke/Schröder/Lenckner/Eisele*, § 201 a Rn. 14.

[353] *Heinrich* ZIS 2011, 416 (420); *Koch* GA 2005, 589 (601).

[354] *Schönke/Schröder/Lenckner/Eisele*, § 201 a Rn. 19.

[355] *Kargl* ZStW 117 (2005), 324 (335).

[356] *Schönke/Schröder/Lenckner/Eisele*, § 201 a Rn. 21.

[357] *Küpper*, BT I, Teil I, § 5 Rn. 29; *Schönke/Schröder/Lenckner/Eisele*, § 202 Rn. 3; SK-*Hoyer*, § 202 Rn. 5.

[358] SK-*Hoyer*, § 202 Rn. 6.

sein[359]. Der Verschluss muss dem Zweck dienen, unbefugte Kenntnisnahme vom Inhalt zu verhindern. Hohe Anforderungen an die physikalische Beschaffenheit der Verschlussvorrichtung und an deren Eignung, unbefugtes Öffnen zu verhindern, bestehen nicht. Ein zugeklebter Briefumschlag reicht aus[360]. Andererseits fallen briefunspezifische Sicherungen wie die verschlossene Tür einer Wohnung, in der der Brief unverschlossen liegt, nicht in den Bereich des § 202 StGB. Denn Räumlichkeiten sind weder Verschluss noch „Behältnis" iSd § 202 Abs. 2 StGB[361]. Strafrechtlichen Schutz gewährt insofern allein § 123 StGB. Das Tatobjekt darf nicht zur Kenntnis des Täters bestimmt sein. Begeht der Täter die Tat für einen Dritten, der eine Kenntnisnahmebefugnis hat, erfüllt der Täter den Tatbestand, kann aber durch Einwilligung des Dritten gerechtfertigt sein. Verleiht die Einwilligung nicht nur eine Öffnungsbefugnis, sondern auch eine Kenntnisnahmebefugnis, ist bereits die objektive Tatbestandsmäßigkeit ausgeschlossen[362].

109 Tathandlung nach § 202 Abs. 1 Nr. 1 StGB ist das Öffnen, also die Aufhebung des Verschlusses. Kenntnisnahme vom Inhalt ist keine Vollendungsvoraussetzung[363]. Kenntnisverschaffung ohne Öffnung ist tatbestandsmäßige Handlung nach § 202 Abs. 1 Nr. 2 StGB. Die erforderliche „Anwendung technischer Mittel" muss unmittelbar auf den visuellen Wahrnehmungsakt gerichtet sein. Das setzt voraus, dass das verschlossene Schriftstück vorhanden ist. Nicht tatbestandsmäßig, obwohl dem Wortlaut des Gesetzes durchaus entsprechend ist der Einsatz technischer Folterwerkzeuge gegen den Briefschreiber, um diesen zur mündlichen Preisgabe des Briefinhalts zu zwingen. Ein zweiaktiges Delikt normiert § 202 Abs. 2 StGB: Der Tatbestand wird durch Öffnen des Behältnisses (1. Alt.) und anschließende Kenntnisnahme vom Inhalt (2. Alt.) verwirklicht[364]. Durch das Wort „dazu" wird verdeutlicht, dass der Täter bereits beim Öffnen die Absicht der anschließenden Kenntnisnahme haben muss[365].

110 Die „Unbefugtheit" kann durch allgemeine Rechtfertigungsgründe (mutmaßliche Einwilligung, Notstand) ausgeschlossen sein[366]. Daneben kommen spezielle Befugnisse im Rahmen behördlicher Verfahren, sowie staatlicher oder privater Subordinationsverhältnisse in Betracht. Im Strafverfahren ist der Eingriff in das Briefgeheimnis nach § 99 StPO zulässig[367]. Justizvollzugsanstalten haben auf der Grundlage der Strafvollzugsgesetze Kontrollbefugnisse bezüglich des Briefverkehrs

---

[359] *Schönke/Schröder/Lenckner/Eisele*, § 202 Rn. 2; SK-*Hoyer*, § 202 Rn. 4.

[360] *Schönke/Schröder/Lenckner/Eisele*, § 202 Rn. 7; SK-*Hoyer*, § 202 Rn. 11.

[361] *Schönke/Schröder/Lenckner/Eisele*, § 202 Rn. 18; SK-*Hoyer*, § 202 Rn. 12.

[362] *Schönke/Schröder/Lenckner/Eisele*, § 202 Rn. 12.

[363] *Küpper*, BT I, Teil I, § 5 Rn. 30; *Lackner/Kühl*, § 202 Rn. 3; *Schönke/Schröder/Lenckner/Eisele*, § 202 Rn. 9; SK-*Hoyer*, § 202 Rn. 17.

[364] *Küpper*, BT I, Teil I, § 5 Rn. 31; *Lackner/Kühl*, § 202 Rn. 5; *Schönke/Schröder/Lenckner/Eisele*, § 202 Rn. 19; SK-*Hoyer*, § 202 Rn. 20.

[365] *Schönke/Schröder/Lenckner/Eisele*, § 202 Rn. 21; SK-*Hoyer*, § 202 Rn. 24.

[366] *Schönke/Schröder/Lenckner/Eisele*, § 202 Rn. 14; SK-*Hoyer*, § 202 Rn. 25.

[367] *Lackner/Kühl*, § 202 Rn. 7; MK-*Graf*, § 202 Rn. 31; *Schönke/Schröder/Lenckner/Eisele*, § 202 Rn. 13.

der Strafgefangenen, § 29 Abs. 3 StVollzG[368]. Das elterliche Erziehungsrecht gewährt Eltern die Berechtigung, Post und sonstige schriftliche Aufzeichnungen (Tagebuch) ihrer minderjährigen Kinder zu kontrollieren[369].

c) Elektronisch

aa) Medienbezüge

Moderne elektronische Medien prägen das Bild der Straftatbestände, die vor Angriffen auf elektronisch, magnetisch oder sonst nicht unmittelbar wahrnehmbar gespeicherte Daten (§ 202 a Abs. 2 StGB) schützen sollen. Sowohl auf der Täter- als auch der Opferseite kommt spezielles medientechnisches Know-how zum Einsatz. Die §§ 202 a, b und c StGB sind also echte medienstrafrechtliche Vorschriften.   **111**

bb) Strafbarkeitsvoraussetzungen der §§ 202 a–202 c StGB

Erfasste § 202 a StGB ursprünglich nur die Datenspionage – das Verschaffen von Daten – und nicht das bloße „Hacking"[370], ist seit der Gesetzesänderung aus dem Jahr 2007[371] bereits die Zugangsverschaffung durch Überwindung von Zugangssperren unter Strafdrohung gestellt[372]. Angriffsobjekt sind Daten iSd § 202 a Abs. 2 StGB, die durch besondere Datensicherungseinrichtungen (verschlossenes Behältnis, Fingerabdruckidentifizierung, Passwörter, Verschlüsselungen usw.)[373] vor ungefugtem Zugriff geschützt sind. Tathandlung ist die Überwindung der Sicherung, also das Eindringen in den geschützten Bereich, wodurch dem Täter oder einem Dritten der Zugang zu den Daten verschafft wird. Taterfolg ist somit die Möglichkeit, von den Daten Kenntnis nehmen zu können, ohne weitere Sicherungsvorkehrungen überwinden zu müssen[374]. Nicht erforderlich ist, dass der Täter oder ein anderer Unbefugter tatsächlich Kenntnis von den Daten nimmt[375]. „Überwindung" der Sicherung ist nur das unmittelbare Außerkraftsetzen der abschirmenden mechanischen oder sonstigen technischen Einrichtungen, nicht dagegen das Erschleichen oder sonstige Erwirken einer Möglichkeit systemkonformen Zugangs. Der Täter muss gewissermaßen einen   **112**

---

[368] MK-*Graf*, § 202 Rn. 32.

[369] MK-*Graf*, § 202 Rn. 29; SK-*Hoyer*, § 202 Rn. 26.

[370] Die Auslegung des § 202 a StGB a. F. war in diesem Punkt allerdings umstritten, vgl. SK-*Hoyer*, § 202 a Rn. 9.

[371] 41. StÄG v. 7. 8. 2007; *Lackner/Kühl*, vor § 1 Rn. 16.

[372] *Ernst* NJW 2007, 2661; *Lackner/Kühl*, § 202 a Rn. 5; *Rengier*, BT II, § 31 Rn. 33; *Schönke/Schröder/Lenckner/Eisele*, § 202 a Rn. 10; *Schumann* NStZ 2007, 675 (676); SK-*Hoyer*, § 202 a Rn. 10.

[373] *Lackner/Kühl*, § 202 a Rn. 4; *Rengier*, BT II, § 31 Rn. 27; *Schönke/Schröder/Lenckner/Eisele*, § 202 a Rn. 8; SK-*Hoyer*, § 202 a Rn. 5.

[374] *Schumann* NStZ 2007, 675 (677); SK-*Hoyer*, § 202 a Rn. 11.

[375] *Schönke/Schröder/Lenckner/Eisele*, § 202 a Rn. 10; *Schumann* NStZ 2007, 675 (676).

„falschen Schlüssel" benutzen, nicht sich den „richtigen Schlüssel" verschaffen, mit dessen Hilfe er regulären Zugang zu den Daten erlangen könnte. Bringt der Täter z. B. den Berechtigten durch Täuschung oder Nötigung dazu, ihm das Passwort zu verraten, liegen im Zeitpunkt der Zugangsverschaffung gar keine „besonders gesicherten" Daten mehr vor. Aus diesem Grund ist das „Phishing" nicht von § 202 a StGB erfasst[376].

113   Der 2007 eingeführte Straftatbestand „Abfangen von Daten" (§ 202 b StGB) bezieht sich ebenso wie § 202 a StGB auf Daten iSd § 202 a Abs. 2 StGB, die nicht für den Täter bestimmt sind[377]. Während der Tatbestand des § 202 a StGB schon mit Verschaffung des Zugangs zu Daten erfüllt ist (s. o. Rn. 110), setzt § 202 b die Verschaffung der Daten voraus. Ausreichend dafür ist das Mithören (bei einem Telefongespräch) oder Mitlesen (e-mails), Aufzeichnung oder Abspeicherung ist nicht erforderlich[378]. Der Zugriff auf die Daten erfolgt während eines nichtöffentlichen elektronischen Datenübertragungsvorgangs[379] oder zielt auf elektromagnetische Abstrahlungen einer Datenverarbeitungsanlage (z. B. WLAN-Router)[380]. Dass dabei technische Mittel angewendet werden müssen, folgt nicht nur aus der tatbestandlichen Tatbeschreibung, sondern auch aus den physikalischen Gegebenheiten[381].

114   Obwohl weder in § 202 a StGB noch in § 202 b StGB der Versuch mit Strafe bedroht ist[382], pönalisiert § 202 c StGB Handlungen, die im Verhältnis zu §§ 202 a, 202 b StGB Vorbereitungscharakter haben. Der objektive Tatbestand besteht aus einer der im Gesetzestext beschriebenen Handlungen (Passwörter usw.... herstellt usw....) sowie der Vorbereitungsbeziehung dieser Handlung zu einer zukünftigen Tat, die entweder den Tatbestand des § 202 a StGB oder den Tatbestand des § 202 b StGB erfüllen würde. Objektiv ist der vorbereitende Charakter der Tat in der Funktion der Tatobjekte (Zugang zu Daten ermöglichen, Nr. 1; Zweck die Begehung einer Tat, Nr. 2[383]) verankert. Im subjektiven Tatbestand kommt das Merkmal „vorbereitet" als überschießende Innentendenz zur Geltung: Der Täter muss beim Vollzug der vorbereitenden Handlung den – zumindest bedingten[384] – Vorsatz haben, dass das Resultat seiner Vorbereitung zur Begehung einer Tat gem. § 202 a StGB oder § 202 b StGB ausgenutzt werde[385]. Kommt es später tatsächlich zu einer solchen Tat und ist der Vorbereitungstäter daran in strafbarer Weise beteiligt, tritt § 202 c StGB

---

[376] *Schönke/Schröder/Lenckner/Eisele*, § 202 a Rn. 6, 10 a.

[377] *Schönke/Schröder/Eisele*, § 202 b Rn. 6.

[378] *Schönke/Schröder/Eisele*, § 202 b Rn. 7.

[379] *Schönke/Schröder/Eisele*, § 202 b Rn. 3.

[380] *Schönke/Schröder/Eisele*, § 202 b Rn. 5.

[381] *Schönke/Schröder/Eisele*, § 202 b Rn. 8.

[382] *Ernst* NJW 2007, 2661 (2662); *Gröseling/Höfinger* MMR 2007, 626 (628); *Schönke/Schröder/Lenckner/Eisele*, § 202 a Rn. 12a, § 202 b Rn. 11; *Schumann* NStZ 2007, 675 (679).

[383] *Cornelius* CR 2007, 682 (685).

[384] *Ernst* NJW 2007, 2661 (2664); *Schumann* NStZ 2007, 675 (679).

[385] *Lackner/Kühl*, § 202 c Rn. 5; SK-*Hoyer*, § 202 c Rn. 2, 8.

als mitbestrafte Vortat zurück[386]. Verhindert der Vorbereitungstäter hingegen die erfolgreiche Ausführung der vorbereiteten Tat und erfüllt er dabei die weiteren in § 149 Abs. 2 oder Abs. 3 StGB aufgestellten Bedingungen (z. B. Vernichtung oder Ablieferung der Computerprogramme usw.), entfällt seine Strafbarkeit aus § 202 c StGB infolge „tätiger Reue", § 202 c Abs. 2 StGB.

d) Sonstige Fälle der Offenbarung von Geheimnissen

In diesem Abschnitt nicht berücksichtigt werden mangels spezifischen Medienbezugs die Geheimnisverratstatbestände der §§ 203, 353 a, 353 b und 355 StGB. Die Verwirklichung dieser Tatbestände ist ohne Involvierung von Medien möglich. Es ist nicht ersichtlich, dass diesen Delikten in der Strafrechtswirklichkeit durch Einbeziehung von Medien ein typischer Charakter verliehen wird.   **115**

aa) Medienbezüge

Die beiden hier erläuterten Strafvorschriften haben einen im Gesetzestext deutlich gekennzeichneten Medienbezug. Die Verletzung des Post- und Fernmeldegeheimnisses (§ 206 StGB) ist auf Grund der Anforderungen an die Person des Täters und an die Tatobjekte mit dem Mediensektor des Post- und Telekommunikationswesens verbunden. Die potentiellen Täter sind Mediensubjekte, die Tatgegenstände sind Medienobjekte. Die verbotene Mitteilung über Gerichtsverhandlungen ist eine Strafvorschrift, die in der forensischen Wirklichkeit in erster Linie Pressevertreter adressiert, denen es gestattet ist, bei nichtöffentlichen Gerichtsverhandlungen als Zuhörer im Gerichtssaal anwesend zu sein, § 175 Abs. 2 S. 1 GVG.   **116**

bb) Verletzung des Post- und Fernmeldegeheimnisses, § 206 StGB

§ 206 StGB hat im Zuge der Privatisierung des Post- und Telekommunikationswesens (vgl. Art. 87 f. GG) die frühere Amtsdeliktsvorschrift § 354 StGB a. F. abgelöst[387]. Obwohl § 206 StGB nicht mehr zum Bereich der Amtsdelikte gehört[388], haben sämtliche in § 206 Abs. 1 bis Absatz 4 StGB normierten – sieben[389] – Tatbestände[390] den Charakter eines Sonderdelikts[391]. Der Begriff „Amtsträger" wird zur Täterkennzeichnung in Absatz 4 verwendet. Dort handelt es sich jedoch um Täter, die nicht   **117**

---

[386] *Lackner/Kühl*, § 202 c Rn. 7; *Schönke/Schröder/Eisele*, § 202 c Rn. 10; SK-*Hoyer*, § 202 c Rn. 10.

[387] *Küpper*, BT I, Teil I, § 5 Rn. 46; MK-*Altenhain*, § 206 Rn. 7; SK-*Hoyer*, § 206 Rn. 1; *Welp*, FS Lenckner, S. 619 (621, 624).

[388] *Welp*, FS Lenckner, S. 619 (626).

[389] MK-*Altenhain*, § 206 Rn. 9.

[390] SK-*Hoyer*, § 206 Rn. 3.

[391] *Lackner/Kühl*, § 206 Rn. 2; MK-*Altenhain*, § 206 Rn. 5; *Schönke/Schröder/Lenckner/Eisele*, § 206 Rn. 38; SK-*Hoyer*, § 206 Rn. 6; *Welp*, FS Lenckner, S. 619 (630).

in einem Telekommunikationsunternehmen tätig sind. Die Beamten der früheren Deutschen Bundespost, die gem. § 2 PostPersRG noch in deren Nachfolgeunternehmen beschäftigt sind, unterfallen dem in Absatz 1 allgemeiner umschriebenen Täterkreis[392].

118 § 206 Abs. 1 StGB pönalisiert die Weitergabe von Informationen, die dem Post- oder Fernmeldegeheimnis unterliegen, durch Personen, die Inhaber oder Beschäftigte eines Telekommunikationsunternehmens sind und auf Grund dieser Eigenschaft mit derartigen Informationen – kompetenzgemäß oder kompetenzüberschreitend[393] – umgehen. Der Täterkreis wird durch Absatz 3 erweitert. Welche Tatsachen dem Post- oder Fernmeldegeheimnis unterliegen, definiert Absatz 5. Geschützt sind demnach nicht nur die Inhalte von Kommunikationsvorgängen, sondern auch die ihr zugrunde liegenden Verbindungsdaten, also wer, wann, von wo, auf welche Weise, wie lange und wie oft mit wem und wohin kommuniziert hat[394]. Die geheimzuhaltende Tatsache muss dem Täter im Zusammenhang mit seiner Stellung oder Tätigkeit in dem Telekommunikationsunternehmen bekannt geworden sein[395]. Geheimnisverrat ist ein „typisches Insiderdelikt"[396]. Kenntnis von der Tatsache ist nach dem Gesetzeswortlaut Voraussetzung dafür, dass eine tatbestandsmäßige Mitteilung überhaupt möglich ist[397]. Die Ermöglichung der Verschaffung einer Information, die der Täter selbst noch nicht hat, erfüllt den Tatbestand daher nicht. Diese rechtliche Ungleichbehandlung zweier gleichermaßen strafwürdiger Verstöße gegen das Post- und Fernmeldegeheimnis ist zwar sachlich nicht zu rechtfertigen[398], muss aber wegen der Wortlautgrenze hingenommen werden[399]. Die h. M., nach der eine tatbestandsmäßige Mitteilung auch die Gewährung von Zugang zu der Informationsquelle, aus der sich der Dritte sodann selbst „bedient", sein soll[400], respektiert die Begrenzungswirkung des Gesetzeswortlauts nicht und widerspricht Art. 103 Abs. 2 GG[401]. Daher kommt § 206 Abs. 1 StGB erst recht nicht zur Anwendung, wenn ein Telekommunikationsunternehmen in seinem Bereich ein „Datenleck" aufspüren will und zu diesem Zweck einen Dritten damit beauftragt, die gem. § 96 TKG gespeicherten Verkehrsdaten auszuwerten, um in Erfahrung zu bringen, welche Mitarbeiter des Unternehmens mit Journalisten kommuniziert haben.

119 § 206 Abs. 2 StGB erfasst denselben Täterkreis wie § 206 Abs. 1 StGB einschließlich dessen Erweiterung durch Absatz 3. Die in § 206 Abs. 2 Nr. 1 StGB beschriebenen Tathandlungen entsprechen denen des § 202 Abs. 1 Nr. 1 und Nr.

---

[392] *B. Heinrich*, Der Amtsträgerbegriff im Strafrecht, S. 636; SK-*Hoyer*, § 206 Rn. 8.

[393] MK-*Altenhain*, § 206 Rn. 35.

[394] *Schönke/Schröder/Lenckner/Eisele*, § 206 Rn. 6.

[395] *Schönke/Schröder/Lenckner/Eisele*, § 206 Rn. 9.

[396] *Welp*, FS Lenckner, S. 619 (635).

[397] SK-*Hoyer*, § 206 Rn. 22.

[398] *Welp*, FS Lenckner, S. 619 (636).

[399] MK-*Altenhain*, § 206 Rn. 38.

[400] *Lackner/Kühl*, § 206 Rn. 7; *Schönke/Schröder/Lenckner/Eisele*, § 206 Rn. 10; *Welp*, FS Lenckner, S. 619 (636).

[401] MK-*Altenhain*, § 206 Rn. 38.

2 StGB (oben Rn. 107). Die deutlich höhere Strafdrohung des § 206 Abs. 2 StGB (Freiheitsstrafe bis zu fünf Jahre, demgegenüber § 202 Abs. 1 StGB: Freiheitsstrafe bis zu einem Jahr) erklärt, warum § 202 StGB gegenüber § 206 StGB subsidiär ist[402]. Das Unterdrücken einer Sendung (§ 206 Abs. 2 Nr. 2 StGB) ist die dauernde oder vorübergehende Vorenthaltung von Gegenständen oder Informationen, die bestimmungsgemäß einem Empfänger ausgeliefert oder übermittelt werden müssten[403]. Die Handlungsmerkmale des § 206 Abs. 2 Nr. 3 StGB beziehen sich auf anstiftungs- oder beihilfeähnliche Beteiligungen an Taten eines Dritten[404]. Im Verhältnis zu §§ 206 Abs. 1, Abs. 2 Nr. 1, 2. 26, 27 StGB besteht die Bedeutung des § 206 Abs. 2 Nr. 3 StGB zum einen darin, dass auch die Mitwirkung an Taten von Handelnden erfasst wird, die nicht die Täterqualifikation des § 206 Abs. 1 StGB haben[405], zum anderen darin, dass die obligatorische Strafmilderung des § 27 Abs. 2 S. 2 StGB ausgeschaltet wird[406].

Der Täterkreis des § 206 Abs. 4 StGB ist ein anderer als der des § 206 Abs. 1, **120** Abs. 3 StGB. Der Täter muss Amtsträger und außerhalb des Post- oder Telekommunikationsbereichs tätig sein. In Betracht kommen z. B. Polizeibeamte, die an der Durchführung einer gem. § 100a StPO angeordneten Telekommunikationsüberwachung beteiligt sind. Tathandlung ist die unbefugte Weitergabe des durch die Überwachungsmaßnahme erworbenen Wissens an einen Dritten[407].

cc) Verbotene Mitteilungen über Gerichtsverhandlungen, § 353 d StGB

Die prozessuale Situation, an die § 353 d Nr. 1 StGB anknüpft, ist in § 174 Abs. 2 GVG **121** skizziert: In einer gem. § 169 S. 1 GVG öffentlichen[408] gerichtlichen Verhandlung ist gem. § 172 Nr. 1 Alt. 1 GVG durch Gerichtsbeschluss[409] die Öffentlichkeit ausgeschlossen worden. Kraft Gesetzes ist es Presse, Rundfunk und Fernsehen verboten, über die Verhandlung oder über den Inhalt eines die verhandelte Sache betreffenden amtlichen Schriftstücks öffentlich zu berichten. Die Kenntnis von der Verhandlung, ohne die gegen dieses Verbot gar nicht verstoßen werden könnte, kann durch gem. § 175 Abs. 2 S. 1 GVG gestatteten Zutritt erlangt worden sein[410]. Täter kann nur sein, wer Adressat des in § 174 Abs. 2 GVG verankerten Verbotes ist, also bei einem der

---

[402] MK-*Altenhain*, § 206 Rn. 93.

[403] MK-*Altenhain*, § 206 Rn. 53 ff.

[404] *Lackner/Kühl*, § 206 Rn. 11.

[405] MK-*Altenhain*, § 206 Rn. 58.

[406] *Lackner/Kühl*, § 206 Rn. 11; *Schönke/Schröder/Lenckner/Eisele*, § 206 Rn. 21.

[407] MK-*Altenhain*, § 206 Rn. 64; *Schönke/Schröder/Lenckner/Eisele*, § 206 Rn. 35.

[408] Nicht anwendbar ist § 353 d Nr. 1 StGB daher in kraft Gesetzes (z. B. § 48 Abs. 1 JGG) nichtöffentlichen Verhandlungen, *Freuding* ZRP 2010, 159 (161).

[409] MK-*Graf*, § 353 d Rn. 21.

[410] *Meyer-Goßner*, § 175 GVG Rn. 4: Vertretern der Presse wird der Zutritt idR gestattet werden.

genannten Medien Presse, Rundfunk oder Fernsehen tätig ist[411]. Tathandlung ist die öffentliche Mitteilung der dem Veröffentlichungsverbot unterliegenden Tatsachen.

122 Der Tatbestand des § 353 d Nr. 2 StGB knüpft an eine Schweigepflicht an, die erst durch eine entsprechende gerichtliche Maßnahme begründet worden ist, also nicht kraft Gesetzes besteht. Es handelt sich um den Fall des § 174 Abs. 3 S. 1 GVG[412]. Die Erwähnung der bereits in § 174 Abs. 2 GVG berücksichtigten „Gefährdung der Staatssicherheit" hat zur Folge, dass auch unbefugte nichtöffentliche Offenbarungen mit Bezug zu einer aus diesem Grund nichtöffentlichen Gerichtsverhandlung strafbar sind[413]. Außerdem dehnt § 174 Abs. 3 GVG iVm § 353 d Nr. 2 StGB den Täterkreis über die in § 353 d Nr. 1 StGB erfassten Medienvertreter hinaus aus[414].

123 Zweck des § 353 d Nr. 3 StGB soll sein, die Unbefangenheit und Unvoreingenommenheit von Verfahrensbeteiligten, insbesondere Schöffen und Zeugen, zu schützen[415]. Zeugen sollen in der Hauptverhandlung ihre Aussage unbeeinflusst machen, Schöffen sollen sich ihr Urteil allein auf Grund der Hauptverhandlung bilden. Fragwürdig ist allerdings, dass der Straftatbestand diesen Schutzzweck nur fragmentarisch verfolgt. Nichtöffentliche Mitteilungen sowie nicht wortlaut- jedoch sinngemäße Wiedergabe der Anklageschrift bzw. anderer Schriftstücke sind nicht strafbar[416]. Die Strafvorschrift erscheint daher kriminalpolitisch als wenig sinnvoll[417]. Täter kann nach dem Gesetzeswortlaut jeder sein[418]. Praktisch umfasst der Täterkreis jedoch hauptsächlich Personen, die an dem Verfahren beteiligt sind und deshalb Gelegenheit haben, die Anklageschrift oder amtliche Schriftstücke zu besitzen oder zumindest einzusehen. Da Tathandlung die öffentliche Mitteilung ist, wird eine Tatbegehung ohne Einschaltung von Medien kaum möglich sein[419].

4. Beschädigungen der Medieninfrastruktur

124 Beeinträchtigungen der Nutzung von Medien sind in vielfältiger Weise möglich und von zahlreichen Straftatbestände erfasst, die nicht medienspezifisch (dazu oben Rn. 1) sind. Angriffe gegen Personen können den Medienbetrieb stören oder lahmlegen und als Nötigung[420], Freiheitsberaubung, Körperverletzung, Totschlag usw. strafbar sein. Das Eindringen in Räume (§ 123 StGB), Beschädigen, Zerstören (§ 303

---

[411] MK-*Graf*, § 353 d Rn. 13; *Schönke/Schröder/Perron*, § 353 d Rn. 7.

[412] MK-*Graf*, § 353 d Rn. 42.

[413] MK-*Graf*, § 353 d Rn. 53.

[414] MK-*Graf*, § 353 d Rn. 44.

[415] MK-*Graf*, § 353 d Rn. 5; *Schönke/Schröder/Perron*, § 353 d Rn. 40.

[416] MK-*Graf*, § 353 d Rn. 70; *Schönke/Schröder/Perron*, § 353 d Rn. 41.

[417] *Lackner/Kühl*, § 353 d Rn. 4; für ersatzlose Streichung *Schomburg* ZRP 1982, 142 (145).

[418] MK-*Graf*, § 353 d Rn. 63.

[419] MK-*Graf*, § 353 d Rn. 68.

[420] *Heinrich*, Medienstrafrecht, Rn. 277.

StGB) oder Stehlen (§ 242 StGB) von Sachen kann denselben Effekt haben. In diesem letzten Abschnitt des Kapitels sollen noch einige medienspezifisch ausgestaltete Straftatbestände zur Sprache kommen.

a) Medienbezüge

Die Medienbezüge aller hier besprochenen Straftatbestände sind im Gesetzestext in **125** der Weise abgebildet, dass als Angriffsobjekte der Taten Gegenstände bezeichnet sind, die eine medientypische Funktion haben (z. B. Datentransfer, Datenspeicherung, Informationsübermittlung): Daten (§§ 303 a, b StGB), Datenverarbeitungsanlage, Datenträger (§ 303 b StGB), Anlage, die der öffentlichen Versorgung mit Postdienstleistungen dient (§ 316 b StGB), sowie Telekommunikationsanlage (§ 317 StGB).

b) Datenveränderung, § 303 a StGB

aa) Allgemeines

Der Tatbestand hat sachbeschädigungsähnlichen Charakter, ohne in jedem Fall die **126** Tatbestandsmerkmale des § 303 StGB zu erfüllen. Die Tat richtet sich nicht gegen die Sachsubstanz und auf deren Verschlechterung, sondern gegen Daten. Das Interesse an deren Bestand und Verwendbarkeit ist das geschützte Rechtsgut. Daher besteht auch Ähnlichkeit mit § 274 Abs. 1 Nr. 2 StGB. Allerdings kommt es nicht auf Beweiserheblichkeit der Daten an.

bb) Strafbarkeitsvoraussetzungen des § 303 a Abs. 1 StGB

Tatobjekte sind Daten iSd § 202 a Abs. 2 StGB. Der Gesetzestext enthält keine **127** Bezeichnung des berechtigten Dateninhabers, der als Verletzter Strafantragsberechtigter wäre, §§ 303 c, 77 StGB[421]. Es versteht sich aber von selbst, dass die Daten jemand anderem als dem Täter „gehören" müssen. Mit dem Wort „fremd" iSd § 303 StGB kann man diese Rechtsposition nicht bezeichnen, da es nicht um Eigentum an Sachen geht. Inhaber der Datenverfügungsbefugnis kann auch eine Person sein, die nicht Eigentümerin des Datenträgers ist. Es handelt sich um eine eigentümerähnliche Datenverfügungsbefugnis[422]. Gemeinsames Kennzeichen der vier Tathandlungsmerkmale ist eine Einwirkung auf die Daten, in deren Folge diese dem Berechtigten nicht mehr in der ursprünglichen Verfassung zur Verfügung stehen. Neben mechanischen Störeingriffen kommen vor allem elektronische Attacken mittels Virenprogrammen in Betracht. Die im Gesetzestext erwähnte Rechtswidrigkeit ist

---

[421] *Schönke/Schröder/Stree/Hecker*, § 303 c Rn. 3.
[422] *Schönke/Schröder/Stree/Hecker*, § 303 a Rn. 3.

allgemeines Straftatmerkmal. Ausgeschlossen sein kann die Rechtswidrigkeit z. B.
durch Einwilligung des Verfügungsberechtigten[423].

cc) Vorbereitungsstrafbarkeit, § 303 a Abs. 3 StGB

128   Von § 303 a Abs. 1 StGB aus gesehen ist die Strafbarkeit in Absatz 2 und Absatz
3 zweifach vorverlagert: Zusätzlich zu der in Absatz 2 angeordneten Versuchsstrafbarkeit pönalisiert Absatz 3 diverse Vorbereitungshandlungen. Deren konkrete
tatbestandliche Umschreibung ergibt sich aus § 202 c StGB. Die Verweisung auf
§ 202 c StGB erfasst auch die Weiterverweisung auf § 149 Abs. 2, 3 StGB. Tätige
Reue kann also zur Aufhebung der Strafbarkeit führen[424].

c) Computersabotage, § 303 b StGB

aa) Allgemeines

129   Im Unterschied zu § 303 a StGB, der punktuelle Datenattacken mit kleinem Beein-
trächtigungsradius pönalisiert, beschreibt § 303 b StGB als Computersabotage den
großflächig angelegten Störangriff, bei dem mehr als nur einzelne Daten verloren gehen. Das erkennt man daran, dass eine den kompletten Tatbestand des § 303 a Abs. 1
StGB erfüllende Handlung nur eine Komponente der Computersabotage ist (§ 303 b
Abs. 1 Nr. 1 StGB) und der erforderliche Störungserfolg über das hinausgehen muss,
was zur Vollendung einer tatbestandsmäßigen Datenveränderung ausreicht.

bb) Strafbarkeitsvoraussetzungen des § 303 b Abs. 1, Abs. 2 StGB

130   Angriffsziel der Tat ist eine Datenverarbeitung. Dies umfasst jede Art von Umgang
mit Daten, für den die technischen Komponenten erforderlich sind, an denen die
tatbestandsmäßigen Handlungen des Katalogs (§ 303 b Abs. 1 Nr. 1–3 StGB) vollzogen werden[425]. Schwer zu konkretisieren ist die zentrale Strafbarkeitsvoraussetzung
„von wesentlicher Bedeutung". Der Gesetzgeber hat hier der Rechtsprechung ein
leeres Merkmalsgefäß mit der Aufforderung gegeben, das Vakuum von Fall zu Fall
mit Inhalt zu füllen[426]. Derselbe Bestimmtheitsmangel haftet dem Erfolgsmerkmal
der „erheblichen" Störung an[427].

131   Einen Qualifikationstatbestand normiert § 303 b Abs. 2 StGB[428]. Im Wege des
Umkehrschlusses lässt sich aus dieser Vorschrift die Erkenntnis gewinnen, dass der

---

[423] *Schönke/Schröder/Stree/Hecker*, § 303 a Rn. 4.

[424] *Schönke/Schröder/Stree/Hecker*, § 303 a Rn. 12.

[425] *Schönke/Schröder/Stree/Hecker*, § 303 b Rn. 3.

[426] *Schönke/Schröder/Stree/Hecker*, § 303 b Rn. 4.

[427] *Schönke/Schröder/Stree/Hecker*, § 303 b Rn. 9.

[428] *Schönke/Schröder/Stree/Hecker*, § 303 b Rn. 11.

Grundtatbestand § 303 b Abs. 1 StGB in erster Linie Datenverarbeitungen von Privatpersonen schützt[429]. Die Fremdheit des betroffenen Betriebs oder Unternehmens entfällt nicht bereits, wenn der Täter Angehöriger des Betriebs oder Unternehmens ist. Maßgeblich ist, dass der Täter jemand anderem Schaden zufügt, weil dieser als Inhaber oder Angehöriger des Betriebs oder Unternehmens den Wert seines Vermögens mit der Unversehrtheit der Datenverarbeitung verknüpft hat[430].

cc) Vorbereitungsstrafbarkeit, § 303 b Abs. 5 StGB

Sabotagevorbereitung ist gem. § 303 b Abs. 5 StGB strafbar, wenn dadurch die Merkmale des § 202 c StGB erfüllt werden. Die Verweisung umfasst auch die Regelung der tätigen Reue (§ 149 Abs. 2, 3 StGB)[431]. Die „entsprechende" Anwendung im Rahmen des § 303 b StGB bedeutet vor allem, dass der Vorbereitungstäter mit dem überschießenden Vorsatz handeln muss, eine Computersabotage – nicht bloß eine Datenveränderung (§ 303 a StGB) – vorzubereiten. **132**

d) Störung öffentlicher Betriebe, § 316 b StGB

aa) Allgemeines

Soweit die Strafvorschrift neben anderen auch Einrichtungen schützt, die der Versorgung der Bevölkerung mit Postdienstleistungen dienen, hat sie medienstrafrechtliche Bedeutung. Wie bei § 303 b StGB wird hier eine Tat beschrieben, deren unmittelbares Angriffsziel Teil eines komplexen Systems ist, dessen Funktionstüchtigkeit durch die Ausschaltung dieses Teils erheblich beeinträchtigt werden kann. **133**

bb) Strafbarkeitsvoraussetzungen des § 316 b Abs. 1 Nr. 1 StGB

Unter „Post" ist hier die sog. „gelbe Post" zu verstehen. „Postdienstleistungen" beziehen sich auf die Versendung, die Beförderung und Zustellung von Postsachen, also Briefen, Drucksachen, Päckchen und Paketen. Die Bereiche der Postbank und der Telekommunikation sind nicht mit einbezogen. Finanzdienstleistungen sind auch von keiner anderen Alternative der Strafvorschrift – etwa „für die Versorgung der Bevölkerung lebenswichtiges Unternehmen"[432] – erfasst. Störungen der öffentlichen Telekommunikation pönalisiert § 317 StGB (s. u. Rn. 135). Tathandlung ist entweder die störende Einwirkung auf eine dem Betrieb dienende Sache (zerstören, beschädigen, beseitigen usw.) oder die Entziehung elektrischer Kraft. Der Erfolg dieser **134**

---

[429] *Schönke/Schröder/Stree/Hecker*, § 303 b Rn. 4.

[430] *Schönke/Schröder/Stree/Hecker*, § 303 b Rn. 12.

[431] *Schönke/Schröder/Stree/Hecker*, § 303 b Rn. 21.

[432] MK-*Wieck-Noodt*, § 316 b Rn. 17.

Handlung ist der Stillstand des Betriebes oder eine Funktionseinschränkung. Ganz kurzfristige oder sonst unwesentliche Abweichungen vom Normalbetrieb sind nicht tatbestandsmäßig[433].

e) Störung von Telekommunikationsanlagen, § 317 StGB

aa) Allgemeines

135 Die Vorschrift ergänzt den strafrechtlichen Schutz von Einrichtungen der öffentlichen Daseinsvorsorge, indem sie den von § 316 b Abs. 1 Nr. 1 StGB nicht erfassten Leistungsbereich der früheren Deutschen Bundespost Telekommunikation gesondert regelt.

bb) Strafbarkeitsvoraussetzungen des § 317 StGB

136 Der Begriff „Telekommunikationsanlage" ist in § 3 Nr. 23 TKG definiert. Das konkret betroffene Tatobjekt muss nicht nur Teil der Telekommunikationsanlage sein, sondern auch an der öffentlichen Zweckwidmung der Anlage teilhaben. Das ist bei privaten Telekommunikationsanschlüssen nach dem Poststrukturgesetz nicht mehr der Fall. Die Telefonendgeräte des Anschlussinhabers dienen überwiegend seinen privaten Interessen[434]. Die Tathandlungen sind in gleicher Weise beschrieben wie in § 316 b StGB. Im subjektiven Tatbestand ist neben Vorsatz (§ 15 StGB) auch Fahrlässigkeit ausreichend, § 317 Abs. 3 StGB.

Literatur

Beisel, Die Verfassungswidrigkeit des Verbots von Schriften sodomitischen Inhalts, ZUM 1996, 859

Bosch, Der strafrechtliche Schutz vor Foto-Handy-Voyeuren und Paparazzi, JZ 2005, 377

Cornelius, Zur Strafbarkeit des Anbietens von Hackertools, CR 2007, 682

Dann/Gastell, Geheime Mitarbeiterkontrollen: Straf- und arbeitsrechtliche Risiken bei unternehmensinterner Aufklärung, NJW 2008, 2945

Derksen, Strafrechtliche Verantwortung für in internationalen Computernetzen verbreitete Daten mit strafbarem Inhalt, NJW 1997, 1878

Duttge/Hörnle/Renzikowski, Das Gesetz zur Änderung der Vorschriften über die Straftaten gegen die sexuelle Selbstbestimmung, NJW 2004, 1065

Eisele, Strafrechtlicher Schutz vor unbefugten Bildaufnahmen, JR 2005, 6

Erdemir, Gewaltverherrlichung, Gewaltverharmlosung und Menschenwürde, ZUM 2000, 699

---

[433] MK-*Wieck-Noodt*, § 316 b Rn. 31.

[434] BayObLG NStZ 1993, 190; *Hahn* NStZ 1994, 190; *Helgerth* JR 1994, 121; MK-*Wieck-Noodt*, § 317 Rn. 14; *Schmittmann* NStZ 1994, 587 (588); *Schönke/Schröder/Sternberg-Lieben/Hecker*, § 317 Rn. 3; aA BGHSt 25, 370 (371); 39, 288 (290); *Krause* JR 1975, 380 *Lackner/Kühl*, § 317 Rn. 2.

Ernst, Das neue Computerstrafrecht, NJW 2007, 2661

Esser, Private Flugdrohnen und Strafrecht, JA 2010, 323

Flechsig, Schutz gegen Verletzung des höchstpersönlichen Lebensbereichs durch Bildaufnahmen, ZUM 2004, 605

E. Franke, Strukturmerkmale der Schriftenverbreitungstatbestände des StGB, GA 1984, 452

Gröseling/Höfinger, Computersabotage und Vorfeldkriminalisierung, MMR 2007, 626

Harms, Ist das „bloße" Anschauen von kinderpornographischen Bildern im Internet nach geltendem Recht strafbar?, NStZ 2003, 646

B. Heinrich, Die strafrechtliche Verantwortlichkeit von Pressemitarbeitern bei der unbefugten Herstellung und Verbreitung fotografischer Darstellungen von Personen, ZIS 2011, 416

M. Heinrich, Neue Medien und klassisches Strafrecht – § 184 b IV StGB im Lichte der Internetdelinquenz, NStZ 2005, 361

Heller/Goldbeck, Mohammed zu Gast in Popetown, ZUM 2007, 628

Hesse, § 201 a StGB aus Sicht des öffentlich-rechtlichen Rundfunks, ZUM 2005, 432

Hörnle, Pornographische Schriften im Internet: Die Verbotsnormen im deutschen Strafrecht und ihre Reichweite, NJW 2002, 1008

Hörnle, Anschlussdelikte als abstrakte Gefährdungsdelikte – Wem sind Gefahren durch verbotene Märkte zuzurechnen?, FS F. C. Schroeder, 2006, S. 477

Hoppe, Bildaufnahmen aus dem höchstpersönlichen Lebensbereich – der neue § 201 a StGB, GRUR 2004, 990

Hoyer, Die Verletzung des höchstpersönlichen Lebensbereichs bei § 201 a StGB, ZIS 2006, 1

Kargl, Zur Differenz zwischen Wort und Bild im Bereich des strafrechtlichen Persönlichkeitsschutzes, ZStW 117 (2005), 324

Knecht, Stalking, Kriminalistik 2003, 364

Koch, Strafrechtlicher Schutz vor unbefugten Bildaufnahmen – Zur Einführung von § 201 a StGB, GA 2005, 589

Kühl, Zur Strafbarkeit unbefugter Bildaufnahmen, AfP 2004, 190

Lenckner, Zur „Verletzung der Vertraulichkeit des Wortes": § 201 StGB nach dem 25. Strafrechtsänderungsgesetz, FS Baumann, 1992, S. 135

Matzky, Kinderpornographie im Internet, ZRP 2003, 167

Mitsch, „Saddam Hussein in Unterhose" – Strafbares Fotografieren, Jura 2006, 117

Mitsch, Strafrechtlicher Schutz des Rechts am eigenen Bild im Strafvollzug, FS Schwind, 2006, S. 603

Mitsch, Der neue Stalking-Tatbestand im Strafgesetzbuch, NJW 2007, 1237

Mitsch, Strafrechtsdogmatische Probleme des neuen „Stalking"-Tatbestands, Jura 2007, 401

Mitsch, Volksverhetzung gegen Deutsche, JR 2011, 380

Obert/Gottschalck, § 201 a StGB aus Sicht des privaten Rundfunks, ZUM 2005, 436

Popp, Informationstechnologie und Strafrecht, JuS 2011, 385

Rahmlow, Einzelne Probleme des Straftatbestands der „Verletzung des höchstpersönlichen Lebensbereiches durch Bildaufnahmen" (§ 201 a StGB), HRRS 2005, 84

Sauren, Bedrohung der freien Berichterstattung durch den neuen § 201 a StGB?, ZUM 2005, 425

Scheffler, Zur Strafbarkeit des Betrachtens kinderpornographischer Internet-Seiten auf dem PC, FS Herzberg 2008, S. 627

Schroeder, Pornographieverbot als Darstellerschutz?, ZRP 1990, 299

K. Schumann, Das 41. StrÄndG zur Bekämpfung der Computerkriminalität, NStZ 2007, 675

Stegbauer, Rechtsextremistische Propaganda und das Kennzeichenverbot des § 86 a StGB, JR 2002, 182

Steinbach, Die Beschimpfung von Religionsgesellschaften gemäß § 166 StGB – eine Würdigung des Karikaturenstreits nach deutschem Strafrecht, JR 2006, 495

Steinke, „Gotteslästerung" im säkularen Staat, KritJ 2008, 451

Stuckenberg, Hacking, Phishing, DoS & Dual Use Tools – Neue Vorschriften zur Bekämpfung der Computerkriminalität, Ad Legendum 2008, 82

Stumpf, Bekenntnisschutz im deutschen Strafrecht, GA 2004, 104

Tillmanns/Führ, § 201 a StGB – Eine problemorientierte Betrachtung aus Sicht der Presseselbstregulierung, ZUM 2005, 441

Weinitschke, § 238 StGB – Der neue Stalking-Straftatbestand, Ad Legendum 2008, 75

Wendt, Das Recht am eigenen Bild als strafbewehrte Schranke der verfassungsrechtlich geschützten Kommunikationsfreiheiten des Art. 5 Abs. 1 GG, AfP 2004, 181

Welp, Strafbare Verletzungen des Post- und Fernmeldegeheimnisses nach der Privatisierung der Post (§ 206 StGB), FS Lenckner, 1998, S. 619

§ 4 Strafprozessrecht

I. Medienberichterstattung über Strafverfahren

Die Berichterstattung über Straftaten und Strafverfahren einschließlich des Straf-   **1**
vollzugs ist seit langem fester Bestandteil des von den Medien ihren Nutzern
gemachten Informationsangebots[1]. Da an diesen Ereignissen stets Menschen in unterschiedlichen Rollen beteiligt sind, werden diese zwangsläufig zu Objekten der Berichterstattung. Tatverdächtige, Beschuldigte, Verurteilte finden sich in den Medien
ebenso beschrieben und abgebildet wie Tatopfer, Zeugen, Richter, Strafverteidiger,
Staatsanwälte usw. Das Recht der Allgemeinheit auf Informationsnahme[2] und das
ihm korrespondierende Recht der Medienschaffenden auf Informationsgabe[3] hat in
Art. 5 Abs. 1 GG eine verfassungsrechtliche Verankerung mit Grundrechtsqualität[4].
„Gegner" dieses Rechts sind der Staat und seine Organe[5], die bei hoheitlichen
Maßnahmen gegen Informationsgeber oder Informationsnehmer, z. B. bei der
Setzung oder Anwendung „allgemeiner Gesetz" iSd Art. 5 Abs. 2 GG, den hohen
Rang dieses Grundrechts zu beachten haben („Wechselwirkung")[6]. Die Belastung,
die unfreiwillige Medienpräsenz für die oben genannten Berichterstattungsobjekte
darstellt, findet in Art. 5 Abs. 1 GG jedoch keine unmittelbare Legitimation[7].
Soweit die Ausübung des Grundrechts der Meinungs- und Informationsfreiheit das
Persönlichkeitsrecht Betroffener beeinträchtigt, besteht eine Grundrechtskollision,
die eine Abwägung erfordert, Art. 1 Abs. 1, 2 Abs. 1 GG[8]. Damit sind die verfassungs-

---

[1] *Weiler* ZRP 1995, 130 (132).

[2] *Heinrich*, Medienstrafrecht, Rn. 19.

[3] Das ein gegen den Staat gerichtetes Recht auf Informationsgewinnung impliziert, vgl. *Heinrich*,
Medienstrafrecht, Rn. 21.

[4] *Gross*, FS Hanack, S. 39; *Janisch*, S. 133 ff; *Ludwig*, S. 43 ff.

[5] *Petersen*, Medienrecht, § 2 Rn. 2.

[6] *Heinrich*, Medienstrafrecht, Rn. 14, 18; *Petersen*, Medienrecht, § 2 Rn. 36.

[7] *Maul* MDR 1970, 286 (287).

[8] *Bornkamm* NStZ 1983, 102 (105); *Janisch*, S. 139 ff; *Kühl*, FS Müller-Dietz, S. 401 (409);
Löffler/Ricker, Handbuch des Presserechts, 20. Kap. Rn. 1; *Neuling* HRRS 2006, 94 (97); *Petersen*,
Medienrecht, § 20 Rn. 9; *Raschke* ZJS 2011, 38 (42); *Roxin/Schünemann*, § 18 Rn. 20; *Soehring*,
Presserecht, § 4 Rn. 24 a.

W. Mitsch, *Medienstrafrecht*, Springer-Lehrbuch,   117
DOI 10.1007/978-3-642-17263-2_4, © Springer-Verlag Berlin Heidelberg 2012

rechtlichen Eckpunkte skizziert[9], die den im folgenden erläuterten Themen einen normativen Rahmen setzen, dessen Durchbrechung gegebenenfalls das Bundesverfassungsgericht auf den Plan rufen kann.

1. Informationen aus dem Verfahren

2 Informationen aus dem Verfahren über die Tat und das Strafverfahren sind solche, bei denen die Medien Informationsquellen ausschöpfen, die eine Verankerung im Strafverfahren haben. Dabei handelt es sich zum einen um Auskünfte durch Personen, die in dem Verfahren agieren, zum anderen um Schriftstücke und sonstige Datenträger, die den Medienvertretern zur Einsicht und Auswertung zugänglich gemacht werden. Soweit sich dabei Berührungspunkte zum materiellen Strafrecht ergeben, wurde dies in Kap. § 3 behandelt. Hier sollen die strafprozessrechtlichen Voraussetzungen und Schranken der Nutzung prozessinterner Informationsquellen erörtert werden.

a) Auskunftspflicht der Strafverfolgungsbehörden

3 Die Versorgung der Presse mit Informationen über ein Strafverfahren basiert auf dem in den Landespressegesetzen enthaltenen Informationsanspruch der Presse gegen Behörden. Repräsentativ für die im wesentlichen gleichlautenden Vorschriften der Bundesländer[10] sei hier § 4 Abs. 1 des Brandenburgischen Pressegesetzes vorgestellt: *„Die Behörden sind verpflichtet, den Vertretern der Presse die der Erfüllung ihrer öffentlichen Aufgabe dienenden Auskünfte zu erteilen."* Diese Spezialregelung geht dem allgemeinen Informationsanspruch des Bürgers gegenüber Behörden aus § 1 Abs. 1 IFG vor, § 1 Abs. 3 IFG[11] bzw. ergänzt ihn[12]. Auskunftsverpflichtet sind alle Behörden des Bundes, der Länder und der Gemeinden[13]. Auch Gerichte und Staatsanwaltschaften sind Behörden im Sinne dieser Vorschrift[14]. Soweit Medienvertreter an Informationen über die gerichtliche Hauptverhandlung interessiert sind, können sie sich in der Regel unmittelbar durch Wahrnehmung ihrer aus dem Öffentlichkeitsgrundsatz resultierenden Anwesenheitsberechtigung unterrichten. Da die Verfahrensvorgänge außerhalb der Hauptverhandlung nicht öffentlich sind[15],

---

[9] *Weiler* ZRP 1995, 130 (135).

[10] Vgl. *Wenzel*, in: Löffler, Presserecht, § 4 LPG vor Rn. 1.

[11] *Paschke*, Medienrecht, Rn. 342.

[12] *Löffler/Ricker*, Handbuch des Presserechts, 18. Kap. Rn. 5 a.

[13] *Ludwig*, S. 51; *Paschke*, Medienrecht, Rn. 344; *Soehring*, Presserecht, § 4 Rn. 17; *Wenzel*, § 4 LPG Rn. 54.

[14] *Ludwig*, S. 52; *Paschke*, Medienrecht, Rn. 344; *Soehring*, Presserecht, § 4 Rn. 18; *Wenzel*, § 4 LPG Rn. 56.

[15] *Hellmann*, Strafprozeßrecht, Rn. 645; *Neuling* HRRS 2006, 94 (97); *Roxin/Schünemann*, § 47 Rn. 2.

ist hier der Auskunftsanspruch das einzige Mittel zur Erlangung von Informationen. Gegenstand der Auskunft ist alles, worüber die Presse berichten darf, sofern sie damit ihre „öffentliche Aufgabe" erfüllt[16]. Die öffentliche Aufgabe der Presse ist die Beschaffung und Verbreitung von Nachrichten, Stellungnahme, Kritik sowie sonstige Mitwirkung an der freien individuellen und öffentlichen Meinungsbildung, § 3 S. 1 BbgPG. Die Berichterstattung über den Stand der polizeilichen und staatsanwaltschaftlichen Ermittlungen in einem Kriminalfall gehört dazu zweifellos[17]. Dementsprechend ist die „Zusammenarbeit mit Presse und Rundfunk" auch ein Thema für die „Richtlinien für das Strafverfahren und das Bußgeldverfahren (RiStBV)". In Nr. 23 (1) dieser Richtlinie sind der Grundsatz der Zusammenarbeit mit den Medien und ihre Einschränkungen strafverfahrensspezifisch und recht konkret beschrieben. Diese Beschränkungen des Auskunftsanspruchs finden sich in allgemeinerer Diktion auch in § 4 Abs. 2 BbgPG: Wenn dort die Gefährdung der sachgemäßen Durchführung eines schwebenden Verfahrens erwähnt ist (§ 4 Abs. 2 Nr. 1 BbgPG), so entspricht dies der in Nr. 23 (1) S. 2 RiStBV enthaltenen Ermahnung, dass die Unterrichtung der Medien weder den Untersuchungszweck gefährden noch dem Ergebnis der Hauptverhandlung vorgreifen dürfe[18]. Entgegenstehendes schutzwürdiges privates Interesse iSd § 4 Abs. 2 Nr. 3 BbgPG ist im Strafverfahren der Anspruch des Beschuldigten auf ein faires Verfahren, Nr. 23 (1) S. 2 RiStBV. Inhaber des Auskunftsanspruchs nach den Landespressegesetzen ist nur die Presse bzw. sind die „Vertreter der Presse"[19]. Sachliche Unterschiede stehen hinter diesen unterschiedlichen Formulierungen nicht[20]. Eine inhaltlich mit der pressegesetzlichen Vorschrift übereinstimmende Regelung für „Rundfunkveranstalter" enthält § 9 a des Rundfunkstaatsvertrages. Nach § 55 Abs. 3 RStV besteht der gleiche Informationsanspruch für „Anbieter von Telemedien". Wo – wie in Rheinland-Pfalz – anstelle eines Pressegesetzes ein auch andere Medien[21] umfassendes „Mediengesetz" existiert[22], ist der Kreis der Anspruchsinhaber entsprechend größer. § 6 Abs. 1 LMG nennt als Inhaber des Informationsanspruchs schlicht die „Medien".

b) Auskunft- und Akteneinsichtsrecht

Das Recht am Verfahren nicht beteiligter Stellen und Personen auf Akteneinsicht **4** und Auskünfte aus Verfahrensakten ist in §§ 474 ff StPO geregelt. Die Vorschriften differenzieren nach öffentlichen (§ 474 StPO) und privaten Auskunftempfängern. Privatpersonen können Auskünfte aus Akten erhalten, sofern sie ein berechtigtes Interesse haben, § 475 Abs. 1 S. 1 StPO. Zu diesem Personenkreis zählen auch die

---

[16] *Paschke*, Medienrecht, Rn. 345.

[17] *Raschke* ZJS 2011, 38 (40).

[18] *Wenzel*, § 4 LPG Rn. 97.

[19] *Wenzel*, § 4 LPG Rn. 41.

[20] *Löffler/Ricker*, Handbuch des Presserechts, 19. Kap. Rn. 3; *Ludwig*, S. 51.

[21] Zum Geltungsbereich vgl. § 1 Abs. 1 LMG: Presse, Rundfunk, Mediendienste.

[22] *Fechner*, Medienrecht, Kap. 10 Rn. 191.

Vertreter der Presse und sonstiger Medien[23]. Das Recht muss durch einen Rechtsanwalt ausgeübt werden, § 475 Abs. 1 S. 1 StPO. Schutzwürdige Gegeninteressen des Betroffenen schließen das Informationsrecht aus, § 475 Abs. 1 S. StPO. Schutzwürdig ist dieses Interesse, wenn es das berechtigte Interesse des Auskunftsuchenden überwiegt[24]. Statt Auskunfterteilung kann Akteneinsicht gewährt werden, § 475 Abs. 2 StPO. Ausnahmsweise ist auch ohne Einschaltung eines Rechtsanwalts Auskunfterteilung an Privatpersonen – nicht aber Gewährung von Akteneinsicht – zulässig, § 475 Abs. 4 StPO[25]. Eine weitere – vereinfachte – Form zulässiger Informationsweitergabe an Private ist die Überlassung von Abschriften aus den Akten, § 477 Abs. 1 StPO. Die dafür erforderlichen Voraussetzungen sind die des § 475 Abs. 1 StPO[26]. Eine zwingende Informationssperre besteht insbesondere, wenn Zwecke des Strafverfahrens entgegenstehen, § 477 Abs. 2 S. 1 StPO. Personenbezogene Daten, die durch Ermittlungsmaßnahmen gewonnen wurden, dürfen ohne Einwilligung des Betroffenen nur zu den in § 477 Abs. 2 S. 2, S. 3 StPO genannten Zwecken verwendet werden. Die Information der Medien gehört nicht dazu. Ist der Angeklagte freigesprochen worden, wurde die Eröffnung des Hauptverfahrens gegen ihn abgelehnt oder das Verfahren eingestellt, ist Auskunfterteilung an Private nur bei einem rechtlichen Interesse zulässig, sofern dem kein schutzwürdiges Interesse des früheren Beschuldigten entgegensteht, § 477 Abs. 3 StPO. Die auch während des laufenden Strafverfahrens geltende Unschuldsvermutung (Art. 6 Abs. 2 MRK) erfährt hier eine Aufwertung. Zu erklären ist das damit, dass sich die Gefahr einer Widerlegung der Unschuldsvermutung in diesem Stadium der Strafverfolgung erheblich verringert hat[27].

c) Auskünfte sonstiger Verfahrensbeteiligter

5   Auskünfte aus dem Bereich der Polizei und Justiz allein vermögen oftmals den „Informationshunger" der Medien nicht hinreichend zu stillen. Das liegt – wie gesehen – daran, dass diese Informationsträger diversen Beschränkungen unterworfen sind. Deshalb sind für die Medien auch andere am Verfahren beteiligte Personen als potentielle Informanten wichtig[28]. In Betracht kommen insbesondere der Beschuldigte und sein Verteidiger, Nebenkläger, Zeugen, Sachverständige. Prozessrechtliche Schranken stehen auskunftwilligen Verfahrensbeteiligten nicht entgegen[29]. Die Involvierung in ein Strafverfahren als solche begründet keine Schweigepflicht. Dem Beschuldigten kann die Möglichkeit der Kommunikation mit Medienvertretern durch

---

[23] *Meyer-Goßner*, § 475 Rn. 1; *Neuling* HRRS 2006, 94 (98); *Weigend*, FS Rolinski, S. 253 (256); aA *Matheis*, S. 194.

[24] KMR-*Gemählich*, § 475 Rn. 5; *Matheis*, S. 190; *Meyer-Goßner*, § 475 Rn. 3.

[25] *Matheis*, S. 199.

[26] KMR-*Gemählich*, § 477 Rn. 2; *Matheis*, S. 221; SKStPO-*Weßlau*, § 477 Rn. 3.

[27] Kritisch zur unterschiedlichen Behandlung der Unschuldsvermutung während eines laufenden Verfahrens SKStPO-*Weßlau*, § 477 Rn. 34.

[28] *Gross*, FS Hanack, S. 39.

[29] *Marxen* JZ 2000, 294 (296).

Untersuchungshaft abgeschnitten werden, sofern dafür ein ausreichender Haftgrund vorliegt, § 112 Abs. 2 StPO. Allerdings dürfte die Gefahr einer exzessiven „Prozessführung über die Medien" per se noch keine Verdunkelungsgefahr (§ 112 Abs. 2 Nr. 3 StPO) begründen. Einschüchterung von Belastungszeugen (§ 112 Abs. 2 Nr. 3 b StPO) durch Bedrohung in geschalteten Zeitungsanzeigen können diesen Haftgrund im Einzelfall erfüllen. Auch dem Verteidiger ist Kontakt mit den Medien nicht untersagt[30]. Inwiefern dies dem Beschuldigten nützt oder eher schadet, ist eine Frage, die für das Mandat rechtlich relevant sein kann[31]. Strafprozessrechtlich folgt daraus jedoch nichts. Insbesondere ist es kein Ausschließungsgrund, wenn der Verteidiger die Medien als Bühne und Sprachrohr benutzt, um Stimmung zu machen und Druck auf das Gericht auszuüben, vgl. § 138 a StPO. Zeugen kann man nicht daran hindern, Reportern Auskünfte zu geben, selbst wenn dies der innerprozessualen Wahrheitsfindung abträglich sein kann[32]. Immerhin können dem Zeugen Äußerungen gegenüber der Presse in der Hauptverhandlung vorgehalten werden[33]. Zeugen, die sich in der Hauptverhandlung auf ein Zeugnisverweigerungsrecht berufen, sind – ebenso wie der Beschuldigte[34] – nicht nach § 252 StPO dagegen geschützt, dass frühere Bekundungen gegenüber Medienvertretern in die Hauptverhandlung eingeführt werden. Ein Sachverständiger, der den Inhalt seines Gutachtens vorab den Medien zur Verwertung anbietet, ist unter Umständen wegen Besorgnis der Befangenheit abzulehnen, § 74 StPO.

2. Öffentlichkeit der Hauptverhandlung

a) Grundsatz, § 169 S. 1 GVG

Öffentlich ist die „Verhandlung vor dem erkennenden Gericht". Das ist die mit dem Aufruf der Sache beginnende Hauptverhandlung, § 243 Abs. 1 S. 1 StPO[35]. Eine Verhandlung bei Gericht findet auch im Haftprüfungsverfahren statt, § 118 Abs. 1 StPO. Jedoch ist der Haftrichter kein „erkennender" Richter. Daher ist der richterliche Haftprüfungstermin nicht öffentlich[36]. Dasselbe gilt für die mündliche Verhandlung vor dem OLG im Verteidigerausschließungsverfahren, § 138 d Abs. 1 StPO[37]. Ebenfalls nichtöffentlich ist das gesamte Ermittlungsverfahren[38]. Zur „Öffentlichkeit" gehört

6

---

[30] *Freuding* ZRP 2010, 159 (160).

[31] Informativ dazu *Hamm*, Vom Umgang der Strafverteidiger mit Journalisten, in: Strafverteidigung im Rechtsstaat, 2009, S. 139; *Gross*, FS Hanack, S. 39 (47).

[32] *Gross*, FS Hanack, S. 39 (40).

[33] *Freuding* ZRP 2010, 159 (160).

[34] *Nehm* ZRP 1996, 492 (494).

[35] *Hellmann*, Strafprozessrecht, Rn. 47.

[36] *Meinen*, in: Heghmanns/Scheffler, Handbuch, Kap. IV Rn. 187.

[37] *Hellmann*, Strafprozessrecht, Rn. 647; *Meyer-Goßner*, § 138 d Rn. 2.

[38] *Bornkamm* NStZ 1983, 102 (105).

jeder Bürger, der in dem Verfahren keine Beteiligtenstellung hat. Ihm erwächst aus § 169 S. 1 GVG das Recht zur Anwesenheit im Gerichtssaal während der Hauptverhandlung[39]. Findet ein Teil der Hauptverhandlung außerhalb des Gerichtssaals statt – z. B. in einer Justizvollzugsanstalt[40] oder in einer Gastwirtschaft[41] – so erstreckt sich das Anwesenheitsrecht der Öffentlichkeit grundsätzlich auch auf diesen örtlichen Bereich[42]. Da es für Vertreter der Medien keine Sonderregelung gibt, können sie ihr Interesse an unmittelbarer Informationsgewinnung auf der Grundlage des § 169 GVG und im Rahmen der gesetzlichen oder gerichtlichen Beschränkungen wahrnehmen[43]. Aus Art. 5 Abs. 1 GG kann sich jedoch für die Anwendung des Rechts im Einzelfall – z. B. Reservierung von Plätzen für Journalisten wegen zu geringer räumlicher Kapazität – die Notwendigkeit einer Bevorzugung von Medienvertretern ergeben[44]. Ein Verstoß gegen § 169 S. 1 GVG liegt vor, wenn Staatsbedienstete Bürger durch physische Behinderung (Gerichtsdiener verschließt die Tür zum Sitzungssaal) oder Entfaltung massiven psychischen Drucks (Polizei macht Videoaufnahmen von Besuchern beim Betreten des Gerichtsgebäudes)[45] vom Betreten des Gerichtssaals abhalten. Rechtswidrige Beschränkungen der Öffentlichkeit mögen im Einzelfall ohne Einfluss auf die Richtigkeit des Urteils sein. Als absoluter Revisionsgrund führt ein derartiger Verfahrensfehler gleichwohl zur Aufhebung des Urteils in der Revisionsinstanz, § 338 Nr. 6 StPO[46].

b) Unzulässige Aufnahmen, § 169 S. 2 GVG

7   Grundsätzlich gewährt das Recht auf Anwesenheit Zuschauern und Zuhörern auch die Befugnis, sich das Gesehene und Gehörte zu merken und weiterzusagen. Das gilt selbstverständlich auch für Journalisten[47]. Zu diesem Zweck ist es sogar erlaubt, während der Sitzung handschriftliche Notizen zu machen, Zeichnungen anzufertigen oder in einen Laptop zu tippen[48]. Selbst die Verwendung technischer Geräte wie Tonaufnahmegerät, Fotoapparat oder Videokamera ist nicht verboten[49]. Wird jedoch die Verhandlung durch derartige Verhaltensweisen gestört, kann der Vorsitzende die zur

---

[39] *Meyer-Goßner*, § 169 GVG Rn. 3.

[40] BGH JR 1979, 261.

[41] OLG Hamm NJW 1960, 785.

[42] *Ranft* Jura 1995, 573 (575); zu ortsspezifischen Einschränkungen – z. B. aus § 123 StGB (*Foth* JR 1979, 262) – vgl. unten Rn. 10.

[43] OLG Hamm NJW 1967, 1289; *Bornkamm* NStZ 1983, 102 (105); *Ranft* Jura 1995, 573 (576); *Weiler* ZRP 1995, 130 (132).

[44] BGH, NStZ-RR 2007, 55; *Volk*, Grundkurs StPO, § 18 Rn. 28.

[45] BGH NJW 1980, 249.

[46] BGH JR 1979, 261 (262); BayObLG NJW 1982, 395 (396); *Beulke*, Strafprozessrecht, Rn. 380; *Hellmann*, Strafprozessrecht, Rn. 646; *Roxin/Schünemann*, § 47 Rn. 24.

[47] *Hellmann*, Strafprozessrecht, Rn. 648; *Meyer-Goßner*, § 169 GVG Rn. 14.

[48] BGH NStZ 1982, 389; *Maul* MDR 1970, 286; *Meyer-Goßner*, § 169 GVG Rn. 15.

[49] *Maul* MDR 1970, 286.

Aufrechterhaltung der Ordnung erforderlichen Maßnahmen gemäß § 176 GVG treffen, notfalls Verweisung aus dem Sitzungszimmer verfügen, § 177 GVG. Erweist sich das beanstandete Verhalten als „Ungebühr", können Ordnungsgeld oder Ordnungshaft festgesetzt werden, § 178 GVG. Beispielsweise kann zur Unterbindung störenden Fotografierens[50] aus dem Zuhörerraum der Fotoapparat bis zum Ende der Sitzung weggenommen werden[51]. Zur Verhinderung der Unterrichtung („Impfen", „Coachen") wartender Zeugen über Aussagen des Angeklagten oder anderer Zeugen[52] kann Zuhörern („Spionen") das Mitschreiben verboten werden[53]. Beschränkt die Maßnahme das in Art. 5 Abs. 1 GG verankerte Grundrecht, wie das z. B. bei der Untersagung von Filmaufnahmen der Fall ist, muss bei der vorzunehmenden Abwägung der hohe Stellenwert des Grundrechts gebührend berücksichtigt werden[54].

Ein generelles Medienverbot besteht jedoch gemäß § 169 S. 2 GVG für Ton- und **8** Fernseh-Rundfunkaufnahmen, sowie für sonstige Ton- und Filmaufnahmen, die öffentlich vorgeführt werden sollen oder deren Inhalt zur Veröffentlichung bestimmt ist. Dieses Verbot steht nicht zur Disposition der während der Hauptverhandlung im Gerichtssaal anwesenden Personen, d. h. eine verbotsaufhebende Einwilligung ist nicht möglich[55]. Im Umkehrschluss sind alle Aufnahmen, die diese Voraussetzungen nicht erfüllen, grundsätzlich zulässig[56]. Der Anwendungsbereich des § 169 S. 2 GVG ist also recht eng[57]. Aufnahmen vor Beginn oder nach Ende einer Sitzung oder während Sitzungspausen sind ebenso erlaubt[58] wie Aufnahmen außerhalb des Gerichtssaals[59]. Diese vor allem die Tätigkeit der Massenmedien beschränkende Regelung ist verfassungsgemäß, weil sie auf einer angemessenen Bewertung der entgegenstehenden Interessen und einer die Bedeutung des eingeschränkten Grundrechts aus Art. 5 Abs. 1 GG beachtenden Abwägung beruht[60]. Von den Zuhörern abgesehen halten sich die während der Hauptverhandlung im Gerichtssaal anwesenden Personen dort nicht freiwillig auf[61]. Sie tun dies – wie Richter, Staatsanwälte, Verteidiger, Protokollführer – entweder berufsbedingt oder auf Grund prozessrechtlich begründeter Anwesenheitspflichten (Angeklagter, Schöffen, Zeugen, Sachverständige). Der für

---

[50] *Maul* MDR 1970, 286 (287): „... auf Tische oder Stühle steigen, um freies Schussfeld für ihre Kameras zu haben."

[51] *Beulke*, Strafprozessrecht, Rn. 379; *Maul* MDR 1970, 286 (288); *Meyer-Goßner*, § 176 GVG Rn. 7.

[52] *Scheffler*, in: Heghmanns/Scheffler, Handbuch, Kap. VII Rn. 93 ff.

[53] BGH NStZ 1982, 389; *Meyer-Goßner*, § 176 GVG Rn. 8.

[54] BVerfG NStZ 2000, 543.

[55] *Maul* MDR 1970, 286.

[56] *Meyer-Goßner*, § 169 GVG Rn. 10 ff; *Petersen*, Medienrecht, § 20 Rn. 4.

[57] *Marxen* JZ 2000, 294 (296).

[58] *Hellmann*, Strafprozessrecht, Rn. 649; *Maul* MDR 1970, 286; *Meyer-Goßner*, § 169 GVG Rn. 8; *Roxin/Schünemann*, § 47 Rn. 3; *Volk*, Grundkurs StPO, § 18 Rn. 37; *Weiler* ZRP 1995, 130 (133).

[59] *Maul* MDR 1970, 286; krit. *Eb. Schmidt* DRiZ 1968, 95: „photographische Treibjagd".

[60] BVerfG NJW 2001, 1633 (1635 ff).

[61] *Hellmann*, Strafprozessrecht, Rn. 650; *Maul* MDR 1970, 286 (287); *Ranft* Jura 1995, 573 (580).

manche auch ohne Medienöffentlichkeit schon erheblich belastenden Situation können sie sich also nicht ohne weiteres entziehen. Die Vorstellung, dass der Auftritt vor
Gericht in Ton und Bild einem Millionenpublikum vorgeführt werden kann, wird
vor allem bei Zeugen außer zu gravierendem Unbehagen auch zu Beeinträchtigungen der Aussagebereitschaft und Aussagefähigkeit führen. Nicht nur aus Gründen des
Personenschutzes, sondern auch im Interesse der prozessordnungsgemäßen Wahrheitsfindung ist die Eindämmung des medialen Zugriffs auf das Geschehen im
Gerichtssaal unbedingt notwendig[62]. An § 169 S. 2 GVG ist also festzuhalten[63].

c) Nichtöffentliche Hauptverhandlungen

9   Dass die Ausübung der aus dem Öffentlichkeitsgrundsatz folgenden Befugnisse dort
an physische Grenzen stößt, wo die Aufnahmekapazität der für die Durchführung der
Hauptverhandlung zur Verfügung stehenden Räume endet, versteht sich von selbst[64].
Bei starkem Zuhörerandrang gilt das Prinzip „wer zuerst kommt, mahlt zuerst" bzw.
„wer zu spät kommt, den bestraft das Leben"[65]. Ein Anspruch auf Erweiterung der
Kapazität besteht für zu spät Gekommene grundsätzlich nicht[66]. Anders ist es nur,
wenn für die Hauptverhandlung von vornherein ein viel zu kleiner Raum vorgesehen
war, so dass von echter Öffentlichkeit nicht die Rede sein kann[67]. Es gibt aber auch
rechtliche Schranken der Öffentlichkeit, die eine Hauptverhandlung gebieten, der
trotz vorhandener Raumkapazität Zuhörer nicht beiwohnen dürfen. Darum soll es
im Folgenden gehen.

aa) Immanente Schranken

10   Blickt man über die in §§ 171 a bis 172 GVG normierten Fälle ausschließbarer
Öffentlichkeit, fällt auf, dass offenbar nicht alle Gründe erfasst sind, die eine Hauptverhandlung unter Ausschluss der Öffentlichkeit nahelegen. Da es sich um Gründe
handelt, die kaum als so unbedeutend abgetan werden können, dass sie problemlos als mit einer öffentlichen Gerichtsverhandlung kompatibel anzusehen wären, ist
ihre Nichterwähnung im Gesetz damit zu erklären, dass sie der Öffentlichkeit von
vornherein Grenzen setzen. Anerkannt ist, dass bei einem zur Hauptverhandlung
gehörenden auswärtigen Ortstermin die Öffentlichkeit ausgeschlossen sein muss,
wenn anderenfalls fremdes Hausrecht verletzt würde. Ist z. B. der Angeklagte nicht

---

[62] *Petersen*, Medienrecht, § 20 Rn. 2; *Volk*, Grundkurs StPO, § 18 Rn. 37; *Weiler* ZRP 1995, 130
(133).

[63] *Hellmann*, Strafprozessrecht, Rn. 650; *Roxin/Schünemann*, § 47 Rn. 3.

[64] BayObLG NJW 1982, 395; *Meyer-Goßner*, § 169 GVG Rn. 5.

[65] *Meyer-Goßner*, § 169 GVG Rn. 4.

[66] *Volk*, Grundkurs StPO, § 18 Rn. 28.

[67] BayObLG NJW 1982, 395 (396).

damit einverstanden, dass an der Tatortbesichtigung in seinem Haus auch Publikum teilnimmt, muss die Hauptverhandlung ohne Öffentlichkeit durchgeführt werden[68]. Anderenfalls wäre die Hauptverhandlung eine Einladung zum Hausfriedensbruch (§ 123 StGB). Eine andere Öffentlichkeitsschranke ist ebenfalls dem materiellen Strafrecht zu entnehmen. Ist das Gericht aus prozessrechtlichen Gründen in der Hauptverhandlung zu Maßnahmen gezwungen, die unter der Voraussetzung der Öffentlichkeit den Charakter strafbarer Taten hätten, muss zur Vermeidung von Strafbarkeit die Öffentlichkeit ausgeschlossen sein. Das ist der Fall etwa bei der Verhandlung über diverse Schriftenverbreitungsstraftaten, die auch in der Form der öffentlichen Vorführung begangen werden können. So wurden in den Hauptverhandlungen gegen den „Kannibalen von Rotenburg" die von diesem während und nach der Tat angefertigten Videoaufnahmen[69] vorgespielt. Dies war als Teil einer prozessrechtlich einwandfreien Beweisaufnahme unumgänglich. Da die Aufnahmen aber schwer pornographischen (§ 184 a StGB) sowie gewaltdarstellenden (§ 131 StGB) Charakter hatten, wäre ihre öffentliche Vorführung strafbar, §§ 184 a Nr. 2, 131 Abs. 1 Nr. 2 StGB. Dass die Vorführung in einem bis zum letzten Platz voll besetzten Schwurgerichtssaal die Eigenschaft „öffentlich" hat, lässt sich jedenfalls ernsthaft in Erwägung ziehen. Im Katalog der Ausschlussgründe des § 172 GVG findet sich kein zufriedenstellend konkreter Anknüpfungspunkt, wenn man nicht die konturen- und grenzenlose Generalklausel „öffentliche Ordnung" (§ 172 Nr. 1 GVG) bemühen will. Das spricht für die Annahme, dass hier eine Situation vorliegt, in der von vornherein eine öffentliche Hauptverhandlung nicht möglich ist. Begründet gerade die Öffentlichkeit der Hauptverhandlung die straftatbestandsmäßige Qualität eines Hauptverhandlungsvorgangs, liegt eine immanente Schranke des Öffentlichkeitsgrundsatz es vor[70].

bb) Gesetzlicher Ausschluss der Öffentlichkeit

Kraft Gesetzes in jedem Fall ausgeschlossen ist die Öffentlichkeit bei Hauptver- **11** handlungen gegen Jugendliche, § 48 Abs. 1 JGG. Obwohl diese Regelung vor allem aus der besonderen Schutzbedürftigkeit junger Angeklagter ihren Sinn bezieht[71], kommt es nicht auf das Alter zur Zeit der Hauptverhandlung, sondern auf das Alter zur Zeit der Tat an, § 1 Abs. 2 JGG[72]. Die Eltern als gesetzliche Vertreter und Erziehungsberechtigte eines noch nicht 18-jährigen Angeklagten sind gem. § 67

---

[68] *Foth* JR 1979, 262 (263); *Meyer-Goßner*, § 169 GVG Rn. 6; *Ranft* Jura 1995, 573 (575); für Vorrang der Öffentlichkeit aber *Lilie* NStZ 1993, 121 (125).

[69] *Scheinfeld*, Der Kannibalen-Fall, S. 7.

[70] Zur Verwirklichung des § 201 Abs. 1 Nr. 2 StGB durch Verwendung einer heimlich hergestellten Tonbandaufnahme im Rahmen der Beweisaufnahme vgl. *Kramer* NJW 1990, 1760 (1763). Ausschluss der Öffentlichkeit kann hier die Tatbestandsverwirklichung nicht verhindern, aber die Eingriffsintensität vermindern.

[71] *Laubenthal/Baier*, Jugendstrafrecht, Rn. 346; *Schaffstein/Beulke*, Jugendstrafrecht, S. 255.

[72] *Eisenberg*, JGG, § 48 Rn. 3.

JGG Verfahrensbeteiligte und nicht Teil der Öffentlichkeit. Sie haben daher ein Recht auf Anwesenheit in der Hauptverhandlung[73]. Anwesenheitsberechtigt sind des Weiteren die in § 48 Abs. 2 S. 1, 2 JGG genannten Personen. Darüber hinaus kann der Vorsitzende weitere Personen – auch Presseberichterstatter – zulassen, § 48 Abs. 2 S. 3 JGG. Allein auf dieser Grundlage haben Medienvertreter die Möglichkeit, durch unmittelbare Beobachtung Informationen für eine Berichterstattung zu sammeln[74].

12   Ein Verstoß gegen § 48 Abs. 1 JGG, d. h. die Durchführung einer öffentlichen Hauptverhandlung oder die rechtswidrige Zulassung einzelner Personen ist nach h. M. kein absoluter Revisionsgrund gem. § 338 Nr. 6 StPO[75]. Eine nach § 353 d StGB strafbewehrte Schweigepflicht beseht für die in der gem. § 48 Abs. 1 JGG nichtöffentlichen Hauptverhandlung anwesenden Personen nicht. § 174 Abs. 3 GVG sieht die Begründung einer Geheimhaltungspflicht durch Gerichtsbeschluss nur in den Fällen des Öffentlichkeitsausschlusses gem. § 171 GVG und § 172 Nr. 2, 3 GVG vor. Auf den Ausschluss der Öffentlichkeit kraft Gesetzes nimmt § 174 GVG nicht Bezug[76]. Sachlich ist die Zulassung eines derartigen Gerichtsbeschlusses im Fall einer gem. § 48 Abs. 1 JGG nichtöffentlichen Hauptverhandlung auch nicht von vornherein angebracht, da der Regelung des § 48 Abs. 1 JGG keine Geheimhaltungsbedürfnisse zugrunde liegen. Die Ungleichbehandlung ist deshalb nicht unbedingt unverständlich[77]. Andererseits können natürlich in einer Hauptverhandlung gegen einen Jugendlichen die Voraussetzungen der §§ 171 b, 172 Nr. 2, 3 GVG erfüllt werden. Dann müsste auch die Begründung einer diese Geheimhaltungsbedürfnisse schützenden Schweigepflicht möglich sein[78]. Eine darauf gestützte Strafbarkeit aus § 353 d Nr. 2 StGB hätte jedoch im Gesetzeswortlaut keine Verankerung, wäre also unzulässige Rechtsanwendung praeter legem (Analogie) und somit ein Verstoß gegen Art. 103 Abs. 2 GG[79]. Denn § 353 d Nr. 2 StGB rekurriert auf eine „auf Grund eines Gesetzes" (secundum legem) auferlegte Schweigepflicht. Ein solches Gesetz als Schweigepflichtgrundlage gibt es aber nicht.

cc) Gerichtlicher Ausschluss der Öffentlichkeit

13   Eine nach § 169 S. 1 GVG grundsätzlich öffentliche Hauptverhandlung kann durch gerichtliche Entscheidung zu einer nichtöffentlichen gemacht werden, wenn

---

[73] *Eisenberg*, JGG, § 48 Rn. 15; *Laubenthal/Baier*, Jugendstrafrecht, Rn. 347; *Schaffstein/Beulke*, Jugendstrafrecht, S. 255.

[74] *Eisenberg*, JGG, § 48 Rn. 20; *Laubenthal/Baier*, Jugendstrafrecht, Rn. 347; *Schaffstein/Beulke*, Jugendstrafrecht, S. 255.

[75] *Laubenthal/Baier*, Jugendstrafrecht, Rn. 353; *Meyer-Goßner*, § 338 Rn. 47

[76] *Meyer-Goßner*, § 174 GVG Rn. 7.

[77] So aber *Fischer*, StGB, § 353 d Rn. 5.

[78] MK-*Graf*, § 353 d Rn. 50; SSW-*Bosch*, § 353d Rn. 5.

[79] *Schönke/Schröder/Perron*, § 353 d Rn. 24; aA SSW-*Bosch* § 353 d Rn. 5.

konkrete Ausschlussgründe vorliegen. Diese sind abschließend geregelt in §§ 171 a, b, 172 GVG. Die Entscheidung liegt stets im pflichtgemäßen Ermessen des Gerichts[80]. Dabei sind die Interessen, die den Grundsatz der Öffentlichkeit tragen, gegen die Interessen abzuwägen, zu deren Wahrung das Gesetz die Möglichkeit des Öffentlichkeitsausschlusses vorsieht. Hat das Gericht die Öffentlichkeit gem. § 172 Nr. 1 Alt. 1 GVG (Gefährdung der Staatssicherheit) ausgeschlossen, besteht gem. § 174 Abs. 2 GVG für Presse, Rundfunk und Fernsehen ein mittelbar gesetzliches Berichterstattungsverbot[81]. Dieses ist in § 353 d Nr. 1 StGB strafbewehrt. Eine Ausdehnung des Verbotes auf Teledienste und Mediendienste ist noch nicht erfolgt. „Presse" ist nur das hergebrachte Printmedium, nicht die internetgestützte „elektronische Presse"[82]. Eine weitergehende Geheimhaltungspflicht kann durch Gerichtsbeschluss begründet werden, sofern der Ausschluss der Öffentlichkeit auf § 171 b oder § 172 Nr. Alt. 1, Nr. 2, Nr. 3 GVG beruht, § 174 Abs. 3 GVG. Dieses Schweigegebot richtet sich nicht nur an die Vertreter von Presse, Rundfunk und Fernsehen, sondern an alle in der Hauptverhandlung anwesenden Personen[83]. Damit wird auch der Kreis der Personen erweitert, die Täter des in § 353 d Nr. 2 StGB normierten Delikts sein können.

d) Zulassung oder Ausschluss einzelner Personen

Ist eine Hauptverhandlung kraft Gesetzes oder auf Grund gerichtlicher Anordnung **14** nichtöffentlich, ist die Anwesenheit nur Personen gestattet, die im Verfahren eine Beteiligtenstellung haben. Alle diesem Personenkreis nicht angehörigen Personen haben keinen Zutritt zu der Verhandlung. Jedoch kann das Gericht einzelnen Personen den Zutritt gestatten, § 175 Abs. 2 S. 1 GVG. Diese unterfallen dann auch der Schweigepflicht nach § 174 Abs. 3 GVG bzw. – sofern sie zu Presse, Rundfunk oder Fernsehen gehören – nach § 174 Abs. 2 GVG. Die Zulassung muss im Hinblick auf Art. 3 Abs. 1 GG sachlich begründet sein. In Betracht kommen Zwecke der Ausbildung, Wissenschaft, Presseberichterstattung[84]. Umgekehrt kann der Vorsitzende bei einer öffentlichen Hauptverhandlung einzelnen Personen aus den in § 175 Abs. 1 GVG genannten Gründen den Zutritt versagen. Rechtswidrige – auch ermessensfehlerhafte – Ausschließung ist eine Verletzung des § 169 S. 1 GVG und daher ein absoluter Revisionsgrund gem. § 338 Nr. 6 StPO[85].

---

[80] BGH GA 1978, 13 (14); BGH JR 1986, 215 (216); OLG Düsseldorf MDR 1981, 427; *Kissel/Mayer*, § 171 b Rn. 12; § 172 Rn. 2.

[81] *Kissel/Mayer*, § 174 Rn. 21.

[82] *Fechner*, Medienrecht, Kap. 8 Rn. 5.

[83] *Kissel/Mayer*, § 174 Rn. 23.

[84] *Kissel/Mayer*, § 175 Rn. 13.

[85] BGH NStZ 1982, 389; BGH StV 2003, 659 (660); OLG Hamm NJW 1967, 1289 (1290); *Kissel/Mayer*, § 175 Rn. 11.

3. Unschuldsvermutung

a) Rechtsgrundlage

15   Die Unschuldsvermutung ist eines der fundamentalen – weltweit anerkannten[86] – Prinzipien der Strafrechtsanwendung gegenüber mutmaßlichen Straftätern. Obwohl ihre Ausstrahlung in erster Linie und hauptsächlich das Strafverfahren und das Strafprozessrecht berührt, ist sie in der Strafprozessordnung nicht explizit ausformuliert. Auch das Grundgesetz erwähnt sie nicht – in Art. 103, wo der am besten geeignete Standort wäre –, trägt sie aber zumindest im Rechtsstaatsprinzip (Art. 20 Abs. 3 GG), mit dem sie untrennbar verbunden ist[87]. Am deutlichsten abgebildet ist die Unschuldsvermutung in Art. 6 Abs. 2 EMRK[88] sowie in Art. 14 Abs. 2 IPBPR[89]. Damit ist die Unschuldsvermutung Bestandteil des einfachen – unterverfassungsrechtlichen – deutschen Bundesrechts[90]. Auf Länderebene setzt die Verfassung des Landes Brandenburg ein Ausrufezeichen, indem sie in Art. 53 Abs. 2 feststellt: *„Jeder wegen einer Straftat Beschuldigte oder Angeklagte ist so lange als unschuldig anzusehen, bis er rechtskräftig verurteilt ist."*

b) Inhalt

16   Die Unschuldsvermutung schützt den Beschuldigten im Straf- und Bußgeldverfahren gegen jede Art von Vorverurteilung oder vorverurteilungsähnlicher Behandlung[91]. Der Beschuldigte darf nicht als Straftäter bezeichnet und behandelt werden, solange seine Schuld noch nicht erwiesen und gerichtlich festgestellt ist. Staatliche Maßnahmen, die – z. B. auf Grund des verfassungsrechtlichen Verhältnismäßigkeitsgebots – nur unter der Voraussetzung rechtmäßig sein können, dass sie in einer bestimmten Beziehung zu einer Straftat stehen, sind unzulässig, solange noch kein Urteil über diese Tat existiert[92]. Lässt ein Gesetz jedoch den bloßen Verdacht einer Straftat als Voraussetzung bestimmter strafprozessualer Zwangsmaßnahmen ausreichen, ist die Anwendung dieses Zwangs vor einem Urteilsspruch kein Verstoß gegen die Unschuldsvermutung, wenn eine ausreichend tragfähige Verdachtsgrundlage besteht[93].

---

[86] *Gropp* JZ 1991, 804.

[87] *Beulke*, Strafprozessrecht, Rn. 25; *Gropp* JZ 1991, 804 (805); *Kindhäuser*, Strafprozessrecht, § 18 Rn. 3; *Meyer-Goßner*, Art. 6 Rn. 12; *Roxin/Schünemann*, § 11 Rn. 1.

[88] „Jede Person, die einer Straftat angeklagt ist, gilt bis zum gesetzlichen Beweis ihrer Schuld als unschuldig."

[89] „Jeder wegen einer strafbaren Handlung Angeklagte hat Anspruch darauf, bis zu dem im gesetzlichen Verfahren erbrachten Nachweis seiner Schuld als unschuldig zu gelten".

[90] *Meyer-Goßner*, vor Art. 1 Rn. 3; *Meyer-Ladewig*, EMRK, 3. Aufl. 2011, Einleitung Rn. 33; Art. 1 Rn. 4.

[91] *Geiger*, Die Rechtsnatur der Sanktion, S. 321.

[92] *Meyer-Goßner*, Art. 6 Rn. 12.

[93] *Kühl*, FS Müller-Dietz, S. 401 (414); *Roxin/Schünemann*, § 11 Rn. 3.

Aus diesem Grund ist die Untersuchungshaft grundsätzlich mit Art. 6 Abs. 2 EMRK vereinbar[94]. Ebenfalls kein Verstoß gegen die Unschuldsvermutung sind strafrechtliche Sanktionen, die – wie die Sicherungsverwahrung (§§ 66 ff StGB) – ihre Legitimität aus der Prognose zukünftiger Straftatbegehung ableiten. Denn Anlass einer derartigen Sanktionsanordnung ist eine bereits begangene und gerichtlich festgestellte Tat. Durch das Urteil, in dem die Sanktion angeordnet wird, ist die Unschuldsvermutung widerlegt worden[95].

c) Anwendungsbereich

Die Unschuldsvermutung wirkt im Strafverfahren und im Bußgeldverfahren[96] von   **17**
Anfang an zugunsten desjenigen, gegen den das Verfahren als Beschuldigter oder Betroffener gerichtet ist[97]. Die Worte „angeklagt" und „Angeklagter" in der deutschen Übersetzung der Konventionstexte sind insoweit zu eng[98]. Auf der anderen Seite sind die Gesetzestexte zu weit und zu ungenau, indem sie den Eindruck erwecken, der Beschuldigte könne in jeder beliebigen Beziehung zu anderen verlangen, nicht zum Objekt vorverurteilender Schuldzuweisungen gemacht zu werden. Das würde jedoch voraussetzen, dass die Ver- und Gebote der Menschenrechtskonvention gegen jedermann gerichtet sind, woraus folgen müsste, dass der durch konventionswidriges Verhalten Verletzte gegen jede Art von Verletzungshandlung Rechtsschutz beim Europäischen Gerichtshof für Menschenrechte einfordern könnte. Den Rechtsweg zum EGMR öffnet die Individualbeschwerde jedoch nur für Beschwerdeführer, die behaupten können, durch eine der „Hohen Vertragsparteien" verletzt zu sein, Art. 34 EMRK. Dem korrespondiert der Adressatenkreis der Konventionsnormen, in denen die Rechtspositionen verankert sind, deren Verletzung zum Gegenstand einer Individualbeschwerde gemacht werden kann. Die EMRK schützt den Bürger gegenüber dem Staat und seinen hoheitlich handelnden Organen. Konventionsnormen können daher nur durch staatliches bzw. dem Staat zurechenbares Handeln verletzt werden[99].

Privatpersonen sind nicht Adressaten der konventionsmäßigen Ver- und Gebo-   **18**
te[100]. Das gilt auch für die Unschuldsvermutung des Art. 6 Abs. 2 EMRK. Das folgt schon aus der Tatsache, dass Privatpersonen auch nach einer rechtskräftigen gerichtlichen Verurteilung eines Straftäters diesem gegenüber keine Befugnis zu Maßnahmen haben, die an die Straftätereigenschaft des Betroffenen anknüpfen. Wenn jemand gegenüber einem rechtskräftig Verurteilten keine Sanktionen anordnen und keinen Zwang ausüben darf, dann darf er es erst recht nicht gegenüber einem noch nicht

---

[94] *Kindhäuser*, Strafprozessrecht, § 18 Rn. 4; *Meyer-Goßner*, Art. 6 Rn. 14.

[95] *Meyer-Goßner*, Art. 6 Rn. 15.

[96] SKStPO-*Paeffgen*, Art. 6 Rn. 19 180.

[97] *Meyer-Ladewig*, Art. 6 Rn. 211; SKStPO-*Paeffgen*, Art. 6 Rn. 184.

[98] Im englischen und französischen Originaltext der EMRK heißt es: „everyone charged with a criminal offence" und „toute pesonne acuseé d'une infraction".

[99] *Meyer-Goßner*, Art. 1 Rn. 3; *Meyer-Ladewig*, Art. 1 Rn. 5.

[100] *Meyer-Goßner*, Art. 1 Rn. 4; *Meyer-Ladewig*, Art. 1 Rn. 10.

Verurteilten. Der rechtliche Grund dafür ist aber nicht der Status des Betroffenen als noch nicht verurteilte und unter dem Schutz des Art. 6 Abs. 2 EMRK stehende Person.

19   Diese Einschränkung des Anwendungsbereichs ist Ausgangspunkt für die Beantwortung der Frage, ob und wie die Unschuldsvermutung das Wirken der Medien in Bezug auf Straftaten und Strafverfahren als Berichterstattungsgegenstand beeinflussen kann. Ein unmittelbar aus Art. 6 Abs. 2 EMRK ableitbares Verbot medialer Vorverurteilung eines Beschuldigten lässt sich nicht begründen[101]. Einschränkungen unterworfen sind allein die Vertreter und Sprecher der Strafverfolgungsbehörden, wenn sie auf der Grundlage der presse- und medienrechtlichen Auskunftspflicht (s. o. Rn. 3) Medien über Verlauf und Stand eines Strafverfahrens informieren[102]. Die RiStBV konkretisieren diese Vorgabe in Nr. 23 Abs. 1, indem sie es untersagen, dem Ergebnis der Hauptverhandlung vorzugreifen, den Anspruch des Beschuldigten auf ein faires Verfahren und seine Persönlichkeitsrechte betonen, sowie zur Vermeidung unnötiger Bloßstellungen ermahnen. Gegenüber Vorverurteilungen des Beschuldigten in den Medien, die dem Geist der Unschuldsvermutung zuwiderlaufen, ist das Strafprozessrecht machtlos[103]. Der vereinzelt gemachte Vorschlag eines Verfahrenshindernisses wegen der Unmöglichkeit eines fairen Verfahrens (dazu oben § 2 Rn. 6) ist kontraproduktiv. Die Medien träfe eine derartige Reaktion überhaupt nicht, im Gegenteil: Macht und Einfluss der Medien würden auf diese Weise noch vermehrt, skrupellosen Vertretern der Branche ein Instrument in die Hand gegeben, von außen in ein Strafverfahren hineinzuwirken und dieses „an die Wand zu fahren"[104].

4. Besorgnis richterlicher Befangenheit

a) Allgemeines

20   Ein faires Strafverfahren ist nur in einer Atmosphäre richterlicher Unvoreingenommenheit, Neutralität und Objektivität möglich. Einem Richter, der den Eindruck erweckt, er habe sich sein Urteil über den Angeklagten schon gebildet, bevor das Verfahren in seine entscheidende Phase ging, traut man ein gerechtes Urteil nicht zu. Eine solche Rechtsprechung hat keine normstabilisierende, befriedende Wirkung, sondern sie stützt das Gefühl der Bevölkerung, in einem Unrechtsstaat zu leben, in dem der Rechtsstab korrupt ist und die Gesetze nur Fassade sind. Deshalb ist es wichtig, dass das Strafprozessrecht Mechanismen bereithält, um der Entstehung berechtigten Misstrauens gegenüber der Justiz vorzubeugen. Die Strafprozessordnung

---

[101] *Bornkamm* NStZ 1983, 102 (104); *Roxin* NStZ 1991, 153 (156).

[102] *Trüg* NJW 2011, 1040 (1041).

[103] *Weiler* ZRP 195, 130 (132) „Gesetzgebung und Rechtsprechung zeigen sich dagegen überaus zurückhaltend mit der rechtlichen Durchdringung dieser Materie, obwohl hier nicht selten tief in die Grundrechte der Betroffenen eingegriffen wird."

[104] *Roxin* NStZ 1991, 153 (154); *Roxin/Schünemann*, § 8 Rn. 17; *Weiler* ZRP 1995, 130 (136).

hat in §§ 22 ff das Thema differenziert normiert. Einem abgeschlossenen Katalog konkret benannter Umstände, die eine unwiderlegliche Vermutung der richterlichen Befangenheit begründen (§§ 22, 23 StPO) steht in § 24 StPO eine Generalklausel gegenüber, die im Einzelfall durch vermutungsbegründende Tatsachen ausgefüllt werden muss. Die Vorschriften gelten in jeder Phase des Strafverfahrens, in der richterliches Handeln relevant werden kann, nicht nur in der Hauptverhandlung. Ihr persönlicher Anwendungsbereich erfasst außer Berufsrichtern auch Schöffen und Urkundsbeamte, § 31 Abs. 1 StPO, dagegen nicht Staatsanwälte[105]. Da Befangenheit eine innere Befindlichkeit ist, kann sie von niemandem festgestellt werden außer dem Befangenen selbst. Aber auf wirkliche Befangenheit kommt es nicht einmal dann an, wenn ein Richter sich selbst für befangen erklärt[106]. Stets müssen objektive Umstände vorliegen, die „Misstrauen gegen die Unparteilichkeit" zu rechtfertigen geeignet sind, § 24 Abs. 2 StPO. Es kommt also ebenfalls nicht darauf an, dass irgend jemand derartiges Misstrauen hat. Maßgeblich sind die Gegebenheiten, die einen Verdacht mangelnder Unparteilichkeit begründen, gleich ob der Richter wirklich parteilich ist oder nicht[107]. Die Vermeidung der Mitwirkung befangener Richter am Urteil hat eine so große Bedeutung, dass die Verletzung der diesem Zweck dienenden Vorschriften ein absoluter Revisionsgrund ist, § 338 Nr. 2, 3 StPO.

b) Medienkontakte und Besorgnis der Befangenheit

In zweierlei Weise können Medien dazu beitragen, dass gegen die Unparteilichkeit eines Richters Misstrauen entsteht. Eine tendenziöse Berichterstattung über den Prozess mit starken Sympathiebekundungen entweder für den Angeklagten oder umgekehrt für das Opfer kann eventuell einen Richter, der davon z. B. durch Zeitungslektüre Kenntnis erlangt, beeinflussen und sein neutrales und objektives Urteilsvermögen beeinträchtigen. Erfährt etwa der Verteidiger davon, dass der Vorsitzende jeden Tag mit großer Aufmerksamkeit eine bestimmte Boulevardzeitung studiert, in der seit Wochen massiv und mit Nachdruck strengste Bestrafung des Angeklagten gefordert wird, liegt es nahe, dass dieser Verteidiger von der Neutralität des Vorsitzenden nicht mehr sehr überzeugt ist. Nicht minder verdachterregend sind Bemerkungen, die ein Richter gegenüber den Medien, z. B. bei einem Interview, über den seiner Meinung nach voraussichtlichen Prozessausgang macht.

21

Richter und Schöffen sind Medienkonsumenten wie die meisten anderen Menschen auch. Es lässt sich daher nicht verhindern, dass sie während eines Strafverfahrens von der Berichterstattung über den Fall Kenntnis erlangen. Es ist auch nicht auszuschließen, dass diese Informationen in ihren Köpfen ein Bild von Tat und Täter entstehen lassen, das dem Ergebnis der Hauptverhandlung vorgreift und von ihm möglicherweise abweicht. Diese Gefahr ist bei Laienrichtern gewiss größer als

22

---

[105] *Meyer-Goßner*, vor § 22 Rn. 3.
[106] *Meyer-Goßner*, § 30 Rn. 1.
[107] *Meyer-Goßner*, § 24 Rn. 6; *Roxin/Schünemann*, § 8 Rn. 7.

bei den Berufsrichtern, die in der Lage sein sollten, verfahrensfremde Beeinflussungen aus ihrem Bewusstsein auszublenden und die Bildung ihrer Überzeugung ausschließlich auf die in der Hauptverhandlung gewonnenen Eindrücke zu stützen, § 261 StPO. Aber auch gegenüber Schöffen kann allein der Umstand mangelnder Medienabstinenz keine Besorgnis der Befangenheit begründen[108]. Da anderenfalls dieser Ablehnungsgrund bei kaum einem Laienrichter ausgeschlossen werden könnte, drohte eine weitgehende Lahmlegung der Rechtsprechung[109]. Aus demselben Grund kann einem Vorsitzenden, der in den Medien wegen seiner Verhandlungsführung heftig kritisiert wird, nicht unterstellt werden, er sei infolge dieser Angriffe zu einer unparteilichen Ausübung seines Amtes nicht mehr in der Lage. Denn die Anerkennung eines derartigen Ablehnungsgrundes würde den Medien unangemessenen Einfluss auf den Verlauf eines Strafverfahrens verschaffen und könnte von Verteidigern, die sich auf Prozessführung über Medien verstehen, leicht dazu ausgenutzt werden, missliebige Richter aus dem Verfahren zu kegeln und dadurch den Prozess zu verschleppen[110].

23 Anders ist zu urteilen, wenn ein Richter Äußerungen macht, mit denen er Voreingenommenheit, Einseitigkeit, mangelnde Objektivität und Neutralität erkennen lässt. Dabei kann den Medien eine ausschlaggebende Bedeutung zukommen, weil der Verdacht der Parteilichkeit seine besondere misstrauensbildende Wirkung daraus beziehen kann, dass der Richter Stellungnahmen abgibt, die darauf schließen lassen, dass er sich die Grundlagen seiner Entscheidung stärker von Medienberichten vorzeichnen lässt als von dem aus dem Inbegriff der Verhandlung geschöpften Wissen[111]. Zudem haben Äußerungen gegenüber Medien eine größere Breiten- und Öffentlichkeitswirkung als Bemerkungen in privaten Gesprächssituationen. Ein Richter, der sich allzu bereitwillig auf Kooperation mit Medienvertretern einlässt, setzt sich schnell dem Verdacht mangelnder Distanz und Integrität aus[112]. Auf der anderen Seite kann der Umstand allein, dass ein erkennender Richter Kontakte zu Medienvertretern hat, Besorgnis der Befangenheit nicht begründen[113].

II. Medien als Fahndungshelfer

24 Die vielen Informationen, die von den Strafverfolgungsbehörden benötigt werden, um in einem Strafverfahren den Verdacht einer Straftat (§ 152 Abs. 2 StPO) aufklären und den Beschuldigten gegebenenfalls anklagen (§§ 152 Abs. 1, 170 Abs. 1 StPO) und verurteilen (§ 260 StPO) zu können, stammen aus den unterschiedlichsten Quellen. Eine nicht unerhebliche Rolle spielt dabei die Bevölkerung, weil viele

---

[108] BGHSt 22, 289 (294); HK-StPO-*Temming*, § 31 Rn. 3.

[109] BGHSt 22, 289 (295).

[110] HK-StPO-*Temming*, § 24 Rn. 11; *Meyer-Goßner*, § 24 Rn. 7.

[111] HK-StPO-*Temming*, § 24 Rn. 26.

[112] BGHSt 4, 264 (269).

[113] BGH NJW 2006, 3290 (3295).

straf- und strafprozessrechtlich bedeutsame Tatsachen einem oder mehreren Bürgern bekannt geworden sind, bevor die Strafverfolgungsbehörden von ihnen erfahren. Meistens würde die Strafverfolgungsbehörde überhaupt keine Kenntnis davon erlangen, wenn nicht ein Bürger entsprechende Mitteilung machen würde. Das gilt in besonderem Maß für die das Strafverfahren anstoßende Verdachtskenntnis, die bei der Staatsanwaltschaft oder die ihr hier dienende Polizei in der Mehrzahl der Fälle auf Strafanzeigen beruht, § 158 Abs. 1 StPO. Umgekehrt ist die Existenz von Dunkelfeldern in erheblichem Maße darauf zurück zu führen, dass viele tatsächlich begangene Taten nicht angezeigt werden und deshalb bei den zuständigen Verfolgungsbehörden kein Verdacht entsteht[114]. Für die Strafverfolgungsbehörden liegt daher nahe, das hier liegende Potential aktiv zur Informationsgewinnung auszuschöpfen, die Bevölkerung also zur Mithilfe und Zusammenarbeit aufzurufen. Dass dabei die Kommunikation ein wichtiger Faktor ist und deshalb den Medien eine bedeutende Funktion zukommt, liegt auf der Hand.

1. Fahndung nach Beschuldigten

a) Ausschreibung zur Festnahme

Die zentrale Figur des Strafverfahrens ist der Beschuldigte, dem der Straftatverdacht   25
zugeschrieben und gegen den deshalb staatsanwaltschaftlich ermittelt wird. Aus verschiedenen rechtlichen Gründen ist es erforderlich, des Beschuldigten physisch habhaft zu werden, seine Anwesenheit im Verfahren herbeizuführen und notfalls zu erzwingen. Jedenfalls bei den Straftaten, die so gewichtig sind, dass ihre prozessuale Verarbeitung nicht im Wege des Strafbefehlsverfahrens (§ 407 StPO) oder der Abwesenheitsverhandlung (§ 232 StPO) erledigt werden kann, muss der Beschuldigte spätestens in der Hauptverhandlung anwesend sein, damit er gegebenenfalls verurteilt werden kann, §§ 230 ff. StPO. Daher muss der Aufenthaltsort des Beschuldigten bekannt sein.

In staatlichen Gewahrsam zu nehmen ist ein noch nicht rechtskräftig zu Freiheits-   26
strafe verurteilter Beschuldigter auf der Grundlage eines Haftbefehls (§ 114 Abs. 1 StPO) oder eines Unterbringungsbefehls (§ 126 a Abs. 1 StPO). Zur Vollstreckung dieser richterlichen Anordnung muss der Aufenthaltsort des Beschuldigten bekannt sein. Vor allem bei einem auf dem Haftgrund „Flucht" (§ 112 Abs. 2 Nr. 1 StPO) beruhenden Haftbefehl ist das typischerweise nicht der Fall. Deshalb können der Richter oder die Staatsanwaltschaft, bei Gefahr im Verzug auch ihre Ermittlungspersonen (§ 152 GVG) eine „Ausschreibung zur Festnahme" veranlassen, § 131 Abs. 1 StPO. Dasselbe ist zulässig, wenn zwar ein Haft- oder Unterbringungsbefehl noch nicht existiert, aber die materiellen Voraussetzungen für seinen Erlass vorliegen. Dies reicht für die Veranlassung der Ausschreibung aus, wenn der zeitliche Aufwand für

---

[114] *Albrecht*, Kriminologie, § 11 C; *Schwind*, Kriminologie, § 2 Rn. 34.

die Erwirkung des Haft- oder Unterbringungsbefehls den Fahndungserfolg gefährden würde, § 131 Abs. 2 StPO. Die Durchführung der Ausschreibung ist in Nr. 41
der RiStBV beschrieben. Es können dabei alle „Fahndungshilfsmittel" gem. Nr. 40
RiStBV verwendet werden, auch wenn dies ausdrücklich nur in § 131 a Abs. 5 StPO
verlautbart ist[115]. Hat die zugrunde liegende Tat keine erhebliche Bedeutung, sind
Medien in die Fahndung nicht involviert, § 131 Abs. 3 StPO (siehe aber unten bei
Rn. 28). Es handelt sich also um eine behördeninterne Ausschreibung[116]. Sie ist die
moderne Erscheinungsform des antiquierten „Steckbriefs"[117].

b) Ausschreibung zur Aufenthaltsermittlung

27   Eine Ausschreibung zur bloßen Aufenthaltsermittlung ist gem. § 131 a Abs. 1 StPO
zulässig. In diesen Fällen dient die Maßnahme also nicht der Ermöglichung einer
Festnahme. Das betrifft Beschuldigte, denen gegenüber die Voraussetzungen eines
Haft- oder Unterbringungsbefehls nicht vorliegen. Darüber hinaus ist § 131 a StPO
auch einschlägig, wenn zwar die Voraussetzungen eines Haftbefehls vorliegen, der
Richter sich aber mit einer Vorführung des Beschuldigten begnügen will, § 134 Abs. 1
StPO. Für die Ausschreibung stehen alle Fahndungshilfsmittel iSd Nr. 40 RStBV zur
Verfügung, § 131 a Abs. 5 StPO. Die Einschaltung der Medien ist bei Taten von nicht
erheblicher Bedeutung nicht zulässig, vgl. § 131 a Abs. 3 StPO.

c) Einbeziehung von Medien

28   Eine Fahndung nach dem Beschuldigten unter Einbeziehung der Öffentlichkeit dürfen die Strafverfolgungsbehörden veranlassen, wenn Gegenstand des Verfahrens eine
Tat von erheblicher Bedeutung ist. Das gilt sowohl für die Ausschreibung zur Festnahme gem. § 131 Abs. 3 StPO als auch für de Ausschreibung zur Aufenthaltsermittlung,
§ 131 a Abs. 3 StPO. Die Kategorie „Straftat von erheblicher Bedeutung" ist nicht auf
Verbrechen iSd § 12 Abs. 1 StGB beschränkt. Auch Vergehen kommen in Betracht,
wenn sie konkret gravierend sind und Anlass für erhöhten Fahndungsdruck geben[118].
Umgekehrt kann die erhebliche Bedeutung nicht schematisch mit der Verbrechensqualität der Tat begründet werden. Allerdings wird bei Verbrechen die erhebliche
Bedeutung in der Regel zu bejahen sein[119]. Die Öffentlichkeitsfahndung bewirkt naturgemäß einen intensiveren Eingriff in das Persönlichkeitsrecht des Beschuldigten
und ist daher subsidiär gegenüber weniger einschneidenden Formen der Aufenthaltsermittlung. Die RiStBV enthalten in ihrer Anlage B besondere „Richtlinien über

---

[115] *Brodersen* NJW 2000, 2536 (2537).

[116] *Roxin/Schünemann*, § 32 Rn. 3.

[117] HK-StPO-*Lemke*, § 131 Rn. 3.

[118] *Meyer-Goßner*, § 98 a Rn. 5.

[119] *Meyer-Goßner*, § 98 a Rn. 5.

die Inanspruchnahme von Publikationsorganen und die Nutzung des Internets sowie anderer elektronischer Kommunikationsmittel zu Öffentlichkeitsfahndung nach Personen im Rahmen des Strafverfahrens". Dabei hat der "Grundsatz der Verhältnismäßigkeit" in 1.2 eine ausführliche und detaillierte Kommentierung erfahren.

Über die sprachliche Beschreibung der Person des Beschuldigten (§§ 131 Abs. 4 S. 1 Hs. 1, 131 a Abs. 4 S. 1 StPO) hinaus ist auch die Verwendung von Abbildungen zulässig, §§ 131 Abs. 4 S. 1 Hs. 2, 131 a Abs. 4 S. 1, 131 b Abs. 1 StPO. Diese Maßnahme darf gem. § 131 b Abs. 1 StPO auch zum Zweck der Tataufklärung oder Identitätsfeststellung angeordnet werden, sofern es um eine Straftat von erheblicher Bedeutung geht. Der Eingriff in das Recht am eigenen Bild (§ 22 KUG), der schon gem. § 24 KUG für „Zwecke der Rechtspflege" zulässig ist, wird durch diese Befugnisnormen gerechtfertigt.   **29**

Mit der Öffentlichkeitsfahndung soll die Bevölkerung zur Unterstützung der Strafverfolgungsbehörden bei der Suche nach dem Beschuldigten aufgerufen werden[120]. Auch ein „untergetauchter" Mensch kann sich nicht völlig von seinen Mitmenschen abkapseln und der Begegnung mit anderen entziehen. Daher ist Öffentlichkeitsfahndung Wahrnehmung der Chance, mit dem Aufruf Personen zu erreichen, in deren Nähe sich der Gesuchte aufhält und von denen er deshalb möglicherweise gesehen worden ist. Allerdings verschafft die rechtliche Grundlage der Öffentlichkeitsfahndung diesen Personen keine Zugriffsrechte gegenüber dem Beschuldigten. Keinesfalls erwächst aus §§ 131, 131 a StPO Bürgern ein Recht zur vorläufigen Festnahme oder Gewaltanwendung. Sofern nicht die Voraussetzungen des § 127 Abs. 1 S. 1 StPO vorliegen, beschränkt sich die durch §§ 131, 131 a StPO aktivierte Mithilfe der Öffentlichkeit auf die Informierung der Behörden, die dann ihrerseits mit den ihnen zustehenden Zwangsmaßnahmen die Ergreifung des Gesuchten betreiben können[121].   **30**

2. Suche nach Zeugen

a) Ausschreibung zur Aufenthaltsermittlung

Haft- und Unterbringungsbefehl sowie Festnahme sind nur gegenüber Beschuldigten zulässig, nicht gegenüber Zeugen. Ein Zeuge, der sich weigert zur Vernehmung zu erscheinen, kann zwangsweise vorgeführt, jedoch nicht verhaftet werden, § 51 Abs. 1 S. 3 StPO. Daher ist rechtliche Grundlage für eine Ausschreibung nicht § 131 StPO, sondern § 131 a StPO. Die Voraussetzungen sind die gleichen wie bei der Ausschreibung zur Ermittlung des Aufenthaltsorts des Beschuldigten. Auch ist eine Öffentlichkeitsfahndung zulässig, § 131 a Abs. 3 StPO. Allerdings bestehen zugunsten des Zeugen erhöhte Anforderungen an den Schutz des Persönlichkeitsrechts, § 131 a Abs. 4 S. 2–4 StPO. Insbesondere darf nicht der Eindruck erweckt werden, die gesuchte Person sei Beschuldigter, § 131 Abs. 4 S. 2 StPO.   **31**

---

[120] *Roxin/Schünemann*, § 32 Rn. 4.

[121] *Roxin/Schünemann*, § 32 Rn. 4.

b) Einbeziehung von Medien

32 Bei der auch gegenüber Zeugen zulässigen Öffentlichkeitsfahndung (s. o. Rn. 30) nimmt die Staatsanwaltschaft die Unterstützung der Medien in Anspruch. Dabei sind auch Eingriffe in das Recht am eigenen Bild zulässig. Die Veröffentlichung von Abbildungen kann nicht nur der Aufenthaltsermittlung dienstbar gemacht werden (§ 131 a Abs. 4 S. 4 StPO), sondern auch zum Zwecke der Tataufklärung oder Zeugenidentifizierung eingesetzt werden, § 131 b Abs. 2 S. 1 StPO.

III. Medien und strafprozessuale Informationsgewinnung

33 Die Welt der Medien ist ein riesiges Reservoir an Informationsquellen und Informationsträgern. Hier werden Informationen erzeugt, aufgenommen, gespeichert, bearbeitet, verbreitet. Viele dieser Informationen haben etwas mit Straftaten zu tun und könnten daher, sofern sie in ein Strafverfahren einbezogen werden, zur justiziellen Wahrheitsfindung und Strafrechtsanwendung einen wertvollen Beitrag leisten. Ein wichtiges Thema des Strafverfahrensrechts ist daher der Zugriff der Strafverfolgungsbehörden auf Mediensubjekte und Medienobjekte zum Zwecke der Informationsgewinnung. Aus der Perspektive der Betroffenen ist in diesem Zusammenhang in erster Linie das Recht auf Informationszurückhaltung von Interesse.

1. Zeugenpflicht und Zeugnisverweigerungsrecht

a) Begriff des Zeugen

34 Der Zeuge ist ein persönliches Beweismittel im Rahmen des Strengbeweisverfahrens. Dieses ist immer anzuwenden, wenn die Wahrheit über Tatsachen gefunden werden soll, die für die Straftat- oder die Sanktionsfrage relevant sind[122]. Soweit prozesserhebliche Tatsachen aufgeklärt werden sollen, ist der Freibeweis zulässig[123]. Ein Kennzeichen des Strengbeweises ist der numerus clausus der Beweismittel. Zu ihnen gehört der Zeuge[124]. Daraus folgt, dass Zeuge eine Person ist, die Wissen über straftat- oder sanktionserhebliche Tatsachen hat, dessen Preisgabe die Strafverfolgungsbehörden von ihr fordern. Wie der Beschuldigtenbegriff ist auch der Zeugenbegriff formalisiert. Solange der Täter nicht als Beschuldigter verfolgt wird, kann er in dem Strafverfahren ohne weiteres Zeuge sein, vgl. § 55 StPO. Beschuldigten- und Zeugenstellung sind inkompatibel[125]. Vom Sachverständigen

---

[122] *Beulke*, Strafprozessrecht Rn. 180; *Hellmann*, Strafprozessrecht, Rn. 705; *Roxin/Schünemann*, § 24 Rn. 2.

[123] *Hellmann*, Strafprozessrecht, Rn. 706; *Roxin/Schünemann*, § 24 Rn. 3.

[124] *Hellmann*, Strafprozessrecht, Rn. 709.

[125] *Roxin/Schünemann*, § 24 Rn. 4.

unterscheidet sich der Zeuge dadurch, dass er sein Wissen nicht auf Grund eines gerichtlichen Gutachtenauftrags erworben[126] und meistens auch ohne spezielle Sachkunde – Ausnahme: „sachverständiger Zeuge", § 85 StPO[127] – erworben hat[128].

b) Pflichten des Zeugen

aa) Ladungsbefolgungspflicht

Sich als Zeuge in den Dienst der (Straf-)Rechtspflege zu stellen ist eine staatsbürgerliche Pflicht[129]. Wer durch Wahrnehmungen zum Träger von Informationen geworden ist, die für ein Strafverfahren relevant sind, muss dem Verlangen, sein Wissen den Strafverfolgungsbehörden zur Verfügung zu stellen, folgen. Wird er also durch eine Ladung aufgefordert, zu einer bestimmten Zeit an einem bestimmten Ort zu einer Zeugenvernehmung zu erscheinen, hat er dem Folge zu leisten. Er hat also eine Erscheinenspflicht[130]. Diese Pflicht besteht bei einer Vernehmung durch den Richter (§ 48 Abs. 1 S. 1 StPO) und durch den Staatsanwalt (§ 161 a Abs. 1 S. 1 StPO). Erscheint der Zeuge nicht, können als Beugemittel Ordnungsgeld und Ordnungshaft[131] festgesetzt sowie zwangsweise Vorführung angewandt werden, §§ 51 Abs. 1 S. 2, 3, 161 a Abs. 2 StPO. Gegenüber der Polizei hat der Zeuge keine Pflicht zum Erscheinen, da § 163 Abs. 3 StPO weder auf § 48 StPO noch auf § 51 StPO verweist[132]. **35**

bb) Aussagepflicht

Sofern der Zeuge kein Zeugnis- oder Auskunftsverweigerungsrecht hat, ist er verpflichtet, zu dem Gegenstand der Vernehmung Aussagen zu machen. Die Aussagepflicht bezieht sich auf Angaben zu seiner Person und zur Sache. Die Vernehmung zur Person (§ 68 StPO) dient der Identitätsfeststellung sowie der Klärung etwaiger Zeugnisverweigerungsrechte[133]. Daher ist insoweit auch ein Zeuge zur Aussage verpflichtet, der ein Zeugnisverweigerungsrecht hat und dieses ausübt[134]. Die Vernehmung zur Sache dient der Aufdeckung des strafrechtlich erheblichen Sachverhalts, § 69 StPO. Die Aussagepflicht beinhaltet eine Wahrheitspflicht. Wahrheitsgemäß ist **36**

---

[126] *Hellmann*, Strafprozessrecht, Rn. 741.

[127] *Hellmann*, Strafprozessrecht, Rn. 712.

[128] *Meyer-Goßner*, vor § 72 Rn. 1.

[129] *Meyer-Goßner*, vor § 48 Rn. 5.

[130] *Beulke*, Strafprozessrecht, Rn. 187; *Hellmann*, Strafprozessrecht, Rn. 723; *Kindhäuser*, Strafprozessrecht, § 21 Rn. 26; *Volk*, Grundkurs StPO, § 21 Rn. 5.

[131] Zu den Unter- und Obergrenzen vgl. Art. 6 EGStGB.

[132] *Kindhäuser*, Strafpozessrecht, § 21 Rn. 29.

[133] *Meyer-Goßner*, § 68 Rn. 1.

[134] *Meyer-Goßner*, § 68 Rn. 3.

eine richtige und vollständige Aussage. Die Pflicht zur Wahrheit besteht für Aussagen zur Sache und zur Person[135]. Falsche Angaben im Rahmen einer richterlichen Vernehmung können Strafbarkeit aus §§ 153, 154, 161 StGB begründen.

cc) Eidespflicht

37   Die Pflicht zur Beeidigung der Aussage besteht nur gegenüber dem Richter, § 161 a Abs. 1 S. 3 StPO. Ihre Anordnung steht im Ermessen des Gerichts und auch das nur, wenn einer der beiden in § 59 Abs. 1 S. 1 StPO genannten Gründe vorliegt. Im Ermittlungsverfahren ist die Vereidigung nur ausnahmsweise zulässig, § 62 StPO. Unter den Voraussetzungen des § 60 StPO ist die Vereidigung verboten. Zeugnisverweigerungsberechtigte Zeugen können den Eid verweigern, § 61 StPO. Der Eid wird nach der Vernehmung geleistet, § 59 Abs. 2 S. 1 StPO. War die beschworene Aussage falsch, ist der Eid ein nach § 154 StGB als Verbrechen strafbarer Meineid.

c) Zeugnisverweigerungsrechte

38   Die obigen Ausführungen zum Begriff und den Pflichten des Zeugen gelten ohne Einschränkung für Zeugen, die eine spezielle Beziehung zu Medien haben, z. B. ihren Beruf im Bereich der Medien ausüben. Eine rechtliche Sonderstellung nimmt zumindest ein Teil dieser Zeugen jedoch im Bereich der Zeugnisverweigerungsrechte ein. Unter den Voraussetzungen des § 53 Abs. 1 Nr. 5 StPO besteht für diese Personen ein berufsbezogenes Zeugnisverweigerungsrecht.

aa) Persönlicher Anwendungsbereich

39   Viele Menschen, die im Bereich der Medien ihren Beruf ausüben, kommen dabei mit einer Menge Informationen in Berührung oder haben die Gelegenheit dazu. Wer von ihnen gem. § 53 Abs. 1 Nr. 5 StPO im Strafverfahren in Bezug auf derartige Informationen das Zeugnis verweigern darf, definiert der Gesetzestext durch Bezeichnung der privilegierten Medien sowie der Funktion[136], die der einzelne in diesem Bereich hat. Bringt man diese beiden Koordinaten zusammen, zeigt sich eine extensive Tendenz.

(1) Privilegierte Medien

40   Der privilegierte Medienbereich wird durch die Begriffe Druckwerke, Rundfunksendungen, Filmberichte, Informations- und Kommunikationsdienste umrissen. Die beiden letztgenannten sind erfasst, soweit sie der Unterrichtung oder der Meinungsbildung dienen. Bei seiner Einführung im Jahr 1926 beschränkte sich das

---

[135] *Kindhäuser*, Strafprozessrecht, § 21 Rn. 32.
[136] LR-*Ignor/Bertheau*, § 53 Rn. 54.

Zeugnisverweigerungsrecht auf Presseangehörige[137]. 1953 wurde es auf Mitarbeiter des Rundfunks ausgedehnt[138]. 2002 schließlich wurde der Anwendungsbereich auf alle Informations- und Kommunikationsdienste erweitert[139]. Druckwerke sind nicht nur die periodischen Presseerzeugnisse (Zeitungen, Zeitschriften), sondern auch alle anderen Druckwerke[140]. Der Begriffsinhalt entspricht der Legaldefinition in den Pressegesetzen[141]. Rundfunk ist Hörfunk und Fernsehen[142], Filmberichte sind eigens aufgeführt, weil sie nicht vom Rundfunkbegriff erfasst sind[143]. Die Informations- und Kommunikationsdienste sind vor allem die im Internet zugänglichen Online-Dienste, die sich an die Allgemeinheit wenden und einen redaktionell aufbereiteten Inhalt anbieten[144]. Dienste mit ausschließlich unterhaltenden Inhalten oder Informationen im Rahmen von Individualkommunikation (z. B. Telebanking) sind nicht erfasst[145].

(2) Privilegierte Funktionsträger

Inhaber des Zeugnisverweigerungsrechts ist, wer eine berufliche Tätigkeit in dem **41** privilegierten Bereich ausübt[146]. Diese Tätigkeit muss sich auf Vorbereitung, Herstellung oder Verbreitung von Medienerzeugnissen beziehen. Neben dem journalistischen und künstlerischen Berufsfeld sind also auch technische, logistische und kaufmännische Funktionen einbezogen. Keine Rolle spielt, ob die Tätigkeit in leitender oder untergeordneter Stellung ausgeübt wird. Daher haben auch Boten, Schreibkräfte, Sekretärinnen usw. ein Zeugnisverweigerungsrecht[147].

bb) Sachlicher Anwendungsbereich

Das Zeugnisverweigerungsrecht besteht nur in Bezug auf Vernehmungsthemen, die **42** mit der beruflichen Stellung des Zeugen in einem inneren Zusammenhang stehen.

---

[137] *Baier*, Strafprozessuale Zeugnisverweigerungsrechte außerhalb der Strafprozeßordnung als Ergänzung der §§ 52 ff. StPO, 1995, S. 51; *Neumann*, Zeugnisverweigerungsrecht und strafprozessuale Ermittlungsmaßnahmen, 2005, S. 196.

[138] LR-*Ignor/Bertheau*, vor § 53.

[139] LR-*Ignor/Bertheau*, § 53 Rn. 47.

[140] HK-StPO-*Gercke*, § 53 Rn. 24; LR-*Ignor/Bertheau*, § 53 Rn. 50; *Kunert* NStZ 2002, 169 (170); *Meyer-Goßner*, § 53 Rn. 29.

[141] § 7 Abs. 1 BbgPG: „Druckwerke im Sinn dieses Gesetzes sind alle mittels eines zur Massenherstellung geeigneten Vervielfältigungsverfahrens hergestellten und zur Verbreitung bestimmten Schriften, besprochenen Tonträger, bildliche Darstellungen mit und ohne Schrift, Bildträger und Musikalien mit Text oder Erläuterungen."

[142] HK-StPO-*Gercke*, § 53 Rn. 25; *Meyer-Goßner*, § 53 Rn. 30.

[143] LR-*Ignor/Bertheau*, § 53 Rn. 51.

[144] LR-*Ignor/Bertheau*, § 53 Rn. 52.

[145] HK-StPO-*Gercke*, § 53 Rn. 27; *Kunert* NStZ 2002, 169 (170).

[146] *Kunert* NStZ 2002, 169 (170).

[147] *Meyer-Goßner*, § 53 Rn. 31.

Im Vordergrund steht das Recht, die Quelle von Informationen nicht preisgeben zu müssen. Dies ist eine unverzichtbare Voraussetzung dafür, dass ein Journalist seinem Informanten (Verfasser, Einsender, Informant[148]) vertrauliche Behandlung zusagen kann und unter dieser Bedingung an Material gelangt, dass er allein mit eigenen Recherchen nicht erreichen würde[149]. Dass es diese Quellen gibt und sie nicht versiegen, ist für Medienunternehmen lebenswichtig. Das gilt ohne Frage auch für Informanten aus einem illegalen oder halblegalen Milieu. Diese würden ihr Wissen gewiss weniger bereitwillig verkaufen, wenn sie befürchten müssten, dass der Empfänger ihrer Informationen bei einer Vernehmung durch Strafverfolgungsorgane „auspacken" würde. Das wird dieser im eigenen Interesse nicht tun, obwohl er es könnte, ohne sich dadurch strafbar zu machen. Denn anders als viele andere in § 53 Abs. 1 StPO zur Verweigerung des Zeugnisses berechtigte Berufsangehörige haben die in § 53 Abs. 1 Nr. 5 StPO benannten Personen keine gem. § 203 StGB strafbewehrte Geheimhaltungspflicht[150].

43 Weiterhin erstreckt sich das Zeugnisverweigerungsrecht auf Art und Inhalt von Mitteilungen, die Informanten einem Zeugnisverweigerungsberechtigten gemacht haben[151]. Darüber hinaus sind seit 2002 aber auch selbst erarbeitete Materialien und die Gegenstände sonstiger bei der Berufsausübung gemachter Wahrnehmungen geschützt[152]. Jeweils ist das Zeugnisverweigerungsrecht auf Materialien beschränkt, die für den redaktionellen Teil des Mediums bestimmt sind. Der Anzeigen- und Reklameteil ist also nicht erfasst[153]. Einer weiteren Einschränkung unterliegt das Zeugnisverweigerungsrecht in Bezug auf selbstrecherchiertes Material und eigene Wahrnehmungsgegenstände: Soweit die Aussage für die Förderung bestimmter Ermittlungen bei Verbrechen oder den in § 53 Abs. 2 S. 2 StPO aufgeführten Vergehen unerlässlich ist, entfällt das Zeugnisverweigerungsrecht[154]. Eine Rückausnahme zu dieser Einschränkung enthält § 53 Abs. 2 S. 3 StPO für die „Gemengelage" aus selbstrecherchierten und von Dritten zugetragenen Informationen[155]. Sobald und soweit die Aussage zwangsläufig auch zur Aufdeckung von Wissen führen würde, das dem uneinschränkbaren Teil des Zeugnisverweigerungsrechts unterfällt, bleibt dem Zeugen sein Zeugniserweigerungsrecht auch bezüglich selbst recherchierten Materials erhalten[156].

---

[148] LR-*Ignor/Bertheau* § 53 Rn. 63 ff.

[149] *Suffa*, Das Untersuchungsverweigerungsrecht aus 81 c Abs. 3 StPO als Beweiserhebungsverbot, 2003, S. 49.

[150] LR-*Ignor/Bertheau*, § 53 Rn. 8; *Kunert* NStZ 2002, 169 (171).

[151] LR-*Ignor/Bertheau*, § 53 Rn. 66; *Meyer-Goßner*, § 53 Rn. 38.

[152] LR-*Ignor/Bertheau*, § 53 Rn. 67; *Meyer-Goßner*, § 53 Rn. 39; krit. *Kunert* NStZ 2002, 169 (171).

[153] *Meyer-Goßner*, § 53 Rn. 40.

[154] LR-*Ignor/Bertheau*, § 53 Rn. 68; *Meyer-Goßner*, § 53 Rn. 39 a.

[155] *Kunert* NStZ 2002, 169 (172).

[156] LR-*Ignor/Bertheau*, § 53 Rn. 69; *Meyer-Goßner*, § 53 Rn. 39 c.

cc) Rechtliche Konsequenzen

Soweit das Zeugnisverweigerungsrecht besteht, kann der Zeuge das Zeugnis verwei- **44** gern. Ordnungs- und Beugemaßnahmen nach § 70 StPO sind daher unzulässig[157]. Die Ladungsbefolgungspflicht wird davon nicht berührt. Anders als bei den Berufsgruppen des § 53 Abs. 1 S. 1 Nr. 2 bis Nr. 3 b StPO wird bei den Medienangehörigen das Zeugnisverweigerungsrecht nicht durch eine Freigabeerklärung des Informanten beseitigt, vgl. § 53 Abs. 2 S. 1 StPO[158]. Das folgt zum einen daraus, dass Medienangehörige gar keine Verschwiegenheitspflicht haben (s. o. Rn. 42), zum anderen daraus, dass das Zeugnisverweigerungsrecht nicht dem Schutz des Informanten dient, sondern dem Interesse an ungestörter Medientätigkeit[159]. Wäre ein Reporter verpflichtet, gegenüber den Strafverfolgungsbehörden zu offenbaren, was er von einem Informanten, der auf Verschwiegenheit keinen Wert legt, erfahren hat, so müsste er möglicherweise befürchten, dass er künftig von anderen Informanten, die auf vertrauliche Behandlung sehr wohl Wert legen, nicht mehr „beliefert" wird[160]. Eine unter Verzicht auf das Weigerungsrecht gemachte Aussage kann der Zeuge zwar nicht mehr ungeschehen machen. Jedoch kann er durch Ausübung des Zeugnisverweigerungsrechts in der Hauptverhandlung erreichen, dass diese Aussage gem. § 252 StPO nicht zum Gegenstand der Beweisaufnahme gemacht werden darf[161]. Aufgrund der Verbindung mit § 97 Abs. 5 StPO resultiert aus § 53 Abs. 1 Nr. 5 StPO auch ein Schutz gegen Beschlagnahmen (näher dazu unten Rn. 47). Ein auf § 53 Abs. 1 Nr. 5 StPO basierendes Untersuchungsverweigerungsrecht wird von der h. M. trotz der nicht differenzierenden pauschalen Verweisung auf Zeugnisverweigerungsrechte in § 81 c Abs. 3 StPO – also entgegen dessen Wortlaut[162] – abgelehnt[163].

2. Beschlagnahme und Beschlagnahmeverbot

a) Beweismittelbeschlagnahme

Das Strafprozessrecht kennt zwei Zweckbestimmungen der Beschlagnahme: Be- **45** schlagnahme von Gegenständen, die in dem Verfahren als Beweismittel gebraucht werden (§ 94 Abs. 1, 2 StPO) und Beschlagnahme von Gegenständen, in Bezug auf

---

[157] Meyer-Goßner, § 70 Rn. 6.

[158] LR-Ignor/Bertheau, § 53 Rn. 48; Meyer-Goßner, § 53 Rn. 26.

[159] LR-Ignor/Bertheau, § 53 Rn. 48; Meyer-Goßner, § 53 Rn. 26.

[160] Neumann, Zeugnisverweigerungsrechte und strafprozessuale Ermittlungsmaßnahmen, S. 208.

[161] Meyer-Goßner, § 252 Rn. 3.

[162] Suffa, Das Untersuchungsverweigerungsrecht aus § 1 c Abs. 3 StPO als Beweiserhebungsverbot, 2003, S. 35.

[163] LR-Krause, § 81 c Rn. 38; Meyer-Goßner, § 81 c Rn. 23.

die in dem Verfahren Einziehung oder Verfall angeordnet werden könnte (§§ 94 Abs. 3, 111 b, 111 c StPO)[164]. Der strafprozessualen Wahrheitsfindung dient eine Beschlagnahme also, wenn sie sich auf Beweismittelgegenstände bezieht. Diese Funktion können auch Medienobjekte – z. B. Schriften iSd § 11 Abs. 3 StGB, Computer, Handys[165], Kameras usw. – haben[166]. Beschlagnahme ist eine qualifizierte Form behördlicher Sicherstellung. Sie ist notwendig, wenn der betroffene Gegenstand sich im Gewahrsam einer Person befindet und diese ihn nicht freiwillig herausgibt, § 94 Abs. 2 StPO[167]. Bei Gegenständen, die einem Post- oder Telekommunikationsdienstleister zwecks Beförderung übergeben worden sind, ist eine Beschlagnahme gem. § 99 StPO erforderlich, weil die freiwillige Herausgabe durch Bedienstete eventuell Strafbarkeit nach § 206 StGB begründen könnte.

46   Mit der Beschlagnahme von Schriftstücken, Ton- und Bildträgern, CDs, DVDs und anderen Medienobjekten wird in der Regel die Erlangung der Daten intendiert, die auf diesen Trägermedien gespeichert sind. Nicht der körperliche Gegenstand, sondern der unkörperliche geistige Inhalt der gespeicherten Daten ist Gegenstand des Beweisinteresses. Dieser Gegenstand als solcher kann aber nicht beschlagnahmt werden[168]. Denn die Beschlagnahme ist eine Maßnahme, die auf die physische Substanz des Gegenstandes zugreift, indem – im Sinne einer Wegnahme (§ 242 StGB) – das bisherige Gewahrsamsverhältnis aufgehoben und ein neues strafverfolgungsbehördliches Gewahrsamsverhältnis begründet wird[169]. An Daten und Informationen besteht kein Gewahrsam, sie sind weder sichtbar noch greifbar[170]. Das wird bestätigt durch das Erscheinungsbild der materiell-strafrechtlichen Vorschriften, die dem Schutz des durch Beschlagnahme begründeten staatlichen Gewahrsamsverhältnisses dienen: Richtet sich der Angriff des Täters unmittelbar gegen die Unversehrtheit der Daten ohne physischen Eingriff in den Datenträger, ist der rechtsgutstheoretisch einschlägige Straftatbestand „Verstrickungsbruch" (§ 136 StGB)[171] nicht anwendbar. Die Daten sind keine „Sachen"[172]. Eine Anpassung des Strafgesetzes an die neuartigen Realitäten der elektronischen Datenwelt wie in §§ 202 a ff, 269, 274 Abs. 1 Nr. 2 und 303 a, b StGB hat bei § 136 StGB noch nicht stattgefunden. Es gibt also

---

[164] *Beulke*, Strafprozessrecht, Rn. 245; *Heinrich*, Medienstrafrecht, Rn. 371.

[165] BVerfG StV 2005, 483 ff; *Weyand* StV 2005, 520 ff.

[166] *Kemper* NStZ 2005, 539 (540); *Lemcke*, Die Sicherstellung gem. § 94 StPO und deren Förderung durch die Inpflichtnahme Dritter als Mittel des Zugriffs auf elektronisch gespeicherte Daten, 1995, S. 25; SKStPO-*Wohlers*, § 94 Rn. 24.

[167] *Hellmann*, Strafprozessrecht, Rn. 382.

[168] *Kemper* NStZ 2005, 539 (541); *Lemcke*, Die Sicherstellung gem. § 94 StPO und deren Förderung durch die Inpflichtnahme Dritter als Mittel des Zugriffs auf elektronisch gespeicherte Daten, 1995, S. 24.

[169] *Roxin/Schünemann*, § 34 Rn. 13: Wegnahme.

[170] *Brunst* CR 2009, 591 (592); *Kemper* NStZ 2005, 539 (540); SKStPO-*Wohlers*, § 94 Rn. 26.

[171] Zum geschützten Rechtsgut vgl. z. B. *Lackner/Kühl*, § 136 Rn. 1: „innerstaatliche Herrschaftsgewalt über Sachen".

[172] *Hilgendorf* JuS 1996, 890.

z. B. keine Beschlagnahme von e-mails[173]. Gewahrsamsfähig und demzufolge gem.
§ 94 StPO beschlagnahmefähig sind nur die körperlichen Gewahrsamsobjekte, die
Daten- und Informationsträger. Indem diese beschlagnahmt werden, gelangen auch
die darauf gespeicherten Daten in den Herrschaftsbereich der Strafverfolgungsbehörden[174]. Dasselbe Ergebnis kann aber gegebenenfalls auch ohne Beschlagnahme
des Datenträgers erreicht werden, indem z. B. die Daten auf einen Datenträger der
Strafverfolgungsbehörde kopiert werden[175]. Das Wesen einer Vervielfältigung besteht darin, dass dem Betroffenen nicht der Gegenstand entzogen wird, sondern
seine Vorrangstellung als einziger Inhaber des Gegenstands. Da diese Maßnahme
den Betroffenen weniger belastet als die Beschlagnahme beispielsweise der gesamten Hardware[176], ist sie aus Gründen der Verhältnismäßigkeit der Beschlagnahme
sogar vorzuziehen[177]. Ihre Rechtsnatur ist allerdings nicht die einer Beschlagnahme
und ihre Rechtsgrundlage deshalb nicht § 94 StPO[178]. Vertretbar ist die Ansicht,
dass das Kopieren von Daten ein „Minus" im Verhältnis zur zulässigen Beschlagnahme des Datenträgers ist und daher seine Legalität aus der Rechtsgrundlage der
Beschlagnahme ableitet[179]. Da die Sichtung und das Kopieren der Daten in der Regel
während einer Durchsuchung von Räumlichkeiten erfolgt, ist sie Teil dieser Durch-
suchungsmaßnahme. Ihre rechtliche Grundlage ist daher die der sie einrahmenden
Durchsuchung, also §§ 102 ff StPO[180]. E-mails, die der Empfänger noch nicht abgerufen oder nach Abruf noch nicht gelöscht[181] hat und die daher noch in einem Postfach
(Mailbox) bei einem Provider gespeichert sind, unterliegen dem Fernmeldegeheimnis iSd Art. 10 GG[182]. Ihrer kann sich die Strafverfolgungsbehörde im Rahmen einer
Durchsuchung bemächtigen, indem sie vom Rechner des Durchsuchungsbetroffenen
aus Zugriff auf die extern gespeicherten e-mails nimmt, § 110 Abs. 3 StPO[183]. Ein direkter Zugriff auf den e-mail-Verkehr beim Provider vom Behördencomputer aus ist

---

[173] *Kemper* NStZ 2005, 539 (543).

[174] *Roxin/Schünemann*, § 34 Rn. 4.

[175] Instruktiv zu den technischen Gegebenheiten beim e-mail-Verkehr und den Zugriffsmöglichkei-
ten der Strafverfolgungsbehörden *Brodowski* JR 2009, 402 f.

[176] *Lemcke*, Die Sicherstellung gem. § 94 StPO und deren Förderung durch die Inpflichtnahme
Dritter als Mittel des Zugriffs auf elektronisch gespeicherte Daten, S. 104.

[177] BVerfG NJW 2005, 1917 (1921); *Kemper* NStZ 2005, 539 (540); *Roxin/Schünemann*, § 34
Rn. 4, 26.

[178] Anders offenbar BVerfG NJW 2006, 976 (980); zust. *Rux* JZ 2007, 285 (288).

[179] So *Roxin/Schünemann*, § 34 Rn. 4; SKStPO-*Wohlers*, § 94 Rn. 26; a. A. *Lemcke*, Die Sicherstellung gem. § 94 StPO und deren Förderung durch die Inpflichtnahme Dritter als Mittel des Zugriffs
auf elektronisch gespeicherte Daten, S. 110.

[180] *Kemper* NStZ 2005, 539 (542).

[181] Dazu, dass Löschen nicht sofortige unumkehrbare Vernichtung der Daten zur Folge hat,
Brodowski JR 2009, 402.

[182] BVerfG NJW 2009, 2431 (2433); LG Hanau NJW 1999, 3647; *Brodowski* JR 2009, 402 (405);
SKStPO-*Wohlers*, § 94 Rn. 27.

[183] *Bär* ZIS 2011, 53 (54); *Meyer-Goßner*, § 110 Rn. 6; SKStPO-*Wohlers*, § 94 Rn. 27; aA *Brodowski*
JR 2009, 402 (408).

unter den Voraussetzungen der §§ 100 a ff StPO zulässig[184]. Das BVerfG hält jedoch § 94 StPO für die richtige Rechtsgrundlage[185], der BGH rekurriert auf § 99 StPO[186]. Hier besteht gewiss ein starkes Bedürfnis nach einer Spezialregelung[187]. Solange diese fehlt, bewegt man sich in diesem Bereich auf einem „rechtlichen Minenfeld"[188].

b) Beschlagnahmeverbot

47   Beschlagnahmeverbote bestehen gem. § 97 StPO zum Schutz von Beziehungen, die Grundlage eines Zeugnisverweigerungsrechts sind. Der Inhaber eines Zeugnisverweigerungsrechts, der nicht verpflichtet ist, Informationen mündlich preiszugeben, soll auch nicht gezwungen werden können, die Ingewahrsamnahme schriftlich fixierter Informationen zu dulden. Das Beschlagnahmeverbot verhindert eine Umgehung der Zeugnisverweigerungsrechte[189]. Was der Mund nicht sagen muss, soll man auch der Hand nicht entreißen können. Den Zusammenhang zwischen dem Zeugnisverweigerungsrecht der Medienangehörigen (§ 53 Abs. 1 Nr. 5 StPO) und dem Beschlagnahmeverbot stellt § 97 Abs. 5 StPO her. Privilegiert sind die Personen, die gem. § 53 Abs. 1 Nr. 5 StPO Inhaber des Zeugnisverweigerungsrechts sind. Die sachliche Anpassung des Beschlagnahmeverbots an das Zeugnisverweigerungsrecht wird dadurch hergestellt, dass das Beschlagnahmeverbot auf informationshaltige Gegenstände (Schriftstücke, Tonträger usw.) beschränkt ist, soweit sie einen Inhalt tragen, der dem Zeugnisverweigerungsrecht unterliegt. Daraus folgt, dass ein Datenträger, den der Zeugnisverweigerungsberechtigte von einem Informanten erhalten hat, stärkeren Schutz gegen Beschlagnahme genießt als ein Datenträger, auf dem ein Journalist selbstrecherchiertes Material gespeichert hat, vgl. § 53 Abs. 2 S. 2 StPO[190]. Im Fall einer „Gemengelage" erstreckt sich das Beschlagnahmeverbot aber auch auf die aus eigenen Recherchen stammenden Unterlagen[191]. Das Beschlagnahmeverbot existiert so lange, wie der Gegenstand sich im Gewahrsam einer zeugnisverweigerungsberechtigten Person oder einer Redaktion, eines Verlags, einer Druckerei oder Rundfunkanstalt befindet, § 97 Abs. 5 S. 1 StPO[192]. Das Verbot entfällt, wenn die zeugnisverweigerungsberechtigte Person selbst unter Tatverdacht steht[193] oder

---

[184] LG Hamburg MMR 2008, 186 (187); LG Hanau NJW 1999, 3647; *Gaede* StV 2009, 96 (100); *Hellmann*, Strafprozessrecht, Rn. 329; *Meyer-Goßner*, § 100 a Rn. 6 b; SKStPO-*Wohlers*, § 94 Rn. 27; *Störing* MMR 2008, 187 (188); aA *Matzky*, Zugriff auf EDV im Strafprozeß, S. 248.

[185] BVerfG NJW 2009, 2431 (2433); zust. *Klein* NJW 2009, 2996 (2998); aA *Brunst* CR 2009, 591 (592); *Gaede* StV 2009, 96 (99); *Gercke* StV 2009, 624 (625); *Krüger* MMR 2009, 680 (682).

[186] BGH StV 2009, 623 (624); krit. *Brodowski* JR 2009, 402 (408); abl. *Gaede* StV 2009, 96 (99).

[187] *Brodowski* JR 2009, 402 (407).

[188] *Brodowski* JR 2009, 402.

[189] *Heinrich*, Medienstrafrecht, Rn. 373; SKStPO-*Wohlers*, § 97 Rn. 1.

[190] *Heinrich*, Medienstrafrecht, Rn. 374; *Hellmann*, Strafprozessrecht, Rn. 396.

[191] *Kunert* NStZ 2002, 169 (174).

[192] SKStPO-*Wohlers*, § 97 Rn. 18, 69.

[193] SKStPO-*Wohlers*, § 97 Rn. 73.

wenn der Beschlagnahmegegenstand die Eigenschaften eines Verfalls- oder Einzie-
hungsgegenstands hat, § 97 Abs. 5 S. 2 StPO iVm § 97 Abs. 2 S. 3 StPO. Wird
ein solcher Gegenstand anlässlich einer Durchsuchung als Zufallsfund aufgefunden,
ist seine Verwertung nur nach Maßgabe des § 108 Abs. 3 StPO zulässig[194]. Die
Beschlagnahme eines Gegenstandes, der gem. § 97 Abs. 5 StPO beschlagnahme-
frei ist, ist rechtswidrig. Ein Beweisverwertungsverbot resultiert daraus jedoch nicht
automatisch. Vielmehr hängt es gem. § 160 a Abs. 2 StPO vom Ergebnis einer Verhält-
nismäßigkeitsprüfung ab, ob Erkenntnisse aus den beschlagnahmten Gegenständen
verwertet werden dürfen[195].

3. Maßnahmen in Bezug auf Telekommunikation

Als Folge des technischen Fortschritts hat auch das Recht strafprozessualer Ein- **48**
griffe in den Bereich der Telekommunikation in den letzten Jahren umfangreiche
Erweiterungen und Veränderungen erfahren. Gab es hier jahrzehntelang allein die
Befugnis zur „Überwachung des Fernmeldeverkehrs" gem. § 100 a StPO, präsentiert
die aktuell geltende Strafprozessordnung nicht nur eine modernisierte Terminologie
(Überwachung der „Telekommunikation")[196], sondern in den §§ 100 g, 100 i StPO
auch neuartige Maßnahmen mit Beziehung zum Telekommunikationsverkehr.

a) Überwachung der Telekommunikation, § 100 a StPO

Telekommunikation ist nach der Definition in § 3 Nr. 22, 23 TKG der technische Vor- **49**
gang des Aussendens, Übermittelns und Empfangens von Nachrichten jeglicher Art
in der Form von Zeichen, Sprache, Bildern oder Tönen mittels technischer Einrichtungen oder Systeme, die als Nachrichten identifizierbare elektromagnetische oder
optische Signale senden, übertragen, vermitteln, empfangen, steuern oder kontrollieren können. Der Begriff umgreift neben Telefonverkehr im althergebrachten Sinn
auch moderne Formen der Datenübermittlung mittels Computer, Telefax, Internet
usw.[197] Das Wesen der Überwachungsmaßnahme ist das Abfangen von Daten auf
ihrem Übertragungsweg (Netzbereich) vom Absender zum Empfänger[198]. Die Daten
müssen also in Bewegung und beim Empfänger noch nicht angekommen sein. Der
Zugriff auf beim Absender noch oder beim Empfänger schon ruhende Daten ist kein
Fall des § 100 a StPO, sondern unterliegt dem Recht der – offenen[199] – Beschlagnahme und Durchsuchung. Denn der Schutz des Fernmeldegeheimnisses endet am

---

[194] *Meyer-Goßner*, § 108 Rn. 11.

[195] *Meyer-Goßner*, § 97 Rn. 50.

[196] *Roxin/Schünemann*, § 36 Rn. 1.

[197] *Hellmann*, Strafprozessrecht, Rn. 329.

[198] *Welp* NStZ 1994, 294 (295).

[199] Zur Unzulässigkeit der nicht offenen – "verdeckten" – Online-Durchsuchung unten § 6 Rn. 36 ff.

Endgerät des Fernsprechteilnehmers[200]. Der Zugriff auf bei einem Provider in einer Mailbox zwischengespeicherte Daten ist dagegen nach zutreffender Auffassung ein Fall des § 100 a StPO[201]. Nach Ansicht des BGH sind ebenfalls Telekommunikationsinhalt Gespräche, die der Partner einer Telekommunikation mit anwesenden Personen führt und die über die Telekommunikationseinrichtung von dem anderen Telekommunikationspartner sowie von dem die Telekommunikation überwachenden Staatsbediensteten mitgehört werden können („Raumgespräche")[202]. Diese Auslegung des Begriffs „Telekommunikation" verkennt, dass die Kommunikation mit dem Gesprächspartner im Raum ohne Telekommunikationseinrichtung geführt wird[203].

50   Zulässig ist die Überwachung der Telekommunikation zum Zwecke der Aufklärung der in dem Katalog des § 100 a Abs. 2 StPO aufgeführten Straftaten („Katalogtaten")[204]. Dieser Katalog ist erheblich erweitert worden[205] und hat heute eine Dimension, die den Rahmen der Verhältnismäßigkeit sprengt[206]. Im Anordnungsfall muss ein konkreter Tatverdacht auf der Basis bestimmter Tatsachen vorliegen, § 100 a Abs. 1 Nr. 1 StPO[207]. Die verdachtsbegründenden Tatsachen müssen das Bild einer schwerwiegenden Tat zeichnen, § 100 a Abs. 1 Nr. 2 StPO[208]. Die Überwachung muss erforderlich sein, weil der erstrebte Ermittlungserfolg (Sachverhalt, Aufenthaltsort des Beschuldigten) auf andere Weise wesentlich schwerer oder überhaupt nicht zu erzielen wäre (Subsidiarität), § 100 a Abs. 1 Nr. 3 StPO[209].

51   Die Überwachung der Telekommunikation wird als Ermittlungsmaßnahme eingesetzt, weil sie ein Mittel ist, Äußerungen des Beschuldigten zu erlangen, die Aufschluss über die verfahrensgegenständliche Tat oder den Aufenthaltsort des Beschuldigten geben. Da der Beschuldigte von der Überwachung nichts weiß (vgl. § 100 a Abs. 1 StPO am Anfang: „ohne Wissen des Betroffenen"), kann er die Informationsgewinnung der Strafverfolgungsbehörden nicht durch gezieltes Schweigen ins Leere laufen lassen oder durch Falschangaben in die Irre führen. Bei einer offenen Vernehmung wird er hingegen auf der Hut sein und von seinem Schweigerecht Gebrauch machen oder die Unwahrheit sagen. Da also in erster Linie Gespräche des Beschuldigten abgefangen werden sollen, ist die Anordnung der Überwachung primär gegen den Beschuldigen zu richten, § 100 a Abs. 3 StPO[210]. Mit dem Wort „richten" ist jedoch nicht eine Bekanntgabe der richterlichen Anordnung, sondern

---

[200] *Meyer-Goßner*, § 100 a Rn. 1; *Welp* NStZ 1994, 294.

[201] LG Mannheim StV 2002, 242; *Hellmann*, Strafprozessrecht, Rn. 329; *Jäger* StV 2002, 243; *Roxin/Schünemann*, § 36 Rn. 4; aA BVerfG NJW 2009, 2431 (2433): § 94 StPO.

[202] BGH NStZ 2003, 668 (670).

[203] *Fezer* NStZ 2003, 625 (627).

[204] *Meyer-Goßner*, § 100 a Rn. 15.

[205] *Kleih*, Die strafprozessuale Überwachung der Telekommunikation, S. 149.

[206] SKStPO-*Wolter*, § 100 a Rn. 2, 49.

[207] *Meyer-Goßner*, § 100 a Rn. 9.

[208] *Meyer-Goßner*, § 100 a Rn. 11.

[209] *Meyer-Goßner*, § 100 a Rn. 13

[210] *Meyer-Goßner*, § 100 a Rn. 17.

die Richtung des Überwachungszugriffs gemeint. Da der Überwachte von der Maßnahme keine Kenntnis erlangen soll, wird er erst nach deren Beendigung davon
benachrichtigt, § 101 Abs. 4 S. 1 Nr. 3, Abs. 5 S. 1 StPO. Außer dem Beschuldigten dürfen auch andere – unverdächtige – Personen überwacht werden, die mit dem
Beschuldigten kommunizieren oder seine Kommunikation mit Dritten unterstützen,
z. B. als „Nachrichtenmittler" oder als „Anschlussüberlasser" durch Zurverfügungstellung ihres Telefonanschlusses, § 100 a Abs. 3 StPO[211]. Diese unvermeidbaren
Nebenwirkungen zu Lasten Unbeteiligter sind verfassungsrechtlich hinnehmbar[212].

Auf das Bestehen von Zeugnisverweigerungsrechten bei einem der beteilig   **52**
ten Kommunikationspartner wird im Rahmen des § 100 a StPO keine Rücksicht
genommen[213]. Auch der Verwertung der bei der Überwachung gewonnenen Erkenntnisse stehen Zeugnisverweigerungsrechte grundsätzlich nicht entgegen[214]. Allein
der „Kernbereich privater Lebensgestaltung" errichtet hier eine Überwachungs- und
Verwertungsschranke, § 100 a Abs. 4 StPO. Ein weiteres Privileg ist zugunsten überwachungsfreien Verkehrs zwischen Verteidiger und Mandanten auf der Grundlage
des § 148 StPO anerkannt[215]. Solange der Verteidiger nicht nach § 138 a Abs. 1 Nr. 1
StPO ausgeschlossen ist, hebt nicht einmal Beteiligungsverdacht das Überwachungsverbot auf. § 160 a Abs. 4 StPO greift nicht ein, weil § 148 StPO Vorrang hat[216]. Die
Zulässigkeit der Überwachung des Telekommunikationsverkehrs mit Personen, denen gem. § 53 Abs. 1 StPO ein Zeugnisverweigerungsrecht zusteht, richtet sich nach
§ 160 a StPO[217]. Danach besteht ein absolutes Beweiserhebungsverbot zugunsten
der in § 53 Abs. 1 S. 1 Nr. 1, 2 und 4 StPO aufgeführten Zeugnisverweigerungsberechtigten, § 160 a Abs. 1 StPO[218]. Sonstige zeugnisverweigerungsberechtigte (§ 53
Abs. 1 S. 1 Nr. 3–3 b, Nr. 5 StPO) sind durch ein relatives Beweiserhebungsverbot
schwächer geschützt, § 160 a Abs. 2 StPO[219].

Zur Realisierung der richterlich oder staatsanwaltschaftlich angeordneten (§ 100   **53**
b Abs. 1 S. 1 StPO) Überwachung ist die dafür zuständige Staatsanwaltschaft (§ 36
Abs. 2 StPO) auf Unterstützung und Mitwirkung des Telekommunikationsunternehmens angewiesen, dessen Vertragspartner der von der Überwachung Betroffene ist,
§ 100 b Abs. 3 StPO[220]. Näheres zum Vollzug dieser Kooperation regeln das Tele-

---

[211] *Meyer-Goßner*, § 100 a Rn. 18 ff.; SKStPO-*Wolter*, § 100 a Rn. 52.

[212] *Volk*, Grundkurs StPO, § 10 Rn. 42.

[213] *Hellmann*, Strafprozessrecht, Rn. 330; diff. *Volk*, Grundkurs StPO, § 10 Rn. 42: Unverdächtige
Inhaber von Zeugnisverweigerungsrechten aus § 53 StPO sind geschützt (§ 97 Abs. 2 S. 3 StPO
analog).

[214] *Meyer-Goßner*, § 100 a Rn. 16.

[215] *Kindhäuser*, Strafprozessrecht, § 8 Rn. 78; *Meyer-Goßner*, § 100 a Rn. 21; *Volk*, Grundkurs
StPO, § 10 Rn. 42.

[216] *Meyer-Goßner*, § 160 a Rn. 3; Radtke/Hohmann/*Kretschmer*, § 160 a Rn. 16.

[217] Radtke/Hohmann/*Röwer*, § 100 a Rn. 25.

[218] *Meyer-Goßner*, § 160 a Rn. 3.

[219] *Meyer-Goßner*, § 160 a Rn. 9.

[220] *Kindhäuser*, Strafprozessrecht, § 8 Rn. 80.

kommunikationsgesetz und die Telekommunikations-Überwachungsverordnung, § 100 b Abs. 3 S. 2 StPO (dazu unten § 6).

b) Verkehrsdatenerhebung, § 100 g StPO

54   Die Telekommunikationsüberwachung gem. § 100 a StPO bezweckt strafverfolgungsbehördliche Kenntniserlangung vom Inhalt der Kommunikation des Beschuldigten mit einem Kommunikationspartner. Möglich ist diese Informationsgewinnung nur in Bezug auf zukünftige Kommunikationsfälle. Denn die Aufnahme und Speicherung von Kommunikationsinhalten durch die Telekommunikationsdiensteanbieter ist verboten, § 88 Abs. 3 TKG. Deshalb existieren bei den Telekommunikationsdiensteanbietern keine gespeicherten Inhaltsdaten, auf die die Strafverfolgungsbehörde zurückgreifen könnte[221]. Für die Erforschung eines strafrechtlich relevanten Sachverhalts oder für die Ermittlung des Aufenthaltsorts des Beschuldigten kann jedoch auch die Kenntnis davon nützlich sein, wann und wie lange der Beschuldigte mit wem und an welchem Ort telekommuniziert hat. Aufschluss darüber geben die sog. „Verkehrsdaten" isd § 3 Nr. 30, § 96 TKG[222], die von den Telekommunikationsdiensteanbietern für eigene Zwecke – z. B. Abrechnung (§ 97 TKG) – über einen gewissen Zeitraum gespeichert werden dürfen und daher – solange sie nicht gelöscht worden sind – auch den Strafverfolgungsbehörden zur Verfügung stehen könnten. Nach Erreichung des der Datenspeicherung zugrunde liegenden Zwecks sind die Daten unverzüglich zu löschen, vgl. § 97 Abs. 3 S. 3 TKG. Die „Vorratsdatenspeicherung" (§ 113 a TKG) ist vom Bundesverfassungsgericht für unzulässig erklärt worden[223]. Die Verweisung auf § 113 a TKG in § 100 g Abs. 1 StPO ist daher hinfällig.

55   Verkehrsdaten unterliegen wie die Inhaltsdaten dem Fernmeldegeheimnis, § 88 Abs. 1 TKG, § 206 Abs. 5 S. 2 StGB[224]. Strafprozessualer Zugriff auf sie ist deshalb nur auf der Basis einer gesetzlichen Ermächtigung zulässig. Diese Funktion hat § 100 g StPO, der nicht den Zugriff auf Kommunikationsinhalte legalisiert, sondern die Zulässigkeit der „Erhebung" von Verkehrsdaten regelt[225]. Erhebung ist der Vorgang der Kenntnisverschaffung von den Daten. Das umfasst die Anforderung entsprechender Auskünfte der Telekommunikationsdiensteanbieter (§ 113 TKG), aber auch die Datengewinnung durch Maßnahmen nach allgemeinen Vorschriften (§ 100 g Abs. 3 StPO), z. B. durch Beschlagnahme gem. § 94 StPO[226].

56   Die Voraussetzungen, unter denen die Erhebung von Verkehrsdaten zulässig ist, ähneln denen der Telekommunikationsüberwachung, sind aber weniger streng. So

---

[221] Vgl. aber SKStPO-*Wolter*, § 100 a Rn. 8, 9 zu Rechtsgrundlagen, die eine präventive Erfassung von Inhaltsdaten gestatten.

[222] *Meyer-Goßner*, § 100 g Rn. 4.

[223] BVerfGE 125, 260 ff.

[224] *Kleih*, S. 71.

[225] *Beulke*, Strafprozessrecht, Rn. 254 a; *Hellmann*, Strafprozessrecht, Rn. 337.

[226] *Meyer-Goßner*, § 100 g Rn. 11.

muss sich in der ersten Alternative des § 100 g Abs. 1 S. 1 StPO der Verdacht auf eine Straftat „von erheblicher Bedeutung" richten, § 100 g Abs. 1 Nr. 1 StPO, um eine „schwere" Straftat (§ 100 a Abs. 1 S. 1 Nr. 1 StPO) braucht es sich hingegen nicht zu handeln. Die Vokabel „insbesondere" in dem Verweis auf § 100 a Abs. 2 StPO eröffnet den Strafverfolgungsbehörden einen größeren Anwendungsbereich[227]. Ausreichend ist daher eine Straftat der mittleren Kriminalität[228]. In der Alternative des § 100 g Abs. 1 S. 1 Nr. 2 StPO (Straftaten mittels Endeinrichtung) genügt sogar der Verdacht bezüglich irgendeiner Straftat, die mittels Telekommunikation begangen wurde[229]. Davon erfasst sind auch minder schwere Straftaten[230]. In Betracht kommt z. B. „Telefonterror", also Nachstellung („Stalking") in der Form des § 238 Abs. 1 Nr. 2 oder Nr. 4 StGB[231]. Dagegen ist der Diebstahl eines Handys keine „mittels Telekommunikation" begangene Straftat[232]. Soll die Anordnung der Maßnahme auf § 100 g Abs. 1 S. 1 Nr. 2 StPO gestützt werden, ist die Subsidiaritätsklausel § 100 g Abs. 1 S. 2 StPO zu beachten[233]. Zudem ist Erhebung von Standortdaten (vgl. §§ 96 Abs. 1 Nr. 1, 98 TKG) in Echtzeit nur auf der Grundlage des § 100 g Abs. 1 S. 1 Nr. 1 StPO zulässig, § 100 g Abs. 1 S. 3 StPO[234]. Soweit die Auskunft Daten betrifft, hinsichtlich derer ein Berufsgeheimnisträger ein Zeugnisverweigerungsrecht aus § 53 Abs. 1 StPO hätte, ist § 160 a Abs. 1, 2 StPO zu beachten[235].

c) Einsatz von IMSI-Catchern, § 100 i StPO

Die Abkürzung IMSI steht für „International Mobile Subscriber Identitiy". Dabei handelt es sich um die Kartennummer der in einem Mobilfunkendgerät verwendeten Karte, § 100 i Abs. 1 Nr. 1 StPO. Zusammen mit der Gerätenummer eines Mobilfunkendgerätes (IMEI = International Mobile Equipment Identitiy) bildet die Kartennummer die „andere Kennung" iSd § 100 b Abs. 2 S. 2 Nr. 2 StPO. Im Rahmen der Telekommunikationsüberwachung gehört die Gerätenummer zu den in die Anordnung aufzunehmenden Angaben, § 100 b Abs. 2 S. 2 Nr. 2 StPO[236]. § 100 i Abs. 1 StPO gestattet die Ermittlung der Gerätenummer oder der Kartennummer (§ 100 i Abs. 1 Nr. StPO) oder des Standortes eines Mobilfunkendgerätes (§ 100 i Abs. 1 Nr. 2 StPO) mit technischen Mitteln. Legitimierender Anlaß ist der Verdacht einer Straftat von erheblicher Bedeutung. Ermittlungsziel ist die Erforschung

57

---

[227] *Bär* MMR 2002, 358 (361); *Meyer-Goßner*, § 100 g Rn. 13.

[228] *Meyer-Goßner*, § 100 g Rn. 13.

[229] *Bär* MMR 2002, 358 (361).

[230] *Meyer-Goßner*, § 100 g Rn. 17.

[231] SKStPO-*Wolter*, § 100 g Rn. 23.

[232] *Meyer-Goßner*, § 100 g Rn. 17.

[233] *Meyer-Goßner*, § 100 g Rn. 18.

[234] *Meyer-Goßner*, § 100 g Rn. 6.

[235] *Meyer-Goßner*, § 100 g Rn. 21; zur früheren Regelung in § 100 h Abs. 2 StPO a. F. *Bär* MMR 2002, 358 (363); *Wohlers/Demko* StV 2003, 241 (246).

[236] *Meyer-Goßner*, § 100 b Rn. 4.

des Sachverhaltes oder die Ermittlung des Aufenthaltsortes des Beschuldigten. Die individuelle Kartennummer ist unveränderlich, weltweit nur einmal vergeben und allein den Netzbetreibern bekannt. Mittels spezieller Messtechnik (sog. IMSI-Catcher) können Kartennummer und Gerätenummer eines aktiv geschalteten Mobilfunkabschlusses ermittelt werden. Die Ermittlung der Gerätenummer oder Kartennummer (§ 100 i Abs. 1 Nr. 1 StPO) dient der Vorbereitung einer Telekommunikationsüberwachung (§ 100 a StPO) bezüglich des Mobilfunkgerätes. Die Standortermittlung (§ 100 i Abs. 1 Nr. 2 StPO) ermöglicht die Ergreifung und Festnahme des Beschuldigten[237].

4. Akustische und optische Überwachungsmaßnahmen

58   Definiert man den Medienbegriff unter Akzentuierung des Aspekts der Ermöglichung von Wahrnehmungen (s. o. Vorwort), gehört auch die Ermöglichung optischer oder akustischer Beobachtungen und Wahrnehmungen mittels technischer Einrichtungen zu den Medienbezügen des Strafprozessrechts. Im Folgenden werden die Ermittlungsmaßnahmen erläutert, die auf technischer Wahrnehmungsermöglichung basieren.

a) Akustische Wohnraumüberwachung, § 100 c StPO

59   Die Vorschrift erlaubt die Abhörung und Aufzeichnung von nichtöffentlichen mündlichen Äußerungen innerhalb einer Wohnung mittels technischer Instrumente („großer Lauschangriff"). Auf diese Weise kann die Strafverfolgungsbehörde insbesondere vom Inhalt der Gespräche anwesender Gesprächspartner Kenntnis erlangen[238]. Während die Telekommunikationsüberwachung den Verdacht einer schweren Straftat voraussetzt, wird gem. § 100 c Abs. 1 Nr. 1, Abs. 2 StPO sogar der Verdacht „besonders schwerer Straftaten" verlangt. Der Straftatenkatalog des § 100 c Abs. 2 StPO deckt sich daher nur teilweise mit dem des § 100 a Abs. 2 StPO. Weniger schwerwiegende Delikte wie z. B. Abgeordnetenbestechung (§ 108 e StGB) findet man in § 100 a Abs. 2 Nr. 1 b StPO, dagegen nicht in § 100 c Abs. 2 StPO.

60   Unter „Wohnung" sind Räumlichkeiten zu verstehen, die unter dem Schutz des Art. 13 GG stehen. Daher gehören neben der Privatwohnung auch beruflich genutzte Räumlichkeiten zum Anwendungsbereich der Vorschrift[239]. Neben ortsfesten Gebäuden (Immobilien) kommen auch bewegliche und leicht auf- und abbaubare Unterkünfte in Betracht, wie Wohnmobile, Hausboote, Wohncontainer, Zelte usw.[240] Entscheidend ist, dass die Räumlichkeit nicht allgemein zugänglich ist, einem oder mehreren Menschen als Rückzugsraum dient, in dem Privatsphäre gelebt werden

---

[237] *Hellmann*, Strafprozessrecht, Rn. 356.

[238] Zur Anwendbarkeit des § 100 c StPO auf „Internet-Telefonie" vgl. *Sankol* CR 2008, 13 (15).

[239] HK-StPO-*Gercke*, § 102 Rn. 13.

[240] HK-StPO-*Gercke*, § 102 Rn. 13; SKStPO-*Wolter*, § 100 c Rn. 34.

kann. Eine solche steht auch einem Strafgefangenen zu, weshalb der Haftraum in einer Vollzugsanstalt entgegen der h. M[241] als Wohnung anzuerkennen ist[242]. Soweit die Maßnahme eine Gesprächssituation erfasst, an der mindestens zwei Personen beteiligt sind[243], kommt grundsätzlich § 100 c StPO – und nicht § 100 f StPO – zur Anwendung, wenn sich wenigstens eine der beteiligten Personen innerhalb eines Wohnraumes aufhält. Allerdings ist nach dem Standort des Gesprächspartners zu differenzieren, dessen Worte abgehört und aufgezeichnet werden: Bei der Unterhaltung am geöffneten Fenster einer Wohnung gilt für den im Freien stehenden Gesprächspartner § 100 f StPO; nur dem anderen gegenüber ist § 100 c StPO einschlägig. Denn „in einer Wohnung ... gesprochen" sind allein die Worte desjenigen, der seinen Standort innerhalb des Raumes hat.

Die Überwachung soll möglichst nur Wohnräume des Beschuldigten erfassen, da **61** die Maßnahme nur gegen den Beschuldigten gerichtet werden darf, § 100 c Abs. 3 S. 1 StPO. Jedoch dürfen auch Wohnungen anderer Personen in die Überwachung einbezogen werden, wenn es zur Erfassung des Beschuldigten notwendig ist, § 100 c Abs. 3 S. 2 StPO. Die unvermeidbare Miteinbeziehung des nichtöffentlich gesprochene Wortes von Nichtbeschuldigten wird in Kauf genommen, § 100 c Abs. 3 S. 3 StPO. Ein absolutes Überwachungsverbot besteht zum Schutz des Kernbereichs privater Lebensgestaltung, § 100 c Abs. 4 StPO. Bei unbeabsichtigtem Eindringen in diesen geschützten Bereich muss die Überwachung sofort beendet werden, § 100 c Abs. 5 S. 1 StPO. Die Aufzeichnung von zum geschützten Bereich gehörenden Äußerungen ist unverzüglich zu löschen, § 100 c Abs. 5 S. 2 StPO. Erkenntnisse von Personen, die durch Mithören während der Überwachung gewonnen wurden, dürfen nicht verwertet werden, § 100 c Abs. 5 S. 3 StPO. Darüber ist eine gerichtliche Entscheidung herbeizuführen, § 100 c Abs. 7 StPO. Inhaber von Zeugnisverweigerungsrechten gem. § 53 StPO sind nach Maßgabe des § 100 c Abs. 6 S. 1 StPO vor Überwachung absolut geschützt[244]. Gegenüber Inhabern von Zeugnisverweigerungsrechten gem. § 52 StPO und § 53 a StPO ist dieser Schutz auf ein Beweisverwertungsverbot reduziert, dessen Bestand von einer Abwägung abhängig ist, § 100 c Abs. 6 S. 2 StPO[245]. Bei Verstrickungsverdacht entfällt der Schutz, §§ 100 c Abs. 6 S. 3, 160 a Abs. 4 StPO. Verteidiger sind davon ausgenommen[246].

b) Akustische Überwachung außerhalb von Wohnungen, § 100 f StPO

Der rechtliche Schutz vor Abhörung ist schwächer, wenn der Betroffene sich nicht **62** in einem dem Schutz des Art. 13 GG unterfallenden Raum – z. B. in einem Pkw – aufhält. Deshalb genügt als Voraussetzung für die Anordnung einer Maßnahme nach

---

[241] BVerfG NStZ 1996, 511; HK-StPO-*Gercke*, § 102 Rn. 14.

[242] *Bernsmann*, FS Schwind, S. 515 ff.; *Mitsch*, FS Schwind, S. 603 (612 ff.).

[243] § 100 c StPO gilt auch für Selbstgespräche, SKStPO-*Wolter*, § 100 c Rn. 37.

[244] *Meyer-Goßner*, § 100 c Rn. 22 a.

[245] *Meyer-Goßner*, § 100 c Rn. 23.

[246] *Meyer-Goßner*, § 100 c Rn. 24.

§ 100 f StPO bereits der Verdacht einer dem Katalog des § 100 a Abs. 2 StPO angehörenden Straftat, sofern sie schwerwiegend ist. „Besonders schwer" (§ 100 c Abs. 1 Nr. 2 StPO) braucht sie nicht zu sein. Maßnahmezweck ist die Erforschung des Sachverhalts oder Ermittlung des Aufenthaltsorts des Beschuldigten. Sofern diese Zwecke mit anderen – weniger einschneidenden Mitteln[247] – ausreichend gefördert werden können, ist die subsidiäre Abhörmaßnahme unzulässig[248]. Zielperson der Maßnahme darf grundsätzlich nur der Beschuldigte sein, § 100 f Abs. 2 S. 1 StPO. Unvermeidbares Mitbetroffensein Dritter ist jedoch unschädlich, § 100 f Abs. 3 StPO. Gezielt darf gegen Nichtbeschuldigte vorgegangen werden, wenn Grund für die Annahme besteht, dass sie mit dem Beschuldigten „in Verbindung stehen" oder die Herstellung einer solchen Verbindung bevorsteht („Kontaktperson"), § 100 f Abs. 2 S. 2 StPO. Zeugnisverweigerungsberechtigte sind gegenüber Abhörmaßnahmen unterschiedlich geschützt: Strafverteidiger dürfen wegen § 148 StPO überhaupt nicht abgehört werden, für sonstige Teilhaber des § 53 StPO gilt § 160 a StPO. Zeugnisverweigerungsberechtigte nach § 52 StPO erfahren keinerlei Privilegierung[249].

c) Bildaufnahmen außerhalb von Wohnungen, § 100 h StPO

63   Während die akustische Überwachung bei besonders schwerwiegenden Straftaten auch innerhalb von Wohnungen zulässig ist (§ 100 c StPO), ist eine optische Überwachung nur außerhalb von Wohnungen erlaubt, § 100 h StPO. Da die Herstellung von Bildaufnahmen von Grundstücken, Gebäuden, beweglichen Sachen und sonstigen Gegenständen grundsätzlich in keinerlei Rechte eingreift, bedürfen sie auch im strafprozessualen Kontext keiner gesetzlichen Eingriffsermächtigung. Das Haus, in dem ein Mensch getötet worden ist, darf ebenso zur Beweissicherung fotografiert werden wie der Leichnam des Getöteten. Das beruht in beiden Fällen nicht auf § 100 h Abs. 1 Nr. 1 StPO[250]. Bei den Bildaufnahmen, deren Zulässigkeit auf § 100 h Abs. 1 Nr. 1 StPO beruht, geht es hingegen um Eingriffe in das Recht am eigenen Bild. Aufnahmeobjekte sind also lebende Menschen. Obwohl der Wortlaut insoweit undeutlich ist, meint § 100 h Abs. 1 Nr. 1 StPO nur Bildaufnahmen zum Zwecke der Observation des Beschuldigten, § 100 h Abs. 2 S. 1 StPO, bzw. anderer Personen, § 100 h Abs. 2 S. 2 StPO. Das ist unter relativ geringen Voraussetzungen zulässig. Aus § 100 h Abs. 1 S. 2 StPO folgt per Umkehrschluss, dass die Herstellung von Bildaufnahmen gem. § 100 h Abs. 1 S. 1 Nr. 1 StPO nur einen schlichten Anfangsverdacht voraussetzt, der sich nicht einmal auf eine erhebliche Straftat richten muss[251].

---

[247] „Andere Weise" ist daher nicht eine Wohnraumüberwachung gem. § 100 c StPO oder eine Telekommunikationsüberwachung gem. § 100 a StPO.

[248] *Meyer-Goßner*, § 100 f Rn. 8.

[249] *Meyer-Goßner*, § 100 f Rn. 12.

[250] *Meyer-Goßner*, § 100 h Rn. 1.

[251] *Hellmann*, Strafprozessrecht, Rn. 350.

Beschränkt ist die Maßnahme allein durch das Verhältnismäßigkeitsgebot[252]. Weiß der Betroffene, dass er aufgenommen oder beobachtet wird, greifen die Beschränkungen des § 100 h StPO zwar nicht. Kriminalistisch ist die Maßnahme dann aber in der Regel nutzlos und aus diesem Grund unzulässig.

5. Elektronischer Datenabgleich

a) Rasterfahndung, § 98 a StPO

Wie bei der Erhebung von Telekommunikationsverkehrsdaten gem. § 100 g StPO **64** (s. o. Rn 54) macht sich die Strafverfolgungsbehörde bei der Rasterfahndung den Umstand zunutze, dass personenbezogene Daten aus den unterschiedlichsten Gründen von privaten oder öffentlichen Stellen für ihre eigenen Zwecke – also nicht zwecks Strafverfolgung – erhoben und gespeichert werden[253]. Im Wege des sog. „Datenabgleichs" kann die Strafverfolgungsbehörde personenbezogene Daten, die sie im Zuge ihrer Ermittlungen – z. B. anlässlich einer Netzfahndung (§ 163 d StPO)[254] – selbst erhoben hat, mit Daten einer anderen „speichernden Stelle" iSd § 98 a Abs. 2 StPO verknüpfen. Auf diese Weise kann die Strafverfolgungsbehörde in Erfahrung bringen, welche Personen als Täter nicht in Frage kommen, obwohl sie ein auf den Täter hinweisendes Merkmal aufweisen (negative Rasterfahndung) oder einen Kreis von Personen ermitteln, bei denen sich weitere auf ihre mögliche Täterschaft deutende Merkmale finden (positive Rasterfahndung)[255]. Der Datenabgleich erfolgt „maschinell", also unter Einsatz von Computertechnologie[256]. Da die Maßnahme ein erheblicher Eingriff in das Recht auf informationelle Selbstbestimmung ist[257], erlaubt das Gesetz sie nur beim Verdacht von Straftaten von erheblicher Bedeutung[258]. Damit sind lediglich Bagatelltaten ausgegrenzt. Im Übrigen ist der Bereich mittlerer Kriminalität ab einer Strafrahmenobergrenze von zwei Jahren erfasst[259]. Wie jede eingriffsintensive Maßnahme ist die Rasterfahndung subsidiär gegenüber weniger einschneidenden Ermittlungsmethoden[260]. Zur Durchführung des Datenabgleichs hat die private oder öffentliche Stelle, bei der die benötigten Daten gespeichert sind, diese der Strafverfolgungsbehörde zur Verfügung zu stellen (§ 98 a Abs. 2 StPO) und diese auf Anforderung der Staatsanwaltschaft auch sonst zu unterstützen (§ 98 a Abs. 4 StPO).

---

[252] *Meyer-Goßner*, § 100 h Rn. 1.

[253] *Hellmann*, Strafprozessrecht, Rn. 317.

[254] HK-StPO-*Zöller*, § 163 d Rn. 9; *Meyer-Goßner*, § 163 d Rn. 7.

[255] HK-StPO-*Gercke*, § 98 a Rn. 4.

[256] HK-StPO-*Gercke*, § 98 a Rn. 5.

[257] *Meyer-Goßner*, § 98 a Rn. 1.

[258] Krit. zur Vagheit dieser Voraussetzung *Volk*, Grundkurs StPO, § 10 Rn. 39.

[259] *Volk*, Grundkurs StPO, § 10 Rn. 39.

[260] *Meyer-Goßner*, § 98 a Rn. 3.

b) Datenabgleich, § 98 c StPO

65 Werden personenbezogene Daten aus einem Strafverfahren mit anderen Daten, die
zum Zwecke der Strafverfolgung, Strafvollstreckung oder Gefahrenabwehr gespeichert sind, maschinell abgeglichen, handelt es sich nicht um Rasterfahndung, sondern
um einen justizinternen Datenabgleich[261]. Daher ist diese Maßnahme schon zulässig,
wenn sie zur Aufklärung einer beliebigen Straftat oder zur Ermittlung des Aufenthaltsortes einer Person geeignet ist[262]. Subsidiarität gegenüber anderen Maßnahmen
besteht nicht[263].

6. Offenkundigkeit, Unmittelbarkeit und Freibeweis

a) Offenkundigkeit

66 Die Rekonstruktion der verfahrensgegenständlichen Tat zur Herstellung einer Grundlage für ein Urteil über die Tat erfolgt in der Hauptverhandlung durch Beweisaufnahme, §§ 244 Abs. 1, 261 StPO. Da dieser strafprozessuale Vorgang dem Strengbeweis
unterliegt[264], darf das Gericht die dafür erforderlichen Informationen nur mit den
gesetzlich zugelassenen Beweismitteln in dem gesetzlich vorgeschriebenen Verfahren gewinnen. Die Verfahrensbeteiligten können durch Stellung von Beweisanträgen
Einfluss auf die gerichtliche Beweisaufnahme nehmen, wenngleich das Gericht zur
Wahrheitsfindung ohnehin von Amts wegen verpflichtet ist, § 244 Abs. 2 StPO[265].
Der Umfang der Beweisaufnahme kann dadurch erweitert werden, weil das Gericht
Beweisanträgen zum Teil auch dann stattgeben muss, wenn diese auf eine Beweis-
erhebung zielen, die von der gerichtlichen Amtsaufklärungspflicht nicht umfasst
wäre[266]. Ablehnen darf – bzw. im Fall des §§ 244 Abs. 3 S. 1, 245 Abs. 2 S. 2
StPO: muss – das Gericht einen korrekt gestellten Beweisantrag allein unter den
Voraussetzungen des § 244 Abs. 3 bis 5 StPO. Einer dieser Ablehnungsgründe ist
die Überflüssigkeit der Beweiserhebung wegen Offenkundigkeit, § 244 Abs. 3 S. 2
Alt. 1 StPO.

67 Die Ablehnung des Beweisantrags ist zulässig, wenn entweder die vom Antrag-
steller aufgestellte Beweisbehauptung oder ihr Gegenteil offenkundig ist[267]. Der
Begriff der Offenkundigkeit basiert auf den beiden Unterkategorien der Allgemein-

---

[261] HK-StPO-*Gercke*, § 98 c Rn. 1; *Meyer-Goßner*, § 98 c Rn. 1.

[262] *Meyer-Goßner*, § 98 c Rn. 2.

[263] *Hellmann*, Strafprozessrecht, Rn. 322.

[264] *Gössel*, Strafverfahrensrecht, S. 197; *Meyer-Goßner*, § 244 Rn. 6; *Roxin/Schünemann*, § 24
Rn. 2; *Volk*, Grundkurs StPO, § 23 Rn. 7.

[265] *Gössel*, Strafverfahrensrecht, S. 197; *Meyer-Goßner*, § 244 Rn. 11.

[266] *Meyer-Goßner*, § 244 Rn. 12.

[267] *Meyer-Goßner*, § 244 Rn. 50.

kundigkeit und der Gerichtskundigkeit[268]. Beiden Begriffen gemein ist das Element der „Kundigkeit", was nichts anderes ist als „Bekanntheit" oder schlicht „Wissen". Ist der Allgemeinheit oder dem erkennenden Gericht eine Tatsache bekannt, braucht über sie nicht Beweis erhoben zu werden. Das bedeutet nicht, dass derartige Tatsachen gänzlich unerörtert bleiben können[269]. Was entscheidungserheblich und nicht völlig selbstverständlich jedermann bekannt ist, muss in der Hauptverhandlung zur Sprache gebracht werden[270]. Wenn Gegenstand des Verfahrens eine Tat gem. § 106 StGB ist, muss aufgeklärt – d. h. im Strengbeweisverfahren bewiesen – werden, ob das Opfer der Tat Christian Wulff ist. Es muss gewiss auch erwähnt werden, dass im Jahr 2011 der Inhaber des Amts des Bundespräsidenten Christian Wulff ist. Diese Tatsache braucht jedoch nicht bewiesen zu werden, sie ist allgemeinkundig. Denn allgemeinkundig ist eine Tatsache, die jeder durchschnittliche Bürger kennt und über die sich die Nichtwissenden mit geringem Aufwand zuverlässig aus allgemein zugänglichen Quellen informieren können[271]. Das Potential der Medien als Informationsträger und Informationsquellen[272] steht also in direkter Beziehung zu dem Umfang des Aufklärungs- und Beweisaufwands im Strafverfahren. Insbesondere das Internet dürfte einen erheblichen Beitrag zur Vergrößerung des Bereichs der Offenkundigkeit leisten.

b) Unmittelbarkeit

Ein Optimum an Wahrheitsfindung wäre der Fall, dass der Richter, der über die Tat zu urteilen hat, diese zuvor selbst unmittelbar miterlebt hätte. Prozessrechtlich ist ein solcher Fall nicht möglich. Hat der Richter die Tat selbst begangen, ist er „von der Ausübung des Richteramtes ausgeschlossen"[273], was so selbstverständlich erscheint, dass es in § 22 StPO nicht explizit erwähnt wird. Aus § 22 Nr. 3 StPO kann es aber per „Erst-recht-Schluss" abgeleitet werden[274]. Ist der Richter Opfer der Tat geworden, ist er gem. § 22 Nr. 1 StPO ausgeschlossen. Hat er die Tatbegehung als Augenzeuge miterlebt, ist er Zeuge und daher, sobald er zu der Sache als Zeuge vernommen worden ist, von der Ausübung des Richteramtes in diesem Verfahren ausgeschlossen, § 22 Nr. 5 StPO[275]. Denn ein Richter kann nicht seine eigene Zeugenaussage würdigen. Die

68

---

[268] *Hellmann*, Strafprozessrecht, Rn. 665; *Roxin/Schünemann*, § 24 Rn. 9, 10; *Volk*, Grundkurs StPO, § 23 Rn. 11.

[269] *Buschhorn*, Rechtsprobleme der Offenkundigkeit von Tatsachen im Strafverfahren, S. 211.

[270] *Hellmann*, Strafprozessrecht, Rn. 664; *Meyer-Goßner*, § 244 Rn. 3; *Roxin/Schünemann*, § 24 Rn. 11.

[271] *Buschhorn*, Rechtsprobleme der Offenkundigkeit von Tatsachen im Strafverfahren, S. 53; *Hellmann*, Strafprozessrecht, Rn. 664; *Meyer-Goßner*, § 244 Rn. 51.

[272] *Meyer-Goßner*, § 244 Rn. 51: Zeitung, Hör- und Fernsehfunk, Land- und Straßenkarten, Nachschlagewerke, Geschichtsbücher.

[273] *Gössel*, Strafverfahrensrecht, S. 157.

[274] *Kindhäuser*, Strafprozessrecht, § 13 Rn. 6.

[275] *Kindhäuser*, Strafprozessrecht, § 21 Rn. 9.

Informationen der Mitglieder des erkennenden Gerichts über die Tat beruhen also niemals auf eigener Wahrnehmung des Tatgeschehens, sondern auf Informationsvermittlung. Die Tat als solche ist niemals „gerichtskundig"[276]. Dennoch heißt das wichtige Prinzip, dessen prozessuale Umsetzung die Qualität der Wahrheitsfindung in der Hauptverhandlung garantieren soll, „Unmittelbarkeit". Diese Bezeichnung ist zutreffend, wenn man berücksichtigt, dass damit nicht unmittelbare Wahrnehmung der die Straftat konstituierenden Tatsachen durch die Gerichtspersonen gemeint ist. Der Bedeutungsgehalt der Unmittelbarkeit in der Hauptverhandlung ist ein zweifacher: Unmittelbar ist zum einen die Beziehung zwischen den zur Urteilsfindung berufenen Personen (§ 226 Abs. 1 StPO) und dem „Inbegriff der Verhandlung" (§ 261 StPO), also den informationsverschaffenden Vorgängen – insbesondere Beweisaufnahme – in der Hauptverhandlung (formelle Unmittelbarkeit)[277]. Es geht nicht an, dass ein Richter an der Urteilsfindung mitwirkt, der nicht an der Hauptverhandlung mitgewirkt hat und sich sein Bild von der Tat allein auf der Grundlage von Berichten der anderen Richter, die an der Hauptverhandlung mitgewirkt haben, machen kann. Die zweite Bedeutung von Unmittelbarkeit betrifft die Beziehung zwischen Wahrnehmungsgegenstand und Wahrnehmungsperson. Gem. § 250 S. 1 StPO soll der Beweis über einen Wahrnehmungsgegenstand möglichst mit der unmittelbaren Wahrnehmungsperson geführt werden (materielle Unmittelbarkeit)[278]. Deren Aussage soll nicht durch Verlesung einer schriftlich fixierten Bekundung, z. B. eines Vernehmungsprotokolls (§ 250 S. 2 StPO) oder durch Vernehmung eines Kommunikationspartners dieser Wahrnehmungsperson („Zeuge vom Hörensagen"[279]) ersetzt werden.

69 Medien kommen bei der gerichtlichen Wahrheitsfindung in der Hauptverhandlung zum einen in Fällen der Durchbrechung des Unmittelbarkeitsgrundsatzes und zum anderen zum Zwecke der Realisierung des Unmittelbarkeitsgrundsatzes zum Einsatz. In beiden Fällen geht es um das „materielle" Unmittelbarkeitsprinzip (s. o. Rn. 68). Medien wie Vernehmungsprotokolle oder Videoaufzeichnungen haben die Funktion eines Surrogats im Verhältnis zu der „unmittelbaren" Wahrnehmungsperson, dem Zeugen oder Sachverständigen, wenn in der Hauptverhandlung nicht diese Person vernommen, sondern der Inhalt einer früheren Aussage dieser Person durch Verlesung oder Abspielen einer Videoaufzeichnung („Videokonserve"[280]) in die Hauptverhandlung eingeführt wird[281]. Zulässig ist eine Ersetzung der unmittelbaren Beweisperson durch Medien nur ausnahmsweise unter engen Voraussetzungen, vgl. §§ 251 ff StPO bzgl. Protokollen und sonstigen Schriftstücken, §§ 255 a, 58 a StPO bzgl. Videoaufzeichnungen[282]. Das erkennende Gericht erlangt dann nur

---

[276] *Hellmann*, Strafprozessrecht, Rn. 665.

[277] *Hellmann*, Strafprozessrecht, Rn. 659; *Kindhäuser*, Strafprozessrecht, § 21 Rn. 112.

[278] *Hellmann*, Strafprozessrecht, Rn. 662; *Kindhäuser*, Strafprozessrecht, § 21 Rn. 113; *Meyer-Goßner*, § 250 Rn. 1.

[279] *Beulke*, Strafprozessrecht, Rn. 422.

[280] *Beulke*, Strafprozessrecht, Rn. 430 e.

[281] *Kindhäuser*, Strafprozessrecht, § 21 Rn. 114 f.

[282] *Beulke*, Strafprozessrecht, Rn. 411 ff.

mittelbar Kenntnis von der Aussage der Person, die selbst unmittelbar eine Wahrnehmung gemacht hat. Zur Verwirklichung des Unmittelbarkeitsprinzips tragen Medien bei, indem sie direkte richterliche Vernehmungen von Personen ermöglichen, die sich während ihrer Vernehmung nicht im Sitzungszimmer, sondern an einem anderen Ort aufhalten. Im Wege der simultanen „Audiovisuellen Zeugenvernehmung" lassen sich räumliche Trennung und große Entfernungen – im Wege der internationalen Rechtshilfe auch grenzüberschreitend – überbrücken, § 247 a StPO[283]. Auf Vernehmungsprotokolle darf trotz Vorliegens der Voraussetzungen des § 251 Abs. 2 StPO nicht zurückgegriffen werden, wenn eine audiovisuelle Vernehmung möglich ist und von ihr eine bessere Aufklärung zu erwarten ist[284].

c) Freibeweis

Wegen seines beträchtlichen Einflusses auf den Ausgang des Verfahrens und den   **70** Inhalt der gerichtlichen Entscheidung muss das Beweisverfahren rechtlich reglementiert werden. Eine vollkommen freie und rechtlich ungebundene Gestaltung des Wahrheitsfindungsprozesses gibt es nicht. Jedoch ist die gesetzliche Bindung unterschiedlich stark, je nachdem, welchen Relevanzgrad die zu beweisende Tatsache für die materiell-strafrechtliche Entscheidung hat. Die größte Erheblichkeit kommt den Tatsachen zu, die unmittelbar die Erfüllung materiellrechtlicher Voraussetzungen der Strafbarkeits- und der Sanktionsentscheidung begründen. Der Beweis derartiger Tatsachen kann deshalb nur im Strengbeweisverfahren erfolgen. Deswegen kann die erkenntnisfördernde Wirkung von Medien in diesem Bereich nur ausgeschöpft werden, wenn sie einem der strafprozessrechtlich anerkannten Beweismittel unterfallen und ihre Verwendung im Strafverfahren den gesetzlichen Beweisvorschriften entspricht. Beispielsweise ist das Abspielen und Anhören einer Tonbandaufnahme in der Hauptverhandlung ein tauglicher Vorgang des Strengbeweises, wenn dies alle Bedingungen rechtmäßigen Augenscheinsbeweises erfüllt[285]. Denn Urkundenbeweis kann die akustische Vermittlung und Aufnahme der Informationen nicht sein, weil sie keine Verlesung iSd § 249 StPO ist. Das Abspielen zum Zwecke des Vorhalts ist zwar ohne weiteres zulässig, aber ebenfalls kein Urkundenbeweis[286]. Allerdings können im Wege des Augenscheins allein phonetische Äußerlichkeiten des gesprochenen Wortes wie Lautstärke, Stimmlage, Klangfarbe, Dialekt, Sprechgeschwindigkeit festgestellt werden. Sprachinhalte scheiden als Beweisgewinnungsziel eines Augenscheinsbeweises aus.

Weniger streng sind die Gesetzlichkeitsbedingungen beim Beweis von Tatsachen,   **71** die unmittelbar für prozessuale Gegebenheiten bedeutsam sind und auf den Inhalt der materiellrechtlichen Entscheidung allenfalls mittelbar Einfluss haben. Ob ein Arzt als Zeuge aussagen muss, weil sein Patient ihn von seiner Schweigepflicht

---

[283] *Beulke*, Strafprozessrecht, Rn. 430 a.

[284] *Meyer-Goßner*, § 247 a Rn. 6.

[285] *Hellmann*, Strafprozessrecht, Rn. 760; *Volk*, Grundkurs StPO, § 21 Rn. 33.

[286] *Meyer-Goßner*, § 249 Rn. 29.

entbunden hat, ist ein prozessrechtliches Thema. Welche Konsequenzen die Entscheidung dieser Frage für die Entscheidung über Schuld und Strafe hat, ist unmittelbar nicht zu erkennen. Dasselbe gilt z. B. für die Frage, ob ein Strafantrag fristgemäß gestellt wurde[287] oder bei einem Beweisgewinnungsvorgang in einer Weise Recht verletzt wurde, dass daraus – z. B. gem. § 136 a Abs. 3 StPO – ein Beweisverwertungsverbot resultiert. Derartige prozessrechtlich erhebliche Tatsachen können im Freibeweisverfahren ermittelt werden[288]. Das Gericht ist weder auf die Verwendung der vier Beweismittelarten Zeuge, Sachverständiger, Urkunde und Augenschein[289] beschränkt noch muss es die für den Strengbeweis geltenden Verfahrensregeln einhalten[290]. Daher kann auch das Informationspotential von Medien aller Art ausgeschöpft werden, selbst wenn dies in der für den Strengbeweis geltenden Verfahrensweise nicht möglich wäre.

Literatur

Alwart, Personale Öffentlichkeit (§ 169 GVG), JZ 1990, 883

Bär, Auskunftsanspruch über Telekommunikationsdaten nach den neuen §§ 100 g, 100 h StPO, MMR 2002, 358

Bär, Transnationaler Zugriff auf Computerdaten, ZIS 2011, 53

Bornkamm, Die Berichterstattung über schwebende Strafverfahren und das Persönlichkeitsrecht des Beschuldigten, NStZ 1983, 102

Brodowski, Strafprozessualer Zugriff auf E-Mail-Kommunikation, JR 2009, 402

Ernst, Informations- oder Illustrationsinteresse?, NJW 2001, 1624

Fezer, Überwachung der Telekommunikation und Verwertung eines „Raumgesprächs", NStZ 2003, 625

Gaede, Der grundrechtliche Schutz gespeicherter E-Mails beim Provider und ihre weltweite strafprozessuale Überwachung, StV 2009, 96

Gropp, Zum verfahrenslimitierenden Wirkungsgehalt der Unschuldsvermutung, JZ 1991, 804

Gross, Medien und Verteidigung im Ermittlungsverfahren, FS Hanack, 1999, S. 39

Huff, Saalöffentlichkeit auch in Zukunft ausreichend – Keine Änderung des § 169 S. 2 GVG, NJW 2001, 162

Kemper, Die Beschlagnahmefähigkeit von Daten und E-Mails, NStZ 2005, 539

Klein, Offen und (deshalb) einfach – Zur Sicherstellung und Beschlagnahme von E-Mails beim Provider, NJW 2009, 2996

Kramer, Heimliche Tonbandaufnahmen im Strafprozeß, NJW 1990, 1760

Kunert, Erweitertes Zeugnisverweigerungsrecht der Medienmitarbeiter, NStZ 2002, 169

Kutzner, Die Beschlagnahme von Daten bei Berufsgeheimnisträgern, NJW 2005, 2652

Lilie, Augenscheineinnahme und Öffentlichkeit der Hauptverhandlung, NStZ 1993, 121

Maul, Bild- und Rundfunkberichterstattung im Strafverfahren, MDR 1970, 286

Ranft, Verfahrensöffentlichkeit und „Medienöffentlichkeit" im Strafprozeß, Jura 1995, 573

Roxin, Strafrechtliche und strafprozessuale Probleme der Vorverurteilung, NStZ 1991, 153

Volkmer, Verwertbarkeit von Vorratsdaten, NStZ 2010, 318

---

[287] *Hellmann*, Strafprozessrecht, Rn. 706; *Roxin/Schünemann*, § 24 Rn. 4.

[288] *Beulke*, Strafprozessrecht, Rn. 180; *Roxin/Schünemann*, § 24 Rn. 3; krit. *Volk*, Grundkurs StPO, § 23 Rn. 8 ff.

[289] *Beulke*, Strafprozessrecht, Rn. 179.

[290] *Kindhäuser*, Strafprozessrecht, § 21 Rn. 4.

Weiler, Medienwirkung auf das Strafverfahren, ZRP 1995, 130

Weyand, Die Beschlagnahme von Mobiltelefonen, StV 2005, 520

Wohlers/Demko, Der strafprozessuale Zugriff auf Verbindungsdaten (§§ 100 g, 100 h StPO), StV 2003, 241

Zuck, Mainstream-Denken contra Medienöffentlichkeit – Zur Politik der n-tv-Entscheidung des BVerfG, NJW 2001, 1623

§ 5 Nebengebiete

I. Übersicht

Medien sind nicht nur in der gesellschaftlichen Realität, sondern auch in der Rechts- **1**
ordnung allgegenwärtig und ubiquitär. Anknüpfungspunkte und Bezüge zur Medienwelt findet man deshalb auch in den Rechtsgebieten bzw. Fachgebieten mit Straf-
rechtsbezug, die in der universitären Strafrechtsausbildung zusammenfassend als
„Nebengebiete" – früher Bestandteile von „Wahlfachgruppen", heute überwiegend
in den „Schwerpunktbereichen" verortet – bezeichnet werden: Strafvollstreckungsrecht, Strafvollzugsrecht, das Recht der Ordnungswidrigkeiten und die Kriminologie. Die Medienbezüge dieser Rechtsgebiete werden im Folgenden dargestellt.

II. Strafvollstreckungs- und Strafvollzugsrecht

1. Strafvollstreckungsrecht

a) Begriff und Rechtsgrundlagen

Die Strafvollstreckung ist ein Teil des Strafverfahrens[1]. Das Strafverfahren be- **2**
steht aus den beiden Hauptteilen Erkenntnisverfahren und Vollstreckungsverfahren[2].
Strafvollstreckungsrecht ist demzufolge ein Teil des Strafverfahrensrechts. Während
das Erkenntnisverfahren die Prozessphasen von der Aufnahme der Ermittlungen auf
Grund Anfangsverdachts (§ 152 Abs. 2 StPO) bis zur Rechtskraft der verfahrensbeen-
denden gerichtlichen Entscheidung abdeckt[3], beginnt das Vollstreckungsverfahren
mit Eintritt der Rechtskraft (§ 449 StPO) und endet erst, wenn es nichts mehr zu
vollstrecken gibt. Das Strafvollstreckungsrecht reglementiert den Teil des Strafverfahrens, in dem die Sanktionen, die durch das rechtskräftig gewordene Strafurteil

---

[1] *Laubenthal*, Strafvollzug, Rn. 10.

[2] *Roxin/Schünemann*, § 4 Rn. 2.

[3] *Hellmann*, Strafprozessrecht, Rn. 18.

festgesetzt worden sind, realisiert werden. Dazu gehören auch Maßnahmen, die zur
Folge haben, dass eine rechtskräftig verhängte Sanktion nicht verwirklicht wird[4]. Im
Unterschied zum Strafvollzug umfasst der Begriff der Strafvollstreckung alle Arten
strafrechtlicher Sanktionen[5]. Strafvollzug bezieht sich allein auf freiheitsentziehende
Sanktionen, also z. B. nicht auf die Geldstrafe[6]. Vollstreckung hingegen ist auch für
ambulante Sanktionen ein Thema und demzufolge Gegenstand rechtlicher Regelung.
Da es Strafvollstreckung bei stationären Sanktionen ebenfalls gibt, ist eine weitere
Unterscheidung zum Strafvollzug erforderlich. Letzterer meint den Vorgang der tatsächlichen Verbüßung einer Freiheitsstrafe oder freiheitsentziehenden Maßregel in
einer Vollzugsanstalt[7]. Das Strafvollzugs- oder Maßregelvollzugsrecht regelt also die
Haft- und Lebensbedingungen des Gefangenen in der Vollzugseinrichtung während
der Haftdauer. Dagegen befasst sich das Strafvollstreckungsrecht mit dem äußeren
Rahmen des Sanktionsvollzugs, z. B. der Herbeiführung des Strafantritts, der Be-
rechnung der Vollzugsdauer, der Aussetzung des Strafrests zur Bewährung oder der
Haftunterbrechung wegen Erkrankung des Gefangenen. Zuständige Behörde für die
Strafvollstreckung ist die Staatsanwaltschaft, § 451 StPO. Die Rechtsvorschriften
über die Strafvollstreckung finden sich im ersten Abschnitt des Siebenten Buches
der Strafprozessordnung. Dieser Abschnitt umfasst die §§ 449 bis 463 d.

b) Medienbezüge

3   Medienbezüge weist das Strafvollstreckungsrecht in zweierlei Hinsicht auf: Zum
einen gibt es – wie oben gesehen – spezielle strafrechtliche Sanktionen mit einer besonderen thematischen Beziehung zu Medien, nämlich die Einziehung von Schriften
(§ 74 d StGB) und die öffentliche Bekanntgabe der Verurteilung (§§ 165, 200 StGB).
Auch bei diesen Sanktionen findet eine Vollstreckung statt, folglich bedarf es dies-
bezüglicher Strafvollstreckungsvorschriften (dazu unten c). Zum anderen können
Medien wie im Erkenntnisverfahren (oben § 4 Rn. 24 ff.) zur Unterstützung der
Fahndung herangezogen werden, wenn es darum geht, den Aufenthaltsort des Verurteilten zu ermitteln bzw. dessen Festnahme und auf diese Weise die Durchführung
der Strafhaft zu ermöglichen (dazu unten d).

c) Vollstreckung der medienspezifischen Sanktionen

aa) Einziehung von Schriften

4   Mit Rechtskraft der die Einziehung anordnenden Entscheidung (Strafurteil oder
Strafbefehl, § 407 Abs. 2 S. 1 Nr. 1 StPO) geht zwar das Eigentum an den eingez-

---

[4] *Meyer-Goßner*, vor § 449 Rn. 1.

[5] *Hellmann*, Strafprozessrecht, Rn. 19.

[6] *Laubenthal*, Strafvollzug, Rn. 12; *Roxin/Schünemann*, § 58 Rn. 2.

[7] *Hellmann*, Strafprozessrecht, Rn. 19.

ogenen Schriften kraft Gesetzes auf den Staat über, § 74 e Abs. 1 StGB. An der Besitzlage verändert sich jedoch nichts, sofern die Gegenstände vom Betroffenen nicht freiwillig herausgegeben werden. Tatsächliches Aus-dem-Verkehr-ziehen der Einziehungsgegenstände ist aber die eigentliche Bestimmung dieser Sanktion. Daher bedarf es einer Vollstreckung, mit der dem Betroffenen die Sache tatsächlich entzogen wird. Dies erfolgt durch Wegnahme nach Maßgabe der Vorschriften der Justizbeitreibungsordnung, § 459 g Abs. 1 StPO.

bb) Öffentliche Bekanntgabe der Verurteilung

Die z. B. auf § 165 StGB oder § 200 StGB basierende Anordnung des Gerichts,   5
dass die Verurteilung des Angeklagten öffentlich bekannt zu machen sei, wird nach Maßgabe des § 463 c StPO vollstreckt. Medium der Bekanntmachung ist danach eine periodische Druckschrift (Zeitung oder Zeitschrift, § 463 c Abs. 3 StPO) oder der Rundfunk, § 463 c Abs. 4 StPO.

d) Medien als Fahndungshelfer im Vollstreckungsverfahren

Eine Personenfahndung ist im Vollstreckungsverfahren erforderlich, wenn die An-   6
wesenheit einer Person herbeigeführt werden muss, deren Aufenthaltsort nicht bekannt ist. Die Anwesenheit des Verurteilten ist notwendig, wenn gegen diesen eine freiheitsentziehende Sanktion vollstreckt werden soll. Die Maßnahmen, die die Strafprozessordnung zur Ermöglichung der Vollstreckung einer Freiheitsstrafe zulässt, sind bei der Vollstreckung einer freiheitsentziehenden Maßregel der Besserung und Sicherung (§§ 63, 64, 66 StGB) auf Grund sinngemäßer Anwendung der Vorschriften für die Strafvollstreckung ebenfalls zulässig, § 463 Abs. 1 StPO[8].

aa) Nichtbeachtung der Ladung zum Strafantritt, Entweichen

Die Aufforderung zum Antritt der Strafverbüßung ergeht an den Verurteilten im Wege   7
einer Ladung[9]. Stellt der Verurteilte sich daraufhin nicht freiwillig dem Strafvollzug, darf die Staatsanwaltschaft als Vollstreckungsbehörde auf der Grundlage des § 457 Abs. 2, 3 StPO mit verschiedenen Mitteln den Haftantritt des Verurteilten erzwingen. Dieselbe Befugnis hat sie gegenüber einem Strafgefangenen, der sich bereits im Strafvollzug befindet und aus diesem entweicht, § 457 Abs. 2 S. 2 StPO. Mit der recht allgemein formulierten Verweisung in § 457 Abs. 3 S. 1 StPO bezieht sich das Strafvollstreckungsrecht unter anderem[10] auf die in §§ 131 ff. StPO geregelten Aufenthaltsermittlungs- und Fahndungsmaßnahmen, die im Erkenntnisverfahren

---

[8] *Meyer-Goßner*, § 463 Rn. 2.

[9] *Laubenthal*, Strafvollzug, Rn. 301; *Meyer-Goßner*, § 457 Rn. 4.

[10] HK-StPO-*Woynar*, § 457 Rn. 1; *Meyer-Goßner*, § 457 Rn. 13: Rasterfahndung, Überwachung der Telekommunikation, Einsatz technischer Mittel usw.

erlaubt sind, wenn ein ab- oder untergetauchter Beschuldigter aufgespürt und fest-
genommen werden soll. Die Ausschreibung zur Festnahme (§ 131 StPO) ist auf der
Grundlage eines gem. § 457 Abs. 2 StPO erlassenen Haft- oder Unterbringungsbefehls (§ 463 Abs. 1 iVm § 457 Abs. 2 StPO) zulässig. Von der Unterstützung
durch Massenmedien kann die Vollstreckungsbehörde gem. § 131 Abs. 3 StPO
bei einer Straftat von erheblicher Bedeutung, also zur Vollstreckung einer längeren
Freiheitsstrafe Gebrauch machen.

bb) Nachholung der Vollstreckung

8   Von der Vollstreckung einer im Inland verhängten freiheitsentziehenden Sanktion
kann – vorläufig – abgesehen werden, wenn der Verurteilte von Deutschland ausgeliefert, an einen internationalen Strafgerichtshof überstellt oder aus dem Bundesgebiet
ausgewiesen wird, § 456 a Abs. 1 StPO. Im Falle der Rückkehr nach Deutschland
kann die Vollstreckung nachgeholt werden, § 456 a Abs. 2 StPO. Zu deren Realisierung stehen der Vollstreckungsbehörde die in § 456 a Abs. 2 S. 3 StPO genannten
Maßnahmen zur Verfügung. Zulässig sind also auch Fahndungsmaßnahmen, wie
z. B. die Ausschreibung zur Festnahme, § 131 StPO. Die Einbeziehung der Medien
ist hier unter den Voraussetzungen des § 131 Abs. 3 StPO ebenfalls zulässig.

2. Strafvollzugsrecht

a) Strafvollzug als Medien-Thema

9   Zustände in deutschen Strafvollzugsanstalten sind ein beliebter Gegenstand medialer Berichterstattung hauptsächlich anlässlich außergewöhnlicher Ereignisse. Wird
ein Häftling von Mitgefangenen zu Tode gefoltert, eine Psychologin von einem Gefangenen als Geisel genommen, kommt ein Häftling bei einem Zellenbrand ums
Leben, gelingt einem Schwerverbrecher der Ausbruch und ähnliche boulevardtaug-
lichen und massenkompatiblen Reportagethemen erinnern das Publikum daran, dass
es in Deutschland eine fünfstellige Zahl von Mitmenschen gibt, die einen mehr oder
weniger langen Abschnitt ihres Lebens hinter Gefängnismauern verbringen, weil sie
wegen schwerer Straftaten zu Freiheitsstrafe verurteilt worden sind. Dass der Bevölkerung durch derartige Schwerpunktsetzung von der normalen alltäglichen Realität
des Strafvollzuges ein eher verzerrtes Bild gezeigt und dadurch ein repressionsge-
neigtes und resozialisierungsskeptisches gesellschaftliches Klima geschürt wird, ist
bedauerlich, mit rechtlichen Mitteln aber kaum beeinflussbar[11]. Auf der anderen
Seite ist anzuerkennen, dass die Aufdeckung von Missständen durch die Medien

---

[11] *Scholderer* ZRP 1991, 298 (303).

(„Skandalisierung") mit dazu beitragen kann, dass notwendige und wünschenswerte Veränderungsprozesse endlich in Gang gesetzt und beschleunigt werden[12].

aa) Medienfreiheit und Vollzugsziele

Medien können über Strafvollzug und Strafgefangene berichten, weil sie selbst von den zuständigen staatlichen Stellen darüber informiert werden. Der allgemeine im Presserecht verankerte Auskunftsanspruch gegenüber Behörden betrifft auch das Gebiet des Strafvollzugs[13]. Im Strafvollzugsgesetz selbst ist der Vollzugsbehörde sogar die Befugnis verliehen, nicht-öffentlichen Stellen auf schriftlichen Antrag mitzuteilen, „ob sich eine Person in Haft befindet sowie ob und wann ihre Entlassung voraussichtlich innerhalb eines Jahres bevorsteht", § 180 Abs. 5 S. 1 StVollzG. Voraussetzung ist nur die glaubhafte Darlegung eines „berechtigten Interesses an dieser Mitteilung" durch die nicht-öffentliche Stelle und das Fehlen eines schutzwürdigen Interesses des Gefangenen am Ausschluss dieser Mitteilung. Diese Vorschrift gilt auch für die Sicherungsverwahrung (§ 130 StVollzG). **10**

Ein Konflikt zwischen Medienfreiheit und dem Vollzugsziel der Resozialisierung kann entstehen, wenn der Fall eines Strafgefangenen zur Unzeit und in ungeeigneter Form medial aufbereitet wird. Dies war der Fall bei dem vom ZDF im Jahr 1972 produzierten Dokumentationsfilm über den im Januar 1969 verübten „Soldatenmord von Lebach". Das Bundesverfassungsgericht hat in seinem berühmten „Lebach-Urteil" vom 5. Juni 1973[14] die verfassungsrechtliche Relevanz der beiden miteinander kollidierenden Interessenbereiche – Art. 5 Abs. 1 S. 2 GG einerseits, Art. 2 Abs. 1 iVm Art. 1 Abs. 1 GG andererseits[15] – ausführlich dargestellt und deren Verhältnis zueinander differenziert erläutert. So verdiene das Informationsinteresse der Öffentlichkeit an der aktuellen Berichterstattung über schwere Straftaten im allgemeinen den Vorrang vor dem Persönlichkeitsschutz des Straftäters[16]. Jenseits der Aktualität lasse es der Schutz der Persönlichkeit jedoch nicht zu, dass sich das Fernsehen in Form eines Dokumentarspiels zeitlich unbeschränkt mit der Person eines Straftäters und seiner Privatsphäre befasst. Eine spätere Berichterstattung sei jedenfalls unzulässig, wenn sie geeignet ist, gegenüber der aktuellen Information eine erhebliche neue oder zusätzliche Beeinträchtigung des Täters zu bewirken, insbesondere seine Wiedereingliederung in die Gesellschaft, also seine Resozialisierung, zu gefährden[17]. Eine solche Gefährdung nahm das Bundesverfassungsgericht bei der Lebach-Dokumentation an, weil es sich um eine den Täter identifizierende Sendung **11**

---

[12] *Kaiser/Schöch*, Strafvollzug, § 4 Rn. 59.

[13] *Kaiser/Schöch*, Strafvollzug, § 4 Rn. 37.

[14] BVerfGE 35, 202 ff.

[15] BVerfGE 35, 202 (219).

[16] BVerfGE 35, 202 (231).

[17] BVerfGE 35, 202 (237).

über eine schwere Straftat handelte, die nach seiner Entlassung oder in zeitlicher Nähe zu der bevorstehenden Entlassung ausgestrahlt werden sollte[18].

12   Zu demselben Kriminalfall hat die 1. Kammer des Ersten Senates des Bundesverfassungsgericht im Jahr 1999 dem Recht eines privaten Fernsehsenders, den Fall Lebach in eine neunteilige Sendereihe über „Verbrechen, die Geschichte machten" aufzunehmen, den Vorrang gegenüber den Interessen der Straftäter an der Wahrung ihres Persönlichkeitsrechts und der Rücksichtnahme auf ihre Resozialisierung eingeräumt. Die Verbüßung der Strafhaft führe nämlich nicht dazu, dass der Täter einen Anspruch erwerbe, mit der Tat „allein gelassen zu werden"[19]. Ein Straftäter habe keinen Anspruch darauf, in der Öffentlichkeit überhaupt nicht mehr mit der Tat konfrontiert zu werden. Anders als von der ZDF-Dokumentation gehe von dem Fernsehspiel des Privatsenders auch keine übermäßige Beeinträchtigung der Resozialisierung aus. Namensnennung und Abbildung des Täters sei nicht vorgesehen gewesen. Ein enger zeitlicher Zusammenhang mit der Haftentlassung habe nicht bestanden. Vielmehr habe gerade der große zeitliche Abstand zu der fast drei Jahrzehnte zurückliegenden Tat die Empörung über das Handeln des Täters verblassen lassen, sodass selbst eine Identifizierung als „Lebach-Mörder" durch diesen Film seiner Resozialisierung keinen nennenswerten Schaden zufügen könnte. Da auf der anderen Seite ein Verbot der Sendung ein erheblicher Eingriff in das Grundrecht der Rundfunkfreiheit dargestellt hätte, musste dem Begehren des ehemaligen Strafgefangenen der Erfolg versagt bleiben[20].

bb) Medienkontakte des Strafgefangenen

13   Das Ziel des Strafvollzuges ist es, den Strafgefangenen zu einem Mitbürger zu formen, der im Zeitpunkt seiner Entlassung in die Freiheit freiheitstauglich ist. Zu diesem Zweck wird er im Strafvollzug „behandelt", § 4 Abs. 1 S. 1 StVollzG. Zur angestrebten Freiheitstauglichkeit gehört in erster Linie die Fähigkeit, in Freiheit zusammen mit den Mitmenschen ein normangepasstes Leben ohne Straftaten zu führen, § 2 S. 1 StVollzG. Ein Leben in Freiheit ist im 21. Jahrhundert ein Leben mit permanenter Medienpräsenz. Lebenstüchtigkeit erfordert daher „Medienkompetenz", die dem in die Erwachsenenwelt hineinwachsenden Kind und Jugendlichen schon in der Schule vermittelt wird. Mobiltelefone, Computer, Internet, Facebook, Twitter usw. sind heute selbstverständlich wie Radio und Fernsehen. Auch ein entlassener Strafgefangener – der vielleicht zur Verbüßung seiner Freiheitsstrafe antrat, als es alles das noch nicht gab – muss sich darauf einstellen, dass ihn in der Freiheit eine gesellschaftliche Realität erwartet, die durch mediale Dauerbeschallung und -beobachtung geprägt ist. Mit diesen Gegebenheiten umzugehen, hat der Gefangene vielleicht vor seinem Leben im Strafvollzug nie gelernt. Damit er es im Strafvollzug nicht verlernt bzw. ihm der Erwerb der fehlenden Fähigkeit ermöglicht wird, ist eine Vollzugsgestaltung erforderlich, die das Phänomen Medien einbezieht. Denn das Leben im

---

[18] BVerfGE 35, 202 (240).

[19] BVerfG NJW 2000, 1859 (1860).

[20] BVerfG NJW 2000, 1859 (1861).

Vollzug soll den allgemeinen Lebensverhältnissen soweit als möglich angeglichen werden, § 3 Abs. 1 StVollzG. Zudem gehört dies auch zur Ausübung der Grundrechte aus Art. 5 Abs. 1, 2 Abs. 1 GG, die grundsätzlich auch ein Strafgefangener in Anspruch nehmen kann[21]. Aktiver Umgang mit Medien beinhaltet die Möglichkeit des Kontakts zu Medienvertretern[22]. Einem Reporter ein Interview zu geben, als Gast in einer Fernseh-Talkshow aufzutreten oder einfach Thema von Medienberichterstattung zu sein, ist angesichts der Medienvielfalt und vor allem der massiven Vereinnahmung des Durchschnittsbürgeralltags durch private Fernsehanstalten heutzutage kein Privileg von Prominenten mehr, sondern kann jedermann widerfahren. Das gilt auch für Straftäter und Strafgefangene. Ein wegen schwerer Verbrechen einsitzender Strafgefangener muss damit rechnen, dass sich die Öffentlichkeit auch noch lange nach seiner Tat für ihn interessiert und dass insbesondere das Ereignis seiner Entlassung die Aufmerksamkeit der Medien und ihrer Konsumenten in die Höhe treiben wird. Die mitunter hysterische Züge annehmende Aufregung um die bevorstehende oder erfolgte Entlassung vermeintlich hochgefährlicher Gewalttäter, die nicht länger in Sicherungsverwahrung unter Verschluss gehalten werden können, zeigt, wie wichtig die Vorbereitung ist auf diesen Aspekt des Schockerlebnisses, als das sich der Übergang vom jahrelangen Leben im Vollzug in die Freiheit darstellen kann.

Die Möglichkeit des Umgangs mit Personen außerhalb der Justizvollzugsanstalt **14** ist ein wichtiger Bestandteil der Angleichung der Lebensverhältnisse iSd § 3 Abs. 1 StVollzG[23]. Dazu sieht das Strafvollzugsrecht die Möglichkeit des Besuchs Externer in der Anstalt (§§ 24 ff. StVollzG), sowie umgekehrt die Möglichkeit des Aufenthalts außerhalb der Anstalt im Rahmen von Vollzugslockerungen (§ 11 StVollzG) oder Urlaub (§ 13 StVollzG) vor. Dies schließt durchaus auch den Kontakt zu Journalisten ein. Das Gesetz grenzt den Kreis der Personen, von denen sich der Gefangene besuchen lassen darf, nicht ein[24]. Die Sorge der Anstaltsleitung, Journalistenbesuche in der Anstalt könnten sich in einer für die Anstalt „schlechten Presse", also in Presse- oder Rundfunkberichten niederschlagen, in denen die Institution nicht „gut wegkommt", berechtigten nicht zur Verhängung eines Besuchsverbotes, zum Abbruch eines Besuches oder zu Besuchsüberwachung. Gefahr für die Sicherheit und Ordnung in der Anstalt, schädlicher Einfluss auf den Gefangenen[25] oder Behinderung seiner Wiedereingliederung (§§ 25, 27 Abs. 1, Abs. 2 StVollzG) können auf ein wahrheitsgemäße Mitteilungen nicht gestützt werden. Dies bestätigt § 31 Abs. 1 Nr. 3 StVollzG, wonach nur „grob unrichtige oder erheblich entstellende Darstellungen von Anstaltsverhältnissen" enthaltende Schreiben des Gefangenen angehalten werden dürfen[26].

---

[21] BVerfG NStZ 1995, 566 (567).

[22] *Tolmein* ZRP 1997, 246 (249).

[23] *Kaiser/Schöch*, Strafvollzug, § 6 Rn. 53; *Laubenthal*, Strafvollzug, Rn. 484.

[24] *Kaiser/Schöch*, Strafvollzug, § 7 Rn. 85; *Laubenthal*, Strafvollzug, Rn. 507.

[25] Instruktiv dazu *Tolmein* ZRP 1997, 246 (248).

[26] *Laubenthal*, Strafvollzug, Rn. 496 ff.

cc) Bildaufnahmen von Strafgefangenen

15 Die Beschäftigung der Medien mit dem Thema Strafvollzug impliziert auch die Herstellung und Verwendung von Bildaufnahmen von Objekten, die etwas mit dem Strafvollzug zu tun haben. In erster Linie interessiert hier die rechtliche Qualität von Bildaufnahmen, auf denen der Strafgefangene zu sehen ist. Da das Recht am eigenen Bild die Qualität eines strafrechtlich geschützten Rechtsgutes hat, können derartige Aufnahmen eine medienstrafrechtliche Relevanz habe. Es ist daher zu untersuchen, ob der Status als Strafgefangener Einfluss hat auf die Erfüllung der Straftatbestände, die einen freien Bürger vor unbefugten Eingriffen in sein Recht am eigenen Bild schützen. Darüber hinaus ist zu erörtern, ob sich aus dem Strafvollzugsrecht spezifische Befugnisse zur Herstellung und Verwendung von Bildaufnahmen des Strafgefangenen ergeben.

16 Ein Strafgefangener kann naturgemäß seinen Aufenthaltsort nicht frei bestimmen[27]. Daher ist er nicht in gleichem Maße wie ein freier Bürger in der Lage, sich vor Eingriffen in sein Recht am eigenen Bild dadurch zu schützen, dass er Aufenthaltsorte meidet, an denen er solchen Attacken schutzlos ausgeliefert wäre und stattdessen Orte aufsucht, an denen er tatsächlich und rechtlich gegen unbefugte Bildaufnahmen geschützt ist[28]. Das Strafrecht lässt in § 201 a StGB die strafbarkeitsbegrenzende viktimodogmatische Selbstschutzkomponente deutlich erkennen, indem es die Möglichkeit der Tatbestandserfüllung auf den Aufenthalt des Opfers in einer Wohnung oder einem anderen gegen Einblick besonders geschützten Raum beschränkt. Denn außerhalb dieser Räumlichkeiten – im „öffentlichen Lebensraum" – müsse eher damit gerechnet werden, dass fotografiert wird[29]. Daher ist fraglich, ob ein Strafgefangener während des Aufenthalts in der Justizvollzugsanstalt überhaupt Opfer einer nach § 201 a Abs. 1 StGB tatbestandsmäßigen Tat sein kann. Dazu müsste das Leben im Strafvollzug zumindest zeitweise an Orten stattfinden die „Wohnung" sind oder zumindest als wohnungsähnlicher Rückzugsraum für die Realisierung eines Stücks abgeschirmter Privatsphäre geeignet sind. Außerdem ist Voraussetzung, dass der Gefangene im Strafvollzug einen „höchstpersönlichen Lebensbereich" haben kann, dessen Verletzung erst die Tatbestandsmäßigkeit der Tat begründen würde[30].

17 Dass der Strafgefangene während der Strafverbüßung die Möglichkeit haben muss, im Rhythmus eines Tages Zeiträume zu besetzen, in denen er für sich und allein sein kann, wie er es als freier Mensch in seiner Wohnung wäre, ergibt sich schon aus dem Gebot, das Leben im Vollzug den allgemeinen Lebensverhältnissen möglichst anzugleichen, § 3 Abs. 1 StVollzG[31]. Es ist daher anerkannt, dass der Haftraum, in dem der Gefangene gemäß § 18 Abs. 1 S. 1 StVollzG während

---

[27] *Laubenthal*, Strafvollzug, Rn. 201.

[28] Zum Strafrechtsschutz durch § 123 StGB an bestimmten Orten *Mitsch*, FS Schwind, S. 603 (605).

[29] *Schönke/Schröder/Lenckner/Eisele*, § 201 a Rn. 5.

[30] *Mitsch* FS Schwind, S. 603 (617).

[31] *Laubenthal*, Strafvollzug, Rn. 382.

der Ruhezeit allein untergebracht sein soll, im Strafvollzug die Funktion des privaten Rückzugsreservats übernimmt, die einer Wohnung eigen ist. Natürlich ist in diesem Raum nur eine äußerst verkümmerte Simulation des Wohnens in einer Wohnung möglich[32]. Dies steht aber der Eigenschaft des Haftraums als tauglicher Taterfolgsort einer gem. § 201 a Abs. 1 StGB tatbestandsmäßigen Bildaufnahme nicht entgegen. Der Haftraum, der gem. § 144 Abs. 1 S. 1 StVollzG „wohnlich" ausgestaltet werden soll, ist daher Wohnung iSd § 201 a Abs. 1 StGB[33]. Dass innerhalb dieser Zelle bei aller Unzulänglichkeit[34] ein Rest „höchstpersönlichen Lebensbereichs" entwickelt werden kann[35], muss schon deswegen anerkannt werden, weil anderenfalls der Strafgefangene doppelt benachteiligt wäre: Faktisch lässt die dürftige Raumsituation echte Privatheit kaum zu, rechtlich wäre der Gefangene aus dem Schutzbereich des § 201 a StGB ausgegrenzt. Die Tatsache, dass er sich nicht freiwillig an diesen Ort begeben hat, würde diese Ungerechtigkeit auf die Spitze treiben. Ein Bereich, der eindeutig höchstpersönlichen Lebensvollzügen gewidmet ist und daher zweifelsfrei am Strafrechtsschutz des § 201 a StGB teilhaben muss, sind die in manchen Anstalten eingerichteten besonderen Besuchsräume, in denen Strafgefangenen Begegnungen mit Ehegatten oder Lebensgefährten und damit auch Sexualkontakte ermöglicht werden[36]. Zu Recht wird in Bezug auf solche Besuchssituationen die akustische und optische Überwachung ausgeschlossen[37]. Dann muss aber der viel gravierendere Eingriff in die Intimsphäre mittels Bildaufnahmegerät erst recht verboten und darüber hinaus auch strafbar sein.

Der Status als Strafgefangener bedingt eine Reihe von Einschränkungen des   **18**
Rechts am eigenen Bild, die der Gefangen hinnehmen muss, weil der Zweck des Strafvollzuges oder Sicherheit und Ordnung in der Anstalt es erfordern. Soweit dadurch Tatbestände verwirklicht werden, die das Recht am eigenen Bild schützen, wirken die zugrunde liegenden Befugnisse als Rechtfertigungsgründe. Zur „Sicherung des Vollzugs" dürfen gem. § 86 Abs. 1 Nr. 2 StVollzG von dem Gefangenen Lichtbildaufnahmen hergestellt werden. Der Straftatbestand § 201 a Abs. 1 StGB wird davon nicht berührt, da der Gefangene sich weder in einer Wohnung noch in einem gegen Einblicke besonders geschützten Raum aufhält, während die Aufnahme gemacht wird. Ein Eingriff in das Recht am eigenen Bild ist es gleichwohl. Mit „Sicherung des Vollzugs" ist die Verhinderung des Entweichens aus dem Vollzug bzw. die Ermöglichung des Wiederergreifens nach geglückter Flucht gemeint[38]. Ein Lichtbild kann vor allem bei der Fahndung nach einem flüchtigen Strafgefangenen hilfreich sein, § 87 Abs. 2 StVollzG. Zur Aufrechterhaltung der Sicherheit und Ordnung der Anstalt dürfen ebenfalls Lichtbilder des Gefangenen aufgenommen werden, § 86 a Abs. 1

---

[32] *Laubenthal*, Strafvollzug, Rn. 202.

[33] *Mitsch*, FS Schwind, S. 603 (613, 617); *Schönke/Schröder/Lenckner/Eisele*, § 201 a Rn. 6; SK-*Hoyer*, § 201 a Rn. 14.

[34] *Kaiser/Schöch*, Strafvollzug, § 7 Rn. 71.

[35] *Mitsch*, FS Schwind, S. 603 (618).

[36] *Laubenthal*, Strafvollzug, Rn. 520; Schwind/Böhm/Jehle/Laubenthal-*Schwind*, § 24 Rn. 16.

[37] *Laubenthal*, Strafvollzug, Rn. 523.

[38] *Laubenthal*, Strafvollzug, Rn. 709.

S. 1 StVollzG. Bei der zweckentsprechenden Nutzung dieser Lichtbilder kann es zur Verbreitung oder öffentlichen Zurschaustellung iSd § 22 S. 1 KUG iVm § 33 KUG kommen. Die Rechtfertigung dieser Tatbestandsverwirklichungen lässt sich auf die erwähnten vollzugsrechtlichen Vorschriften, aber auch auf § 24 KUG stützen.

19 Zu Eingriffen in das Recht am eigenen Bild kommt es auch im Rahmen der optischen Besuchsüberwachung, insbesondere wenn dabei mittels einer Kamera Fotografien oder Videoaufnahmen hergestellt werden. Für die synchrone Beobachtung des Besuchsgeschehens bietet § 27 Abs. 1 S. 1 StVollzG die erforderliche gesetzliche Grundlage[39]. Die Speicherung der Aufnahmen lässt sich hingegen auf diese Ermächtigungsgrundlage nicht stützen[40]. Da es sich dabei jedoch um eine Form des Umgangs mit personenbezogenen Daten handelt, sind die strafvollzugsrechtlichen Vorschriften über Datenerhebung, Datenverarbeitung und Datenschutz einschlägig. Gemäß § 180 Abs. 8 StVollzG dürfen die Aufnahmen von dem Besuch für die in § 180 Abs. 2 StVollzG aufgeführten Zwecke gespeichert werden, also insbesondere zur Abwehr schwerwiegender Gefahren[41].

b) Strafgefangene als Medienschaffende

20 Strafgefangene können Medienschaffende sein, weil sie in ihrem bürgerlichen Leben einen solchen Beruf ausüben und wegen einer mit Freiheitsentzug geahndeten Straftat in den Strafvollzug gekommen sind. Ein Strafgefangener kann aber auch zu einem Medienschaffenden werden, weil seine Anstalt Einrichtungen hat, die es interessierten Gefangen ermöglichen, sich journalistisch zu betätigen.

aa) Anstaltseigene Medien

21 Da sinnvolle und befriedigende Beschäftigung eine wirkungsvolle Maßnahme zur Vorbeugung gegen Straffälligkeit und zur Resozialisierung ist, ist das Leben der Strafgefangenen im Vollzug mit vielerlei Aktivitäten gefüllt. Der Verurteilte soll seine Strafe nicht passiv absitzen, sondern die Zeit der Strafverbüßung zur aktiven Mitarbeit nutzen[42]. Für sprachgewandte Gefangene kann die Mitwirkung an einer Gefangenzeitung oder einem anstaltseigenen Rundfunkprogramm eine Tätigkeit sein, die kreative Potentiale zur Entfaltung bringt, Interaktions- und Kommunikationsfähigkeiten entwickelt und so das Selbstwertgefühl steigern hilft. Zudem sind Aufbau und Pflege einer anstaltsinternen Medieninfrastruktur ein Teil aktiver Gefangenenmitverantwortung iSd § 160 StVollzG („Von Knastis für Knastis"). Das Presserecht geht von der Existenz derartiger Medien aus, vgl. § 10 Abs. 1 Nr. 2, Abs. 2 S. 1 BbgPG.

---

[39] *Laubenthal*, Strafvollzug, Rn. 511; Schwind/Böhm/Jehle/Laubenthal-*Schwind*, § 27 Rn. 7.

[40] OLG Celle NStZ 2011, 349 (350) zum niedersächsischen Justizvollzugsgesetz; zur Rechtslage in Bayern und Hamburg vgl. *Laubenthal*, Strafvollzug, Rn. 511.

[41] OLG Celle NStZ 2011, 349 (350).

[42] *Laubenthal*, Strafvollzug, Rn. 238.

bb) Freigang zwecks Ausübung eines Medienberufs

Ein Medienschaffender, der zur Wiedereingliederung nach der Haftentlassung die **22** Chance haben muss, in seinen Beruf zurückzufinden und dort schnell festen Boden unter den Füßen zu gewinnen, sollte auch während des Vollzugs die Gelegenheit haben, seine Berufsausübung fortzusetzen, um daran nach der Entlassung anknüpfen zu können. Sofern dies nur außerhalb der Justizvollzugsanstalt möglich ist, hängt die Realisierbarkeit davon ab, dass das Strafvollzugsrecht das vorübergehende Verlassen der Anstalt zwecks Berufsausübung erlaubt. Arbeit außerhalb der Anstalt ist auf der Grundlage eines freien Beschäftigungsverhältnisses möglich, § 39 Abs. 1 S. 1 StVollzG. In einem solchen Fall geht der Strafgefangene ein normales vertraglich begründetes Arbeitsverhältnis mit einem Arbeitgeber ein, der nicht zu der Institution Strafvollzug gehört[43]. Die Arbeit wird dem Gefangenen nicht wie bei einer Beschäftigung in einem Unternehmerbetrieb innerhalb der Anstalt oder in den Fällen des „unechten Freigangs"[44] von der Vollzugsbehörde zugewiesen, § 37 Abs. 2 StVollzG. Auf diese Weise kann z. B. ein zu Freiheitsstrafe verurteilter Schauspieler weiterhin an den Dreharbeiten zu einer Fernsehserie mitwirken, in der er eine Rolle übernommen hat. Das freie Beschäftigungsverhältnis muss im Vollzugsplan vorgesehen sein, es muss dem Ziel dienen, den Strafgefangenen zur Aufnahme einer Erwerbstätigkeit nach der Entlassung zu befähigen und ihm dürfen keine überwiegenden Gründe des Vollzugs entgegenstehen. Da die Ausübung der Tätigkeit außerhalb der Anstalt die Gewährung von Freigang voraussetzt, müssen außerdem die Voraussetzungen für Vollzugslockerungen gem. § 11 Abs. 1 Nr. 1, Abs. 2 StVollzG erfüllt sein, § 39 Abs. 1 S. 2 StVollzG[45]. Insbesondere darf nicht zu befürchten sein, dass der Gefangene die Gelegenheit des Freigangs dazu ausnutzen wird, sich dem Vollzug der Freiheitsstrafe zu entziehen oder während des Aufenthalts außerhalb der Anstalt Straftaten zu begehen, § 11 Abs. 2 StVollzG.

c) Strafgefangene als Mediennutzer

In § 196 StVollzG sind die Grundrechte des Strafgefangenen genannt, die wäh- **23** rend des Strafvollzuges auf der Grundlage des Strafvollzugsgesetzes eingeschränkt werden[46]. Nicht erwähnt ist Art. 5 GG. Daher steht dem Strafgefangenen das Grundrecht der Informationsfreiheit grundsätzlich wie einem freien Bürger zu, Art. 5 Abs. 1 S. 1 GG[47]. Allerdings existiert dieses Grundrecht nur innerhalb der Schranken der allgemeinen Gesetze, Art. 5 Abs. 2 GG. Zu diesen allgemeinen Gesetzen gehört auch das Strafvollzugsrecht[48]. Soweit also Belange des Strafvollzugs die

[43] *Kaiser/Schöch*, Strafvollzug, § 7 Rn. 32; *Laubenthal*, Strafvollzug, Rn. 418.

[44] *Böhm*, Strafvollzug, Rn. 327; *Laubenthal*, Strafvollzug, Rn. 405.

[45] *Laubenthal*, Strafvollzug, Rn. 415.

[46] *Laubenthal*, Strafvollzug, Rn. 243.

[47] *Laubenthal*, Strafvollzug, Rn. 611.

[48] *Kaiser/Schöch*, Strafvollzug, § 3 Rn. 31; *Laubenthal*, Strafvollzug, Rn. 244, 612.

Einhaltung von Regeln erfordern, die mit einer Reduzierung der Nutzung von Medien verbunden sind, liegt darin keine Grundrechtseinschränkung, sondern eine Konkretisierung der Schranken des Grundrechts durch allgemeine Gesetze. Regelungstechnisch können sich derartige Begrenzungen der Mediennutzungsfreiheit aus besonderen gesetzlichen Regelungen oder aus der Generalklausel des § 4 Abs. 2 S. 2 StVollzG ergeben. Letzterenfalls vermag nur die Aufrechterhaltung der Sicherheit in der Anstalt oder die Abwendung einer schwerwiegenden Störung der Ordnung der Anstalt die Beschränkung zu rechtfertigen.

aa) Zeitungen und Zeitschriften

24 Das Recht des Strafgefangenen auf den Bezug von Zeitungen und Zeitschriften ist in § 68 Abs. 1 StVollzG quantitativ beschränkt auf einen „angemessenen Umfang". Was „angemessen" bedeutet, insbesondere welche Anzahl von Druckerzeugnissen damit gemeint ist[49], kann naturgemäß nicht abstrakt definiert werden. Maßgeblich sind die konkreten Umstände des Einzelfalles[50]. Dabei spielt z. B. der Bildungsstand und der Beruf des Strafgefangenen eine Rolle. Einem Gefangenen, der selbst einen Beruf im Bereich des Journalismus oder der Publizistik ausübt, wird man den Bezug einer größeren Anzahl Zeitungen und Zeitschriften gestatten als einem Bauarbeiter. Ein weiteres Kriterium ist der Verwaltungsaufwand, den die Vermittlung der Journale der Anstalt bereitet. Wenn die Betreuung der Abonnements des Gefangenen so viel Zeit und Arbeitskraft von Vollzugsbediensteten absorbiert, dass diese andere wichtige Tätigkeiten vernachlässigen müssen, ist die Grenze der Angemessenheit überschritten. Zu berücksichtigen ist des weiteren, dass eine große Menge Zeitungen auch eine große Menge Altpapier erzeugt, die entsorgt werden muss. Die Gefahr, dass der enge Haftraum des Gefangenen „zugemüllt" wird, dass damit die Übersichtlichkeit des Raumes beeinträchtigt wird und Raumdurchsuchungen (§ 84 StVollzG) erschwert werden, ist ein Sicherheitsaspekt, der bei jeder die Freiheit des Gefangenen beschränkenden Maßnahme beachtlich ist, vgl. § 4 Abs. 2 S. 2 StVollzG[51]. Im Rahmen des § 68 Abs. 1 StVollzG kann er zur Auslegung und Konkretisierung der Angemessenheit herangezogen werden. In qualitativer Hinsicht enthält § 68 Abs. 2 S. 1 StVollzG eine Mediennutzungsbeschränkung. Presseerzeugnisse mit inkriminiertem Inhalt dürfen von dem Strafgefangenen nicht bezogen werden. Solange aber die Verbreitung anstößiger, unmoralischer oder sonst bedenklicher Inhalte die Qualität einer Straftat (z. B. §§ 184 ff. StGB) oder Ordnungswidrigkeit (z. B. § 120 Abs. 1 Nr. 2 OWiG) noch nicht erreicht, dürfen entsprechende Druckwerke dem Gefangenen nicht vorenthalten werden. Dass eine Zeitschrift pornographischen Charakter hat, rechtfertigt also allein kein Bezugsverbot[52]. Bei Vorliegen einer konkreten

---

[49] OLG Hamm NStZ 1987, 248: Fünf Zeitschriften.

[50] *Laubenthal*, Strafvollzug, Rn. 612: räumliche, organisatorische und personelle Anstaltsverhältnisse.

[51] OLG Karlsruhe NStZ 2002, 612.

[52] *Kaiser/Schöch*, Strafvollzug, § 7 Rn. 163.

Gefahrenlage können aber einzelne Ausgaben oder Teile von der Weitergabe an den Gefangenen ausgeschlossen werden, § 68 Abs. 2 S. 2 StVollzG.

bb) Hörfunk und Fernsehen

Die Gelegenheit zur Information und Unterhaltung mittels Hörfunk und Fernsehen **25** bietet dem Strafgefangenen die Teilnahme am anstaltseigenen Gemeinschaftsrundfunkempfang, § 69 Abs. 1 S. 1 StVollzG. Dabei hat die Anstalt dafür Sorge zu tragen, dass eine gesundheitliche Beeinträchtigung von Nichtrauchern durch rauchende Mitgefangene vermieden wird[53]. Individueller Ausschluss eines Strafgefangenen von dieser Gemeinschaftsveranstaltung ist zulässig, wenn die Aufrechterhaltung der Sicherheit oder Ordnung der Anstalt dies zwingend erfordert, § 69 Abs. 1 S. 3 StVollzG. Machen Fortbildung oder Freizeitbeschäftigung den Besitz eines eigenen Hörfunk- oder Fernsehgerätes im Haftraum erforderlich, ist dies dem Gefangenen zu gestatten, sofern keine Gefährdung des Vollzugsziels oder der Sicherheit und Ordnung der Anstalt zu besorgen ist, §§ 69 Abs. 2, 70 Abs. 1 StVollzG[54]. Die anfallenden Rundfunkgebühren hat der Gefangene selbst zu bezahlen[55]. Der Besitz eigener Empfangsgeräte in den Hafträumen entlastet die Vollzugsanstalt bezüglich der Einrichtung und Aufrechterhaltung eines gemeinschaftlichen Hörfunk- und Fernsehprogramms. Denn ein Strafgefangener, dem ein eigenes Radio- und Fernsehgerät gestattet worden ist, hat keinen Anspruch mehr auf Teilnahme am gemeinschaftlichen Hörfunk- und Fernsehprogramm[56].

cc) Sonstige Medien

Der Besitz und Gebrauch sonstiger Medienobjekte ist dem Strafgefangenen zum **26** Zweck der Fortbildung oder Freizeitgestaltung in angemessenem Umfang erlaubt, § 70 Abs. 1 StVollzG. Das Gesetz nennt ausdrücklich Bücher, worunter aus heutiger Sicht gewiss auch die zur Zeit des Inkrafttretens des StVollzG noch unbekannten Hörbücher und e-books zu fassen sind. Als „andere Gegenstände" sind u. a. elektronische Geräte wie Computer, Videorecorder, CD-Player zu erwähnen. Absolut verboten ist der Besitz von Gegenständen, die einem straf- oder bußgeldbewehrten Umgangsverbot unterliegen, z. B. gem. §§ 130, 130 a, 131, 184 ff. StGB, §§ 119 Abs. 1 Nr. 2, 120 Abs. 1 Nr. 2 OWiG. Auch der Besitz nichtinkriminierter Gegenstände kann untersagt werden, wenn das Vollzugsziel oder die Sicherheit oder Ordnung der Anstalt konkret gefährdet würde, § 70 Abs. 2 Nr. 2 StVollzG. Sofern die Gefahrprophylaxe aber mit einer milderen Maßnahme als einem Verbot des Besitzes

---

[53] OLG Frankfurt NStZ 1989, 96.

[54] Kritisch zur diesbezüglichen Praxis in den Anstalten *Kaiser/Schöch*, Strafvollzug, § 7 Rn. 165.

[55] *Laubenthal*, Strafvollzug, Rn. 615.

[56] OLG Koblenz NStZ 1994, 103.

gewährleistet werden kann (z. B. Verplombung eines elektronischen Geräts[57]), gebietet der Verhältnismäßigkeitsgrundsatz, dass dem Gefangenen der Besitz erlaubt wird[58]. Da aber dabei die begrenzten Möglichkeiten der Einzelfallkontrolle durch das Vollzugspersonal zu berücksichtigen sind, kann die Orientierung an einem generell-abstrakten Maßstab – z. B. Kennzeichnung „FSK 18" oder „keine Jugendfreigabe" – zulässig sein[59]. Gefährlich sind bestimmte Gegenstände vor allem dann, wenn sie sich als Verstecke für andere verbotene Gegenstände (Betäubungsmittel, Waffen, Alkohol, Ausbruchswerkzeug usw.) eignen und schwer zu durchsuchen und kontrollieren sind[60]. Ebenfalls als sicherheitsgefährdend wird die Tauglichkeit eines Gerätes zur elektronischen Speicherung umfangreicher Texte[61] oder zur Übermittlung von Nachrichten[62] angesehen. Treten gefährlichkeitsbegründende Umstände erst nachträglich auf, kann eine erteilte Erlaubnis widerrufen werden, § 70 Abs. 3 StVollzG. Ein Widerruf soll darüber hinaus auch ohne Veränderung der tatsächlichen Gegebenheiten zulässig sein, wenn eine Neubewertung zu einem anderen Ergebnis der Gefährlichkeitseinschätzung führt[63]. Zu beachten ist jedoch, dass der im Ermessen der Vollzugsbehörde liegende Widerruf sogar bei Vorliegen eines Versagungsgrunds – d. h. bei von Anfang an rechtswidrig erteilter Besitzerlaubnis – an dem verfassungsrechtlich geschützten Vertrauen des Strafgefangenen auf Fortbestand der einmal eingeräumten Rechtsposition scheitern kann[64]. Dieses Vertrauen ist vor allem dann schutzwürdig, wenn der Gefangene durch sein eigenes Verhalten keinen Anlass für eine Neueinschätzung der Gefährdungslage gegeben, insbesondere keinen missbräuchlichen Umgang mit dem gestatteten Gegenstand betrieben hat.

III. Ordnungswidrigkeitenrecht

27 Die Themen, bei denen sich Medienbezüge des Ordnungswidrigkeitenrechts ergeben können, lassen sich in enger Anlehnung an die Bereiche materielles Strafrecht Allgemeiner Teil (oben §§ 1, 2) und Besonderer Teil (oben § 3) sowie Strafprozessrecht

---

[57] BVerfG NStZ 2003, 621.

[58] BVerfG NStZ 2003, 621; *Laubenthal*, Strafvollzug, Rn. 619.

[59] OLG Koblenz NStZ 2011, 350 (351).

[60] OLG Koblenz NStZ 1986, 92 (93); OLG Celle NStZ 1994, 360; OLG Karlsruhe NStZ 2007, 707: Telespiel; OLG Hamm NStZ 1988, 200; 1993, 608: elektrische Schreibmaschine; OLG Zweibrücken NStZ 1989, 143; OLG Frankfurt NStZ 1989, 343 (344): CD-Player; OLG Hamm NStZ 1993, 360: Lautsprecherboxen; OLG Hamm NStZ 1995, 102: Videorecorder; weitere Beispiele aus der Rechtsprechung bei *Kaiser/Schöch*, Strafvollzug, § 7 Rn. 156; *Laubenthal*, Strafvollzug, Rn. 620.

[61] OLG Hamm NStZ 1990, 304: Casio Taschencomputer; BVerfG NStZ 2003, 621: Laptop.

[62] OLG Celle NStZ 2002, 111 (112).

[63] OLG Hamm NStZ 1993, 360.

[64] BVerfG NStZ 1994, 100; *Kaiser/Schöch*, Strafvollzug, § 7 Rn. 158.

(oben § 4) strukturieren. Denn als Strafrecht im weiteren Sinne setzt sich das Rechtsgebiet Ordnungswidrigkeitenrecht aus diesen Teilbereichen zusammen[65]. Deswegen
werden in diesem Abschnitt die oben in den Kapiteln zum Strafrecht im engeren
Sinn – einschließlich des Strafprozessrechts – behandelten Themen aufgegriffen
und auf eine mögliche Beziehung zwischen Medien und Ordnungswidrigkeitenrecht
untersucht.

1. Materielles Ordnungswidrigkeitenrecht

a) Allgemeiner Teil

aa) Geltungsbereich des deutschen Ordnungswidrigkeitenrechts

Der räumliche Geltungsbereich des deutschen Ordnungswidrigkeitenrechts ist   **28**
grundsätzlich auf Inlandstaten – also Taten mit inländischem Tatort – beschränkt,
§ 5 OWiG iVm § 7 OWiG. Anders als im Kriminalstrafrecht ist eine allgemeine Erstreckung des deutschen Ordnungswidrigkeitenrechts auf Auslandstaten nach
Maßgabe des aktiven und passiven Personalitätsprinzips (vgl. § 7 StGB) oder anderer Prinzipien des Strafrechtsanwendungsrechts nicht vorgesehen. Lediglich auf der
Grundlage spezieller gesetzlicher Bestimmungen außerhalb des OWiG ist die Geltung des deutschen Ordnungswidrigkeitenrechts für eine Auslandstat ausnahmsweise
möglich[66]. Deswegen gewinnt die Bestimmung des Tatortes für die Geltungsbe-
reichsdefinition erhebliche Bedeutung. § 7 OWiG beschreibt den Tatort ähnlich wie
§ 9 StGB, knüpft also an den Ort der Handlung, der Gebotserfüllung, des wirklichen
oder vom Täter gewollten Erfolgseintritts an.

Die spezielle Problematik des Tatortes bei „Mediendistanzdelikten", mit der sich   **29**
die Rechtsprechung zum Kriminalstrafrecht bereits befassen musste und die daher
auch Gegenstand umfangreicher Literatur ist, lässt sich durchaus auch in Bußgeldtatbestände projizieren. Schriftenverbreitungstatbestände wie Volksverhetzung oder
Verbreitung pornographischer Schriften, bei denen somit das Phänomen „Tatort Internet" auftreten kann, sind z. B. auch in §§ 116 Abs. 1, 119 Abs. 1 Nr. 2, 120 Abs. 1
Nr. 2 OWiG verankert. Im Normbereich außerhalb des OWiG begegnet einem die
Thematik vor allem im Zusammenhang mit den Verbreitungstatbeständen des § 24
Abs. 1 JMStV[67]. Hier kann sich also dieselbe Tatbegehungskonstellation ergeben wie
in dem „Volksverhetzungs"-Fall BGHSt 46, 212 ff. mit dem Tathandlungsort Austra-
lien. Da die tatbestandsmäßige Handlung in einem derartigen Fall unzweifelhaft im
Ausland vollzogen worden ist, hängt die Anwendbarkeit dieser OWiG-Tatbestände
davon ab, dass ein zum Tatbestand gehörender Erfolg in Deutschland eingetreten

---

[65] *Klesczewski*, Ordnungswidrigkeitenrecht, Rn. 2; *Mitsch*, Recht der Ordnungswidrigkeiten, § 2
Rn. 2–5.
[66] KKOWiG-*Rogall*, § 5 Rn. 31 ff.
[67] *Liesching/Schuster*, § 24 JMStV Rn. 16 ff.

ist. Während der BGH bei § 130 StGB einen Inlandserfolg unter Bezugnahme auf das Tatbestandsmerkmal „Geeignetheit zur Störung des öffentlichen Friedens" begründen konnte, ist dieser Weg bei §§ 116 Abs. 1, 119 Abs. 1 Nr. 2, 120 Abs. 1 Nr. 2 OWiG nicht gangbar, da diese Tatbestände ein derartiges Merkmal nicht enthalten. Jedoch haben die Handlungsmerkmale „auffordert, anbietet, ankündigt, anpreist, Erklärungen solchen Inhalts bekanntgibt" eine Erfolgskomponente. Alle diese Handlungsmerkmale sind erst erfüllt, wenn der Täter mit seiner Handlung den Zustand einer Wahrnehmungsmöglichkeit geschaffen hat, also z. B. einen Bekanntgabeerfolg herbeigeführt hat. Wenn also über das Internet die Möglichkeit geschaffen worden ist, an einem in Deutschland gelegenen PC den Inhalt tatbestandsmäßiger Äußerungen zur Kenntnis zu nehmen, ist in Deutschland der Erfolg eingetreten, der zur Vollendung des Delikts erforderlich ist[68]. Die Tat hat gem. § 7 Abs. 1 Alt. 3 OWiG einen deutschen Tatort, das deutsche Ordnungswidrigkeitenrecht ist gem. § 5 OWiG anwendbar.

30   Eine ordnungswidrigkeitenrechtliche Parallele zu dem oben (§ 1 Rn 10) erörterten Fall des auf polnischem Territorium präsentierten und via Fernsehliveübertragung auch an Bildschirmen in Räumlichkeiten auf deutschem Boden sichtbaren „Hitler-Grußes" lässt sich mit den Bußgeldvorschriften §§ 124 Abs. 1, 125 Abs. 1, 2 OWiG bilden. Das Tatbestandsmerkmal „Benutzen" bestimmter Symbole und Zeichen beinhaltet ähnlich wie das Tatbestandsmerkmal „Verwenden" in § 86 a Abs. 1 Nr. 1 StGB die Komponente des Zeigens, Demonstrierens, Vorführens[69]. Denn das Benutzen ist eine Handlung, deren Beziehung zu dem Wappen usw. nach außen in Erscheinung tritt[70]. Allerdings muss durch die tatbestandsmäßige Handlung der Anschein amtlicher Benutzung entstehen[71], was beim Schwenken der schwarz-rot-goldenen Bundesflagge von deutschen Fußballfans gewiss nicht der Fall ist. Stellt man sich jedoch vor, der Täter führt eine auf Grund des benutzten Zeichens „amtlich" erscheinende Handlung auf ausländischem Territorium – z. B. während des Staatsbesuchs eines deutschen Regierungsmitglieds – aus und auf Grund der Fernsehliveübertragung des Ereignisses ist diese Handlung auch in Deutschland zu sehen, stellt sich dieselbe Rechtsgeltungsproblematik wie in dem Fall, der der Entscheidung des KG NJW 1999, 3500 zugrunde lag. Da der Tatbestand kein Erfolgsmerkmal enthält, ist der gem. § 5 OWiG erforderliche inländische Tatort nur begründbar, indem die Wahrnehmbarkeit auf dem TV-Bildschirm noch als Bestandteil des Handlungsvollzugs qualifiziert wird. Diese vom KG bei § 86 a StGB konstruierte Argumentation steht hier wie dort außerhalb des Gesetzeswortlautes und ist daher unvertretbar. Es handelt sich deshalb um eine Auslandstat, auf die § 124 OWiG oder § 125 OWiG gem. § 5 OWiG nicht angewendet werden kann.

---

[68] *Liesching/Schuster*, § 24 JMStV Rn. 20.

[69] MK-*Steinmetz*, § 86 a Rn. 17: „Unter den Begriff des Verwendens fällt grds. jegliches Gebrauchmachen, welches das Kennzeichen optisch oder akustisch wahrnehmbar macht".

[70] *Göhler*, § 124 Rn. 6; KKOWiG-*Kurz*, § 124 Rn. 8.

[71] *Göhler*, § 124 Rn. 7; KKOWiG-*Kurz*, § 124 Rn. 9.

bb) Allgemeine Deliktsmerkmale

(1) Medien als Wissensquelle

Wie im Strafrecht hängt auch im Ordnungswidrigkeitenrecht die Erfüllung mehrerer **31** allgemeiner Deliktsmerkmale davon ab, dass der Täter von bestimmten Umständen Kenntnis hat oder Kenntnis haben könnte. Das betrifft die Deliktsmerkmale Vorsatz, Fahrlässigkeit und Unrechtsbewusstsein. Als Quelle des erforderlichen Wissens kommt Informationsträgern, also Medien, im Ordnungswidrigkeitenrecht eine noch größere praktische Bedeutung zu als im Strafrecht. Denn während bei vielen Tatbeständen des Kriminalstrafrechts – jedenfalls im Bereich des Kernstrafrechts – allgemeines Durchschnittswissen ausreicht, beziehen sich viele Bußgeldvorschriften auf entlegene und spezielle Materien, die intellektuell nur mit entsprechend speziellem Wissen zu erfassen sind[72]. Vorsatz ist gem. § 10 OWiG Ahndbarkeitsvoraussetzung bei Bußgeldvorschriften, die nicht ausdrücklich fahrlässiges Verhalten ebenfalls mit Geldbuße bedrohen. Tatsächlich ist die Nichterfassung fahrlässigen Verhaltens durch Bußgeldtatbestände eher die Ausnahme als die Regel[73]. Solche reinen Vorsatzdelikte gibt es z. B. im Datenschutzrecht des Landes Brandenburg, vgl. § 38 Abs. 1 BbgDSG[74] oder im Urheberrecht, § 111 a UrhG, sowie zum Teil im Jugendschutzrecht, vgl. § 28 Abs. 4 JuSchG[75] und im Rundfunkrecht, vgl. § 49 Abs. 1 S. 2 RStV[76]. Der Vorsatz hat eine Willens- und eine Wissenskomponente[77]. Der Täter muss wissen oder sich vorstellen, dass sein Verhalten eine dem objektiven Tatbestand der Bußgeldvorschrift entsprechende Beschaffenheit hat[78]. Fehlt dem Täter die Tatbestandskenntnis und bedroht das Gesetz fahrlässiges Verhalten mit Geldbuße, hängt die Ahndbarkeit der Tat als Fahrlässigkeitsdelikt unter anderem davon ab, dass der Täter die Kenntnis der objektiven Tatbestandsmäßigkeit hätte haben können. Die Bezeichnung dieser Voraussetzung als „objektive Voraussehbarkeit"[79] ist insofern etwas schief, als es nicht nur darum geht, im Zeitpunkt des Handlungsvollzugs noch in der Zukunft liegende Deliktsumstände – vor allem Eintritt eines zum Tatbestand gehörenden Erfolgs – vorhersehen zu können. Zur Fahrlässigkeit gehört auch die Erkennbarkeit tatbestandsmäßiger Umstände, die während des Tatvollzugs schon existieren bzw. sogar schon vor der Tat vorgelegen haben – z. B. ein die zulässige Geschwindigkeit in einem bestimmten Streckenabschnitt

---

[72] Instruktiv dazu und zur Relevanz für die straftatsystematische Einordnung des Unrechtsbewusstseins KKOWiG-*Rengier*, § 11 Rn. 4 ff.

[73] *Göhler*, § 10 Rn. 1; *Klesczewski*, Ordnungswidrigkeitenrecht, Rn. 204; KKOWiG-*Rengier*, § 10 Rn. 1.

[74] Demgegenüber erfasst § 43 BDSG vorsätzliches und fahrlässiges Verhalten.

[75] Vorsätzliches und fahrlässiges Verhalten erfasst demgegenüber § 28 Abs. 1, 2, 3 JuSchG.

[76] Vorsätzliches und fahrlässiges Verhalten erfasst § 49 Abs. 1 S. 1 RStV.

[77] KKOWiG-*Rengier*, § 10 Rn. 3.

[78] *Klesczewski*, Ordnungswidrigkeitenrecht, Rn. 176.

[79] KKOWiG-*Rengier*, § 10 Rn. 30.

beschränkendes Verkehrsschild. Auch das zur Vorwerfbarkeit gehörende Unrechtsbewusstsein hat eine Wissenskomponente. Der Täter muss die Einsicht haben, etwas
Unerlaubtes zu tun, also Verbotskenntnis haben, § 11 Abs. 2 OWiG. Fehlt diese
Kenntnis, befindet sich der Täter im Verbotsirrtum. Die Ahndbarkeit seines Verhaltens hängt dann von der Vermeidbarkeit des Irrtums ab. Erhebliche Relevanz für
das Vermeidbarkeitsurteil haben Möglichkeit und Zumutbarkeit der Informationsbeschaffung[80]. Zugänglichkeit und Zuverlässigkeit der Informationsquelle können
dabei ausschlaggebend sein.

(2) Schriften

32   Der im Kriminalstrafrecht in vielen Straftatbeständen enthaltene Oberbegriff „Schriften" findet sich auch in Bußgeldtatbeständen, z. B. §§ 119 Abs. 1 Nr. 2, Abs. 3, 120
Abs. 1 Nr. 2 OWiG. Da es jedoch im Ordnungswidrigkeitenrecht keine dem § 11
Abs. 3 StGB entsprechende allgemeingültige Begriffsfestlegung gibt, bezieht sich
der Ausdruck „Schriften" im bußgeldrechtlichen Kontext nur auf Schriften im engeren oder eigentlichen Sinn. Sollen sonstige Daten- und Zeichenträger den Schriften
gleichgestellt werden, führt sie der Gesetzestext daneben eigens auf, wie beispielsweise in § 119 Abs. 1 Nr. 2 OWiG: „. . . Ton- oder Bildträgern, Abbildungen . . .
Darstellungen . . . Datenspeichern". Im Jugendschutzrecht verwendet das Gesetz
den Ausdruck „Trägermedien", vgl. §§ 1 Abs. 2 S. 1 JuSchG oder spezielle Be-
zeichnungen wie „Bildträger", vgl. § 28 Abs. 1 Nr. 15, Nr. 18 JuSchG. Im Bereich
der Beschlagnahmevorschriften §§ 111 b, 111 c StPO entstehen durch diese vom
Strafrecht abweichende Terminologie keine Anwendungsprobleme, da der Ausdruck
„Schriften" dort keine Verwendung findet, die Objekte vielmehr allgemeiner als
„Gegenstände" bezeichnet werden. Unanwendbar ist freilich § 74 d StGB, dessen
Funktion im Ordnungswidrigkeitenrecht von speziellen Vorschriften übernommen
wird (dazu unten Rn. 35).

(3) Notwehr

33   Das Thema „Notwehr" hat im Ordnungswidrigkeitenrecht keine praktische Bedeutung[81]. Notwehr und Ordnungswidrigkeitenrecht passen nicht zusammen, da es
kaum vorstellbar ist, dass eine Handlung einen Bußgeldtatbestand verwirklicht und
durch Notwehr (§ 15 OWiG) gerechtfertigt ist. Denn Handlungen, die Bußgeldtatbestände verwirklichen, beeinträchtigen in der Regel überindividuelle Rechtsgüter und
richten sich daher nicht gegen einen individuellen Angreifer. Notwehr kann jedoch
nur Taten rechtfertigen, die Rechtsgüter des Angreifers beeinträchtigen[82].

---

[80] KKOWiG-*Rengier*, § 11 Rn. 58 ff.

[81] *Göhler*, § 15 Rn. 1; *Klesczewski*, Ordnungswidrigkeitenrecht, Rn. 262.

[82] KKOWiG-*Rengier*, § 15 Rn. 18; *Klesczewski*, Ordnungswidrigkeitenrecht, Rn. 260.

cc) Rechtsfolgen

(1) Bemessung der Geldbuße

Die Höhe der Geldbuße richtet sich nach dem gesetzlichen Bußgeldrahmen und der **34** fallbezogenen Zumessung durch den Rechtsanwender, also die Verwaltungsbehörde oder das Gericht. Obwohl der Text des § 17 Abs. 3 OWiG zu den Kriterien der Bemessung noch nichtssagender ist als die entsprechende Vorschrift des Strafrechts (§ 46 Abs. 1, 2 StGB), darf man die Behauptung aufstellen, dass Gesichtspunkte, die bei der Zumessung einer Freiheits- oder Geldstrafe beachtlich sind, auch die Bemessung einer Geldbuße beeinflussen können[83]. Wurde der Betroffene während des Verfahrens massiven Vorverurteilungen durch Massenmedien ausgesetzt, kann dieser Umstand als Milderungsgrund nicht nur bei der Bemessung einer Strafe, sondern auch bei der Bemessung einer Geldbuße relevant sein. Zwar wird ein reines Bußgeldverfahren selten eine so große öffentliche Aufmerksamkeit erregen wie ein spektakulärer Strafprozess. Ausgeschlossen ist dies jedoch nicht, wenn man insbesondere an die Anwendung des § 130 OWiG gegenüber prominenten Unternehmern und Managern denkt oder an Strafverfahren, in denen dem Beschuldigten eine Straftat vorgeworfen wird, am Ende neben der Strafe auch eine Geldbuße oder nur eine Geldbuße festgesetzt wird. Die Belastungen, die der Beschuldigte durch mediale Vorverurteilungen ertragen musste, nehmen von der repressiven Übelszufügung durch die bußgeldrechtliche Sanktion etwas vorweg und müssen durch eine angemessene Minderung des Geldbußbetrags kompensiert werden.

(2) Einziehung

Anders als im Strafrecht (§ 74 Abs. 1 StGB) ist im Ordnungswidrigkeitenrecht die **35** Einziehung eine Sanktion, die nicht theoretisch durch jede beliebige vorsätzliche Tat begründet sein kann, sofern in diese Tat Gegenstände involviert sind, die Werkzeuge[84] oder Erzeugnisse[85] dieser Tat sind oder zu ihr in einer Beziehung[86] stehen. Die Nebenfolge Einziehung kommt nur bei Ordnungswidrigkeiten in Betracht, denen ein Gesetz diese Sanktion ausdrücklich zuordnet, § 22 Abs. 1 OWiG[87]. Aus diesem Grund ist bei relativ vielen Ordnungswidrigkeiten mit Medienbezug die Einziehung von Gegenständen nicht möglich, obwohl dafür durchaus hinreichende Gründe in der Tat-Gegenstand-Beziehung zu finden sind. Beispielsweise sehen § 28 JuSchG und § 24 JMStV eine Einziehung bei keinem der zahlreichen Bußgeldtatbestände vor,

---

[83] *Klesczewski*, Ordnungswidrigkeitenrecht, Rn. 584, 588: Es biete sich an, „sich an den Strafzumessungsgründen des § 46 II StGB zu orientieren"; zudem „lassen sich die Milderungsgründe des Strafrechts entsprechend heranziehen."

[84] „Instrumenta sceleris", *Schönke/Schröder/Eser*, § 74 Rn. 9.

[85] „Producta sceleris", *Schönke/Schröder/Eser*, § 74 Rn. 8.

[86] „Beziehungsgegenstände", *Schönke/Schröder/Eser*, § 74 Rn. 12 a.

[87] *Klesczewski*, Ordnungswidrigkeitenrecht, Rn. 623.

obwohl einige dafür zweifelsfrei geeignet wären[88]. Bußgeldtatbestände mit Medienbezug, die das Gesetz als Voraussetzungen einer Einziehung anerkennt, sind z. B.
§ 119 OWiG und § 120 OWiG, vgl. § 123 OWiG. Die Einziehungsobjekte des § 123
Abs. 1 OWiG müssen Beziehungsgegenstände sein, d. h. sie müssen auf Grund ihrer
Erwähnung im Text des Bußgeldtatbestandes notwendige Tatobjekte sein[89]. Die in
§ 123 Abs. 2 OWiG geregelte Einziehung von Schriften und gleichgestellten Datenträgern setzt nicht voraus, dass das Einziehungsobjekt ein Beziehungsgegenstand
ist[90]. Da das Ordnungswidrigkeitenrecht keine dem § 74 d StGB entsprechende allgemeine Vorschrift über die Einziehung von Schriften und ähnlichen Gegenständen
enthält, übernimmt § 123 Abs. 2 OWiG diese Funktion für den Bereich der §§ 119
Abs. 1, 2, 120 Abs. 1 Nr. 2 OWiG[91]. Da die Tat „durch Verbreiten" begangen wird
(§§ 119 Abs. 1 Nr. 2, 120 Abs. 1 Nr. 2 OWiG), § 123 Abs. 2 S. 1 OWiG jedoch
nur voraussetzt, dass die Einziehungsgegenstände „zur Verbreitung bestimmt sind",
erstreckt sich die auf § 123 Abs. 2 OWiG gestützte Einziehung auch auf Objekte, die
noch nicht zur Tatbestandserfüllung verwendet worden sind, dafür aber bestimmt
sind[92]. Es muss also die konkrete Gefahr bestehen, dass diese Stücke zur künftigen
Begehung von Taten bestimmt sind, die den Tatbestand des § 119 Abs. 1,2 OWiG
oder des § 120 Abs. 1 Nr. 2 OWiG erfüllen, § 123 Abs. 2 S. 2 OWiG[93]. Auf die
Eigentumsverhältnisse der Einziehungsgegenstände kommt es nicht an[94].

(3) Öffentliche Bekanntgabe der Bußgeldentscheidung

36   Die öffentliche Bekanntgabe der strafgerichtlichen Verurteilung ist im Strafrecht eine
spezielle Sanktion, die das Gesetz bei einigen wenigen Straftatbeständen vorsieht,
z. B. in § 165 StGB und in § 200 StGB (s. o. § 2 Rn. 7 ff.). Das Ordnungswidrigkeitenrecht normiert eine ähnliche Tatfolge – einen „elektronischen Pranger"[95]
– an zwei Gesetzesstellen, die beide dem medienrechtlichen Bereich angehören:
Es handelt sich um das Reglement des Rundfunks und der Telemedien und damit den Zuständigkeitsbereich der Landesmedienanstalten. Nach § 24 Abs. 6 S. 1
JMStV und nach § 49 Abs. 4 S. 1 RStV kann die zuständige Landesmedienanstalt
bestimmen, „dass rechtskräftige Entscheidungen in einem Ordnungswidrigkeitsverfahren von dem betroffenen Anbieter[96] in seinem Angebot[97] verbreitet oder in

---

[88] *Bornemann*, Ordnungswidrigkeiten in Rundfunk und Telemedien, S. 60.

[89] *Göhler*, vor § 22 Rn. 10; KKOWiG-*Kurz*, § 123 Rn. 3.

[90] KKOWiG-*Kurz*, § 123 Rn. 10.

[91] *Göhler*, § 123 Rn. 1; KKOWiG-*Kurz*, § 123 Rn. 9.

[92] *Göhler*, § 123 Rn. 6.

[93] KKOWiG-*Kurz*, § 123 Rn. 12.

[94] KKOWiG-*Kurz*, § 123 Rn. 11.

[95] *Bornemann*, Ordnungswidrigkeiten in Rundfunk und Telemedien, S. 63.

[96] § 3 Abs. 2 Nr. 2 JMStV.

[97] § 3 Abs. 2 Nr. 1 JMStV.

diesem zugänglich gemacht werden bzw. von dem betroffenen Veranstalter[98] in seinem Rundfunkprogramm verbreitet werden". Gegenstand der „Entscheidungen in einem Ordnungswidrigkeitsverfahren" sind zum einen Ordnungswidrigkeiten gem. § 24 Abs. 1, Abs. 2 JMStV und zum anderen Ordnungswidrigkeiten gem. § 49 Abs. 1 RStV. Inhalt und Zeitpunkt der Bekanntgabe werden durch die Landesmedienanstalt nach pflichtgemäßem Ermessen festgelegt, §§ 24 Abs. 6 S. 2 JMStV, 49 Abs. 4 S. 2 RStV. Schwer zu verstehen ist im Übrigen, dass Verurteilungen wegen Straftaten (z. B. § 130 StGB oder § 23 JMStV) eine Bekanntgabepflicht nicht begründen[99]. Auf der anderen Seite dürfte die ohnehin untechnische Terminologie „Ordnungswidrigkeitsverfahren" nicht nur Bußgeldverfahren iSd §§ 35 ff. OWiG, sondern auch Strafverfahren umfassen, in denen es gem. §§ 82, 83 OWiG zu Verurteilungen wegen Ordnungswidrigkeiten kommen kann.

b) Besonderer Teil

Bußgeldtatbestände mit Medienbezug sind zahlreich, thematisch vielfältig und über das ganze Medienrecht verstreut[100]. Das Gebiet ist unüberschaubar und uferlos und es ist daher unmöglich, diese Tatbestände in diesem Lehrbuch zu erläutern oder auch nur vollständig aufzuführen. Daher soll hier lediglich exemplarisch aufgezeigt werden, wie ein Medienbezug in einem Bußgeldtatbestand zum Ausdruck gebracht werden kann. Einige Beispiele finden sich bereits im 3. Teil des OWiG, hauptsächlich jedoch in Spezialgesetzen.   **37**

aa) Dritter Teil des OWiG

(1) § 115 OWiG

Das unbefugte Übermitteln von Sache und ganz besonders von Nachrichten ist ein Vorgang, in den Medienobjekte involviert sei können. Schon das Stück Papier mit handgeschriebenen Nachrichten („Kassiber"), das der Gefangene einem Besucher mit dem Auftrag anvertraut, die darin enthaltene Nachrichten jemandem weiterzugeben, der sich außerhalb der Justizvollzugsanstalt aufhält, fällt in diese Kategorie. Auf modernere Erscheinungsformen des Nachrichtentransports mittels Handy, CD oder DVD trifft dies ebenso zu.   **38**

(2) § 116 OWiG

Dieser Tatbestand verlängert gewissermaßen den § 111 StGB in den Bereich der Ordnungswidrigkeiten. Gegenstand der Aufforderung nach § 111 StGB sind allein   **39**

---

[98] § 2 Abs. 2 Nr. 14 RStV.

[99] *Bornemann*, Ordnungswidrigkeiten in Rundfunk und Telemedien, S. 63.

[100] *Cole*, in: Dörr/Kreile/Cole, Handbuch Medienrecht, S. 250; *Heinrich*, Medienstrafrecht, Rn. 346 ff.

straftatbestandsmäßige Taten (§ 11 Abs. 1 Nr. 5 StGB). Die Aufforderung zur Begehung einer Ordnungswidrigkeit oder einer mit Geldbuße bedrohten Handlung (§ 1
Abs. 2 OWiG) ist in § 116 OWiG erfasst. Die Tatbegehungsmodalitäten haben typisch
mediendeliktischen Charakter: Verbreiten von Schriften und ähnlichen Datenträgern,
Kundgabe in der Öffentlichkeit oder in einer Versammlung.

(3) § 119 OWiG

40   Die Aussendung von Botschaften mittels Schriften und ähnlicher Kommunikations-
utensilien gibt dieser Ordnungswidrigkeit ein Gepräge, das sie in die Kategorie der
Mediendelikte stellt. Thematisch nähert sie sich dem § 184 StGB an[101].

(4) § 120 OWiG

41   Ähnlich wie § 119 OWiG beschreibt diese Bußgeldvorschrift in Abs. 2 Nr. 2 OWiG
medienbezogenes Verhalten. Im Zentrum des Tatbildes steht das Verbreiten von
Schriften. Verbreiten anderer Gegenstände sowie Handlungen mit verbreitensähn-
licher Funktion und Wirkung bestätigen und verstärken den mediendeliktischen
Charakter der Ordnungswidrigkeit.

bb) Nebengesetze

42   Medien-Bußgeldtatbestände findet man natürlich in erster Linie in Gesetzen mit me-
dienrechtlicher Ausrichtung und Schwerpunktsetzung. Jedoch lassen sich mitunter
auch im Rahmen eines medienneutralen Gesetzes ordnungswidrigkeitenrechtliche
Medienbezüge erkennen. Ein Beispiel mit großer Praxisrelevanz ist die unerlaubte Mobil- oder Autotelefonbenutzung während der Teilnahme am Straßenverkehr
mit einem Kraftfahrzeug oder einem Fahrrad, § 24 Abs. 1 StVG iVm §§ 23
Abs. 1 a, 49 Abs. 1 Nr. 22 StVO[102]. Bußgeldvorschriften enthalten im Urheberrecht
§ 111 a UrhG, im Rundfunk- und Telemedienrecht § 49 RStV und § 16 TMG, im
Telekommunikationsrecht § 149 TKG, im Datenschutzrecht § 43 BDSG, im Jugend-
medienschutzrecht §§ 28 JuSchG und 24 JMStV, im Presserecht z. B. § 15 BbgPG.
Alle diese und die vielen nicht erwähnten Bußgeldtatbestände bilden den Gesamtbereich des „Besonderen Teils". Das zugrunde liegende Fundament des Allgemeinen
Ordnungswidrigkeitenrechts sind die Vorschriften des OWiG, 1. Teil, § 2 OWiG.

2. Bußgeldverfahren

43   Das rechtliche Reglement des Bußgeldverfahrens beruht in großem Umfang auf
dem Recht des Strafverfahrens, § 46 Abs. 1 OWiG. Daher begegnet man im Recht

---

[101] *Göhler*, § 119 Rn. 1.
[102] *Mitsch* NZV 2011, 281 ff.

des Bußgeldverfahrens wiederholt Medienbezügen, die bereits oben im Kapitel über das Strafprozessrecht (§ 4) Darstellungsgegenstand gewesen sind. Die Erörterung an dieser Stelle beschränkt sich daher auf bloße Hinweise bzw. Hervorhebung bußgeldrechtlicher Besonderheiten.

a) Medienberichterstattung über Bußgeldverfahren

Eine unmittelbare Beobachtung des Prozessgeschehens im Bußgeldverfahren ist **44** Medienvertretern möglich, sofern im gerichtlichen Hauptverfahren eine Hauptverhandlung durchgeführt wird, § 71 OWiG. Denn für die Durchführung dieser Hauptverhandlung gelten grundsätzlich die Regelungen der strafprozessualen Hauptverhandlung. Das betrifft auch die Vorschriften über die Öffentlichkeit der Verhandlung, § 169 GVG[103]. Für eine Einschränkung des Öffentlichkeitsgrundsatzes als Konsequenz reduzierter Mündlichkeit und Unmittelbarkeit der Verfahrensgestaltung in der Hauptverhandlung vor dem Bußgeldgericht gibt es im Gesetz keinen Anhaltspunkt. Wie in der Hauptverhandlung vor dem Strafgericht sind Ton-, Fernseh-Rundfunk- und Filmaufnahmen nach Maßgabe des § 169 S. 2 GVG verboten. Die Unschuldsvermutung gilt auch im Bußgeldverfahren[104]. Sie verpflichtet zwar die Medien nicht unmittelbar, äußert aber einen Appell zur Zurückhaltung und Fairness bei der Berichterstattung über den Fall und das Verfahren.

b) Medien als Fahndungshelfer

Der Einsatz von Massenmedien als Instrument einer Öffentlichkeitsfahndung ist **45** im Bußgeldverfahren auf Grund des hohen Niveaus der rechtlichen Anforderungen ausgeschlossen § 131 StPO scheidet als Rechtsgrundlage komplett aus, da Untersuchungshaft und vorläufige Festnahme im Bußgeldverfahren unzulässig sind, § 46 Abs. 3 S. 1 OWiG. Auch ansonsten kommt Öffentlichkeitsfahndung im Zusammenhang mit der Verfolgung von Ordnungswidrigkeiten nicht in Betracht, da diese Maßnahme den Verdacht einer „Straftat von erheblicher Bedeutung" voraussetzt, §§ 131 Abs. 3 S. 1, 131 a Abs. 3, 131 b Abs. 1 StPO. Die einzige im Bußgeldverfahren theoretisch anwendbare Vorschrift ist § 131 a Abs. 1 StPO, die aber Öffentlichkeitsfahndungsmaßnahmen nicht legitimiert.

c) Medien und Wahrheitsfindung im Bußgeldverfahren

Ein Teil der medienrelevanten Wahrheitsfindungsmaßnahmen, die den Strafverfol- **46** gungsbehörden in einem Strafverfahren zur Verfügung stehen, kann im Bußgeldverfahren wegen der hohen Hürde, die bei der Erfüllung der Zulässigkeitsvoraussetzungen zu überwinden ist, keine Berücksichtigung finden. Dies ist in § 46 Abs. 3

---

[103] KKOWiG-*Senge*, § 71 Rn. 54.
[104] KKOWiG-*Wache*, vor § 53 Rn. 66.

S. 1 OWiG für bestimmte Maßnahmen ohne Bezugnahme auf die entsprechenden Vorschriften der StPO entschieden, ergibt sich aber auch aus §§ 98 a, 100 a, 100 c, 100 f, 100 g, 100 i, 163 d StPO. Dort wird jeweils auf den Verdacht bezüglich schwerwiegender, erheblicher Straftaten abgestellt, sodass sogar im Strafverfahren diesen Eingriffsnormen nur ein beschränkter Anwendungsbereich eröffnet ist.

47 Anwendbar sind im Bußgeldverfahren alle Vorschriften über den Beweis durch Vernehmung von Zeugen[105]. Deswegen hat das medienrelevante Thema des Zeugnisverweigerungsrechts von Pressemitarbeitern (§ 53 Abs. 1 S. 1 Nr. 5 StPO) auch einen bußgeldrechtlichen Kontext[106]. Auf die Voraussetzungen des Zeugnisverweigerungsrechts in § 53 Abs. 1 StPO hat diese Veränderung des Bezugsrahmens keinen Einfluss. Anders verhält es sich mit den Einschränkungen des Zeugnisverweigerungsrechts in § 53 Abs. 2 S. 2 StPO: Das Zeugnisverweigerungsrecht muss nur dem vorrangigen Bedürfnis nach der Aufklärung besonders schwerwiegender Straftaten weichen. Da die Vergehen, bei deren Verfolgung dem staatlichen Strafanspruch der Vorrang vor dem Schutz der Pressefreiheit eingeräumt worden ist, abschließend katalogmäßig aufgeführt sind, ist eine „sinngemäße" (vgl. § 46 Abs. 1 OWiG) Anwendung im Bußgeldverfahren auf die Verfolgung besonders schwerwiegender Ordnungswidrigkeiten nicht möglich.

48 Ein Umkehrschluss aus § 46 Abs. 3 S. 1 OWiG bekräftigt die aus § 46 Abs. 1 OWiG ableitbare Geltung der Vorschriften über die Beweismittelbeschlagnahme im Bußgeldverfahren[107]. Dabei sind auch die Beschlagnahmeverbote des § 97 StPO zu beachten[108]. Das im Zusammenhang mit dem Zeugnisverweigerungsrecht von Pressemitarbeitern (§ 53 Abs. 1 S. 1 Nr. 5 StPO) stehende Beschlagnahmeverbot des § 97 Abs. 5 S. 1 StPO hat im Bußgeldverfahren eine festere Position als im Strafverfahren. Denn die in § 97 Abs. 5 S. 2 iVm Abs. 2 S. 3 StPO verankerte Ausnahme lässt sich nicht in eine bußgeldrechtlichen Kontext verlagern. Das erkennt man am deutlichsten daran, dass es „Begünstigung, Strafvereitelung oder Hehlerei" in Verbindung mit Ordnungswidrigkeiten nicht gibt.

IV. Kriminologie

49 Als empirische realitätsgerichtete Wissenschaft interessiert sich die Kriminologie für die Wirklichkeit der Kriminalität. Ein Teil dieser Wirklichkeit sind auch die Medien, vor allem die Massenmedien[109]. Diese stehen mit der realen Kriminalität schon deswegen in Verbindung, weil sie maßgeblich dafür verantwortlich sind, wie Kriminalität und Kriminalitätsbekämpfung in der Gesellschaft wahrgenommen wird. Medien stellen Abbildungen von Kriminalität her und beeinflussen daher die

---

[105] KKOWiG-*Wache*, § 59 Rn. 1.

[106] KKOWiG-*Wache*, § 59 Rn. 39.

[107] KKOWiG-*Wache*, vor § 53 Rn. 69.

[108] KKOWiG-*Wache*, vor § 53 Rn. 78.

[109] Vgl. *Schwind*, Kriminologie, § 14 (Massen-)Medien und Kriminalität.

Vorstellung, die jeder einzelne von der Kriminalität in seiner Lebenswelt hat. Eine andere empirische Beziehung von Medien und Kriminalität ist die möglicherweise straftatenverursachende Wirkung von Medien. Der Kriminalitätsursachenforschung (Kriminalätiologie) eröffnet die Mutmaßung aggressions- und gewaltbereitschaftsfördernder Wirkung bestimmter Unterhaltungsmedien – insbesondere im Verhältnis zu Kindern und Jugendlichen – ein weites Feld. Diese beiden Themenbereiche sollen hier exemplarisch aufgenommen werden, um die Vielfalt der Beziehungen zwischen Medien und strafrechtlichen bzw. strafrechtsnahen Gebieten aufzuzeigen.

1. Darstellung und Wahrnehmung von Kriminalität

a) Wirkliche und statistische Kriminalität

Um ein vollständiges und richtiges Bild von der realen Kriminalität zu haben, muss **50** man die Taten kennen und in der Lage sein, sie strafrechtlich zu würdigen, also als Taten mit der rechtlichen Qualität „Straftat" zu identifizieren und von Nichtstraftaten zu unterscheiden. Schon die Unerfüllbarkeit der ersten Voraussetzung hat zur Folge, dass es niemanden gibt, der die wirkliche Kriminalität umfassend überblickt, dem also keine einzige Tat verborgen bleibt[110]. Kriminalstatistiken bilden also nur einen Teil der Kriminalität ab, beschreiben das „Hellfeld", bestehend aus den Taten, die den Strafverfolgungsbehörden bekannt geworden und von ihnen als Straftaten bewertet worden sind[111]. Das „Dunkelfeld"[112] entzieht sich der statistischen Erfassung. Die wichtigste amtliche Statistik zur Registrierung, Systematisierung und Darstellung von Straftaten ist die im Jahresrhythmus aktualisierte Polizeiliche Kriminalstatistik (PKS)[113]. Obwohl diese Statistik neben ihrer unvermeidbaren Fragmentarität („Spitze des Eisbergs"[114]) noch einige weitere Fehlerquellen aufweist[115], ist sie eine wertvolle Informationsquelle für Wissenschaft und Politik[116]. Methoden zur Aufhellung des Dunkelfeldes sind Schätzungen, Experimente, teilnehmende Beobachtung und die Befragung von Opfern, Tätern und sonstigen Informanten – z. B. Tatzeugen[117].

---

[110] *Kaiser*, FS Hermann, S. 49 (57).

[111] *Neubacher*, Kriminologie, 3. Kap. Rn. 1.

[112] *Göppinger*, Kriminologie, § 23 Rn. 3; *Schwind*, Kriminologie, § 2 Rn. 34.

[113] *Göppinger*, Kriminologie, § 23 Rn. 19 ff.; *Schwind*, Kriminologie, § 2 Rn. 4 ff.

[114] *Meier*, Kriminologie, § 5 Rn. 64.

[115] *Meier*, Kriminologie, § 5 Rn. 12 ff.; *Schwind*, Kriminologie, § 2 Rn. 5 ff.

[116] *Meier*, Kriminologie, § 5 Rn. 8; *Schwind*, Kriminologie, § 2 Rn. 14.

[117] *Albrecht*, Kriminologie, S. 134; *Göppinger*, Kriminologie, § 23 Rn. 5 ff.; *Meier*, Kriminologie, § 5 Rn. 54; *Neubacher*, Kriminologie, 3. Kap. Rn. 20 ff.; *Schwind*, Kriminologie, § 2 Rn. 37 ff.

b) Kriminalität in der Darstellung der Medien

51   Seine Vorstellung von der realen Kriminalität gewinnt der Bürger nicht aus der Kriminalstatistik oder Fachliteratur und schon gar nicht aus unmittelbarer Wahrnehmung[118]. Kriminalberichterstattung in den Medien und wahrscheinlich auch fiktionale Darstellungen von Kriminalfällen in Literatur, Film und Fernsehen sind die Quellen, aus denen der Laie die Fragmente bezieht, deren Zusammenfügung sein individuelles Bild von Kriminalitätswirklichkeit produziert[119]. Dass dies kein vollständiges und kein wirklichkeitsgetreues Bild ist, liegt auf der Hand[120]. Weil die Gesamtheit dieser Einzelbilder aber eine „Stimmung" in der Bevölkerung erzeugt[121], die im demokratischen Willensbildungsprozess gewiss Einfluss auf kriminalpolitische Richtungsentscheidungen hat[122], kommt vor allem den Medien ein hohes Maß an politischer Verantwortung in diesem Bereich zu[123]. Medien machen Politik, mit Medien kann Politik gemacht werden[124]. „Kriminalpolitik ist Medienpolitik"[125]. Beispielsweise ist zu vermuten, dass die Entwicklung der Gesetzgebung zur Sicherungsverwahrung seit 1998 mit den tatsächlichen Fällen von schweren Sexualverbrechen – begangen überwiegend an Kindern – weniger eng zusammenhängt als mit Art und Umfang der Behandlung dieses Themas in den Medien.

52   Da die Massenmedien selbst nur bruchstückhafte Informationen über Kriminalität haben[126], können sie auch kein lückenloses Abbild der wirklichen Kriminalität zeichnen und zeigen[127]. Sie könnten aber dem Konsumenten suggerieren, er bekomme ein – zwar hochgradig verkleinertes, aber – für die Wirklichkeit repräsentatives Bild vermittelt, in dem prozentuale Anteile, Entwicklungen und Schwerpunkte zutreffend wiedergegeben werden. Indessen ist dem nicht so. Medientätigkeit ist Information und Unterhaltung auf der Basis unsicherer ökonomischer Existenz, daher beherrscht von Kommerzialität, Kampf um Kunden und Marktanteile, Streben nach wirtschaft-

---

[118] *Kunz*, FS Riklin, S. 655 (657); *Müller-Dietz* NStZ 1993, 57 (59).

[119] *Kaiser*, FS Hermann, S. 49; *Kunz*, FS Riklin, S. 655 (661); *Marxen* JZ 2000, 294 (297); *Meier*, Kriminologie, § 5 Rn. 2 a; *Walter*, FS Schüler-Springorum, S. 189 (194); *ders.*, Gewaltkriminalität, Rn. 47 f.

[120] *Müller-Dietz* NStZ 1993, 57 (60).

[121] *Pfeiffer/Windzio/Kleimann* MschrKrim 2004, 415 (426); *Schneider* MschrKrim 1987, 319 (320).

[122] *Kunz*, FS Riklin, S. 655 (660); *Neubacher*, Kriminologie, 2. Kap. Rn. 7; *Walter*, FS Schüler-Springorum, S. 189 (195).

[123] *Göppinger*, Kriminologie, § 28 Rn. 38; *Schwind*, Kriminologie, § 14 Rn. 11, 11 a: „Ungerechtfertigte Dramatisierungen wiederum führen oft zu unnötigem (politischem) Handlungsdruck". . . . „Druck auf den Gesetzgeber, sich 'der Sache anzunehmen': Medienöffentlichkeit kann Politiker in 'Zugzwang' setzen."

[124] *Kaiser*, FS Hermann, S. 49 (54); *Pfeiffer/Windzio/Kleimann* MschrKrim 2004, 415 (428); *Schneider* MschrKrim 1987, 319 (321); *Walter*, FS Schüler-Springorum, S. 189 (196).

[125] *Neubacher*, Kriminologie, 2. Kap. Rn. 6.

[126] Zum Einfluss der Öffentlichkeitsarbeit von Polizei und Justiz vgl. *Neubacher*, Kriminologie, 2. Kap. Rn. 9.

[127] *Kaiser*, FS Hermann, S. 49 (57); *Neubacher*, Kriminologie, 2. Kap. Rn. 7.

lichen Vorteilen[128]. Deshalb werden auch die Inhalte der Berichterstattung über Kriminalität in erster Linie nach Marktgängigkeit ausgewählt und aufbereitet (selektive Information)[129]. Kriminalfälle finden den Weg in Fernsehen und Printmedien, wenn sie genügend Stoff zur Befriedigung der Sensationslust des Massenpublikums aufweisen[130]. Folglich überrascht es nicht, dass Tötungs-, Gewalt und Sexualverbrechen in der medial abgebildeten Kriminalität einen viel höheren Anteil haben als in der Realität, die sich in Kriminalstatistiken und kriminologischen Forschungsergebnissen niederschlägt[131]. Auch wenn dies nicht von der expliziten Behauptung begleitet wird, diese Formen von Kriminalität bedrohten den gesellschaftlichen Frieden, die Freiheit und Sicherheit des einzelnen am stärksten, entsteht doch beim Konsumenten der Eindruck, jeder einzelne müsse stets und überall befürchten, Opfer von Mord und Totschlag, Vergewaltigung, Raub und schwerer Körperverletzung zu werden („gefühlte Kriminalität")[132]. Die Medien liefern also eine verzerrte Darstellung wirklicher Kriminalität und realer Bedrohung durch Kriminelle[133].

2. Medienwirkungen

a) Kriminalitätsfurcht

Die Vorstellung in einer Welt zu leben, in der Kriminalität an der Tagesordnung und   **53** ubiquitär ist, erzeugt individuelle und kollektive Anpassungsprozesse. Da niemand selbst Opfer von Straftaten werden will und viele auch nicht wollen, dass anderen derartiges widerfährt, ist die primäre Reaktion eine Mischung aus Furcht (konkret, rational) und Angst (diffus, irrational)[134]. Auf Grund ihres maßgeblichen Einflusses auf die Entstehung kriminalitätshaltiger Vorstellungsbilder sind die Medien Ursachen von – übertriebener – Kriminalitätsfurcht und Kriminalitätsangst[135]. Die furcht- und

---

[128] *Kühl*, FS Müller-Dietz, S. 401 (404); *Kunz*, FS Riklin, S. 655 (658); *Meier*, FS Rolinski, S. 425 (426); *Neubacher*, Kriminologie, 2. Kap. Rn. 2: Medien „buhlen" um das Interesse des Publikums.

[129] *Neubacher*, Kriminologie, 2. Kap. Rn. 7; *Pfeiffer/Windzio/Kleimann* MschrKrim 2004, 415 (420); *Schwind*, Kriminologie, § 14 Rn. 3; *Walter*, FS Schüler-Springorum, S. 189 (196).

[130] *Freuding* ZRP 2010, 159; *Kunz*, FS Riklin, S. 655 (660); *Schwind*, Kriminologie, § 14 Rn. 4; *Walter*, FS Böhm, S. 751 (755).

[131] *Kaiser/Schöch*, Juristischer Studienkurs Kriminologie, Jugendstrafrecht, Strafvollzug, Fall 3 Rn. 34; *Kunz*, FS Riklin, S. 655 (660); *Müller-Dietz* NStZ 1993, 57 (61); *Neubacher*, Kriminologie, 2. Kap. Rn. 7; *Schwind*, Kriminologie, § 14 Rn. 3.

[132] *Meier*, Kriminologie, § 5 Rn. 2 b; *Walter*, FS Schüler-Springorum, S. 189 (194).

[133] *Göppinger*, Kriminologie, § 28 Rn. 35; *Kaiser*, FS Hermann, S. 49 (57); *Meier*, Kriminologie, § 5 Rn. 2 b; *Müller-Dietz* NStZ 1993, 57 (61); *Schneider* MschrKrim 1987, 319 (322); krit. *Kunz*, Riklin, S. 655 (664).

[134] Zum Unterschied zwischen „Furcht" und „Angst" instruktiv *Schwind*, Kriminologie, § 20 Rn. 12.

[135] *Albrecht*, Kriminologie, S. 366; *Göppinger*, Kriminologie, § 28 Rn. 38; *Kühl*, FS Müller-Dietz, S. 401 (404); *Kunz*, FS Riklin, S. 655 (661); *Neubacher*, Kriminologie, 2. Kap. Rn. 7; *Schwind*, Kriminologie, § 20 Rn. 16.

angstbedingte Opferantizipation löst wiederum unterschiedliche Verhaltensweisen derer aus, die sich von Kriminalität bedroht und vom Staat, von dem sie Schutz und Sicherheit erwarten, im Stich gelassen fühlen[136]. Wer es sich leisten kann, schützt sich selbst mit moderner Sicherheitstechnik, privaten Wachdiensten („Sicherheitsgewerbe boomt")[137] sowie einer vorsichtigen Lebensweise[138]. Gefährliche Gegenden („no go areas") werden gemieden, Begegnungen mit gefährlich wirkenden Personen weicht man aus[139]. Der eigene Aktionsradius wird kleiner, weil bestimmte Formen der Freiheitsentfaltung zu stark risikobehaftet sind und der Rückzug in sichere Bereiche daher die einzige vernünftige Alternative ist. Kriminalitätsfurcht bewirkt also ein erhebliches Maß an Freiheitsverlust, was umso schmerzlicher ist, je unbegründeter das zugrunde liegende Bedrohtheitsgefühl ist, dessen Quelle vielleicht einzig eine unseriös verfälschende Kriminalitätsdarstellung in den Medien ist. Eine andere Auswirkung ist die Radikalisierung und Verrohung der Einstellungen und ansatzweise auch der Praxis der Bevölkerung gegenüber wirklicher oder vermeintlicher Bedrohung durch Kriminalität und Kriminelle („Aufstand der Anständigen")[140]. Forderungen nach hartem Durchgreifen der Staatsmacht, nach Verschärfung des Strafrechts („Todesstrafe für Kinderschänder")[141], nach Ausgrenzung stigmatisierter Gruppen („Ausländer raus")[142] führen zu einer Vergiftung des gesellschaftlichen Klimas und stellen mehr oder weniger deutlich die Bereitschaft zur physischen Gewaltanwendung in den Raum[143]. Offene Missachtung des staatlichen Gewaltmonopols äußert sich sodann in der Bildung von „Bürgerwehren", die sich polizeiliche Aufgaben anmaßen, Selbstjustiz üben und bei der Wahl ihrer Mittel oftmals auch die Grenzen strafbewehrter Verbote überschreiten[144].

b) Förderung von Gewaltbereitschaft

54   Während das Thema „Kriminalitätsfurcht" die kriminologisch bedeutsame Wirkung von Medien auf der Opferseite beleuchtet, richtet sich ein anderes Erkenntnisinteresse auf potentielle Straftäter, bei denen der Konsum von Unterhaltungsmedien eines bestimmten Genres Auslöser latent vorhandener Bereitschaft zur Begehung gewalttätiger Straftaten sein könnte. Die – umstrittene – Legitimation des Straftatbestandes „Gewaltdarstellung" (§ 131 StGB) in einem auf Rechtsgüterschutz

---

[136] Gute Übersicht bei *Schwind*, Kriminologie, § 20 Rn. 14.

[137] *Schwind*, Kriminologie, § 20 Rn. 29 h; *Walter*, FS Böhm, S. 751 (755).

[138] *Kaiser/Schöch*, Juristischer Studienkurs Kriminologie, Jugendstrafrecht, Strafvollzug, Fall 3 Rn. 53 ff.

[139] *Schwind*, Kriminologie, § 20 Rn. 18.

[140] *Kaiser*, FS Hermann, S. 49 (54).

[141] *Kaiser*, FS Hermann, S. 49 (56); *Schneider* MschrKrim 1987, 319 (329).

[142] *Bock*, Kriminologie, Rn. 958; *Kaiser*, FS Hermann, S. 49 (60).

[143] *Schneider* MschrKrim 1987, 319 (328).

[144] *Kaiser*, FS Hermann, S. 49 (61); *Kaiser/Schöch*, Juristischer Studienkurs Kriminologie, Jugendstrafrecht, Strafvollzug, Fall 3 Rn. 54.

beschränkten Strafrecht wird in der aggressions-, gewalt- und kriminalitätsstimulierenden Wirkung extremer Gewaltdarstellungen gesehen[145]. Vorausgesetzt wird also die Annahme, dass es Personen gibt, bei denen durch häufiges Anschauen von Horrorfilmen oder durch aktiven Gebrauch entsprechender Computerspiele die natürliche Hemmschwelle gegenüber fremdgerichteter Gewalttätigkeit gesenkt und die Bereitschaft zur Begehung schwerer Straftaten geweckt oder gesteigert wird. Die seit Jahrzehnten im kriminologischen Schrifttum in diesem thematischen Kontext angeführte „Katharsistheorie" wird von niemandem ernst genommen, schon gar nicht vom Gesetzgeber[146]. Wäre ausgiebiger Konsum von Gewaltdarstellungen wirklich ein geeignetes Mittel zum Abbau von Aggressionsneigungen, dann dürften derartige Medien nicht kriminalisiert werden, sondern müssten vielmehr gezielt als Instrumente der Therapie in Antiaggressionsprogrammen genutzt werden[147]. Plausibler und durch Ergebnisse empirischer Studien gestützt sind Theorien, die Gewaltdarstellungen eine stimulierende Wirkung zuschreiben (Stimulationstheorie, Habitualisierungstheorie)[148]. Verharmlosung oder Verherrlichung führen zu Gewöhnung, Abstumpfung, Verrohung, Absterben von Empathie[149]. Wenn Anwendung physischer Gewalt in Film und Fernsehen permanent als ein sozialadäquates Mittel zur Durchsetzung von – vermeintlich legitimen – Interessen vorgeführt wird und zeitversetzt ein allmähliches Vordringen und Umsichgreifen derartiger Umgangsformen in der Praxis des gesellschaftlichen Zusammenlebens der Menschen beobachtet werden kann, liegt die Annahme eines Ursachenzusammenhangs nicht fern[150]. Indessen sind Pauschaldiagnosen und –urteile fehl am Platz. Vielmehr ist von einem komplexen Zusammenspiel einer Vielzahl von Faktoren auszugehen und vereinfachenden monokausalen Erklärungsversuchen eine Absage zu erteilen[151]. Die Menschen sind zu verschieden, um einheitlich über einen Kamm geschoren zu werden, was ihre Anfälligkeit gegenüber medialer Reizüberflutung anlangt[152]. Wo der eine auf Grausamkeit und Unmenschlichkeit mit Ekel und Abscheu reagiert[153], fühlt sich der andere vielleicht angestachelt, das Gesehene selbst auszuprobieren.

---

[145] BGH NStZ 2000, 307 (308); *Erdemir* ZUM 2000, 699 (701).

[146] *Göppinger*, Kriminologie, § 28 Rn. 41; *Hörnle*, Grob anstößiges Verhalten, S. 391; *dies.*, FS Schwind, S. 337 (341); *Laue* Jura 1999, 634 (635); *Schwind*, Kriminologie, § 14 Rn. 22.

[147] Ironisierend *Weigend*, FS Hermann, S. 35 (37): Gewaltvideos auf Krankenschein.

[148] *Schwind*, Kriminologie, § 14 Rn. 23 ff.

[149] *Hörnle*, FS Schwind, S. 337 (350).

[150] *Hörnle*, FS Schwind, S. 337 (346); *Laue* Jura 1999, 634 (637); *Schneider* MschrKrim 1987, 319 (328); *Weigend*, FS Hermann, S. 35 (39).

[151] *Göppinger*, Kriminologie, § 28 Rn. 43; *Hörnle*, FS Schwind, S. 337 (342); *Laue* Jura 1999, 634 (637); *Schwind*, Kriminologie, § 14 Rn. 38.

[152] *Schwind*, Kriminologie, § 14 Rn. 31 ff.

[153] *Hörnle*, FS Schwind, S. 337 (339).

Literatur

Hörnle, Das strafrechtliche Verbot von Gewaltdarstellungen (§ 131 StGB), FS Schwind, 2006, S. 337

Kaiser, Von der Kriminalberichterstattung zur Kriminalität als Medienrealität, FS Hermann, 2002, S. 49

Kunz, Medienkriminalität, FS Riklin, 2007, S. 655

Laue, Der Fall „Jason" – LG Passau NJW 1997, 1165, Jura 1999, 634

Mitsch, Strafrechtlicher Schutz des Rechts am eigenen Bild im Strafvollzug, FS Schwind, 2006, S. 603 ff.

Müller-Dietz, Die soziale Wahrnehmung von Kriminalität, NStZ 1993, 57

Nehm, „Fernsehinterviews aus der Haft sind für alle Beteiligten eine heikle Sache", ZRP 1996, 492

Pfeiffer/Windzio/Kleimann, Die Medien, das Böse und wir, MschrKrim 2004, 415

Schneider, Kriminalität in den Massenmedien, MschrKrim 1987, 319

Scholderer, „Mörder, die man nie vergisst" – En Lehrstück über die Rechtswirklichkeit des Lebach-Urteils, ZRP 1991, 298

Tolmein, Interviews mit Strafgefangenen: Schädlicher Einfluß oder unabdingbare gesellschaftliche Kommunikation?, ZRP 1997, 246

M. Walter, Gedanken zur Bedeutung von Kriminalität in den Medien, FS Schüler-Springorum, 1993, S. 189

Weigend, Gewaltdarstellung in den Medien, FS Hermann, 2002, S. 35

Teil II
Strafrechtsbezüge medienrechtlicher Gebiete

§ 6 Internet- und Telekommunikationsrecht

A. Internetrecht

I. Einführung

Der Siegeszug des Internet in der Welt der Medien führt auch durch die Welt des **1**
Rechts und hinterlässt dort in verschiedenen Teilgebieten seine Spuren. Der Begriff
„Internetrecht" ist in der juristischen Terminologie fest etabliert und hat ein rasant
anwachsendes neues Feld juristischer Literatur entstehen lassen. Schnell bildeten
sich Unterkategorien heraus, die das Internet mit tradierten Teilrechtsgebieten ver-
knüpften, wodurch der Querschnittscharakter des Internetrechts verdeutlicht wurde.
Auf diese Weise entstand der Begriff des „Internetstrafrechts"[1], der es inzwischen
geschafft hat, Namensgeber von Hand- und Lehrbüchern zu werden[2]. In einem re-
nommierten Lehrbuch des Medienrechts ist das Internet zum „zentralen Forum der
Strafbarkeit" ernannt worden[3].

Keinen Eingang fand das Wort „Internet" in die offizielle Sprache des Gesetzes. **2**
Das empirische Phänomen, das so genannt wird, lässt sich unter zahlreiche Vorschriften subsumieren, indessen enthalten diese die Vokabel „Internet" nicht. Soweit der
Gesetzgeber durch die Neuerungen im Bereich der Telekommunikation zur Schaffung neuer Gesetze inspiriert wurde, schlägt sich dies terminologisch anderweitig
nieder, z. B. in dem Begriff „Telemedien"[4]. Auch in der Literatur werden zum Teil
andere Ausdrücke verwendet, die das Internet erfassen, zugleich aber verdeutlichen,

---

[1] *B. Heinrich* HFR 2006, 125.

[2] *Gercke/Brunst*, Praxishandbuch Internetstrafrecht; *Hilgendorf/Frank/Valerius*, Computer- und
Internetstrafrecht; *Marberth-Kubicki*, Computer- und Internetstrafrecht.

[3] *Petersen*, Medienrecht, § 18 Rn. 1.

[4] Diesen Ausdruck präferiert *Beater*, Medienrecht, Rn. 269.

W. Mitsch, *Medienstrafrecht*, Springer-Lehrbuch,
DOI 10.1007/978-3-642-17263-2_6, © Springer-Verlag Berlin Heidelberg 2012

dass das Internet[5] selbst nur ein Teilphänomen ist: „Neue Medien"[6], „digitale Medien"[7], „online"[8], „elektronische Medien"[9] oder „Multimedia"[10].

3 Diese babylonische Vielfältigkeit des Vokabulars trägt zur Aufhellung des komplizierten Materials wenig bei und erschwert die Systematisierung der Stoffbearbeitung und –darstellung[11]. Wie sogleich darzulegen sein wird, gehören die meisten der eingebürgerten Termini nicht zur amtlichen Rechts- und Gesetzessprache. Sie beziehen sich auf Teile von Sachverhalten, deren rechtliche – insbesondere strafrechtliche – Qualität und Bedeutung anhand von Gesetzestexten geprüft werden muss, die diese Vokabeln nicht enthalten. Die Gesetzestexte sind der Maßstab und was ihnen als Subsumtionsobjekt gegenübergestellt wird, sind Sachverhalte, deren Komplexität sich mit einem Wort „Internet" oder „Multimedia" auch nicht annähernd zum Ausdruck bringen lässt. Daher haben solche Ausdrücke bei der Subsumtion auch keine unmittelbare Relevanz. Sie sind letztlich nur Mittel zur Vereinfachung des Redens und Schreibens über die dahinter stehenden Sachverhalte.

4 Einiges spricht dafür, in die Überschrift des Kapitels, in dem es um die Beziehungen von Strafrecht und Internet geht, den Terminus „Telemedien" aufzunehmen. Denn dieser Terminus hat bereits Eingang in die Gesetzessprache gefunden, z. B. in dem „Telemediengesetz", im Rundfunkstaatsvertrag, im Jugendmedienschutz-Staatsvertrag, im Jugendschutzgesetz. Er ist zudem umfassender als der Begriff des Internet, denn es gibt auch Telemedien, die nicht Internet sind[12]. Auf der anderen Seite gibt es internetbasierte Medien, die rechtlich nicht den Telemedien zugeordnet sind. So wird der Rundfunk auch soweit er sich moderner Übertragungstechniken bedient, vom Rechtsbereich der Telemedien separiert, § 2 Abs. 1 S. 3 RStV, § 1 Abs. 1 S. 1 TMG[13]. Allerdings gilt der Begriff „Telemedien" als „wenig konturenscharf und außerhalb des juristischen Sprachgebrauchs wenig gebräuchlich"[14]. Zur Veranschaulichung und Konkretisierung der Rechtsthemen müsste daher letztlich doch auf das Internet zurückgegriffen werden. Daher soll dieses hier von vornherein stellvertretend auch für verwandte Medienarten thematisiert werden. Damit wird zudem der

---

[5] Zu den Unterbegriffen „Intranet" und „Extranet" vgl. *Jaspersen*, in: Faulstich, Grundwissen Medien, S. 294.

[6] *Popp* JuS 2011, 385.

[7] *Faulstich*, Medienwissenschaft, S. 147.

[8] *Petersen*, Medienrecht, § 17 Rn. 7: „Online-Delikte".

[9] So die Titelbezeichnung des Kommentars von *Spindler/Schuster*, Recht der elektronischen Medien.

[10] *Barton*, Multimediarecht, Rn. 8; *Fechner*, Medienrecht, 1. Kapitel Rn. 16; 12. Kapitel; *Lang*, in: Faulstich, Grundwissen Medien, S. 303; *Petersen*, Medienrecht, vor § 17 Rn. 3: „Multimedia-Kriminalität".

[11] Vgl. *Beater*, Medienrecht, Rn. 269 zu „Neue Medien": „Sein Inhalt ist durchaus unklar"; auf die „Unklarheit über den genauen Gehalt von Begriffen wie ‚Neue Medien' oder ‚Multimedia'" weist *Fechner*, Medienrecht, 12. Kapitel Rn. 1 hin.

[12] *Beater*, Medienrecht, Rn. 270; *Barton*, Multimediarecht, Rn. 12; Beispiele bei *Spindler/Schuster/Holznagel/Ricke*, Recht der elektronischen Medien, § 1 TMG Rn. 10.

[13] *Spindler/Schuster/Holznagel/Ricke*, Recht der elektronischen Medien, § 1 TMG Rn. 9.

[14] *Paschke*, Medienrecht, Rn. 72.

überragenden praktischen Bedeutung des Internet Rechnung getragen[15]. „Das Internet entwickelt sich zu dem wichtigsten Medium unserer modernen Gesellschaft", wird in einem strafrechtswissenschaftlichen Zeitschriftenbeitrag einleitend festgestellt[16]. Von einer „explosionsartigen" Entwicklung ist in einem anderen Beitrag die Rede[17]. „Seit der Erfindung der Eisenbahn hat kaum eine Technologie unsere Lebensverhältnisse so schnell und so radikal verändert wie das Internet" stellt ein anderer Autor fest[18]. Leider trifft dies auch auf den Stellenwert des Internet im Kriminalitäts- und Strafrechtsbereich zu[19]. „Ein Gespenst geht um in Europa: Internet."[20]

II. Internet-Straftaten

Weder das Strafgesetzbuch noch das Nebenstrafrecht enthält eine Straftatsystematik,   5
die sich am Kriterium des deliktischen Bezugs zum Internet ausrichtet[21]. Das beruht
schon darauf, dass bei vielen „klassischen" Straftatbeständen die Tatbegehung mittels Internet möglich ist[22], der gesetzessystematische Standort dieser Straftatbestände sich aber deswegen nicht geändert hat. Betrug, der z. B. durch Teilnahme an Internetauktionen[23], das Stellen von „Abo-Fallen"[24] oder durch den Einsatz sog. „Dialer" begangen werden kann[25], ist weiterhin in § 263 StGB geregelt, woran sich auch in Zukunft nichts ändern wird, weil die meisten – zumindest sehr viele – Betrügereien immer noch außerhalb des Internetverkehrs – „offline" – verübt werden[26]. Nur allmählich führt der Gesetzgeber neue Strafvorschriften ein, um das Instrumentarium der repressiv-strafrechtlichen Reaktion den neuartigen Erscheinungsformen kriminellen Handelns anzupassen. Diese Vorschriften werden dann aber ebenfalls nicht einheitlich in einem besonderen ausschließlich der Internetkriminalität gewidmeten Abschnitt des Gesetzes zusammengefasst, sondern in erster Linie in Ausrichtung am

---

[15] *Fechner*, Medienrecht, 12. Kapitel Rn. 6.

[16] *Kögel* wistra 2007, 206.

[17] *Haft/Eisele* JuS 2001, 112.

[18] *Rux* JZ 2007, 285.

[19] *Faulstich*, Medienwissenschaft, S. 162; *Hilgendorf* K & R 2011, 229.

[20] *Roellecke* NJW 1996, 1801.

[21] *Cole*, in: Dörr/Kreile/Cole, Handbuch Medienrecht, S. 234; *Gercke/Brunst*, Praxishandbuch Internetstrafrecht, Rn. 72; *B. Heinrich* HFR 2006, 125.

[22] *Cole*, in: Dörr/Kreile/Cole, Handbuch Medienrecht, S. 248; *Eichelberger* DUD 2006, 490 (496); *Haft/Eisele* JuS 2001, 112 (118); *Marberth-Kubicki* DRiZ 2007, 212.

[23] *Bär*, in: Leible/Sosnitza (Hrsg.), Versteigerungen im Internet, Rn. 1383 ff.; *Heckmann*, in: Heckmann, Internetrecht, Kap. 8 Rn. 91 ff; *Malek*, Strafsachen im Internet, Rn. 222; *Marberth-Kubicki*, Computer- und Internetstrafrecht, Rn. 196; *Popp* JuS 2005, 689 ff.

[24] OLG Frankfurt NJW 2011, 398 ff.

[25] *Fülling/Rath* JuS 2005, 598 ff; *Malek*, Strafsachen im Internet, Rn. 223; *Marberth-Kubicki*, Computer- und Internetstrafrecht, Rn. 198.

[26] *Malek*, Strafsachen im Internet, Rn. 221: „Der Betrug ist kein internetspezifischer Tatbestand"; *Marberth-Kubicki*, Computer- und Internetstrafrecht, Rn. 188.

betroffenen Rechtsgut dort eingefügt, wo bereits ähnliche Strafvorschriften existieren. Das führt letztlich zu einer breiten Streuung computer- und internetspezifischer Strafvorschriften, wie sich etwa an §§ 202 a–202 c, 238, 269, 274 Abs. 1 Nr. 2 und 303 a, b StGB zeigen lässt. Auf Grund der enormen Breite des Spektrums internetkompatibler Straftatbestände ist auch die Herstellung einer lehrbuchtauglichen Systematik schwierig. Eine geeignete Methode, die auch in anderen Darstellungen praktiziert wird[27], ist die Orientierung an der Cyber Crime Convention des Europarates.

1. Straftatenkatalog der Cyber Crime Convention

6　Die am 23.11. 2001 von 30 europäischen Staaten unterzeichnete Cyber Crime Convention des Europarates ist die wichtigste internationale Initiative zur Harmonisierung der einzelstaatlichen Bemühungen um eine effektive strafrechtliche Bekämpfung der Internetkriminalität[28]. Die europäische und internationale Dimension ist wegen des globalen grenzüberschreitenden Charakters der internetgestützten Kriminalität unabdingbar[29]. In Kap. II Abs. 1 stellt die Cyber Crime Convention die innerstaatlich zu treffenden Maßnahmen auf dem Gebiet des materiellen Strafrechts zusammen. Titel 1 (Art. 2 bis 6) betrifft die „Straftaten gegen die Vertraulichkeit, Unversehrtheit und Verfügbarkeit von Computerdaten und –systemen". Im einzelnen handelt es sich um die oben in § 3 erläuterten Strafvorschriften §§ 202 a–c, 303 a, b und 317. Titel 2 (Art. 7 und 8) betrifft „Computerbezogene Straftaten". Diese fächern sich auf in die §§ 263 a, 265 a, 268, 269 und 274 StGB. Titel 3 (Art. 9) betrifft „Inhaltsbezogene Straftaten". Die Cyber Crime Convention bezieht sich hier allein auf Kinderpornographie, also den von § 184 b StGB abgedeckten Kriminalitätsbereich. Internetinhaltsdelikte sind aber daneben auch die sonstigen Pornographietaten (§§ 184, 184 a, 184 c StGB)[30], sowie Straftaten wie z. B. Volksverhetzung (§ 130 StGB)[31], Gewaltdarstellung (§ 131 StGB), öffentliche Aufforderung zu Straftaten (§ 111 StGB)[32] usw.[33] Darüber hinaus sind selbstverständlich auch Delikte mit ehrverletzenden (§§ 185 ff StGB)[34] oder privatheits- bzw. geheimnisverletzenden (§§ 201 ff StGB)[35] Inhalten mittels Internet begehbar. Titel 4 (Art. 10) schließlich betrifft „Straftaten in Zusammenhang mit Verletzungen des Urheberrechts und

---

[27] *Gercke/Brunst*, Praxishandbuch Internetstrafrecht, Rn. 84, 159, 255, 421; *Popp* JuS 2011, 385.

[28] *Marberth-Kubicki*, Computer- und Internetstrafrecht, Rn. 43.

[29] *Fechner*, Medienstrafrecht, 12. Kapitel Rn. 280; *Gercke/Brunst*, Praxishandbuch Internetstrafrecht, Rn. 62.

[30] *Malek*, Strafsachen im Internet, Rn. 297 ff.; *Sieber* JZ 1996, 494 (495).

[31] *Malek*, Strafsachen im Internet, Rn. 345; *Sieber* JZ 1996, 494 (496).

[32] *Malek*, Strafsachen im Internet, Rn. 343.

[33] *Haug*, Internetrecht, Rn. 144 ff.

[34] *Haug*, Internetrecht, Rn. 154; *Malek*, Strafsachen im Internet, Rn. 333; *Marberth-Kubicki*, Computer- und Internetstrafrecht, Rn. 238; *Sieber* JZ 1996, 494 (496).

[35] *Haug*, Internetrecht, Rn. 155 ff.; *Malek*, Strafsachen im Internet, Rn. 291; *Marberth-Kubicki*, Computer- und Internetstrafrecht, Rn. 239–254.

verwandter Schutzrechte". Auf letztere wird ausführlich unten in Kap. § 8 eingegangen werden. Die meisten in dieser Zusammenstellung enthaltenen Strafvorschriften aus dem Besonderen Teil des StGB waren bereits Gegenstand der Ausführungen in Kap. § 3. Dort wurden auch die Bezüge zum Internet aufgezeigt. Daher sollen im vorliegenden Kapitel (unten 2.) nur einige spezielle Techniken internetkrimineller Rechtsgüterbeeinträchtigung einer strafrechtlichen Betrachtung unterzogen werden.

2. Neue Erscheinungsformen von Straftaten

a) Phishing, Pharming

aa) Tatbild

Das aus „Passwort" und „Fishing" gebildete Kunstwort „Phishing"[36] bezeichnet eine **7** kriminelle Nutzung des Internets vor allem im Bereich des Online-Bankings. Dabei versendet der Täter an Bankkunden e-mails, die so gestaltet sind, dass der jeweilige Empfänger annehmen muss, die e-mail stamme von seiner Bank. Die e-mail enthält eine Nachricht, mit der der Bankkunde aufgefordert wird, persönliche Kontodaten wie z. B. PIN und TAN anzugeben. Begründet wird dies z. B. mit notwendigen Sicherheitskontrollen[37]. Tatsächlich werden die vom ahnungslosen e-mail-Empfänger eingegebenen vertraulichen Daten nicht auf die Webseite seiner Bank geleitet, sondern auf eine vom Täter („Phisher") eingerichtete Webseite („spoof")[38]. Sobald der Täter im Besitz dieser Daten ist, kann er online Transaktionen zu Lasten des Kontos des von ihm getäuschten Bankkunden durchführen[39], also das Konto „leerräumen"[40]. Für letztgenannten Vorgang werden üblicherweise sog. „Finanzkuriere" oder „Finanzagenten" eingeschaltet[41].

Eine weiterentwickelte Form des einfachen Phishing ist das sog. Pharming. Dabei **8** bewirkt der Täter durch Manipulationen mittels eines Trojaners oder eines Virus entweder des DNS-Servers oder der lokalen Host-Datei, dass der ahnungslose Nutzer auf eine gefälschte Website gelenkt wird, obwohl er die richtige Internet-Adresse (seiner Bank) eingegeben hat. In der Annahme mit der eigenen Bank zu kommunizieren, gibt der Nutzer die Kontozugangsdaten preis und ermöglicht dem Täter den online-Zugriff auf sein Konto[42].

---

[36] *Buggisch/Kerling* Kriminalistik 2006, 531; *Eisele*, BT II, Rn. 1248; *B. Heinrich* HFR 2006, 125 (126); *Marberth-Kubicki*, Computer- und Internetstrafrecht, Rn. 71; *dies.* DRiZ 2007, 212.

[37] Vgl. Fall 7 bei *Beck/Valerius*, Fälle zum Wirtschaftsstrafrecht, S. 89, sowie das Beispiel bei *Eisele*, BT II, Rn. 1248.

[38] *Goeckenjan* wistra 2009, 47 (48); *Stuckenberg* ZStW 118 (2006), 878 (879).

[39] *Beck/Dornis* CR 2007, 642; *Gercke* CR 2005, 606; *Heghmanns* wistra 2007, 167; *B. Heinrich* HFR 2006, 125 (126); *Malek*, Strafsachen im Internet, Rn. 213; *Marberth-Kubicki*, Computer- und Internetstrafrecht, Rn. 72; *Stuckenberg* ZStW 118 (2006), 878 (879 f.)

[40] *Heghmanns* wistra 2007, 167.

[41] *Goeckenjan* wistra 2008, 128 (129); *Heckmann*, in: Heckmann, Internetrecht, Kap. 8 Rn. 111.

[42] *Buggisch/Kerling* Kriminalistik 2006, 531 (532; *Heckmann*, in: Heckmann, Internetrecht, Kap. 8 Rn. 138; *Marberth-Kubicki*, Computer- und Internetstrafrecht Rn. 75; *Popp* MMR 2006, 84.

bb) Strafrechtliche Bewertung

9   Die Schwierigkeit der Bemühungen um eine strafrechtliche Erfassung der Phishing-Tatbilder manifestiert sich in einem bunten Strauß von Straftatbeständen aus dem StGB und dem Nebenstrafrecht. In tatsächlicher Hinsicht werden dabei die Phase der Datenverschaffung und der Datenverwertung unterschieden[43]. Während in der Verwertungsphase die Begründung von Strafbarkeit relativ leicht ist, laufen die Subsumtionsversuche bezüglich der Verschaffungsphase in eine weitgehend strafrechtsfreie Zone. Daher verkündete ein BGH-Richter 2007 in der Titelüberschrift eines Aufsatzes: „Phishing' derzeit nicht generell strafbar!"[44].

10   **(1) Datenverschaffung**   Strafbarkeit wegen Ausspähen oder Abfangen von Daten (§ 202 a Abs. 1 StGB, § 202 b StGB) kommt beim einfachen Phishing aus mehreren Gründen nicht in Betracht: Die erschlichenen Informationen können zwar „Daten" iSd § 202 a Abs. 2 StGB sein, müssen es aber nicht. Beispielsweise sein Passwort wird der Kontoinhaber in seinem Gedächtnis abgelegt oder auf einem Papierzettel notiert, nicht aber elektronisch usw. gespeichert haben[45]. Ebenso verfährt man mit PIN oder TAN und ähnlichem[46]. Daher greift der Phishing-Täter auch keine „Zugangssicherung" an, sondern er verleitet den Kontoinhaber schlicht zur Preisgabe der geheim gehaltenen Informationen[47]. Anders verhält es sich beim „Pharming": Hier greift der Täter auf Daten zu, die elektronisch „übermittelt" werden (§ 202 a Abs. 2 Alt. 2 StGB). Die Installation eines „Trojaners" bewirkt die Überwindung der Zugangssicherung und verschafft dem Täter die nicht für ihn bestimmten Daten, ohne dass es dazu eines willentlichen Datenverschaffungsaktes des Geschädigten bedarf[48].

11   Da der Täter beim Phishing mit dem Opfer seiner Tat auf elektronischem Wege in einer Weise kommuniziert, die – würde er statt e-mail ein Schriftstück verwenden – möglicherweise Urkundenfälschung (§ 267 StGB) wäre[49], kommt eine Strafbarkeit wegen Fälschung beweiserheblicher Daten (§ 269 Abs. 1 StGB) in Betracht. Der Tatbestand der Urkundenfälschung kann nicht erfüllt werden, da e-mails mangels

---

[43] *Goeckenjan* wistra 2008, 128 (129); *Heghmanns* wistra 2007, 167 (168); *Marberth-Kubicki* DRiZ 2007, 212.

[44] *Graf* NStZ 2007, 129; ebenso *Marberth-Kubicki*, Computer- und Internetstrafrecht, Rn. 179; *dies.* DRiZ 2007, 212.

[45] *Graf* NStZ 2007, 129 (131); *B. Heinrich* HFR 2006, 125 (126); *von Heintschel-Heinegg/ Weidemann*, § 202 a Rn. 16.1; § 202 b Rn. 9; *Popp* MMR 2006, 84 (85); *Schönke/Schröder/Lenckner/ Eisele*, § 202 a Rn. 4.

[46] *Stuckenberg* ZStW 118 (2006), 878 (884).

[47] *Beck/Dornis* CR 2007, 642 (643); *Beck/Valerius*, Fälle zum Wirtschaftsstrafrecht, Fall 7 Rn. 7; *Buggisch/Kerling* Kriminalistik 2006, 531 (535); *Gercke/Brunst*, Praxishandbuch Internetstrafrecht, Rn. 97; *Goeckenjan* wistra 2009, 47 (50); *Graf* NStZ 2007, 129 (131); *B. Heinrich* HFR 2006, 125 (126); *Marberth-Kubicki* DRiZ 2007, 212; AnwK-StGB/*Popp*, § 202 a Rn. 11; *Schönke/ Schröder/Lenckner/Eisele*, § 202 a Rn. 10 a; *Seidl/Fuchs* HRRS 2010, 85 (86); *Stuckenberg* ZStW 118 (2006), 878 (884).

[48] *B. Heinrich* HFR 2006, 125 (128).

[49] *Stuckenberg* ZStW 118 (2006), 878 (885).

dauerhafter sichtbarer Verkörperung keine Urkunden sind[50]. Aber die e-mails könnten urkundenäquivalente Daten sein. Was der Täter dem Empfänger der Phishing-mail inhaltlich mitteilt, wird in der Regel den Anforderungen der üblichen Urkundendefinition[51] entsprechen. Es handelt sich um Daten, die beweiserheblich sind[52]. Die Unechtheit ergibt sich aus der auf die Bank als Verfasser des e-mail-Textes hindeutenden Absenderangabe und sonstigen gestalterischen Accessoires, die den Eindruck entstehen lassen, die mail stamme von einer zur Datenabfrage befugten Person[53]. Mit der Übersendung der e-mail erfüllt der Täter die Handlungsmerkmale „speichert" und „gebraucht", § 269 Abs. 1 Alt. 1 u. 3 StGB[54].

Mit Phishingattacken verfolgt der Täter das Ziel einer Bereicherung auf Kosten **12** des Kontoinhabers, der durch die gefakete e-mail zur Preisgabe von Daten verführt werden soll, die dem Täter letztendlich den Zugriff auf das Konto und die Verschaffung des Guthabens ermöglicht. Da dieses Ziel am Ende erreicht wird und das Mittel zu seiner Erreichung Irreführung des Opfers ist, liegt eine Strafbarkeit wegen Betruges (§ 263 StGB) nahe. Allerdings kann in der Datenverschaffungsphase Strafbarkeit wegen vollendeten Betruges von vornherein nicht ernsthaft in Betracht gezogen werden[55]. Zwar setzt der Kontoinhaber mit der Offenbarung der Kontozugangsdaten sein Vermögen der Gefahr aus, durch missbräuchliche Nutzung der Daten geschädigt zu werden. Jedoch ist dieser Zustand noch keine dem Vermögensschaden gleichwertige Gefährdungslage. Ob es zum Verlust des Guthabens kommt, hängt davon ab, ob der Täter von der Möglichkeit des Zugriffs auf das Konto Gebrauch macht. Zwischen der Gelegenheit zur Schädigung des Vermögens und deren tatsächlichem Eintritt liegt also ein Abstand, zu dessen Überbrückung es weiterer Schritte des Täters bedarf. Da ungewiss ist, ob und wann der Täter diese Schritte vollziehen wird, kann eine schadensgleiche Vermögensgefährdung noch nicht angenommen werden[56]. Dieselben Umstände sind es, die auch einer Strafbarkeit wegen versuchten Betruges (§§ 263

---

[50] *Lackner/Kühl*, § 267 Rn. 7; *Stuckenberg* ZStW 118 (2006), 878 (885).

[51] *Küpper*, BT I, Teil II § 1 Rn. 3.

[52] *Eisele*, BT II, Rn. 1249; *Freund*, Urkundenstraftaten, Rn. 273 b; *Gercke* CR 2005, 606 (609); *Gercke/Brunst*, Praxishandbuch Internetstrafrecht, Rn. 242; *Goeckenjan* wistra 2008, 128 (129); *Stuckenberg* ZStW 118 (2006), 878 (886); ablehnend *B. Heinrich* HFR 2006, 125 (127); zweifelnd *Popp* MMR 2006, 84 (85).

[53] *Gercke* CR 2005, 606 (609); *Marberth-Kubicki*, Computer- und Internetstrafrecht, Rn. 179; *Stuckenberg* ZStW 118 (2006), 878 (889).

[54] *Eisele*, BT II, Rn. 1249; *Gercke* CR 2005, 606 (610); *Gercke/Brunst*, Praxishandbuch Internetstrafrecht, Rn. 243; *Goeckenjan* wistra 2008, 128 (130); *von Heintschel-Heinegg/Weidemann*, § 269 Rn. 9; *Stuckenberg* ZStW 118 (2006), 878 (886).

[55] Dazu, dass die Versendung der Phishing-e-mails weder vollendeter noch versuchter Betrug ist, vgl. *Gercke* CR 2055, 606 (607).

[56] *Beck/Valerius*, Fälle zum Wirtschaftsstrafrecht, Fall 7 Rn. 4; *Buggisch/Kerling* Kriminalistik 2006, 531 (534); AnwK-StGB/*Gaede*, § 263 Rn. 86, 131; *Goeckenjan* wistra 2008, 128 (131); *Graf* NStZ 2007, 129 (130); *Heghmanns* wistra 2007, 167 (168); *B. Heinrich* HFR 2006, 125 (127); *Marberth-Kubicki*, Computer- und Internetstrafrecht, Rn. 200; *dies.* DRiZ 2007, 212; NK-*Kindhäuser*, § 263 Rn. 203; *Popp* NJW 2004, 3517 (3518); *ders.* MMR 2006, 84 (86); *Schönke/Schröder/Cramer/Perron*, § 263 Rn. 145; *Seidl/Fuchs* HRRS 2010, 85 (86); SSW-*Satzger*, § 263 Rn. 121; aA *Stuckenberg* ZStW 118 (2006), 878 (904).

Abs. 2, 22 StGB) entgegenstehen. Mit der Zusendung der Phishing-mails bereitet der Täter erst die Tat vor, die möglicherweise Betrug ist (dazu sogleich)[57]. Computerprogramme, die zur Vorbereitung des späteren Zugriffs auf die Konten verwendet werden, fallen nicht unter § 263 a Abs. 3 StGB[58].

13   **(2) Datenverwertung** Macht der Täter von der Möglichkeit, mithilfe der vom Opfer erlangten Daten Zugriff auf dessen Konto zu nehmen Gebrauch, fügt er dem Kontoinhaber einen Vermögensschaden zu. Daher kommt Strafbarkeit wegen eines vollendeten Betrugsdelikts in Betracht. Da es sich um Daten des online-Bankings handelt, bringt sie der Täter in einen elektronischen Datenverarbeitungsvorgang ein. In diesem System kommt es also nicht zur Täuschung und Irrtumserregung gegenüber einem Menschen, sondern zur Beeinflussung des Ergebnisses eines elektronischen Datenverarbeitungsprozesses. Deshalb ist der einschlägige Straftatbestand nicht betrug (§ 263 StGB), sondern Computerbetrug (§ 263 a StGB)[59]. Indem der Täter die erschlichenen Daten benutzt, verwirklicht er die dritte Tatbestandsalternative des § 263 a Abs. 1 StGB: unbefugte Verwendung von Daten[60].

14   Die Tatsache, dass der online-Zugang zu einem Konto und die Vornahme von Transaktionen die Verwendung der vom Kontoinhaber geheim zu haltenden PIN und TAN voraussetzt, ist Zeichen der besonderen Zugangssicherung, mit der die Kontodaten vor unbefugtem Zugriff abgeschirmt sind. Indem der Täter die erschlichenen Daten nutzt, um diese Abschirmung zu durchbrechen, verschafft er sich Zugang zu Daten, die nicht für ihn bestimmt sind. Er begeht also Ausspähen von Daten gem. § 202 a Abs. 1 StGB[61].

15   Darüber hinaus erfüllt die unbefugte Datenverwendung auch den Straftatbestand der Fälschung beweiserheblicher Daten (§ 269 Abs. 1 StGB)[62]. Indem der Täter beim online-Banking Daten verwendet, die nur der Kontoinhaber verwenden darf, spiegelt er vor, Datenverwendungsberechtigter – also Inhaber des Kontos – zu sein. Damit begeht er eine Ausstellertäuschung, die im Parallelfall der Urkundenfälschung

---

[57] *Beck/Dornis* CR 2007, 642 (643); *Gercke* CR 2005, 606 (608); *Goeckenjan* wistra 2008, 128 (131); *Graf* NStZ 2007, 129 (131); *B. Heinrich* HFR 2006, 125 (127); *Popp* NJW 2004, 3517 (3518); *ders.* MMR 2006, 84 (86).

[58] *Marberth-Kubicki*, Computer- und Internetstrafrecht, Rn. 82; *Schönke/Schröder/Cramer/Perron*, § 263 a Rn. 33 a; diff. *Goeckenjan* wistra 2008, 128 (132).

[59] *Stuckenberg* ZStW 118 (2006), 878 (906).

[60] *Beck/Valerius*, Fälle zum Wirtschaftsstrafrecht, Fall 7 Rn. 14 ff.; *Buggisch/Kerling* Kriminalistik 2006, 531 (535); *Eisele*, BT II, Rn. 1249; AnwK-StGB/*Gaede*, § 263 Rn. 16, 21; *Gercke* CR 2005, 606 (611); *Goeckenjan* wistra 2008, 128 (132); *Heckmann*, in: Heckmann, Internetrecht, Kap. 8 Rn. 126; *Heghmanns* wistra 2007, 167 (169); *Kögel* wistra 2007, 206 (207); *Marberth-Kubicki* DRiZ 2007, 212 (213); *Popp* MMR 2006, 84 (85); *Stuckenberg* ZStW 118 (2006), 878 (908).

[61] *Beck/Valerius*, Fälle zum Wirtschaftsstrafrecht, Fall 7 Rn. 23; *Goeckenjan* wistra 2009, 47 (53); *Heghmanns* wistra 2007, 167 (169); *von Heintschel-Heinegg/Weidemann*, § 202 a Rn. 16.1; NK-*Kargl*, § 202 a Rn. 10; AnwK-StGB/*Popp*, § 202 a Rn. 11, SSW-*Bosch*, § 202 a Rn. 9; *Stuckenberg* ZStW 118 (2006), 878 (906).

[62] *Goeckenjan* wistra 2008, 128 (132).

Herstellung einer unechten Urkunde wäre[63]. Da der gesamte Tatverlauf ohne Beteiligung von menschlichen Täuschungsopfern erfolgt, sondern sich in den Bahnen eines elektronischen Datenverarbeitungsvorgangs bewegt, wird im subjektiven Tatbestand das Merkmal „zur Täuschung im Rechtsverkehr" (§ 267 Abs. 1 StGB) durch das Merkmal „zur Beeinflussung einer Datenverarbeitung" (§ 270 StGB) ersetzt[64].

Der vom „Phisher" eingesetzte „Finanzkurier" kann sich je nach Fallgestaltung   **16** wegen Beihilfe zum Computerbetrug (§§ 263 a Abs. 1, 27 Abs. 1 StGB) oder Geldwäsche (§ 261 Abs. 1 StGB) strafbar machen. Darüber hinaus kommt eine Strafbarkeit aus § 54 Abs. 1 Nr. 2 KWG in Betracht[65].

b) Spamming

aa) Tatbild

Unter Spamming versteht man den massenhaften Versand unbestellter und uner-   **17** wünschter e-mails. Inhaltlich haben diese e-mails meistens Werbecharakter[66]. Für den Empfänger sind diese e-mails lästig und störend, weil es ihn Zeit kostet sie auszusortieren und zu löschen.

bb) Strafrechtliche Bewertung

Soweit der Effekt der Zusendung von Spam-mails beim Empfänger über den Grad   **18** einer Belästigung nicht hinausgeht, ist diese Handlung nicht strafbar[67]. Da der Versender von Spam-mails typischerweise keine oder unrichtige Angaben über den Gegenstand der mail und die Person des Absenders macht, verwirklicht er den Ordnungswidrigkeitentatbestand des § 16 Abs. 1 TMG iVm § 6 Abs. 2 TMG[68]. Da der Empfänger nicht erkennen soll, welcher Art die ihm zugesandten mails sind, verschleiern die Täter den Absender und den kommerziellen Charakter der Nachricht. Dies verstößt gegen § 6 Abs. 2 S. 1 TMG: In der Kopf- und in der Betreffzeile der mail darf weder der Absender noch der kommerzielle Charakter der Nachricht verschleiert oder verheimlicht werden. Die absichtliche Missachtung dieser Kennzeichnungsvorschriften ist eine Ordnungswidrigkeit, die mit Geldbuße bis 50 000 € geahndet werden kann, § 16 Abs. 3 TMG[69]. Eine strafrechtliche Ahndung ist nur in Extremfällen denkbar. Kommt es infolge der Masse zugesandter Spam-mails zu Überlastung und letztendlichem Absturz des Rechners, kann dies den Verlust von

---

[63] *Stuckenberg* ZStW 118 (2006), 878 (906).

[64] *Eisele*, BT II, Rn. 1252; *Popp* JuS 2011, 385 (389); *Stuckenberg* ZStW 118 (2006), 878 (906).

[65] *Goeckenjan* wistra 2008, 128 (133 ff.).

[66] *Haug*, Internetrecht, Rn. 844; *Marberth-Kubicki*, Computer- und Internetstrafrecht, Rn. 152; *dies.* DRiZ 2007, 212 (214).

[67] *Haug*, Internetrecht, Rn. 854; *Marberth-Kubicki*, Computer- und Internetstrafrecht, Rn. 152.

[68] Unzutreffend die Angabe bei *Marberth-Kubicki*, Computer- und Internetstrafrecht, Rn. 152, wonach der Bußgeldtatbestand in § 16 Abs. 2 Nr. 1 TMG seine Grundlage habe.

[69] *Fechner*, Medienrecht, 12. Kapitel Rn. 80.

Daten zur Folge haben. Eine andere Störung kann darin bestehen, dass der Rechner keine Nachrichten mehr empfangen kann, weil der Speicherplatz mit Spam-mails belegt ist. Sofern der Täter einen derartigen Erfolg vorsätzlich herbeigeführt hat, ist er wegen Datenveränderung aus § 303 a Abs. 1 StGB strafbar[70].

c) Denial-of-Service-Angriff

aa) Tatbild

19   Der Denial-of-Service-Angriff (DoS) bzw. Distributed-Denial-of-Service-Angriff (DDoS) ist die Herbeiführung eines Störfalls auf einem Zielrechner, bei dem ein Server eines Unternehmens durch massenhafte Zugriffe blockiert wird, womit der gesamte Betrieb vorübergehend zum Erliegen gebracht werden kann[71]. In einer aufsehenerregenden Aktion („Online-Demonstration"[72]) hatte im Jahr 2001 ein Täter bewirkt, dass durch über eine Million gleichzeitige – von über 13 000 verschiedenen Computern ausgehende – Zugriffe auf die Internet-Seite der Lufthansa deren Online-Flugbuchungsprogramm für mehrere Minuten überhaupt nicht und anschließend über einen längeren Zeitraum nur mit erheblicher Verzögerung erreichbar war[73].

bb) Strafrechtliche Bewertung

20   In dem Strafverfahren zu dem „Lufthansa-Fall" stand eine Strafbarkeit wegen Nötigung (§ 240 StGB) – im Zusammenhang mit öffentlicher Aufforderung zu Straftaten (§ 111 StGB) – im Vordergrund. Das ist verständlich, denn die Tatwirkung ähnelt der einer Nötigung, da die Internet-Blockade zahlreiche Lufthansakunden veranlasste, unfreiwillig von einer online-Buchung abzusehen. Dies scheint ein Nötigungserfolg zu sein[74]. Indessen fehlt es an einer tatbestandsmäßigen Nötigungshandlung. Die Ausführung der Boykotthandlung ist kein Akt von Gewalt. Weder liegt auf der Täterseite eine nennenswerte physische Kraftentfaltung vor (Mausklick)[75] noch ist auf der Opferseite eine physische Tatwirkung erkennbar, die unmittelbar den Körper berührt[76]. Auch die Androhung eines empfindlichen Übels liegt nicht vor[77]. Denn

---

[70] *von Heintschel-Heinegg/Weidemann*, § 303 a Rn. 10; *Marberth-Kubicki*, Computer- und Internetstrafrecht, Rn. 152; *dies.* DRiZ 2007, 212 (214); AnwK-StGB/*Popp*, § 303 a Rn. 8; *Spindler/Schuster/Micklitz/Schirmbacher*, Recht der elektronischen Medien, § 6 TMG Rn. 97.

[71] *Eichelberger* DuD 2006, 490; *B. Heinrich* HFR 2006, 125 (136).

[72] *Schönke/Schröder/Eser/Eisele*, § 240 Rn. 5.

[73] *B. Heinrich*, Medienstrafrecht, Rn. 278.

[74] *Eichelberger* DuD 2006, 490 (492); *Kitz* ZUM 2006, 730.

[75] OLG Frankfurt StV 2007, 244 (246); aA AG Frankfurt MMR 2005, 863 (864); *Kitz* ZUM 2006, 730 (731); *Kraft/Meister* MMR 2003, 366 (371).

[76] OLG Frankfurt StV 2007, 244 (246); *Eisele*, BT I, Rn. 445; *Heinrich*, Medienstrafrecht, Rn. 278; *ders.* HFR 2006, 125 (136); *Kitz* ZUM 2006, 730 (732); AnwK-StGB/*Küpper*, § 240 Rn. 12; *Schönke/Schröder/Eser/Eisele*, § 240 Rn. 5; SSW-*Schluckebier*, § 240 Rn. 10; aA AG Frankfurt MMR 2005, 863 (865); *Eichelberger* DuD 2006, 490 (491); NK-*Toepel*, § 240 Rn. 65.

[77] Anders, wenn die Internet-Blockade zuvor angekündigt wird, *Eichelberger* DuD 2006, 490 (492).

den Betroffenen wird nicht durch psychischen Zwang die Entscheidung abgenötigt, von dem online-Buchungssystem keinen Gebrauch zu machen. Sie werden vielmehr durch dessen Stilllegung mit einer Situation konfrontiert, in der sie sich weder für noch gegen eine Nutzung entscheiden können. Es verhält sich insofern nicht anders als bei der Zerstörung oder Entwendung einer Sache, durch die jemand der Möglichkeit beraubt wird, bestimmte Handlungen mit dieser Sache auszuführen. Selbst wenn die Einwirkung auf die Sache gewaltsamen Charakter hat, ist die Auswirkung auf die Entfaltungsmöglichkeiten des Menschen keine Nötigung[78]. Eine Strafbarkeit wegen Datenveränderung (§ 303 a StGB) oder Computersabotage (§ 303 b StGB) kommt in Betracht, soweit durch die Tat dem Betroffenen die Nutzung seiner eigenen Internetseite und der Zugriff auf die dort gespeicherten Daten für einen nicht unerheblichen Zeitraum verunmöglicht wird[79]. Dritten gegenüber ist die vorübergehende Unterbrechung des online-Kommunikationswegs dagegen nicht von §§ 303 a, b StGB erfasst, da diese Tatbestände nur den Datenverfügungsberechtigten schützen[80]. Mangels Einwirkung auf die stoffliche Integrität des Servers scheidet eine Strafbarkeit wegen Störung von Telekommunikationsanlagen (§ 317 StGB) aus[81].

III. Strafrechtliche Privilegierungen von Internet-Providern

1. Provider-Begriff und Erscheinungsformen

Das Nutzen der unermesslich vielfältigen Möglichkeiten der Kommunikation und   **21**
Information durch Internet und im Internet setzt voraus, dass das Netz aufgebaut und unterhalten wird, dass der Nutzer Zugang zum Netz hat, dass er im Netz „surfen" kann, dass Inhalte ins Netz eingebracht (upload) und abgerufen (download) werden können. Dies alles beruht auf menschlichem Handeln, auf Leistungen, die von Menschen erbracht werden. Ohne sie gäbe es kein Internet. Eine Vielzahl von Dienstleistungen ist also erforderlich, damit der einzelne das Internet nutzen kann[82]. Diejenigen Personen und Unternehmen, die solche Dienstleistungen erbringen, nennt man – im „Internet-Denglisch"[83] – „Provider"[84]. Ein deutscher – jedoch weniger

---

[78] *Mitsch*, in: Gropp/Küpper/Mitsch, Fallsammlung zum Strafrecht, Fall 13 (S. 241).

[79] *Ernst* NJW 2003, 3233 (3238); *Gercke* MMR 2005, 868; *Heinrich*, Medienstrafrecht, Rn. 279; *ders.* HFR 2006, 125 (136); *Kitz* ZUM 2006, 730 (734); *Kraft/Meister* MMR 2003, 366 (372); aA *Eichelberger* DuD 2006, 490 (494).

[80] *Eichelberger* DuD 2006, 490 (493); *Heinrich*, Medienstrafrecht, Rn. 279; *ders.* HFR 2006, 125 (136); *Kitz* ZUM 2006, 730 (733); *Kraft/Meister* MMR 2003, 366 (372); aA zum Lufthansa-Fall *Gercke* MMR 2006, 552.

[81] *Eichelberger* DuD 2006, 490 (494); *Kitz* ZUM 2006, 730 (736).

[82] Instruktiv *W. Freund*, Die Strafbarkeit von Internetdelikten, S. 19 ff.

[83] *Haug*, Internetrecht, Rn. 236.

[84] *Barton*, Multimediarecht, Rn. 88.

gebräuchlicher – gleichbedeutender Ausdruck ist „Systembetreuer"[85]. Das einschlägige „Gesetz über die Nutzung von Telemedien" (Telemediengesetz – TMG) bezeichnet sie als „Diensteanbieter". Diensteanbieter ist nach § 2 S. 1 Nr. 1 TMG „jede natürliche oder juristische Person, die eigene oder fremde Telemedien zur Nutzung bereithält oder den Zugang zur Nutzung vermittelt". Der juristischen Person gleichgestellt ist eine „Personengesellschaft . . . , die mit der Fähigkeit ausgestattet ist, Rechte zu erwerben und Verbindlichkeiten einzugehen", § 2 S. 2 TMG. Das betrifft z. B. OHG, KG, BGB-Gesellschaft, PartG und Rechtsanwaltssozietäten[86]. Diensteanbieter ist nur, wer selbst Bestandteil der „Datenautobahn" ist. Aus diesem Grund fällt z. B. der Betreiber eines Internet-Cafés nicht unter § 8 TMG. Denn er vermittelt nicht „den Zugang zur Nutzung", sondern er stellt nur die räumlichen Voraussetzungen dafür zur Verfügung, dass der von einem anderen vermittelte Zugang zur Nutzung in Anspruch genommen werden kann[87].

22   Je nach der wahrgenommenen Funktion unterscheidet man Content-Provider, Access-Provider und Host-Provider[88]. Die Typologie und Terminologie ist nicht ganz einheitlich[89], zumal es Mischformen gibt[90]. Für die rechtliche Beurteilung ist dies jedoch belanglos, weil das TMG die geläufigen englischen Ausdrücke ohnehin nicht verwendet (dazu unten 3.)[91]. Der Content-Provider (engl. Content = Inhalt) stellt eigene Inhalte ins Netz. Eigene sind dabei auch fremde Inhalte, die er sich zueigen gemacht hat[92]. Da das Anbieten von Inhalten das einzige Kriterium ist, fällt unter den Begriff Content-Provider jeder Internetauftritt einschließlich privater Homepages mit der Präsentation privater Fotos und Videos[93]. Der Content-Provider erbringt keine technische, sondern eine inhaltliche Dienstleitung[94]. Dies ist für den Grad seiner (straf-)rechtlichen Verantwortlichkeit für illegale Inhalte im Netz von großer Bedeutung. Host-, Host-Service- oder Hosting-Provider stellen im Netz Speicherplatz für fremde Informationen zur Verfügung[95]. Soweit sie auch eigene Inhalte speichern, haben sie zudem die Funktion des Content-Providers[96]. Access-Provider

---

[85] *Freund*, Die Strafbarkeit von Internetdelikten, S. 43.

[86] *Spindler/Schuster/Holznagel/Ricke*, Recht der elektronischen Medien, § 2 TMG Rn. 4.

[87] *Liesching/Günter* MMR 2000, 260 (264).

[88] *Marberth-Kubicki*, Computer- und Internetstrafrecht, Rn. 362; *Ohrmann*, Der Schutz der Persönlichkeit in Online-Medien, S. 5.

[89] Vgl. *Gercke/Brunst*, Praxishandbuch Internetstrafrecht, Rn. 585; *Haug*, Internetrecht, Rn. 236; *Malek*, Strafsachen im Internet, Rn. 47 ff.; *Marberth-Kubicki*, Computer- und Internetstrafrecht, Rn. 365 ff.

[90] *Haug*, Internetrecht, Rn. 243.

[91] *Gercke/Brunst*, Praxishandbuch Internetstrafrecht, Rn. 585.

[92] *Gercke/Brunst*, Praxishandbuch Internetstrafrecht, Rn. 590; *Malek*, Strafsachen im Internet, Rn. 75; MK-*Hörnle*, § 184 Rn. 47.

[93] *Hörnle* NJW 2002, 1008 (1009); *dies.*, in: MK, § 184 Rn. 44; *Malek*, Strafsachen im Internet, Rn. 47; *Ohrmann*, Der Schutz der Persönlichkeit in Online-Medien, S. 6.

[94] *Gercke/Brunst*, Praxishandbuch Internetstrafrecht, Rn. 588; *Haug*, Internetrecht, Rn. 242.

[95] *Marberth-Kubicki*, Computer- und Internetstrafrecht, Rn. 373; MK-*Hörnle*, § 184 Rn. 51.

[96] *Haug*, Internetrecht, Rn. 243.

ermöglichen dem Nutzer wie dem Content-Provider den Zugang zum Netz[97]. Jeder Internetnutzer muss daher mit einem Access-Provider einen Vertrag abschließen, wenn er sich im Netz bewegen will[98]. Die Dienstleistung des Access-Providers an seinen Kunden kann z. B. darin bestehen, dass die Möglichkeit geboten wird, sich über die Telefonleitung in das Internet einzuwählen[99].

2. Providerhaftung und Strafrechtsdogmatik

Mit dem Internet können Inhalte kommuniziert werden, deren Qualität (ehrverletzend, volksverhetzend, pornographisch usw.) geeignet ist, Straftatbestände (z. B. §§ 185 ff, 130, 184 ff StGB) zu erfüllen. Demzufolge können im Internet Sachverhalte geschaffen werden, die wegen ihres Inhalts zentrale Merkmale von Straftatbeständen erfüllen, die z. B. auf die Kundgabe, Verbreitung, Zurschaustellung oder Zugänglichmachung derartiger Inhalte abstellen[100]. An dem Telekommunikationsprozess, der zur Entstehung dieses Sachverhalts führt, sind als Provider eine Vielzahl von Menschen beteiligt. Daher ist in Erwägung zu ziehen, dass diese Menschen oder ein Teil von ihnen aus dem Straftatbestand, der durch den Internet-Sachverhalt verwirklicht wird, als Täter einer Straftat oder Teilnehmer an ihr strafbar ist[101]. Praktische Bedeutung hat dies vor allem in Bezug auf Pornographiekriminalität. Aus diesem Grund erläutern alle StGB-Kommentare die Provider-Verantwortlichkeit bei § 184[102]. Die rechtlichen Voraussetzungen der Provider-Strafbarkeit sind zunächst keine anderen als bei Straftaten, die außerhalb des Mediums Internet begangen werden. Erforderlich ist tatbestandsmäßiges, rechtswidriges und schuldhaftes Verhalten. Insofern gibt es kein Internet-Sonderstrafrecht[103]. Allerdings kann sich eine strafrechtliche Sonderbehandlung von Providern aus den speziellen Vorschriften des TMG über Providerverantwortlichkeit (§§ 7 Abs. 2, 8, 9, 10 TMG) ergeben. Diese Vorschriften, die im Jahr 2007 die im wesentlichen gleichlautende Regelungen des Teledienstegesetzes (§ 5 TDG)[104] und des Mediendienste-Staatsvertrages[105] ablösten[106], bringen jedenfalls für einen Teil der Provider eine gemessen an den allgemeinen strafrechtlichen

23

---

[97] *Marberth-Kubicki*, Computer- und Internetstrafrecht, Rn. 366.

[98] *Haug*, Internetrecht, Rn. 237.

[99] *Gercke/Brunst*, Praxishandbuch Internetstrafrecht, Rn. 608.

[100] *Haft/Eisele* JuS 2001, 112 (118).

[101] *Cole*, in: Dörr/Kreile/Cole, Handbuch Medienrecht, S. 237; *W. Freund*, Die Strafbarkeit von Internetdelikten, S. 20; *Haft/Eisele* JuS 2001, 112 (114).

[102] Vgl. z. B. MK-*Hörnle*, § 184 Rn. 44 ff.

[103] *Petersen*, Medienrecht, § 1 Rn. 14; § 18 Rn. 8.

[104] Dazu *Haft/Eisele* JuS 2001, 112 (116 ff.).

[105] Zu den komplizierten Kompetenzfragen im Zusammenhang mit diesen beiden Gesetzen instruktiv *Haft/Eisele* JuS 2001, 112 (116).

[106] Zur historischen Entwicklung seit 1997 vgl. *Hoeren* NJW 2007, 801; zur Providerhaftung vgl. *dens.* aaO S. 805: „bleibt alles beim Alten".

Regeln Anhebung der Strafbarkeitsvoraussetzungen oder – umgekehrt ausgedrückt –
Einschränkung der Strafbarkeit.

24   Die §§ 7 ff TMG haben keine strafbarkeitsbegründende Wirkung, sondern
sie knüpfen an die allgemeinen strafrechtlichen Regeln des Allgemeinen und des
Besonderen Teils an und ergänzen bzw. modifizieren diese[107]. Sie sind nicht straf-
rechtsspezifisch, sondern rechtsgebietsübergreifend ausgestaltet, betreffen also z. B.
auch die zivilrechtliche Providerhaftung[108]. Dem Gesetzestext ist daher nicht zu entnehmen, ob im Strafrechtsbereich die Tatbestandsmäßigkeit, die Rechtswidrigkeit,
die Schuld oder eine sonstige Ebene des Straftataufbaus betroffen ist. Man kann annehmen, dass der Gesetzgeber bei der Schaffung der Vorgängerregelungen der §§ 7
ff TMG die Frage der exakten strafrechtsdogmatischen Qualifikation nicht reflektiert
hat[109]. Die Beantwortung ist daher den Praktikern und Theoretikern des Strafrechts,
also Strafjustiz und Strafrechtswissenschaft, überlassen. Herausgebildet haben sich
zwei Lösungsmodelle, von denen das eine die Integration der TMG-Vorschriften in
den strafrechtlichen Deliktsaufbau unternimmt und das andere die TMG-Vorschriften
als einen der strafrechtlichen Prüfung vorgeschalteten „Vorfilter" versteht, der bereits den Einstieg in das strafrechtliche System der Strafbarkeitsvoraussetzungen
unterbindet[110]. Die Anhänger der Integrations-Lösung sind uneins darüber, ob die
strafrechtliche Privilegierung bereits im objektiven Tatbestand erfolgt oder ob es sich
um einen besonderen Rechtfertigungsgrund oder einen Schuldausschluss handelt.

25   Gegen das Modell „Vorfilter" spricht bereits, dass es in der Strafrechtslehre kein
Konzept des Umgangs mit einem derartigen vorstrafrechtlichen Filter gibt. So ist unklar, welcher Personenkreis von der strafrechtseinschränkenden Wirkung des Filters
profitiert, ob es z. B. für Tatbeteiligte ohne Providerfunktion bei den allgemeinen
strafrechtlichen Haftungsregeln bleibt oder ob Mittäter, Anstifter und Gehilfen in
gleicher Weise von der Strafbarkeit befreit werden wie der Provider, an dessen Tat
sie beteiligt sind. Auch für Irrtumsfälle existieren keine Regeln, auf die zurückgegriffen werden könnte, wenn der Täter die Filter-Tatsachen irrtümlich annimmt
oder umgekehrt sich einen Tatsachverhalt ohne Filter-Tatsachen vorstellt. Handelt
es sich im erstgenannten Fall um einen vorsatzausschließenden Tatbestandsirrtum
(§ 16 Abs. 1 S. 1 StGB)[111] oder einen Irrtum sui generis? Liegt im zweiten Fall
ein untauglicher Versuch oder ein Wahndelikt vor? Vorzugswürdig ist daher eine
Behandlung, die vom Primat der Strafrechtsdogmatik ausgeht und dieser die TMG-
Vorschriften ein- und unterordnet[112]. Dabei ist jedoch der Versuch einer einheitlichen

---

[107] *Gercke/Brunst*, Praxishandbuch Internetstrafrecht, Rn. 564; *Hilgendorf* NStZ 2000, 518;
Petersen, Medienrecht, § 18 Rn. 8.

[108] *Gercke/Brunst*, Praxishandbuch Internetstrafrecht, Rn. 577; *Marberth-Kubicki*, Computer- und
Internetstrafrecht, Rn. 362; *Petersen*, Medienrecht, § 18 Rn. 2.

[109] *Hilgendorf* NStZ 2000, 518.

[110] *Fischer*, § 184 Rn. 27; *Gercke/Brunst*, Praxishandbuch Internetstrafrecht, Rn. 581; *Köh-
ler/Arndt/Fetzer*, Recht des Internet, Rn. 746; *Paschke*, Medienrecht, Rn. 1019; modifizierend
Sieber, Verantwortlichkeit im Internet, Rn. 247: tatbestandsintegrierte Vorfilterlösung.

[111] *Hilgendorf* NStZ 2000, 518 (519).

[112] *Lackner/Kühl*, § 184 Rn. 7 a; *Schönke/Schröder/Perron/Eisele*, § 184 Rn. 56.

Pauschallösung im Sinn eines Tatbestandsausschluss-, Rechtsfertigungs- oder Schuldausschlussgrundes von vornherein zum Scheitern verurteilt. Ähnlich wie es kein verallgemeinerbares „tatbestandsausschließendes Einverständnis", sondern nur eine konkrete tatbestandsausschließende Wirkung des Einverständnisses bei bestimmten Tatbestandsmerkmalen des Besonderen Teils (z. B. „Eindringen" bei § 123 StGB; „Wegnahme" bei § 242 StGB) gibt[113], kann auch die strafrechtliche Wirkung der Regelungen in §§ 7 Abs. 2 ff TMG nur in Verbindung mit dem konkret betroffenen Straftatbestand gewürdigt werden[114]. In der Regel wird es sich dabei um die Einschränkung von Merkmalen des objektiven Tatbestandes handeln[115].

3. Providerstrafbarkeit nach dem Telemediengesetz

a) Allgemeines

Die Vorschriften des TMG über die Verantwortlichkeit von „Diensteanbietern" kön-   **26**
nen keine Strafbarkeit begründen, die über die Grenzen des „allgemeinen" Strafrechts hinausginge[116]. Wenn also einerseits in §§ 7 ff TMG von der unter bestimmten Voraussetzungen gegebenen Verantwortlichkeit der „Diensteanbieter" die Rede ist und andererseits in § 2 S. 1 Nr. 1 TMG in den Begriff „Diensteanbieter" auch juristische Personen einbezogen sind, folgt daraus nicht, dass juristische Personen als Diensteanbieter strafrechtlich verantwortlich sein können. Denn nach allgemeinem Strafrecht können juristische Personen keine Straftaten begehen. Daran ändert ihre Funktion als Diensteanbieter iSd § 2 S. 1 Nr. 1 TMG nichts. Wenn also ein Diensteanbieter sich strafbar gemacht hat, dann nur auf der Grundlage des Strafrechts. Die Wirkung der §§ 7 ff TMG besteht nur darin, die so begründete Strafbarkeit anzuerkennen oder einzuschränken bzw. auszuschließen[117].

b) Content-Provider

Strafrechtlich relevantes Content-Provider-Verhalten ist die Bereithaltung eigener   **27**
Informationen zur Nutzung. Sofern dadurch eine Strafbarkeit als Täter oder Teilnehmer nach den Regeln des allgemeinen Strafrechts begründet ist, ändert das Telemedienrecht daran nichts, § 7 Abs. 1 TMG. Für Content-Provider gibt es also

---

[113] *Rengier*, AT, § 23 Rn. 40; *Murmann*, Grundkurs Strafrecht, § 25 Rn. 119; *Wessels/Beulke*, AT, Rn. 367.

[114] *Hoffmann*, in: Spindler/Schuster, Recht der elektronischen Medien, vor § 7 Rn. 31 a.

[115] So auch *Hilgendorf* NStZ 2000, 518 (519); *Hilgendorf/Frank/Valerius*, Rn. 292.

[116] *Hoffmann*, in: Spindler/Schuster, Recht der elektronischen Medien, vor § 7 Rn. 25.

[117] *Haug*, Internetrecht, Rn. 272; *Hilgendorf* NStZ 2000, 518: „Haftungsklarstellung" bzw. „Haftungsbegrenzung"; *Hörnle* NJW 2002, 1008 (1009): „modifizieren strafrechtliche Regeln"; *Hoffmann*, in: Spindler/Schuster, Recht der elektronischen Medien, vor § 7 TMG Rn. 15: „Einschränkung im strafrechtlichen Bereich".

keine Privilegierung[118]. Als „eigene Informationen" gelten auch Informationen fremden Ursprungs, die der Diensteanbieter sich zu eigen gemacht hat[119]. Dies kann z. B. durch Setzen eines Hyperlinks geschehen[120]. Da die Haftung für rechtswidrige fremde Inhalte eingeschränkt ist (§§ 7 Abs. 2 S. 1, 10 S. 1 TMG), ist eine klare Abgrenzung eigener von fremden Inhalten wichtig. Dabei ist darauf zu achten, dass die Haftungsfreistellung in Bezug auf fremde Inhalte nicht durch eine extensive Definition des Zueigenmachens unterlaufen wird[121]. Die Strafbarkeit des Content-Providers wird also durch internetspezifische Regelungen nicht beeinflusst[122]. Nicht übersehen werden darf jedoch, dass internetspezifische Tatsachen Einfluss auf die Strafbarkeit nach Maßgabe der allgemeinen strafrechtlichen Regeln haben können. Berücksichtigt man, dass das Telemediengesetz selbst davon ausgeht, dass z. B. Access-Provider darüber bestimmen können, an welche Adressaten fremde Inhalte übermittelt werden (§ 8 Abs. 1 S. 1 Nr. 2 TMG) oder mit welchem Inhalt sie beim Adressaten ankommen (§ 8 Abs. 1 S. 1 Nr. 3 TMG), sieht man sofort, dass die Anwendung der allgemeinen strafrechtlichen Regeln gegenüber dem Content-Provider mit komplizierten Zurechnungsproblemen befrachtet sein kann.

c) Access-Provider

28   Zentrale Figur von Internet-Straftaten, deren Tatbestände auf bestimmte Inhalte abstellen, sind die Content-Provider. Wer als Access-Provider für die Übermittlung von Inhalten im Netz oder für die Vermittlung des Zugangs zum Netz (durch Bereitstellung lokaler Einwahlknoten, sog. „Points of Presence" [POP]) sorgt, hat auf den Inhalt keinen Einfluss und spielt insofern eine periphere Rolle im deliktischen Geschehen[123]. Die Beschränkung auf rein technische Dienstleistungen hat eine Reduzierung der rechtlichen Verantwortlichkeit für deliktische Inhalte zur Folge[124]. Access-Provider können nicht dafür zur Verantwortung gezogen werden, dass sie es unterlassen haben, die von ihnen übermittelten oder gespeicherten fremden Informationen zu überwachen und nach Anzeichen rechtswidriger Verstrickungen zu forschen. Gemäß § 7 Abs. 2 S. 1 TMG sind sie zu derartigen Aktivitäten nicht verpflichtet[125]. Aber auch im Fall von Kenntnis von rechtswidrigen Inhalten wird Strafbarkeit nicht begründet, solange der Provider keine der in § 8 Abs. 1 S. 1 TMG beschriebenen Formen aktiver Anmaßung von Herrschaft über die Inhaltsverbreitung

---

[118] *Marberth-Kubicki*, Computer- und Internetstrafrecht, Rn. 365; MK-*Hörnle*, § 184 Rn. 45.

[119] Ausführlich dazu *Gercke/Brunst*, Praxishandbuch Internetstrafrecht, Rn. 590 ff.

[120] *Hörnle* NJW 2002, 1008 (1010); *dies.*, in: MK, § 184 Rn. 48; *Malek*, Strafsachen im Internet, Rn. 47; *Marberth-Kubicki*, Computer- und Internetstrafrecht, Rn. 365; *Schönke/Schröder/Perron/Eisele*, § 184 Rn. 58 a.

[121] *Gercke/Brunst*, Praxishandbuch Internetstrafrecht, Rn. 592.

[122] *Hörnle* NJW 2002, 1008 (1009).

[123] *Marberth-Kubicki*, Computer- und Internetstrafrecht, Rn. 366.

[124] *Gercke/Brunst*, Praxishandbuch Internetstrafrecht, Rn. 608.

[125] *Haug*, Internetrecht, Rn. 274.

praktiziert hat[126]. Veranlasst er hingegen eine Übermittlung (§ 8 Abs. 1 S. 1 Nr. 1 TMG) oder wählt er Adressaten übermittelter Informationen aus (§ 8 Abs. 1 S. 1 Nr. 2 TMG) oder wählt er aus mehreren Informationen die zu übermittelnden aus bzw. verändert er sie inhaltlich (§ 8 Abs. 1 S. 1 Nr. 3 TMG) trifft ihn die uneingeschränkte strafrechtliche Verantwortlichkeit[127]. Die Privilegierung entfällt ebenfalls bei kollusivem Zusammenwirken mit einem Nutzer zum Zwecke der Begehung rechtswidriger Handlungen, § 8 Abs. 1 S. 2 TMG.

d) Host-Provider

Der Beitrag des Host-Providers (oder: Presence-Provider[128]) zur Präsentation   **29**
strafrechtlich relevanter Inhalte im Internet besteht in der dauerhaften Zurverfügungstellung von Speicherkapazität[129]. Dies ist etwas anderes als die im Zusammenhang mit Access-Providing erfolgende kurzzeitige Zwischenspeicherung (§ 8 Abs. 2 TMG) und die unter den Namen „Cache" oder „Proxy" geläufige Zwischenspeicherung gem. § 9 TMG[130]. Da diese Provider-Leistung allein kein Zueigenmachen fremder Informationen ist, trifft den Host-Provider nicht die uneingeschränkte Verantwortlichkeit des Content-Providers nach § 7 Abs. 1 TMG[131]. Vielmehr ist seine Verantwortlichkeit nach Maßgabe des § 10 TMG abgemildert. In die Strafbarkeitszone gerät der Host-Provider zwar schon mit positiver (eigener, nicht „zugerechneter"[132]) und über das Wissenselement des dolus eventualis hinausgehender Kenntnis[133] von den strafbarkeitsbegründenden Umständen (§ 10 S. 1 Nr. 1 TMG). Da diese Umstände in der Regel die Qualität täterschaftlicher Strafbarkeit eines Content-Providers haben dürften[134], ist die dadurch begründete Strafbarkeit des Host-Providers die eines Teilnehmers[135]. Er kann diese Strafbarkeit aber dadurch abwenden, dass er unverzüglich tätig wird, um die Information von dem Server zu entfernen oder den Zugang zu ihr – also die Möglichkeit des Downloadens – zu sperren, § 10 S. 1 Nr. 2 TMG. Strafbarkeitsausschließend ist bereits das unverzügliche Tätigwerden, auf dessen Erfolg kommt es nicht an[136]. Besteht keine erfolgversprechende

---

[126] *Hörnle* NJW 2002, 1008 (1011); *Spindler*, FS Deutsch, S. 925 (934).

[127] *Haug*, Internetrecht, Rn. 276.

[128] *Haug*, Internetrecht, Rn. 240.

[129] *Gercke/Brunst*, Praxishandbuch Internetstrafrecht, Rn. 595; *Haug*, Internetrecht, Rn. 281; *Marberth-Kubicki*, Computer- und Internetstrafrecht, Rn. 12.

[130] *Hoffmann*, in: Spindler/Schuster, Recht der elektronischen Medien, § 10 TMG Rn. 13.

[131] *Gercke/Brunst*, Praxishandbuch Internetstrafrecht, Rn. 596.

[132] *Gercke/Brunst*, Praxishandbuch Internetstrafrecht, Rn. 597; *Schönke/Schröder/Perron/Eisele*, § 184 Rn. 60.

[133] *Lackner/Kühl*, § 184 Rn. 7 a.

[134] *Lackner/Kühl*, § 184 Rn. 7.

[135] *Marberth-Kubicki*, Computer- und Internetstrafrecht, Rn. 376.

[136] *Gercke/Brunst*, Praxishandbuch Internetstrafrecht, Rn. 605; *Hoffmann*, in: Spindler/Schuster, Recht der elektronischen Medien, § 10 TMG Rn. 44.

Möglichkeit des Tätigwerdens oder ist dieses nicht zumutbar, ist sogar der wissende Host-Provider straflos[137]. „Unverzüglich" bedeutet „ohne schuldhaftes Zögern"[138]. Eine nicht zu vertretende Verzögerung steht der Haftungsprivilegierung also nicht entgegen. Unkenntnis bewahrt den Host-Provider vor Strafbarkeit auch im Fall des Kennenmüssens[139]: Weil gem. § 7 Abs. 2 S. 1 TMG keine Pflicht zur aktiven Kenntniserlangung besteht, kann aus vermeidbarem Unwissen kein Vorwurf abgeleitet werden[140]. Da es sich nur um einen Fahrlässigkeitsvorwurf handeln könnte, ginge dieser in dem internetrelevanten Bereich, in dem das Strafrecht nur Vorsatzdelikte kennt, ohnehin ins Leere. Ausgeschlossen ist die Haftungsprivilegierung, wenn zwischen dem Host-Provider und dem Nutzer, dessen Informationen gespeichert werden, ein Unterordnungs- oder Beaufsichtigungsverhältnis besteht, kraft dessen der Host-Provider Einfluss auf den Nutzer hat[141]. Der Host-Provider wird dann also wie ein Content-Provider behandelt. Konkret hat dies zur Folge, dass der unverzügliche – aber erfolglos gebliebene Versuch – zur Entfernung der Informationen oder Sperrung des Zugangs zu ihnen den Host-Provider nicht vor Strafbarkeit bewahrt. Beispiele für eine übergeordnete Host-Provider-Stellung iSd § 10 S. 2 TMG sind der Arbeitgeber gegenüber dem Arbeitnehmer, der Schulträger gegenüber den Schülern, nicht aber der Betreiber eines Internet-Cafés gegenüber seinen Kunden[142].

e) Caching

30   Wie bereits im Zusammenhang mit dem Host-Provider erwähnt wurde (o. Rn. 28), ist die automatische Zwischenspeicherung auf einem sog. Proxy-Cache-Server kein Fall des § 10 TMG. Die Informationen, die zwischengespeichert werden, sind bereits von einem Internetnutzer abgerufen worden[143]. Wird auf dieselbe Information noch einmal – von einem anderen Nutzer – zugegriffen, erfolgt die Übermittlung der Information aus dem Cache-Server, nicht dem Quell-Server[144]. Diese Vereinfachung und Beschleunigung ist der Zweck des Cachings. Die Zwischenspeicherung hat also nicht technische, sondern wirtschaftliche Gründe. Kenntnis von strafrechtlich relevanten Informationen begründet gem. § 9 TMG keine Verantwortlichkeit. Von unverzüglichem Tätigwerden hängt die Privilegierung nur unter den Voraussetzungen des § 9 S. 1 Nr. 5 TMG ab.

---

[137] *Fischer*, § 184 Rn. 31; *Schönke/Schröder/Perron/Eisele*, § 184 Rn. 60; SK-*Wolters*, § 184 Rn. 16.

[138] *Hoffmann*, in: Spindler/Schuster, Recht der elektronischen Medien, § 10 TMG Rn. 46.

[139] *Gercke/Brunst*, Praxishandbuch Internetstrafrecht, Rn. 599; *Hoffmann*, in: Spindler/Schuster, Recht der elektronischen Medien, § 10 TMG Rn. 18; MK-*Hörnle*, § 184 Rn. 52; *Paschke*, Medienrecht, Rn. 1028.

[140] *Gercke/Brunst*, Praxishandbuch Internetstrafrecht, Rn. 602.

[141] *Hoffmann*, in: Spindler/Schuster, Recht der elektronischen Medien, § 10 TMG Rn. 47.

[142] *Gercke/Brunst*, Praxishandbuch Internetstrafrecht, Rn. 607; *Hoffmann*, in: Spindler/Schuster, Recht der elektronischen Medien, § 10 TMG Rn. 50.

[143] *Hoffmann*, in: Spindler/Schuster, Recht der elektronischen Medien, § 9 TMG Rn. 2.

[144] *Gercke/Brunst*, Praxishandbuch Internetstrafrecht, Rn. 621.

IV. Internet und Strafprozessrecht

Das wichtigste Thema des Zusammenhangs zwischen Internet und Strafprozessrecht   **31**
ist der Zugriff auf elektronisch oder anderweitig nicht unmittelbar wahrnehmbar
gespeicherte Daten zur Gewinnung von verfahrenserheblichen Informationen. Ein
solcher Zugriff ist mit und ohne Einsatz des Internet möglich. Die heimliche Ab-
schöpfung von Daten mittels Internet nennt man „Online-Durchsuchung". Ihre
rechtliche Zulässigkeit de lege lata und de lege ferenda ist umstritten. Zuvor ist
deshalb kurz darzustellen, welche Maßnahmen rechtlich unbedenklich sind.

1. Physischer Zugriff auf Speichermedien

Hat ein Beschuldigter schriftliche Notizen in einem Kalender gemacht oder einen   **32**
mündlichen Bericht auf einer Audiocassette festgehalten oder – wie der „Kannibale
von Rotenburg" – sogar die Tatbegehung gefilmt und auf Videocassetten festgehalten, kann die Strafverfolgungsbehörde sich dieser Informationen ohne weiteres
dadurch bemächtigen, dass sie den Datenträger (den Kalender, die Kassette, die Vi-
deobänder) im Wege der Sicherstellung oder Beschlagnahme in Gewahrsam nimmt.
Rechtliche Grundlagen für Ermittlungsmaßnahmen mit dieser Zielsetzung sind die
Vorschriften über die Durchsuchung (§§ 102 ff StPO) sowie über Sicherstellung und
Beschlagnahme (§§ 94 ff StPO). Die mit der Gewahrsamnahme zusammenhängende
Inhaltsauswertung ist bei Papieren und gleichgestellten Medien[145] auf der Grundlage
von § 110 StPO zulässig[146]. Das Anhören akustisch wahrnehmbarer Informationen
z. B. durch Abspielen einer Tonbandaufnahme ist Einnahme eines Augenscheins[147]
und richtet sich daher nach § 86 StPO.

Sind Daten in elektronischer Form z. B. auf einer Festplatte, einer Diskette oder   **33**
einem USB-Stick gespeichert, ist die Rechtslage keine andere[148]. Es entstehen in der
Regel keine internetspezifischen Probleme[149]. Die Staatsanwaltschaft kann Räume,
Sachen und Personen durchsuchen und die dabei gefundenen Datenträger sicherstellen bzw. beschlagnahmen[150]. Die Daten als solche hingegen sind keine körperlichen
Gegenstände und daher nicht isoliert beschlagnahmefähig[151]. Beschlagnahmeob-
jekt ist daher der Datenträger. Erforderlichenfalls ist ein kompletter Computer in

---

[145] Dazu *Meyer-Goßner*, § 110 Rn. 1.

[146] BVerfG NStZ 2002, 377 (378).

[147] *Meyer-Goßner*, § 86 Rn. 11.

[148] *Marberth-Kubicki*, Computer- und Internetstrafrecht, Rn. 445.

[149] *Malek*, Strafsachen im Internet, Rn. 416.

[150] BVerfG NStZ 2002, 377; NJW 2005, 1917 (1920); HK-StPO-*Gercke*, § 94 Rn. 19; *Kemper* NStZ
2005, 538 (540); *Malek*, Strafsachen im Internet, Rn. 417; *Meyer-Goßner*, § 94 Rn. 4; *Palm/Roy*
NJW 1996, 1791 (1795).

[151] HK-StPO-*Gercke*, § 94 Rn. 18; *Joecks*, in: Radtke/Hohmann, Strafprozessordnung, § 94 Rn. 8;
Kemper NStZ 2005, 538 (540); *ders.* ZRP 2007, 105 (108); *Malek*, Strafsachen im Internet, Rn. 418;
aA BVerfG NJW 2005, 1917 (1920).

amtlichen Gewahrsam zu nehmen. Der Verhältnismäßigkeitsgrundsatz kann jedoch gebieten, dass als mildere Maßnahme die Herstellung einer Kopie von den verfahrenserheblichen Daten in Betracht gezogen wird, damit der Betroffene von der weitaus gravierenderen vorübergehenden Entziehung seiner Hardware verschont bleibt[152]. Die Aufdeckung des Dateninhalts mittels spezieller Software[153] ist eine von § 110 StPO gedeckte Maßnahme[154]. Internetnutzung findet bei diesem Vorgang nicht statt. Das in Beschlag genommene Speichermedium darf sogar dazu benutzt werden, um Daten auf einem externen Speichermedium, auf das von dem beschlagnahmten Medium aus zugegriffen werden kann (Mailbox-Server[155]), aufzuspüren und für das Verfahren zu sichern, § 110 Abs. 3 StPO („Fern-Durchsuchung"[156]). Eine heimliche Online-Durchsuchung ist auf dieser Grundlage jedoch nicht zulässig[157]. Allen diesen Maßnahmen gemeinsam ist, dass der Kenntniserlangung vom Inhalt der Daten ein physischer Zugriffsakt auf körperliche Gegenstände vorausgegangen ist, den der Betroffene miterlebt, während er vollzogen wird, der deshalb offen und nicht heimlich, verdeckt ausgeführt wird. Aus diesem Grund bereitet die Begründung der Legalität dieser Maßnahmen durch Bezugnahme auf die genannten Normen keine Schwierigkeiten. Demgegenüber ist der Umstand der Unkörperlichkeit und darauf beruhenden Unsichtbarkeit das Wesensmerkmal der sog. heimlichen Online-Durchsuchung, deren rechtliche Qualifikation und damit zusammenhängende Zulässigkeit fraglich ist.

2. Überwachung der Telekommunikation

34   Die Kommunikation zwischen Internet-Nutzern („Internet-Telefonie") ist Telekommunikation und darf deshalb grundsätzlich nach Maßgabe des § 100 a StPO überwacht werden[158]. Der Überwachung und Auswertung unterliegen dabei die kommunizierten Daten, während diese sich im Fluss vom Absender zum Empfänger, also im Herrschaftsbereich des Telekommunikationsdienstleisters, befinden[159]. Dadurch unterscheidet sich die TK-Überwachung von der sog. „Online-Durchsuchung", bei der auf im Speicher „ruhende" Daten zugegriffen wird. Die Online-Durchsuchung lässt sich daher nicht auf § 100 a StPO stützen[160]. Das gilt auch für die Überwachung internetbasierter Telefonie, bei der der Zugriff auf die Kommunikationsinhalte im

---

[152] BVerfG NJW 2005, 1917 (1921); HK-StPO-*Gercke*, § 94 Rn. 21; *Joecks*, in: Radtke/Hohmann, Strafprozessordnung, § 94 Rn. 8; *Kemper* NStZ 2005, 538 (540); *Marberth-Kubicki*, Computer- und Internetstrafrecht, Rn. 466; *Meyer-Goßner*, § 94 Rn. 18 a.

[153] *Marberth-Kubicki*, Computer- und Internetstrafrecht, Rn. 454, 472 ff.

[154] *Marberth-Kubicki*, Computer- und Internetstrafrecht, Rn. 457; *Meyer-Goßner*, § 110 Rn. 1.

[155] *Joecks*, StPO, § 100 a Rn. 9.

[156] *Marberth-Kubicki*, Computer- und Internetstrafrecht, Rn. 461.

[157] *Meyer-Goßner*, § 110 Rn. 6.

[158] *Hamm* NJW 2007, 932 (933); *Meyer-Goßner*, § 100 a Rn. 7 a; *Sankol* CR 2008, 13 (14).

[159] *Sankol* CR 2008, 13 (14).

[160] BGHSt 51, 211 (218); *Meyer-Goßner*, § 100 a Rn. 7 b.

Herrschaftsbereich des Telekommunikationsteilnehmers – am Endgerät – erfolgt[161]. Überwachung von E-Mail-Verkehr ist je nach der Phase dieser Kommunikation[162], die von der Maßnahme betroffen ist, auf der Grundlage des § 100 a StPO zulässig: Die 1. Phase (Nachricht bewegt sich vom Absender zum Speicher des Providers) und in der 3. Phase (Nachricht bewegt sich vom Speicher des Providers zum die Nachricht abrufenden Empfänger) unterfallen unstreitig dem § 100 a StPO[163]. Die rechtliche Bewertung des Abgreifens von Daten während der 2. Phase (Ruhen der Nachricht auf dem Speicher des Providers) ist umstritten[164]. Inzwischen herrscht die Meinung, dass eine Beschlagnahme nach § 94 StPO zulässig ist[165]. Der BGH hielt § 99 StPO iVm § 95 StPO für einschlägig[166], in der Rechtsprechung und Literatur wurde bzw. wird z. T. auf §§ 100 a, 100 b, 100 g StPO abgestellt[167].

3. Online-Durchsuchung

a) Sachverhalt

Bei der sog. Online-Durchsuchung[168] befinden sich die Daten, auf die seitens der **35** Strafverfolgungsbehörde zugegriffen wird, nicht im Fluss eines Übermittlungsvorganges zwischen einem Absender und einem Empfänger[169]. Die Daten ruhen auf

---

[161] *Sankol* CR 2008, 13 (15).

[162] Zu den 3 bzw. 4 oder gar 7 Phasen vgl. LG Ravensburg NStZ 2003, 325 (326); *Bär* NStZ 2009, 398; *Brodowski* JR 2009, 402; *Gercke* StV 2009, 624; *Gercke/Brunst*, Praxishandbuch Internetstrafrecht, Rn. 811, 816; *Hoeren* wistra 2005, 1 (7); *Malek*, Strafsachen im Internet, Rn. 372; *Marberth-Kubicki*, Computer- und Internetstrafrecht, Rn. 492; MK-*Graf*, § 202 a Rn. 57; *Palm/Roy* NJW 1996, 1791 (1793); *Röwer*, in: Radtke/Hohmann, Strafprozessordnung, § 100 a Rn. 17.

[163] *Bär* NStZ 2009, 398; *Brodowski* JR 2009, 402 (409); *Gercke* StV 2009, 624; *Hoeren* wistra 2005, 1 (7); *Jäger* StV 2002, 243, *Jahn* NStZ 2007, 255 (264); *Malek*, Strafsachen im Internet, Rn. 372; *Meyer-Goßner*, § 100 a Rn. 6 b; MK-*Graf*, § 202 a Rn. 57; *Palm/Roy* NJW 1996, 1791 (1793).

[164] *Gercke/Brunst*, Praxishandbuch Internetstrafrecht, Rn. 808 ff.; *Joecks*, in: Radtke/Hohmann, Strafprozessordnung, § 99 Rn. 8; *Malek*, Strafsachen im Internet, Rn. 372; *Marberth-Kubicki*, Computer- und Internetstrafrecht, Rn. 493 ff.

[165] BVerfG NJW 2009, 2431 (2433); *Meyer-Goßner*, § 94 Rn. 16 a; *Palm/Roy* NJW 1996, 1791 (1795); 1997, 1904 (1905); für analoge Anwendung des § 94 StPO LG Ravensburg NStZ 2003, 325 (326); gegen § 94 StPO und für § 100 a StPO LG Hanau NJW 1999, 3647.

[166] BGH NStZ 2009, 397 (398); zust. *Bär* NStZ 2009, 398 (399); *Joecks*, in: Radtke/Hohmann, Strafprozessordnung, § 99 Rn. 10; *Kemper* NStZ 2005, 538 (543); MK-*Graf*, § 202 a Rn. 57; ähnlich bereits LG Ravensburg NStZ 2003, 325 (326): analoge Anwendung des § 99 StPO; abl. *Palm/Roy* NJW 1996, 1791 (1794).

[167] LG Mannheim StV 2002, 242; *Hamm* NJW 2007, 932 (933); *Jäger* StV 2002, 243; *Jahn* NStZ 2007, 255 (264); *Malek*, Strafsachen im Internet, Rn. 372; *Marberth-Kubicki*, Computer- und Internetstrafrecht, Rn. 503; *Murmann*, in: Heghmanns/Scheffler, Handbuch zum Strafverfahren, III Rn. 193; *Putzke/Scheinfeld*, Strafprozessrecht, Rn. 226; dagegen *Palm/Roy* NJW 1997, 1904.

[168] Instruktiv zu den technischen Grundlagen *Hansen/Pfitzmann* DRiZ 2007, 225 ff.; *Jahn/Kudlich* JR 2007, 57 (58).

[169] BGHSt 51, 211 (218); MK-*Graf*, § 202 a Rn. 58.

dem Rechner des Nutzers auf der Festplatte oder im Arbeitsspeicher. Ziel der staat-
lichen Maßnahme ist nicht der Lauf des Flusses, sondern seine Quelle. Daher ist
Online-Durchsuchung bzw. Online-Überwachung[170] eine Maßnahme der „Quellen-
Telekommunikationsüberwachung"[171]. Zum Zwecke der Verschaffung dieser Daten
wird auf den Rechner des Betroffenen ohne dessen Wissen ein Spionageprogramm –
„Trojaner"[172] oder „Backdoor-Programm"[173] genannt – meistens durch Versenden
einer e-mail aufgespielt (Infiltration)[174]. Dabei handelt es sich um eine spezielle
Software, die heimlich auf dem fremden Rechner installiert wird. Sobald der Nutzer online ist, wird das eingeschleuste Programm gestartet und überträgt die auf
dem ausgeforschten Rechner gespeicherten Daten auf einen Rechner der Strafverfolgungsbehörde (Datengewinnung und Kommunikation)[175]. Diese kann sodann am
eigenen Rechner das derart erlangte Material auswerten[176]. Die Vorgehensweise
ist dieselbe wie die eines „Hackers"[177], entspricht also dem tatbestandsmäßigen
Verhalten des § 202 a Abs. 1 StGB[178].

b) Rechtliche Bewertung

36   Nach h. M. gibt es de lege lata keine tragfähige Rechtsgrundlage für eine heimliche
Online-Durchsuchung[179]. Dies hat der 3. Strafsenat des BGH in seinem Beschluss
vom 31.1.2007 ausführlich dargelegt[180].

aa) § 161 StPO

37   Da § 161 StPO eine „Ermittlungsgeneralklausel" ist[181], deckt der Wortlaut der
Vorschrift „Ermittlungen jeder Art". Demnach ist auch die Online-Durchsuchung
problemlos unter diesen Gesetzestext subsumierbar. Aber dem Wesen als Auffang-
vorschrift entsprechend ist § 161 StPO gegenüber speziellen Befugnisnormen subsidiär[182]. Dies würde die Anwendung des § 161 StPO auf die Online-Durchsuchung

---

[170] *Heghmanns*, FS Eisenberg, S. 511 (512).

[171] *Gercke/Brunst*, Praxishandbuch Internetstrafrecht, Rn. 855; *Röwer*, in: Radtke/Hohmann, Strafprozessordnung, § 100 a Rn. 19.

[172] *Heghmanns*, FS Eisenberg, S. 511 (512) Fn 7.

[173] *Heghmanns*, FS Eisenberg, S. 511 (512) Fn 8.

[174] *Hansen/Pfitzmann* DRiZ 2007, 225 (226); MK-*Graf*, § 202 a Rn. 64.

[175] *Hansen/Pfitzmann* DRiZ 2007, 225 (228).

[176] *Marberth-Kubicki*, Computer- und Internetstrafrecht, Rn. 505.

[177] *Marberth-Kubicki*, Computer- und Internetstrafrecht, Rn. 504: staatliches Hacken.

[178] MK-*Graf*, § 202 a Rn. 64.

[179] *Bär* MMR 2007, 175 (177); 239 (241); *Brodowski* JR 2009, 402 (410); *Fezer* NStZ 2007, 535; *Gercke* CR 2007, 245 (253); *Hamm* NJW 2007, 932; *Rux* JZ 2007, 285 (291).

[180] BGHSt 51, 211 ff.

[181] *Hilger* NStZ 2000, 561 (564); HK-StPO-*Zöller*, § 161 Rn. 2; *Kramer*, Grundbegriffe, Rn. 179; *Meyer-Goßner*, § 161 Rn. 1.

[182] HK-StPO-*Zöller*, § 161 Rn. 2.

allerdings nicht hindern, weil – wie sogleich darzulegen sein wird – keine der in Betracht kommenden Befugnisvorschriften der Strafprozessordnung die Online-Durchsuchung zu tragen imstande ist. Da jedoch § 161 StPO keine besonderen Eingriffsvoraussetzungen aufstellt, kann diese Vorschrift nur solchen Eingriffen eine rechtliche Grundlage bieten, deren Legitimität wegen der geringen Tiefe oder Schwere ihrer grundrechtsbelastenden Wirkung solcher Voraussetzungen nicht bedarf. Tragfähig ist § 161 StPO somit nur in Bezug auf geringfügige Eingriffe[183]. Insbesondere vermag § 161 StPO keine staatlichen Maßnahmen zu rechtfertigen, die – wie die Online-Durchsuchung (vgl. § 202 a StGB) – straftatbestandsmäßige Qualität haben[184].

bb) § 100 a StPO

Online-Durchsuchung ist keine Überwachung der Telekommunikation iSd § 100 a **38** StPO. Denn die Maßnahme erfasst nicht Daten, die von dem Betroffenen zum Zwecke der Übermittlung an einen Dritten in Bewegung gesetzt worden sind. Vielmehr bewirkt die Maßnahme selbst, dass ein Datenfluss vom Betroffenen in die Richtung der Strafverfolgungsbehörde ausgelöst, also eine „Datenkommunikation zwischen dem durchsuchten Rechner und dem Computer der Ermittlungsbehörde aufgebaut" wird[185]. § 100 a StPO scheidet daher als Befugnisnorm aus[186].

cc) § 100 c StPO

Wie der eindeutige Wortlaut des § 100 c Abs. 1 StPO unmissverständlich ausdrückt, **39** ist Gegenstand und Zielobjekt von technikgestützten Wohnraumüberwachungen auf dieser Rechtsgrundlage das „gesprochene Wort". Es handelt sich also um eine akustische Überwachung und keine elektronische Durchsuchung. Im System der einschlägigen Straftatbestände des StGB korrespondiert § 100 c StPO also allein mit § 201 StGB, dagegen nicht mit § 202 a StGB[187]. Mit der Online-Durchsuchung hat § 100 c StPO also nichts zu tun[188].

---

[183] BGHSt 51, 211 (218); *Bär* MMR 2007, 175 (177); 239 (241); *Cornelius* JZ 2007, 798 (800); *Gercke* CR 2007, 245 (251); *Hilger* NStZ 2000, 561 (564); HK-StPO-*Zöller*, § 161 Rn. 2; *Hofmann* NStZ 2005, 121.

[184] *Bär* CR 1995, 489 (495); *Hornung* CR 2007, 144; *Jahn/Kudlich* JR 2007, 57 (61); *Kramer*, Grundbegriffe, Rn. 179; *Sankol* CR 2008, 13 (17).

[185] So anschaulich *Bär* MMR 2007, 175 (177); MK-*Graf*, § 202 a Rn. 58.

[186] BGHSt 51, 211 (218); *Cornelius* JZ 2007, 798 (800); *Gercke/Brunst*, Praxishandbuch Internetstrafrecht, Rn. 868; *Hamm* NJW 2007, 932; *Hofmann* NStZ 2005, 121 (123); *Hornung* CR 2007, 144; *Rux* JZ 2007, 285 (291) Fn 36.

[187] *Meyer-Goßner*, § 100 c Rn. 3; MK-*Graf*, § 201 Rn. 43.

[188] BGHSt 51, 211 (218); *Bär* MMR 2007, 239 (240); *Cornelius* JZ 2007, 798 (800); *Hamm* NJW 2007, 932; *Hofmann* NStZ 2005, 121 (122); *Sieber*, in: Hoeren/Sieber, Handbuch Multimediarecht, Teil 19 Rn. 705.

dd) § 100 h Abs. 1 S. 1 Nr. 2 StPO

40   Im Gegenstandsbereich dieser Befugnisnorm ist offensichtlich kein Platz für die
Online-Durchsuchung. Diese Vorschrift (zur Zeit der Entscheidung des BGH noch
§ 100 f Abs. 1 Nr. 2 StPO) erlaubt den heimlichen Einsatz technischer Mittel zur
Observation außerhalb von Wohnungen (Bewegungsmelder, Peilsender, satelliten-
gestützte Ortungssysteme, Nachtsichtgeräte)[189]. Die Online-Durchsuchung ist keine
Observation im Sinne dieser Vorschrift[190].

ee) § 102 StPO

41   Die Auffassung, dass es sich bei der Online-Durchsuchung um eine Durchsuchung
von „ihm (dem Verdächtigen) gehörenden Sachen" iSd § 102 StPO handele, hat
eine beträchtliche Zahl von Anhängern. Auch im Bereich des BGH wurde diese Ansicht ursprünglich vertreten. Die auf „Sachen" bezugnehmende Textstelle des § 102
StPO ist in der Tat mit dem Vorgang der Online-Durchsuchung kompatibel. Wenn
auf dem Computer des Verdächtigen gespeicherte Daten ausgeforscht werden, ist
mit dem Computer eine dem Verdächtigen gehörende Sache Objekt der Maßnahme. Jedoch ist zweifelhaft, ob man diesen Vorgang als „Durchsuchung" bezeichnen
kann. Wie schon die Anwesenheitsregelungen in §§ 105 Abs. 2, 106 StPO zeigen,
beinhaltet der Begriff der Durchsuchung körperliche Anwesenheit der Ermittlungs-
beamten am Ort der Durchsuchung und Offenlegung derselben[191]. Demgegenüber
ist die Online-Durchsuchung ein verdeckter heimlicher Vorgang, während dessen
Vollzug keine Strafverfolgungsbeamten am Standort des durchsuchten Computers
physisch präsent sind. Es handelt sich dabei um wesentliche Förmlichkeiten, für
eine rechtliche Bagatellisierung als bloße „Ordnungsvorschriften" gibt es weder gesetzliche Anhaltspunkte noch sachliche Gründe[192]. Online-Durchsuchung ist auch
nicht als „minus" im Vergleich zu der ohne weiteres zulässigen Beschlagnahme des
Computers, also als – verglichen mit einer „offenen" Durchsuchung – weniger bela-
stende Maßnahme zulässig[193]. Dem steht schon entgegen, dass gerade der Umstand
der Heimlichkeit diese Form der Informationsgewinnung als für den Betroffenen ge-
fährlicher und belastender erscheinen lässt[194]. Daher muss die rechtliche Hürde sogar
höher sein als bei einer „normalen" Durchsuchung und dem Niveau der in §§ 100 a
ff. StPO normierten heimlichen Überwachungsmaßnahmen angeglichen werden[195].

---

[189] BGHSt 51, 211 (218); *Meyer-Goßner*, § 100 h Rn. 2.

[190] BGHSt 51, 211 (218); *Hamm* NJW 2007, 932.

[191] BGHSt 51, 211 (213); *Bär* MMR 2007, 175 (176); *Gercke* CR 2007, 245 (250); *Heghmanns*,
FS Eisenberg, S. 511 (523); *Hornung* CR 2007, 144; *Rux* JZ 2007, 285 (290); aA *Hofmann* NStZ
2005, 121 (123).

[192] BGHSt 51, 211 (214); *Cornelius* JZ 2007, 798 (799); aA *Hofmann* NStZ 2005, 121 (124).

[193] Als weniger schwer wiegenden Eingriff wird die Online-Durchsuchung bei *Rux* JZ 2007, 285
(290) bewertet.

[194] BGHSt 51, 211 (215); aA *Hofmann* NStZ 2005, 121 (124).

[195] BGHSt 51, 211 (216); *Harrendorf* StraFo 2007, 149 (152); *Heghmanns*, FS Eisenberg, S. 511
(525); *Jahn/Kudlich* JR 2007, 57 (59).

B. Telekommunikationsrecht

I. Allgemeines

Das im Telekommunikationsgesetz (TKG) geregelte Telekommunikationsrecht be- **42** zieht sich auf den technischen Vorgang der Telekommunikation, also der Übermittlung von Daten vgl. § 3 Nr. 22 TKG[196]. Dadurch unterscheidet sich die Materie des TKG von der Materie des TMG, dessen Regelungsgegenstand Inhalte und Nutzungsformen der Dienste sind[197]. Deregulierung und Liberalisierung des Telekommunikationswesens haben dessen Erscheinungsbild und sein rechtliches Reglement im Sinne einer Modernisierung und Erneuerung grundlegend verändert. In den 90er-Jahren des vorigen Jahrhunderts wurden in mehreren Schritten (Postreformen I, II und III) das ehemalige Monopol des Bundes-Sondervermögens „Deutsche Bundespost" aufgehoben, deren Aufgaben mit Gründung des Unternehmens Deutsche Telekom AG privatisiert und schließlich mit Aufhebung der verbliebenen Monopolrechte eine vollständige Liberalisierung der Telekommunikation erreicht[198]. Als Schutzgut für Tatbestände des materiellen Strafrechts (dazu unten II.) und als von staatlichen Informationseingriffen betroffene Rechtsposition des Bürgers (dazu unten III.) hat das Telekommunikationsgeheimnis – im Gesetz immer noch „Fernmeldegeheimnis" genannt – die Funktion eines Bindeglieds zwischen dem Recht der Telekommunikation und dem Straf- und Strafprozessrecht. Im Verhältnis zu Hoheitsträgern hat das Fernmeldegeheimnis Grundrechtsqualität auf Grund der Garantie in Art. 10 Abs. 1 GG[199]. Im Verhältnis zu privaten Telekommunikationsunternehmen ist Art. 10 GG nicht anwendbar[200]. Dass aber auch in diesem Verhältnis das Fernmeldegeheimnis Achtung und Schutz verdient, wird durch § 88 TKG betont[201].

II. Materielles Strafrecht

1. Verstoß gegen Abhör- und Mitteilungsverbote, § 148 Abs. 1 Nr. 1 TKG

a) Allgemeines

Der Straftatbestand schützt das in § 88 TKG definierte Fernmeldegeheimnis. Insofern **43** besteht Übereinstimmung mit § 206 StGB, der das Post- und das Fernmeldegeheimnis

---

[196] *Dörr/Schwartmann*, Medienrecht, Rn. 299; *Fechner*, Medienrecht, 12. Kapitel Rn. 100.

[197] *Paschke*, Medienrecht, Rn. 79.

[198] Ausführlich zu dieser Entwicklung *Kühling/Elbracht*, Telekommunikationsrecht, Rn. 22 ff.; *Paschke*, Medienrecht, Rn. 81 ff.; *Pohle*, in: Wandtke (Hrsg.), Medienrecht, Teil 5 Kap. 2, Rn. 1 ff.

[199] *Fechner*, Medienrecht, 12. Kapitel Rn. 166.

[200] *Bock*, in: Geppert/Piepenbrock/Schütz/Schuster, TKG, § 88 Rn. 3.

[201] *Eckhardt*, in: Spindler/Schuster, Recht der elektronischen Medien, § 88 TKG Rn. 2; *Ellinghaus*, in: Arndt/Fetzer/Scherer, TKG, § 88 Rn. 2, 7; *Kühling/Elbracht*, Telekommunikationsrecht, Rn. 43.

schützt[202]. Äußerlich erkennt man das vor allem an dem Text in § 206 Abs. 5 S. 2, 3 StGB, der § 88 TKG nachgebildet ist[203]. § 206 StGB und § 148 Abs. 1 Nr. 1 TKG ergänzen also einander und unterscheiden sich in folgendem: § 206 Abs. 1 und Abs. 3 StGB pönalisiert den Bruch des Fernmeldegeheimnisses durch Personen, die gemäß § 88 TKG explizit geheimhaltungspflichtig bzw. in § 206 Abs. 3 StGB diesem Personenkreis gleichgestellt sind (Sonderdelikt)[204]. Demgegenüber kann Täter des in § 148 Abs. 1 Nr. 1 TKG normierten Delikts jedermann sein. Enger als § 206 StGB ist § 148 Abs. 1 Nr. 1 TKG, weil diese Vorschrift nur Nachrichtenübermittlung via Funk schützt. Demgegenüber gilt § 206 StGB für Telekommunikation mittels Kabel- und Funkverbindung[205]. Auch der strafrechtliche Schutz des Rechts am eigenen gesprochenen Wort (oder: Recht an der eigenen Stimme) ist ein Gesichtspunkt, der Berührungspunkte zwischen § 148 Abs. 1 Nr. 1 TKG und StGB erzeugt. Soweit nämlich die von § 148 Abs. 1 Nr. 1 TKG geschützte „Nachricht" zugleich nichtöffentlich gesprochene Worte beinhaltet, kommen auch die Straftatbestände des § 201 Abs. 1 und Abs. 2 StGB zur Anwendung[206].

b) § 148 Abs. 1 Nr. 1 Alt. 1 TKG

44   Die 1. Alternative des § 148 Abs. 1 Nr. 1 TKG normiert die Strafbarkeit der Verletzung des Abhörverbotes. Auf Grund der Verweisung („entgegen § 89 Satz 1") sind die Merkmale des objektiven Tatbestands teilweise in § 89 TKG geregelt, der sich seinerseits auf § 88 TKG bezieht. Das Auffinden der Strafbarkeitsvoraussetzungen im Gesetz wird dadurch erschwert, dass der Abhörverbotstatbestand des § 148 Abs. 1 Nr. 1 TKG nur auf den Satz 1 des § 89 TKG verweist und dieser wiederum nicht die Verbotsmaterie definiert, sondern – umgekehrt – regelt, unter welchen Voraussetzungen das Abhören erlaubt ist. Die Voraussetzungen des verbotenen Abhörens sind also im Wege eines Subtraktionsverfahrens zu ermitteln. Insgesamt ist das gesetzliche Gerüst des Tatbestandes also sehr kompliziert.

45   Täter kann jedermann sein. Tatobjekt sind Nachrichten einschließlich e-mail, chat, SMS usw. Im Umkehrschluss aus § 89 S. 1 TKG ergibt sich, dass die Nachricht nicht für den Täter, einen Funkamateur, die Allgemeinheit oder einen unbestimmten Personenkreis bestimmt sein darf. Die Nachricht muss also an einen einzelnen, der nicht Funkamateur ist oder einen bestimmten Personenkreis, der nicht ausschließlich aus Funkamateuren besteht, gerichtet sein. Tathandlung ist das Abhören mittels einer

---

[202] *Fischer*, § 206 Rn. 1; MK-*Altenhain*, § 206 Rn. 1; *Schönke/Schröder/Lenckner/Eisele*, § 206 Rn. 2.

[203] *Schönke/Schröder/Lenckner/Eisele*, § 206 Rn. 6 a.

[204] *Ellinghaus*, in: Arndt/Fetzer/Scherer, TKG, § 88 Rn. 34; MK-*Altenhain*, § 206 Rn. 5; *Schönke/Schröder/Lenckner/Eisele*, § 206 Rn. 8, 27.

[205] *Schönke/Schröder/Lenckner/Eisele*, § 206 Rn. 6 a.

[206] *Bock*, in: Geppert/Piepenbrock/Schütz/Schuster, TKG, § 89 Rn. 11; *Dierlamm*, in: Geppert/Piepenbrock/Schütz/Schuster, TKG, § 148 Rn. 19; *Ellinghaus*, in: Arndt/Fetzer/Scherer, TKG, § 88 Rn. 35; *Fetzer*, in: Arndt/Fetzer/Scherer, TKG, § 148 Rn. 16; *Schönke/Schröder/Lenckner/Eisele*, § 201 Rn. 37.

Funkanlage[207]. Dieser Begriff ist im geltenden TKG nicht mehr definiert. Gleichwohl kann die Definition in § 3 Nr. 4 TKG 1996 „elektrische Sende- oder Empfangseinrichtungen, zwischen denen die Informationsübertragung ohne Verbindungsleitungen stattfinden kann" herangezogen werden[208]. Der subjektive Tatbestand setzt Vorsatz voraus (§ 15 StGB)[209], Fahrlässigkeit reicht nicht. Die Rechtswidrigkeit kann z. B. durch eine Abhörerlaubnis gem. § 100 a StPO ausgeschlossen sein.

c) § 148 Abs. 1 Nr. 1 Alt. 2 TKG

Die 2. Alternative des § 148 Abs. 1 Nr. 1 TKG stellt das Mitteilungsverbot des § 89 S. 2 **46** TKG unter strafrechtlichen Schutz. Wie § 89 S. 2 TKG klarstellt, kann Täter jedermann sein, also auch Personen, die nicht von vornherein gem. § 88 Abs. 2 TKG eine Geheimhaltungspflicht haben. Tatgegenstand sind vorsätzlich abgehörte oder unabsichtlich empfangene Nachrichten, deren Abhörung nicht nach § 89 S. 1 TKG zulässig ist. Tathandlung ist die Mitteilung der Nachricht oder der Tatsache ihres Empfanges an einen anderen. Der subjektive Tatbestand setzt Vorsatz voraus, § 15 StGB.

2. Verstoß gegen Missbrauchsverbote, § 148 Abs. 1 Nr. 2 TKG

a) Allgemeines

Aus dem § 148 Abs. 1 Nr. 2 TKG korrespondierenden § 90 Abs. 1 S. 1 TKG ist die **47** Schutzrichtung des Straftatbestandes erkennbar: Die Verbotsnorm richtet sich gegen technische Gegenstände, die eine besondere Gefahr für das nicht öffentlich gesprochene Wort und für das Recht am eigenen Bild darstellen, weil ihre missbräuchliche Verwendung darin bestehen kann, dass das nicht öffentlich gesprochene Wort oder das Bild eines anderen unbemerkt abgehört bzw. aufgenommen wird. Die Strafbewehrung des § 90 Abs. 1 S. 1 TKG in § 148 Abs. 1 Nr. 2 TKG hat also den Charakter eines Vorfeldtatbestandes im Verhältnis zu § 201 StGB und zu § 33 KUG bzw. § 201 a StGB[210].

b) § 148 Abs. 1 Nr. 2 TKG

Die Merkmale des objektiven Tatbestandes sind in § 148 Abs. 1 Nr. 2 TKG und in **48** § 90 Abs. 1 TKG enthalten. Täter kann jedermann sein. In Bezug auf den Besitztatbestand § 148 Abs. 1 Nr. 2 a TKG sind jedoch Angehörige der in § 90 Abs. 1 S. 2 TKG

---

[207] Zum Abhören durch „Schwarz-Surfen" vgl. AG Wuppertal NStZ 2008, 161.

[208] *Bock*, in: Geppert/Piepenbrock/Schütz/Schuster, TKG, § 89 Rn. 6; *Ellinghaus*, in: Arndt/Fetzer/Scherer, TKG, § 89 Rn. 8; *Graf*, in: Graf/Jäger/Wittig, § 148 TKG Rn. 3.

[209] Nicht nur „grundsätzlich", wie bei *Fetzer*, in: Arndt/Fetzer/Scherer, TKG, § 148 Rn. 6 missverständlich erklärt wird; richtig *ders.*, aaO Rn. 9.

[210] *Bock/Piepenbrock*, in: Geppert/Piepenbrock/Schütz/Schuster, TKG, § 90 Rn. 5; *Ellinghaus*, in: Arndt/Fetzer/Scherer, TKG, § 90 Rn. 8.

beschriebenen Personenkreise ausgenommen. Soweit diese unter den genannten Voraussetzungen einen tatbestandstauglichen Gegenstand selbst besitzen, erfüllen sie den Tatbestand nicht. Beteiligung am Besitz einer anderen – nicht privilegierten – Person ist hingegen für jedermann strafbar. Tatobjekt ist eine „Sendeanlage", der man ihre spezifische Funktion und Zweckbestimmung nicht ansieht, die vielmehr nach ihrem Erscheinungsbild für einen harmlosen Gegenstand gehalten werden kann, z. B. ein in einen Kugelschreiber eingebautes Mikrofon[211]. Auf Grund dieser Tarnung muss die Sendeanlage in besonderer Weise für die Herstellung heimlicher akustischer oder optischer Aufnahmen geeignet sein. Tatbestandsmäßige Handlungen sind das Besitzen (§ 148 Abs. 1 Nr. 2 a TKG), Herstellen, Vertreiben und Einführen (§ 148 Abs. 1 Nr. 2 b TKG) solcher Gegenstände. Der subjektive Tatbestand verlangt Vorsatz (§ 15 StGB), bezüglich § 148 Abs. 1 Nr. 2 b TKG ist jedoch auch Fahrlässigkeit strafbarkeitsbegründend, § 148 Abs. 2 TKG. Die Rechtswidrigkeit kann durch eine behördliche Genehmigung gem. § 90 Abs. 2 TKG ausgeschlossen sein.

3. Verstoß gegen Mitteilungsverbot, § 18 G 10

49   Eine spezielle Strafvorschrift mit Bezug zur Telekommunikation enthält § 18 des Gesetzes zur Beschränkung des Brief-, Post- und Fernmeldegeheimnisses (Art. 10-Gesetz, G 10). Anders als bei § 206 StGB und § 148 TKG geht es hier nicht um den strafrechtlichen Schutz des Fernmeldegeheimnisses, sondern – umgekehrt – um den Schutz staatlicher Aufgabenerfüllung, zu deren Zweck in das Fernmeldegeheimnis eingegriffen wird. Das strafwürdige Unrecht besteht darin, dass durch die Tat diese Eingriffe und ihr Erfolg sabotiert werden.

50   Die Strafbarkeitsvoraussetzungen des Delikts ergeben sich im Wesentlichen aus § 17 G 10, auf den § 18 G 10 verweist. Danach kann Täter nur eine Person sein, die an der Tätigkeit eines Telekommunikationsdienstleisters im Rahmen einer auf §§ 100 a, 100 b StPO oder § 2 G 10 beruhenden Überwachungsmaßnahme beteiligt ist. Tathandlung ist das Machen einer Mitteilung gegenüber einem anderen. Gegenstand dieser Mitteilung ist entweder die Überwachung der Telekommunikation gem. §§ 100 a, 100 b StPO (§ 17 Abs. 1 G 10) oder die Anordnung der Aushändigung von Postsendungen gem. § 2 Abs. 1 S. 1, 3 G 10 bzw. ein Auskunftsersuchen oder eine Auskunftserteilung gem. § 2 Abs. 1 G 10 (§ 17 Abs. 2 G 10). Der subjektive Tatbestand setzt Vorsatz voraus, § 15 StGB.

III. Strafprozessrecht

1. Überwachung der Telekommunikation, §§ 100 a, b StPO

51   Die Strafprozessordnung regelt in §§ 100 a, 100 b die Voraussetzungen, unter denen eine Überwachung der Telekommunikation zum Zwecke der Aufklärung von

---

[211] *Ellinghaus*, in: Arndt/Fetzer/Scherer, TKG, § 90 Rn. 12.

Straftaten zulässig ist. Das Telekommunikationsrecht wird in das Reglement dieser Maßnahme einbezogen, soweit es um die Modalitäten deren Durchführung geht. § 100 b Abs. 3 StPO statuiert für Telekommunikationsdienstleister eine Ermöglichungs- oder Auskunftspflicht gegenüber Gericht, Staatsanwaltschaft und Polizei. In Bezug genommen werden damit § 110, 111, 112 und 113 TKG sowie die Telekommunikations-Überwachungsverordnung[212].

2. Erhebung von Verkehrsdaten, § 100 g StPO

Die Zulässigkeit der Erhebung von Verkehrsdaten für die Verfolgung von Straftaten ist in § 100 g StPO geregelt. Der Begriff der „Verkehrsdaten" ist in § 3 Nr. 30 TKG definiert. Erhoben und gespeichert werden diese Verkehrsdaten vom Diensteanbieter für eigene Zwecke gem. § 96 TKG. Das Strafprozessrecht schöpft also diese zu anderen Zwecken erhobenen und gespeicherten Daten ab, um sie dem Strafverfolgungszweck dienstbar zu machen. Allerdings steht dafür nur ein kurzer Zeitraum zur Verfügung, weil die Daten vom Diensteanbieter gem. § 96 Abs. 2 S. 2 TKG grundsätzlich unverzüglich nach Beendigung der Verbindung zu löschen sind. Zur Verlängerung dieses Zeitraums hatte § 113 a Abs. 1 S. 1 TKG die Diensteanbieter verpflichtet, Verkehrsdaten sechs Monate zu speichern. Diese sog. „Vorratsdatenspeicherung" wurde durch Urteil des 1. Senats des Bundesverfassungsgerichts vom 2.3.2010 für verfassungswidrig erklärt[213].

52

Literatur

Bär, Polizeilicher Zugriff auf kriminelle Mailboxen, CR 1995, 489

Beck/Dornis, „Phishing" im Markenstrafrecht, CR 2007, 642

Beukelmann, Die Online-Durchsuchung, StraFo 2008, 1

Borges, Rechtsfragen des Phishing – Ein Überblick, NJW 2005, 3313

Buggisch/Kerling, „Phishing", „Pharming" und ähnliche Delikte, Kriminalistik 2006, 531

Derksen, Strafrechtliche Verantwortung für in internationalen Computernetzen verbreitete Daten mit strafbarem Inhalt, NJW 1997, 1878

Eichelberger, Das Blockieren einer Internet-Seite als strafbare Nötigung, DuD 2006, 490

Ernst, Hacker und Computerviren im Strafrecht, NJW 2003, 3233

Gercke, Die Strafbarkeit von „Phishing" und Identitätsdiebstahl, CR 2005, 606

Gercke, Heimliche Online-Durchsuchung: Anspruch und Wirklichkeit, CR 2007, 245

Goeckenjan, Phishing von Zugangsdaten für Online-Bankdienste und deren Verwertung, wistra 2008, 128

Goeckenjan, Auswirkungen des 41. Strafrechtsänderungsgesetzes auf die Strafbarkeit des „Phishing", wistra 2009, 47

Graf, „Phishing" derzeit nicht generell strafbar!, NStZ 2007, 129

Haft/Eisele, Zur Einführung: Rechtsfragen des Datenverkehrs im Internet, JuS 2001, 112

Hansen/Pfitzmann, Online-Durchsuchung, DRiZ 2007, 225

---

[212] *Hoeren* wistra 2005, 1 (8).

[213] BVerfGE 125, 260 ff.

Heghmanns, Heimlichkeit von Ermittlungshandlungen, FS Eisenberg, 2009, S. 511

B. Heinrich, Aktuelle Probleme des Internetstrafrechts, HFR 2006, 125

Hilgendorf, Zur Anwendbarkeit des § 5 TDG auf das Strafrecht, NStZ 2000, 518

Hilgendorf, Strafrechtliche Anforderungen an den Jugendmedienschutz im Internet, K & R 2011, 229

Hömig, „Neues" Grundrecht, neue Fragen?, Jura 2009, 207

Hoeren, Auskunftspflichten der Internetprovider an Strafverfolgungs- und Sicherheitsbehörden – eine Einführung, wistra 2005, 1

Hoeren, Das Telemediengesetz, NJW 2007, 801

Hörnle, Pornographische Schriften im Internet: Die Verbotsnormen im deutschen Strafrecht und ihre Reichweite, NJW 2002, 1008

Hofmann, Die Online-Durchsuchung – staatliches „Hacken" oder zulässige Ermittlungsmaßnahme?, NStZ 2005, 121

Jahn, Strafprozessuale Eingriffsmaßnahmen im Lichte der aktuellen Rechtsprechung des BVerfG, NStZ 2007, 255

Jahn/Kudlich, Die strafprozessuale Zulässigkeit der Online-Durchsuchung, JR 2007, 57

Kemper, Die Beschlagnahmefähigkeit von Daten und E-Mails, NStZ 2005, 538

Kemper, Anforderungen und Inhalt der Online-Durchsuchung bei der Verfolgung von Straftaten, ZRP 2007, 105

Kitz, Der Gewaltbegriff im Informationszeitalter und die strafrechtliche Beurteilung von Onlineblockaden, ZUM 2006, 730

Kögel, Die Strafbarkeit des „Finanzagenten" bei vorangegangenem Computerbetrug durch „Phishing", wistra 2007, 206

Kraft/Meister, Rechtsprobleme virtueller Sit-ins, MMR 2003, 366

Kudlich, Mitteilung der Bewegungsdaten eines Mobiltelefons als Überwachung der Telekommunikation, JuS 2001, 1165

Liesching/Günter, Verantwortlichkeit von Internet-Café-Betreibern, MMR 2000, 260

Marbert-Kubicki, Internet und Strafrecht, DRiZ 2007, 212

Palm/Roy, Mailboxen: Staatliche Eingriffe und andere rechtliche Aspekte, NJW 1996, 1791

Palm/Roy, Der BGH und der Zugriff auf Mailboxen, NJW 1997, 1904

Pelz, Die strafrechtliche Verantwortlichkeit von Internet-Providern, ZUM 1998, 530

Popp, Von „Datendieben" und „Betrügern" – Zur Strafbarkeit des so genannten „phishing", NJW 2004, 3517

Popp, „Phishing", „Pharming" und das Strafrecht, MMR 2006, 84

Popp, Informationstechnologie und Strafrecht, JuS 2011, 385

Rux, Ausforschung privater Rechner durch die Polizei- und Sicherheitsbehörden, JZ 2007, 285

Sankol, Überwachung von Internet-Telefonie, CR 2008, 13

Schlegel, Warum die Festplatte keine Wohnung ist – Art. 13 GG und die „Online-Durchsuchung", GA 2007, 648

Seidl/Fuchs, Die Strafbarkeit des Phishing nach Inkrafttreten des 41. Strafrechtsänderungsgesetzes, HRRS 2010, 85

Sieber, Strafrechtliche Verantwortlichkeit für den Datenverkehr in internationalen Computernetzen, JZ 1996, 429, 494

Stuckenberg, Zur Strafbarkeit von „Phishing", ZStW 118 (2006), 878

Weber, Brauchen wir einen Sondertatbestand zur Verfolgung des Internetphishings? HRRS 2004, 406

§ 7 Presse- und Rundfunkrecht

I. Grundlagen

1. Rechtsgrundlagen

Das Recht der Presse und des Rundfunks hat eine verfassungsrechtliche und ei- **1**
ne einfachgesetzliche Dimension. Verfassungsrechtliche Relevanz dieser beiden
Medienbereiche zeigt sich im Rahmen der Regelungen über die Gesetzgebungskompetenz (dazu sogleich Rn. 2) sowie im Grundrechtskatalog bei Art. 5 GG (dazu
unten 3.). Rechtsgrundlagen des Presse- und Rundfunkstrafrechts sind im materiellrechtlichen Bereich in erster Linie das StGB, im verfahrensrechtlichen Bereich die
StPO[1]. In den Kapiteln dieses Lehrbuchs, in denen die Medienbezüge des materiellen Strafrechts (§§ 1 bis 3) und des Strafprozessrechts (§ 4) dargestellt wurden,
sind auch die Berührungspunkte zu Presse und Rundfunk berücksichtigt worden.
Diese Themen werden daher hier nicht mehr ausführlich angesprochen. Jedoch gibt
es noch einen speziellen Ausschnitt des Presse- und Rundfunkstrafrechts, der seine
Grundlage in den besonderen Gesetzen der Presse und des Rundfunks hat und der
das allgemeine Straf- und Strafprozessrecht bezüglich dieser Medien ergänzt oder
modifiziert. Darum geht es in diesem Kapitel.

Die staatsrechtliche Zuständigkeit für die Schaffung einfachgesetzlicher Regeln **2**
über das Presse- und Rundfunkwesen liegt ausschließlich bei den Bundesländern[2].
Für das Pressewesen hatte der Bund bis zur Föderalismusreform nach Art. 75 Abs. 1
S. 1 Nr. 2 GG eine Rahmengesetzgebungskompetenz, inhaltlich beschränkt auf die
„allgemeinen Rechtsverhältnisse" der Presse[3]. Von dieser Rechtssetzungskompetenz
hat der Bund nie Gebrauch gemacht. Mit dem Wegfall der Rahmengesetzgebung auf
Grund Aufhebung des Art. 75 GG ist auch diese Möglichkeit des Bundes, gesetzge-
berisch Einfluss auf Inhalt und Gestalt des Presserechts zu nehmen, weggefallen. Für

---

[1] Vgl. *Bullinger*, in: Löffler, Presserecht, Einl. Rn. 5; *Löffler/Ricker*, 1. Kap. Rn. 1: „Presserecht im
weiteren Sinne"; *Fechner*, Medienrecht, Kap. 8 Rn. 15.

[2] *Bullinger*, in: Löffler, Presserecht, Einl Rn. 7 (Presserecht im engeren Sinn); *Petersen*,
Medienrecht, § 13 Rn. 16; *Sporn*, in: Schiwy/Schütz/Dörr, Medienrecht, S. 431.

[3] *Fechner*, Medienrecht, Kap. 8 Rn. 13; *Löffler/Ricker*, 2. Kap. Rn. 3, 10.

W. Mitsch, *Medienstrafrecht*, Springer-Lehrbuch,
DOI 10.1007/978-3-642-17263-2_7, © Springer-Verlag Berlin Heidelberg 2012

den Bereich des Rundfunks findet sich in Art. 74 GG ebenfalls kein Kompetenztitel des Bundes. In Art. 73 Abs. 1 Nr. 7 GG ist dem Bund mit der Telekommunikation ein rundfunkrelevanter Regelungsgegenstand zur ausschließlichen Rechtssetzung zugewiesen. Dieser betrifft jedoch nur die technischen infrastrukturellen Belange, derer es zur Realisierung von Rundfunk bedarf[4]. Regelungsbefugnis bezüglich der Inhalte von Rundfunkveranstaltungen ist damit nicht verbunden. Dafür sind also die Länder ausschließlich zuständig[5].

3   Infolge der Länderzuständigkeit für die Gesetzgebung gibt es in Deutschland 16 Landespressegesetze bzw. Presserecht einbeziehende Mediengesetze. Diese ähneln sich zwar in Aufbau und Norminhalt sehr stark, weisen aber in einigen Punkten auch inhaltliche Abweichungen auf. Auch für den Rundfunk gibt es Landesgesetze (in Bayern z. B. das Bayerische Mediengesetz, das Bayerische Rundfunkgesetz)[6]. Eine Vereinheitlichung bestimmter Sachbereiche des Rundfunkrechts bundesweit oder im Verhältnis mehrerer Bundesländer ist durch den Abschluss von Staatsverträgen bewirkt worden[7]. Besonders wichtig ist der von sämtlichen Bundesländern geschlossene Rundfunkstaatsvertrag, der eine Art bundeseinheitliche Grundordnung des dualen Rundfunksystems (öffentlich-rechtlicher und privater Rundfunk) darstellt[8]. Die ursprüngliche Rechtsnatur des Staatsvertrages als öffentlichrechtlicher Vertrag verleiht dessen Bestimmungen noch keine über die Vertragsparteien hinausgehende Regelungswirkung. Diese wird erst durch Transformation des Staatsvertragsinhalts in ein Landesgesetz geschaffen[9]. Deswegen haben z. B. die Bußgeldbestimmungen in § 49 RStV eine (landes)gesetzliche Grundlage. Insgesamt existiert vor allem im Rundfunksektor eine verwirrende Vielfalt[10] an Rechtsgrundlagen.

4   Spezielle Regelungen strafrechtlicher und strafverfahrensrechtlicher Fragen enthalten die Pressegesetze der Bundesländer. Da es sich dabei teilweise um Gegenstände handelt, derer sich auch das StGB (z. B. Verjährung) oder die StPO (z. B. Beschlagnahme) angenommen hat, ist die Gesetzgebungszuständigkeit zu klären. Gem. Art. 74 Abs. 1 Nr. 1 GG liegt die konkurrierende Gesetzgebungszuständigkeit für Straf- und Strafverfahrensrecht beim Bund. Wenn gleichwohl die Bundesländer in ihren Pressegesetzen Normen zu diesen Gegenständen erlassen dürfen, ist dies auf den engen Zusammenhang mit dem Presserecht im engeren Sinn zurückzuführen[11].

---

[4] *Hesse*, Rundfunkrecht, 2. Kap. Rn. 4.

[5] *Fechner*, Medienrecht, Kap. 10 Rn. 16, 119; *Groß* NStZ 1994, 312; *Hesse*, Rundfunkrecht, 2. Kap. Rn. 4; *Holznagel/Kibele*, in: Spindler/Schuster, Recht der elektronischen Medien, § 1 RStV 1 Rn. 11.

[6] *Dörr/Schwartmann*, Medienrecht, Rn. 159; *Fechner*, Medienrecht, Kap. 10 Rn. 174.

[7] *Dörr/Schwartmann*, Medienrecht, Rn. 152.

[8] *Dörr/Schwartmann*, Medienrecht, Rn. 153; *Hesse*, Rundfunkrecht, 1. Kap. Rn. 95; *Paschke*, Medienrecht, Rn. 60; *Wenzel*, in: Löffler, Presserecht, § 25 Rn. 13.

[9] *Fechner*, Medienrecht, Kap. 10 Rn. 120; *Hesse*, Rundfunkrecht, 1. Kap. Rn. 121; *Holznagel/Kibele*, in: Spindler/Schuster, Recht der elektronischen Medien, § 1 RStV Rn. 8.

[10] So *Dörr/Schwartmann*, Medienrecht, vor Rn. 139.

[11] BGHSt 36, 51 (55); *Bullinger*, in: Löffler, Presserecht, Einl Rn. 70 (Verjährung); *Groß* NStZ 1994, 312 (314); *ders.*, Presserecht, Rn. 665; *Kühl*, in: Löffler, Presserecht, vor §§ 20 ff. Rn. 12.

Dies trifft insbesondere auf die „Presseordnungsdelikte" zu (näher dazu unten Rn. 27 ff.)[12]. Da es hingegen an einem solchen Zusammenhang bei den Vorschriften über die Beschlagnahme von Druckschriften fehlt, sind die in einigen Landespressegesetzen existierenden Regelungen nichtig[13]. Gültige rechtliche Grundlage sind somit allein §§ 111 b, 111 m, 111 n StPO[14].

2. Begriffe

Wie die oben angedeutete Vielfalt und Vielzahl der Normen allein in dem hier   5
beleuchteten Bereich der Presse und des Rundfunks nahelegt, ist eine exakte begriffliche Bestimmung und Abgrenzung der Medien und Medienobjekte wichtig und notwendig, um den jeweils richtigen normativen Rahmen zu finden[15]. Da Presse und Rundfunk ihre eigenen Regeln haben, muss im konkreten Fall Klarheit darüber geschaffen werden, ob es sich um Presse oder um Rundfunk handelt. Bezieht man darüber hinaus noch andere Arten von Medien – insbesondere die „elektronischen" – mit ein, wird die Abgrenzungsrelevanz noch deutlicher. Auch für die Anwendung des Pressestrafrechts hat die Abgrenzung und Einordnung Bedeutung. Beispielsweise hängt die Verjährung eines medial begangenen Ehrverletzungsdelikts (§§ 185 ff. StGB) davon ab, ob das verwendete Medium in den Bereich der „traditionellen" Presse („Printmedien")[16] oder der „elektronischen" Presse[17] gehört und ob letztere den besonderen Verjährungsregeln der Pressegesetze zuzuordnen ist oder nicht[18]. Letzterenfalls sind §§ 78 ff. StGB einschlägig.

a) Presse

Der Begriff „Presse" ist in vielen Bestimmungen der Landespressegesetze sowie in   6
Art. 5 Abs. 1 S. 2 GG („Pressefreiheit") enthalten. Er wird aber weder in den Pressegesetzen der Länder noch im Grundgesetz definiert[19]. Für die Rechtsanwendungsarbeit im Pressestrafrecht ist dies kein Manko, da sowohl StGB als auch StPO und die pressestrafrechtlichen Bestimmungen der Pressegesetze nicht das Wort „Presse"

---

[12] *Krech*, in: Schiwy/Schütz/Dörr, S. 417.

[13] *Heer-Reißmann*, in: Schiwy/Schütz/Dörr, S. 89; HK-StPO-*Gercke*, § 111 m Rn. 2; *Meyer-Goßner*, § 111 m Rn. 2; *Sporn*, in: Schiwy/Schütz/Dörr, S. 431.

[14] *Achenbach*, in: Löffler, Presserecht, § 13 Rn. 27; *Löffler/Ricker*, 31. Kap. Rn. 5; aA *Groß* NStZ 1999, 334 (338), nach dem der Bund die Gesetzgebungszuständigkeit nur in Bezug auf Schriften hat, die nicht Druckwerke iSd Presserechts sind; krit. dazu *Achenbach* NStZ 2000, 123 (125).

[15] *Fechner*, Medienrecht, 10. Kap. Rn. 25; *Petersen*, Medienrecht, § 1 Rn. 18.

[16] *Petersen*, Medienrecht, § 1 Rn. 18.

[17] *Fechner*, Medienrecht, Kap. 8 Rn. 22.

[18] *Mann/Smid*, in: Spindler/Schuster, Recht der elektronischen Medien, 7. Teil, Rn. 102 ff.

[19] *Löhner*, in: Löffler, Presserecht, § 7 Rn. 7; *Löffler/Ricker*, 1. Kap. Rn. 5.

verwenden, sondern auf „Schrift" (vgl. z. B. § 74 d StGB), „Druckschrift" (vgl. § 7 Abs. 2 StPO) und „Druckwerk" (vgl. z. B. §§ 111 m, 111 n StPO) abstellen. Diese drei Begriffe umfassen neben anderen Medienobjekten auch Presseerzeugnisse[20]. „Druckwerk" ist der zentrale Begriff des Presserechts, der deswegen in allen Landespressegesetzen positivgesetzlich definiert ist. Dagegen definieren die Pressegesetze die anderen in dieser Vorschrift enthaltenen Begriffe nicht (z. B. Zeitung, Zeitschrift)[21]. Dennoch gilt diese Vorschrift als „eine der wichtigsten Bestimmungen des gesamten Medienrechts"[22]. Denn die in ihr enthaltene Definition des „Druckwerks" gibt auch dem Begriff „Presse" Inhalt, Konturen und vor allem Begrenzung im Verhältnis zu anderen Medien[23]. Der dem einfachgesetzlichen Presserecht wie auch der dem Pressegrundrecht aus Art. 5 Abs. 1 S. 2 GG[24] zugrunde gelegte Begriff des Druckwerks ist sehr weit[25]. Er umfasst nämlich außer den herkömmlichen mittels Buchdruckverfahren hergestellten Trägern geistiger Sinngehalte (Buch, Zeitung, Zeitschrift usw.) auch Ton- und Bildträger, z. B. Videokassetten[26]. An Qualität und Quantität des „geistigen" Gehalts werden keine hohen Anforderungen gestellt, so dass z. B. auch ein Aufkleber in den Nationalfarben schwarz-rot-gold mit den aufgedruckten Worten „Legal? – Illegal? – Scheißegal¡' oder ein „NS-Aufkleber" dem Presserecht unterfällt[27]. Ebenfalls dem Sammelbegriff „Druckwerk" unterfallen Schriften, die in anderen Massenvervielfätigungsverfahren erzeugt worden sind[28]. Telemedien erfasst der pressegesetzliche Druckwerk-Begriff allerdings nicht[29]. Für alle Erscheinungsformen von Druckwerken ist wesensbestimmend, dass es sich um die Verkörperung eines geistigen Sinngehalts handelt. Denn der geistige Inhalt ist das Moment, das für die verfassungsrechtliche Gleichstellung der Pressfreiheit mit Meinungs- und Informationsfreiheit in Art. 5 GG verantwortlich ist und auch auf der einfachgesetzlichen Ebene die rechtliche Sonderstellung des Druckwerks in einem eigenen Presserecht rechtfertigt[30].

7   Das den herkömmlichen Begriff der Presse prägende Element der Körperlichkeit des Presseerzeugnisses steht im Mittelpunkt des Streits um die rechtliche Einordnung der sog. „elektronischen Presse"[31]. Viele Zeitungsverlage bringen neben der üblichen gedruckten Ausgabe im gleichen Erscheinungsrhythmus Online-Ausgaben

---

[20] *Meyer-Goßner*, § 7 Rn. 8; § 111 m Rn. 1.

[21] *Löhner*, in: Löffler, Presserecht, § 7 Rn. 6.

[22] *Löhner*, in: Löffler, Presserecht, § 7 Rn. 2.

[23] *Löhner*, in: Löffler, Presserecht, § 7 Rn. 7.

[24] *Jarass/Pieroth*, GG, Art. 5 Rn. 25.

[25] *Löhner*, in: Löffler, Presserecht, § 7 Rn. 15.

[26] OLG Koblenz NStZ 1991, 45.

[27] BayObLG NJW 1987, 1711; BGHSt 33, 271 (272).

[28] BGHSt 45, 41 (44); *Fechner*, Medienrecht, 8. Kap. Rn. 3; *Löhner*, in: Löffler, Presserecht, § 7 Rn. 6; *Löffler/Ricker*, 1. Kap. Rn. 7.

[29] *Mann/Smid*, in: Spindler/Schuster, Recht der elektronischen Medien, 7. Teil, Rn. 3.

[30] *Löhner*, in: Löffler, Presserecht, § 7 Rn. 15.

[31] *Schreiner*, S. 155 ff.

heraus. Manche Zeitungen – z. B. die juristischen Fachzeitschriften „Zeitschrift für Internationale Strafrechtsdogmatik" (ZIS) und „Zeitschrift für das Juristische Studium" (ZJS) – sind reine Online-Publikationen. Es stellt sich daher die grundlegende Frage, ob neben der Printversion auch die Online-Zeitung dem Presserecht unterfällt[32]. Eine unmittelbare Anwendung presserechtlicher Vorschriften scheitert schon daran, dass diese mit ihrer Festlegung auf „Druckwerke" die Verkörperlichung von Gedankeninhalten verlangen, was die elektronische Presse nicht erfüllt[33]. Aber auch die Anwendung des Rundfunkrechts, die vereinzelt vorgeschlagen wird, ist dem zu normierenden Gegenstand nicht angemessen[34]. Zudem hätte das die Konsequenz, dass Presse als Printmedium einerseits und Presse als elektronisches Medium andererseits in unterschiedlichem Maße staatlicher Aufsicht und Kontrolle unterworfen wären[35]. Vor einer spezialgesetzlichen Regelung der Materie durch den Gesetzgeber erscheint daher eine entsprechende Anwendung des Presserechts vorzugswürdig[36]. Zudem ist der rechtliche Pressebegriff „entwicklungsoffen"[37].

b) Rundfunk

§ 2 Abs. 1 S. 1 des Rundfunkstaatsvertrages definiert „Rundfunk" folgendermaßen: „Rundfunk ist ein linearer Informations- und Kommunikationsdienst; er ist für die Allgemeinheit und zum zeitgleichen Empfang bestimmte Veranstaltung und Verbreitung von Angeboten in Bewegtbild oder Ton entlang eines Sendeplans unter Benutzung elektromagnetischer Schwingungen." Dieser einfachgesetzlichen Begriffsbestimmung steht ein verfassungsrechtlicher Rundfunkbegriff gegenüber, der für den Schutzbereich des in Art. 5 Abs. 1 GG verankerten Mediengrundrechts maßgeblich ist[38]. Danach ist Rundfunk „jede an eine unbestimmte Vielzahl von Personen gerichtete Übermittlung von Gedankeninhalten durch physische, insbesondere elektromagnetische Wellen"[39]. Rundfunk umfasst nicht nur den Hörfunk („Radio"), sondern auch das Fernsehen[40]. Die Art der Übertragungstechnik ist gleichgültig.

8

---

[32] *Fechner*, Medienrecht, 8. Kap. Rn. 26.

[33] *Bullinger* JZ 1996, 385 (386); *Fechner*, Medienrecht, 8. Kap. Rn. 22; *Uschner*, S. 76.

[34] *Bullinger* JZ 1996, 385 (386); *Schreiner*, S. 165; *Uschner*, S. 77.

[35] *Bullinger* JZ 1996, 385 (387); *Mann/Smid*, in: Spindler/Schuster, Recht der elektronischen Medien, 7. Teil, Rn. 6.

[36] *Bullinger* JZ 1996, 385 (388); *Fechner*, Medienrecht, 8. Kap. Rn. 22; *Mann/Smid*, in: Spindler/Schuster, Recht der elektronischen Medien, 7. Teil, Rn. 5; *Napoli*, S. 26; aA *Krech*, in: Schiwy/Schütz/Dörr, S. 420.

[37] *Jarass/Pieroth*, GG, Art. 5 Rn. 25.

[38] *Paschke*, Medienrecht, Rn. 65.

[39] *Fechner*, Medienrecht, 10. Kap. Rn. 20; ähnlich *Dörr/Schwartmann*, Medienrecht, Rn. 137; *Jarass/Pieroth*, GG, Art. 5 Rn. 36.

[40] *Dörr/Schwartmann*, Medienrecht, Rn. 138.

3. Presse- und Rundfunkfreiheit

a) Pressefreiheit

9 Die Freiheit der Presse hat in Art. 5 Abs. 1 S. 2 GG sowie in den Landesverfassungen[41] verfassungsrechtliche Verankerungen und steht am Anfang aller Landespressegesetze[42]. Das Grundrecht der Pressefreiheit garantiert eine freie Presse als unentbehrliches Element einer freiheitlichen und demokratischen Verfassung von Staat und Gesellschaft (institutionelle Garantie)[43]. In dieser Hinsicht ist die Pressefreiheit eine objektive Grundsatznorm[44]. Darüber hinaus verleiht Art. 5 Abs. 1 S. 2 GG allen im Pressewesen Tätigen[45] im Verhältnis zum Staat einen status negativus, also ein subjektives Abwehrrecht gegenüber staatlichen Beschränkungen und Eingriffen[46]. Im Straf- und Strafprozessrecht schlägt sich die Pressfreiheit in Gestalt verschiedener Presseprivilegien nieder[47]. Soweit die Presse rechtliche Belastungen erfährt, die auf allgemeinen, also nicht pressespezifischen[48] – Gesetzen beruhen, steht dies im Einklang mit Art. 5 Abs. 2 GG. Werden also durch Presseveröffentlichungen Straftatbestände verwirklicht, deren Anwendungsbereich auch Verhaltensweisen außerhalb des Bereichs der Presse erfassen (z. B. §§ 184 ff. StGB, § 20 Abs. 1 Nr. 4 VereinsG), steht die Pressefreiheit der Anwendung dieser Strafvorschriften nicht entgegen[49]. Das gilt z. B. auch für den in dieser Hinsicht umstrittenen § 201 a StGB[50]. Auch das in Art. 5 Abs. 1 S. 3 GG verankerte Zensurverbot schützt die Presse nicht davor, für die Publikation strafrechtlich erheblicher Inhalte zur Verantwortung gezogen zu werden[51]. Da Art. 5 Abs. 1 S. 3 GG eine Vorzensur

---

[41] Z. B. in Art. 19 der Verfassung des Landes Brandenburg.

[42] Vgl. § 1 Abs. 1 Pressegesetz Baden-Württemberg: „Die Presse ist frei. Sie dient der freiheitlichen demokratischen Grundordnung".

[43] *Fechner*, Medienrecht, 8. Kap. Rn. 16, 69; *Heinrich*, Festschrift 200 Jahre Juristische Fakultät der Humboldt-Universität zu Berlin, 2010, S. 1241 (1252).

[44] *Bullinger*, in: Löffler, Presserecht, § 1 Rn. 42; *Jarass/Pieroth*, GG, Art. 5 Rn. 23.

[45] *Bullinger*, in: Löffler, Presserecht, § 1 Rn. 116 ff.; *Dörr/Schwartmann*, Medienrecht, Rn. 110; *Fechner*, Medienrecht, 8. Kap. Rn. 25; *Jarass/Pieroth*, GG, Art. 5 Rn. 28.

[46] *Bullinger*, in: Löffler, Presserecht, § 1 Rn. 39; *Fechner*, Medienrecht, 8. Kap. Rn. 17; *Petersen*, Medienrecht, § 2 Rn. 8.

[47] *Kühl*, in: Löffler, Presserecht, vor § 20 Rn. 1; *Fechner*, Medienrecht, 8. Kap. Rn. 35 ff.: Zeugnisverweigerungsrecht.

[48] *Bullinger*, in: Löffler, Presserecht, § 1 Rn. 259; *Fechner*, Medienrecht, 8. Kap. Rn. 73.

[49] BGHSt 43, 41 (43); *Groß* NStZ 1994, 312; *Rehbinder* JA 1977, 471 (472).

[50] *Heinrich*, Festschrift 200 Jahre Juristische Fakultät der Humboldt-Universität zu Berlin, 2010, S. 1241 (1254); *Koch* GA 2005, 589 (604); *Sauren* ZUM 2005, 425 (431); abwegig sind die gegenläufigen Ausführungen von *Tillmanns/Führ* ZUM 2005, 441 (442).

[51] BVerfG NJW 1991, 1471 (1475); *Bullinger*, in: Löffler, Presserecht, § 1 Rn. 151; *Fechner*, Medienrecht, 3. Kap. Rn. 113.

aber verbietet, wäre z. B. ein Straftatbestand, der die Veröffentlichung von Artikeln, die nicht vorher einer staatlichen Stelle zur Inhaltskontrolle vorgelegt worden sind, verfassungswidrig[52].

b) Rundfunkfreiheit

Wie die Pressefreiheit ist auch die Rundfunkfreiheit essentiell für eine lebendige Demokratie, in der Bürger sich aus unabhängigen, gegen staatliche Einflussnahme abgeschirmten Quellen informieren und am Prozess der politischen Willensbildung aktiv teilnehmen können[53]. Art. 5 Abs. 1 S. 2 GG garantiert Bestand, Staatsfreiheit und Programmautonomie des Rundfunks und enthält insofern ein objektives Prinzip[54]. Dem einzelnen Medientätigen als Träger individueller Rundfunkfreiheit gewährt das Grundrecht ein Abwehrrecht gegen hoheitliche Maßnahmen[55]. Die Schranke der „allgemeinen Gesetze", sowie der Vorschriften zum Schutz von Jugend und persönlicher Ehre (Art. 5 Abs. 2 GG) setzen der Rundfunkfreiheit Grenzen[56].

10

II. Materielles Strafrecht

1. Allgemeines Pressestrafrecht

Pressestrafrecht ist überwiegend kein Sonderstrafrecht, sondern Übertragung allgemeinen Strafrechts – also vor allem Allgemeiner und Besonderer Teil des Strafgesetzbuches – auf Presse-Fälle, d. h. Sachverhalte, die einen Bezug zur Presse haben[57]. In der fallbezogenen Anwendung dieser Regeln können sich jedoch Besonderheiten ergeben, die auf pressespezifischen Komponenten des Sachverhalts beruhen (dazu unten a, b). Daneben gibt es einige pressespezifische Regelungen, durch die Presseangehörige in bestimmten strafrechtlichen Zusammenhängen einer speziellen – vorwiegend privilegierenden – Behandlung unterworfen werden[58] (dazu unten 2., 3.).

11

---

[52] *Bullinger*, in: Löffler, Presserecht, § 1 Rn. 128; *Fechner*, Medienrecht, 3. Kap. Rn. 109; *Jarass/Pieroth*, GG, Art. 5 Rn. 63; *Petersen*, Medienrecht, § 2 Rn. 33.

[53] *Dörr/Schwartmann*, Medienrecht, Rn. 169; *Fechner*, Medienrecht, 10. Kap. Rn. 43; *Hesse*, Rundfunkrecht, Rn. 31.

[54] *Dörr/Schwartmann*, Medienrecht, Rn. 173.

[55] *Jarass/Pieroth*, GG, Art. 5 Rn. 34.

[56] *Hesse*, Rundfunkrecht, Rn. 58.

[57] *Kühl*, in: Löffler, Presserecht, vor §§ 20 ff. Rn. 1; *Löffler/Ricker*, 48. Kap. Rn. 1, 11, 12.

[58] *Kühl*, in: Löffler, Presserecht, vor §§ 20 ff. Rn. 3.

a) Räumlicher Geltungsbereich

aa) Interlokales Strafrecht

12   Die Geltungsbereichsthematik hat neben der internationalen (dazu unten bb) auch
eine binnenstaatliche Dimension. Da die Bundesländer die ausschließliche Gesetzgebungszuständigkeit für das Presserecht haben, gibt es auch im Bereich der
pressespezifischen Strafrechtsbestimmungen 16-faches Bundesländerrecht. Auf das
Pressegesetz welchen Bundeslandes abzustellen ist, wenn es in einem Fall um die
Anwendung einer landesrechtlichen Strafrechtsvorschrift geht, ist eine Frage des sog.
„interlokalen Strafrechts"[59] bzw. „interlokalen Kollisionsrechts"[60] Dieses ist weder
im StGB noch in den Pressegesetzen kodifiziert. Eine entsprechende Anwendung
der für Fälle mit Auslandsberührung geschaffenen §§ 3 ff. StGB ist nicht möglich[61].
Maßgeblich sind daher gewohnheitsrechtliche Rechtssätze[62]. Deren Ausgangspunkt
ist das Tatortprinzip. Geltung beansprucht das Pressegesetz des Bundeslandes, auf
dessen Territorium der bzw. ein Tatort liegt[63]. Das Pressegesetz des nicht im Bundesland des Tatortes liegenden Gerichtsortes (z. B. Verfahren vor einem Gericht
in Berlin über ein in Potsdam begangenes Pressedelikt) kommt nicht zur Anwendung, auch wenn es eine für den Täter günstigere Regelung der Materie enthält. Der
Tatortbegriff richtet sich nach § 9 StGB. Hat eine Tat mehrere Tatorte in verschiedenen Bundesländern, was bei Verbreitung von Druckwerken häufig vorkommt, wird
überwiegend der strengsten der berührten landesgesetzlichen Regelungen Priorität
eingeräumt[64]. Nach anderer Ansicht soll ein milderes Gesetz dann den Vorzug erhalten, wenn in seinem Geltungsbereich der Schwerpunkt des Täterverhaltens liegt[65].
Für die presserechtliche Verjährung soll das Presserecht des Bundeslandes gelten, in
dem das erkennende Gericht sitzt. Das folge aus der prozessrechtlichen Natur der
Verjährung[66]. Wegen des engen Zusammenhanges mit den Straftatbeständen sollte
man jedoch auf das Tatortrecht abstellen, unabhängig davon, wie die Rechtsnatur
der Verjährung allgemein definiert wird[67].

---

[59] *Baumann/Weber/Mitsch*, § 7 Rn. 71; *Jescheck/Weigend*, § 20 I 1; *Kühl*, in: Löffler, Presserecht,
vor §§ 20 ff. Rn. 19.

[60] *Löffler/Ricker*, 33. Kap. Rn. 2.

[61] *Fischer*, vor § 3 Rn. 24; *Napoli*, S. 160.

[62] *Jescheck/Weigend*, § 20 I 2; *Löffler/Ricker*, 33. Kap. Rn. 2; *Napoli*, S. 160.

[63] *Baumann/Weber/Mitsch*, § 7 Rn. 78; *Frister*, AT, 5. Kap. Rn. 21; *Jescheck/Weigend*, § 20 I 3; *Kühl*,
in: Löffler, Presserecht, vor §§ 20 ff. Rn. 20; *Löffler/Ricker*, 33. Kap. Rn. 3; *Mitsch*, Fallsammlung
zum Ordnungswidrigkeitenrecht, Fall 2 Rn. 24; *Napoli*, S. 161; *Schreiner*, S. 38.

[64] *Fischer*, vor § 3 Rn. 26; *Lackner/Kühl*, § 3 Rn. 9; *Schreiner*, S. 38.

[65] *Kühl*, in: Löffler, Presserecht, vor §§ 20 ff. Rn. 21.

[66] BGHSt 45, 41 (43); BGH NJW 1978, 1985 (1986).

[67] Vgl. *Kühl*, in: Löffler, Presserecht, vor § 20 Rn. 22; *Mitsch* AfP 2011, 544 (547).

bb) Internationales Strafrecht

Internationales Strafrecht heißt der Teil des nationalen Strafrechts, der die Anwend- **13**
barkeit deutschen Strafrechts auf Fälle mit Auslandsberührung reglementiert. Ein
solcher Fall kann z. B. durch Herstellung eines Druckwerkes in Deutschland und
Vertrieb desselben auch im Ausland – und umgekehrt – geschaffen werden. Bilden
die Berührungspunkte mit dem Inland einen in Deutschland gelegenen Tatort, ist
deutsches Strafrecht anwendbar, §§ 3, 9 StGB[68]. Hat die Tat hingegen nur einen
ausländischen Tatort, ist deutsches Strafrecht unter den Voraussetzungen der §§ 5–7
StGB anwendbar. Liegen diese Voraussetzungen nicht vor, unterliegt die Auslandstat
nicht der deutschen Strafgewalt.

b) Verweisung auf die „allgemeinen Strafgesetze"

Nicht alle Landespressegesetze enthalten eine Regelung, die auf die Bedeutung der **14**
allgemeinen Strafgesetze für Pressedelikte hinweisen[69]. Wenn es z. B. in § 14 Abs. 1
des brandenburgischen Pressegesetzes heißt „Die Verantwortlichkeit für Straftaten,
die mittels eines Druckwerks begangen werden, bestimmt sich nach den allgemeinen
Strafgesetzen", so liegt der Gedanke nicht fern, dass es sich dabei um eine rein dekla-
ratorische und daher überflüssige Feststellung handelt[70]. Auch ohne diese Vorschrift
wären die Strafbarkeitsvoraussetzungen eines Pressedelikts in erster Linie dem Strafgesetzbuch zu entnehmen, weil die Pressegesetze selbst dazu keine Regelungen
enthalten[71]. Ob es von der ausschließlichen Gesetzgebungskompetenz der Länder
für das Presserecht gedeckt wäre, wenn ein Landespressegesetz positiv bestimmen
würde, dass das allgemeine Strafrecht für Pressedelikte nicht gilt, ist sehr fraglich,
braucht jedoch nicht geklärt zu werden, weil es eine solche Vorschrift nicht gibt.

2. Presseinhaltsdelikte

a) Begriff

Die Verweisung des Presserechts auf die allgemeinen Strafgesetze macht nur unter **15**
der Voraussetzung Sinn, dass es möglich ist, Straftatbestände mit und ohne Pres-
sebezug zu verwirklichen. Die Straftatbestände des StGB sind aus der Perspektive
des Presserechts deswegen „allgemein", weil sie presseneutral konstruiert sind. Ein

---

[68] *Kühl*, in: Löffler, Presserecht, vor §§ 20 ff. Rn. 25.

[69] Keine Verweisungen auf das allgemeine Strafrecht enthalten die Presse- und Mediengesetze von
Bremen, Hessen, Niedersachsen, Rheinland-Pfalz, Sachsen-Anhalt und Thüringen; vgl. *Kühl*, in:
Löffler, Presserecht, § 20 Rn. 61.

[70] *Uebbert*, S. 45.

[71] *Heinrich* ZIS 2011, 416 (427).

Teil von ihnen kann aber auch in pressespezifischer Weise verwirklicht werden, weil anderenfalls die Verweisung auf das „allgemeine Strafrecht" ins Leere ginge. Beispielsweise können Beleidigung oder üble Nachrede (§§ 185, 186 StGB) begangen werden, ohne dass die Tat Berührungspunkte mit Presse aufweist. Ebenso selbstverständlich ist aber auch, dass es Beleidigungen und üble Nachreden gibt, die Pressedelikte sind[72]. Für diese Qualifizierung genügt aber gewiss nicht, dass der Täter des Delikts einen Presseberuf ausübt oder das Opfer der Tat etwas mit Presse zu tun hat[73]. Zumindest wäre diese Art von Berührung mit Presse kein hinreichender Grund für eine spezielle pressestrafrechtliche Regelung des Falles.

16   Das Presserecht unterwirft nur eine spezielle Kategorie von Pressedelikten einer rechtlichen Sonderbehandlung, die sog. Presseinhaltsdelikte. Dieser von der Rechtswissenschaft kreierte Ausdruck[74] ist nicht explizit in Gesetzestexten enthalten, entspricht aber dem auf Presseinhaltsdelikte hindeutenden Textfragment „Druckwerke strafbaren Inhalts" (vgl. z. B. § 14 Abs. 2 S. 1 BbgPG)[75]. Presseinhaltsdelikt ist eine Straftat[76], bei der ein strafbarer Inhalt mittels eines Druckwerks verbreitet wird[77]. Grundlage des Presseinhaltsdelikts können deshalb nur Straftatbestände sein, deren Unrechtsgehalt durch eine bestimmte Art von Inhalt geprägt wird. In Betracht kommen somit z. B. Beleidigungsdelikte[78], Volksverhetzung[79], Pornographiedelikte[80], Geheimnisverratsdelikte[81]. Auch Betrug und Erpressung sind als Presseinhaltsdelikt begehbar[82]. Knüpft die Strafbarkeit an den Verbreitungsakt als solchen an und ist dabei der Inhalt des verbreiteten Druckwerks gleichgültig, liegt kein Presseinhaltsdelikt vor[83]. Auf der anderen Seite steht es dem heute herrschenden Begriff des Presseinhaltsdelikts nicht entgegen, wenn die Straftatbestandsmäßigkeit des deliktischen Verhaltens auch noch von Umständen abhängt, die außerhalb des Inhalts der Druckschrift liegen[84]. Einen einheitlichen Inhalt hat der Begriff „Presseinhaltsdelikt"

---

[72] *Löffler/Ricker*, 53. Kap. Rn. 1 ff.

[73] *Krech*, in;: Schiwy/Schütz/Dörr, S. 417; *Kühl*, in: Löffler, Presserecht, vor § 20 Rn. 4.

[74] *E. Franke* GA 1982, 404 (405) Fn 8; *Napoli*, S. 7.

[75] *Kühl*, in: Löffler, Presserecht, § 20 Rn. 27.

[76] Zur entsprechenden Anwendbarkeit des Pressestrafrechts auf Presseinhalts-Ordnungswidrigkeiten vgl. BGH NJW 1978, 1985; OLG Düsseldorf NJW 1982, 2614.

[77] *Beater*, Medienrecht, § 22 Rn. 1757; *Fechner*, Medienrecht, 6. Kap. Rn. 93; *Groß* NStZ 1994, 312 (313); *ders.* NJW 1978, 918 (919); *Krech*, in: Schiwy/Schütz/Dörr, S. 417; *Löffler/Ricker*, 17. Kap. Rn. 7; *Napoli*, S. 7; *Paschke*, Medienrecht, Rn. 1291; *Rehbinder* JA 1977, 471 (472); *Uebbert*, S. 117.

[78] BGHSt 44, 209 (215); *E. Franke* GA 1982, 404 (408); *Krech*, in: Schiwy/Schütz/Dörr, S. 419; *Rehbinder* JA 1977, 471 (472).

[79] *Löffler/Ricker*, 52. Kap. Rn. 10 ff.

[80] *Löffler/Ricker*, 59. Kap. Rn. 1 ff.

[81] *Löffler/Ricker*, 54. Kap. Rn. 1 ff.

[82] Vgl. die umfangreiche Aufstellung bei *Kühl*, in: Löffler, Presserecht, § 20 Rn. 53–60.

[83] BGHSt 26, 40 (44); *Groß* NStZ 1994, 312 (313); *Löffler/Ricker*, 17. Kap. Rn. 7.

[84] *Krech*, in: Schiwy/Schütz/Dörr, S. 418; *Kühl*, in: Löffler, Presserecht, § 20 Rn. 51; *Schreiner*, S. 84; *Uebbert*, S. 126.

nach zutreffender Ansicht nicht[85]. Der Begriff ist in unterschiedliche rechtliche Kontexte einbezogen (s. u. b) und empfängt seinen Bedeutungsgehalt daher aus dem jeweiligen Sinnzusammenhang[86].

b) Strafrechtliche Relevanz

aa) Einziehung

In sanktionsrechtlicher Hinsicht kommt der Sondercharakter des Presseinhaltsdelikts **17** bei der Einziehung zur Geltung. Die oben (§ 2 Rn. 19) bereits erläuterte Schrifteneinziehung gem. § 74 d StGB stellt auf die strafbarkeitsbegründende Wirkung des Inhalts des einzuziehenden Gegenstands ab. § 74 d SGB ist daher eine Sonderregelung für Presseinhaltsdelikte[87].

bb) Strafbarkeit des verantwortlichen Redakteurs und des Verlegers

(1) Allgemeines

Der Begriff des Presseinhaltsdelikts impliziert nicht die Existenz besonderer Straftat- **18** bestände mit Sitz in den Pressegesetzen der Bundesländer[88]. Letzteres trifft nur auf die Presseordnungsvergehen zu (dazu unten 3.). Presseinhaltsdelikte knüpfen an die presseneutralen Straftatbestände im StGB und in Teilen des Nebenstrafrechts – z. B. BDSG, UrhG, KUG – an und sind eine pressespezifische Form der Verwirklichung dieser Tatbestände. Ein besonderer Straftatbestand mit Verankerung in den Pressegesetzen verdankt seine Existenz aber doch dem Presseinhaltsdelikt. Es handelt sich um die in den meisten Landespressegesetzen[89] enthaltene Strafvorschrift über die Pflichtverletzung des verantwortlichen Redakteurs oder Verlegers. Dieser Straftatbestand nimmt zwar Bezug auf einen Straftatbestand außerhalb des Presserechts. Er begründet aber als „delictum sui generis" selbst eine Strafbarkeit der genannten Personen, die auf der Grundlage des in Bezug genommenen Straftatbestandes nicht begründet ist[90]. Es handelt sich also um eine strafbarkeitsausdehnende presserechtliche Regelung, die einer „strafrechtlichen Sonderhaftung" für die Verletzung einer besonderen presserechtlichen Berufspflicht die gesetzliche Grundlage gibt[91]. Ratio

---

[85] *Schreiner*, S. 105 ff.

[86] *E. Franke* GA 1982, 404 (411); *Uebbert*, S. 116.

[87] *Krech*, in: Schiwy/Schütz/Dörr, S. 420; *Kühl*, in: Löffler, Presserecht, § 13 Rn. 52; *Löffler/Ricker*, 31. Kap. Rn. 16; 49. Kap. Rn. 28; *Rehbinder* JA 1977, 471 (472).

[88] *Krech*, in: Schiwy/Schütz/Dörr, S. 418; *Kühl*, in: Löffler, Presserecht, § 20 Rn. 28.

[89] Keine Regelungen enthalten die Presse- oder Mediengesetze der Länder Rheinland-Pfalz und Thüringen, *Kühl*, in: Löffler, Presserecht, § 20 Rn. 168 a, 172.

[90] *Uebbert*, S. 111.

[91] *Kühl*, in: Löffler, Presserecht, § 20 Rn. 112; *Löffler/Ricker*, 17. Kap. Rn. 10.

der Strafvorschrift ist die Gewährleistung strafrechtlichen Schutzes gegen Rechtsgutsverletzungen durch Presseveröffentlichungen. Dieser Strafrechtsschutz ist zwar
auch durch die im Pressebereich anwendbaren allgemeinen Straftatbestände gegeben. Jedoch lässt sich oftmals auf Grund der durch Anonymität[92] und Intransparenz
geprägten Strukturen eines Presseunternehmens der nach allgemeinem Strafrecht
verantwortliche Täter oder Teilnehmer nicht ermitteln. In einem derartigen Fall
stellt der presserechtliche Sonderstraftatbestand zusammen mit der Impressumpflicht (vgl. z. B. § 8 BbgPG)[93] sicher, dass wenigstens der verantwortliche Redakteur
oder Verleger (näher zu den möglichen Tätern sogleich) bestraft werden kann[94].

(2) Personenkreis

19   Der Kreis der Personen, die täterschaftlich den Tatbestand erfüllen können, ist
sehr begrenzt. Daher hat die Straftat den Charakter eines Sonderdelikts[95]. Der
Kreis möglicher Täter umfasst zwei Gruppen, die jeweils für unterschiedliche Arten von Druckwerken zuständig sind: Bei periodischen Druckwerken (Zeitungen,
regelmäßig erscheinende Zeitschriften, vgl. z. B. § 7 Abs. 4 BbgPG) trifft die tatbestandsmäßige Pflicht den verantwortlichen Redakteur. Nur dieser kann durch
Verletzung der Pflicht Täter des Delikts werden, vgl. z. B. § 14 Abs. 2 S. 1 Nr. 1
BbgPG. Bei allen sonstigen – nicht periodischen – Druckwerken (z. B. Büchern) ist
der Verleger Inhaber der Pflicht und somit potentieller Täter des Pflichtverletzungsdelikts, vgl. z. B. § 14 Abs. 2 S. 1 Nr. 2 BbgPG. Das Pressegesetz des Freistaats
Sachsen dehnt die Haftung auf Herausgeber und Verfasser aus (vgl. § 12 Abs. 2 S. 1
Nr. 2 LPG Sachsen)[96]. Eine in mehrfacher Hinsicht von den meisten Landespressegesetzen abweichende Regelung enthält das Pressegesetz des Freistaates Bayern[97].
Dies betrifft auch den Kreis tauglicher Täter. Nach Art. 11 Abs. 3 LPG Bayern kommen als Täter neben dem verantwortlichen Redakteur und dem Verleger auch Drucker
und Verbreiter in Betracht.

20   Der verantwortliche Redakteur ist eine obligatorische Einrichtung jedes periodischen Druckwerks. Der Verleger dieses Druckwerkes hat die Pflicht einen
verantwortlichen Redakteur zu bestellen und seinen Namen und seine Anschrift im
Impressum bekannt zu geben, vgl. z. B. § 8 Abs. 2 S. 1 BbgPG[98]. „Bestellung"
ist die tatsächliche Beauftragung einer Person mit der Wahrnehmung der Aufgaben
des verantwortlichen Redakteurs[99]. Die Namensnennung im Impressum ist zwar

---

[92] *Löffler/Ricker*, 13. Kap. Rn. 22: „der anonymen Macht der periodischen Presse ein wirksames
Haftungsprinzip entgegenzustellen".

[93] *Löffler/Ricker*, 13. Kap. Rn. 2.

[94] *E. Franke* NStZ 1983, 114; *Kühl*, in: Löffler, Presserecht, § 20 Rn. 112.

[95] *Bock*, Criminal Compliance, S. 548; *Kühl*, in: Löffler, Presserecht, § 20 Rn. 113; *Napoli*, S. 34.

[96] *Kühl*, in: Löffler, Presserecht, § 20 Rn. 169.

[97] *Kühl*, in: Löffler, Presserecht, § 20 Rn. 160 ff.

[98] *Löffler/Ricker*, 13. Kap. Rn. 22 a.

[99] *Groß* NStZ 1994, 312 (314); *ders.* AfP 1998, 358 (360); *Löffler/Ricker*, 13. Kap. Rn. 23 a.

erforderlich, hat aber keine konstitutive Bedeutung[100]. Damit die Person, die das Amt des verantwortlichen Redakteurs ausübt, gegebenenfalls strafrechtlich verfolgt werden kann, schreibt das Pressegesetz bestimmte persönliche Eigenschaften vor, die die bestellte Person haben muss[101]. Daraus erklärt sich, warum z. B. nicht verantwortlicher Redakteur sein kann, wer als Abgeordnetenimmunität genießender Mandatsträger nicht unbeschränkt strafgerichtlich verfolgt werden kann, vgl. § 10 Abs. 1 Nr. 4 BbgPG[102]. Wer als Verleger eine den Anforderungen nicht entsprechende Person zum verantwortlichen Redakteur bestellt und wer als dementsprechend ungeeignete Person „als verantwortlicher Redakteur zeichnet", begeht ein Presse-Ordnungsdelikt, das in den meisten Bundesländern Vergehenscharakter iSd § 12 Abs. 2 StGB hat (vgl. z. B. § 20 Abs. 1 Nr. 1, 2 LPG Berlin), in den anderen Bundesländern eine Ordnungswidrigkeit ist (vgl. z. B. § 15 Abs. 1 Nr. 1, 2 BbgPG)[103]. Aus der ratio legis der strafrechtlichen Sonderhaftung des verantwortlichen Redakteurs ergibt sich, dass tauglicher Täter nur sein kann, wer die persönlichen Voraussetzungen erfüllt, die sicherstellen sollen, dass der verantwortliche Redakteur strafrechtlich zur Verantwortung gezogen werden kann (vgl. z. B. § 10 Abs. 1 Nr. 3, Nr. 4 BbgPG)[104].

Bei nichtperiodischen Druckwerken (z. B. Bücher, Plakate, Flugblätter, Prospekte)[105], gibt es keinen verantwortlichen Redakteur[106]. Die Verantwortung für den Inhalt und die strafrechtlichen Konsequenzen pflichtwidriger Vernachlässigung dieser Verantwortung trägt der Verleger. Der presserechtliche Verlegerbegriff ist weiter als der verlagsrechtliche Verlegerbegriff und erfasst jeden Unternehmer, der das Erscheinen und Verbreiten von Druckwerken bewirkt[107]. Verleger kann auch eine juristische Person sein, Täter einer Straftat kann hingegen nur eine natürliche Person sein. Gehört der Verlag einer juristischen Person, kommt somit als Täter der Straftat die natürliche Person in Betracht, die als Betriebsleiter oder Direktor mit der selbstständigen Oberleitung des Verlagsbetriebes betraut ist[108]. **21**

(3) Pflichtverletzung

Die Hauptaufgabe des verantwortlichen Redakteurs ist die Vornahme einer internen Vorzensur. Vor der Veröffentlichung eines Druckwerkes hat der verantwortliche Redakteur dessen Inhalt zu überprüfen und strafrechtlich bedenkliche Texte aufzuspüren. Letztendlich soll der verantwortliche Redakteur dafür sorgen, dass das **22**

---

[100] Bock, Criminal Compliance, S. 549; Groß, Presserecht, Rn. 657.

[101] Zu den Zwecken der persönlichen Anforderungen vgl. E. Franke NStZ 1983, 114 (116); Löhner, in: Löffler, Presserecht, § 9 Rn. 58 ff.

[102] Löhner, in: Löffler, Presserecht, § 9 Rn. 91 ff.; Löffler/Ricker, 13. Kap. Rn. 33; Mitsch, Fallsammlung zum Ordnungswidrigkeitenrecht, Fall 2 Rn. 8.

[103] Mitsch, Fallsammlung zum Ordnungswidrigkeitenrecht, Fall 2 Rn. 8.

[104] E. Franke NStZ 1983, 114 (116); diff. Kühl, in: Löffler, Presserecht, § 20 Rn. 126.

[105] Kühl, in: Löffler, Presserecht, § 20 Rn. 131.

[106] Kühl, in: Löffler, Presserecht, § 20 Rn. 130.

[107] Bullinger, in: Löffler, Presserecht, Einl Rn. 49; Löhner, in: Löffler, Presserecht, § 8 Rn. 49.

[108] Kühl, in: Löffler, Presserecht, § 20 Rn. 133.

veröffentlichte Druckwerk keine strafbaren Inhalte enthält. Zur effektiven Erfüllung dieser Aufgabe hat der verantwortliche Redakteur ein Vetorecht. Hat er Textstellen gefunden, durch deren Verbreitung eine Straftat begangen würde, ist er verpflichtet sowie jedem Angehörigen des Verlages – einschließlich des Verlegers – gegenüber berechtigt, die Veröffentlichung dieses Textes zu untersagen[109]. Tatbestandsmäßiges Verhalten ist die Nichtvornahme der Handlungen, die geeignet und erforderlich sind, das Erscheinen eines Druckwerkes zu verhindern, das einen strafbaren Inhalt hat mit der Folge, dass durch die Veröffentlichung ein vollendetes Presseinhaltsdelikt begangen wird. Das tatbestandsmäßige Verhalten ist also ein pflichtwidriges Unterlassen[110].

23 Die Pflichtverletzung kann vorsätzlich oder fahrlässig begangen werden[111]. Nach der auch im Nebenstrafrecht geltenden Regel des § 15 StGB ist strafbar allein vorsätzliches Verhalten, es sei denn, die Strafbarkeit fahrlässiger Tatbestandsverwirklichung ist ausdrücklich gesetzlich angeordnet[112]. Die meisten Pressegesetze der Bundesländer stellen fahrlässige Pflichtverletzung unter Strafdrohung. Das Pressegesetz des Landes Nordrhein-Westfalen verlangt allerdings Leichtfertigkeit, also grobe Fahrlässigkeit, § 21 Abs. 2 S. 1 LPG NRW[113]. Das einzige Bundesland, dessen Pressegesetz lediglich vorsätzliches Fehlverhalten des verantwortlichen Redakteurs oder Verlegers mit Strafe bedroht, ist Berlin, § 19 Abs. 2 S. 1 LPG Berlin iVm § 15 StGB[114]. Die fahrlässige Pflichtverletzung ist nach Berliner Presserecht eine Ordnungswidrigkeit, § 21 Abs. 2 LPG Berlin. Vorsatz bzw. Fahrlässigkeit müssen sich auf alle objektiven Tatbestandsmerkmale beziehen. Kein Vorsatzgegenstand ist die „rechtswidrige Tat", deren Verhinderung Zweck der tatbestandsmäßigen Pflicht ist. Denn diese ist eine objektive Strafbarkeitsbedingung (dazu sogleich)[115].

(4) Bezug zur „rechtswidrigen Tat"

24 Die Straftat des verantwortlichen Redakteurs oder Verlegers besteht in der Verletzung der speziellen Berufspflicht. Strafbar ist diese Tat jedoch nur, wenn das zu prüfende Druckwerk mit strafbarem Inhalt veröffentlicht und dadurch der Tatbestand eines Presseinhaltsdelikts verwirklicht worden ist. Zwar begeht der verantwortliche Redakteur oder Verleger nicht selbst als Täter oder Teilnehmer diese rechtswidrige Tat. Denn anderenfalls kommt der subsidiäre Sondertatbestand nicht zur Anwendung, vgl. z. B. § 14 Abs. 2 S. 1 a. E. BbgPG: „... soweit er nicht wegen dieser Handlung schon nach Absatz 1 als Täter oder Teilnehmer strafbar ist."[116]. Jedoch ist die von

---

[109] *Löffler/Ricker*, 13. Kap. Rn. 24.

[110] *Heinrich* ZIS 2011, 416 (429); *Kühl*, in: Löffler, Presserecht, § 20 Rn. 114, 128.

[111] *Kühl*, in: Löffler, Presserecht, § 20 Rn. 137.

[112] *Kühl*, in: Löffler, Presserecht, § 20 Rn. 107.

[113] *Kühl*, in: Löffler, Presserecht, § 20 Rn. 168; *Rehbinder* JA 1977, 471 (475).

[114] *Kühl*, in: Löffler, Presserecht, § 20 Rn. 164.

[115] *Kühl*, in: Löffler, Presserecht, § 20 Rn. 144.

[116] *Heinrich* ZIS 2011, 416 (428); *Kühl*, in: Löffler, Presserecht, § 20 Rn. 150; *Napoli*, S. 44; *Rehbinder* JA 1977, 471 (475).

jemand anderem begangene rechtswidrige Tat eine Voraussetzung dafür, dass die Pflichtverletzung strafbar ist. Die rechtswidrige Tat gehört jedoch nicht zum objektiven Tatbestand des Pflichtverletzungsdelikts, sondern ist eine objektive Bedingung der Strafbarkeit[117]. Daraus folgt insbesondere, dass ein Irrtum den Täter nicht gem. § 16 Abs. 1 S. 1 StGB entlastet[118]. Die presseinhaltsdeliktische Tat muss rechtswidrig sein, schuldhaft braucht sie hingegen nicht begangen worden sein[119].

Auf abweichende rechtliche Konstruktionen stützen die Pressegesetze Bayerns **25** und Hessens die Strafbarkeit des verantwortlichen Redakteurs und des Verlegers. Beide Pressegesetze kennen keinen Sondertatbestand, sondern legen der Strafbarkeit die allgemeinen strafrechtlichen Regelungen zugrunde, Art. 11 Abs. 1 LPG Bayern, § 12 LPG Hessen[120]. Der verantwortliche Redakteur bzw Verleger wird also bestraft, weil er selbst das Presseinhaltsdelikt begangen oder an ihm teilgenommen hat. Das setzt insbesondere voraus, dass der Täter hinsichtlich des presseinhaltsdeliktischen Charakters seines Verhaltens vorsätzlich oder fahrlässig gehandelt hat. Diese hohe Hürde der Strafbarkeit ist in den Pressegesetzen der anderen Bundesländer durch die dogmatische Figur der objektiven Strafbarkeitsbedingung beseitigt. Die Pressegesetze Bayerns und Hessens senken die Hürde, indem sie eine gesetzliche Vorsatzvermutung zu Lasten des verantwortlichen Redakteurs statuieren[121]. Es wird vermutet, dass er den Inhalt des veröffentlichten Textes gekannt und die Veröffentlichung gebilligt hat, Art. 11 Abs. 2 LPG Bayern, § 12 Abs. 1 S. 1 LPG Hessen. Das hessische Gesetz räumt dem verantwortlichen Redakteur ausdrücklich die Möglichkeit ein, die Vermutung zu widerlegen, § 12 Abs. 1 S. 2 LPG Hessen[122]. Für das bayerische Pressegesetz gilt dasselbe, obwohl der Gesetzestext die Widerlegbarkeit der Vermutung nicht explizit anspricht. Von vornherein nicht von der gesetzlichen Vermutung erfasst ist die Erfüllung der objektiven Tatbestandsmerkmale[123]. Steht im Geltungsbereich des bayerischen Pressegesetzes fest, dass ein verantwortlicher Redakteur, Verleger, Drucker oder Verbreiter am Erscheinen des inkriminierten Druckwerks mitgewirkt hat, bürdet Art. 11 Abs. 3 S. 1 LPG Bayern diesen Personen eine widerlegbare Fahrlässigkeitsvermutung auf. Haben auf dieser Grundlage oder bereits gem. Art. 11 Abs. 1 LPG Bayern alle oder mehrere dieser Personen die Voraussetzungen einer Fahrlässigkeitsstrafbarkeit erfüllt, so wird letztlich nur derjenige bestraft, der in der Abfolge der Handlungen vor den anderen steht (sog. Vormann, Art. 11 Abs. 3 S. 2 LPG Bayern)[124]. Kann z. B. der Verfasser (Vormann) eines Artikels bestraft werden, entfällt die Strafbarkeit des verantwortlichen Redakteurs (Nachmann)[125].

---

[117] *Bock*, Criminal Compliance, S. 551; *E. Franke* GA 1982, 404 (413); *Heinrich* ZIS 2011, 416 (428); *Napoli*, S. 45.

[118] *Kühl*, in: Löffler, Presserecht, § 20 Rn. 144.

[119] *Bock*, Criminal Compliance, S. 551; *Kühl*, in: Löffler, Presserecht, § 20 Rn. 145.

[120] *Kühl*, in: Löffler, Presserecht, § 20 Rn. 161, 166.

[121] *Napoli*, S. 45; *Rehbinder* JA 1977, 471 (474).

[122] *Groß* NStZ 1994, 312 (314); *Kühl*, in: Löffler, Presserecht, § 20 Rn. 166.

[123] *Kühl*, in: Löffler, Presserecht, § 20 Rn. 163, 166.

[124] *Uebbert*, S. 99.

[125] *Groß*, Presserecht, Rn. 660; *Kühl*, in: Löffler, Presserecht, § 20 Rn. 162; *Rehbinder* JA 1977, 471 (475).

(5) Rechtslage im Bereich des Rundfunks

26   Was im Bereich der Print-Medien die Presseinhaltsdelikte sind, sind im Bereich des
Rundfunks – also Hörfunk und Fernsehen – die „Rundfunkinhaltsdelikte"[126]. Werden strafrechtlich relevante Inhalte durch eine Rundfunksendung verbreitet, liegt
ein Rundfunkinhaltsdelikt vor. Die strafrechtliche Verantwortlichkeit für derartige Veröffentlichungen beruht zunächst auf allgemeinem Strafrecht. Eine spezielle
strafrechtliche Haftung in Anlehnung an den pressegesetzlichen Straftatbestand zur
Berufspflichtverletzung des verantwortlichen Redakteurs oder Verlegers begründen
einige Pressegesetze für den Rundfunkbereich, indem sie auf diese Strafvorschrift
verweisen, vgl. z. B. § 17 BbgPG: „Die §§ 5, 6, 14 und 16 finden für den Rundfunk
sinngemäße Anwendung". Das trifft auf die Bundesländer Baden-Württemberg, Berlin, Brandenburg, Bremen, Niedersachsen, Nordrhein-Westfalen, Sachsen-Anhalt
und Schleswig-Holstein zu. Im Saarland und in Rheinland-Pfalz sind presse- und
rundfunkrechtliche Regelungen in einem Mediengesetz zusammengefasst. § 63
Abs. 3 SMG statuiert die entsprechende rundfunkrechtliche Anwendung des § 63
Abs. 1 Nr. 1 SMG[127], der pressestrafrechtlichen Vorschrift zur Pflichtverletzung
des verantwortlichen Redakteurs. Das Landesmediengesetz in Rheinland-Pfalz enthält weder für die Presse noch für den Rundfunk eine Strafvorschrift zur Ahndung
von Pflichtverletzungen des verantwortlichen Redakteurs oder gleichgestellter Personen[128]. Im Freistaat Bayern existiert ein Bayerisches Rundfunkgesetz, das in seinem
Art. 18 Regelungen enthält, die denen des Art. 11 im Bayerischen Pressegesetz
entsprechen. Demnach beruht die strafrechtliche Verantwortlichkeit der für jede Sen-
degattung zu bestellenden „verantwortlichen Person" (Art. 18 Abs. 1 BayRG) auf
einer widerlegbaren Verschuldensvermutung, Art. 18 Abs. 3, 4 BayRG). Die anderen
Bundesländer (Hamburg, Hessen, Mecklenburg-Vorpommern, Sachsen, Thüringen)
haben keine Strafvorschriften für den Rundfunk[129].

3. Presseordnungsvergehen

a) Allgemeines

27   Presseordnungsdelikte sind Verstöße gegen die presserechtlich festgelegte Ordnung
des Pressewesens[130]. Es handelt sich also um inhaltlich pressespezifische Arten von
Fehlverhalten. Die objektiven Tatbestandsmerkmale sind vollständig in Vorschriften der Landespressegesetze beschrieben, ansonsten gilt für die Voraussetzungen

---

[126] *Kühl*, in: Löffler, Presserecht, vor § 20 Rn. 6.

[127] *Kühl*, in: Löffler, Presserecht, § 20 Rn. 170.

[128] *Kühl*, in: Löffler, Presserecht, § 20 Rn. 168 a.

[129] *Burkhardt*, in: Löffler, Presserecht, § 25 Rn. 1.

[130] *Kühl*, in: Löffler, Presserecht, § 21 Rn. 18; *Löffler/Ricker*, 17. Kap. Rn. 5, 16.

der Strafbarkeit dieser Delikte das allgemeine Strafrecht[131]. Vorsätzliche Presseordnungsdelikte sind in den meisten Bundesländern Vergehen iSd § 12 Abs. 2 StGB, in Brandenburg und Sachsen hingegen generell und in anderen Bundesländern punktuell bloße Ordnungswidrigkeiten, vgl. § 15 Abs. 1 BbgPG, § 13 Abs. 1 LPG Sachsen[132]. Fahrlässige Verstöße sind in sämtlichen Bundesländern Ordnungswidrigkeiten, vgl. § 15 StGB[133].

b) Einzelne Tatbestände

aa) Bestellung eines ungeeigneten verantwortlichen Redakteurs

Als verantwortlicher Redakteur darf nur eine Person tätig sein, die ihren ständigen **28** Aufenthalt in Deutschland hat, die aktive Amtsfähigkeit sowie das aktive und passive Wahlrecht („bürgerliche Ehrenrechte"[134]) nicht durch Richterspruch aberkannt bekommen hat, mindestens 21 Jahre alt und geschäftsfähig ist und uneingeschränkt strafrechtlich verfolgt werden kann, vgl. z. B. § 9 Abs. 1 Bad.-Württ. LPG. Im Detail differieren die Voraussetzungen in den Bundesländern geringfügig. Das brandenburgische Pressegesetz verlangt z. B. kein Mindestalter, kein aktives und passives Wahlrecht, andererseits aber das Nichtvorliegen einer psychischen Krankheit, geistigen und seelischen Behinderung, vgl. § 10 Abs. 1 Nr. 5 BbgPG. Strafbar macht sich ein Verleger, der vorsätzlich (§ 15 StGB)[135] eine Person zum verantwortlichen Redakteur bestellt, die diese Voraussetzungen nicht erfüllt, vgl. § 21 Nr. 1 Bad.-Württ. LPG. Da nur der Verleger Täter sein kann, handelt es sich um ein Sonderdelikt[136]. Der verantwortliche Redakteur, der sich vom Verleger bestellen lässt, ist im Rahmen des Verlegerdelikts notwendiger Teilnehmer und nicht strafbar. Soweit er das Amt ausübt, macht er sich selbst als Täter aus § 21 Nr. 2 Bad.-Württ. LPG strafbar (dazu sogleich Rn. 29).

bb) Zeichnung einer ungeeigneten Person als verantwortlicher Redakteur

Dieser Tatbestand knüpft ebenfalls an die Vorschrift des Pressegesetzes an, in der die **29** persönlichen Voraussetzungen des verantwortlichen Redakteurs festgelegt sind. Täter der Straftat ist, wer vorsätzlich (§ 15 StGB)[137] die Funktion des verantwortlichen

---

[131] *Kühl*, in: Löffler, Presserecht, § 21 Rn. 20.

[132] *Groß* AfP 1998, 358 (359); *Kühl*, in: Löffler, Presserecht, § 21 Rn. 63, 77; *Löffler/Ricker*, 17. Kap. Rn. 34 a, 34 c.

[133] Vgl. z. B. § 22 Abs. 2 Bad.-Württ. LPG: „Ordnungswidrig handelt auch, wer fahrlässig eine der in § 21 bezeichneten Handlungen begeht."

[134] *Löhner*, in: Löffler, Presserecht, § 9 Rn. 68.

[135] *Kühl*, in: Löffler, Presserecht, § 21 Rn. 28.

[136] *Kühl*, in: Löffler, Presserecht, § 21 Rn. 29.

[137] *Kühl*, in: Löffler, Presserecht, § 21 Rn. 34.

Redakteurs wirklich ausübt und dabei wenigstens eine der notwendigen persönlichen Voraussetzungen nicht erfüllt[138]. Die Beschreibung des tatbestandsmäßigen Verhaltens mit dem Ausdruck „zeichnet" ist irreführend[139]. Tatbegehung ist die Erweckung und Aufrechterhaltung des Eindrucks, dass der Täter verantwortlicher Redakteur ist, durch tatsächliche Ausübung von Tätigkeiten eines verantwortlichen Redakteurs. Es handelt sich um ein Dauerdelikt[140].

cc) Verletzung der Impressumpflicht

30 Jedes im Geltungsbereich des Pressegesetzes erscheinende Druckwerk muss ein Impressum mit bestimmten Inhaltsangaben haben. Beispielsweise müssen Name oder Firma und Anschrift des Druckers und Verlegers, bei periodischen Druckwerken auch des verantwortlichen Redakteurs angegeben sein, vgl. z. B. § 8 Abs. 1, 2 Bad.-Württ. LPG. Das Fehlen, die Unvollständigkeit oder Fehlerhaftigkeit des Impressums ist ein Mangel, den der verantwortliche Redakteur oder Verleger zu vertreten hat[141]. Ist vorsätzliches oder fahrlässiges Fehlverhalten dieser Person dafür verantwortlich, liegt eine Ordnungswidrigkeit vor, vgl. z. B. § 22 Abs. 1 Nr. 1 Bad.-Württ. LPG[142]. Zu einer Straftat wird das vorsätzliche[143] Fehlverhalten, wenn das von dem Impressumsmangel betroffene Druckwerk einen strafbaren Inhalt hat, vgl. z. B. § 21 Nr. 3 Bad.-Württ. LPG[144]. Der „strafbare Inhalt", also das Vorliegen eines Presseinhaltsdelikts, ist eine objektive Bedingung der Strafbarkeit[145]. Abweichend ist die Rechtslage in Bayern: Gem. Art. 13 Nr. 4 LPG Bayern muss der Täter bezüglich des strafbaren Inhalts des Druckwerks vorsätzlich handeln[146].

dd) Verstoß gegen Verbreitungs- und Wiederabdrucksverbot

31 Dieser Straftatbestand steht in Verbindung mit Beschlagnahmevorschriften, die es nur noch in wenigen Landespressegesetzen gibt[147]. Es handelt sich um Regelungen über die Beschlagnahme von Druckwerken, mit der deren Einziehung auf der Grundlage des § 74 d StGB gesichert werden soll. Eine bundeseinheitliche Normierung dieses Gegenstandes ist in §§ 111 m, 111 n StPO enthalten. Wie die

---

[138] *Kühl*, in: Löffler, Presserecht, § 21 Rn. 33.

[139] *Kühl*, in: Löffler, Presserecht, § 21 Rn. 32; *Löffler/Ricker*, 17. Kap. Rn. 19.

[140] *E. Franke* NStZ 1983, 114 (115).

[141] *Löhner*, in: Löffler, Presserecht, § 8 Rn. 157.

[142] *Kühl*, in: Löffler, Presserecht, § 21 Rn. 37; *Löffler/Ricker*, 17. Kap. Rn. 21; *Löhner*, in: Löffler, Presserecht, § 8 Rn. 156.

[143] *Kühl*, in: Löffler, Presserecht, § 21 Rn. 42.

[144] *Löhner*, in: Löffler, Presserecht, § 8 Rn. 153.

[145] *Kühl*, in: Löffler, Presserecht, § 21 Rn. 40; *Löffler/Ricker*, 17. Kap. Rn. 24.

[146] *Kühl*, in: Löffler, Presserecht, § 21 Rn. 55; *Löffler/Ricker*, 17. Kap. Rn. 24.

[147] *Achenbach*, in: Löffler, Presserecht, § 15 Rn. 23, 30, 31.

parallele Existenz der Beschlagnahmevorschriften in den Landespressegesetzen der Bundesländer Baden-Württemberg, Berlin, Bremen, Mecklenburg-Vorpommern und Saarland rechtlich zu bewerten ist, ist umstritten. Vereinzelt wird die Fortgeltung der landesgesetzlichen Vorschriften angenommen. Da aber das Grundgesetz in Art. 74 Abs. 1 Nr. 1 die Gesetzgebungszuständigkeit für die Beschlagnahmethematik dem Bund zuweist, haben die landesgesetzlichen Vorschriften keine Kompetenzgrundlage und sind deshalb nichtig[148]. Daraus folgt jedoch nicht zwingend die Ungültigkeit der pressegesetzlichen Strafvorschriften, die an den Verstoß gegen das Verbot anknüpfen, ein beschlagnahmtes Druckwerk zu verbreiten oder wieder abzudrucken. Solche Verbreitungs- und Wiederabdrucksverbote finden sich in den Presse- bzw. Mediengesetzen der Länder Baden-Württemberg, Bayern, Bremen, Mecklenburg-Vorpommern, Rheinland-Pfalz und Schleswig-Holstein. Für diese Normen besteht eine konkurrierende Gesetzgebungszuständigkeit des Bundes gem. Art. 74 Abs. 1 Nr. 1 GG nicht[149]. Die Vorschriften sind daher gültig und geben den korrespondierenden Straftatbeständen[150] eine tragfähige Grundlage. Überwiegend wird jedoch angenommen, dass mit der Einführung der §§ 111 m, 111 n StPO die landespresserechtlichen Strafvorschriften über die Verletzung von Verbreitungs- und Wiederabdrucksverboten außer Kraft gesetzt worden seien[151].

ee) Falschangaben über Inhaber- und Beteiligungsverhältnisse

Lediglich die Landespressegesetze Bayerns und Hessens kennen diesen Straftatbestand, vgl. Art. 13 Nr. 5 LPG Bayern, § 14 Abs. 1 LPG Hessen[152]. Anknüpfungspunkt sind Vorschriften in diesen Pressegesetzen, die die Pflicht zur Offenlegung der wirtschaftlichen Beteiligungsverhältnisse bei der periodischen Presse, also an Zeitungs- und Zeitschriftenverlagen, begründen, vgl. Art. 8 Abs. 3 LPG Bayern, § 5 Abs. 2 LPG Hessen[153]. Strafbar ist das wissentliche Machen falscher Angaben. Im subjektiven Tatbestand ist also sicheres Wissen erforderlich, dolus eventualis genügt nicht. **32**

III. Strafprozessrecht

Einige strafprozessrechtliche Themen, die Medien allgemein und somit auch Presse und Rundfunk betreffen, wurden bereits oben in Kap. § 4 behandelt. Daher wird hier z. B. auf das Zeugnisverweigerungsrecht von Presseangehörigen aus § 53 Abs. 1 Nr. **33**

---

[148] *Achenbach*, in: Löffler, Presserecht, vor § 13 Rn. 27.

[149] *Achenbach*, in: Löffler, Presserecht, vor § 13 Rn. 28; *ders.* NStZ 2000, 123 (126).

[150] Das Landespressegesetz von Mecklenburg-Vorpommern enthält keine die Verbotsverletzung sanktionierende Strafvorschrift, vgl. *Achenbach*, in: Löffler, Presserecht, § 15 Rn. 30. Nach *Groß* NStZ 1994, 312 (313) ist dies „unerklärlich".

[151] *Kühl*, in: Löffler, Presserecht, § 21 Rn. 52; *Löffler/Ricker*, 17. Kap. Rn. 22; *Paschke*, Medienrecht, Rn. 1294.

[152] *Kühl*, in: Löffler, Presserecht, Rn. 57, 71; *Löffler/Ricker*, 17. Kap. Rn. 26, 33.

[153] *Löffler/Ricker*, 13. Kap. Rn. 15.

5 StPO[154] nicht mehr eingegangen. Im vorliegenden Kapitel kommen noch Themen zur Sprache, die allein die Presse betreffen bzw. ihre rechtliche Regelung in den Pressegesetzen der Bundesländer haben.

1. Gerichtliche Zuständigkeit

a) Allgemeines

34   In einem Strafverfahren richtet sich die örtliche Zuständigkeit des mit dem Verfahren befassten Justizorgans nach den Vorschriften über den sog. „Gerichtsstand"[155]. Dieser Begriff meint den Zusammenhang zwischen dem Bezirk eines Gerichts und einem Anknüpfungspunkt, dem die Gerichtsstandvorschrift Relevanz für die örtliche Zuständigkeit zuschreibt. Hängt die örtliche Zuständigkeit z. B. vom Tatort ab (§ 7 StPO), ist der Gerichtsstand mit dem Gerichtsbezirk identisch, in dem der Tatort liegt. Gemäß § 143 Abs. 1 GVG hängt von dem Gerichtsstand auch die örtliche Zuständigkeit der Staatsanwaltschaft ab[156]. Aus §§ 7 ff. StPO ergibt sich, dass die örtliche Zuständigkeit durch mehrere verschiedene Anknüpfungspunkte begründet werden kann und es daher möglich ist, dass bezüglich derselben Tat mehrere verschiedene Staatsanwaltschaften und Gerichte örtlich zuständig sind, vgl. § 12 StPO[157]. Auch auf der Grundlage des § 7 StPO ist eine Pluralität von Gerichtsständen möglich, da der Tatortbegriff des § 9 StGB[158] auf mehreren Komponenten der Tat aufbaut. Haben diese (z. B. Handlungsort, Erfolgsort) relevante Bezüge zu verschiedenen Gerichtsbezirken, sind mehrere Staatsanwaltschaften und Gerichte örtlich zuständig.

b) Gerichtsstand bei Presseinhaltsdelikten

35   Die Gerichtsstandsvorschriften der §§ 7 ff. StPO gelten grundsätzlich auch für Pressedelikte. Träfe dies jedoch auch auf § 7 Abs. 1 StPO zu, würde ein Presseinhaltsdelikt in der Regel eine weit über das normale hinausgehende Anzahl von Gerichtsständen begründen[159]. Denn überall, wo das Druckwerk mit strafbarem Inhalt verbreitet wird, entstünde ein Tatort[160]. Zur Vermeidung eines derartigen „fliegenden Gerichtsstands der Presse" regelt § 7 Abs. 2 StPO die örtliche Zuständigkeit für Verfahren

---

[154] Dazu ausführlich oben § 4 Rn. 38 ff.

[155] *Roxin/Schünemann*, § 7 Rn. 1.

[156] *Groß*, Presserecht, Rn. 686; *ders.* AfP 1998, 358 (364); *Kindhäuser*, Strafprozessrecht, § 12 Rn. 50; *Meyer-Goßner*, vor § 7 Rn. 1.

[157] *Hellmann*, Strafprozessrecht, Rn. 584; *Kindhäuser*, Strafprozessrecht, § 12 Rn. 53; *Roxin/ Schünemann*, § 7 Rn. 4.

[158] *Beulke*, Strafprozessrecht, Rn. 57; *Kindhäuser*, Strafprozessrecht, § 12 Rn. 54; *Roxin/ Schünemann*, § 7 Rn. 2

[159] *Krech*, in: Schiwy/Schütz/Dörr, S. 420.

[160] *Kühl*, in: Löffler, Presserecht, vor § 20 Rn. 15; *Löffler/Ricker*, 32. Kap. Rn. 2.

wegen Presseinhaltsdelikten speziell und abweichend von § 7 Abs. 1 StPO[161]. An die Stelle des extensiven Tatortbegriffs des § 9 StGB tritt der inländische Erscheinungsort. Das ist der Ort, wo sich die Geschäftsniederlassung des Verlegers bzw. des verantwortlichen Redakteurs befindet[162]. Nach anderer Ansicht bedeutet „Erscheinungsort" Ausgabeort, also der Ort, wo die öffentliche Verbreitung beginnt[163]. Auf Druckschriften mit einem ausländischen Erscheinungsort ist § 7 Abs. 2 StPO nicht anwendbar[164]. Insoweit bleibt es bei der Maßgeblichkeit des tatortgestützten Gerichtsstandes, § 7 Abs. 1 StPO[165]. Dasselbe gilt, wenn sich der Erscheinungsort der Druckschrift nicht feststellen lässt, z. B. unklar ist, ob es überhaupt einen inländischen Erscheinungsort gibt[166]. Auf Pressedelikte, die nicht Presseinhaltsdelikte sind – also vor allem Presseordnungsdelikte – ist § 7 Abs. 2 StPO nicht anwendbar[167]. Dasselbe gilt für Pressedelikte, bei denen der Inhalt zwar strafbarkeitsbegründende Wirkung hat, es aber an der Evidenz dieses Zusammenhangs fehlt, wie z. B. bei § 106 UrhG[168]. Entsprechende Anwendung des § 7 Abs. 2 StPO ist möglich in Bezug auf Rundfunkinhaltsdelikte[169]. Ein fliegender Gerichtsstand ist bei diesen Medienerzeugnissen ebenso unerwünscht wie bei Druckwerken.

2. Verjährung

a) Allgemeines

Die Verjährung ist ein Strafverfolgungshindernis, das die Durchführung und Fortsetzung eines Strafverfahrens und den Erlass eines Sachurteils unzulässig macht[170]. Ein laufendes Strafverfahren muss gem. §§ 206 a, 260 Abs. 3 StPO eingestellt werden, wenn Verjährung der Tat eingetreten ist[171]. Auf die materiell-strafrechtliche Qualität der Tat hat die Verjährung hingegen keinen Einfluss. Das Reglement der Verjährung basiert auf §§ 78 ff. StGB. Diese Vorschriften gelten auch für Pressedelikte, soweit sie nicht durch spezielle presserechtliche Verjährungsvorschriften verdrängt werden.

36

---

[161] *Groß* AfP 1998, 358 (364); *Mitsch* AfP 2011, 544 (545); *Roxin/Schünemann*, § 7 Rn. 6.

[162] AG Würzburg NStZ 1990, 199 (200); *Meyer-Goßner*, § 7 Rn. 9.

[163] *Groß* AfP 1998, 358 (364); *Kühl*, in: Löffler, Presserecht, vor § 20 Rn. 16; *Löffler/Ricker*, 32. Kap. Rn. 3.

[164] BGHSt 43, 122 (123).

[165] *Meyer-Goßner*, § 7 Rn. 7.

[166] BGHSt 43, 122 (124); *Kühl*, in: Löffler, Presserecht, vor § 20 Rn. 16; *Löffler/Ricker*, § 32 Rn. 3; *Meyer-Goßner*, § 7 Rn. 7.

[167] *Kühl*, in: Löffler, Presserecht, vor § 20 Rn. 16; 18.

[168] *Mitsch* AfP 2011, 544 (546).

[169] AG Würzburg NStZ 1990, 199; *Krech*, in: Schiwy/Schütz/Dörr, S. 420; *Kühl*, in: Löffler, Presserecht, vor § 20 Rn. 17; *Kusch* NStZ 1990, 200.

[170] BayObLG NJW 1987, 1711; *Frister*, AT, 21. Kap. Rn. 18.

[171] *Jescheck/Weigend*, § 86 I 1; *Lackner/Kühl*, § 78 Rn. 2.

Letzteres trifft auf zwei Regelungen zu, nämlich die über den Beginn der Verjährung und die über die Verjährungsfristen. Daher sind § 78 a StGB und § 78 Abs. 3 StGB bereichsweise nicht anwendbar. Hinsichtlich Ruhen und Unterbrechung der Verjährung gelten hingegen für Pressedelikte die allgemeinen Vorschriften der §§ 78 b, 78 c StGB[172].

b) Die presserechtliche Verjährungsprivilegien

aa) Gründe

37 Die besonderen Regelungen des Presserechts über die Verjährung der Strafverfolgung haben privilegierende – bzw. treffender: Benachteiligung verhindernde[173] – Wirkung, weil sie die Rechtslage zum Vorteil des Tatverdächtigen günstiger gestalten als die allgemeinen Vorschriften in §§ 78 Abs. 3, 78 a StGB. Die Spezialvorschriften über den Beginn der Verjährung und die Dauer der Verjährungsfrist bewirken einen deutlich früheren Eintritt der Verjährung als die korrespondierenden allgemeinen Verjährungsvorschriften[174]. Die Legitimation dieser Besserstellung beruht auf zwei Gesichtspunkten. Typisch für Presseinhaltsdelikte ist ihre Offenkundigkeit und die daraus resultierende leichte Erkennbarkeit[175]. Strafverfolgungsbehörden können auf solche Straftaten leicht und schnell aufmerksam werden[176]. Dies rechtfertigt es, die den Strafverfolgungsbehörden für die Verdachtsschöpfung einzuräumende Verfahrensdauer zu verkürzen[177]. Zudem besteht allgemein bei Pressedelikten ein gesteigertes Interesse an zügiger Klärung der strafrechtlichen Lage[178].

bb) Anwendungsbereich

38 Die Privilegien gelten für alle Arten von Pressedelikten, also Presseinhaltsdelikte und Presseordnungsdelikte[179]. Soweit das Pressedelikt auf der „Verbreitung" eines Druckwerkes basiert, ist ein spezifisch presserechtlicher Verbreitungsbegriff zugrunde zu legen, der körperliche Weitergabe voraussetzt[180]. Die privilegierenden presserechtlichen Verjährungsvorschriften erstrecken sich dann auch auf tatbestandsmäßige Handlungen im Vorfeld der Verbreitung, wie z. B. das Vorrätighalten

---

[172] *Groß* NJW 1978, 918 (920); *ders.* AfP 1998, 358 (364).

[173] BGHSt 25, 347 (354); *Napoli*, S. 108.

[174] *Löffler/Ricker*, 49. Kap. Rn. 32.

[175] RGSt 24, 269 (273); 61, 19 (31); BGHSt 33, 271 (274).

[176] BGH NJW 1978, 1985; *Beater*, Medienrecht, § 22 Rn. 1757; *Kühl*, in: Löffler, Presserecht, § 24 Rn. 20; *Löffler* NJW 1960, 2349 (2350); dagegen *Wüstenberg* AfP 2007, 423 (425).

[177] *Löffler/Ricker*, 49. Kap. Rn. 34.

[178] BGHSt 25, 347 (355); 26, 40 (43); 33, 271 (274).

[179] *Kühl*, in: Löffler, Presserecht, § 24 Rn. 28.

[180] BGH NJW 1996, 2585; OLG Hamburg NStZ 1983, 127; OLG Frankfurt NJW 1984, 1128; OLG Köln NStZ 1990, 241 (242); *Franke* NStZ 1984, 126 (127).

volksverhetzender Schriften iSd § 130 Abs. 2 Nr. 1 d StGB[181]. Nicht anwendbar sind presserechtliche Verjährungsvorschriften auf die Einstellung von Presseartikeln in ein Online-Archiv[182]. Sämtliche Pressegesetze – außer das Pressegesetz Sachsens – nehmen jedoch einige Straftatbestände (z. B. §§ 86, 86 a, 130, 131, Tatbestände über „harte" Pornographie[183]) von der Privilegierung aus. Zu beachten ist auch, dass die Pressegesetze bestimmte Arten von Druckwerken generell aus dem Geltungsbereich des Presserechts ausgrenzen. Das betrifft z. B. Druckwerke, die nur zu gewerblichen Zwecken dienen, § 7 Abs. 3 Nr. 2 BbgPG. Aus diesem Grund ist auf einen Kapitalanlagebetrug (§ 264 a StGB) das spezielle presserechtliche Verjährungsreglement nicht anwendbar[184]. Unberührt bleiben des weiteren die allgemeinen Regelungen über das Ruhen und die Unterbrechung der Verjährung, §§ 78 b, 78 c StGB[185]. Insbesondere tritt die „absolute Verjährung" gem. § 78 c Abs. 3 S. 2 letzter Halbsatz StGB erst nach drei Jahren ein. Da die Verjährungsprivilegierungen an die Art der Straftat anknüpfen und nicht an die Person, um deren Strafbarkeit es geht, profitieren auch Täter oder Tatbeteiligte von den Regelungen, die nicht Pressemitarbeiter sind. Sachlich mag dies zwar nicht in jedem Fall gerechtfertigt sein. Das Gesetz hat den persönlichen Anwendungsbereich aber nicht beschränkt. Deswegen gilt die kurze presserechtliche Verjährung z. B. auch gegenüber einem Beschuldigten, der bei der Begehung eines Pressedelikts Beihilfe geleistet hat, ohne selbst zu dem Personal des Presseunternehmens zu gehören[186]. Auf Rundfunkdelikte sind die presserechtlichen Verjährungsvorschriften in den meisten Bundesländern anwendbar[187], weil die zuständigen Pressegesetze deren entsprechende Anwendung anordnen, vgl. z. B. § 17 BbgPG einerseits, § 25 LPG Bremen andererseits[188]. Ausdrücklich als lex specialis gegenüber pressrechtlichen Verjährungsvorschriften ausgestaltet hat der Gesetzgeber die für die Kartellordnungswidrigkeiten des § 81 Abs. 1, 2, 3 GWB geltende Regelung des § 81 Abs. 8 S. 1 GWB.

cc) Verjährungsbeginn

Würde sich bei Pressedelikten der Beginn der Verjährung nach § 78 a StGB richten, wären Pressestraftäter benachteiligt[189]. Denn Delikte, die durch Verbreitung

39

---

[181] RGSt 38, 71 (73); 61, 19 30); BGHSt 33, 271 (273); OLG Celle NStZ 1997, 495 (496).

[182] *Schlachetzki* AfP 2006, 327 (328).

[183] Die Landespressegesetze sind an die gesetzlichen Änderungen im Bereich der §§ 184 ff. StGB noch nicht angepasst und nennen daher die Absätze des früheren § 184 StGB, in denen z. B. kinderpornographische Straftaten normiert waren; *Kühl*, in: Löffler, Presserecht, § 24 Rn. 32 a.

[184] BGHSt 40, 385 (388).

[185] *Kühl*, in: Löffler, Presserecht, § 24 Rn. 41, 44.

[186] BGH MDR 1981, 1032 (1033).

[187] BGHSt 44, 209 (215).

[188] Zu den Bundesländern, in deren Pressegesetzen diese entsprechende Anwendung nicht angeordnet ist, vgl. *Burkhardt*, in. Löffler, Presserecht, § 25 Rn. 1.

[189] *Groß* NJW 1966, 638; *Löffler* NJW 1960, 2349 (2350).

einer Vielzahl von Exemplaren eines Druckwerkes mit strafbarem Inhalt begangen werden, erstrecken sich naturgemäß über eine langen Zeitraum[190]. Beendigung tritt erst ein, wenn der letzte Verbreitungsakt abgeschlossen ist[191]. Dieser ist zudem oftmals schwer festzustellen[192]. Der Beginn der Verjährung wäre also sehr weit hinausgeschoben, was natürlich auch einen entsprechend späten Eintritt der Verjährung bewirken würde[193]. Zur Vermeidung dieser Schlechterstellung verbinden die Pressegesetze den Beginn der Verjährung mit dem erstmaligen Erscheinen des Druckwerkes, vgl. z. B. § 16 Abs. 3 S. 1 BbgPG. Es muss sich dabei aber um ein Erscheinen handeln, das wirklich der Verbreitung des Druckwerks dient, also nicht bloß um eine ausschließlich zum Zweck der Herbeiführung rascher Verjährung vorgenommene „Scheinverbreitung"[194]. Spätere Veröffentlichungs- oder Verbreitungsakte setzen dann keine neue Verjährungsfrist in Lauf. Anders ist es nur beim Erscheinen einer neuen Auflage oder bei sukzessiver Veröffentlichung von Teilen des Druckwerkes[195].

dd) Verjährungsfrist

40   Das Presserecht verkürzt die Verjährungsfristen im Vergleich mit § 78 Abs. 3 StGB erheblich. Dabei differenziert es lediglich zwischen Verbrechen, Vergehen und Ordnungswidrigkeiten. Eine weitere Abstufung in Anbindung an die gesetzlichen Strafdrohungen wurde nicht vorgenommen. In den meisten Bundesländern verjähren Verbrechen in einem Jahr, Vergehen in sechs Monaten und Ordnungswidrigkeiten in drei Monaten, vgl. z. B. § 16 Abs. 1, 2 BbgPG. Nach bayerischem und hessischem Presserecht verjähren Verbrechen und Vergehen einheitlich nach sechs Monaten. Die Einteilung der Straftaten in die Kategorien Verbrechen und Vergehen richtet sich nach § 12 StGB.

3. Beschlagnahme

41   Beschlagnahme von Gegenständen kann zwei verschiedene Zwecke haben[196]: Kommt der Gegenstand als Beweismittel in Betracht, wird durch Sicherstellung – gegebenenfalls Beschlagnahme – der staatliche Gewahrsam hergestellt, der die unmittelbare physische Verwendung des Gegenstands im Verfahren, insbesondere in der Hauptverhandlung, ermöglicht (beweissichernde Beschlagnahme)[197]. Unterliegt

---

[190] *Kühl*, in: Löffler, Presserecht, § 24 Rn. 52; *Löffler/Ricker*, 49. Kap. Rn. 34.

[191] *Kühl*, in: Löffler, Presserecht, § 24 Rn. 55.

[192] *Kühl*, in: Löffler, Presserecht, § 24 Rn. 21.

[193] *Krech*, in: Schiwy/Schütz/Dörr, S. 419; *Wüstenberg* AfP 2007, 423 (425).

[194] BGHSt 25, 347 (355).

[195] *Kühl*, in: Löffler, Presserecht, § 24 Rn. 60.

[196] *Löffler/Ricker*, 31. Kap. Rn. 3.

[197] *Achenbach*, in: Löffler, Presserecht, vor § 13 Rn. 4; *Roxin/Schünemann*, § 34 Rn. 1.

der Gegenstand voraussichtlich der Einziehung, kann schon vor einer rechtskräftigen Einziehungsentscheidung durch Beschlagnahme sicher gestellt werden, dass die spätere Vollstreckung der Einziehungsentscheidung nicht durch Beiseiteschaffen des Gegenstand vereitelt wird (vollstreckungssichernde Beschlagnahme)[198]. Druckwerke können Beweismittel sein, sie können auch einzuziehende Gegenstände sein.

a) Beweismittelbeschlagnahme

Die Beschlagnahme von Gegenständen zur Sicherung der Beweisführung richtet sich   **42** nach §§ 94 ff. StPO. Für Druckwerke gelten diese Vorschriften in gleicher Weis wie für sonstige Gegenstände[199]. Eine medienspezifische Einschränkung der Beschlagnahme ist das in § 97 Abs. 5 StPO normierte Beschlagnahmeverbot. Diese auch für die Presse bedeutsame Regelung wurde bereits oben in Kap. § 4 (Rn. 45 ff.) erläutert. Soweit Landespressegesetze noch Vorschriften über Pressebeschlagnahme enthalten (vgl. z. B. § 12 LPG Berlin), betreffen diese nicht die Beweismittelbeschlagnahme, sondern die vollstreckungssichernde Beschlagnahme (dazu sogleich).

b) Beschlagnahme von Einziehungsgegenständen

Die Beschlagnahme von Gegenständen zur Sicherung einer späteren Einziehungs-   **43** vollstreckung hat eine für Gegenstände aller Art geltende Regelung in §§ 111 b ff. StPO erfahren. Presseerzeugnisse sind vom Anwendungsbereich dieser Vorschriften nicht ausgenommen. Vor Einführung dieser Bestimmungen existierten bereits Vorschriften über die vollstreckungssichernde Beschlagnahme von Druckwerken in den Landespressegesetzen[200]. Infolge der Einführung der §§ 111 m, 111 n iVm §§ 111 b ff. StPO haben einige westdeutsche Bundesländer ihre Beschlagnahmeregelungen aufgehoben. Die neuen Bundesländer haben – mit Ausnahme Mecklenburg-Vorpommerns – in Anbetracht der Gesetzeslage von vornherein von der Schaffung solcher Vorschriften abgesehen[201]. Da die Gesetzgebungszuständigkeit für die vollstreckungssichernde Pressebeschlagnahme gem. Art. 74 Abs. 1 Nr. 1 GG dem Bund zusteht, sind die noch verbliebenen landesgesetzlichen Regelungen ungültig[202].

---

[198] *Achenbach*, in: Löffler, Presserecht, vor § 13 Rn. 5; *Roxin/Schünemann*, § 34 Rn. 1.

[199] *Achenbach*, in: Löffler, Presserecht, vor § 13 Rn. 4.

[200] *Achenbach*, in: Löffler, Presserecht, vor § 13 Rn. 13 ff.

[201] *Achenbach*, in: Löffler, Presserecht, vor § 13 Rn. 24; *ders.* NStZ 2000, 123 (125); *Löffler/Ricker*, 31. Kap. Rn. 9.

[202] *Achenbach*, in: Löffler, Presserecht, vor § 13 Rn. 27; *ders.* NStZ 2000, 123 (124); *Löffler/Ricker*, 31. Kap. Rn. 5, 9; *Soehring*, Presserecht, § 27 Rn. 3; aA *Groß* NStZ 1999, 334.

Literatur

Achenbach, Alte und neue Fragen zur Pressebeschlagnahme, NStZ 2000, 123

Bullinger, Ordnung oder Freiheit für Multimediadienste, JZ 1996, 385

E. Franke, Zum Begriff des Presseinhaltsdelikts, GA 1982, 404

E. Franke, Haftet pressestrafrechtlich als „verantwortlicher Redakteur", wer die persönlichen Anforderungen nicht erfüllt?, NStZ 1983, 114

Groß, Zum Begriff des Presseinhaltsdelikts, NJW 1966, 638

Groß, Pressestrafrechtliche Verantwortlichkeit, NJW 1978, 918

Groß, Zum Pressestrafrecht, NStZ 1994, 312

Groß, Zur Pressehaftung, JR 1995, 485

Groß, Zum Pressestraf- und Pressestrafverfahrensrecht, AfP 1998, 358

Groß, Sicherstellung von Druckwerken, NStZ 1999, 334

Heinrich, Die strafrechtliche Verantwortlichkeit von Pressemitarbeitern bei der unbefugten Herstellung und Verbreitung fotografischer Darstellungen von Personen, ZIS 2011, 416

Mitsch, Strafverfahrensrechtliche Aspekte bei Urheberrechtsverletzungen mittels Presseerzeugnissen, AfP 2011, 544

Rehbinder, Grundzüge des Pressestrafrechts, JA 1977, 471

Schlachetzki, Zur Anwendbarkeit der kurzen presserechtlichen Verjährungsfristen bei Einstellen von Presseartikeln in ein Online-Archiv, AfP 2006, 327

Wüstenberg, Zur pressrechtlichen Verjährungsfrist, AfP 2007, 423

§ 8 Urheberrecht

I. Urheberrecht und Urheberstrafrecht

1. Urheberrecht

a) Begriffe

Der Terminus „Urheberrecht" hat zwei Bedeutungen[1]: Zum einen wird damit das **1** Rechtsgebiet als Teil der Gesamtrechtsordnung bezeichnet. Dieser Begriff entspricht also denjenigen, mit denen andere Rechtsgebiete bezeichnet werden, wie z. B. Arbeitsrecht, Familienrecht, Polizeirecht, Steuerrecht, Wettbewerbsrecht[2]. Er ist vor allem Anknüpfungspunkt für die verfassungsrechtliche Zuweisung der Gesetzgebungskompetenz. Gem. Art. 73 Abs. 1 Nr. 9 GG hat der Bund die ausschließliche Gesetzgebungszuständigkeit für das Urheberrecht[3]. Die andere Bedeutung bezieht sich auf die subjektive Rechtsposition, die der Inhaber des Urheberrechts innehat[4] und ähnelt somit Begriffen wie Eigentum oder Persönlichkeitsrecht, vgl. § 11 UrhG. Diese subjektivrechtliche Bedeutung ist berührt, wenn – z. B. im Zusammenhang mit aktuellen Plagiatsaffären – über „geistiges Eigentum"[5] oder „Diebstahl geistigen Eigentums"[6] gesprochen wird oder wenn im Text des Urheberrechtsgesetzes von „Urheberrecht" die Rede ist, wie z. B. in §§ 28, 29, 64, 65, 97, 98, 101 UrhG. Für die Anwendung des Urheberstrafrechts hat der Ausdruck „Urheberrecht" keine unmittelbare Bedeutung. In den §§ 106 ff. UrhG ist der Terminus nicht enthalten. Die tatbestandliche Beschreibung strafbarer Urheberrechtsverletzungen stellt daher nicht auf „Verletzung des Urheberrechts", sondern auf konkreter benannte Beeinträchtigungen

---

[1] *Kreile*, in: Dörr/Kreile/Cole, Handbuch Medienrecht, S. 337; *Schack*, Rn. 2.

[2] Vgl. *Lettl*, Urheberrecht, § 1 Rn. 1, wo vom „Bereich des Urheberrechts" die Rede ist.

[3] Zur Regelungsbefugnis supranationaler – insbesondere europäischer – Rechtssetzungsorgane vgl. Dreier/Schulze-*Dreier*, Einl. Rn. 42 ff.; *Lettl*, Urheberrecht, § 1 Rn. 1 ff.

[4] *Dörr/Schwartmann*, Medienrecht, Rn. 407; *Schack*, Rn. 4.

[5] *Beater*, Medienrecht, § 6 Rn. 307, 405 ff.

[6] *Hellmann/Beckemper*, Wirtschaftsstrafrecht, Rn. 612.

W. Mitsch, *Medienstrafrecht*, Springer-Lehrbuch,
DOI 10.1007/978-3-642-17263-2_8, © Springer-Verlag Berlin Heidelberg 2012

(z. B. vervielfältigen, verbreiten, § 106 Abs. 1 UrhG) der Objekte ab, an denen die geschützte Rechtsstellung besteht, insbesondere das „Werk", vgl. § 106 Abs. 1 UrhG.

2   Wie sich an § 11 UrhG erkennen lässt, hat das subjektive Urheberrecht eine materielle, vermögensrechtliche und eine immaterielle, persönlichkeitsrechtliche Komponente[7]. Dieser Dualismus schlägt sich in der Systematik des UrhG deutlich nieder. Die Facetten des Urheberpersönlichkeitsrechts sind Gegenstand der §§ 12–14 UrhG, in §§ 15 bis 24 UrhG sind die verschiedenen dem Urheberrecht entspringenden Verwertungsrechte normiert. Im Urheberstrafrecht steht die verwertungsrechtliche Komponente klar im Vordergrund[8], was schon dadurch zum Ausdruck kommt, dass der zentrale Straftatbestand die Bezeichnung „Unerlaubte Verwertung" trägt, vgl. § 106 UrhG.

b) Urheber

3   Zum Urheber wird jemand durch Schöpfung eines Werkes, § 7 UrhG. Der statusbegründende Vorgang ist ein Realakt, kein Rechtsgeschäft[9]. Urheber können deshalb nur natürliche Personen sein[10], auf Geschäftsfähigkeit kommt es dabei nicht an. Auch ein Kind kann Urheber sein[11]. Die Urhebereigenschaft ist untrennbar mit dem persönlichen geistigen Schaffensakt und damit der Person, die diesen Akt vollzogen hat, verbunden[12]. Insbesondere kann die Urheberschaft nicht auf jemand anderen übertragen werden[13]. Zwar ist das Urheberrecht vererblich, § 28 Abs. 1 UrhG und kann nach dem Tode des Urhebers auch in Erfüllung einer Verfügung von Todes wegen rechtsgeschäftlich übertragen werden, § 29 Abs. 1 UrhG[14]. Daher kann der Erbe (§ 28 Abs. 1 UrhG, § 1922 BGB) oder der Vermächtnisnehmer Inhaber des Urheberrechts werden, nicht aber Urheber. Vererblich ist das Urheberrecht, nicht die Urheberschaft[15]. Dies erklärt, warum der strafrechtliche Schutz – von § 107 Abs. 1 Nr. 1 UrhG abgesehen – nicht dem „Urheber", sondern dem „Berechtigten" (§§ 106 Abs. 1, 108 Abs. 1 UrhG) oder dem „Rechtsinhaber" (§ 108 b UrhG) gewidmet ist[16]. Erst recht kein Urheber, aber Inhaber eines urheberrechtlich geschützten Rechts ist derjenige, dem von dem Urheber ein Nutzungsrecht eingeräumt worden ist, § 31 UrhG.

---

[7] *Dörr/Schwartmann*, Medienrecht, Rn. 410; *Fechner*, Medienrecht, 5. Kap. Rn. 25; *Kreile*, in: Dörr/Kreile/Cole, Handbuch Medienrecht, S. 351; *Lettl*, Urheberrecht, § 4 Rn. 1.

[8] Dreier/Schulze-*Dreier*, § 106 Rn. 1.

[9] *Lettl*, Urheberrecht, § 3 Rn. 1; *Schack*, Rn. 252.

[10] Dreier/Schulze-*Schulze*, § 7 Rn. 2; *Lettl*, Urheberrecht, § 3 Rn. 2.

[11] *Lettl*, Urheberrecht, § 2 Rn. 14.

[12] *Lettl*, Urheberrecht, § 3 Rn. 3; § 5 Rn. 1.

[13] Dreier/Schulze-*Schulze*, vor § 28 Rn. 1; *Jänich*, Geistiges Eigentum – eine Komplementärerscheinung zum Sacheigentum?, S. 259 ff.

[14] *Lettl*, Urheberrecht, § 5 Rn. 3.

[15] Dreier/Schulze-*Schulze*, § 28 Rn. 3; *Lettl*, Urheberrecht, § 5 Rn. 1.

[16] *Weber*, in: Wesen und Bekämpfung der Videopiraterie, S. 51 (55).

c) Werk

Werk ist der Rechtsbegriff für das Objekt, durch dessen Schaffung jemand Urheber **4** wird (s. o. Rn. 3) und das realer Bezugsgegenstand urheberrechtlicher Regelungen – einschließlich derer des Urheberstrafrechts (vgl. §§ 106 Abs. 1, 107 Abs. 1, 108 b Abs. 1 UrhG) – ist[17]. Nach der Legaldefinition des § 2 Abs. 2 UrhG ist Werk eine „persönliche geistige Schöpfung". Aus der Voraussetzung „persönlich" und noch mehr der Voraussetzung „geistig" folgt die Verknüpfung des Werkbegriffs mit menschlichem Handeln[18]. In dem Werk muss sich ein auf einen bestimmten Menschen rückführbarer Gedanken- oder Gefühlsinhalt abbilden[19]. Zudem muss die geistige Hervorbringung Gestalt angenommen haben und deshalb sinnlich wahrnehmbar sein[20]. Die geniale Idee im Kopf eines brillanten Denkers ist noch kein urheberrechtlich relevantes Objekt, noch kein Werk iSd § 2 UrhG[21]. In der Regel wird es eines physischen Substrats bedürfen, das vom Körper des Schöpfers getrennt ist. Zwingend ist diese Voraussetzung jedoch nicht. Das Vorsingen einer Melodie macht diese als geistige Schöpfung hörbar und damit zu einem Werk[22]. Auch die Tätowierung auf der Haut eines Menschen – des Urhebers oder eines anderen – kann ausreichen[23]. Unerheblich ist die Kompatibilität des Werkes oder des zugrundeliegenden Schöpfungsvorganges mit Recht und Moral. Auch rechts- oder sittenwidrige geistige Inhalte können in ein urheberrechtlich geschütztes Werk eingehen. Urheberrechtsschutz kann somit z. B. ein Urheber genießen, der zugleich mit der Erzeugung des Werkes eine volksverhetzende Schrift hergestellt und sich nach § 130 Abs. 2 Nr. 1 d StGB strafbar gemacht hat[24].

Dem Werk als Schutzgegenstand urheberrechtlicher Vorschriften gleichgestellt **5** (vgl. z. B. § 106 UrhG) sind Bearbeitungen des Werkes, wie z. B. Übersetzungen, § 3 S. 1 UrhG. Voraussetzung ist, dass die Bearbeitung eine eigenständige geistige Schöpfung des Bearbeiters ist, also gegenüber dem Werk, an das sie sich anlehnt, hinreichende Individualität („Abstand") besitzt[25]. Hohe Anforderungen werden an diese Individualität allerdings nicht gestellt[26]. Der urheberrechtliche Schutz der Bearbeitung ist unabhängig von ihrer Zulässigkeit, zu der § 3 UrhG keine Aussage

---

[17] *Lettl*, Urheberrecht, § 2 Rn. 2, 9.

[18] *Lettl*, Urheberrecht, § 2 Rn. 11.

[19] *Lettl*, Urheberrecht, § 2 Rn. 16.

[20] *Kreile*, in: Dörr/Kreile/Cole, Handbuch Medienrecht, S. 342; *Lettl*, Urheberrecht, § 2 Rn. 17; Wandtke/Bullinger-*Bullinger*, § 2 Rn. 19.

[21] *Duvigneau* ZUM 1998, 535 (537); *Lettl*, Urheberrecht, § 2 Rn. 34; *Obergfell*, in: Büscher/Dittmer/Schiwy, § 2 UrhG Rn. 14.

[22] Wandtke/Bullinger-*Bullinger*, § 2 Rn. 20.

[23] *Duvigneau* ZUM 1998, 535 (539).

[24] *Haß*, in: Schricker/Loewenheim, § 2 Rn. 48; *Heinrich*, Die Strafbarkeit der unbefugten Vervielfältigung, S. 183; *Obergfell*, in: Büscher/Dittmer/Schiwy, § 2 UrhG Rn. 11; Wandtke/Bullinger-*Bullinger*, § 2 Rn. 31.

[25] *Duvigneau* ZUM 1998, 535 (543).

[26] *Lettl*, Urheberrecht, § 2 Rn. 102.

macht[27]. Das Recht zur Bearbeitung oder anderen Umgestaltung des Werkes steht dem Urheber zu[28]. Solange ein Werk noch nicht veröffentlicht ist, dürfen aber auch andere das für sie fremde Werk bearbeiten oder anderweitig umgestalten und damit gegebenenfalls Inhaber des Bearbeiterurheberrechts gem. § 3 UrhG werden[29]. Einer Einwilligung des Werkurhebers bedarf es grundsätzlich erst für die Veröffentlichung oder Verwertung des bearbeiteten oder umgestalteten Werkes, § 23 S. 1 UrhG. Lediglich bei den in § 23 S. 2 UrhG aufgeführten Arten von Werkbearbeitungen ist bereits im Herstellungsstadium die Einwilligung des betroffenen Werkurhebers erforderlich.

6   Der volle urheberrechtliche Rechtsschutz entsteht und besteht an Werken iSd § 2 UrhG, die zudem bestimmte Voraussetzungen erfüllen müssen. Was kein Werk ist oder zwar ein Werk, aber aus speziellen Gründen urheberrechtlich nicht geschützt ist, kann im Urheberstrafrecht nicht Objekt von Straftaten sein, deren Tatbestandsmäßigkeit – wie bei § 106 Abs. 1 UrhG – auf ein Werk dieser Qualität abstellt. Beispielsweise darf die Schutzfrist des § 64 UrhG noch nicht abgelaufen sein. Ein Werk wird nach Ablauf dieser Schutzfrist „gemeinfrei"[30]. Ein gemeinfreies Werk ist nicht tauglicher Gegenstand einer Straftat nach § 106 Abs. 1 UrhG[31]. Bestimmte menschliche Leistungen in Bezug auf solche Werke können aber z. B. wegen des mit ihnen verbundenen hohen Aufwands an Editionsarbeit und Kosten in ähnlicher Weise schutzwürdig sein wie das Urheberrecht[32]. Dies trifft auf die Herausgabe wissenschaftlicher Werke (§ 70 UrhG) und das erstmalige Erscheinenlassen nachgelassener Werke (§ 71 UrhG) zu. Andere menschliche Leistungen wiederum manifestieren sich nicht in einem vom Leistenden geschaffenen Werk, sondern in anderer, aber ähnlich dem Urheberrecht schutzwürdiger Weise. So ist ein Lichtbild – anders als das „Lichtbildwerk" (§ 2 Abs. 1 Nr. 5 UrhG) – kein Werk. Der Hersteller („Lichtbildner", § 72 Abs. 2 UrhG) erwirbt aber ein dem Urheberrecht „verwandtes Schutzrecht" (vgl. Überschrift Teil II vor § 70 UrhG) bzw. „Leistungsschutzrecht"[33]. Entsprechendes gilt für die ausübenden Künstler (§ 73 UrhG)[34], Hersteller vorn Tonträgern (§ 85 UrhG)[35], Sendeunternehmen (§ 87 UrhG)[36], Datenbankhersteller (§ 87 a UrhG)[37] und Filmhersteller (§ 94 UrhG)[38]. Der strafrechtliche Schutz der Inhaber dieser Rechte basiert nicht auf § 106 UrhG, sondern auf § 108 UrhG.

---

[27] Dreier/Schulze-*Schulze*, § 3 Rn. 2; *Lettl*, Urheberrecht, § 2 Rn. 104; § 4 Rn. 84.

[28] Dreier/Schulze-*Schulze*, § 23 Rn. 1; *Lettl*, Urheberrecht, § 4 Rn. 84.

[29] Wandtke/Bullnger-*Bullinger*, § 23 Rn. 1.

[30] Dreier/Schulze-*Dreier*, vor § 64 Rn. 2.

[31] Dreier/Schulze-*Dreier*, § 106 Rn. 4; MK-*Heinrich*, § 106 UrhG Rn. 78.

[32] *Lettl*, Urheberrecht, § 9 Rn. 2; *Wandtke*, in: Wandtke, Urheberrecht, 7. Kap Rn. 134.

[33] *Wandtke*, in: Wandtke, Urheberrecht, 7. Kap Rn. 1.

[34] *Lettl*, Urheberrecht, § 9 Rn. 8.

[35] *Lettl*, Urheberrecht, § 9 Rn. 15.

[36] *Lettl*, Urheberrecht, § 9 Rn. 20.

[37] *Lettl*, Urheberrecht, § 9 Rn. 38 ff.

[38] *Lettl*, Urheberrecht, § 9 Rn. 50.

2. Urheberstrafrecht

„Urheberstrafrecht" ist die Bezeichnung für den Teil des Nebenstrafrechts, der sich   7
mit strafbaren Beeinträchtigungen urheberrechtlich geschützter Rechtsgüter befasst.
Das Wortteil „Urheber" besagt nicht, dass es um Strafrecht geht, das strafbare Taten des Urhebers, diesen also als Straftäter behandelt. Das Gegenteil ist der Fall.
Der Urheber ist der wichtigste Inhaber urheberstrafrechtlich geschützter Güter, seine hauptsächliche Rolle im Urheberstrafrecht ist also die des Opfers bzw. Verletzten.
Nebenstrafrecht sind die Vorschriften des Urheberstrafrechts, die ihren Sitz im UrhG
haben, also die §§ 106 ff. Im Übrigen kommen aus dem Kernstrafrecht – also dem
Strafgesetzbuch – Regelungen zu Gegenständen zur Anwendung, die im UrhG keine
spezielle Regelung erfahren haben. Das betrifft im wesentlichen den Allgemeinen
Teil, also z. B. die Behandlung von Irrtümern, Versuch, Täterschaft und Teilnahme[39]. Außerdem können urheberrechtsverletzende Taten auch Straftatbestände des
StGB-BT erfüllen, z. B. § 263 StGB[40]. Urheberstrafrecht ist ein kleiner Ausschnitt
des übergreifenden Gebietes „Urheberrecht". Im Urheberrechtsgesetz mit seinen 22
Abschnitten besetzt das Urheberstrafrecht gerade mal einen Unterabschnitt (Teil IV
Abschn. 2 Unterabschnitt 2, §§ 106 bis 111 a). Das Urheberrecht hat überwiegend
zivilrechtliche Natur. Mit dem Urheberstrafrecht ist das Urheberzivilrecht jedoch
vielfältig verknüpft. So gut wie alle Tatbestandsmerkmale der §§ 106 ff. UrhG sind in
Bereichen des UrhG außerhalb des strafrechtlichen Unterabschnitts normiert. Diese
sind also in die Anwendung des Urheberstrafrechts miteinzubeziehen. Daraus ergibt
sich ein ausgeprägter Blankettgesetz-Charakter der Strafvorschriften des UrhG[41].

II. Allgemeines Urheberstrafrecht

1. Internationales Strafrecht

a) Allgemeines

Bei Taten mit Auslandsberührung stellt sich die Frage nach der Anwendbarkeit des   8
deutschen Strafrechts auf zwei Ebenen: Zum einen ist zu klären, ob das deutsche
Strafrecht bzw. ein bestimmter Straftatbestand des deutschen Strafrechts gegenüber dem Fall mit Auslandsberührung überhaupt Geltung beansprucht. Das betrifft
den räumlichen Geltungsbereich des deutschen Strafrechts. Der Normenkomplex,
der dieses Thema reglementiert, wird üblicherweise „Internationales Strafrecht"

---

[39] Wandtke/Bullinger-*Hildebrandt*, § 106 Rn. 32 ff., 39, 40 ff.

[40] *Weber*, in: Wesen und Bekämpfung der Videopiraterie, S. 51 (54).

[41] *Weber*, Der strafrechtliche Schutz des Urheberrechts, S. 228; *ders.* FS Stree/Wessels, S. 613
(615).

genannt. Im Strafgesetzbuch sind es die §§ 3 bis 7 sowie § 9, die diesen Regelungsgegenstand betreffen. Steht auf dieser Grundlage fest, dass der räumliche
Geltungsbereich der deutschen Strafrechtsvorschrift die Tat erfasst, schließt sich
die Beantwortung der Frage an, ob der Tatbestand dieser Strafvorschrift durch einen
Sachverhalt mit Auslandsberührung – z. B. einen ausländischen Rechtsgutsinhaber –
erfüllt werden kann. Hier geht es also um die Reichweite des tatbestandlichen
Schutzbereichs. Hinsichtlich beider Fragen weicht das Urheberstrafrecht von den
allgemeinen Regeln ab.

b) Persönlicher Schutzbereich

9 Auf Taten, die in Deutschland begangen werden, ist § 106 UrhG ohne weiteres
anwendbar, § 3 StGB[42]. Daraus folgt jedoch noch nicht, dass eine in Deutschland begangene Tat diesen Tatbestand auch dann verwirklicht, wenn der Inhaber
des betroffenen Rechtsguts nicht Deutscher – also Ausländer oder Staatenloser –
ist. Im Normalfall schützen allerdings Straftatbestände nichtdeutsche wie deutsche
Rechtsgutsinhaber gleichermaßen, soweit es sich um Strafvorschriften handelt, die
Individualgüter schützen[43]. § 242 StGB beispielsweise stellt nicht auf die Staatsangehörigkeit des betroffenen Eigentümers ab und ist deshalb auch durch die Wegnahme
einer Sache erfüllt, die einem Ausländer gehört. Da das Urheberrecht ein Indivi-
dualrechtsgut und als „geistiges Eigentum" dem Sacheigentum iSd § 242 StGB sehr
ähnlich ist, müsste an sich jede in Deutschland begangene unbefugte Verwertung eines fremden Werkes unabhängig von der Staatsangehörigkeit seines Schöpfers nach
§ 106 Abs. 1 UrhG strafbar sein. Dem ist aber nicht so, weil §§ 120 ff. UrhG den
persönlichen Geltungsbereich des deutschen Urheberrechts abweichend definieren
und dies wegen der Akzessorietät des Urheberstrafrechts auch Auswirkungen auf
den von §§ 106 ff. UrhG geschützten Personenkreis hat[44]. Gem. § 120 UrhG genießen nur Deutsche den uneingeschränkten Schutz des Urheberrechts. Ausländische
Staatsangehörige stehen unter dem Schutz des deutschen Urheberrechts hingegen
nur unter den Voraussetzungen und in den Grenzen des § 121 UrhG[45]. Die strafrechtliche Konsequenz stellt sich so dar, dass z. B. durch die Vervielfältigung eines
Werkes, das von einem Ausländer geschaffen worden ist, der Tatbestand des § 106
Abs. 1 UrhG nicht erfüllt wird, wenn dieser Ausländer gem. § 121 UrhG außerhalb
des persönlichen Geltungsbereichs des deutschen Urheberrechts steht[46].

---

[42] Wandtke/Bullinger-*Hildebrandt*, § 106 Rn. 46.

[43] MK-*Ambos*, vor § 3 Rn. 86.

[44] MK-*Heinrich*, vor § 106 UrhG Rn. 31; Wandtke/Bullinger-*Hildebrandt*, § 106 Rn. 46; *Weber* JZ
1993, 106 (107).

[45] *Schack*, Rn. 924 ff.

[46] *Reinbacher*, Die Strafbarkeit der Vervielfältigung, S. 136, nach dem kein „Werk" vorliegt, wenn
der persönliche Anwendungsbereich nicht nach §§ 120 ff. UrhG eröffnet ist.

c) Territorialitätsprinzip

Der räumliche Geltungsbereich des deutschen Strafrechts ist im Grundsatz das In- **10**
land, § 3 StGB. In §§ 4 ff. StGB werden diese Grenzen jedoch in vielfältiger
Weise durchbrochen und die Anwendbarkeit des deutschen Strafrechts auf Taten
ausgedehnt, deren Tatort außerhalb Deutschlands liegt. Da § 120 UrhG den Schutz
des deutschen Urheberrechts zugunsten deutscher Rechtsinhaber nicht explizit auf
Verletzungsfälle mit inländischem Tatort beschränkt, wäre an sich § 106 UrhG
auch auf eine Auslandstat anwendbar, durch die das Urheberrecht eines deutschen
Staatsangehörigen verletzt wird. Sofern nämlich das Recht des Tatortes das Urheberrecht strafrechtlich in ähnlicher Weise schützt wie das deutsche Strafrecht,
sind die Voraussetzungen des § 7 Abs. 1 StGB erfüllt. Allerdings ist es ganz h.
M., dass die §§ 5, 6 und 7 StGB im Urheberstrafrecht nicht gelten[47]. Das gesamte Urheberrecht einschließlich des Urheberstrafrecht werde von einem „strengen
Territorialitätsprinzip"[48] beherrscht, aus dem folge, dass die §§ 106 ff. UrhG nur
auf Taten mit inländischem Tatort angewendet werden können[49]. Der in §§ 120
ff. UrhG bereits in persönlicher Hinsicht begrenzte Schutzbereich wird also durch
das Territorialitätsprinzip weiter eingeschränkt. Wird ein deutscher Urheber im
Ausland Opfer einer Verletzung seines Rechts, ist dies ein Fall für das Strafrecht
allenfalls auf der Grundlage des am Tatort geltenden ausländischen Urheberstrafrechts[50]. Dieses kann selbstverständlich nur von den einheimischen – also aus
deutscher Sicht ausländischen – Justizbehörden angewendet werden[51]. Deutsche
Strafgerichte können strafrechtlichen Urheberrechtsschutz nicht auf der Basis ausländischen Urheberstrafrechts gewähren. Das auf dem historischen Privilegienwesen[52]
beruhende Territorialitätsprinzip ist an sich nicht mehr zeitgemäß, denn durch die
Rechtsentwicklung überholt[53].

2. Vorsatz

Im Urheberstrafrecht gelten die allgemeinen Regeln der strafrechtlichen Vorsatzleh- **11**
re[54]. Sämtliche Strafvorschriften in §§ 106 ff. UrhG machen die Strafbarkeit von

---

[47] BGHSt 49, 93 (98); *Dietz*, in: Wandtke, Urheberrecht, 11. Kap. Rn. 5; *Haß*, in: Schricker/
Loewenheim, vor § 106 Rn. 6; *Hilgendorf/Frank/Valerius*, Rn. 601; *Ruttke/Scharringhausen*, in:
Fromm/Nordemann, § 106 Rn. 55; *Sternberg-Lieben*, Musikdiebstahl, S. 110; Wandtke/Bullinger-
Hildebrandt, § 106 Rn. 46; dagegen *K. Weber* ZIS 2010, 220 (222).

[48] *Kaiser*, in: Erbs/Kohlhass, § 106 UrhG Rn. 55; *Weber*, FS Stree/Wessels, S. 613 (622).

[49] *Hilgendorf/Frank/Valerius*, Rn. 601; *Lettl*, Urheberrecht, § 11 Rn. 19; MK-*Heinrich*, vor § 106
UrhG Rn. 32; *Sternberg-Lieben* NJW 1985, 2121 (2124).

[50] *Dietz*, in: Wandtke, Urheberrecht, 11. Kap. Rn. 5.

[51] *Weber*, FS Stree/Wessels, S. 613 (623).

[52] *Schack*, Rn. 105 ff.

[53] *Schack*, Rn. 913, 918; *K. Weber* ZIS 2010, 220 (223).

[54] *Hildebrandt*, Die Strafvorschriften des Urheberrechts, S. 236.

vorsätzlichem Handeln abhängig, § 15 StGB[55]. Denn fahrlässiges Handeln ist nicht mit Strafe bedroht. Ein Tatbestandsirrtum iSd § 16 Abs. 1 StGB schließt daher die Strafbarkeit aus. Der Vorsatz muss sich auf alle zum objektiven Tatbestand gehörenden Tatsachen beziehen. Dolus eventualis reicht aus[56]. Auf Grund der blanketthaften Tatbestandskonstruktion sind viele Teile des objektiven Tatbestandes außerhalb der §§ 106 ff. UrhG normiert[57]. Der Vorsatz muss sie in gleicher Weise umfassen wie die objektiven Tatbestandsmerkmale, auf die im Gesetzestext der §§ 106 ff. UrhG unmittelbar Bezug genommen wird. Unkenntnis oder falsche Vorstellung bezüglich solcher Strafbarkeitsvoraussetzungen kann also vorsatzausschließender Tatbestandsirrtum sein. Dabei ist kein Grund ersichtlich, zwischen tatsachenbezogenen und rechtsnormbezogenen Irrtümern zu differenzieren und letztere dem Verbotsirrtum zuzuordnen. Wenn z. B. die irrige Annahme des Täters, die Tat betreffe kein taugliches Tatobjekt – z. B. „Werk" – auf einer falschen Vorstellung von einer den §§ 106 ff. UrhG vorgelagerten zivilrechtlichen Urhebernorm beruht, ist das ebenso ein vorsatzausschließender Tatbestandsirrtum wie in dem Fall einer unrichtigen Wahrnehmung des physischen Substrats[58], auf Grund derer der Täter vor seinem geistigen Auge das Bild eines Gegenstands hat, der wirklich kein taugliches Tatobjekt wäre[59].

12   Umstände, von denen gem. §§ 120 ff. UrhG der persönliche Geltungsbereich des UrhG abhängig ist, sind nach richtiger Ansicht Bestandteile des objektiven Tatbestandes[60]. Der Vorsatz muss sich also auf sie beziehen, Unkenntnis und Irrtum schließen den Vorsatz aus. Glaubt der Täter z. B. irrtümlich, der Inhaber des von ihm vervielfältigten Werkes sei kein Deutscher und werde nicht durch das UrhG geschützt, ist diese Fehlvorstellung ein vorsatzausschließender Tatbestandsirrtum, § 16 Abs. 1 S. 1 StGB. Ungeachtet ihrer „Auslagerung" aus dem Wortlaut der §§ 106 ff. UrhG sind die Geltungsbereichstatsachen der §§ 120 ff. UrhG integrierte Bestandteile des Merkmals „Berechtigter" und somit zum Tatbestand gehörende Umstände. Es wäre nicht einzusehen, dass zwar die irrige Annahme des Täters, der Urheber sei schon seit über 70 Jahren tot (vgl. § 64 UrhG)[61], ein vorsatzausschließender Tatbestandsirrtum ist[62], nicht aber die Fehlvorstellung, der betroffene Urheber sei ein Ausländer, dessen Werk zuerst im Ausland und zwei Monate später auch in Deutschland erschienen ist, vgl. § 121 Abs. 1 S. 1 UrhG. Auch ein Irrtum über den Tatort, dem nach h. M. auf der Grundlage des Territorialitätsprinzips grundlegende Bedeutung zukommen soll, müsste als Tatbestandsirrtum anerkannt werden. Denn wenn es zutrifft, dass das deutsche Urheberstrafrecht einschließlich der §§ 106 ff. UrhG nur Inlandstaten

---

[55] MK-*Heinrich*, § 106 UrhG Rn. 119; *Rehbinder*, Urheberrecht, Rn. 944; *Reinbacher*, Die Strafbarkeit der Vervielfältigung, S. 261.

[56] *Hildebrandt*, Die Strafvorschriften des Urheberrechts, S. 236; Wandtke/Bullinger-*Hildebrandt*, § 106 Rn. 29; *Weber*, Der strafrechtliche Schutz des Urheberrechts, S. 283.

[57] *Weber*, Der strafrechtliche Schutz des Urheberrechts, S. 285.

[58] *Hildebrandt*, Die Strafvorschriften des Urheberrechts, S. 248: „falsche Sachverhaltssicht".

[59] *Weber*, Der strafrechtliche Schutz des Urheberrechts, S. 288.

[60] *Reinbacher*, Die Strafbarkeit der Vervielfältigung, S. 136.

[61] MK-*Heinrich*, § 106 Rn. 122; *Weber*, Der strafrechtliche Schutz des Urheberrechts, S. 289.

[62] So z. B. *Hildebrandt*, Die Strafvorschriften des Urheberrechts, S. 251.

erfasst, ist dieser Umstand dogmatisch als ungeschriebenes Tatbestandsmerkmal zu verorten. Die irrtümliche Annahme, die Tat im Ausland zu begehen, schließt danach gem. § 16 Abs. 1 StGB den Vorsatz aus.

3. Versuch

Der Versuch ist bei sämtlichen Tatbeständen der §§ 106 bis 108 a UrhG mit Strafe **13** bedroht[63]. Lediglich bei § 108 b UrhG ist der Versuch nicht strafbar. Es gelten die §§ 22–24 StGB sowie die allgemeinen Begriffe und Regeln der Versuchsdogmatik. Die Grenze zwischen strafloser Vorbereitung und strafbarem Versuch markiert das „unmittelbare Ansetzen" iSd § 22 StGB[64]. Strafbar ist auch der untaugliche Versuch[65]. Stellt sich der Täter z. b. irrtümlich vor, der schon vor über 70 Jahren verstorbene Urheber des von ihm verbreiteten Textes sei erst vor 60 Jahren gestorben, begeht er objektiv eine Tat, die kein urheberrechtlich geschütztes Werk betrifft. Im Vorstellungsbild des Täters hat die Tat jedoch den Charakter einer Urheberrechtsverletzung[66]. Daher handelt es sich um einen nach § 106 Abs. 2 UrhG strafbaren Versuch am untauglichen Objekt. Nach der hier vertretenen Meinung gehören die Umstände, die den persönlichen und räumlichen Geltungsbereich des Urheberrechts begrenzen, zum objektiven Tatbestand der Urheberrechtsdelikte (s. o. Rn. 11). Deshalb ist in Bezug auf diese Umstände ein untauglicher Versuch möglich. Die irrige Annahme eines inländischen Tatorts bei einer tatsächlich im Ausland begangenen Tat ist demnach ebenfalls ein strafbarer untauglicher Versuch. Allerdings hat ein solcher Fall keine praktische strafrechtliche Relevanz: Einen Strafantragsberechtigten (§ 109 UrhG) gibt es nicht[67] und ein besonderes öffentliches Interesse an der Verfolgung besteht nicht.

Das den Anwendungsbereich des deutschen Urheberstrafrechts in räumlicher Hin- **14** sicht begrenzende Territorialitätsprinzip wirkt sich auf die Möglichkeit der Begehung eines tatbestandsmäßigen Versuchs aus. Richtet sich der Vorsatz des Täters auf eine Tatvollendung im Ausland, greift § 106 UrhG und damit auch dessen Versuchsstrafbarkeit (§ 106 Abs. 2 UrhG) nicht ein. Daran ändert sich auch in dem Fall nichts, dass der Beginn der Tatausführung, also das „unmittelbare Ansetzen" iSd § 22 StGB, noch auf deutschem Territorium ins Werk gesetzt wird. Denn das Territorialitätsprinzip ist nicht genuines Strafrecht, sondern primär eine Schutzbereichslimitierung im Urheberzivilrecht. Die Beschränkung der Strafbarkeit ergibt sich qua dessen Akzessorietät. Betroffen ist deshalb der objektive Tatbestand und damit vorsatzerhebliches

---

[63] Gegen ein Strafbedürfnis bei versuchten Urheberrechtsverletzungen *Weber*, Der strafrechtliche Schutz des Urheberrechts, S. 430.

[64] *Hildebrandt*, Die Strafvorschriften des Urheberrechts, S. 288.

[65] Unverständlich Wandtke/Bullinger-*Hildebrandt*, § 106 Rn. 39; *ders.*, Die Strafvorschriften des Urheberrechts, S. 291: (Wahndelikt).

[66] MK-*Heinrich*, § 106 UrhG Rn. 132.

[67] MK-*Mitsch*, § 77 Rn. 9.

Material. Die Verbreitung eines in Deutschland urheberrechtlich geschützten Werkes im Ausland erfüllt den objektiven Tatbestand des § 106 Abs. 1 UrhG nicht. Deshalb vermag der Vorsatz, im Ausland eine solche Verbreitung vorzunehmen, den subjektiven Tatbestand nicht zu erfüllen.

4. Täterschaft und Teilnahme

15   Täterschaft und Teilnahme bei §§ 106 ff. UrhG richten sich nach §§ 25 ff. StGB[68]. Da die Tatbestände der §§ 106 ff. UrhG weder sonderdeliktischen noch eigenhändigen Charakter haben, ist Tatbegehung in mittelbarer Täterschaft möglich[69]. Der Qualifikationstatbestand § 108 a UrhG stellt mit der Gewerbsmäßigkeit auf ein besonderes persönliches Merkmal ab, weshalb § 28 Abs. 2 StGB zu beachten ist[70]. Ein besonderes persönliches Merkmal mit strafausschließender Wirkung ist die Bestimmung zum ausschließlich privaten Gebrauch des Täters oder einer ihm nahestehenden Person bei § 108 b UrhG. Auch hier kommt somit § 28 Abs. 2 StGB zur Anwendung. Bei strafrechtlich relevanten Urheberrechtsverletzungen im Internet kommt eine Providerhaftung insbesondere in Form von Beihilfe (§ 27 StGB) in Betracht[71]. Die Haftungsbeschränkungen der §§ 8 ff. TMG sind in erster Linie Beschränkungen der Beihilfestrafbarkeit[72]. Straflose notwendige Beteiligung ist die Mitwirkung des Erwerbers eines illegal in Verkehr gebrachten urheberrechtlich geschützten Objekts, solange der Erwerber sich auf den Mitwirkungsakt beschränkt, der erforderlich ist, damit die Tat des Veräußerers tatbestandsmäßig ist[73]. Geht der Erwerber aber über das zur Tatbestandserfüllung notwendige hinaus, macht er sich wegen Teilnahme am Inverkehrbringen strafbar[74].

16   Das ohne jede strafrechtsdogmatische Anbindung das Urheberstrafrecht begrenzende Territorialitätsprinzip wirft auch im Bereich der Tatbeteiligung erhebliche Probleme auf. Diese sind für eine Jurisprudenz des Urheberrechts, die ein historisches Element[75] auf wohl gewohnheitsrechtlicher Grundlage tradiert, ohne sich um seine Vereinbarkeit mit Strafrecht zu kümmern, nicht lösbar. Denn die Möglichkeit einer Teilnehmerstrafbarkeit in Bezug auf eine Auslandstat hängt davon ab, ob das Territorialitätsprinzip nur die Geltungsbereichsregeln der §§ 5, 6 und § 7 StGB verdrängt oder die Tatbestandsmäßigkeit von Urheberrechtsverletzungen auf nichtdeutschem

---

[68] *Dietz*, in: Wandtke, Urheberrecht, 11. Kap. Rn. 3; *Haß*, in: Schricker/Loewenheim, § 106 Rn. 33.

[69] MK-*Heinrich*, § 106 UrhG Rn. 127; § 107 UrhG Rn. 20; *Reinbacher*, Die Strafbarkeit der Vervielfältigung, S. 280.

[70] MK-*Heinrich*, § 108 a UrhG Rn. 4.

[71] *Reinbacher*, Die Strafbarkeit der Vervielfältigung, S. 283 Fn. 1544.

[72] *Reinbacher*, Die Strafbarkeit der Vervielfältigung, S. 283 ff.

[73] *Haß*, in: Schricker/Loewenheim, § 106 Rn. 33; *Heinrich*, Die Strafbarkeit der unbefugten Vervielfältigung, S. 271; *Kaiser*, in. Erbs/Kohlhaas, § 106 Rn. 50.

[74] *Ganter* NJW 1986, 1479 (1480).

[75] *Sternberg-Lieben* NJW 1985, 2121 (2124).

Territorium ausschließt. Ersterenfalls wäre eine Strafbarkeit der Teilnahme an einer Auslandstat gem. § 9 Abs. 2 StGB ohne weiteres möglich. Wer in Deutschland einem in Österreich agierenden Täter hilft, bewegt sich schon gem. § 3 StGB innerhalb des räumlichen Geltungsbereichs deutschen Strafrechts. Seine Strafbarkeit hängt dann nur noch davon ab, ob die Auslandstat des Täters den Tatbestand des § 106 UrhG erfüllt oder ob dies durch das urheberrechtliche Territorialitätsprinzip ausgeschlossen wird[76]. Nimmt man letzteres an, stellt sich die Frage, ob ein im Ausland agierender Gehilfe aus § 106 Abs. 1 UrhG, § 27 StGB strafbar ist, wenn die Hilfe einem in Deutschland handelnden Täter zugute kommt. Eine tatbestandsmäßige Haupttat läge dann vor und gemäß § 9 Abs. 2 StGB stünde die Tatsache, dass die Beihilfe isoliert betrachtet keinen inländischen Tatort hat, der Strafbarkeit nicht entgegen. Die Strafbarkeit des Auslandsteilnehmers entfiele also nur, wenn das Territorialitätsprinzip nicht nur die §§ 5, 6 und 7 StGB, sondern auch § 9 Abs. 2 StGB verdrängen würde. Jedoch gibt es für eine so weitgehende Zurücknahme des Strafrechts keinen sachlichen Grund. Wenn die Gefährdung des gegen täterschaftliche Angriffe auf deutschem Boden strafrechtlich geschützten Urheberrechts durch die Mitwirkung eines im Ausland handelnden Teilnehmers verstärkt wird, besteht ein entsprechendes Strafbedürfnis, dem durch Anwendung der §§ 26, 27 StGB Rechnung zu tragen ist[77].

III. Besonderes Urheberstrafrecht

1. Unerlaubte Verwertung urheberrechtlich geschützter Werke, § 106 UrhG

a) Grundtatbestand

aa) Objektiver Tatbestand

(1) Tatobjekt

Tatgegenstand des § 106 Abs. 1 UrhG ist ein „Werk" iSd § 2 UrhG[78]. Ein untauglicher **17** Versuch am untauglichen Objekt ist der Fall, dass der Täter das Objekt seiner Tat – z. B. ein Lichtbild iSd § 72 UrhG – irrig für ein Werk (Lichtbildwerk, § 2 Abs. 1 Nr. 5 UrhG) hält. Dem Werk gleichgestellt ist das Resultat einer am Werk vorgenommenen Bearbeitung[79] oder Umgestaltung[80]. Das Werk muss im Zeitpunkt der Tat urheberrechtlich geschützt sein. Zur Erfüllung des Tatbestandes kann es auch genügen, dass die Tat sich auf einen Teil eines urheberrechtlich geschützten Werkes bezieht[81]. Dies

---

[76] So *Sternberg-Lieben* NJW 1985, 2121 (2124) Fn. 56.

[77] Ebenso *Sternberg-Lieben* NJW 1985, 2121 (2124) Fn. 56.

[78] *Heinrich*, Die Strafbarkeit der unbefugten Vervielfältigung, S. 176.

[79] MK-*Heinrich*, § 106 UrhG Rn. 37.

[80] MK-*Heinrich*, § 106 UrhG Rn. 41.

[81] MK-*Heinrich*, § 106 UrhG Rn. 35.

ist z. B. der Fall, wenn ein Promovend in seiner Doktorarbeit einzelne Passagen aus einem fremden Text wörtlich übernimmt, ohne korrekt auf die Quelle hinzuweisen.

(2) Tathandlungen

18   Tatbestandsmäßige Handlung ist die Vervielfältigung, Verbreitung und öffentliche Wiedergabe des Werkes. Diese Formen der Urheberrechtsverletzung korrespondieren den ausschließlichen Verwertungsrechten des Urhebers in § 15 Abs. 1 Nr. 1, 2, Abs. 2 UrhG[82]. Beim Blick auf § 15 UrhG fällt auf, dass der Eingriff in das Ausstellungsrecht des Urhebers (§§ 15 Abs. 1 Nr. 3, 18 UrhG) vom Straftatbestand nicht erfasst ist[83]. Vervielfältigung setzt zunächst eine körperliche Fixierung des Werkes voraus[84], z. B. bei einem Musikstück die Aufnahme auf einem Tonträger, § 16 Abs. 2 UrhG. Die Übertragung auf einen Bild- oder Tonträger ist gem. der klarstellenden Regelung in § 16 Abs. 2 UrhG Vervielfältigung und nicht Bearbeitung[85]. Bereits die erstmalige Herstellung einer körperlichen Fixierung kann Beginn des Vervielfältigungsvorganges sein[86]. Denn damit ist die Möglichkeit der Herstellung weiterer Exemplare geschaffen. Anders als bei den Tathandlungsalternativen Verbreiten und öffentliche Wiedergabe kann bei der Vervielfältigung die ausschließlich private Zweckbestimmung die Strafbarkeit ausschließen, § 53 UrhG[87] (näher dazu unten Rn. 23). Vorübergehende Vervielfältigung bei Internetnutzung (Caching, Browsing[88]) ist durch die aktuelle Fassung des § 16 Abs. 1 UrhG erfasst und unter den Voraussetzungen des § 44 a UrhG zulässig[89].

19   Unter Verbreitung versteht das Urheberrecht das öffentliche Anbieten oder Inverkehrbringen des Werkoriginals oder eines Vervielfältigungsstücks von dem Werk, § 17 Abs. 1 UrhG. Obwohl begrifflich auch eine unkörperliche Verbreitung möglich ist, beschränkt sich der urheberrechtliche Verbreitungsbegriff auf die körperliche Weitergabe des Werkes oder Vervielfältigungsstücks[90]. Öffentlich ist der Verbreitungsvorgang, wenn er an eine Mehrzahl von Personen gerichtet ist, § 15 Abs. 3 UrhG[91]. Weiterverbreitung nach vorherigem Verbrauch des Verbreitungsrechts durch den Berechtigten ist grundsätzlich nicht mehr strafbar, § 17 Abs. 2 UrhG (Erschöpfungsgrundsatz)[92].

---

[82] *Weber*, in: Wesen und Bekämpfung der Videopiraterie, S. 51 (55).

[83] MK-*Heinrich*, § 106 UrhG Rn. 45; *Schack*, Rn. 848.

[84] Dreier/Schulze- *Schulze*, § 16 Rn. 6.

[85] Dreier/Schulze-*Schulze*, § 16 Rn. 16.

[86] Dreier/Schulze-*Schulze*, § 16 Rn. 8; MK-*Heinrich*, § 106 UrhG Rn. 48.

[87] MK-*Heinrich*, § 106 UrhG Rn. 92.

[88] *Lettl*, Urheberrecht, § 6 Rn. 4.

[89] *Czychowski* NJW 2003, 2409 (2410).

[90] Dreier/Schulze-*Schulze*, § 17 Rn. 5; MK-*Heinrich*, § 106 UrhG Rn. 52; *ders.*, Medienstrafrecht, Rn. 299; *ders.*, Die Strafbarkeit der unbefugten Vervielfältigung, S. 218.

[91] MK-*Heinrich*, § 106 UrhG Rn. 56.

[92] Dreier/Schulze-*Schulze*, § 17 Rn. 24.

Da – wie gesehen – der Strafrechtsschutz des § 106 Abs. 1 UrhG mit der Pönali-	**20**
sierung des Verbreitens nur in Fällen der körperlichen Weitergabe des Werkes greift,
bedarf es für den strafrechtlichen Urheberrechtsschutz gegen unkörperliche Formen
unbefugter Werkverwertung einer anderweitigen Tatbestandsalternative. Diese basiert auf dem Handlungsmerkmal „öffentliche Wiedergabe". Schon aus § 15 Abs.
2 S. 1 UrhG ist ersichtlich, dass dieser Vorgang das Werk in unkörperlicher Form
dem Rezipientenkreis zugänglich macht[93]. Der das Merkmal konkretisierende Bei-
spielskatalog des § 15 Abs. 2 S. 2 UrhG ist vielfältig und nicht einmal abschließend
(„. . . insbesondere . . . ")[94]. Große praktische Bedeutung hat die Variante „öffentliches Zugänglichmachen", §§ 15 Abs. 2 S. 2 Nr. 2, 19 a UrhG. Auf dieser durch das
Gesetz zur Regelung des Urheberrechts in der Informationsgesellschaft (sog. „erster
Korb")[95] geschaffenen Rechtsgrundlage ist die aktive Beteiligung an Musiktauschbörsen im Internet (File-Sharing-System in Peer-to-Peer-Tauschbörsen) strafbar[96].
Die an dem Vorgang der öffentlichen Wiedergabe begriffsnotwendig beteiligten Empfänger (Zuhörer, Zuschauer) machen sich nicht wegen Teilnahme strafbar[97]. Ihre Art
der Mitwirkung hat ohnehin eher den Charakter einer „Hehlerei", ist aber nicht aus
§ 259 StGB strafbar, weil es sowohl an einem tauglichen Objekt („Sache") als auch
an einem körperlichen Verschaffens-Akt fehlt[98].

(3) Gesetzlich zugelassene Fälle

Akzessorietät und Blankettcharakter des § 106 Abs. 1 UrhG kommt in diesem Merk-	**21**
mal stark zur Geltung. Die gesetzliche Zulassung, auf die hier verwiesen wird,
entspringt den Vorschriften über Schranken des Urheberrechts in §§ 44 a bis 63
UrhG[99]. Straftatsystematisch handelt es sich um tatbestandsausschließende Umstände, also negative Tatbestandsmerkmale[100]. Die Verweisung richtet sich nicht auf
allgemeine Rechtfertigungsgründe (wie z. B. Notstand, § 34 StGB), wäre mit diesem
Inhalt ohnehin überflüssig[101]. Die Inhalte der gesetzlichen Urheberrechtsschran-
ken resultieren aus dem Regelungsziel, einen Interessenausgleich zu ermöglichen

---

[93] MK-*Heinrich*, § 106 UrhG Rn. 70; *ders.*, Medienstrafrecht, Rn. 299.

[94] Dreier/Schulze-*Dreier*, § 15 Rn. 30.

[95] Ausführlich zu diesem Gesetz *Czychowski* NJW 2003, 2409 ff.

[96] *Beck/Kreißig* NStZ 2007, 304 (305); Dreier/Schulze-*Dreier*, § 106 Rn. 5.

[97] Ebenso zum Endabnehmer einer Verbreitung MK-*Heinrich*, § 106 UrhG Rn. 131.

[98] *Schönke/Schröder/Stree/Hecker*, § 259 Rn. 4.

[99] Dreier/Schulze-*Dreier*, § 106 Rn. 6; *Ernst*, in: Graf/Jäger/Wittig, § 106 UrhG Rn. 46 ff.;
Hellmann/Beckemper, Wirtschaftsstrafrecht, Rn. 617; Wandtke/Bullinger-*Hildebrandt*, § 106
Rn. 21.

[100] *Heinrich*, Die Strafbarkeit der unbefugten Vervielfältigung, S. 249; *Sternberg-Lieben*,
Musikdiebstahl, S. 65; *Ruttke/Scharringhausen*, in: Fromm/Nordemann, § 106 Rn. 21;
Wandtke/Bullinger-*Hildebrandt*, § 106 Rn. 21; *ders.*, Die Strafvorschriften des Urheberrechts,
S. 129 ff.

[101] *Hildebrandt*, Die Strafvorschriften des Urheberrechts, S. 124.

zwischen dem Urheber und Rechtsinhaber einerseits und den Werkvermittlern und Endnutzern andererseits[102].

22 Gesetzessprachliches Bindeglied zwischen § 106 Abs. 1 UrhG und den §§ 44 a ff. UrhG sind die Begriffe, mit denen in § 106 Abs. 1 UrhG die tatbestandsmäßigen Handlungen bezeichnet werden, also Vervielfältigung, Verbreitung und öffentliche Wiedergabe. In einigen Vorschriften wird aus dem Bereich der öffentlichen Wiedergabe (vgl. § 15 Abs. 2 UrhG) nur der spezielle Fall der öffentlichen Zugänglichmachung (§§ 15 Abs. 2 S. 2 Nr. 2, 19 a UrhG) erlaubt. Alle drei Handlungsalternativen sind zugelassen in §§ 48 Abs. 1 Nr. 2, 49 Abs. 2, 50, 51, 57 und 59 UrhG. Alle drei Handlungen mit der Beschränkung auf öffentliche Zugänglichmachung sind erlaubt in §§ 46 und 58 UrhG. Vervielfältigung und Verbreitung gestatten §§ 45 a, 48 Abs. 1 Nr. 1, 49 Abs. 1, und 60 UrhG. Vervielfältigung und öffentliche Zugänglichmachung gestattet § 56 UrhG. Verbreitung und öffentliche Wiedergabe ist nach § 45 Abs. 3 UrhG zulässig. Ausschließlich Vervielfältigung gestatten §§ 44 a, 45 Abs. 1, 47, 53, 55 und 55 a UrhG. Nur öffentliche Wiedergabe ist nach § 52 UrhG zulässig, nur öffentliche Zugänglichmachung nach § 52 a UrhG.

23 Die größte praktische Bedeutung dürfte der Vervielfältigung zum ausschließlich privaten Gebrauch zukommen, die unter den Voraussetzungen und im Rahmen des § 53 UrhG zulässig ist und – soweit der Rahmen nicht überschritten wird – straffrei bleibt. Insbesondere das Herunterladen von Musikstücken aus dem Internet (digitale Privatkopie) im Kontext von Musiktauschbörsen hat hohe Konjunktur[103]. Die äußerst komplex konstruierte Erlaubnis ist restriktiv ausgestaltet. Insbesondere folgt aus der Erlaubtheit des Vervielfältigungsvorgangs nicht die Rechtmäßigkeit anschließender Verbreitung oder öffentlicher Wiedergabe, § 53 Abs. 6 S. 1 UrhG. Daher kann sich aus § 106 Abs. 1 UrhG strafbar machen, wer ein Werk, das er gem. § 53 Abs. 1 UrhG rechtmäßig vervielfältigt hat, unter Verstoß gegen § 53 Abs. 6 UrhG verbreitet oder öffentlich wiedergibt. Schon der Vervielfältigungsakt selbst ist strafbar, wenn Grundlage der Privatkopie eine offensichtlich aus illegaler Quelle stammende Kopie ist, § 53 Abs. 1 S. 1 a. E. UrhG[104].

bb) Sonstige Strafbarkeitsvoraussetzungen

(1) Subjektiver Tatbestand

24 Da das Gesetz keine Fahrlässigkeitsstrafdrohung enthält, ist nur vorsätzliche Tatbegehung strafbar, § 15 StGB. Ausreichend ist dolus eventualis. Die irrige Vorstellung eines Sachverhalts, der einem der „gesetzlich zugelassenen Fälle" (s. o. Rn. 21 ff.) unterfallen würde, ist ein vorsatzausschließender Tatbestandsirrtum, § 16 Abs. 1 S. 1 StGB[105]. Demgegenüber ist die unzutreffende Annahme einer tatsächlich

---

[102] Dreier/Schulze-*Dreier*, vor § 44 a Rn. 1.

[103] *Reinbacher*, Die Strafbarkeit der Vervielfältigung, S. 22.

[104] Dreier/Schulze-*Dreier*, § 53 Rn. 11.

[105] *Hildebrandt*, Die Strafvorschriften des Urheberrechts, S. 250; *Weber*, Der strafrechtliche Schutz des Urheberrechts, S. 291.

nicht existierenden gesetzlichen Handlungserlaubnis ein Verbotsirrtum isd § 17 StGB[106]. Irrtümliche Annahme einer Einwilligung des Berechtigten ist ein Erlaubnistatbestandsirrtum[107].

(2) Rechtswidrigkeit

Die im Gesetzestext des § 106 Abs. 1 UrhG ausdrücklich erwähnte „Einwilligung **25** des Berechtigten" ist nach h. M. kein negatives Tatbestandsmerkmal[108], sondern ein Rechtfertigungsgrund[109]. Es gelten die allgemeinen Regeln, die Rechtsprechung und Strafrechtslehre zu diesem gewohnheitsrechtlich anerkannten („volenti non fit inuria") Rechtfertigungsgrund entwickelt haben. Nachträgliche Zustimmungen entfalten daher keine Rechtfertigungswirkung[110]. Die zivilrechtliche Legalisierungswirkung einer nachträglichen Genehmigung lässt sich nicht ins Strafrecht übertragen[111]. „Berechtigter" ist der Inhaber des Rechts, das durch die Tat in tatbestandsmäßiger Weise beeinträchtigt wird. Das ist nicht nur der Urheber (§ 7 UrhG), sondern kann statt seiner auch der Rechtsnachfolger (§ 30 UrhG) oder der Inhaber eines ausschließlichen Nutzungsrechts (§ 31 Abs. 1, 3 UrhG) sein[112].

Zu unterscheiden ist die bloß rechtfertigende Einwilligung von der vertraglichen **26** Einräumung einer Rechtsstellung gem. §§ 31 ff. UrhG, die den Erwerber zum „Berechtigten" macht[113]. Der darauf basierende rechtliche Status hat zur Folge, dass sein Inhaber kein tauglicher Täter ist, also durch eine Vervielfältigungs-, Verbreitungs- oder öffentliche Wiedergabehandlung den objektiven Tatbestand nicht erfüllen kann.

Sonstige Rechtfertigungsgründe sind bei § 106 UrhG theoretisch möglich, dürften **27** aber keine nennenswerte praktische Bedeutung haben. Weder Notwehr (§ 32 StGB) noch rechtfertigender Notstand (§ 34 StGB) sind in halbwegs realitätsnahen Sachverhalten, sondern allenfalls als phantasievoll ausgedachte Lehrbuchkuriositäten vorstellbar[114].

---

[106] *Hellmann/Beckemper*, Wirtschaftsstrafrecht, Rn. 620.

[107] *Heinrich*, Die Strafbarkeit der Vervielfältigung, S. 263; *Ruttke/Scharringhausen*, in: Fromm/Nordemann, § 106 Rn. 35; *Weber*, Der strafrechtliche Schutz des Urheberrechts, S. 292.

[108] So aber *Ernst*, in: Graf/Jäger/Wittig, § 106 UrhG Rn. 85; *Flechsig*, in: Loewenheim, Handbuch, § 90 Rn. 36; *Haß*, in: Schricker/Loewenheim, § 106 Rn. 28; *Hellmann/Beckemper*, Wirtschaftsstrafrecht, Rn. 612; *Vassilaki/Martens*, S. 59.

[109] Dreier/Schulze-*Dreier*, § 106 Rn. 8; *Kaiser*, in: Erbs/Kohlhaas, § 106 Rn. 29; MK-*Heinrich*, § 106 UrhG Rn. 114; *Ruttke/Scharringhausen*, in: Fromm/Nordemann, § 106 Rn. 25; *Schack*, Rn. 855; diff. Wandtke/Bullinger-*Hildebrandt*, § 106 Rn. 24: Doppelfunktion.

[110] MK-*Heinrich*, § 106 UrhG Rn. 117; *Strobel*, in: Büscher/Dittmer/Schiwy, § 106 UrhG 10 Rn. 13; aA *Flechsig*, in: Loewenheim, Handbuch, § 90 Rn. 36; *Kotthoff*, in: Dreyer/Kotthoff/Meckel, § 106 Rn. 7.

[111] *Ruttke/Scharringhausen*, in: Fromm/Nordemann, § 106 Rn. 27.

[112] MK-*Heinrich*, § 106 UrhG Rn. 115; *Weber*, in: Wesen und Bekämpfung der Videopiraterie, S. 51 (55).

[113] Wandtke/Bullinger-*Hildebrandt*, § 106 Rn. 24, der hier von einer „Doppelfunktion" der Einwilligung spricht.

[114] *Hildebrandt*, Die Strafvorschriften des Urheberrechts, S. 245; *Weber*, Der strafrechtliche Schutz des Urheberrechts, S. 261.

b) Qualifikationstatbestand

28 Die Tat ist gem. § 108 a Abs. 1 UrhG qualifiziert, wenn der Täter gewerbsmäßig gehandelt hat. Es müssen also sämtliche Strafbarkeitsvoraussetzungen des § 106 Abs. 1
UrhG und das zusätzliche Merkmal „gewerbsmäßig" erfüllt sein. Im Straftataufbau
hat dieses Merkmal seinen Platz im subjektiven Tatbestand. Dagegen schlägt es sich
im objektiven Tatbestand nicht nieder. Obwohl sich Gewerbsmäßigkeit über einen
längeren Zeitraum betrachtet in der wiederholten Begehung einer Vielzahl ähnlicher
Delikte manifestieren wird, kann die Erfüllung des Tatbestandes bereits mit der
ersten – und vielleicht einzigen – Tat bewirkt werden[115]. Der Inhalt von Gewerbsmäßigkeit ist die Absicht, sich durch wiederholte Tatbegehung eine ergiebige und
dauernde Einnahmequelle zu verschaffen[116]. Als besonderes persönliches Merkmal
mit qualifizierender Wirkung fällt die Gewerbsmäßigkeit in den Anwendungsbereich
des § 28 Abs. 2 StGB[117]. Wer als Mittäter, Anstifter oder Gehilfe ohne selbst gewerbsmäßig zu handeln an der Tat eines gewerbsmäßig handelnden Täters beteiligt
ist, verwirklicht nur den Grundtatbestand § 106 UrhG. Andererseits kann ein
gewerbsmäßig handelnder Teilnehmer aus §§ 106, 108 a UrhG (iVm §§ 26 oder 27
StGB) auch dann bestraft werden, wenn der Täter nicht gewerbsmäßig gehandelt hat.

2. Unzulässiges Anbringen der Urheberbezeichnung, § 107 UrhG

a) Allgemeines

29 Die Rechtsstellung des Urhebers hat eine materielle und eine immaterielle Komponente: das Urheberverwertungsrecht und das Urheberpersönlichkeitsrecht, §§ 11,
12 ff., 15 ff. UrhG[118]. Der strafrechtliche Schutz in §§ 106 ff. UrhG ist auf den
Aspekt der kommerziellen Verwertbarkeit des Urheberrechts konzentriert. Das Urheberpersönlichkeitsrecht spielt in §§ 106 ff. UrhG fast gar keine Rolle[119]. Der
einzige Straftatbestand, der einem Ausschnitt aus dem Urheberpersönlichkeitsrecht
strafrechtlichen Schutz widmet, ist § 107 Abs. 1 Nr. 1 UrhG[120]. Ob auch § 107 Abs. 1

---

[115] Wandtke/Bullinger-*Hildebrandt*, § 108 a Rn. 2.

[116] BGHSt 49, 93 (111); Wandtke/Bullinger-*Hildebrandt*, § 108 a Rn. 1.

[117] BGHSt 49, 93 (111); *Heinrich*, Die Strafbarkeit der unbefugten Vervielfältigung, S. 288; *Kotthoff*, in: Dreyer/Kotthoff/Meckel, § 108 a Rn. 1; MK-*Joecks*, § 28 Rn. 21; MK-*Heinrich*, § 108 a
Rn. 4; *Schack*, Rn. 854; *Strobel*, in: Büscher/Dittmer/Schiwy, § 108 a UrhG Rn. 4; *Zabel* JA 2010,
401 (403).

[118] *Lettl*, Urheberrecht, § 4 Rn. 1.

[119] *Dietz*, in: Wandtke, Urheberrecht, 11. Kap. Rn. 1; *Schack*, Rn. 848.

[120] *Haß*, in: Schricker/Loewenheim, § 107 Rn. 1; *Hellmann/Beckemper*, Wirtschaftsstrafrecht,
Rn. 657; *Löffler* NJW 1993, 1421 (1426); MK-*Heinrich*, § 107 UrhG Rn. 1; *Weber*, Der
strafrechtliche Schutz des Urheberrechts, S. 252; *Zabel* JA 2010, 401 (402).

Nr. 2 UrhG das Urheberpersönlichkeitsrecht schützt, ist unklar[121]. Dagegen spricht, dass auch der Urheber selbst Täters ein kann[122]. Die Subsidiaritätsklausel in § 107 Abs. 1 UrhG zielt in erster Linie auf vorrangige Strafbarkeit aus § 267 StGB[123].

b) Strafbarkeitsvoraussetzungen

aa) § 107 Abs. 1 Nr. 1

Tatobjekt ist das Original eines Werkes der bildenden Künste, sowie gem. § 3 UrhG urheberrechtlich geschützte Bearbeitungen und Umgestaltungen[124]. Vervielfältigungsstücke kommen als Tatgegenstand nicht in Betracht. Ein Werk der Bildenden Künste (§ 2 Abs. 1 Nr. 4 UrhG) ist in erster Linie ein klassisches Kunstwerk der Malerei, Zeichnung oder Bildhauerei[125]. Erfasst ist jedoch auch die angewandte Kunst[126] und die Baukunst[127]. Da der Straftatbestand andere Werkarten nicht einbezieht, wird in der Literatur ein Verstoß gegen Art. 3 GG konstatiert[128]. Tathandlung ist entweder das unbefugte Anbringen der Urheberbezeichnung auf dem Tatobjekt oder dessen Verbreitung, nachdem bereits eine unbefugte Anbringung der Urheberbezeichnung stattgefunden hat. Die angebrachte Urheberbezeichnung muss wahr sein, also den wirklichen Urheber betreffen[129]. Die Anbringung einer unwahren Urheberbezeichnung erfüllt den Tatbestand nicht, weil dadurch der Urheber nicht in seinem Persönlichkeitsrecht beeinträchtigt wird. Die Tat kann aber als Urkundenfälschung (§ 267 StGB) strafbar sein[130]. Die Einwilligung des Urhebers beseitigt nicht erst die Rechtswidrigkeit, sondern bereits die objektive Tatbestandsmäßigkeit[131]. Der subjektive Tatbestand setzt Vorsatz voraus, § 15 StGB[132]. Der Qualifikationstatbestand des § 108 a UrhG ist nach seinem Gesetzeswortlaut auch mit § 107 Abs. 1 Nr. 1 UrhG verbunden.

30

---

[121] Bejahend MK-*Heinrich*, § 107 UrhG Rn. 13; aA *Löffler* NJW 1993, 1421 (1426); *Weber*, Der strafrechtliche Schutz des Urheberrechts, S. 254.

[122] *Dietz*, in: Wandtke, Urheberrecht, 11. Kap. Rn. 16; MK-*Heinrich*, § 107 UrhG Rn. 13; *Weber*, Der strafrechtliche Schutz des Urheberrechts, S. 253.

[123] *Löffler* NJW 1993, 1421 (1423).

[124] MK-*Heinrich*, § 107 UrhG Rn. 5; *Weber*, Der strafrechtliche Schutz des Urheberrechts, S. 250.

[125] Wandtke/Bullinger-*Bullinger*, § 2 Rn. 87.

[126] *Lettl*, Urheberrecht, § 2 Rn. 81.

[127] *Lettl*, Urheberrecht, § 2 Rn. 82.

[128] *Dietz*, in: Wandtke, Urheberrecht, 11. Kap. Rn. 18; Wandtke/Bullinger-*Hildebrandt*, § 107 Rn. 1.

[129] *Haß*, in: Schricker/Loewenheim, § 107 Rn. 5; MK-*Heinrich*, § 107 UrhG Rn. 8; *Schack*, Rn. 852.

[130] *Dietz*, in: Wandtke, Urheberecht, 11. Kap Rn. 15; *Löffler* NJW 1993, 1421 (1424); MK-*Heinrich*, § 107 UrhG Rn. 8; *Weber*, Der strafrechtliche Schutz des Urheberrechts, S. 251.

[131] Dreier/Schulze-*Dreier*, § 107 Rn. 8; MK-*Heinrich*, § 107 UrhG Rn. 11, 19; aA *Weber*, Der strafrechtliche Schutz des Urheberrechts, S. 265 ff.

[132] MK-*Heinrich*, § 107 UrhG Rn. 18.

bb) § 107 Abs. 1 Nr. 2

31   Dieser Straftatbestand schützt das Interesse der Allgemeinheit vor Irreführung in Bezug auf den Charakter eines Objekts als Werk-Original. Das Schutzgut ist also ein überindividuelles Rechtsgut, weshalb eine unrechtsausschließende Einwilligung nicht möglich ist[133]. Der Urheber selbst kann Täter sein. Tatobjekte sind Vervielfältigungen, Bearbeitungen und Umgestaltungen von Werken der bildenden Kunst. Tathandlung ist das Anbringen einer irreführenden Urheberbezeichnung, durch die der Anschein des Originals erweckt wird. Ebenfalls tatbestandsmäßig ist die Verbreitung eines derart signierten Tatobjekts. Der subjektive Tatbestand setzt Vorsatz voraus, § 15 StGB.

3. Unerlaubte Eingriffe in verwandte Schutzrechte, § 108 UrhG

a) Allgemeines

32   Verwandte Schutzrechte sind in §§ 70 ff. UrhG unter urheberrechtlichen Schutz gestellt. Von dem Straftatbestand § 106 UrhG werden diese Rechte hingegen nicht erfasst. Für die repressiv-strafrechtliche Gleichstellung mit dem Urheberrecht sorgt § 108 UrhG[134]. Ausgeklammert ist die Rechtsstellung des Veranstalters (§§ 81–83 UrhG), die in der Aufzählung in § 108 Abs. 1 Nr. 1 bis Nr. 8 UrhG nicht enthalten ist. Die Handlungsmerkmale des § 108 Abs. 1 UrhG sind nur teilweise mit denen des § 106 UrhG identisch. Lediglich in § 108 Abs. 1 Nr. 1 und Nr. 3 UrhG sind Vervielfältigung, Verbreitung und öffentliche Wiedergabe pönalisiert. Ansonsten nennt die Strafvorschrift das tatbestandsmäßige Verhalten „Verwertung", wobei sich der konkrete Inhalt der Verwertung aus der Art des jeweils betroffenen Rechts ergibt[135]. Der subjektive Tatbestand setzt Vorsatz voraus, § 15 StGB. Eine Einwilligung des betroffenen Rechtsinhabers schließt die Rechtswidrigkeit aus[136]. Von der bloßen Einwilligung zu unterscheiden ist die Übertragung des Rechts[137]. Diese ist möglich in den Fällen der §§ 71 Abs. 2, 79 Abs. 2, 85 Abs. 2 S. 1, 87 Abs. 2 S. 1, 94 Abs. 2 S. 1 UrhG. Der Ausschluss der Strafbarkeit in „den gesetzlich zugelassenen Fällen" basiert wie bei § 106 UrhG auf den Vorschriften der §§ 44 a ff. UrhG[138].

---

[133] *Dietz*, in: Wandtke, Urheberrecht, 11. Kap Rn. 17; *Weber*, Der strafrechtliche Schutz des Urheberrechts, S. 265.

[134] Dreier/Schulze-*Dreier*, § 108 Rn. 1: „Parallele zur Strafrechtssanktion für die Verletzung von Urheberrechten nach § 106"; *Weber*, in: Wesen und Bekämpfung der Videopiraterie, S. 51 (56).

[135] MK-*Heinrich*, § 108 UrhG Rn. 4.

[136] MK-*Heinrich*, § 108 UrhG Rn. 6.

[137] *Hildebrandt*, Die Strafvorschriften des Urheberrechts, S. 226.

[138] *Dietz*, in: Wandtke, Urheberrecht, 11. Kap Rn. 13; Dreier/Schulze-*Dreier*, § 108 Rn. 3; MK-*Heinrich*, § 108 UrhG Rn. 5; *Weber*, Der strafrechtliche Schutz des Urheberrechts, S. 255.

b) Strafbarkeitsvoraussetzungen

aa) § 108 Abs. 1 Nr. 1

Bei diesem Straftatbestand besteht vollständige Übereinstimmung mit § 106 Abs. **33**
1 UrhG mit Ausnahme des Tatobjekts: Die Tat bezieht sich auf eine urheberrechtlich geschützte wissenschaftliche Ausgabe iSd § 70 UrhG. Die tatbestandsmäßigen
Handlungsmerkmale sind dieselben wie die des § 106 UrhG[139].

bb) § 108 Abs. 1 Nr. 2

Tatgegenstand ist ein „nachgelassenes Werk" iSd § 71 UrhG. Tathandlung ist die **34**
„Verwertung" des nachgelassenen Werks. Das sind Vervielfältigung, Verbreitung und
öffentliche Wiedergabe, sowie das öffentliche Zurschaustellen iSd § 18 UrhG[140].

cc) § 108 Abs. 1 Nr. 3

Hier ist hinsichtlich des Tatobjekts zu beachten, dass ein Lichtbild schon durch § 106 **35**
UrhG strafrechtlich geschützt ist, sofern es die Qualität eines Lichtbildwerkes iSd
§ 2 Abs. 1 Nr. 5 UrhG hat[141]. Anderenfalls ist der „Lichtbildner" (§ 72 Abs. 2 UrhG)
durch § 108 Abs. 1 Nr. 3 UrhG gegen dieselben tatbestandsmäßigen Handlungen
geschützt, wie im Rahmen des § 106 Abs. 1 UrhG[142]. Bildet das Lichtbild eine Person
ab, kann durch die Verbreitung auch der Straftatbestand des § 33 KUG verwirklicht
werden. Dabei ist zu berücksichtigen, dass es um unterschiedliche Rechtsgüter geht.
Die abgebildete Person ist zwar Inhaberin des von § 33 KUG geschützten Rechtsguts.
Das Recht des Lichtbildners ist ihr gegenüber aber ebenso geschützt wie gegenüber
jedem anderen Täter.

dd) § 108 Abs. 1 Nr. 4

Schauspieler, Tänzer, Sänger und sonstige ausübende Künstler iSd § 73 UrhG[143] **36**
können darüber bestimmen, ob ihre Darbietungen auf Bild- oder Tonträger aufgenommen und Aufnahmen vervielfältigt oder verbreitet werden, § 77 UrhG[144]. Des

---

[139] *Weber*, Der strafrechtliche Schutz des Urheberrechts, S. 257.

[140] MK-*Heinrich*, § 108 UrhG Rn. 11.

[141] MK-*Heinrich*, § 108 UrhG Rn. 13; *Sternberg-Lieben*, Musikdiebstahl, S. 75.

[142] *Weber*, Der strafrechtliche Schutz des Urheberrechts, S. 258.

[143] Dreier/Schulze-*Dreier*, § 73 Rn. 11; *Kreile*, in: Dörr/Kreile/Cole, Handbuch Medienrecht, S. 366.

[144] *Sternberg-Lieben*, Musikdiebstahl, S. 74.

weiteren können sie bestimmen, ob einem Publikum die Möglichkeit der Wahrnehmung einer Darbietung „live" ermöglicht wird, § 78 Abs. 1 UrhG. Wer sich unerlaubt
diese Befugnisse anmaßt, also die Darbietung „verwertet", macht sich aus § 108 Abs.
1 Nr. 4 UrhG strafbar. Unter diesen Tatbestand fällt z. B. das „Bootlegging", also das
heimliche Herstellen ungenehmigter Livemitschnitte von Konzerten[145].

ee) § 108 Abs. 1 Nr. 5

37　Dieser Straftatbestand schützt nur den Hersteller eines Tonträgers, nicht den Urheber des darauf gespeicherten musikalischen Werks und auch nicht den darbietenden
Künstler[146]. Grund für den Rechtsschutz zugunsten des Tonträgerherstellers ist der
beträchtliche wirtschaftliche Aufwand, der mit der erstmaligen Aufnahme auf Tonträger verbunden ist[147]. Geschützt ist also die unternehmerische Leistung[148]. Tonträger
ist eine Vorrichtung, auf der Tonfolgen festgehalten und von der diese wiederholt
wiedergeben werden können, § 16 Abs. 2 UrhG[149]. Leistungsschutzrecht genießt
nur der Hersteller der erstmaligen Tonaufnahme[150]. Tatbestandsmäßiges Verhalten
ist nur eine Verwertung, durch die die Rechtsstellung des Tonträgerherstellers aus
§ 85 UrhG verletzt wird, also die Vervielfältigung, Verbreitung oder öffentliche
Zugänglichmachung[151]. Dagegen ist eine Handlung, mit der der Anspruch des Tonträgerherstellers auf angemessene Beteiligung an der Vergütung gem. § 86 UrhG
beeinträchtigt wird, nicht straftatbestandsmäßig[152].

ff) § 108 Abs. 1 Nr. 6

38　Inhaber des geschützten Leistungsrechts ist das Sendeunternehmen. Das ist das Unternehmen, das eine Funksendung iSd § 20 UrhG durchführt, die zum Empfang
durch mindestens einen Teil der Öffentlichkeit bestimmt ist[153]. Tatbestandsmäßiges
Verhalten ist die Verwertung der Funksendung („Bootlegging")[154]. Das betrifft alle
Formen der Verwertung gem. § 87 Abs. 1 Nr. 1, 2, 3 UrhG[155].

---

[145] *Spautz* ZUM 1990, 164 (165).

[146] *Sternberg-Lieben*, Musikdiebstahl, S. 73.

[147] BGHSt 49, 93 (98); *Lettl*, Urheberrecht, § 9 Rn. 9.

[148] *Weber*, Der strafrechtliche Schutz des Urheberrechts, S. 259.

[149] Dreier/Schulze-*Schulze*, § 16 Rn. 17.

[150] Dreier/Schulze-*Schulze*, § 85 Rn. 7; *Lettl*, Urheberrecht, § 9 Rn. 14.

[151] MK-*Heinrich*, § 108 UrhG Rn. 23.

[152] MK-*Heinrich*, § 108 UrhG Rn. 21.

[153] Dreier/Schulze-*Dreier*, § 87 Rn. 5; *Lettl*, Urheberrecht, § 9 Rn. 17.

[154] *Sternberg-Lieben*, Musikdiebstahl, S. 15, 74.

[155] MK-*Heinrich*, § 108 UrhG Rn. 27.

gg) § 108 Abs. 1 Nr. 7

Dieser Straftatbestand dient dem Schutz des Filmherstellers[156], vor allem gegen **39**
„Videopiraterie"[157]. Nach h. M. zählen dazu auch die Hersteller von Computer-
spielen[158]. Grund für den rechtlichen Schutz ist der erhebliche wirtschaftliche und
organisatorische Aufwand, der mit einer Filmproduktion verbunden ist[159]. Urheber
des Filmwerkes (§ 2 Abs. 1 Nr. 6 UrhG) ist der Produzent mangels schöpferischer
Leistung in der Regel nicht und daher nicht schon durch § 106 UrhG geschützt[160].
Tatbestandsmäßiges Verhalten ist die Verwertung entgegen § 94 UrhG. Das ist die
Vervielfältigung, Verbreitung und öffentliche Vorführung, § 94 Abs. 1 S. 1 UrhG.
Dagegen ist die in § 94 Abs. 1 S. 2 UrhG verbotene Entstellung oder Kürzung des
Films keine tatbestandsmäßige Handlung, da es sich bei diesen Handlungen nicht
um „Verwertungen" handelt[161].

hh) § 108 Abs. 1 Nr. 8

Die Vorschriften über den Schutz des Datenbankherstellers (§§ 87 a bis 87 e Ur-   **40**
hG) sind in Umsetzung der europäischen Datenbank-Richtlinie vom 11. 3. 1996[162]
eingeführt worden und seit 1. 1. 1998 in Kraft[163]. Wer eine Datenbank herstellt,
indem er Informationen sammelt, aufbereitet und darbietet, hat erhebliche organisatorische und wirtschaftliche Aufwendungen. Daher ist urheberrechtlicher Schutz
gerechtfertigt[164]. Zu unterscheiden ist der Schutz des Datenbankherstellers von dem
des Urhebers eines Datenbankwerks iSd § 4 Abs. 2 UrhG[165]. Tatbestandsmäßiges
Verhalten ist die Verwertung in einer der Formen, die gem. § 87 b UrhG dem ausschließlichen Recht des Datenbankherstellers zugewiesen sind. Tathandlungen sind
also die Vervielfältigung, Verbreitung und öffentliche Wiedergabe[166].

---

[156] MK-*Heinrich*, § 108 UrhG Rn. 30.

[157] *Weber*, in: Wesen und Bekämpfung der Videopiraterie, S. 51 (56).

[158] BayObLG JZ 1993, 104 (105); *Meier* JZ 1992, 657 (660); MK-*Heinrich*, § 108 UrhG Rn. 33; aA
Hildebrandt, Die Strafvorschriften des Urheberrechts, S. 221; *ders.*, in: Wandtke/Bullinger, § 108
Rn. 4, *Hellmann/Beckemper*, Wirtschaftsstrafrecht, Rn. 659: verfassungsrechtliche Bedenken aus
Art. 103 Abs. 2 GG.

[159] Dreier/Schulze-*Schulze*, § 94 Rn. 24; *Lettl*, Urheberrecht, § 9 Rn. 45.

[160] Dreier/Schulze-*Schulze*, § 94 Rn. 1.

[161] MK-*Heinrich*, § 108 UrhG Rn. 32; *Weber*, Der strafrechtliche Schutz des Urheberrechts, S. 261
(„Redaktionsversehen").

[162] *Lettl*, Urheberrecht, § 1 Rn. 42; Wandtke/Bullinger-*Wandtke*, Einl Rn. 21.

[163] Wandtke/Bullinger-*Thum*, vor § 87 a Rn. 1.

[164] *Lettl*, Urheberrecht, § 9 Rn. 21.

[165] *Lettl*, Urheberrecht, § 2 Rn. 109 ff.

[166] MK-*Heinrich*, § 108 UrhG Rn. 36.

4. Unerlaubte Eingriffe in technische Schutzmaßnahmen und zur Rechtewahrnehmung erforderliche Informationen, § 108 b UrhG

a) Allgemeines

41 Die Strafvorschrift des § 108 b UrhG enthält die strafrechtliche Absicherung der Schutzbestimmungen in § 95 a UrhG und in § 95 c UrhG. Der technische Schutz von Urhebern und sonstigen Rechteinhabern vor unbefugter Nutzung ihrer Werke und Leistungen ist in § 95 a UrhG geregelt. Notwendige Informationen zur Rechtewahrnehmung werden in § 95 c UrhG gegen Entfernung oder Veränderung geschützt. Das Strafrecht pönalisiert Handlungen, die diesen Schutz untergraben[167]. Alle Tatbestandsalternativen setzen im subjektiven Tatbestand Vorsatz voraus, wobei teilweise eine qualifizierte Vorsatzform („wissentlich") erforderlich ist. Der Versuch ist nicht mit Strafe bedroht[168]. Straffrei bleiben die in § 108 b Abs. 1 UrhG pönalisierten Handlungen, wenn ihre Begehung ausschließlich dem eigenen Gebrauch des Täters oder einer ihm nahestehenden Person zu dienen bestimmt ist.

b) Strafbarkeitsvoraussetzungen

aa) § 108 b Abs. 1 Nr. 1

42 Dieser Straftatbestand ist mit § 95 a Abs. 1 UrhG verknüpft. Das Angriffsobjekt „wirksame technische Maßnahmen" (z. B. Kopierschutz) ist in § 95 a Abs. 2 UrhG definiert. Tatbestandsmäßige Handlung ist die Umgehung der technischen Maßnahme. Das Delikt hat eine „überschießende Innentendenz", da es im subjektiven Tatbestand durch die Absicht des Täters geprägt ist, sich oder einem Dritten unbefugten Zugang zu einem geschützten Gegenstand oder dessen Nutzung zu ermöglichen[169].

bb) § 108 b Abs. 1 Nr. 2 a

43 Dieser Straftatbestand steht in Verbindung mit § 95 c Abs. 1 UrhG. Nur die Informationen, die der elektronischen Rechtewahrnehmung dienen, sind für den Tatbestand relevant, § 95 c Abs. 2 UrhG. Funktion dieser Informationen ist die Identifikation der Werke, ihrer Urheber usw. Tatbestandsmäßiges Verhalten ist die Entfernung oder Veränderung solcher an einem Vervielfältigungsstück angebrachter Informationen. Dies muss „wissentlich unbefugt" geschehen. Im subjektiven Tatbestand wird also Kenntnis vom Fehlen der Befugnis zur Entfernung oder Veränderung vorausgesetzt[170].

---

[167] *Lettl*, Urheberrecht, § 11 Rn. 2.

[168] MK-*Heinrich*, § 108 b UrhG Rn. 14.

[169] MK-*Heinrich*, § 108 b UrhG Rn. 6.

[170] MK-*Heinrich*, § 108 b UrhG Rn. 8.

cc) § 108 b Abs. 1 Nr. 2 b

Der Tatbestand korrespondiert § 95 c Abs. 3 UrhG. Tatobjekte sind Werke oder son-   **44**
stige Schutzgegenstände, an denen schon eine unbefugte Manipulation iSd § 108 b
Abs. 1 Nr. 2 a UrhG vorgenommen worden ist. Die Strafvorschrift pönalisiert eine
Vielzahl unterschiedlicher Handlungen (verbreitet, zur Verbreitung eingeführt, ...).
Hinzu kommen muss ein wenigstens leichtfertig verursachter Unterstützungs- (veranlasst, ermöglicht, erleichtert) oder Begünstigungseffekt (verschleiert) in Bezug
auf die Rechtsverletzung eines anderen Täters.

dd) § 108 b Abs. 2

Diese Vorschrift stellt Verstöße gegen § 95 a Abs. 3 UrHG unter Strafe. Die tat-   **45**
bestandsmäßigen Handlungen haben den Charakter von Vorbereitungen künftiger
Umgehungshandlungen iSd § 95 a Abs. 1 UrhG[171]. Der Straftatbestand erfasst jedoch nicht alle nach § 95 a Abs. 3 UrhG verbotenen Handlungen. Teilweise ist die
Übertretung des Verbots lediglich eine Ordnungswidrigkeit gem. § 111 a Abs. 1 Nr.
1 UrhG.

ee) § 108 b Abs. 3

Wie bereits § 108 a UrhG der Gewerbsmäßigkeit qualifizierende Wirkung im Rah-   **46**
men der §§ 106 bis 108 UrhG zuschreibt, so fügt § 108 b Abs. 3 UrhG dieses
qualifizierende Element den Grundtatbeständen des § 108 b Abs. 1 UrhG hinzu. Das
Gewerbsmäßigkeits-Merkmal unterfällt § 28 Abs. 2 StGB. Die Gewerbsmäßigkeit
eines Tatbeteiligten wird anderen Beteiligten also nicht zugerechnet.

IV. Rechtsfolgen

1. Strafen

Die Strafvorschriften §§ 106 bis 108 b UrhG drohen jeweils Freiheitsstrafe und   **47**
Geldstrafe an[172]. Der grunddeliktische Strafrahmen reicht bei §§ 106, 107 und 108
UrhG von 1 Monat (§ 38 Abs. 2 StGB) bis 3 Jahren Freiheitsstrafe. In den Fällen
des § 108 b Abs. 1, 2 UrhG liegt die gesetzliche Strafobergrenze bei einem Jahr
Freiheitsstrafe. Gewerbsmäßige Tatbegehung kann in den Fällen der §§ 106 bis
108 UrhG mit bis zu 5 Jahren Freiheitsstrafe geahndet werden, § 108 a UrhG. Im
Fall des § 108 b Abs. 3 UrhG hebt die Gewerbsmäßigkeit die Strafobergrenze auf

---

[171] MK-*Heinrich*, § 108 b UrhG Rn. 11.
[172] *Weber*, Der strafrechtliche Schutz des Urheberrechts, S. 362.

3 Jahre an. Da strafbare Eingriffe in das Verwertungsrecht des Urhebers oft von Bereicherungsabsicht begleitet sind, ist die kombinierte Verhängung von Freiheits- und Geldstrafe gem. § 41 StGB möglich[173]. In der Praxis hat die Freiheitsstrafe keine nennenswerte Bedeutung[174].

2. Berufsverbot

48 Das Berufsverbot ist eine Maßregel der Besserung und Sicherung, §§ 61 Nr. 6, 70 StGB. Angeordnet wird es bei Straftaten, durch die eine berufliche oder gewerbliche Stellung missbraucht oder Pflichten der Berufs- oder Gewerbeausübung verletzt worden sind, § 70 Abs. 1 S. 1 StGB. Der gesetzliche Zeitrahmen der Maßregel beträgt ein Jahr bis fünf Jahre, § 70 Abs. 1 S. 1 StGB. In Extremfällen ist sogar ein lebenslanges Berufsverbot möglich, § 70 Abs. 1 S. 2 StGB. Die Möglichkeit eines Zusammenhanges mit Beruf oder Gewerbe ist bei Urheberstraftaten gegeben[175] und schlägt sich in §§ 108 a, 108 b Abs. 3 UrhG sogar tatbestandlich nieder. Andererseits werden schwerwiegende Urheberdelikte im Stile von „Piraterie"[176] häufig von „branchenfremden" Tätern begangen[177], die einen sachlich damit zusammenhängenden Beruf oder ein ebensolches legales Gewerbe gerade nicht ausüben[178].

3. Verfall und Einziehung

a) Allgemeines

49 Verfall und Einziehung sind Maßnahmen, mit denen dem Betroffenen Gegenstände oder Werte entzogen werden, die in die Anlasstat involviert sind. Dabei dient der Verfall der Gewinnabschöpfung[179], während mittels Einziehung vor allem Tatinstrumente und Tatprodukte aus dem Verkehr gezogen werden. Beide Sanktionen haben für das Urheberstrafrecht Bedeutung.

---

[173] *Hildebrandt*, Die Strafvorschriften des Urheberrechts, S. 399; *Ruttke/Scharringhausen*, in: Fromm/Nordemann, § 108 a Rn. 10.

[174] *Hildebrandt*, Die Strafvorschriften des Urheberrechts, S. 395.

[175] *Hildebrandt*, Die Strafvorschriften des Urheberrechts, S. 400; *Weber*, Der strafrechtliche Schutz des Urheberrechts, S. 369.

[176] *Hildebrandt*, Die Strafvorschriften des Urheberrechts, S. 447 (Musikpiraterie), S. 460 (Videopiraterie), S. 468 (Softwarepiraterie).

[177] *Hildebrandt*, Die Strafvorschriften des Urheberrechts, S. 400.

[178] *Weber*, Der strafrechtliche Schutz des Urheberrechts, S. 369.

[179] Eingehend zum Zweck des Verfalls – insbesondere nach Einführung des „Bruttoprinzips" – MK-*Joecks*, § 73 Rn. 4 ff.

b) Verfall

Der in §§ 73 ff. StGB geregelte strafrechtliche Verfall ist eine obligatorische Sank- **50**
tion, die zur Anwendung kommt, wenn der Täter für die Tat oder aus ihr einen
materiellen Vorteil[180] – z. B. einen Geldbetrag – erlangt hat, § 73 Abs. 1 S. 1 StGB.
Unter den Voraussetzungen des § 73 Abs. 3 StGB kann Verfallsbetroffener auch
ein Dritter sein[181]. Gewinnerzielung ist eine nicht atypische Begleiterscheinung von
Urheberdelikten, wie §§ 108 a, 108 b Abs. 3 UrhG bestätigen[182]. Ein großes prakti-
sches Anwendungshindernis[183] ist jedoch die Subsidiaritätsregel in § 73 Abs. 1 S. 2
StGB. Denn häufig wird der Verfallsgegenstand – das „erlangte" – in zivilrechtliche
Ansprüche des Verletzten aus §§ 98, 99 UrhG involviert sein. Zur Schonung dieser
Ansprüche tritt dann der strafrechtliche Verfall zurück[184].

c) Einziehung

Die Einziehung als Folge von Urheberstraftaten richtet sich nach §§ 74 ff. StGB. **51**
Die spezielle Vorschrift des § 110 UrhG erweitert lediglich den Kreis sanktions-
tauglicher Objekte. Während § 74 StGB sich auf producta und instrumenta seceleris
bezieht[185], dehnt § 110 UrhG den Anwendungsbereich auf die von § 74 StGB nicht
erfassten „Beziehungsgegenstände"[186] aus[187]. Einziehungsobjekte sind daher vor
allem Vervielfältigungsstücke, wie Tonträger, Videoraubkopien und Disketten[188].
Kraft ausdrücklicher gesetzlicher Anordnung in § 110 S. 3 UrhG ist die Einziehung
subsidiär gegenüber einer gerichtlichen Entscheidung in einem Adhäsionsverfahren
(§§ 403 ff. StPO) zugunsten des Verletzten über einen Anspruch aus § 98 UrhG[189].

4. Bekanntgabe der Verurteilung

Der Genugtuung des durch ein Urheberdelikt Verletzten dient die spezielle Sanktion **52**
„Bekanntgabe der Verurteilung" gem. § 111 UrhG[190]. Außerdem soll diese Maß-

---

[180] *Schönke/Schröder/Eser*, § 73 Rn. 16.

[181] Zur prozessualen Stellung vgl. § 442 Abs. 2 StPO.

[182] Zum Gewinnstreben als Strafzumessungstatsache vgl. *Hildebrandt*, Die Strafvorschriften des
Urheberrechts, S. 391; *Weber*, Der strafrechtliche Schutz des Urheberrechts, S. 365.

[183] MK-*Joecks*, § 73 Rn. 35.

[184] MK-*Heinrich*, § 110 UrhG Rn. 1; *Hildebrandt*, Die Strafvorschriften des Urheberrechts, S. 388;
ders., in: Wandtke/Bullinger, § 106 Rn. 52.

[185] MK-*Joecks*, § 74 Rn. 10, 12.

[186] MK-*Joecks*, § 74 Rn. 16.

[187] *Hildebrandt*, Die Strafvorschriften des Urheberrechts, S. 401; MK-*Heinrich*, § 110 UrhG Rn. 1;
Ruttke/Scharringhausen, in: Fromm/Nordemann, § 110 Rn. 4.

[188] *Hildebrandt*, Die Strafvorschriften des Urheberrechts, S. 403.

[189] MK-*Heinrich*, § 110 UrhG Rn. 4.

[190] *Weber*, Der strafrechtliche Schutz des Urheberrechts, S. 367.

nahme einer „Marktverwirrung" entgegenwirken, die durch die Straftat zu besorgen sein könnte[191]. Teilweise wird der Maßnahme auch eine besondere Abschreckungsfunktion zugeschrieben[192]. Einzelheiten zu dieser Straftatnebenfolge wurden bereits oben (§ 2 Rn. 7 ff.) erörtert. Darauf sei hier verwiesen.

V. Urheberstrafprozessrecht

1. Gerichtszuständigkeit

a) Sachliche Zuständigkeit

53   Gericht des ersten Rechtszuges für Straftaten nach dem Urheberrechtsgesetz ist entweder das Amtsgericht oder die Wirtschaftsstrafkammer am Landgericht. Ist im konkreten Fall eine höhere Strafe als vier Jahre Freiheitsstrafe nicht zu erwarten und erhebt die Staatsanwaltschaft nicht – z. B. wegen der besonderen Bedeutung des Falles – Anklage beim Landgericht, ist das Amtsgericht zuständig, § 24 Abs. 1 Nr. 2, 3 GVG[193]. Anderenfalls ist gem. § 74 c Abs. 1 S. 1 Nr. 1 GVG eine Strafkammer als Wirtschaftsstrafkammer zuständig[194].

b) Örtliche Zuständigkeit

54   Die örtliche Gerichtszuständigkeit richtet sich nach §§ 7 ff. StPO[195]. Dazu akzessorisch ist die örtliche Zuständigkeit der Staatsanwaltschaft gem. § 143 Abs. 1 GVG. Liegt die sachliche Zuständigkeit bei der Wirtschaftsstrafkammer (§ 74 c Abs. 1 S. 1 Nr. 1 GVG, s. o. Rn. 53), ist zu beachten, dass die örtliche Zuständigkeit abweichend von §§ 7 ff. StPO einer Schwerpunktstrafkammer mit bezirksübergreifender Zuständigkeit übertragen worden sein kann, § 74 c Abs. 3, 4 GVG. Die entsprechende Regelung für Schwerpunktstaatsanwaltschaften ist in § 143 Abs. 4 GV enthalten. Bei Urheberrechtsverletzungen, die durch Veröffentlichung von Presseerzeugnissen begangen werden, greift die besondere Gerichtsstandsregelung des § 7 Abs. 2 StPO

---

[191] *Haß*, in: Schricker/Loewenheim, § 111 Rn. 1; *Heinrich*, Die Strafbarkeit der unbefugten Vervielfältigung, S. 342; *Hildebrandt*, Die Strafvorschriften des Urheberrechts, S. 406; *Kaiser*, in: Erbs/Kohlhaas, § 111 Rn. 1; MK-*Heinrich*, § 111 UrhG Rn. 1; *Ruttke/Scharringhausen*, in: Fromm/Nordemann, § 111 Rn. 1; *Strobel*, in: Büscher/Dittmer/Schiwy, § 111 UrhG Rn. 1.

[192] Dreier/Schulze-*Dreier*, § 111 Rn. 1; dagegen *Hildebrandt*, Die Strafvorschriften des Urheberrechts, S. 406.

[193] *Kaiser*, in: Erbs/Kohlhaas, § 106 Rn. 74; Wandtke/Bullinger-*Hildebrandt*, § 106 Rn. 51; *ders.*, Die Strafvorschriften des Urheberrechts, S. 378.

[194] *Weber*, in: Wesen und Bekämpfung der Videopiraterie, S. 51.

[195] *Kaiser*, in: Erbs/Kohlhaas, § 106 UrhG Rn. 74.

nicht ein. § 106 UrhG ist kein Presseinhaltsdelikt im Sinne dieser Vorschrift[196]. Es bleibt daher bei der allgemeinen tatortbezogenen Gerichtsstandsbestimmung nach § 7 Abs. 1 StPO.

2. Strafantragserfordernis

Sämtliche Urheberrechtsstraftaten mit Ausnahme der gem. § 108 a UrhG qualifi- **55** zierten Delikte[197] sind Strafantragsdelikte, § 109 UrhG. Bei § 108 b UrhG gilt das auch für die Qualifikation gem. § 108 b Abs. 3 UrhG[198]. Es handelt sich allerdings nicht um ein absolutes Antragserfordernis, da die Strafverfolgung auch ohne Strafantrag aufgenommen werden darf, wenn die Staatsanwaltschaft ein besonderes öffentliches Interesse annimmt. Für die Antragstellung gelten die §§ 77 ff. StGB. Antragsberechtigt ist demnach der Verletzte[199]. Wer dies ist, richtet sich nach dem Schutzgut des Straftatbestandes, dessen mutmaßliche Verwirklichung den Straftatverdacht stützt[200]. Bei § 106 UrhG ist das in erster Linie der Urheber, gegebenenfalls aber auch der Inhaber eines ausschließlichen Nutzungsrechtes iSd § 31 Abs. 3 UrhG, nicht hingegen der Inhaber eines einfachen Nutzungsrechts iSd § 31 Abs. 2 UrhG[201]. Im Fall des § 107 Abs. 1 Nr. 2 UrhG ist Strafantragsberechtigter neben dem Urheber auch derjenige, der ein vom Täter unzulässig signiertes Vervielfältigungsstück als Original erworben hat. Praktische Bedeutung hat dies vor allem in Fällen, in denen der Urheber selbst der Täter ist[202].

3. Privatklage

Straftaten nach dem Urheberrechtsgesetz mit Ausnahme des § 108 a UrhG sind Pri- **56** vatklagedelikte, § 374 Abs. 1 Nr. 8 StPO[203]. Die Staatsanwaltschaft braucht deshalb auch im Falle eines wirksam gestellten Strafantrags nur unter der Voraussetzung tätig zu werden, dass die Erhebung einer öffentlichen Klage im öffentlichen Interesse liegt, § 376 StPO[204]. Dies kann man etwa bei den massenhaft begangenen

---

[196] *Kaiser*, in: Erbs/Kohlhaas, § 106 UrhG Rn. 74; *Mitsch* AfP 2011, 544 (545); Radtke/Hohmann-*Kronthaler*, § 7 Rn. 7.

[197] Dreier/Schulze-*Dreier*, § 108 a Rn. 3, § 109 Rn. 3; *Hildebrandt*, Die Strafvorschriften des Urheberrechts, S. 335; MK-*Heinrich*, § 108 a UrhG Rn. 7.

[198] MK-*Heinrich*, § 108 b UrhG Rn. 13.

[199] MK-*Heinrich*, § 109 UrhG Rn. 2.

[200] MK-*Heinrich*, § 109 UrhG Rn. 3 ff.

[201] *Heinrich*, Die Strafbarkeit der unbefugten Vervielfältigung, S. 333; *Kaiser*, in: Erbs/Kohlhass, § 106 Rn. 59.

[202] *Löffler* NJW 1993, 1421 (1429).

[203] *Beck/Kreißig* NStZ 2007, 304 (308).

[204] Ausführlich dazu *Hildebrandt*, Die Strafvorschriften des Urheberrechts, S. 362 ff.

Urheberrechtsverletzungen durch File-Sharing annehmen[205]. Ansonsten können die durch den Strafantrag veranlassten Ermittlungen auf den Aspekt des öffentlichen Interesses beschränkt werden, sofern dieses im Ergebnis verneint wird. Die Staatsanwaltschaft stellt dann gem. § 170 Abs. 2 StPO das Verfahren ein und verweist auf den Privatklageweg[206]. Da viele strafbare Urheberrechtsverletzungen – insbesondere im Internet – durch Jugendliche begangen werden, ist zu beachten, dass gem. § 80 Abs. 1 S. 1 JGG ein Privatklageverfahren gegen Jugendliche unzulässig ist[207].

4. Verjährung

57   Das UrhG enthält für die Straftatbestände der §§ 106 ff. keine speziellen Verjährungsvorschriften. Daher gelten die §§ 78 ff. StGB. Die Verjährungsfrist beträgt bei der Straftat nach § 108 b Abs. 1, 2 UrhG drei Jahre, § 78 Abs. 3 Nr. 5 StGB, bei allen anderen Straftatbeständen fünf Jahre, § 78 Abs. 3 Nr. 4 StGB[208]. Wird eine strafbare Urheberrechtsverletzung mittels eines Druckwerkes iSd Presserechts begangen, kommen entgegen[209] der h. M. die Verjährungsvorschriften der Landespressegesetze zur Anwendung. Das ist bei den Pressegesetzen, die lediglich auf Straftatbegehung „mittels eines Druckwerkes" abstellen, unproblematisch. Nichts anderes gilt jedoch im Anwendungsbereich der Pressegesetze, die die zugrunde liegende Tat als durch den strafbaren Inhalt des Druckwerks gekennzeichnet definieren. Daher beträgt die Verjährungsfrist sechs Monate. Sie beginnt mit der erstmaligen Veröffentlichung des inkriminierten Druckwerks.

Literatur

Ahrens, Napster, Gnutella, FreeNet & Co. – die immaterialgüterrechtliche Beurteilung von Internet-Musiktauschbörsen, ZUM 2000, 1029

Abdallah/Gercke/Reinert, Die Reform des Urheberrechts – hat der Gesetzgeber das Strafrecht übersehen? ZUM 2004, 31

Beck/Kreißig, Tauschbörsen-Nutzer im Fadenkreuz der Strafverfolgungsbehörden, NStZ 2007, 304

Berger, Die Neuregelung der Privatkopie in § 53 Abs. 1 UrhG im Spannungsverhältnis von geistigem Eigentum, technischen Schutzmaßnahmen und Informationsfreiheit, ZUM 2004, 257

Bosak, Urheberrechtliche Zulässigkeit privaten Downloadings von Musikdateien, CR 2001, 176

Czychowski, Das Gesetz zur Regelung des Urheberrechts in der Informationsgesellschaft, NJW 2003, 2409

Duvigneau, Urheberrechtlicher Schutz von Tätowierungen, ZUM 1998, 535

Esser, Urheberrechtsverletzungen durch Tauschbörsen im Internet, GA 2010, 65

---

[205] *Beck/Kreißig* NStZ 2007, 304 (308).

[206] *Meyer-Goßner*, § 376 Rn. 6.

[207] *Beck/Kreißig* NStZ 2007, 304 (309).

[208] Wandtke/Bullinger-*Hildebrandt*, § 106 Rn. 51.

[209] *von Gravenreuth*, S. 90, 240; *Heinrich*, Die Strafbarkeit der unbefugten Vervielfältigung, S. 342.

Ganter, Strafrechtliche Probleme im Urheberrecht, NJW 1986, 1479

Heghmanns, Musiktauschbörsen im Internet aus strafrechtlicher Sicht, MMR 2004, 14

Heinrich, Die Entgegennahme von raubkopierter Software als Hehlerei?, JZ 1994, 938

Lehmann, Der Rechtsschutz von Computerprogrammen in Deutschland, NJW 1988, 2419

Löffler, Künstlersignatur und Kunstfälschung, NJW 1993, 1421

Meier, Softwarepiraterie – eine Straftat?, JZ 1992, 657

Mitsch, Strafverfahrensrechtliche Aspekte bei Urheberrechtsverletzungen mittels Presseerzeugnissen, AfP 2011, 544

Spautz, Urheberstrafrecht – Wohin geht die Entwicklung? ZUM 1990, 164

Sternberg-Lieben, Internationaler Musikdiebstahl und deutsches Strafanwendungsrecht, NJW 1985, 2121

K. Weber, Drei Jahre Freiheitsstrafe für alle Google-Mitarbeiter?, ZIS 2010, 220

U. Weber, Zur Anwendbarkeit des deutschen Urheberstrafrechts auf Rechtsverletzungen mit Auslandsberührung, FS Stree/Wessels, 1993, S. 613

U. Weber, Die Bekämpfung der Videopiraterie mit den Mitteln des Strafrechts, in: Wesen und Bekämpfung der Videopiraterie, 1993, S. 51 ff.

Weisser, Der private Gebrauch im Urheberstrafrecht bezogen auf das Vervielfältigen von Audio-CDs, ZJS 2011, 315

Zabel, Der Schutz des geistigen Eigentums: Zu Dogmatik und Praxis des Urheberstrafrechts, JA 2010, 401

§ 9 Jugendschutzrecht

I. Allgemeines

1. Verfassungsrecht

a) Grundrechtsrelevanz

Jugendschutz ist als Ausschnitt aus dem Bereich des Rechts auf ungestörte Ent-   **1**
wicklung und Entfaltung der Persönlichkeit in Art. 2 Abs. 1 iVm Art. 1 Abs. 1 GG
verankert[1]. Zweifellos handelt es sich um ein „überragend wichtiges Gemeingut"[2].
Dem Staat erwächst aus diesen Grundrechtsvorschriften ein Schutzauftrag zur Abwehr von Gefahren für die Jugend[3]. Mit Blick auf das elterliche Erziehungsrecht
besteht auch eine Beziehung zu Art. 6 Abs. 2 S. 1 GG[4]. In einem Spannungsverhältnis
steht der Jugendschutz vor allem mit den Mediengrundrechten des Art. 5 Abs. 1 GG.
Deren Schranken werden u. a. durch Belange des Jugendschutzes definiert, Art. 5
Abs. 2 GG. Konkret sind Beschränkungen der Medienfreiheit durch Straf- und Bußgeldvorschriften des Jugendschutzrechts verfassungskonform, soweit sie sich vor
allem im Lichte der „Wechselwirkungs-Lehre" als verhältnismäßige Schrankenbe-
stimmungen erweisen[5]. Für die an sich schrankenlos gewährleistete Kunstfreiheit
(Art. 5 Abs. 3 GG) gilt entsprechendes[6].

---

[1] BVerfG NJW 1991, 1471 (1472); *Fechner*, Medienrecht, 6. Kap. Rn. 1; *Fischer*, Die strafrechtliche Beurteilung von Werken der Kunst, S. 161.

[2] *Petersen*, Medienrecht, § 16 Rn. 17; ähnlich *Paschke*, Medienrecht, Rn. 331.

[3] *Cole*, in: Dörr/Kreile/Cole, Handbuch Medienrecht, S. 255; *Fechner*, Medienrecht, 6. Kap. Rn. 1; Jarass/Pieroth-*Jarass*, Art. 2 Rn. 49; Art. 5 Rn. 61; *Nikles/Roll/Spürck/Umbach*, Teil I Rn. 4.

[4] BVerfG NJW 1991, 1471 (1472); *Fischer*, Die strafrechtliche Beurteilung von Werken der Kunst, S. 161.

[5] Jarass/Pieroth-*Jarass*, Art. 5 Rn. 60; *Liesching/Schuster*, § 1 JMStV Rn. 13.

[6] BVerfG NJW 1991, 1471 (1473); *Fechner*, Medienrecht, 6. Kap. Rn. 2.

W. Mitsch, *Medienstrafrecht*, Springer-Lehrbuch,
DOI 10.1007/978-3-642-17263-2_9, © Springer-Verlag Berlin Heidelberg 2012

b) Gesetzgebungszuständigkeit

2 Der Erlass von Rechtsvorschriften zum Schutz der Jugend gehört zum Rechtsset-
zungsbereich der „öffentlichen Fürsorge" und fällt damit in die konkurrierende
Gesetzgebungskompetenz des Bundes, Art. 74 Abs. 1 Nr. 7 GG[7]. Insbesondere umfasst das Recht der Jugendfürsorge die Abwehr von Gefahren für Jugendliche im
Vorfeld der Jugendhilfe. Eine gewisse Kollision besteht mit der grundsätzlichen Län-
derkompetenz für die Medien. Dies erklärt die Verteilung des gesetzlichen Jugendmedienschutzes auf den Jugendmedienschutz-Staatsvertrag der Länder einerseits und
das Jugendschutzgesetz des Bundes andererseits.

2. Einfachgesetzliche Grundlagen

a) Strafgesetzbuch

3 Strafvorschriften zum Schutz der Jugend vor gefährlichen Medieneinwirkungen fin-
den sich in verschiedenen Gesetzen, so auch schon im Kernstrafrecht, also dem
Strafgesetzbuch[8]. Strafvorschriften des StGB, denen der Zweck zugrunde liegt,
Kinder und Jugendliche vor schädlichen Kontakten mit bestimmten Medien – insbe-
sondere Medieninhalten – zu bewahren, sind § 171 (Verletzung der Fürsorge- oder
Erziehungspflicht)[9], § 130 Abs. 2 Nr. 2 c (Volksverhetzung)[10], § 131 Abs. 1 Nr. 3
(Gewaltdarstellung)[11] und §§ 184 ff. (Verbreitung pornographischer Schriften)[12].

b) Jugendschutzgesetz

4 Strafvorschriften zum Schutz der Jugend vor schädlichen Medieneinflüssen enthält
das Jugendschutzgesetz in § 27. Der medienrechtlich relevante Anwendungsbereich
dieses Gesetzes (Abschn. 3, §§ 11 ff.) beschränkt sich auf Filmveranstaltungen
und Trägermedien. Das Gesetz definiert in § 1 Abs. 2 den Begriff „Trägermedien".
Durch diese den hergebrachten Terminus „Schriften" ablösende Sprachschöpfung
soll der Gesetzestext zeitgemäßer gestaltet und der fortentwickelten Medientypologie

---

[7] *Birkholz*, Jugendmedienschutz, S. 29; *Cole*, in: Dörr/Kreile/Cole, Handbuch Medienrecht,
S. 256; *Fechner*, Medienrecht, 6. Kap. Rn. 5; Jarass/Pieroth-*Pieroth*, Art. 74 Rn. 17; *Nikles/Roll/
Spürck/Umbach*, vor § 1 JuSchG Rn. 1.

[8] *Fechner*, Medienrecht, 6. Kap. Rn. 30.

[9] *Schönke/Schröder/Lenckner/Bosch*, § 171 Rn. 1.

[10] MK-*Miebach/Schäfer*, § 130 Rn. 4.

[11] MK-*Miebach/Schäfer*, § 131 Rn. 2.

[12] *Birkholz*, Jugendmedienschutz, S. 35 ff.; *Schönke/Schröder/Perron/Eisele*, § 184 Rn. 3; § 184 a
Rn. 1; § 184 b Rn. 1; § 184 c Rn. 1.

angepasst werden[13]. Das Charakteristikum der Trägermedien ist die Vergegenständlichung, die eine Inhaltsverbreitung durch körperliche Weitergabe ermöglicht. Typische Trägermedien sind also Filme, Videokassetten, Compact-Discs (CD), Digital Versatile Discs (DVD)[14]. Mit dem Schriften-Begriff (§ 11 Abs. 3 StGB) besteht keine vollkommene Kongruenz[15]. Der physischen Weitergabe sind elektronische Formen der Verbreitung – z. B. Übermittlung als Attachement einer e-mail[16] – gleichgestellt, § 1 Abs. 2 S. 2 JuSchG.

c) Jugendmedienschutz-Staatsvertrag

Der zwischen den Bundesländern geschlossene Staatsvertrag über den Schutz der   5
Menschenwürde und den Jugendschutz bezieht sich thematisch auf den Rundfunk und auf Telemedien, § 2 Abs. 1 JMStV. Sein Gegenstandsbereich ist also die unkörperliche Verbreitung jugendgefährdender Medieninhalte, vor allem durch das Internet[17]. Rechtsgrundlage strafrechtlicher Bekämpfung derartiger Verbreitungsvorgänge ist § 23 des Staatsvertrags.

3. Behandlung jugendgefährdender Medien

Jugendmedienschutz auf gesetzlicher Grundlage ist in erster Linie Anwendung von   6
Verwaltungsrecht[18]. Das Jugendschutzstrafrecht des JuSchG und des JMStV ist dazu akzessorisch. Die Straftatbestände haben also Blankettcharakter, ihre Inhalte finden sich in Vorschriften des Jugendschutz-Verwaltungsrechts.

a) Medienverbote

aa) § 15 JuSchG

Trägermedien unterliegen diversen Verkehrsverboten, wenn bestimmte gesetzlich   7
definierte Gefährlichkeitskriterien auf sie zutreffen. Nach § 15 Abs. 1 JuSchG ist

---

[13] *Liesching* NJW 2002, 3281 (3282); *Petersen*, Medienrecht, § 16 Rn. 4.

[14] *Heinrich*, Medienstrafrecht, Rn. 346; *Liesching* NJW 2002, 3281 (3283); *Scholz/Liesching*, § 1 JuSchG Rn. 9.

[15] *Liesching* NJW 2002, 3281 (3283).

[16] *Liesching* NJW 2002, 3281 (3283); *Petersen*, Medienrecht, § 16 Rn. 6; *Scholz/Liesching*, § 1 JuSchG Rn. 14.

[17] *Birkholz*, Jugendmedienschutz, S. 33; *Gercke/Brunst*, Praxishandbuch Internetstrafrecht, Rn. 353; *Liesching* NJW 2002, 3281 (3284).

[18] *Petersen*, Medienrecht, § 16 Rn. 9.

äußerer Verbotsgrund die bekannt gemachte Aufnahme des Mediums in die Liste jugendgefährdender Medien („Indizierung"[19]), § 24 JuSchG. Materielles Kriterium für
die Indizierung ist die Eignung zur Gefährdung der Entwicklung von Kindern oder
Jugendlichen oder ihrer Erziehung zu eigenverantwortlichen und gemeinschaftsfähigen Persönlichkeiten (schlicht jugendgefährdende Trägermedien), § 18 Abs. 1
S. 1 JuSchG. Über die Aufnahme in die Liste entscheidet die Bundesprüfstelle für
jugendgefährdende Medien (BPjM), § 17 JuSchG.

8   Bei bestimmten Trägermedien gelten die Verbote des § 15 Abs. 1 JuSchG, ohne
dass es einer Aufnahme in die Liste oder einer Bekanntmachung bedarf. Es handelt
sich um die schwer jugendgefährdenden Trägermedien des § 15 Abs. 2 JuSchG[20].
Diese zeichnen sich durch einen – verglichen mit den gefährlichen Medien iSd § 18
Abs. 1 S. 1 JuSchG – deutlich gesteigerten Schweregrad an Gefährdungseignung aus,
vgl. § 15 Abs. 2 Nr. 5 a. E. JuSchG[21]. § 15 Abs. 3 JuSchG dehnt den Anwendungsbereich des § 15 Abs. 1 JuSchG auf nichtindizierte Trägermedien aus, die einem
indizierten Medium ganz oder im Wesentlichen inhaltsgleich sind[22].

bb) § 4 JMStV

9   Die Medienverbote des JMStV richten sich gegen „Angebote". Dies sind Rund-
funksendungen oder Inhalte von Telemedien, § 3 Abs. 2 Nr. 1 JMStV. Für diese
Gegenstände gelten die Legaldefinitionen des Rundfunkstaatsvertrages[23]. Indem § 4
Abs. 1 JMStV bestimmte Angebote für „unzulässig" erklärt, richtet die Vorschrift
an Anbieter iSd § 3 Abs. 2 Nr. 2 JMStV das Verbot entsprechende Inhalte durch
Rundfunksendungen oder Telemedien zu verbreiten[24]. Die Vorschrift differenziert
zwischen Angeboten, die einem absoluten Verbreitungsverbot unterliegen (§ 4 Abs. 1,
Abs. 2 S. 1 JMStV) und relativ verbotenen Angeboten[25]. Die Angebote des § 4
Abs. 1 JMStV unterliegen einem Absolutverbot[26]. Dasselbe gilt für Angebote gem.
§ 4 Abs. 2 JMStV in Bezug auf Rundfunksendungen[27]. Vom Verbot des § 4 Abs. 2
JMStV ausgenommen sind Telemedien unter der Voraussetzung, dass der Anbie-
ter sichere Zugangssperren für Kinder und Jugendliche gewährleistet (geschlossene
Benutzergruppe), § 4 Abs. 2 S. 2 JMStV[28].

---

[19] *Liesching/Schuster*, § 18 JuSchG Rn. 1; *Nikles/Roll/Spürck/Umbach*, § 17 JuSchG Rn. 2.

[20] *Liesching/Schuster*, § 15 JuSchG Rn. 46; *Nikles/Roll/Spürck/Umbach*, § 15 JuSchG Rn. 40.

[21] *Liesching/Schuster*, § 15 JuSchG Rn. 46.

[22] *Nikles/Roll/Spürck/Umbach*, § 15 JuSchG Rn. 99.

[23] *Liesching/Schuster*, § 2 JMStV Rn. 5 ff.; § 3 JMStV Rn. 4.

[24] *Liesching/Schuster*, § 4 JMStV Rn. 1.

[25] *Birkholz*, Jugendmedienschutz, S. 60; *Petersen*, Medienrecht, § 16 Rn. 12.

[26] *Liesching/Schuster*, § 4 JMStV Rn. 4; *Scholz/Liesching*, § 4 JMStV Rn. 2

[27] *Liesching/Schuster*, § 4 JMStV Rn. 48; *Scholz/Liesching*, § 4 JMStV Rn. 28.

[28] *Liesching/Schuster*, § 4 JMStV Rn. 63.

b) Altersbezogene Beschränkungen

aa) Alterskennzeichnung

Für bedenkliche Trägermedien, die den ein Verbot gem. § 15 JuSchG tragenden **10** Schädlichkeitsgrad nicht erreichen, sieht das JuSchG in § 14 als mildere Schutzmaßnahme die Beschränkung der Freigabe für bestimmte Altersstufen vor. Der Unterschied zwischen verbotenen und altersbeschränkten Trägermedien schlägt sich im Gesetzestext in der Gegenüberstellung der Worte „gefährden" (§ 18 Abs. 1 S. 1 JuSchG) und „beeinträchtigen" (§ 14 Abs. 1 JuSchG) nieder[29]. Trägermedien, die geeignet sind, die Entwicklung oder Erziehung von Kindern und Jugendlichen zu beeinträchtigen, liegen unterhalb der Verbotsschwelle der §§ 15, 18 JuSchG. Filme, Filmprogramme und Spielprogramme dieser Kategorie erhalten eine Alterskennzeichnung nach Maßgabe des § 14 Abs. 2 JuSchG. Bildträger – z. B. Videokassetten, DVDs – mit Filmen und Spielen dürfen dann nur Angehörigen der Altersgruppen in der Öffentlichkeit zugänglich gemacht werden, für die eine Freigabe erteilt worden ist, § 12 Abs. 1 JuSchG[30]. Jüngeren Personen gegenüber besteht ein Verbot der öffentlichen Zugänglichmachung. Für Filmveranstaltungen, in denen altersbeschränkte Filme vorgeführt werden, besteht für jüngere Personen ein Zutrittsverbot, § 11 Abs. 1 JuSchG.

bb) Zugangsbeschränkungen

Im Bereich des Rundfunks und der Telemedien besteht für entwicklungsbeeinträch- **11** tigende Angebote die Pflicht, die Wahrnehmung durch Personen zu verhindern, die nicht der Altersgruppe angehören, für die eine Freigabe existiert, § 5 Abs. 1 JMStV. Diese Verpflichtung kann der Anbieter von Rundfunksendungen dadurch erfüllen, dass er seine Angebote mit Altersbeschränkung nur in der Zeit zwischen 23 und 6 Uhr verbreitet oder zugänglich macht, § 5 Abs. 4 JMStV. Anbieter von Telemedien können den Anforderungen dadurch genügen, dass sie ihre Angebote als geeignet anerkannten Jugendschutzprogrammen vorbehalten oder ein taugliches Zugangssystem installieren, § 11 Abs. 1 JMStV.

II. Strafrecht

1. Allgemeines

a) Interlokales Strafrecht

Bestrafungsgrundlage für Taten, die den Tatbestand des § 23 JMStV erfüllen, sind **12** die Gesetze, mit denen die vertragsschließenden Bundesländer den Inhalt des Staat-

---

[29] Zum Begriff der Entwicklungsbeeinträchtigung vgl. *Liesching/Schuster*, § 14 JuSchG Rn. 11 ff.
[30] *Liesching/Schuster*, § 14 Rn. 26.

svertrages zum Bestandteil ihres Landesrechts gemacht haben, vgl. § 28 Abs. 1 JMStV. Der forensische Anwendungsbereich dieser Gesetze erstreckt sich auf das gesamte Bundesgebiet[31]. Es gilt nicht das Prinzip der lex fori. Ein Strafgericht in Brandenburg kann also z. B. das Landesrecht Thüringens anwenden. Davon zu unterscheiden ist der tatbezogene räumliche Geltungsbereich. Dieser ist auf das Gebiet des jeweiligen Bundeslandes beschränkt. Welches Bundesland mit seinem Gesetz für die konkrete Tat „zuständig" ist, ist eine Frage des interlokalen Strafrechts[32]. Nach dessen ungeschriebenen gewohnheitsrechtlich anerkannten Regeln ist das Tatortrecht anzuwenden (s. o. § 7 Rn. 12)[33]. Inhaltliche Unterschiede zwischen den verschiedenen Bundesländern bestehen allerdings nicht, da der gemeinsame Staatsvertrag Einheitlichkeit des Rechts in sämtlichen Bundesländern gewährleistet, vgl. § 1 JMStV.

b) Presse- und Rundfunkstrafrecht

13 Handelt es sich bei dem Trägermedium um ein Druckwerk im Sinne des Presserechts, kommen eventuell Spezialvorschriften der Landespressegesetze zur Anwendung. In Rechtsprechung und Literatur wird dies jedoch überwiegend mit der Begründung verneint, eine Straftat nach § 27 JuSchG sei kein Presseinhaltsdelikt[34]. Dies mag in Bezug auf einzelne Tatbestandsalternativen – etwa § 27 Abs. 1 Nr. 1 iVm § 15 Abs. 1 Nr. 1 JuSchG – zutreffen, jedoch nicht auf alle[35]. Zudem ist schon deswegen zu differenzieren, weil die Landespressegesetze bei der Bezeichnung der Delikte, die presserechtlichen Vorschriften unterfallen, eine uneinheitliche Terminologie verwenden. Zwar stellen die meisten Pressegesetze darauf ab, dass die Straftat durch ein „Druckwerk strafbaren Inhalts" begangen worden ist. Es gibt aber auch Pressegesetze, in denen lediglich vorausgesetzt wird, dass die Straftat „mittels eines Druckwerks" begangen wurde[36]. Daher ist eine pauschale Verneinung der Geltung presserechtlicher Vorschriften unzutreffend. Entsprechendes gilt für den vom JMStV erfassten Bereich des Rundfunks. Täter des in § 23 JMStV normierten Delikts können neben den Anbietern von Telemedien auch Rundfunkanbieter sein. Soweit diese den Tatbestand des § 23 S. 1 JMStV durch Ausstrahlung einer Rundfunksendung mit schwer jugendgefährdendem Inhalt erfüllen, liegt ein sog. Rundfunkinhaltsdelikt vor. Delikte dieser Art sind in den Pressegesetzen der Länder den Presseinhaltsdelikten gleichgestellt, vgl. z. B. § 17 BbgPG. Daraus folgt, dass es eine strafrechtliche Sonderverantwortlichkeit für den Programmverantwortlichen gibt (§§ 17 iVm § 14 Abs. 2 BbgPG) und dass die Verjährungsprivilegierungen bezüglich Verjährungsbeginn

---

[31] *Bornemann*, Ordnungswidrigkeiten in Rundfunk und Telemedien, S. 24.

[32] *Jescheck/Weigend*, § 20 I 1.

[33] *Jescheck/Weigend*, § 20 I 3.

[34] BGHSt 26, 40 (45); OLG Koblenz NStZ 1991, 45 (46); *Groß* AfP 1998, 358 (360) zu § 21 GjS; *Fischer*, § 184 Rn. 46 a.

[35] MK-*Hörnle*, § 184 Rn. 118; *Schönke/Schröder/Perron/Eisele*, § 184 Rn. 63, nach denen nur § 27 Abs. 1 Nr. 1 iVm § 15 Abs. 1 Nr. 6 JuSchG den Charakter eines Presseinhaltsdelikts hat.

[36] *Mitsch* AfP 2011, 544 (547).

und Verjährungsfrist (dazu oben § 7 Rn. 39, 40) zugunsten des Rundfunktäters wirken, §§ 17 iVm § 16 BbgPG.

2. Straftaten nach dem Jugendmedienschutz-Staatsvertrag

a) Allgemeines

Die Strafvorschrift des § 23 JMStV ist eine Blankettnorm, die ihre rechtsfolgen-   **14**
relevante Substanz aus einem Teil des § 4 JMStV bezieht. In Anbetracht des umfangreichen Verbotskatalogs des § 4 JMStV ist der Straftatbestand des § 23 JMStV sehr schmal zugeschnitten. Nur ein kleiner Ausschnitt des § 4 JMStV fließt in § 23 JMStV ein und bildet das Gerüst des Straftatbestandes. Dagegen ist die große Mehrzahl der in § 4 JMStV aufgestellten Verbote mit § 24 JMStV verknüpft. Der Verstoß gegen diese Verbote ist also lediglich eine Ordnungswidrigkeit[37]. Das im Tatbestand abgebildete materielle Unrecht weist keine Erfolgskomponente auf. Zentrales Merkmal ist die Eignung der tatgegenständlichen Angebote zur Verursachung einer schweren Gefährdung. Das Delikt hat daher den Charakter eines abstrakten Gefährdungsdelikts in der speziellen Erscheinungsform des Eignungsdelikts bzw. potentiellen Gefährdungsdelikts[38]. Aus der Überschrift des VI. Abschnitts ergibt sich, dass die Rundfunk-Komponente des in § 3 Abs. 2 Nr. 1 JMStV definierten Angebots-Begriffs nur den privaten Rundfunk erfasst. Angebote des öffentlich-rechtlichen Rundfunks stehen also außerhalb der Straf- und Bußgeldvorschriften[39]. Dagegen werden Bedenken im Hinblick auf Art. 3 GG geltend gemacht[40].

b) § 23 iVm § 4 Abs. 2 S. 1 Nr. 3, S. 2 JMStV

aa) Objektiver Tatbestand

(1) Täter

Täter des Delikts kann jedermann sein, nicht nur der Anbieter iSd § 3 Abs. 2 Nr.   **15**
1 JMStV. Anders als die Bußgeldvorschrift § 24 Abs. 1 JMStV verwendet § 23 S. 1 JMStV nicht die Wendung „als Anbieter".[41] Der Tatbestand kann z. B. dadurch verwirklicht werden, dass der Täter, der selbst nicht Anbieter des Telemediums ist,

---

[37] *Erdemir*, in: Spindler/Schuster, Recht der elektronischen Medien, § 23 JMStV Rn. 1; *Liesching/ Schuster*, § 4 JMStV Rn. 54; § 23 JMStV Rn. 2.

[38] Eingehend und differenzierend zu dieser Deliktgattung *Heine* in: Schönke/Schröder, vor § 306 Rn. 3.

[39] *Liesching/Schuster*, § 1 JMStV Rn. 7.

[40] *Erdemir*, in: Spindler/Schuster, Recht der elektronischen Medien, § 23 JMStV Rn. 4; *Bornemann*, Ordnungswidrigkeiten in Rundfunk und Telemedien, S. 26.

[41] Dazu *Liesching/Schuster*, § 24 JMStV Rn. 2.

eine vom Anbieter installierte Zugangsbeschränkung (§ 4 Abs. 2 S. 2 JMStV) beseitigt und damit das Angebot Minderjährigen zugänglich macht.

(2) Tatobjekt

16   Gegenstand der Tat ist ein Angebot, das offensichtlich geeignet ist, die Entwicklung von Kindern oder Jugendlichen oder ihre Erziehung zu einer eigenverantwortlichen und gemeinschaftsfähigen Persönlichkeit unter Berücksichtigung der besonderen Wirkungsform des Verbreitungsmediums schwer zu gefährden, § 4 Abs. 2 S. 1 Nr. 3 JMStV[42]. Ist der Gefährdungsgrad nicht „schwer", sondern nur „einfach", greift das Absolutverbot des § 4 Abs. 2 S. 1 Nr. 3 JMStV und folglich auch der Straftatbestand des § 23 JMStV nicht. Das Angebot unterliegt dann den Restriktionen nach § 5 JMStV und ist in diesem Rahmen zulässig. Verstöße gegen § 5 JMStV sind Ordnungswidrigkeiten, § 24 Abs. 1 Nr. 4 JMStV[43]. Insgesamt ist eine gewisse Asymmetrie gegenüber der strafrechtlichen Erfassung gefährdungsgeeigneter Trägermedien (§ 15 JuSchG) festzustellen[44].

(3) Tathandlung

17   Tatbestandsmäßiges Verhalten ist das Verbreiten oder Zugänglichmachen des verbotenen Angebots. Die Verweisung auf § 4 Abs. 2 S. 2 JMStV hat zur Folge, dass das Verbreiten oder Zugänglichmachen von Telemedien nicht tatbestandsmäßig ist, wenn der Anbieter sichergestellt hat, dass nur Erwachsene das Angebot wahrnehmen können[45].

bb) Subjektiver Tatbestand

18   Das Delikt ist in erster Linie eine Vorsatzstraftat, § 15 StGB. Die irrige Annahme, das Angebot sei nicht „schwer", sondern nur „einfach" gefährdungsgeeignet, ist ein Tatbestandsirrtum iSd § 16 Abs. 1 StGB, wenn die Fehlvorstellung auf falscher Tatsachenvorstellung und nicht auf falscher Gefährlichkeitswertung beruht. Da das Gesetz in § 23 S. 2 JMStV auch die fahrlässige Tatbegehung unter Strafdrohung stellt, führen vorsatzausschließende Tatbestandsirrtümer nicht zwangsläufig zur Straflosigkeit. Die Fahrlässigkeitsstrafbarkeit ist ein wesentlicher Unterschied zu den verwandten Straftatbeständen des Kernstrafrechts, z. B. § 184 StGB[46].

---

[42] Kritisch zur Vereinbarkeit des Tatbestandsmerkmals „Jugendgefährdung" mit dem Bestimmtheitsgebot des Art. 103 Abs. 2 GG *Erdemir*, in: Spindler/Schuster, Recht der elektronischen Medien, § 23 JMStV Rn. 5.

[43] *Liesching/Schuster*, § 4 JMStV Rn. 54.

[44] *Erdemir*, in: Spindler/Schuster, Recht der elektronischen Medien, § 23 JMStV Rn. 2; *Liesching/Schuster*, § 1 JMStV Rn. 7; § 23 JMStV Rn. 2.

[45] *Liesching/Schuster*, § 23 JMStV Rn. 6.

[46] *Gercke/Brunst*, Praxishandbuch Internetstrafrecht, Rn. 353, 357; *Heinrich*, Medienstrafrecht, Rn. 349.

cc) Rechtsfolgen

Die Vorsatztat ist in § 23 S. 1 JMStV mit Freiheitsstrafe bis zu einem Jahr oder Geld- **19**
strafe bedroht. Fahrlässigkeitsdelikte haben einen „halbierten" Strafrahmen, § 23 S. 2
JMStV. Einziehung ist anders als bei den Trägermedienstraftaten des § 27 JuSchG[47]
bei den Angebots-Straftaten des § 23 JMStV nicht möglich. Die Verpflichtung zur
Bekanntgabe einer strafgerichtlichen Verurteilung ist in § 23 JMStV anders als in
§ 24 Abs. 6 JMStV bzgl. einer Bußgeldentscheidung nicht vorgesehen.

dd) Verhältnis zu korrespondierenden Straftatbeständen des StGB

Auf thematisch dem Jugendmedienschutz gewidmete Strafvorschriften des StGB **20**
verweist der Staatsvertrag in § 4 Abs. 1 Nr. 1 bis 6, 10. Dies erklärt, warum in § 23
JMStV diese Komponenten der Verbotsregelung nicht aufgegriffen werden. Denn
das vorsätzliche Machen von Angeboten mit den in § 4 Abs. 1 Nr. 1 bis 6, 10 JMStV
verbotenen Inhalten ist bereits gem. §§ 86, 86 a, 130 Abs. 2, 3, 130 a Abs. 2, 131
Abs. 1, 184 a, b, c, d StGB strafbar[48]. Eine Konkurrenz zwischen § 23 JMStV und
diesen StGB-Tatbeständen besteht also nicht. Anders verhält es sich mit § 23 JMStV
iVm § 4 Abs. 2 S. 1 Nr. 3, S. 2 JMStV. Soweit durch eine Tat dieser Straftatbestand
und ein Tatbestand nach §§ 130, 131 Abs. 2 oder § 184 d StGB verwirklicht wird, wird
der JMStV-Tatbestand von dem StGB-Tatbestand konsumiert[49]. Das gilt jedoch nur,
soweit der StGB-Tatbestand den Aspekt des Jugendmedienschutzes berücksichtigt.

3. Straftaten nach dem Jugendschutzgesetz

a) Allgemeines

aa) Systematik

Die Strafvorschrift des § 27 JuSchG ist ein Blankettgesetz, das die Tatbestandsmerk- **21**
male zum einen aus den Verbotsvorschriften des § 15 JuSchG (§ 27 Abs. 1 JuSchG)
und zum anderen aus dem Bußgeldtatbestand § 28 Abs. 1 JuSchG einschließlich der
dort einbezogenen Vorschriften (z. B. § 3 Abs. 2 S. 3, § 5 Abs. 1 JuSchG) bezieht[50].
Wie sich aus § 15 StGB, aus dem Text des § 27 Abs. 2 JuSchG und aus § 27 Abs. 3

---

[47] *Liesching/Schuster*, § 27 JuSchG Rn. 29.

[48] Kritisch dazu, dass dies auf die Verbote in § 4 Abs. 1 Nr. 7 bis 9 JMStV nicht zutrifft und insoweit
lediglich Ordnungswidrigkeitentatbestände anwendbar sind, *Erdemir*, in: Spindler/Schuster, Recht
der elektronischen Medien, § 23 JMStV Rn. 2; *Liesching/Schuster*, § 23 JMStV Rn. 2.

[49] *Erdemir*, in: Spindler/Schuster, Recht der elektronischen Medien, § 23 JMStV Rn. 10; *Lackner/
Kühl*, § 184 Rn. 13.

[50] *Altenhain*, in: Löffler, Presserecht, § 27 JuSchG Rn. 1.

JuSchG ergibt, handelt es sich bei sämtlichen Alternativen des § 27 Abs. 1 und Abs. 2 JuSchG um Vorsatzdeliktstatbestände. § 27 Abs. 3 JuSchG ordnet für die Tatbestände des § 27 Abs. 1 JuSchG – mit Ausnahme der Nr. 2 – Fahrlässigkeitsstrafbarkeit an.

bb) Erzieherprivileg

22   § 27 Abs. 4 JuSchG enthält eine Einschränkung der Strafbarkeit zugunsten von personensorgeberechtigten Personen. Es handelt sich um einen besonderen persönlichen Tatbestandsausschlussgrund[51]. Teilnahme nichtprivilegierter Personen an der Tat einer privilegierten personensorgeberechtigten Person ist straflos, weil es an einer objektiv-tatbestandsmäßigen Tat fehlt, vgl. §§ 26, 27 StGB[52]. § 28 StGB ändert daran nichts[53]. Im umgekehrten Fall – Täter ist eine nichtprivilegierte Person, die personensorgeberechtigte Person nimmt teil – ist der Täter strafbar, der Teilnehmer bleibt gem. § 28 Abs. 2 Alt. 3 StGB straflos[54]. Ob die personensorgeberechtigte Person die Strafbarkeit des nichtprivilegierten Täters durch Einwilligung aufheben kann, ist umstritten. Vorzugswürdig ist eine differenzierende Behandlung[55]: Behält der Personensorgeberechtigte die Herrschaft über das Geschehen, kann er die Strafbarkeit anderer Mitwirkender ausschließen[56]. Gibt der Personensorgeberechtigte hingegen Entscheidung und Ausführung aus der Hand, wie das bei bloßer Teilnahme als Anstifter oder Gehilfe häufig der Fall ist, bleibt die Strafbarkeit des nichtprivilegierten Beteiligten bestehen[57].

23   Der sachliche Anwendungsbereich umfasst entgegen dem insofern unvollständigen Gesetzestext auch Taten nach § 27 Abs. 1 Nr. 5 JuSchG, soweit die Bekanntmachung nach § 24 Abs. 3 S. 1 JuSchG durch eine vollziehbare Entscheidung gem. § 21 Abs. 8 S. 1 Nr. 1 JuSchG ersetzt worden ist. Ebenfalls anwendbar ist § 27 Abs. 4 JuSchG auf tatbestandsmäßige Handlungen gem. § 15 Abs. 1 Nr. 7 JuSchG, die in der Absicht begangen werden, eine privilegierte Verwendung des Trägermediums zu ermöglichen (s. u. Rn. 28). Eine weitere Ausdehnung des Anwendungsbereichs über den Gesetzeswortlaut hinaus ist die Einbeziehung schwer jugendgefährdender Medien iSd § 15 Abs. 2 JuSchG[58].

---

[51] *Altenhain*, in: Löffler, Presserecht, § 27 JuSchG Rn. 28; *Hörnle*, in: MK, § 184 Rn. 99; *Laubenthal*, Sexualstraftaten, Rn. 765; *Schönke/Schröder/Perron/Eisele*, § 184 Rn. 9b (zu § 184 Abs. 2 S. 1 StGB); *Winkler*, in: Graf/Jäger/Wittig, § 27 JuSchG Rn. 51.

[52] Erbs/Kohlhaas-*Liesching*, § 27 JuSchG Rn. 15; *Hörnle*, in: MK, § 184 Rn. 100; *Laubenthal*, Sexualstraftaten, Rn. 767.

[53] *Schönke/Schröder/Heine*, § 28 Rn. 26.

[54] *Fischer*, § 180 Rn. 10

[55] *Fischer*, § 180 Rn. 13.

[56] *Hörnle*, in: MK, § 184 Rn. 100; *Schönke/Schröder/Perron/Eisele*, § 184 Rn. 9 d; aA Erbs/Kohlhaas-*Liesching*, § 27 JuSchG Rn. 15; *Liesching/Schuster*, § 27 JuSchG Rn. 30; *Scholz/Liesching*, § 27 JuSchG Rn. 14; *Winkler*, in: Graf/Jäger/Wittig, § 27 JuSchG Rn. 51.

[57] *Altenhain*, in: Löffler, Presserecht, § 27 JuSchG Rn. 29; MK-*Renzikowski*, § 180 Rn. 43.

[58] *Liesching/Schuster*, § 27 JuSchG Rn. 30; *Scholz/Liesching*, § 27 JuSchG Rn. 14.

Wer personensorgeberechtigt ist, richtet sich nach den familienrechtlichen Vor- **24**
schriften des BGB, § 1 Abs. 1 Nr. 3 JuSchG[59]. Erziehungsbeauftragten Personen iSd
§ 1 Abs. 1 Nr. 4 JuSchG kommt § 27 Abs. 4 JuSchG nicht zugute[60]. Der Vergleich der
Texte in § 27 Abs. 4 S. 1 JuSchG und in § 27 Abs. 1 Nr. 1, 2 JuSchG zeigt, dass nur
diejenigen Handlungsalternativen straffrei gestellt sind, deren Vollzug erzieherischen
Charakter haben kann. Die Strafbarkeit z. B. wegen Herstellung, Ein- und Ausfuhr
oder Vorrätighalten indizierter Trägermedien bleibt also von § 27 Abs. 4 JuSchG
unberührt. Darüber hinaus ist auch eine Strafbarkeit der personensorgeberechtigten
Person wegen Anbieten, Überlassen oder Zugänglichmachen möglich, wenn in der
Handlung eine „gröbliche Verletzung der Erziehungspflicht" zu sehen ist, § 27 Abs. 4
S. 2 JuSchG. Dies kommt vor allem dann in Betracht, wenn es sich um einen sehr
jungen Minderjährigen (Kind, Jugendlicher unter 16 Jahren) handelt[61].

Sonstige personbezogene Privilegierungen sieht § 27 JuSchG nicht vor. Strafbar **25**
sind daher auch Angehörige – z. B. Geschwister, Großeltern – des in die Tat als
„Opfer" involvierten Kindes oder Jugendlichen. Auch dass der Täter selbst noch
ein Jugendlicher – also potentielles „Opfer" – ist, schließt die Möglichkeit einer
Strafbarkeit – nach Maßgabe des JGG – nicht aus[62]. Das GjS hatte noch in seinem § 21
Abs. 5 eine Regelung getroffen, wonach das Gericht von einer Bestrafung absehen
konnte, wenn der Täter, der eine inkriminierte Schrift einem Kind oder Jugendlichen
angeboten, überlassen oder zugänglich gemacht hatte, ein Jugendlicher oder ein
Angehöriger iSd § 11 Abs. 1 Nr. 1 StGB war. Das JuSchG hat diese Regelung nicht
übernommen[63].

b) Strafbarkeitsvoraussetzungen gem. § 27 JuSchG

aa) § 27 Abs. 1 Nr. 1

(1) Objektiver Tatbestand

Der objektive Tatbestand, der – vorbehaltlich des Erzieherprivilegs gem. Abs. 4 S. 1 **26**
– von jedermann täterschaftlich verwirklicht werden kann, zeichnet die Verbote des
§ 15 Abs. 1 Nr. 1 bis 6 JuSchG nach. Tatobjekte sind also Trägermedien, die gem.
§ 18 JuSchG in die Liste jugendgefährdender Medien aufgenommen worden sind,
soweit dies gem. § 24 Abs. 3 S. 1 JuSchG bekannt gemacht ist. Verbotswirkung
und Strafbarkeit greifen erst ab Bekanntmachung[64]. Wurde gem. § 24 Abs. 3 S. 2
JuSchG von der Bekanntmachung abgesehen, greift § 27 Abs. 1 Nr. 1 JuSchG nicht
ein. Die Strafbarkeitslücke schließt § 27 Abs. 1 Nr. 5 JuSchG iVm § 21 Abs. 8 Nr.

[59] *Liesching/Schuster*, § 1 JuSchG Rn. 5.
[60] *Liesching/Schuster*, § 27 JuSchG Rn. 30.
[61] *Liesching/Schuster*, § 27 JuSchG Rn. 32; *Scholz/Liesching*, § 27 JuSchG Rn. 15.
[62] *Nikles/Roll/Spürck/Umbach*, § 27 JuSchG Rn. 14.
[63] *Altenhain*, in: Löffler, Presserecht, § 27 JuSchG Rn. 31.
[64] Erbs/Kohlhaas-*Liesching*, § 15 JuSchG Rn. 2.

1 JuSchG[65]. Handelt es sich bei dem Tatobjekt um ein schwer jugendgefährdendes Trägermedium iSd § 15 Abs. 2 JuSchG, ist die Strafbarkeit nicht von Listenaufnahme und Bekanntmachung abhängig[66]. Ob das tatgegenständliche Trägermedium wirklich die schädlichen Eigenschaften hat, die gem. § 18 JuSchG seine Aufnahme in die Liste rechtfertigen, ist für die Erfüllung des Straftatbestandes irrelevant. Sowohl § 15 JuSchG als auch § 27 JuSchG stellen nur auf die bestandskräftige Aufnahme in die Liste ab. Der Straftatbestand ist verwaltungsaktsakzessorisch. Strafbarkeitskriterium ist allein die Wirksamkeit des Verwaltungsakts, nicht seine inhaltliche Richtigkeit[67]. Obwohl der Gesetzeswortlaut des § 15 Abs. 1 JuSchG nur auf die Bekanntgabe der Aufnahme in die Liste abstellt, ist eine tatsächlich erfolgte Indizierung Bestandteil des objektiven Tatbestandes und daher eine Strafbarkeitsvoraussetzung[68].

27   Trägermedien, die (noch) nicht in die Liste der jugendgefährdende Medien aufgenommen worden sind, jedoch mit einem Trägermedium, dessen Aufnahme in die Liste bekannt gemacht ist, ganz oder im Wesentlichen inhaltsgleich sind, unterliegen gem. § 15 Abs. 3 JuSchG ebenfalls den Beschränkungen des § 15 Abs. 1 JuSchG. Damit soll einer Umgehung der Verbote entgegengewirkt werden. Konsequenz dieser Regelungsintention müsste an sich sein, dass inhaltsgleiche Trägermedien iSd § 15 Abs. 3 JuSchG auch vom Straftatbestand des § 27 Abs. 1 Nr. 1 JuSchG erfasst sind. Das ist indessen nicht der Fall. Der Verweisungstext in § 27 Abs. 1 Nr. 1 JuSchG erwähnt § 15 Abs. 3 JuSchG nicht. Man könnte zwar argumentieren, dass dies unschädlich sei, weil die Verweisung auf § 15 Abs. 1 JuSchG ausreiche, nachdem § 15 Abs. 3 JuSchG den Anwendungsbereich des § 15 Abs. 1 JuSchG auf inhaltsgleiche Trägermedien erweitert hat. Dem steht jedoch entgegen, dass der Verweisungstext ausdrücklich § 15 Abs. 2 JuSchG anführt („auch in Verbindung mit Abs. 2"), obwohl dies mit derselben Begründung als überflüssig bezeichnet werden kann. Daher ist eine Einbeziehung des § 15 Abs. 3 JuSchG in den Straftatbestand des § 27 Abs. 1 Nr. 1 JuSchG nicht möglich[69].

28   Sämtliche Handlungsmerkmale (z. B. anbietet, überlässt, ausstellt, vorführt) beziehen sich auf die physische Substanz des Trägermediums, sind also Formen körperlichen Umgangs mit dem Trägermedium. Indirekt gilt das auch für die in § 27 Abs. 1 Nr. 1 JuSchG ebenfalls unter Strafdrohung gestellten Werbemaßnahmen des öffentlichen Ankündigens oder Anpreisens (§ 15 Abs. 1 Nr. 6 JuSchG). Hingegen ist die bloße akustisch wahrnehmbare mündliche Inhaltsverbreitung (Vortrag, Gesang, Vorlesen) nicht Verbotsgegenstand nach § 15 JuSchG und kann somit auch

---

[65] *Liesching/Schuster*, § 27 JuSchG Rn. 6.

[66] *Liesching/Schuster*, § 27 JuSchG Rn. 4.

[67] Dagegen *Altenhain*, in: Löffler, Presserecht, § 27 Rn. 7, der in der Rechtmäßigkeit der Indizierung eine objektive Bedingung der Strafbarkeit sieht, aaO Rn. 9.

[68] *Altenhain*, in: Löffler, Presserecht, § 27 Rn. 4; nach *Liesching/Schuster*, § 27 JuSchG Rn. 4 handelt es sich um eine objektive Strafbarkeitsbedingung.

[69] *Altenhain*, in: Löffler, Presserecht, § 15 JuSchG Rn. 39; Erbs/Kohlhaas-*Liesching*, § 27 JuSchG Rn. 2; *Liesching/Schuster*, § 15 JuSchG Rn. 97; § 27 JuSchG Rn. 3; *Scholz/Liesching*, § 27 JuSchG Rn. 2.

nicht den Straftatbestand des § 27 Abs. 1 JuSchG erfüllen[70]. Bringt also eine Black-Metal-Rock-Band auf einem Konzert Stücke einer indizierten CD „live" zu Gehör, ist das kein „Vorführen" des Trägermediums iSd §§ 15 Abs. 1 Nr. 2, 27 Abs. 1 Nr. 1 JuSchG. Anders ist die Rechtslage, wenn ein Künstler mit „play back"-Technik agiert und zu der im Hintergrund abgespielten Tonkonserve nur die passenden Lippenbewegungen beiträgt. Diese Ahndbarkeitslücke ist vor allem deshalb bedenklich, weil Konzertveranstaltungen nicht von den Vorschriften über den Schutz Jugendlicher in der Öffentlichkeit (§§ 4 bis 10 JuSchG) und den korrespondierenden Bußgeldtatbeständen (§ 28 Abs. 1 Nr. 1 bis 13 JuSchG) erfasst sind. Konzerte sind keine „Tanzveranstaltungen" iSd § 5 JuSchG[71]. Spielt z. B. eine einschlägig bekannte thüringische Band auf einem auch von Jugendlichen besuchten Open-Air-Konzert Titel ihrer indizierten CD „Krebskolonie", ist damit kein Straftatbestand – nicht einmal ein Bußgeldtatbestand – verwirklicht. Die einzige strafrechtliche Zugriffsmöglichkeit auf diese Art von Inhaltsverbreitung wird durch § 7 S. 1 JuSchG eröffnet: Die zuständige Behörde kann dem Konzertveranstalter die Auflage erteilen, dass Kinder und Jugendliche von dem Event fernzuhalten sind. Der Verstoß gegen diese Anordnung ist Ordnungswidrigkeit gem. § 28 Abs. 1 Nr. 9, Abs. 4 S. 1 JuSchG und unter den Voraussetzungen des § 27 Abs. 2 JuSchG Straftat. Dagegen ist die Missachtung der gem. § 7 S. 2 JuSchG möglichen behördlichen Auflage, dass auf dem Konzert Stücke einer indizierten CD nicht gespielt werden dürfen[72], weder mit Geldbuße (§ 28 JuSchG) noch mit Strafe (§ 27 JuSchG) ahndbar.

Das in Verbindung mit § 15 Abs. 1 Nr. 5 JuSchG stehende Handlungsmerk-   **29** mal „einführt" ist dahingehend teleologisch einzuschränken, dass es durch einen privaten erwachsenen Endverbraucher, der ohne Weiterverbreitungsabsicht sich bei einem ausländischen Versandunternehmen ein verbotenes Trägermedium bestellt, nicht verwirklicht wird[73]. Denn Belange des Jugendschutzes werden dadurch nicht beeinträchtigt[74].

(2) Subjektiver Tatbestand

Der subjektive Tatbestand setzt Vorsatz voraus, § 15 StGB[75]. Der Vorsatz muss   **30** sich nicht auf die jugendgefährdende Qualität des Trägermediums iSd § 18 JuSchG, sondern auf die Aufnahme in die Liste beziehen[76]. Die Kenntnis von diesem Vorgang wird durch die Bekanntmachung im Bundesanzeiger gem. § 24 Abs. 3 S. 1 JuSchG verschafft. Unkenntnis schließt zwar den Vorsatz aus, § 16 Abs. 1 S. 1 StGB. Beruht

---

[70] *Liesching/Schuster*, § 15 JuSchG Rn. 18.

[71] *Liesching/Schuster*, § 5 JuSchG Rn. 3.

[72] *Liesching/Schuster*, § 7 JuSchG Rn. 13.

[73] Ebenso zu § 184 Abs. 1 Nr. 4 StGB, vgl. *Schönke/Schröder/Perron/Eisele*, § 184 Rn. 27.

[74] OLG Hamm NJW 2000, 1965 (1966); Erbs/Kohlhaas-*Liesching*, § 15 JuSchG Rn. 19; *Liesching/Schuster*, § 15 JuSchG Rn. 32.

[75] *Liesching/Schuster*, § 27 JuSchG Rn. 7.

[76] *Liesching/Schuster*, § 27 JuSchG Rn. 10.

der Informationsmangel aber auf Fahrlässigkeit, ist Strafbarkeit gem. § 27 Abs. 3 Nr. 1 JuSchG möglich.

bb) § 27 Abs. 1 Nr. 2

31 Dieser Straftatbestand korrespondiert dem Verbot des § 15 Abs. 1 Nr. 7 JuSchG. Die Verweisung auf diese Vorschrift betrifft außer objektiven Tatbestandsmerkmalen auch ein besonderes subjektives Tatbestandsmerkmal: Verboten und damit strafbar ist eine Herstellung usw. nämlich nur, soweit sie begangen wird, „um sie [Trägermedien] oder aus ihnen gewonnene Stücke im Sinne der Nummern 1 bis 6 zu verwenden oder einer anderen Person eine solche Verwendung zu ermöglichen". Der Vollzug der objektiv tatbestandsmäßigen Handlung muss also von dieser Verwendungs- oder Ermöglichungsabsicht begleitet sein. In der Dogmatik der Tatbestandsmerkmale handelt es sich also um eine „überschießende Innentendenz"[77]. Das Erzieherprivileg des § 27 Abs. 4 JuSchG erstreckt sich auch auf Akte der Herstellung usw., sofern diese in der Absicht vollzogen werden, das Trägermedium ausschließlich in einer privilegierten Weise zu verwenden, also dem eigenen Kind anzubieten, zu überlassen oder zugänglich zu machen.

cc) § 27 Abs. 1 Nr. 3

32 Der Straftatbestand korrespondiert dem Werbeverbot des § 15 Abs. 4 JuSchG. Unzulässig ist der Abdruck oder die Veröffentlichung der Liste jugendgefährdender Medien zum Zwecke der kommerziellen Werbung. Verhindert werden soll damit die Gefahr, dass Minderjährige auf indizierte Medien aufmerksam gemacht werden[78]. Der Werbezweck ist im Aufbau der Straftat ein objektives Tatbestandsmerkmal.

dd) § 27 Abs. 1 Nr. 4

33 Dieser Straftatbestand pönalisiert Verstöße gegen das in § 15 Abs. 5 JuSchG verankerte Verbot der geschäftlichen Werbung mit Indizierungsverfahren. Ebenso wie das Abdruck- und Veröffentlichungsverbot des § 15 Abs. 4 JuSchG soll mit diesem Werbeverbot der Anreizwirkung vorgebeugt werden, die von der Einleitung eines Indizierungsverfahrens ausgehen kann[79]. Bei Hinweis auf ein anhängig gewesenes Indizierungsverfahren ist gleichgültig, mit welchem Ergebnis dieses Verfahren ausgegangen ist[80].

---

[77] Vgl. dazu *Rengier*, AT, § 16 Rn. 7.

[78] *Cole*, in. Dörr/Kreile/Cole, Handbuch Medienrecht, S. 273; *Liesching/Schuster*, § 15 JuSchG Rn. 101.

[79] *Liesching/Schuster*, § 15 JuSchG Rn. 104.

[80] *Liesching/Schuster*, § 15 JuSchG Rn. 107.

ee) § 27 Abs. 1 Nr. 5

Die vollziehbare Entscheidung iSd § 21 Abs. 8 S. 1 Nr. 1 JuSchG, auf die § 27 Abs. 1 **34**
Nr. 5 JuSchG verweist, ist das Surrogat für die Bekanntmachung iSd § 24 Abs. 3
JuSchG, die unter den Voraussetzungen des § 24 Abs. 3 S. 2 JuSchG unterbleibt[81].
Das tatbestandsmäßige Verhalten besteht in der Nichtbefolgung der Beschränkungen,
die gem. § 21 Abs. 8 S. 2 JuSchG in die Entscheidung aufzunehmen sind.

ff) § 27 Abs. 2 Nr. 1

Die Strafvorschrift konstruiert einen Teil des objektiven Tatbestandes durch Über- **35**
nahme der objektiven Tatbestandsmerkmale, aus denen in § 28 Abs. 1 JuSchG die
Tatbestände verschiedener Ordnungswidrigkeiten gebildet sind. Aus der Verweisung
resultiert eine Täterbeschränkung auf „Veranstalter" und „Gewerbetreibende"[82]. Das
Thema „Jugendmedienschutz" behandeln jedoch nur die Bußgeldtatbestände § 28
Abs. 1 Nr. 14 bis Nr. 19 JuSchG. Denn nur dort wird jeweils auf Vorschriften des
JuSchG Bezug genommen, die ihrerseits Träger- oder Telemedien behandeln. Dagegen gehören die Bußgeldtatbestände § 28 Abs. 1 Nr. 4 bis Nr. 13 JuSchG nicht in
den hiesigen Kontext. Deren Regelungsgegenstand ist nämlich jeweils der Schutz Jugendlicher in der Öffentlichkeit, also z. B. Besuch von Gaststätten (§§ 4, 28 Abs. 1 Nr.
5 JuSchG) oder öffentlichen Tanzveranstaltungen (§§ 5, 28 Abs. 1 Nr. 6 JuSchG)[83].

Zu einer Straftat wird die vorsätzlich begangene Ordnungswidrigkeit, wenn bei **36**
einem Kind oder Jugendlichen wenigstens leichtfertig eine schwere Gefährdung der
körperlichen, geistigen oder sittlichen Entwicklung herbeiführt wird. „Leichtfertig"
bedeutet grob fahrlässig[84]. Vorsätzliche schwere Gefährdung ist ebenso strafbarkeitsbegründend („wenigstens leichtfertig")[85]. Nicht ausreichend ist hingegen leichte
Fahrlässigkeit. Wer an der Tat teilnimmt ohne selber Veranstalter oder Gewerbetrei-
bender zu sein, wird wegen Anstiftung oder Beihilfe zu der Straftat (§ 27 Abs. 2
Nr. 1 JuSchG iVm §§ 26, 27 StGB) mit der aus § 28 Abs. 1 StGB resultierenden
Milderungsfolge bestraft. Nimmt der in seiner Entwicklung gefährdete Jugendliche
selbst aktiv an der Tat teil, bleibt dieser als notwendiger Teilnehmer straflos.

gg) § 27 Abs. 2 Nr. 2

Die tatbestandsrelevante Bezugnahme der Strafvorschrift auf die Bußgeldtatbestän- **37**
de des § 28 Abs. 1 JuSchG ist dieselbe wie bei § 27 Abs. 2 Nr. 1 JuSchG (s. o.

---

[81] *Altenhain*, in: Löffler, Presserecht, § 27 Rn. 18; *Liesching/Schuster*, § 27 JuSchG Rn. 6;
Nikles/Roll/Spürck/Umbach, § 27 JuSchG Rn. 9.

[82] *Altenhain*, in: Löffler, Presserecht, § 27 JuSchG Rn. 20; *Liesching/Schuster*, § 27 JuSchG Rn. 13.

[83] *Petersen*, Medienrecht, § 16 Rn. 17 a. E.

[84] *Schönke/Schröder/Sternberg-Lieben*, § 15 Rn. 205.

[85] *Liesching/Schuster*, § 27 JuSchG Rn. 16.

Rn. 34). Straftatqualität erlangt das Delikt, wenn zu den Tatbestandsmerkmalen der Ordnungswidrigkeit Gewinnsucht oder beharrliche Wiederholung der Tatbegehung hinzukommt. Beide Merkmale gehören deliktssystematisch zum subjektiven Tatbestand. Sie sind zudem besondere persönliche Merkmale isd § 28 StGB. Das hat Bedeutung für die Beurteilung des Verhaltens von Tatbeteiligten, die selbst nicht gewinnsüchtig oder beharrlich handeln: Diese sind nicht wegen Anstiftung (§ 26 StGB) oder Beihilfe (§ 27 StGB) mit der Milderung gem. § 28 Abs. 1 StGB strafbar. Vielmehr begehen sie gem. § 14 Abs. 4 OWiG nur als Beteiligte eine Ordnungswidrigkeit, da das Merkmal, das aus der Ordnungswidrigkeit eine Straftat macht, ein besonderes persönliches Merkmal ist.

c) Rechtsfolgen

38 Die Vorsatztaten sind mit Freiheitsstrafe von 1 Monat bis zu einem Jahr bzw. mit Geldstrafe bis zu 360 Tagessätzen bedroht. Für die in § 27 Abs. 3 JuSchG pönalisierten Fahrlässigkeitsdelikte sieht das Gesetz jeweils den halben Strafrahmen vor. Einziehung der in die Tat involvierten Trägermedien ist unter den Voraussetzungen der §§ 74 ff. StGB, insbesondere § 74 d StGB möglich[86]. Insbesondere bei den Sonderdelikten des § 27 Abs. 2 JuSchG kommt für die beteiligten Veranstalter und Gewerbetreibenden die Maßregel des Berufsverbots (§ 70 StGB) in Betracht.

d) Verhältnis zu korrespondierenden Straftatbeständen des StGB

39 Eine Tat, die die Strafbarkeitsvoraussetzungen eines Tatbestandes des § 27 JuSchG erfüllt, kann zugleich aus §§ 130, 131 oder 184 ff. StGB strafbar sein. Soweit der StGB-Tatbestand auch dem Jugendmedienschutz dient, kommt er allein zur Anwendung, d. h. § 27 JuSchG tritt zurück[87]. Wird hingegen der StGB-Tatbestand nur in einer Variante verwirklicht, der nicht jugendschützenden Charakter hat, besteht mit § 27 JuSchG Idealkonkurrenz[88].

Literatur

Bornemann, Der Jugendmedienschutz-Staatsvertrag der Länder, NJW 2003, 787
Liesching, Das neue Jugendschutzgesetz, NJW 2002, 3281
Walther, Zur Anwendbarkeit der Vorschriften des strafrechtlichen Jugendmedienschutzes auf im Bildschirmtext verbreitete Mitteilungen, NStZ 1990, 523

---

[86] *Altenhain*, in: Löffler, Presserecht, § 27 JuSchG Rn. 34.

[87] *Lackner/Kühl*, § 184 Rn. 13; *Maurach/Schroeder/Maiwald*, BT 1, § 23 Rn. 28; *Winkler*, in: Graf/Jäger/Wittig, § 27 JuSchG Rn. 55.

[88] *Altenhain*, in: Löffler, Presserecht, § 27 JuSchG Rn. 33.

§ 10 Datenschutzrecht

I. Allgemeines

1. System datenschutzrechtlicher Vorschriften

a) Bestandsaufnahme

Datenschutz ist eine recht unübersichtliche[1] „Querschnittsmaterie"[2] der Gesetzge-   **1**
bung und daher ein ubiquitärer Gegenstand gesetzlicher Regelungen. Dementsprechend breit gestreut sind die Vorschriften, die sich mit Datenschutz befassen[3]. Neben
dem Bundesdatenschutzgesetz (BDSG) gibt es Datenschutzgesetze auch auf Bun-
desländerebene (z. B. BbgDSG)[4]. Die Vielfalt des Datenschutzrechts beruht aber
darauf, dass zahlreiche Fachgesetze, die sich nicht primär mit Datenschutz, sondern
mit anderen speziellen Regelungsgegenständen beschäftigen (z. B. Schulwesen, Uni-
versitäten, Strafvollzug), Datenschutzregelungen enthalten, deren Geltungsbereich
auf das spezielle Regelungsgebiet des Gesetzes beschränkt ist[5]. Beispielhaft seien
hier genannt: Auf Länderebene (Land Bandenburg) § 5 VwVfGBbg, §§ 29–49 Bbg-
PolG, §§ 65, 66 BbgSchulG, § 36 BbgHG, § 5 AIG, § 23 BbgJAG. Auf Bundesebene:
§§ 86–91 e AufenthG, §§ 474 ff StPO, §§ 179 ff StVollzG, §§ 28 StVG[6].

---

[1] *Neunhoeffer*, S. 127.

[2] *Schiedermair*, in: Dörr/Kreile/Cole, S. 289.

[3] *Busse*, in: Schiwy/Schütz/Dörr, Medienrecht, S. 69; *Paschke*, Medienrecht, Rn. 1182.

[4] *Ohst*, in: Wandtke, Medienrecht, Bd. 5, Kap. 3 Rn. 13.

[5] *Däubler/Klebe/Wedde/Weichert*, Einl Rn. 71.

[6] Weitere Beispiele bei *Däubler/Klebe/Wedde/Weichert*, Einl Rn. 73.

W. Mitsch, *Medienstrafrecht*, Springer-Lehrbuch,   295
DOI 10.1007/978-3-642-17263-2_10, © Springer-Verlag Berlin Heidelberg 2012

b) Verhältnis des BDSG zu anderen Datenschutzvorschriften

aa) Anwendungsbereich

2 Die verschiedenen Datenschutzgesetze haben unterschiedliche Anwendungsbereiche vor allem auf Grund der Verschiedenheit der Normadressaten, d. h. der Stellen und Personen, die datenschutzrechtlich in die Pflicht genommen werden. Das Bundesdatenschutzgesetz ist in erster Linie anwendbar auf öffentliche Stellen des Bundes, § 1 Abs. 2 Nr. 1 BDSG[7]. Soweit von ihnen Bundesrecht ausgeführt wird und das zuständige Landesrecht keine vorrangigen Datenschutzregelungen enthält (dazu unten Rn. 4), sind aber auch öffentliche Stellen der Länder Adressaten des BDSG, § 1 Abs. 2 Nr. 2 a BDSG. Da aber alle Bundesländer eigene Datenschutzgesetze haben, läuft diese Regelung des BDSG leer[8]. Organe der Rechtspflege – also Gerichte und Staatsanwaltschaften – der Länder unterfallen dem BDSG in Bezug auf ihre rechtsprechende Tätigkeit, § 1 Abs. 2 Nr. 2 b BDSG. Die verwaltende Tätigkeit der Länderrechtspflegeorgane fällt datenschutzrechtlich in den Anwendungsbereich der Länderdatenschutzgesetze, vgl. z. B. § 2 Abs. 1 S. 2 BbgDSG. Schließlich erfasst das BDSG auch noch nicht-öffentliche Stellen, soweit von ihnen Daten unter Einsatz von Datenverarbeitungsanlagen verarbeitet werden, § 1 Abs. 2 Nr. 3 BDSG.

bb) Subsidiarität des BDSG

3 Das BDSG regelt den Datenschutz in unterschiedlichsten Lebensbereichen[9], hat aber wegen der Existenz zahlreicher spezieller Datenschutzregelungen den Charakter eines Auffanggesetzes[10]. Es ist nur anwendbar, soweit andere vorrangige Gesetze nicht eingreifen[11]. Im Verhältnis zu Landesdatenschutzgesetzen gibt es keine Konkurrenzen, soweit diese Gesetze verschiedene Anwendungsbereiche haben (s. o. Rn. 2). Im Verhältnis zu anderen Bundesgesetzen – z. B. TMG, TKG – schreibt § 1 Abs. 3 BDSG die Nachrangigkeit des BDSG fest. Die oben (Rn. 1) erwähnten Datenschutzvorschriften z. B. der Strafprozessordnung oder des Straßenverkehrsgesetzes verdrängen also Vorschriften des BDSG mit identischem Regelungsgegenstand. Dagegen ist das BDSG immer dann einschlägig, wenn vorrangige Gesetze bestimmte Datenschutzthemen nicht normieren[12]. Das betrifft vor allem die Vorschriften des Datenschutzstrafrechts[13] (dazu unten Rn. 18 ff).

---

[7] BGH NStZ 2000, 596 (597).

[8] *Gola/Schomerus*, § 1 Rn. 19a.

[9] *Schiedermair*, in. Dörr/Kreile/Cole, S. 297.

[10] *Gola/Schomerus*, § 1 Rn. 23.

[11] *Fechner*, Medienrecht, 6. Kap. Rn. 32.

[12] *Gola/Schomerus*, § 1 Rn. 24.

[13] *Gola/Schomerus*, § 44 Rn. 2.

cc) Verhältnis des BDSG zu Landesdatenschutzgesetzen

Gemäß § 1 Abs. 2 BDSG haben Datenschutzregelungen des Landesrechts Vorrang vor **4** dem BDSG. Das betrifft zum einen die Landesdatenschutzgesetze und zum anderen spezielle Landesgesetze mit bereichsspezifischen Datenschutzvorschriften. Diese stehen ihrerseits in einem Konkurrenzverhältnis mit den Datenschutzgesetzen des jeweiligen Bundeslandes (dazu unten Rn. 5). Da z. B. § 2 Abs. 1 S. 1 BbgDSG Geltung beansprucht in Bezug auf alle öffentlichen Stellen des Landes Brandenburg, gleich ob sie Landesrecht oder Bundesrecht ausführen, ist das BDSG im Verhältnis zu öffentlichen Stellen des Landes Brandenburg nicht gem. § 1 Abs. 2 Nr. 2 a anwendbar.

dd) Verhältnis des BbgDSG zu speziellen Datenschutzvorschriften des brandenburgischen Landesrechts

Auf landesrechtlicher Ebene besteht ein Vorrang- und Subsidiaritätsverhältnis **5** zwischen dem allgemeinen Datenschutzgesetz und sonstigen Fachgesetzen mit Datenschutzvorschriften[14]. Letztere haben gegenüber Vorschriften des Landesdatenschutzgesetzes mit identischem Regelungsgegenstand Vorrang, vgl. z. B. § 2 Abs. 3 S. 2 BbgDSG. Anwendbar ist das Landesdatenschutzgesetz in Bezug auf Regelungsgegenstände, die in den anderen Gesetzen nicht normiert sind, z. B. die Strafbarkeit von Verstößen gegen das Datenschutzrecht, vgl. §§ 38, 39 BbgDSG. So enthält z. B. das Schulgesetz des Landes Brandenburg in §§ 65, 65 a und 66 Bestimmungen über den Datenschutz. Strafrechtliche Folgen von Übertretungen dieser Vorschriften enthält das Schulgesetz indessen nicht. Insoweit greift das Datenschutzgesetz des Landes Brandenburg ein.

ee) System

Aus der obenstehenden Übersicht lässt sich folgende Systematik ableiten: Das BDSG **6** regelt den Umgang mit personenbezogenen Daten durch Rechtspflegeorgane, bei solchen des Bundes auch in Bezug auf ihre Verwaltungtätigkeit. Des weiteren regelt das BDSG den Datenschutz im Verhältnis zu öffentlichen Stellen des Bundes und im Verhältnis zu nicht-öffentlichen Stellen. Allerdings wird es partiell durch spezielle Datenschutzvorschriften in Bundesgesetzen verdrängt. Datenschutz im Kontext von Verwaltungtätigkeit öffentlicher Stellen der Bundesländer einschließlich der Gerichte und Staatsanwaltschaften ist prioritär Sache der Landesdatenschutzgesetze, die partiell hinter speziellen Datenschutzregelungen in Landesgesetzen zurücktreten.

---

[14] *Fechner*, Medienrecht, 6. Kap. Rn. 32.

2. *Verfassungsrecht*

a) Grundrechte

7   Im Grundgesetz ist der Datenschutz als Grundrechtskomponente nicht explizit erwähnt. Anders verhält es sich mit einigen Landesverfassungen, die wie z. B. Art.
11 der Verfassung des Landes Brandenburg spezielle Datenschutzgrundrechte konstitu-
iert haben. Auf bundesverfassungsrechtlicher Ebene ist der Datenschutz als Grund-
rechtsthema in das „Recht auf informationelle Selbstbestimmung" eingebettet[15].
Das Datenschutzgrundrecht ist letztlich eine spezielle Ausprägung des allgemeinen Persönlichkeitsgrundrechts in Art. 2 Abs. 1 GG. Inhaltlich gewährleistet dieses
Grundrecht dem einzelnen die Befugnis, selbst darüber zu bestimmen, ob und wie
seine persönlichen Daten zur Kenntnis anderer gelangen und von anderen verarbeitet
werden dürfen. Das Datenschutzgrundrecht ist also ein Informationsbeherrschungs-
und Informationszurückhaltungsrecht.

8   In einer Medien- und Informationsgesellschaft gerät das Recht auf informationelle Selbstbestimmung zwangsläufig in ein Spannungs- und Kollisionsverhältnis mit
Rechten, die auf Informationsbeschaffung, -verarbeitung und -weitergabe gerichtet
sind[16]. Dass es sich dabei sogar um eine Grundrechtskollisionslage handelt, ergibt
sich aus der Existenz von Mediengrundrechten gem. Art. 5 GG[17]. Die Gewährleistung einer lebendigen, dynamischen Presse- und Medieninfrastruktur setzt voraus,
dass den Medien in gewissem Umfang gestattet wird, auch personenbezogene Daten
für ihre Zwecke zu verarbeiten, ohne dabei an die Erlaubnis des Betroffenen gebunden zu sein. Dem notwendigen Ausgleich zwischen den kollidierenden Grundrechten
dient das sog. datenschutzrechtliche „Medienprivileg" bzw. „Presseprivileg", das die
Medien von einige datenschutzrechtlichen Beschränkungen entbindet[18].

9   Private Medienunternehmen sind nicht-öffentliche Stellen iSd § 2 Abs. 4 BDSG,
auf die sich der Anwendungsbereich des BDSG gem. § 1 Abs. 2 Nr. 3 erstreckt[19].
Dass die meisten Vorschriften des BDSG dennoch in Bezug auf Presseunternehmen
nicht gelten, ergibt sich aus der Rahmenregelung des § 41 Abs. 1 BDSG[20] und aus
den Pressegesetzen der Bundesländer, die die Gesetzgebungszuständigkeit für das
Pressewesen haben[21]. Soweit personenbezogene Daten ausschließlich zu eigenen
journalistisch-redaktionellen oder literarischen Zwecken erhoben, verarbeitet oder
genutzt werden, gelten aus dem BDSG nur die §§ 5, 9 und 38 a sowie in modifizierter

---

[15] *Busse*, in: Schiwy/Schütz/Dörr, S. 70, *Däubler/Klebe/Wedde/Weichert*, Einl Rn. 7 ff.; *Jarass/
Pieroth*, Art. 2 Rn. 39, 44 ff.

[16] *Busse*, in: Schiwy/Schütz/Dörr, S. 69.

[17] *Schiedermair*, in: Dörr/Kreile/Cole, S. 287.

[18] *Busse*, in: Schiwy/Schütz/Dörr, S. 70; *Gola/Schomerus*, § 41 Rn. 4; *Ohst*, in: Wandtke, Bd. 5,
Kap. 3 Rn. 52; *Schiedermair*, in: Dörr/Kreile/Cole, S. 289.

[19] *Neunhoeffer*, S. 131.

[20] *Neunhoeffer*, S. 130.

[21] *Neunhoeffer*, S. 129; *Ohst*, in: Wandtke, Bd. 5, Kap. 3 Rn. 51.

Fassung § 7, vgl. z. B. § 16 a BbgPG. Auf das Anbieten von Telemedien durch Presseunternehmen erstreckt der § 57 Abs. 1 RStV diese Reduktion des Datenschutzes. Daher bestehen für die Presse z. B. nicht die Datenverwendungsschranken des § 4 BDSG.

b) Gesetzgebungszuständigkeit

Weil Datenschutz ein rechtlich bedeutsames Anliegen ist, das sich praktisch in allen Lebensbereichen bemerkbar macht, ist auch das Datenschutzrecht eine Materie, die mit allen diesen Lebensbereichen Berührungspunkte aufweist[22]. Das hat Konsequenzen für die Gesetzgebungszuständigkeit auf dem Gebiet des Datenschutzrechts. In der Kompetenzordnung der Art. 70 ff GG kommt der Begriff „Datenschutz" nicht vor[23]. Daher folgt die Gesetzgebungskompetenz von Bund und Ländern für die Reglementierung des Datenschutzes der Regelungszuständigkeit für die jeweilige Materie, deren Bezüge zur Datenverarbeitung und zum Datenschutz Gegenstand der Gesetzgebung sein sollen[24]. **10**

3. Begriffe

a) Personenbezogene Daten

Zentraler Gegenstand des rechtlichen Datenschutzes – insbesondere der datenschutzrechtlichen Strafvorschriften (vgl. §§ 43 Abs. 2 Nr. 1–4, 44 BDSG) – sind die „personenbezogenen Daten"[25]. Diese sind „Einzelangaben über persönliche oder sachliche Verhältnisse einer bestimmten oder bestimmbaren natürlichen Person", § 3 Abs. 1 BDSG. Dieselbe gesetzliche Definition legen die Landesdatenschutzgesetze zugrunde, vgl. § 3 Abs. 1 BbgDSG. Die bereichsspezifischen Datenschutzvorschriften verwenden ebenfalls den Begriff „personenbezogene Daten", ohne ihn selbst zu definieren, vgl. z. B. §§ 483 ff. StPO. Daher gilt auch hier die Legaldefinition des § 3 Abs. 1 BDSG[26]. Der für die Anwendbarkeit des Datenschutzrechts ausschlaggebende Personenbezug ist gegeben, wenn die Zuordnung zu einer bestimmten natürlichen Person – dem „Betroffenen" – erkennbar ist oder diese Person zumindest bestimmbar ist. Sind die Daten anonym, sind sie nicht personenbezogen[27]. Betroffener kann nur eine noch lebende Person sein. Daten Verstorbener sind nicht Schutzgegenstand des BDSG[28]. **11**

---

[22] *Däubler/Klebe/Wedde/Weichert*, Einl. Rn. 59.

[23] *Neunhoeffer*, S. 128; *Schiedermair*, in: Dörr/Kreile/Cole, S. 289.

[24] *Däubler/Klebe/Wedde/Weichert*, Einl Rn. 59.

[25] *Ohst*, in: Wandtke, Bd. 5, Kap. 3 Rn. 17.

[26] *Meyer-Goßner*, § 483 Rn. 1.

[27] *Gola/Schomerus*, § 3 Rn. 10.

[28] *Gola/Schomerus*, § 3 Rn. 12; *Weichert*, in: Däubler/Klebe/Wedde/Weichert, § 3 Rn. 4.

b) Verarbeiten

12 Einige der Handlungsmerkmale, die zum objektiven Tatbestand datenschutzrechtlicher Bußgeldvorschriften (§ 43 BDSG) und per Verweisung in § 44 Abs. 1 BDSG auch zum objektiven Tatbestand des Datenschutzstraftatbestandes gehören, sind in § 3 BDSG definiert. Das gilt insbesondere für den Begriff der „Verarbeitung" (vgl. § 43 Abs. 2 Nr. 1 Alt. 2 BDSG). Gemäß § 3 Abs. 4 S. 1 BDSG ist darunter das Speichern, Verändern, Übermitteln, Sperren und Löschen zu verstehen. Diese fünf Alternativen werden in § 3 Abs. 4 S. 2 Nr. 1–5 BDSG weiter expliziert. Dagegen ist die Erhebung von Daten kein Fall der Verarbeitung, vgl. § 3 Abs. 3 BDSG[29].

c) Erheben

13 Auch der Begriff der Datenerhebung gehört zum objektiven Bußgeld- und Straftatbestand, vgl. §§ 43 Abs. 2 Nr. 1 Alt. 1, 44 Abs. 1 BDSG. Gem. § 3 Abs. 3 BDSG ist „erheben" das Beschaffen von Daten über den Betroffenen. Darunter ist die zielgerichtete Erlangung der Herrschaft über die Daten zu verstehen. Daten, die einer Stelle zufällig „zugefallen" oder von einem Informanten unaufgefordert zugeleitet („aufgedrängt") worden sind, sind nicht erhoben worden[30].

4. Grundsätze des Datenschutzes

a) Erlaubnisvorbehalt

14 Das Datenschutzrecht geht davon aus, dass Erhebung, Verarbeitung und Nutzung personenbezogener Daten durch öffentliche Stellen und durch Datenverarbeitungsanlagen einsetzende nichtöffentliche Stellen verboten ist[31]. Folgerichtig erklärt § 4 Abs. 1 BDSG, dass die Zulässigkeit dieser datenbezogenen Vorgänge von einer gesetzlichen Erlaubnis oder Anordnung oder von der Einwilligung des Betroffenen abhängt. Es handelt sich also um ein Verbot mit Erlaubnisvorbehalt[32]. Für die Erlaubnis auf Grund Einwilligung des Betroffenen gelten die besonderen Bestimmungen des § 4 a BDSG. Zur strafrechtlichen Relevanz dieser Vorschrift unten Rn. 26.

b) Datenvermeidung und Datensparsamkeit

15 Nicht nur in § 4 BDSG, sondern auch in § 3 a BDSG kommt der Grundgedanke zum Ausdruck, dass der Eingriff in das Recht auf informationelle Selbstbestimmung des

---

[29] *Gola/Schomerus*, § 3 Rn. 24.
[30] *Gola/Schomerus*, § 3 Rn. 24.
[31] *Gola/Schomerus*, § 43 Rn. 26.
[32] *Gola/Schomerus*, § 4 Rn. 3.

einzelnen durch die in § 1 BDSG genannten Normadressaten grundsätzlich unerwünscht ist. Für bestimmte Zwecke ist der Umgang mit personenbezogenen Daten
aber notwendig und unumgänglich, was in entsprechenden Erlaubnisvorschriften
Niederschlag findet. Aber auch in diesen Fällen soll der Zugriff auf personenbezogene Daten möglichst zurückhaltend erfolgen, § 3 a S. 1 BDSG. Wenn möglich, soll
die Eingriffswirkung durch Anonymisierung oder Pseudonymisierung abgemildert
werden, § 3 a S. 2 BDSG[33].

c) Erforderlichkeit

Eine weitere Konkretisierung der bereits in § 4 Abs. 1 BDSG und § 3 a BDSG   **16**
formulierten Forderung nach Beschränkung des Dateneingriffs auf das Unvermeid-
liche enthält § 13 Abs. 1 BDSG. Danach ist Erhebung personenbezogener Daten nur
zulässig, wenn der legitimierende Zweck nicht auch ohne Datenkenntnis erreicht
werden kann. Ergänzt wird diese Regel durch § 35 Abs. 2 Nr. 3 BDSG, wonach er-
hobene Daten gelöscht werden müssen, sobald ihre Kenntnis zur Zweckerreichung
nicht mehr erforderlich ist. Für das Datenschutzstrafrecht haben diese Restriktionen
unmittelbare Bedeutung, weil sie Aspekte der „Unbefugtheit" artikulieren, die gem.
§ 43 Abs. 2 Nr. 1–3 iVm § 44 Abs. 1 BDSG Strafbarkeitsvoraussetzung ist.

II. Datenschutzstrafrecht

1. Typologie datenbezüglicher Straftaten

Strafwürdige Angriffe gegen das Recht auf informationelle Selbstbestimmung sind in   **17**
vielfältiger Weise möglich: Datenfälschung ist das Erfinden nicht existenter oder das
inhaltliche Verändern wahrer Daten, z. B. durch „Unterschieben eines Kindes", vgl.
§ 169 Abs. 1 Alt. 1 StGB oder unrichtige Eintragung der Rechtsverhältnisse an einem
Grundstück im Grundbuch, vgl. §§ 271, 348 StGB. Datenbeschädigung ist z. B.
das Einschleusen eines Virus auf den PC des Opfers mit anschließendem Löschen
der gespeicherten Daten, vgl. § 303 a StGB. Datenvorenthaltung oder Datenunter-
drückung ist das Nichtherausgeben oder das Sperren des Zugangs zu den Daten, so
dass sie dem Berechtigten nicht zur Verfügung stehen, § 274 StGB. Datenentwendung
ist z. B. das Ausspionieren von elektronisch gespeicherten Daten mittels Hacking-
Tools, vgl. § 202 a Abs. 1 StGB oder das Abhören eines Telefongesprächs, vgl. § 201
Abs. 2 Nr. 1 StGB. Datenveruntreuung ist die unbefugte Weitergabe von Daten, die
der Täter – befugt oder unbefugt – „besitzt", also in seinem Herrschaftsbereich hat. In
diese Kategorie gehören Delikte wie Verletzung von Privatgeheimnissen gem. § 203
StGB oder Verletzung des Telekommunikationsgeheimnisses gem. § 206 StGB. Auf
der Seite des Empfängers unbefugt herausgegebener Daten kommt schließlich noch

---

[33] *Gola/Schomerus*, § 3 a Rn. 7 ff.

Datenhehlerei in Betracht, wie sie z. B. von deutschen Finanzbehörden betrieben wird, wenn CDs mit illegal zusammengestellten Bankdaten angekauft werden, um auf diese Weise Steuerhinterziehungstätern auf die Spur zu kommen[34]. So vielfältig wie die Erscheinungsformen von Straftaten mit Bezug zu geschützten Daten sind, so verstreut sind die Strafvorschriften, auf deren Grundlage eine repressive Ahndung derartiger Taten möglich ist.

2. Strafgesetzbuch

18 Wie oben (Rn. 17) bereits erkennbar wurde, enthält das StGB zahlreiche Straftatbestände, die dem Schutz von personenbezogenen Daten gewidmet sind. Zu nennen sind insbesondere die §§ 201 bis 206 und §§ 353 b, 355 StGB. Soweit diese Straftatbestände mit § 44 BDSG iVm § 43 BDSG zusammentreffen, werden letztere in der Regel verdrängt[35].

3. Nebenstrafrecht

19 Nebengesetze enthalten zum Teil nicht nur spezielle Datenschutzvorschriften, sondern auch Straftatbestände, in denen Verletzungen des Datenschutzes erfasst sind. Das trifft z. B. zu auf § 19 Abs. 3 TPG, wo unbefugte Datenweitergabe, Datenverarbeitung und Datennutzung in mehreren Varianten unter Strafdrohung gestellt ist[36]. Ein anderes Beispiel ist § 120 BetrVG, der den Verrat bestimmter Geheimnisse aus dem Bereich des Arbeitsverhältnisses und des Betriebs strafrechtlich erfasst. Dahinter tritt § 44 BDSG iVm § 43 BDSG zurück[37].

4. Bereichsspezifische Datenschutzgesetze

20 Zahlreiche Gesetze enthalten spezielle Datenschutzvorschriften mit eng zugeschnittenem Anwendungsbereich. In diesem Bereich gehen sie den allgemeinen Datenschutzregeln des BDSG vor. Soweit diese Gesetze aber keine Vorschriften über den strafrechtlichen Datenschutz enthalten, kommt § 44 BDSG iVm § 43 BDSG zur

---

[34] *Stahl/Demuth* DStR 2008, 600; um Hehlerei iSd § 259 StGB handelt es sich freilich nicht, weil die Daten keine Sachen sind, vgl. *Trüg/Habetha* NJW 2008, 887 (888); schon die Bezeichnung als „Hehlerei" für irreführend hält *Sieber* NJW 2008, 881 (883).

[35] *Klebe*, in: Däubler/Klebe/Wedde/Weichert, § 44 Rn. 6; *Mahn*, in: Böttger, Wirtschaftsstrafrecht in der Praxis, Kap. 10 Rn. 198. Zum Vorrang des § 203 StGB gegenüber einer landesdatenschutzrechtlichen Strafvorschrift vgl. OLG Koblenz NJW 2008, 2794 (2795).

[36] MK-*Tag*, § 19 TPG Rn. 17 ff.

[37] MK-*Joecks*, § 120 BetrVG Rn. 34.

Anwendung[38]. Das trifft z. B. auf das Telemediengesetz zu. Den speziellen Datenschutzregeln in §§ 11 bis 15 a TMG korrespondieren keine eigenen Straftatbestände. Lediglich das Ordnungswidrigkeitenrecht ist mit § 16 Abs. 2 Nr. 4, 5 TMG vertreten, wodurch die korrespondierenden Bußgeldvorschriften des § 43 Abs. 2 BDSG verdrängt werden. Strafrechtliche Reaktionen auf Verstöße gegen §§ 11 ff TMG sind dagegen nur auf der Grundlage des § 44 BDSG iVm § 43 BDSG möglich. Ein anderes Beispiel ist das Telekommunikationsgesetz. Dessen Datenschutzvorschriften (§§ 91 ff TKG) gehen dem BDSG vor[39], werden jedoch in der Strafvorschrift § 148 TKG nicht aufgegriffen. Die Bußgeldvorschrift des § 149 TKG droht gegen einige Datenschutzdelikte Geldbuße an. Rechtsgrundlage für strafrechtliche Ahndung ist auch hier § 44 BDSG iVm § 43 BDSG[40].

5. Landesdatenschutzgesetze

Die Datenschutzgesetze der Bundesländer unterscheiden sich vom BDSG vor allem im Hinblick auf die Normadressaten. Während das BDSG in erster Linie Bundesbehörden sowie nicht-öffentliche Stellen anspricht, richten sich die Landesdatenschutzgesetze an Länderbehörden (s. o. Rn. 6). Daraus folgt, dass auch die Personenkreise, denen die Täter datenschutzrechtlicher Straftaten angehören, unterschiedlich sind. Aus diesem Grund ist es zweckmäßig, dass die Landesdatenschutzgesetze eigene Bußgeld- und Strafvorschriften haben und die §§ 43, 44 BDSG insoweit nicht gelten: § 41 Bad.-Württ. DSG, § 37 Abs. 3 Bay DSG, § 32 Abs. 1, 2 Berl DSG, § 38 Abs. 3 Bbg DSG, § 37 Brem DSG, § 32 Hamb DSG, § 40 Hess DSG, § 42 Meckl-Vorp. DSG, § 28 NS DSG, § 33 NRW DSG, § 37 Rh-Pf DSG, § 35 Saarl DSG, § 33 Sachs DSG, § 31 Sachs-Anh DSG, § 43 Thür DSG. Das einzige Bundesland, in dem Verstöße gegen Datenschutzrecht allein als Ordnungswidrigkeit ahndbar sind, ist Schleswig-Holstein, vgl. § 44 SH DSG. Das Datenschutzgesetz des Landes Brandenburg normiert in § 38 Abs. 1 Ordnungswidrigkeiten und in § 38 Abs. 3 Straftaten. Der Tatbestand der Straftaten basiert auf den Tatbeständen der Ordnungswidrigkeiten und erhält seine strafrechtliche Façon durch Hinzufügung der Merkmale „gegen Entgelt" oder „in der Absicht sich oder einen anderen zu bereichern" oder „in der Absicht einen anderen zu schädigen". Die Straftatbestände der anderen Landesdatenschutzgesetze sind nach demselben Muster gestaltet. Eine Abweichung ist in den Datenschutzgesetzen der Länder Berlin, Mecklenburg-Vorpommern, Sachsen-Anhalt und Thüringen zu konstatieren: Dort haben die Merkmale Entgeltlichkeit, Bereicherungsabsicht und Schädigungsabsicht nicht strafbarkeitsbegründende, sondern qualifizierende Wirkung.

21

---

[38] *Gola/Schomerus*, § 44 Rn. 2; Simitis-*Ehmann*, § 43 Rn. 19.

[39] *Fetzer*, in: Arndt/Fetzer/Scherer, vor § 91 Rn. 10; *Robert,* in: Geppert/Piepenbrock/Schütz/ Schuster, § 91 Rn. 4.

[40] *Fetzer*, in: Arndt/Fetzer/Scherer, § 91 Rn. 18.

6. Bundesdatenschutzgesetz

a) Allgemeines

22   Die Strafvorschrift des § 44 Abs. 1 BDSG konstruiert die Tatbestände der Straftaten als Qualifikationen der in § 43 Abs. 2 BDSG beschriebenen Ordnungswidrigkeiten-Tatbestände. Basis des Straftatbestandes ist jeweils der Tatbestand einer Ordnungswidrigkeit. Die Straftatqualität wird dem Tatbestand durch Hinzufügung der Merkmale „gegen Entgelt" bzw. „in der Absicht, sich oder einen anderen zu bereichern" bzw. „in der Absicht einen anderen zu schädigen" verliehen. Alle drei Merkmale sind keine „besonderen persönlichen", sodass bei Beteiligung mehrerer an einer Tat § 14 Abs. 4 OWiG nicht zur Anwendung kommt[41]. Es handelt sich um „unechte Mischtatbestände"[42]. Der vorsätzlich geleistete Beitrag[43] eines Tatgehilfen, der selbst kein Entgelt erhält und keine der beiden tatbestandsmäßigen Absichten hat, ist deshalb keine Beteiligung an einer Ordnungswidrigkeit (§§ 43 Abs. 2 BDSG iVm § 14 OWiG), sondern Beihilfe zu der Straftat gem. § 44 BDSG iVm § 27 StGB. Da § 28 Abs. 1 StGB nicht anwendbar ist, kann das Fehlen der straftatbegründenden Umstände bei dem Beteiligten allein im Rahmen der Strafzumessung gem. § 46 Abs. 2 StGB berücksichtigt werden.

23   Den subjektiven Tatbestand erfüllt nur vorsätzliches Handeln[44]. Das ist bereits im Text des § 44 Abs. 1 BDSG festgelegt („vorsätzliche Handlung"), ergäbe sich ansonsten aus § 15 StGB[45]. Wer sich fahrlässig an der vorsätzlichen Tat eines anderen beteiligt, ist selbst nicht strafbar und begeht nach h. M. auch keine Ordnungswidrigkeit gem. § 43 Abs. 2 BDSG iVm § 14 Abs. 1 OWiG. Denn fahrlässige Beteiligung soll von § 14 OWiG nicht erfasst sein[46]. Wer der Gegenansicht folgt[47], kann die Ahndbarkeit der fahrlässigen Beteiligung bejahen, obwohl die Bezugstat keine Ordnungswidrigkeit, sondern eine Straftat ist. Da in dieser Straftat aber die Ordnungswidrigkeit vollständig enthalten ist (s. o. Rn. 22), ist in der fahrlässigen Beteiligung an der Straftat auch die fahrlässige Beteiligung an der Ordnungswidrigkeit enthalten. Zur Begründung dieses Ergebnisses bedarf es keines Rückgriffs auf den – hier ohnehin nicht einschlägigen (s. o. Rn. 22) – § 14 Abs. 4 OWiG.

24   „Gegen Entgelt" bedeutet, dass der Täter für die Begehung der Tat eine materielle Gegenleistung iSd § 11 Abs. 1 Nr. 9 StGB erhält bzw. erhalten soll[48]. Nicht erforderlich ist, dass das Entgelt tatsächlich gewährt wird und dass es den Täter im Ergebnis

---

[41] KKOWiG-*Rengier*, § 14 Rn. 51.

[42] *Glaser*, in: Graf/Jäger/Wittig, § 44 BDSG Rn. 1.

[43] Zum fahrlässigen Beitrag s. Rn. 23.

[44] *Glaser*, in: Graf/Jäger/Wittig, § 44 BDSG Rn. 1; *Klebe*, in. Däubler/Klebe/Wedde/Weichert, § 44 Rn. 4; *Mahn*, in: Böttger, Wirtschaftsstrafrecht in der Praxis, Kap. 10 Rn. 200.

[45] Simitis-*Ehmann*, § 44 Rn. 3.

[46] *Göhler*, § 14 Rn. 4; KKOWiG-*Rengier*, § 14 Rn. 5 ff.; *Klesczewski* Rn. 423.

[47] *Mitsch*, Recht der Ordnungswidrigkeiten, § 13 Rn. 52 ff.

[48] *Kelnhofer/Krug*StV 2008, 660(664); Simitis-*Ehmann*, § 44 Rn. 5.

bereichert hat[49]. Bereicherungsabsicht ist das Streben nach einer Vermögensmeh-
rung. Da § 44 BDSG kein Vermögensdelikt normiert, kommt es anders als bei §§ 253,
263 StGB auf Rechtswidrigkeit der Bereicherung nicht an[50]. Auch „Stoffgleichheit"
ist bei dieser Bereicherungsabsicht nicht erheblich. Schädigungsabsicht ist Zielge-
richtetheit oder sicheres Wissen in Bezug auf die Zufügung eines Nachteils, der vom
Schutzzweck der verletzten Datenschutzvorschrift gedeckt ist. Vermögensmäßiger
Natur braucht der Schaden nicht zu sein, auch immaterielle Nachteile kommen in
Betracht[51].

In § 43 Abs. 2 Nr. 1 bis 4 BDSG sind Tatgegenstand „personenbezogene Daten, **25**
die nicht allgemein zugänglich sind". Der Bedeutungsgehalt des Merkmals „personenbezogene Daten" richtet sich nach der Legaldefinition in § 3 Abs. 1 BDSG (s.
o. Rn. 11)[52]. Zur Auslegung des Merkmals „nicht allgemein zugänglich", welches
das frühere Offenkundigkeits-Merkmal[53] ablöste, kann § 10 Abs. 5 S. 2 BDSG nur
bedingt herangezogen werden: Danach sind allgemein zugänglich Daten, die „jedermann, sei es ohne oder nach vorheriger Anmeldung, Zulassung oder Entrichtung
eines Entgelts, nutzen kann". Diese Definition ist im vorliegenden Zusammenhang
dahingehend zu ergänzen, dass auch Informationen, die jedermann bekannt sind,
nicht zu den tatbestandlich geschützten Daten gehören. Nicht allgemein zugänglich
sind also Daten, die nicht allgemein bekannt sind und deren Nutzung nur einem
beschränkten Personenkreis offen steht[54].

In § 43 Abs. 2 Nr. 1 bis 3 BDSG wird jeweils darauf abgestellt, dass der Tä- **26**
ter „unbefugt" handelt. Materiell steht dahinter das Fehlen einer Erlaubnis bzw.
– straftatsystematisch ausgedrückt – eines Rechtfertigungsgrundes[55]. Zur Begründung der Unbefugtheit ist also keine über die Feststellung des tatbestandsmäßigen
Umgangs mit den Daten hinausgehende Darlegung der Rechtswidrigkeit erforderlich. „Die Tatbestandsmäßigkeit indiziert die Rechtswidrigkeit."[56] Denn gem. § 4
Abs. 1 BDSG sind diese Handlungen rechtswidrig und unbefugt, sofern sie nicht auf
Grund dieses Gesetzes – BDSG -, einer anderen Rechtsvorschrift (z. B. § 34 StGB[57])
oder der Einwilligung des Betroffenen gerechtfertigt sind[58]. Die befugnisverleihende

---

[49] *Mahn*, in: Böttger, Wirtschaftsstrafrecht in der Praxis, Kap. 10 Rn. 202; Simitis-*Ehmann,* § 44
Rn. 5.

[50] *Glaser*, in: Graf/Jäger/Wittig, § 44 BDSG Rn. 4; Simitis-*Ehmann*, § 44 Rn. 6; unrichtig *Kelnhofer/
Krug* StV 2008, 660 (662, 664); *Mahn*, in: Böttger, Wirtschaftsstrafrecht in der Praxis, Kap. 10
Rn. 203.

[51] *Mahn*, in: Böttger, Wirtschaftsstrafrecht in der Praxis, Kap. 10 Rn. 206; Simitis-*Ehmann*, § 44
Rn. 8.

[52] AG Wuppertal NStZ 2008, 161; *Mahn*, in: Böttger, Wirtschaftsstrafrecht in der Praxis, Kap. 10
Rn. 166.

[53] Dazu BGH NStZ 2000, 596 (597); *Weichert* NStZ 1999, 490 (491).

[54] *Klebe*, in: Däubler/Klebe/Wedde/Weichert, § 43 Rn. 15; Simitis-*Ehmann*, § 43 Rn. 54.

[55] *Glaser*, in: Graf/Jäger/Wittig § 43 Rn. 36.

[56] *Gola/Schomerus*, § 43 Rn. 26.

[57] *Grimm/Schiefer*, RdA 2009, 329 (335).

[58] *Gola/Schomerus*, § 4 Rn. 3; *Mahn*, in: Böttger, Wirtschaftsstrafrecht in der Praxis, Kap. 10
Rn. 172.

Einwilligung ist in § 4 a BDSG speziell normiert. Die dort erwähnten Wirksamkeitsvoraussetzungen stimmen im Wesentlichen mit denen überein, die in der Strafrechtslehre an die rechtfertigende Einwilligung herangetragen werden[59]. Enger als die gewohnheitsrechtlich anerkannte allgemeine strafrechtliche Einwilligung ist § 4 Abs. 1 S. 3 BDSG mit seinem Schriftformerfordernis. Dieses gilt für den nichtstrafrechtlichen Bereich des Datenschutzrechts. Für den Ausschluss der strafrechtlich relevanten Rechtswidrigkeit und damit für den Ausschluss der Strafbarkeit genügt hingegen eine mündlich erklärte, gegebenenfalls sogar nur konkludent zum Ausdruck gebrachte Einwilligung[60]. Denn bei § 44 BDSG kann die Rechtfertigung durch Einwilligung nicht von strengeren Voraussetzungen abhängig gemacht werden als z. B. bei § 203 StGB[61]. Spezielle Befugnisnormen im BDSG sind § 6 b für Datenerhebung mittels Videoüberwachung[62], sowie §§ 28 bis 32 im Rahmen der Datenverarbeitung durch nicht-öffentliche Stellen, z. B. private Arbeitgeber[63]. Danach ist z. B. die Kontrolle des e-mail-Verkehrs des Arbeitnehmers durch den Arbeitgeber unter den Voraussetzungen des § 32 BDSG zulässig[64].

b) Straftatbestände

aa) § 44 Abs. 1 iVm § 43 Abs. 2 Nr. 1 BDSG

27 Täter dieses Delikts kann jedermann sein, nicht nur derjenige, der von den nichtstrafrechtlichen Regeln des Datenschutzes in die Pflicht genommen wird[65]. Tatbestandsmäßiges Verhalten ist die Erhebung (vgl. § 3 Abs. 3 BDSG) oder Verarbeitung (vgl. § 3 Abs. 4 BDSG) personenbezogener Daten[66]. Nicht tatbestandsmäßig ist Nutzung (vgl. § 3 Abs. 5 BDSG) von Daten[67]. Werden Daten illegal „verkauft", wie das im „Fall LGT Liechtenstein" geschehen ist, macht sich der Erwerber aus § 44 Abs. 1 iVm § 43 Abs. 2 Nr. 1 BDSG strafbar[68]. Sein Partner – der „Verkäufer" – verwirklicht den Straftatbestand § 44 Abs. 1 iVm § 43 Abs. 2 Nr. 3 BDSG[69] (u. Rn. 29).

---

[59] *Rengier*, AT, § 23 Rn. 7 ff.

[60] *Rengier*, AT, § 23 Rn. 21; *Schönke/Schröder/Lenckner/Eisele*, § 203 Rn. 24b; *Schönke/Schröder/Lenckner/Sternberg-Lieben*, vor § 32 Rn. 43.

[61] *Schönke/Schröder/Lenckner/Eisele*, § 203 Rn. 24a.

[62] *Oberwetter* NZA 2008, 609(610).

[63] *Grimm/Schiefer* RdA 2009, 329 (336).

[64] *Behling* BB 2010, 892 (895).

[65] *Gola/Schomerus*, § 44 Rn. 3; *Klebe*, in: Däubler/Klebe/Wedde/Weichert, § 44 Rn. 2.

[66] Simitis-*Ehmann*, § 43 Rn. 57.

[67] *Gola/Schomerus*, § 43 Rn. 20; Simitis-*Ehmann*, § 43 Rn. 57.

[68] *Kelnhofer/Krug* StV 2008, 660 (664).

[69] *Kelnhofer/Krug* StV 2008, 660 (661).

bb) § 44 Abs. 1 iVm § 43 Abs. 2 Nr. 2 BDSG

Tatbestandsmäßiges Verhalten ist das Bereithalten personenbezogener Daten zum **28** Abruf mittels automatisierten Verfahrens. Die Tat begründet die Gefahr, dass die bereitgestellten Daten in großem Umfang von Dritten abgerufen werden und dies nicht einmal kontrolliert werden kann. Das Bereithalten zum Abruf ist eine Vorstufe der Übermittlung, vgl. § 3 Abs. 4 S. 2 Nr. 3 BDSG[70]. Nicht erforderlich ist, dass es tatsächlich zu einem Abruf kommt. Die Tat hat daher den Charakter eines abstrakten Gefährdungsdelikts[71].

cc) § 44 Abs. 1 iVm § 43 Abs. 2 Nr. 3 BDSG

Dieser Tatbestand ist in zwei Alternativen aufgegliedert, unbefugter Abruf (1. Alt.) **29** und unbefugtes Verschaffen (sich oder einem anderen, 2. Alt.)[72]. Die Abrufalternative bezieht sich auf Daten, die in automatisierter Form vorgehalten werden. Es handelt sich dabei auch um Daten, die nicht zum Abruf bereitgehalten werden[73]. Unerheblich ist, ob der Täter den Abruf dadurch ermöglicht, dass er als grundsätzlich Abrufberechtigter seine Befugnisse überschreitet oder sich als Nichtberechtigter Zugang zu den Daten verschafft. Täter kann also auch ein seine Befugnisse überschreitender Angehöriger der verantwortlichen Stelle (vgl. § 3 Abs. 7 BDSG) sein[74]. Zur Tatbestandserfüllung nicht erforderlich ist die Entwendung des Datenträgers[75]. Die zweite Tatbestandsalternative unterscheidet sich von der ersten dadurch, dass sie den unbefugten Zugriff auf personenbezogene Daten aller Art erfasst, und zwar auch solche, die nicht in automatisierten Dateien gesichert sind. Verschaffen ist Kenntnisnahme vom Inhalt der Daten oder zumindest Herstellung einer Kenntnisnahmemöglichkeit[76].

dd) § 44 Abs. 1 iVm § 43 Abs. 2 Nr. 4 BDSG

Dieser Straftatbestand erfasst vor allem „Hacker", die durch Verwendung eines ih- **30** nen nicht zustehenden Passwortes eine Zugangssperre überwinden und so Zugriff auf die geschützten Daten nehmen können[77]. Gelingt dem Täter die Überwindung der Zugangssperre mittels eines gültigen Passwortes, macht er insoweit an sich keine

---

[70] Simitis-*Ehmann*, § 43 Rn. 58.
[71] *Gola/Schomerus*, § 43 Rn. 21; *Klebe*, in: Däubler/Klebe/Wedde/Weichert, § 43 Rn. 16.
[72] Simitis-*Ehmann*, § 43 Rn. 60.
[73] *Gola/Schomerus*, § 43 Rn. 22; *Klebe*, in: Däubler/Klebe/Wedde/Weichert, § 43 Rn. 17.
[74] *Klebe*, in: Däubler/Klebe/Wedde/Weichert, § 43 Rn. 17.
[75] *Kelnhofer/Krug* StV 2008, 660 (661).
[76] Simitis-*Ehmann*, § 43 Rn. 64.
[77] Simitis-*Ehmann*, § 43 Rn. 66.

„unrichtigen Angaben". Jedoch enthält diese Vorgehensweise zugleich die konkludente unwahre Behauptung, zur Verwendung dieses Passwortes berechtigt bzw. mit dem Berechtigten identisch zu sein[78].

ee) § 44 Abs. 1 iVm § 43 Abs. 2 Nr. 5 BDSG

31   Täter dieses Delikts kann nur sein, wer personenbezogene Daten übermittelt erhalten hat (vgl. § 43 Abs. 2 Nr. 5 BDSG: „. . . die übermittelten Daten . . ." und § 16 Abs. 4 BDSG: „Der Dritte, an den die Daten übermittelt werden . . ."). Da diese Übermittlung nur unter bestimmten Voraussetzungen zulässig ist und diese Voraussetzungen wiederum mit einem bestimmten förderungswürdigen Zweck verbunden sind, ist auch die Nutzung der übermittelten Daten durch den Empfänger allein im Rahmen dieser Zweckverfolgung erlaubt[79]. Die Missachtung der Zweckbindung durch den Datenempfänger ist das tatbestandsmäßige Verhalten.

32   Im Fall des § 16 Abs. 4 BDSG handelt es sich um Daten, die von einer öffentlichen Stelle (vgl. § 12 Abs. 1 BDSG) an eine nicht-öffentliche Stelle übermittelt wurden und deren Verwendung durch den Empfänger ein Zweck zugrunde liegt, der entweder von der übermittelnden öffentlichen Stelle definiert worden ist oder der sich aus der zu erfüllenden Aufgabe (§ 16 Abs. 1 Nr. 1 BDSG) oder dem berechtigten Interesse (§ 16 Abs. 1 Nr. 2 BDSG) ergibt[80]. Täter kann nur ein „Dritter" iSd § 3 Abs. 8 S. 2 BDSG sein[81]. Auch die personenbezogenen Daten, die Gegenstand des Delikts in der auf § 28 Abs. 5 BDSG verweisenden Alternative sind, werden im Bereich einer nicht-öffentlichen Stelle genutzt, vgl. § 27 BDSG. Im Unterschied zu § 16 Abs. 4 BDSG kommt es hier nicht darauf an, dass die Daten von einer öffentlichen Stelle übermittelt wurden. Täter ist ein „Dritter". § 29 Abs. 4 BDSG verweist auf § 28 Abs. 5 BDSG. Es geht hier um Daten, die von einer nicht-öffentlichen Stelle nicht für eigene Geschäftszwecke, sondern zum Zweck der Übermittlung an jemand anderen erhoben, gespeichert, verändert oder genutzt werden, § 29 Abs. 1 BDSG[82]. § 39 BDSG schützt personenbezogene Daten, deren strafrechtlicher Schutz ursprünglich in § 203 StGB verankert ist[83]. § 43 Abs. 2 Nr. 5 BDSG iVm § 44 Abs. 1 BDSG verlängert diesen Schutz auf die Situation, dass die ursprüngliche geheimhaltungspflichtige Stelle (z. B. ein Arzt oder Rechtsanwalt) die Daten jemand anderem zur Verfügung gestellt hat[84]. § 40 Abs. 1 BDSG sichert die Zweckbindung personenbezogener Daten, die für wissenschaftlichen Forschungszwecke erhoben oder gespeichert wurden.

---

[78] *Gola/Schomerus*, § 43 Rn. 23; Simitis-*Ehmann*, § 43 Rn. 71.

[79] *Gola/Schomerus*, § 16 Rn. 18.

[80] Simitis-*Dammann*, § 16 Rn. 48; *Wedde*, in: Däubler/Klebe/Wedde/Weichert, § 16 Rn. 23.

[81] *Gola/Schomerus*, § 43 Rn. 24.

[82] *Weichert*, in: Däubler/Klebe/Wedde/Weichert, § 29 Rn. 1.

[83] *Weichert*, in: Däubler/Klebe/Wedde/Weichert, § 39 Rn. 1.

[84] *Gola/Schomerus*, § 43 Rn. 24.

ff) § 44 Abs. 1 iVm § 43 Abs. 2 Nr. 5 a BDSG

Dieses Delikt hat eine Struktur, die der des Individualwuchers (§ 291 StGB) bzw. der **33** Nötigung (§ 240 StGB) ähnelt: Der Täter erklärt seine Bereitschaft zum Abschluss eines Vertrages mit einem Kontrahierungswilligen unter der Bedingung, dass der andere in die Verwendung seiner personenbezogenen Daten für Zwecke des Adresshandels oder der Werbung (§ 28 Abs. 3 S. 1 BDSG) einwilligt. Eine derartige Koppelung ist so lange nicht zu beanstanden, wie der andere die Möglichkeit hat, die erstrebte Leistung bei einem anderen Anbieter unter zumutbaren Bedingungen zu erhalten. Besteht diese Möglichkeit nicht, greift das Koppelungsverbot des § 28 Abs. 3 b BDSG. Auf diese Weise wird die Erwirkung eines Einverständnisses durch Zwang unterhalb der Nötigungsschwelle des § 240 StGB verhindert[85].

gg) § 44 Abs. 1 iVm § 43 Abs. 2 Nr. 5 b BDSG

Dieser Tatbestand knüpft an das Widerspruchsrecht des Betroffenen in § 28 Abs. 4 **34** BDSG an. Danach kann der Betroffene der Nutzung seiner Daten zum Zwecke der Werbung in Form des Direktmarketings widersprechen, gleich ob es sich um Werbung mit oder ohne Einwilligungserfordernis gem. § 28 Abs. 3 BDSG handelt[86]. Setzt sich die verantwortliche Stelle über den Widerspruch hinweg, ist der Tatbestand des § 43 Abs. 2 Nr. 5 b BDSG erfüllt.

hh) § 44 Abs. 1 iVm § 43 Abs. 2 Nr. 6 BDSG

Ausgangslage der in diesem Tatbestand erfassten Tat ist die Trennung und separate **35** Speicherung von personenbezogenen und nicht-personenbezogenen Daten, wodurch ein Anonymisierungseffekt erzielt wird. Das tatbestandsmäßige Verhalten besteht in der Aufhebung der Anonymität (Deanonymisierung) durch Zusammenführung der getrennten Daten[87].

ii) § 44 Abs. 1 iVm § 43 Abs. 2 Nr. 7 BDSG

Die in diesem Tatbestand erfasste Informationspflichtverletzung korrespondiert der **36** in § 42 a S. 1 BDSG beschriebenen Situation, dass bei den dort genannten nicht-öffentlichen und öffentlichen Stellen gespeicherte Daten unrechtmäßig zur Kenntnis von Dritten gelangt sind. Drohen in einem solchen Fall schwerwiegende Beeinträchtigungen des Betroffenen, muss die betroffene Stelle unverzüglich der Aufsichtsbehörde (§ 38 BDSG) und dem Betroffenen (§ 3 Abs. 1 BDSG) Mitteilung

---

[85] Simitis-*Simitis*, § 28 Rn. 223.
[86] *Gola/Schomerus*, § 28 Rn. 61.
[87] *Gola/Schomerus*, § 43 Rn. 25.

machen. Die Unterlassung, Unrichtigkeit, Unvollständigkeit und Verzögerung dieser Meldung erfüllt den Tatbestand des § 43 Abs. 2 Nr. 7 BDSG. Die erste und die vierte Alternative hat den Charakter eines Unterlassungsdelikts, während die zweite und dritte Alternative auf aktives Tun rekurriert.

c) Strafprozessrecht

aa) Strafantragserfordernis

37 Die Straftaten nach § 44 Abs. 1 BDSG iVm § 43 Abs. 2 BDSG sind absolute Antragsdelikte, § 44 Abs. 2 BDSG. Das Fehlen eines wirksamen Strafantrags kann nicht durch ein besonderes öffentliches Strafverfolgungsinteresse kompensiert werden. Die Strafantragsberechtigung richtet sich nicht nach § 77 StGB („... soweit das Gesetz nichts anderes bestimmt ..."), da § 44 Abs. 2 S. 2 BDSG dieses Thema speziell regelt. Neben dem Betroffenen (§ 3 Abs. 1 BDSG) sind die verantwortliche Stelle (§ 3 Abs. 7 BDSG), der Bundesdatenschutzbeauftragte (§ 22 BDSG) und die Aufsichtsbehörde (§ 38 BDSG) strafantragsberechtigt. Nicht von einem Strafantrag abhängig ist die Verfolgung der in § 43 Abs. 2 BDSG normierten Ordnungswidrigkeiten. Scheitert also die Strafverfolgung einer Straftat gem. § 44 Abs. 1 BDSG iVm § 43 Abs. 2 BDSG daran, dass kein Strafantrag gestellt wurde, lebt die grundsätzlich verdrängte (§ 21 OWiG) Ordnungswidrigkeit wieder auf und kann in einem Bußgeldverfahren verfolgt werden. Ein Privatklageverfahren ist bei § 44 BDSG nicht möglich, da dieses Delikt nicht im Katalog des § 374 StPO enthalten ist.

bb) Verjährung

38 Da die Straftaten gem. § 44 Abs. 1 BDSG iVm § 43 Abs. 2 BDSG im Höchstmaß mit zwei Jahren Freiheitsstrafe bedroht sind, beträgt die Verjährungsfrist fünf Jahre, § 78 Abs. 3 Nr. 4 StGB. Die Ordnungswidrigkeiten nach § 43 Abs. 2 BDSG verjähren in drei Jahren, § 31 Abs. 2 Nr. 1 OWiG.

Literatur

Behling, Compliance versus Fernmeldegeheimnis, BB 2010, 892
Grimm/Schiefer, Videoüberwachung am Arbeitsplatz, RdA 2009, 329
Kelnhofer/Krug, Der Fall LGT Liechtenstein – Beweisführung mit Material aus Straftaten im Auftrag des deutschen Fiskus?, StV 2008, 660
Oberwetter, Arbeitnehmerrecht bei Lidl, Aldi & Co., NZA 2008, 609
Weichert, Datenschutzstrafrecht – ein zahnloser Tiger?, NStZ 1999, 490

Literatur

Albrecht, Peter Alexis, Kriminologie, 2. Aufl. 2000

Arndt, Hans-Wolfgang/Fetzer, Thomas/Scherer, Joachim (Hrsg.), Telekommunikationsgesetz Kommentar, 2008

Arzt, Gunther/Weber, Ulrich/Heinrich, Bernd/Hilgendorf, Eric, Strafrecht Besonderer Teil, 2. Auflage 2009

Baier, Helmut, Strafprozessuale Zeugnisverweigerungsrechte außerhalb der Strafprozessordnung als Ergänzung der §§ 52 ff. StPO, 1996

Barton, Dirk-Michael, Multimediarecht, 2010

Baumann, Jürgen/Weber, Ulrich/Mitsch, Wolfgang, Strafrecht Allgemeiner Teil, 11. Auflage 2003

Beater, Axel, Medienrecht, 2007

Beck, Susanne/Valerius, Brian, Fälle zum Wirtschaftsstrafrecht, 2009

Beulke, Werner, Strafprozessrecht, 11. Auflage 2010

Birkholz, Patrick, Jugendmedienschutz im Internet unter strafrechtlichen Gesichtspunkten, 2008

Bock, Dennis, Criminal Compliance, 2011

Bock, Michael, Kriminologie, 3. Auflage 2007

Bornemann, Roland, Ordnungswidrigkeiten in Rundfunk und Telemedien, 2. Auflage 2011

Böttger, Marcus (Hrsg.), Wirtschaftsstrafrecht in der Praxis, 2011

Büscher, Wolfgang/Dittmer, Stefan/Schiwy, Peter, Gewerblicher Rechtsschutz Urheberrecht Medienrecht, 2. Auflage 2011

Buschhorn, Petra, Rechtsprobleme der Offenkundigkeit von Tatsachen im Strafverfahren, 1997

Danwitz von, Klaus-Stephan, Examens-Repetitorium Kriminologie, 2004

Däubler, Wolfgang/Klebe, Thomas/Wedde, Peter/ Weichert, Thilo, Bundesdatenschutzgesetz, 3. Auflage 2010

Deiters, Mark, Strafzumessung bei mehrfach begründeter Strafbarkeit, 1999

Dörr, Dieter/Kreile, Johannes/Cole, Mark, Handbuch Medienrecht, 2008

Dörr, Dieter/Schwartmann, Rolf, Medienrecht, 3. Auflage 2010

Dreier, Thomas/Schulze, Gernot, Urheberrechtsgesetz: UrhG Kommentar, 3. Auflage 2008

Dreyer, Gunda/Kotthoff, Jost/ Meckel, Astrid, Heidelberger Kommentar zum Urheberrecht 2. Auflage 2008

Eisele, Jörg, Strafrecht Besonderer Teil I, 2. Auflage 2012

Eisele, Jörg, Strafrecht Besonderer Teil II, 2. Auflage 2012

Eisenberg, Ulrich, JGG Kommentar, 15. Auflage 2012

Ensthaler, Jürgen/Weidert, Stefan, Handbuch Urheberecht und Internet, 2. Auflage 2010

Erbs, Georg/Kohlhaas, Max (Begr.), Strafrechtliche Nebengesetze, 187. Auflage 2012

Eser, Albin, Die strafrechtlichen Sanktionen gegen das Eigentum, 1969

Faulstich, Werner, Grundwissen Medien, 5. Auflage 2004

Faulstich, Werner, Medienwissenschaft, 2004

Fechner, Frank, Medienrecht, 12. Auflage 2011

W. Mitsch, *Medienstrafrecht*, Springer-Lehrbuch,
DOI 10.1007/978-3-642-17263-2, © Springer-Verlag Berlin Heidelberg 2012

Fechner, Frank/Wössner, Axel, Journalistenrecht, 2009

Fischer, Klaus Andreas, Die strafrechtliche Beurteilung von Werken der Kunst, 1995

Fischer, Thomas, Strafgesetzbuch: StGB Kommentar, 59. Auflage 2012

Franzen, Klaus/Gast-de Haan, Brigitte/Joecks, Wolfgang, Steuerstrafrecht, 7. Auflage 2009

Freund, Wolfgang, Die Strafbarkeit von Internetdelikten, 1998

Freund, Georg, Urkundenstraftaten, 2. Auflage 2010

Frister, Helmut, Strafrecht Allgemeiner Teil, 4. Auflage 2009

Fromm, Friedrich/Nordemann, Wilhelm, Urheberrecht, 10. Auflage 2008

Geiger, Thomas, Die Rechtsnatur der Sanktion, 2006

Geppert, Martin/Piepenbrock, Hermann-Josef/Schütz, Raimund/Schuster, Fabian (Hrsg.), Beck'-scher TKG-Kommentar, 3. Auflage 2006

Gercke, Marco/Brunst, Phillip, Praxishandbuch Internetstrafrecht, 2010

Göhler, Erich, Gesetz über Ordnungswidrigkeiten: OWiG Kommentar, 16. Auflage 2012

Gola, Peter/Schomerus, Rudolf, BDSG Bundesdatenschutzgesetz, 10. Auflage 2010

Göppinger, Hans, Kriminologie, 6. Auflage 2008

Gössel, Karl-Heinz, Strafverfahrensrecht, 1977

Graf, Jürgen Peter/Jäger, Markus/Wittig, Petra (Hrsg.), Wirtschafts- und Steuerstrafrecht, 2011

Gropp, Walter, Strafrecht Allgemeiner Teil, 3. Auflage 2005

Groß, Rolf, Presserecht, 3. Auflage 1999

Haug, Volker, Internetrecht, 2. Auflage 2010

Heckmann, Dirk (Hrsg.), juris Praxiskommentar Internetrecht, 2. Auflage 2010

Heghmanns, Michael/Scheffler, Uwe, Handbuch zum Strafverfahren, 2008

Heinrich, Bernd, Der Amtsträgerbegriff im Strafrecht, 2001

Heinrich, Bernd, Die Strafbarkeit der unbefugten Vervielfältigung und Verbreitung von Standard-software, 1993

Heinrich, Bernd, Strafrecht Allgemeiner Teil, 2005

Heintschel-Heinegg von, Bernd, Strafgesetzbuch, Kommentar, 2010

Hellmann, Uwe/Beckemper, Katharina, Wirtschaftsstrafrecht, 3. Auflage 2010

Hellmann, Uwe, Strafprozessrecht, 2. Auflage 2006

Hesse, Albrecht, Rundfunkrecht, 3. Auflage 2003

Hildebrandt, Ulrich, Die Strafvorschriften des Urheberrechts, 2001

Hilgendorf, Eric/Frank, Thomas/Valerius, Brian, Computer- und Internetstrafrecht, 2005

Hoeren, Thomas/Nielen, Michael, Fotorecht, 2004

Hörnle, Tatjana, Grob anstößiges Verhalten, 2005

Jänich, Volker, Geistiges Eigentum – eine Komplementärerscheinung zum Sacheigentum?, 2002

Janisch, Wolfgang, Investigativer Journalismus und Pressefreiheit, 1998

Jarass, Hans/Pieroth, Bodo, Grundgesetz für die Bundesrepublik Deutschland, Kommentar, 11. Auflage 2011

Jescheck, Hans-Heinrich/Weigend, Thomas, Lehrbuch des Strafrechts, 5. Auflage 1996

Joecks, Wolfgang, Studienkommentar StGB, 8. Auflage 2009

Julius, Karl-Peter/Gercke, Björn/Kurth, Hans-Joachim/Lemke, Michael/Pollähne, Helmut/Rautenberg, Erardo C. (Hrsg.), Heidelberg Kommentar zur Strafprozessordnung, 4. Auflage 2009

Kächele, Andreas, Der strafrechtliche Schutz vor unbefugten Bildaufnahmen (§201 a StGB), 2007

Kaiser Günther/Schöch, Heinz, Kriminologie Jugendstrafrecht Strafvollzug, 7. Auflage 2010

Kaiser, Günther/Schöch, Heinz, Strafvollzug, 5. Auflage 2003

Karlsruher Kommentar zum Gesetz über Ordnungswidrigkeiten: OWiG, Lothar Senge (Hrsg.), 3. Auflage 2006

Kindhäuser, Urs, Strafgesetzbuch Lehr- und Praxiskommentar, 4. Auflage 2010

Kindhäuser, Urs, Strafprozessrecht, 2. Auflage 2010

Kindhäuser, Urs, Strafrecht Allgemeiner Teil, 5. Auflage 2011

Kissel, Otto Rudolf/Mayer, Herbert, Gerichtsverfassungsgesetz: GVG, 6. Auflage 2010

Kleih, Björn-Christian, Die strafprozessuale Überwachung der Telekommunikation, 2010

Klesczewski, Diethelm, Ordnungswidrigkeitenrecht, 2010

Klug, Ulrich, Rechtsphilosophie Menschenrechte Strafrecht, 1994

KMR Kommentar zur Strafprozessordnung, von Heintschel-Heinegg, Bernd/Stöckel, Heinz (Hrsg.)

Köhler, Markus/Arndt, Hans-Wolfgang/Fetzer, Thomas, Recht des Internet, 6. Auflage 2008

Kramer, Bernhard, Grundbegriffe des Strafverfahrensrechts, 7. Auflage 2009

Krüger, Matthias, Stalking als Straftatbestand, 2007

Kühl, Kristian, Strafrecht Allgemeiner Teil, 6. Auflage 2008

Kühling, Jürgen/Elbracht, Alexander, Telekommunikationsrecht, 2008

Küpper, Georg, Strafrecht Besonderer Teil 1, 3. Auflage 2007

Lackner, Karl/Kühl, Kristian, Strafgesetzbuch, Kommentar, 27. Auflage 2011

Laubenthal, Klaus/Baier, Helmut/Nestler, Nina, Jugendstrafrecht, 2. Auflage 2010

Laubenthal, Klaus, Fallsammlung zu Kriminologie, Jugendstrafrecht, Strafvollzug, 4. Auflage 2008

Laubenthal, Klaus, Sexualstraftaten: Die Delikte gegen die sexuelle Selbstbestimmung, 2000

Laubenthal, Klaus, Strafvollzug, 5. Auflage 2008

Leible, Stefan/Sosnitza, Olaf, Versteigerungen im Internet, 2004

Leipold, Klaus/Tsambikakis, Michael/Zöller, Mark (Hrsg.), AnwaltKommentar StGB, 2011

Leipziger Kommentar: Großkommentar, Strafgesetzbuch, Hrsg.: B. Jähnke u. a., 11. Auflage 1992 ff. Hrsg.: H. W. v. Laufhütte u. a., 12. Auflage 2006 ff.

Lemcke, Thomas, Die Sicherstellung gem. § 94 StPO, 1995

Lettl, Tobias, Urheberrecht, 2008

Liesching, Marc/Schuster, Susanne, Jugendschutzrecht, 5. Auflage 2011

Löffler, Martin/Ricker, Reinhart/Weberling, Johannes, Handbuch des Presserechts, 6. Auflage 2012

Löffler, Martin, Presserecht, 5. Auflage 2006

Löwe, Ewald/Rosenberg, Karl, Die Strafproessordnung und das Gerichtsverfassungsgesetz, 26. Auflage 2010

Loewenheim, Ulrich (Hrsg.), Handbuch des Urheberrechts, 2. Auflage 2010

Ludwig, Peter, Persönlichkeitsrechtsverletzungen durch identifizierende Presseverlautbarungen der Staatsanwaltschaft, 1998

Malek, Klaus, Strafsachen im Internet, 2005

Marberth-Kubicki, Annette, Computer- und Internetstrafrecht, 2. Auflage 2010

Matheis, Frank, Strafverfahrensänderungsgesetz, 1999

Matzky, Ralph, Zugriff auf EDV im Strafprozess, 1999

Maurach, Reinhart/Schroeder, Friedrich Christian/Maiwald, Manfred, Strafrecht Besonderer Teil Band 1, 10. Auflage 2009

Maurach, Reinhart/Schroeder, Friedrich Christian/Maiwald, Manfred, Strafrecht Besonderer Teil Band 2, 9. Auflage 2005

Meier, Bernd-Dieter, Kriminologie, 4. Auflage 2010

Meier, Bernd-Dieter/Rössner, Dieter/Schöch, Heinz, Jugendstrafrecht, 2. Auflage 2007

Meyer-Goßner, Lutz, Strafprozessordnung: StPO Kommentar, 54. Auflage 2011

Meyer-Ladewig, Jens, EMRK Europäische Menschenrechtskonvention, 3. Auflage 2011

Mitsch, Wolfgang, Fallsammlung zum Ordnungswidrigkeitenrecht, 2011

Mitsch, Wolfgang, Recht der Ordnungswidrigkeiten, 2. Auflage 2005

Münchener Kommentar zum Strafgesetzbuch, Joecks, Wolfgang/ Miebach, Klaus (Hrsg.), 2006

Murmann, Uwe, Grundkurs Strafrecht, 2011

Napoli, Clara, Aspekte der Strafbarkeit der Presse unter besonderer Berücksichtigung der kurzen Verjährungsfristen der Landespressegesetze, 2008

Neubacher, Frank, Kriminologie, 2011

Neumann, Bernd, Zeugnisverweigerungsrecht und strafprozessuale Ermittlungsmaßnahmen, 2005

Neunhoeffer, Friederike, Das Presseprivileg im Datenschutzrecht, 2005

Nikles, Bruno/Roll, Sigmar/Spürck, Dieter/Umbach, Klaus, Jugendschutzrecht, 3. Auflage 2011

Nomos Kommentar zum Strafgesetzbuch, Kindhäuser/Neumann/Paeffgen (Hrsg.), 3. Auflage 2010

Ohrmann, Christoph, Der Schutz der Persönlichkeit in Online-Medien, 2010

Ostendorf, Heribert, Jugendstrafrecht, 6. Auflage 2011

Otto, Harro, Grundkurs Strafrecht, BT Die einzelnen Delikte, 7. Auflage 2005

Paschke, Marian, Medienrecht, 3. Auflage 2009

Petersen, Jens, Medienrecht, 5. Auflage 2010

Putzke, Holm/Scheinfeld, Jörg, Strafprozessrecht, 3. Auflage 2011

Rackow, Peter, Neutrale Handlungen als Problem des Strafrechts, 2007

Radtke, Henning/Hohmann, Olaf, Strafprozessordnung, 2011

Reinbacher, Tobias, Die Strafbarkeit der Vervielfältigung urheberrechtlich geschützter Werke zum privaten Gebrauch nach dem Urheberrechtsgesetz, 2007

Rengier, Rudolf, Strafrecht Allgemeiner Teil, 3. Auflage 2011

Rengier, Rudolf, Strafrecht Besonderer Teil 1, 13. Auflage 2011

Rengier, Rudolf, Strafrecht Besonderer Teil 2, 12. Auflage 2011

Roxin, Claus/Schünemann, Bernd, Strafverfahrensrecht, 26. Auflage 2009

Roxin, Claus, Strafrecht Allgemeiner Teil Band I, 4. Auflage 2006

Roxin, Claus, Täterschaft und Tatherrschaft, 8. Auflage 2006

Satzger, Helmut/Schmitt, Bertram/Widmaier, Gunter, StGB Strafgesetzbuch, 2009

Satzger, Helmut, Internationales und Europäisches Strafrecht, 5. Auflage 2011

Schack, Haimo, Urheber- und Urhebervertragsrecht, 5. Auflage 2010

Schaffstein, Friedrich/Beulke, Werner, Jugendstrafrecht, 14. Auflage 2002

Scheinfeld, Jörg, Der Kannibalen-Fall, 2009

Schiwy, Peter/Schütz, Walter/Dörr, Dieter (Hrsg.), Medienrecht, 5. Auflage 2010

Scholz, Rainer/Liesching, Marc, Jugendschutz, 4. Auflage 2004

Schönke, Adolf/Schröder, Horst, Strafgesetzbuch, 28. Auflage 2010

Schreiner, Niklas, Pressestrafrecht und elektronische Publikationen, 1998

Schricker, Gerhard/Loewenheim, Ulrich, Urheberrecht 4. Auflage 2010

Schwind, Hans-Dieter/Böhm, Alexander/Jehle, Jörg-Martin/Laubenthal, Klaus, Strafvollzugsgesetz, 5. Auflage 2009

Schwind, Hans-Dieter, Kriminologie, 21. Auflage 2011

Sieber, Ulrich, Verantwortlichkeit im Internet, 1999

Simitis, Spiros, Bundesdatenschutzgesetz, 7. Auflage 2011

Soehring, Jörg, Presserecht, 4. Auflage 2010

Spindler, Gerald/Schuster, Fabian (Hrsg.), Recht der elektronischen Medien, 2. Auflage 2011

Sternberg-Lieben, Detlev, Musikdiebstahl, 1985

Streng, Franz, Jugendstrafrecht, 2. Auflage 2008

Suffa, Beatrix, Das Untersuchungsverweigerungsrecht aus §81c Abs. 3 StPO als Beweiserhebungsverbot, 2003

Systematischer Kommentar zum Strafgesetzbuch, H.-J.Rudolphi u. a. (Hrsg.), Bd. 1 Allgemeiner Teil 7./8. Auflage, Stand: 125. Lieferung (Oktober 2010) Bd. 2 Besonderer Teil 5./6. Auflage, Stand: 114. Lieferung (Mai 2008)

Systematischer Kommentar zur Strafprozessordnung, Wolter, Jürgen (Hrsg.), 4. Auflage 2010

Uebbert, Paul, Die strafrechtliche Haftung des verantwortlichen Redakteurs bei der Veröffentlichung strafbarer Inhalte, insbesondere nach §21 Abs. 2 Satz 1 Ziffer 1 LPG NW, 1995

Uschner, Regina, Der Rechtsrahmen der elektronischen Presse, 2011

Vassilaki, Irini/Martens, Silke, Computer- und Internet-Strafrecht, 2003

Volk, Klaus, Grundkurs StPO, 7. Auflage 2010

Walter, Michael, Gewaltkriminalität, 2008

Wanckel, Endress, Foto- und Bildrecht, 3. Auflage 2009

Wandtke, Arthur-Axel (Hrsg.), Medienrecht Praxishandbuch, 2. Auflage 2011

Wandtke, Arthur-Axel/Bullinger, Winfried, Praxiskommentar zum Urheberrecht. 2. Auflage 2006

Wandtke, Arthur-Axel (Hrsg.), Urheberrecht, 2. Auflage 2010

Weber, Ulrich, Der strafrechtliche Schutz des Urheberrechts, 1976

Wessels, Johannes/Beulke, Werner, Strafrecht Allgemeiner Teil, 40. Auflage 2010

Wittig, Petra, Wirtschaftsstrafrecht, 2. Auflage 2011

Sachverzeichnis

A

Abhörverbot **6**, 44
Akteneinsichtsrecht **4**, 4
Androhung von Straftaten **3**, 40 ff
Anleitung
  zu Straftaten **3**, 54
  zu einer schweren staatsgefährdenden
    Gewalttat **3**, 55
Anstiftung **3**, 52
  versuchte Anstiftung **3**, 52, 61
Audiovisuelle Vernehmung **4**, 69
Aufstachelung **3**, 9
Auschwitzlüge **3**, 14
Auskunftsrecht **4**, 4
Ausschreibung
  Medien **4**, 28 ff, 32
  zur Aufenthaltsermittlung **4**, 27, 31 ff
  zur Festnahme **4**, 25 f, **5**, 7 f
Ausübender Künstler **8**, 36

B

Befangenheit **4**, 20 ff
Beihilfe **1**, 52
Bekenntnisbeschimpfung **3**, 38 f
Beleidigung **1**, 5, 38 f
Belohnung von Straftaten **3**, 40 ff
Berichterstatterprivileg **1**, 17 ff, 47 f
Berufsverbot **2**, 21 ff, **8**, 48, **9**, 38
Beschlagnahme **4**, 45 f, **5**, 48, **6**, 32 ff, **7**, 40 ff
Beschlagnahmeverbot **4**, 47, **5**, 48
Besonderes persönliches Merkmal **8**, 28, **9**, 22
Betrug **6**, 12
Beweissurrogat **4**, 69
Bild
  Recht am eigenen **1**, 25, **3**, 102
Bildaufnahmen **4**, 63
  unbefugte **1**, 6, **3**, 104 ff, **5**, 16 f
  von Strafgefangenen **5**, 15 ff

Bildnis **3**, 102
Briefgeheimnis
  Verletzung des Briefgeheimnisses **3**, 108 ff
Bundesdatenschutzgesetz
  Anwendungsbereich **10**, 2
  Gesetzgebungszuständigkeit **10**, 10
  Strafrecht im BDSG **10**, 22
  Subsidiarität **10**, 3
  Verhältnis zum Landesdatenschutzrecht
    10, 4
Bundesprüfstelle für jugendgefährdende
    Medien **9**, 7
Bußgeldverfahren **5**, 43 ff

C

Caching **6**, 30, **8**, 18
Computerbetrug **3**, 72 ff, **6**, 13
Computersabotage **3**, 129 ff, **6**, 20
Cyber Crime Convention **6**, 6

D

Daten
  Abfangen von Daten **3**, 113, **6**, 10
  Ausspähen von Daten **3**, 112, **6**, 10, 14
  Datenveränderung **3**, 126 ff, **6**, 20
  nicht unmittelbar wahrnehmbar gespeicherte
    3, 111 ff
  personenbezogene **10**, 11
Datenabgleich **4**, 65
Datenbankhersteller **8**, 40
Deanonymisierung **10**, 35
Denial of Service Angriff **6**, 19 ff
Dunkelfeld **5**, 50
Durchsuchung **6**, 41

E

Ehrverletzungsdelikte **1**, 38 ff
Eigenverantwortlichkeit **1**, 15
Einwilligung **8**, 25 ff, 31

Einziehung **2**, 16 ff, **8**, 51, **9**, 38
  im Ordnungswidrigkeitenrecht **5**, 35
  instrumentum sceleris **2**, 17
  productum sceleris **2**, 17
  von Schriften **2**, 19, **5**, 4, **7**, 17
Erfolgsqualifiziertes Delikt **3**, 66
Erzieherprivileg **3**, 18, 27 f, **9**, 22 ff

F
Fälschung
  beweiserheblicher Daten **3**, 88, **6**, 15
  technischer Aufzeichnungen **3**, 87
Fahrlässigkeit **1**, 22
Fernmeldegeheimnis **3**, 116 ff, **4**, 55, **6**, 42 ff
File-Sharing **8**, 20, 56
Filmhersteller **8**, 39
Förderung sexueller Handlungen
  Minderjähriger **3**, 69
Freibeweis **4**, 70 f
Freigang **5**, 22
Funkanlage **6**, 45
Funksendung **8**, 38

G
Gefährdungsdelikt
  abstraktes **1**, 9 f, **3**, 10, 21, **9**, 14
  abstrakt-konkretes **1**, 9, **3**, 6 **9**, 14
  konkretes **1**, 9
Geldbuße **5**, 34
Geltungsbereich
  des Ordnungswidrigkeitenrechts **5**, 28 ff
  des Strafrechts **1**, 2 ff, **7**, 12 f, **8**, 8 ff
  räumlicher **1**, 2 ff
Gerichtsstand **7**, 34 f
Gerichtszuständigkeit
  örtliche **8**, 54
  sachliche **8**, 53
Gerichtsverhandlungen
  verbotene Mitteilungen über
    Gerichtsverhandlungen **3**,
    121 ff, **4**, 13
Gewaltdarstellung **3**, 16 ff
Gewerbsmäßigkeit **8**, 28
Glücksspiel **1**, 11

H
Habitualisierungstheorie **5**, 54
Hauptverhandlung **4**, 6
  gegen Jugendliche **4**, 11 ff
  Medienöffentlichkeit **4**, 7 f
  Öffentlichkeit der Hauptverhandlung
    4, 6 ff, **5**, 44
Hellfeld **5**, 50

I
Impressumspflicht **7**, 30
IMSI-Catcher **4**, 57
Indizierung **9**, 7
Informationelle Selbstbestimmung **1**, 27,
  10, 7 ff
Informationsfreiheit **4**, 1
Interlokales Strafrecht **7**, 12, **9**, 12
Internationales Strafrecht **7**, 13, **8**, 8 ff
Internet **1**, 7 ff

J
Jugendgefährdende Medien **9**, 7
Jugendlicher **3**, 37, **8**, 56
Jugendmedienschutz-Staatsvertrag **9**, 5
Jugendschutz **9**, 1 ff
Jugendschutzgesetz **9**, 4

K
Kapitalanlagebetrug **3**, 75 f
Katharsistheorie **5**, 54
Kind **3**, 31
Koppelungsverbot **10**, 33
Kriminalberichterstattung **5**, 51
Kriminalitätsfurcht **5**, 51
Kriminalstatistik **5**, 50
Kriminologie **5**, 49 ff

L
Lebach
  Soldatenmord von **5**, 11
Lichtbild **8**, 35
Lichtbildwerk **8**, 35

M
Medienberichterstattung **4**, 1 ff, **5**, 44
Mediendienste **3**, 12
Medienverbote **9**, 7 ff
Meinungsfreiheit **4**, 1
Mitteilungsverbot **6**, 46, 49 f

N
Nachstellung **3**, 77 ff
Nötigung **6**, 20
Notstand
  rechtfertigender **1**, 32, **8**, 27
Notwehr **1**, 24 ff, **5**, 33, **8**, 27
  Angriff **1**, 25 ff
  gegenwärtiger Angriff **1**, 30 f
  rechtswidriger Angriff **1**, 28 f
  Verteidigung **1**, 32, 35
  erforderliche Verteidigung **1**, 33
  notwehrähnliche Lage **1**, 35

O

objektive Strafbarkeitsbedingung **7**, 24
Objektive Zurechnung **1**, 14 ff
Öffentliche Aufforderung zu Straftaten **3**, 51 ff
Öffentliche Bekanntgabe
  der Bußgeldentscheidung **5**, 36
  der Verurteilung **2**, 7 ff, **5**, 5, **8** 52
Öffentliche Betriebe
  Störung öffentlicher Betriebe **3**, 133 f
Öffentlicher Frieden **3**, 7, 39
Öffentlichkeitsgrundsatz **4**, 6 ff, **5**, 44
Offenkundigkeit **4**, 66 f
Online-Durchsuchung **6**, 35 ff

P

Personenbezogene Daten
  Bereithalten zum Abruf **10**, 28
  Erheben **10**, 13, 27
  Übermittelung **10**, 31 f
  unbefugter Abruf **10**, 29
  unbefugtes Verschaffen **10**, 29
  Verarbeiten **10**, 12, 27
Pharming **6**, 8
Phishing **6**, 7 ff
Pornographie **3**, 22 ff
  Gewaltpornographie **3**, 29 f
  harte Pornographie **3**, 28 ff
  Jugendpornographie **3**, 37
  Kinderpornographie **3**, 31 ff
  Tierpornographie **3**, 29 f
  weiche Pornographie **3**, 24 ff
Postgeheimnis **3**, 116 ff
Presse
  Begriff **7**, 6 f
  Elektronische Presse **7**, 7
Pressefreiheit **7**, 9
Presseinhaltsdelikt **7**, 15 ff, **9**, 13
Presseordnungsvergehen **7**, 27 ff
Presseprivileg
  im Datenschutzrecht **10**, 8
  im Versammlungsrecht **1**, 42
Presserecht
  Gesetzgebungszuständigkeit **7**, 1 ff
Pressestrafrecht **9**, 13
Privatklage **8**, 56
Provider **6**, 21 ff
  Accessprovider **6**, 22, 28
  Contentprovider **6**, 22, 27
  Hostprovider **6**, 22, 29

R

Rasterfahndung **4**, 64
Rechtfertigungsgründe **1**, 23 ff

Resozialisierung **5**, 11 f
Rückfall **3**, 62
Rundfunk **3**, 12, **7**, 8, **9**, 9
Rundfunkfreiheit **7**, 10
Rundfunkinhaltsdelikt **7**, 26
Rundfunkstrafrecht **9**, 13

S

Schöffen **4**, 20
Schriften **1**, 20, **2**, 4, 16 ff, **5**, 32
Schuldfähigkeit **1**, 44
Schutzmaßnahmen, technische **8**, 41 ff
Schutzrechte
  unerlaubte Eingriffe in verwandte **8**, 32 ff
Selbstanzeige **1**, 46
Selbstschädigung **1**, 15
Sexueller Missbrauch
  von Jugendlichen **3**, 67 ff
  von Kindern **3**, 57 ff
  von Schutzbefohlenen **3**, 68
Sozialadäquanz **1**, 18, **3**, 13, 20
Spamming **6**, 17 ff
Staatsgeheimnis **1**, 19
Stalking **3**, 77 ff
Stimulationstheorie **5**, 54
Strafantrag **8**, 55, **10**, 37
Strafvollstreckung **5**, 2
Strafvollzug **5**, 2, 9 ff
Strafzumessung **2**, 1 ff
Strengbeweis **4**, 70

T

Täterschaft **1**, 49 ff
Tatbestand **1**, 13 ff
  objektiver **1**, 14 ff
  subjektiver **1**, 21 f
Tatherrschaft **1**, 50
Tatort **1**, 2 ff
Teilnahme **1**, 49 ff
Teledienste **3**, 12
Telekommunikation **6**, 42 ff
  Überwachung der **4**, 49 ff, **6**, 34, 38, 51
Telekommunikationsanlagen
  Störung von Telekommunikationsanlagen
    3, 135 f
Telekommunikationsdiensteanbieter **4**, 54 f
Telekommunikationsunternehmen **3**, 118,
    4, 53
Telemedien **9**, 9
Territorialitätsprinzip **1**, 2, **8**, 10
Tonträgerhersteller **8**, 37
Trägermedien **9**, 4

U

Unmittelbarkeitsgrundsatz **4**, 68 f
Unrechtsbewusstsein **1**, 45
Unschuldsvermutung **2**, 6, **4**, 15 ff, **5**, 44
Unternehmensdelikt **3**, 33 ff
Urheber **8**, 3
Urheberbezeichnung
    unzulässiges Anbringen **8**, 29 ff
Urheberpersönlichkeitsrecht **8**, 29
Urheberrecht **8**, 1 f
Urheberstrafrecht **8**, 7 ff
Urkunde **3**, 82
    Fotokopie **3**, 82
    unechte Urkunde **3**, 84
Urkundenfälschung **3**, 82 ff, **6**, 11
    Täuschungsabsicht **3**, 85
Urkundenstraftaten **3**, 81 ff
Urkundenunterdrückung **3**, 89

V

Verantwortlicher Redakteur **7**, 18 ff, 28 f
Verbreiten **3**, 11, 20, **9**, 17
Verbreitungs- und Wiederabdruckverbot **7**, 31
Verfall **8**, 50
Verjährung
    im Datenschutzstrafrecht **10**, 38
    im Pressestrafrecht **7**, 36 ff
    im Urheberstrafrecht **8**, 57
    Verjährungsbeginn **7**, 39
    Verjährungsfrist **7**, 40
Verkehrsdatenerhebung **4**, 54 ff, **6**, 52
Verleger **7**, 21
Vernehmungsprotokoll **4**, 69
Versuch **8**, 13 f
Verteidiger **4**, 52
Verunglimpfung
    des Bundespräsidenten **3**, 47
    des Staates und seiner Symbole **3**, 48
    von Verfassungsorganen **3**, 49

Verwendung verbotener Symbole **1**, 10,
    3, 19 ff
Videoaufzeichnung **4**, 69
Viktimisierung **2**, 2
Volksverhetzung **1**, 9, **3**, 5 ff
Vorbereitung **3**, 74, 114, 128, 132
Vorfilter **6**, 24 f
Vorratsdatenspeicherung **4**, 54
Vorsatz **1**, 21, **8**, 11 f, 24
Vorverurteilung **2**, 6, **4**, 19

W

Wahrnehmung berechtigter Interessen **1**, 36 ff
Werbung
    für den Abbruch der Schwangerschaft **3**, 90
Werk **8**, 4 ff, 17
    Bearbeitung **8**, 5, 17
    der bildenden Künste **8**, 30
    nachgelassenes Werk **8**, 34
    Öffentliche Wiedergabe **8**, 20, 22
    Umgestaltung **8**, 5, 17
    unerlaubte Verwertung **8**, 17 ff
    Verbreitung **8**, 19, 22
    Vervielfältigung **8**, 18, 22 f
    Wissenschaftliche Ausgabe **8**, 33
Widerspruchsrecht **10**, 34
Wohnraumüberwachung **4**, 59 ff
Wort
    Verletzung der Vertraulichkeit des Wortes **3**,
        93 ff

Z

Zeitgeschichte
    Person der Zeitgeschichte **3**, 102
Zeuge **4**, 34 ff
Zeugnisverweigerungsrecht **4**, 38 ff, 52, 61, 62,
    5, 47
Zugänglichmachen **9**, 17

Paragraphenverzeichnis

AIG

5 **10** 1

AO

370 **1** 46
371 **1** 46

AufenthG

86 **10** 1
91 e **10** 1

BayRG

18 **7** 26

BbgDSG

2 **10** 4, 5
38 **5** 31, **10** 5, 21
39 **10** 5

BbgHG

36 **10** 1

BbgJAG

23 **10** 1

BbgPG

1 **1** 17
3 **1** 17, 37, **4** 3
4 **4** 3
6 **1** 39
7 **7** 19, 38
8 **7** 18, 20
10 **5** 21, **7** 20, 28
14 **7** 14, 16, 19, 24, **9** 13
15 **5** 42, **7** 20, 27
16 **7** 39, 40, **9** 13
16 a **10** 9
17 **7** 26, 38, **9** 13

BbgPolG

29 **10** 1
49 **10** 1

BbgSchulG

65 **10** 1, 5
65 a **10** 5
66 **10** 1, 5

BDSG

1 **3** 76, **10** 2 ff
2 **10** 2, 9

W. Mitsch, *Medienstrafrecht*, Springer-Lehrbuch,
DOI 10.1007/978-3-642-17263-2, © Springer-Verlag Berlin Heidelberg 2012

3 **10** 11 ff, 25, 27 ff, 36, 37
3 a **10** 15, 16
4 **10** 9, 14 ff, 26
4 a **10** 14, 26
5 **10** 9
6b **10** 26
7 **10** 9
9 **10** 9
10 **10** 25
13 **10** 16
16 **10** 31, 32
27 **10** 32
28 **10** 26, 32 ff
29 **10** 32
32 **10** 26
35 **10** 16
38 **10** 36, 37
38 a **10** 9
39 **10** 32
40 **10** 32
41 **10** 9
42 a **10** 36
43 **5** 42, **10** 11 ff
44 **10** 11 ff

BetrVG

120 **10** 19

BGB

90 **2** 17
228 **1** 32
229 **1** 31
1922 **8** 3

BtMG

29 **3** 52

Datenschutzgesetze der Bundesländer:

Baden-Württemberg

41 **10** 21

Bayern

37 **10** 21

Berlin

32 **10** 21

Bremen

37 **10** 21

Hamburg

32 **10** 21

Hessen

40 **10** 21

Mecklenburg-Vorpommern

42 **10** 21

Niedersachsen

28 **10** 21

Nordrhein-Westfalen

33 **10** 21

Rheinland-Pfalz

37 **10** 21

Saarland

35 **10** 21

Sachsen

33 **10** 21

Sachsen-Anhalt

31 **10** 21

Schleswig-Holstein

44 **10** 21

Thüringen

43 **10** 21

G 10

2 **6** 50
3 **3** 99
17 **6** 50
18 **6** 50

GebrMG

25 **2** 8, 13, 14

GeschmMG

51 **2** 8, 13, 14
65 **2** 8, 13, 14

GG

1 **4** 1
2 **5** 11, **9** 1, **10** 7
3 **4** 14, **8** 30, **9** 14
5 **2** 2, **3** 14, 21, 26, 39, 77, 78, **4** 1, 6, 8, **5** 11,
 23, **7** 1, 6, 8 ff, **9** 1, **10** 8
6 **9** 1
10 **4** 46, **6** 42
13 **4** 62

14 **2** 16
18 **2** 21
20 **4** 15
57 **3** 47
70 **10** 10
73 **7** 2, **8** 1
74 **7** 2, 4, 31, 43, **9** 2
75 **7** 2
87 f **3** 117
103 **3** 14, 65, 118, **4** 12, 15

GVG

24 **8** 53
74 c **8** 53, 54
143 **7** 34, **8** 54
152 **4** 26
169 **4** 6 ff, **5** 44
171 **4** 12, 13
171 a **4** 10, 12, 13
171 b **4** 12, 13
172 **3** 18, 121, **4** 10, 12, 13
174 **3** 121, 122, **4** 12 ff
175 **3** 115, 121, **4** 14
176 **4** 7
177 **4** 7
178 **4** 7

HalblSchG

10 **2** 8, 13, 14

IPBPR

14 **4** 15

IFG

1 **4** 3

JGG

1 **4** 11
3 **1** 44
6 **2** 8
7 **2** 21

48 **4** 11, 12
67 **4** 11
80 **8** 56
105 **2** 8

JMStV

1 **9** 12
2 **9** 5
3 **9** 9, 14, 15
4 **9** 9, 14 ff
5 **9** 11, 16
11 **9** 11
23 **5** 36, **9** 5, 12 ff
24 **5** 29, 35, 36, 42, **9** 14 ff
28 **9** 12

JuSchG

1 **5** 32, **9** 4, 24
3 **9** 21
4 **9** 28, 35
5 **9** 21, 28, 35
7 **9** 28
10 **9** 28
11 **9** 10
12 **9** 10
14 **9** 10
15 **1** 18, **9** 7, 8, 10, 13, 21, 23, 26 ff
17 **9** 7
18 **9** 7, 8, 10, 26
21 **9** 23, 26, 34
24 **9** 7, 23, 26, 30, 34
27 **1** 18, **3** 27, **9** 4, 13, 19, 21 ff
28 **5** 31, 32, 35, 42, **9** 21, 28, 35, 37

KUG

22 **1** 28, **3** 101, 102, 104, **4** 29, **5** 18
23 **3** 102, 103, 105, **5** 18
24 **4** 29, **5** 18
33 **1** 28, **3** 102, 103, **6** 47, **8** 35

KWG

54 **6** 16

LMG Rheinland-Pfalz

6 **4** 3

Landespressegesetze
Baden -Württemberg

8 **7** 30
9 **7** 28
21 **7** 28, 30
22 **7** 30

Bayern

8 **7** 32
11 **7** 19, 25, 26
13 **7** 30, 32

Berlin

12 **7** 42
15 **7** 23
19 **7** 23
20 **7** 20
21 **7** 23

Bremen

25 **7** 38

Hessen

5 **7** 32
12 **7** 25
14 **7** 32

Nordrhein Westfalen

21 **7** 23

Sachsen

12 **7** 19
13 **7** 27

MarkenG

143 **2** 8, 11 ff

MRK

6 **2** 6, **4** 4, 15 ff
34 **4** 17

OWiG

1 **5** 39
2 **5** 42
5 **5** 28 ff
7 **5** 28 ff
10 **5** 31
11 **5** 31
14 **9** 37, **10** 22, 23
15 **5** 33
17 **5** 34
21 **10** 37
22 **5** 35
30 **2** 9
31 **10** 38
35 **5** 36
46 **5** 43 ff
71 **5** 44
82 **5** 36
83 **5** 36
115 **5** 38
116 **3** 52, **5** 29, 39
119 **5** 26, 29, 32, 35, 40, 41
120 **5** 24, 26, 29, 32, 35, 41
123 **5** 35
124 **5** 30
125 **5** 30
127 **3** 74
130 **5** 34

PatG

142 **2** 8, 11 ff

PostPersRG

2 **3** 117

RPflG

31 **2** 15

RStV

2 **6** 4, **7** 8
9 a **4** 3
49 **5** 31, 36, 42, **7** 3
55 **4** 3
57 **10** 9

SMG

63 **7** 26

SortSchG

39 **2** 8, 13, 14

StGB

3 **1** 2 ff, **3** 43, **7** 12, 13, **8** 8 ff
4 **1** 3, **8** 10
5 **1** 2, 3, 12, **7** 13, **8** 10, 16
6 **1** 2, 3, 12, **7** 13, **8** 10, 16
7 **1** 2, 3, 12, **7** 13, **8** 8, 10, 16
9 **1** 3 ff, **7** 12, 13, 34, 35, **8** 9, 16
11 **1** 20, **2** 4, 11, 17 ff, **3** 5, 16, 19, 23, 25, 31,
    33, 35, 38, 50, 51, 53, 71, 90, **4** 45, **5** 39,
    9 4, 25, **10** 24
12 **3** 52, 61, 73, 86, **4** 28, **7** 20, 27, 40
13 **2** 1, **3** 27, 76, 87
15 **1** 21, **2** 2, **3** 63, 66, 85, 103, 136, **6** 45, 46,
    48, 50, **7** 23, 27 ff, **8** 11, 24, 31, 32, **9** 18,
    30, **10** 23
16 **1** 10, 21, 22, **6** 25, **7** 24, **8** 11, 12, 24, **9** 18,
    30
17 **1** 45, **8** 24
18 **2** 2, **3** 63
20 **1** 44, **2** 9, 22
21 **1** 44, **2** 1
22 **6** 12, **8** 13, 14
23 **3** 52
24 **3** 75, **8** 13
25 **1** 49, **3** 63, **8** 15

26 **2** 10, **3** 52, 79, 119, **8** 16, 28, **9** 22, 36, 37
27 **1** 17, **2** 10, **3** 119, **6** 16, **8** 15, 16, 28, **9** 22, 36, 37, **10** 22
28 **1** 18, **3** 27, 36, 86, 99, **8** 15, 28, 46, **9** 22, 36, 37, **10** 22
30 **3** 52, 60, 61, 86
32 **1** 24 ff, 35, **8** 27
34 **1** 32, 38, **3** 98, **8** 21, 27
36 **1** 47
37 **1** 47
38 **8** 47
41 **8** 47
46 **2** 1 ff, **5** 34, **10** 22
46 a **2** 1
49 **2** 1, **3** 52
52 **2** 1, **3** 52, 66
54 **2** 1
59 **2** 9
60 **2** 1
61 **2** 21, **8** 48
62 **2** 22
63 **5** 6
64 **5** 6
66 **4** 16, **5** 6
70 **2** 21 ff, **8** 48, **9** 38
70 a **2** 23
73 **8** 50
74 **2** 16 ff, **5** 35, **8** 51, **9** 38
74 a **2** 16
74 b **2** 19
74 d **1** 20, **2** 18, 19, **5** 3, 32, 35, **7** 6, 17, 31, **9** 38
74 e **2** 16, 17, 19, **5** 4
74 f **2** 16
77 **3** 127
78 **7** 5, 36 ff, **8** 57, **10** 38
78 a **7** 36 ff
78 b **7** 38
78 c **7** 38
86 **1** 10, 17, 18, **2** 19, **3** 13 ff, 19 ff, 54, 55, **7** 38, **9** 20
86 a **1** 10, 17, 18, **2** 19, **3** 19 ff, **5** 30, **7** 38, **9** 20
89 a **3** 55
90 **2** 8, 19, **3** 47
90 a **3** 48
90 b **2** 8, 19, **3** 49
91 **3** 53, 55
92 **3** 47 ff
93 **1** 19
94 **1** 19
95 **1** 19
97 a **1** 19
98 **8** 50
99 **8** 50

103 **2** 8, 11, 13, 14
108 e **4** 59
111 **1** 20, **2** 19, **3** 40, 51, 52, **5** 39, **6** 6, 20
123 **1** 38, 42, **3** 78, 79, 93, 108, 124, **4** 10, **6** 25
126 **3** 40 ff, 54
130 **1** 9, 18, 20, **2** 17, 19, **3** 5 ff, 40, **5** 26, 29, 36, **6** 6, 23, **7** 38, **8** 4, **9** 3, 20, 39
130 a **1** 18, 20, **3** 53 ff, **5** 26, **9** 20
131 **1** 18, 20, **3** 16 ff, **4** 10, **5** 26, 54, **6** 6, **7** 37, **9** 3, 20, 39
138 **3** 42
140 **3** 41, 44, 45
145 c **2** 23
149 **3** 74, 114, 132
153 **4** 36
154 **4** 37
157 **2** 1
161 **4** 36
164 **2** 8, 10, 13, **4** 36
165 **2** 8, 10, 13, 14, **5** 3, 5, 36
166 **1** 20, **3** 39
169 **10** 17
171 **9** 3
174 **3** 29, 57, 67, 68
176 **3** 31, 56 ff
176 a **3** 32, 61 ff
176 b **3** 61, 65, 66
177 **2** 1
180 **3** 67 ff
182 **3** 67,70
184 **1** 20, **2** 17, 19, **3** 22 ff, **5** 24, 26, 40, **6** 6, 23, **7** 9, **9** 3, 18, 39
184 a **3** 28 ff, **4** 10, **6** 6, **9** 20
184 b **3** 28, 31 ff, 55, 64, **6** 6, **9** 20
184 c **3** 28, 37, **6** 6, **9** 20
184 d **3** 23, **9** 20
184 g **3** 56, 58
185 **1** 5, 50, **2** 4, 8, 10, 19, **3** 79, **6** 6, 23, **7** 5, 15
186 **1** 20,39, **2** 4, 8, 10, **7** 15
187 **1** 20, 39, **2** 4, 8, 10
188 **1** 20, 39
189 **1** 39, **2** 4, 8, 10
193 **1** 37 ff., 52
194 **2** 13
200 **2** 13,14, **5** 3, 5, 36
201 **1** 35, 38, 41, **2** 18, 19, **3** 93 ff, 104, 106, **6** 6, 39, 43, 47, **10** 17, 18
201 a **1** 6, 28, 35, **2** 18, 19, **3** 96, 101 ff, **5** 16 ff, **6** 47
202 **3** 108 ff
202 a **3** 111 ff, 119, 127, **6** 5, 6, 10, 14, 35, 39, **10** 17
202 b **3** 111 ff, **6** 5, 6, 10

202 c **3** 111 ff, 132, **6** 5, 6
203 **1** 20, **2** 4, 19, **3** 115, **10** 17, 26
205 **3** 100
206 **2** 19, **3** 116 ff, **4** 45, 55, **6** 43, **10** 17, 18
211 **2** 5, 6, **3** 66
212 **3** 66
219 a **2** 19, **3** 91
223 **1** 21, **3** 65, 79
224 **1** 21, **2** 4, **3** 63
226 **3** 65
234 **2** 4
238 **1** 38, **3** 77 ff, **4** 56, **6** 5
240 **1** 38, **3** 79, **6** 20, **10** 33
241 **3** 79
242 **3** 124, **4** 46, **6** 25, **8** 9
243 **2** 4
253 **1** 38, **10** 24
259 **8** 20
261 **6** 16
263 **3** 71 ff, **6** 5, 12, 13, **10** 24
263 a **3** 71 ff, **6** 6, 12, 13, 16
264 a **3** 71, 75, 76; **7** 38
265 a **6** 6
265 b **1** 20
267 **3** 82 ff, **6** 11, 15, **8** 29, 30
268 **3** 87, **6** 6
269 **3** 88, **6** 5, 6, 11, 15
270 **3** 85, 87, 88, **6** 15
271 **10** 17
274 **3** 89, 126, **6** 5, 6, **10** 17
284 **1** 11
291 **10** 33
303 **1** 32, **3** 89, 124, 126, 127
303 a **3** 125 ff, **6** 5, 6, 18, 20, **10** 17
303 b **3** 125, 129 ff, **6** 5, 6, 20
303 c **3** 127
316 **1** 10
316 b **3** 125, 133, 134
317 **3** 125, 135, 136, **6** 6, 20
348 **10** 17
353 a **3** 115
353 b **3** 115, **10** 18
353 d **3** 121 ff, **4** 12, 13
355 **3** 115, **10** 18

StPO

7 **7** 6, 34, 35, **8** 54
12 **7** 34
22 **4** 20
23 **4** 20
24 **4** 20
31 **4** 20
36 **4** 53
48 **4** 35
51 **4** 31, 35
52 **4** 61
53 **4** 38 ff, **4** 47, 52, 56, 61, **5** 47, 48, **7** 33
53 a **4** 61
55 **4** 34
59 **4** 37
60 **4** 37
61 **4** 37
62 **4** 37
68 **4** 36
69 **4** 36
70 **4** 44
74 **4** 5
81 c **4** 44
85 **4** 34
86 **6** 32
94 **4** 45, 46, 55, **6** 32, 34, **7** 42
95 **6** 34
97 **4** 44, 47, **5** 48, **7** 42
98 a **4** 64, **5** 46
98 c **4** 65
99 **3** 110, **4** 45, **6** 34
100 a **3** 96, 98, 99, 120, **4** 46, 48 ff, **5** 46, **6** 34,
         38, 45, 50, 51
100 b **4** 53, 57, **6** 34, 50, 51
100 c **4** 59 ff, **5** 46, **6** 39
100 f **4** 60, 62, **5** 46
100 g **4** 48, 54 ff, **5** 46, **6** 34
100 h **1** 29, **4** 63, **6** 40
100 i **4** 48, 57, **5** 46
101 **3** 96, **4** 51
102 **4** 46, **6** 32, 41
105 **6** 41
106 **6** 41
108 **4** 47
110 **4** 46, **6** 32, 33
111 b **2** 20, **4** 45, **7** 42
111 c **2** 20, **4** 45
111 m **2** 20, **7** 6, 31, 42
111 n **2** 20, **7** 6, 31, 42
112 **4** 5,26
114 **4** 26
118 **4** 6
126 a **4** 26
127 **1** 41, **4** 30
131 **4** 26 ff, **5** 7, 8, 45
131 a **4** 26 ff, **5** 45
131 b **4** 28, 29, 32, **5** 45
132 a **2** 23
134 **4** 27

136 a **4** 69
138 a **4** 5, 52
138 d **4** 6
148 **4** 52
152 **4** 24, **5** 2
158 **4** 24
160 a **4** 47, 52, 56, 61
161 **6** 37
161 a **4** 35, 37
163 **4** 35
163 d **4** 64, **5** 46
170 **4** 24, **8** 56
206 a **7** 36
230 **4** 25
232 **4** 25
243 **4** 6
244 **4** 66
245 **4** 66
249 **4** 68
250 **3** 81
251 **3** 81
252 **4** 44
260 **2** 1, 9, 23, **4** 24, **7** 36
261 **4** 22, 66
338 **4** 6, 12, 14, 20
374 **2** 13, **3** 100, 103, **8** 56, **10** 37
376 **3** 103, **8** 56
395 **2** 13
403 **8** 51
407 **2** 9, 20, 23, **4** 25, **5** 4
431 **2** 20
440 **2** 20
441 **2** 9, 20
444 **2** 9, 20
449 **5** 2
451 **2** 15, **5** 2
456 a **5** 8
457 **5** 7
459 g **5** 4
463 **5** 6, 7
463 c **2** 15, **5** 5
474 **4** 4, **10** 1
475 **4** 4
477 **4** 4
483 **10** 11
489 **1** 30

StVG

24 **5** 42
28 **10** 1

StVO

2 **1** 45
23 **5** 42
49 **5** 42

StVollzG

2 **5** 13
3 **5** 13, 14, 17
4 **5** 13, 23, 24
11 **5** 14, 22
13 **5** 14
18 **5** 17
24 **5** 14
25 **5** 14
27 **5** 14, 19
29 **3** 109
31 **5** 14
37 **5** 22
39 **5** 22
68 **5** 24
69 **5** 25
70 **5** 25, 26
84 **5** 24
86 **5** 18
86 a **5** 18
87 **5** 18
130 **5** 10
144 **5** 17
160 **5** 21
179 **10** 1
180 **5** 10, 19
196 **5** 23

TDG

5 **6** 23

TKG

3 **3** 79, 136, **4** 54, **6** 42 45, 52
88 **4** 54, 55, **6** 42 ff
89 **6** 44 ff
90 **6** 47, 48
91 **10** 20
96 **3** 118, **4** 54, 56, **6** 52

97 **4** 54
98 **4** 98
110 **6** 51
111 **6** 51
112 **6** 51
113 **4** 55, **6** 51
113 a **4** 54, **6** 52
148 **1** 38, **3** 93, **6** 43 ff, **10** 20
149 **5** 42, **10** 20

TMG

1 **6** 4
2 **6** 21, 26
6 **6** 18
7 **6** 23 ff
8 **6** 21, 23, 27 ff, **8** 15
9 **6** 23 29, 30
10 **6** 23, 27, 29, 30
11 **10** 20
15 a **10** 20
16 **5** 42, **6** 18, **10** 20

TPG

19 **10** 19

UrhG

2 **8** 4 ff, 17, 30, 35, 39
3 **8** 5, 30
4 **8** 40
7 **8** 3, 25
11 **8** 1, 2, 29
12 **8** 2, 29
14 **8** 2
15 **8** 2, 18 ff, 29
16 **8** 18, 37
17 **8** 19
18 **8** 18, 34
19 a **8** 20
20 **8** 38
23 **8** 5
24 **8** 2
28 **8** 1, 3
29 **8** 1, 3
30 **8** 25
31 **8** 3, 25, 26
44 a **8** 18, 21, 22, 32

45 a **8** 22
46 **8** 22
47 **8** 22
48 **8** 22
49 **8** 22
50 **8** 22
51 **8** 22
52 **8** 22
52 a **8** 22
53 **8** 22, 23
55 **8** 22
55 a **8** 22
57 **8** 22
58 **8** 22
59 **8** 22
60 **8** 22
63 **8** 21
64 **8** 1, 6, 12
65 **8** 1
70 **8** 6, 32, 33
71 **8** 6, 32, 34
72 **8** 6, 17, 35
73 **8** 6, 36
78 **8** 36
79 **8** 32
81 **8** 32
83 **8** 32
85 **8** 6, 32, 37
87 **8** 6, 32, 37, 38, 87 a **8** 6, 40
87 b **8** 40
87 e **8** 40
94 **8** 6, 32, 39
95 a **8** 41 ff
95 c **8** 41 ff
97 **8** 1
98 **8** 1, 50, 51
99 **8** 50
101 **8** 1
106 **2** 19, **7** 35, **8** 1, 3 ff, 17 ff, 29, 32 ff, 57
107 **8** 3, 4, 29 ff, 55
108 **8** 3, 6, 32 ff
108 a **8** 13, 15, 28, 30, 46, 55, 56
108 b **8** 3, 4, 13, 15, 41 ff, 55, 57
109 **8** 13, 55
110 **8** 51
111 **2** 8, 12 ff, **8** 52
111 a **5** 31, 42, **8** 7, 45
120 **8** 9, 10, 12
121 **8** 9, 12

VereinsG

20 **7** 9

Verfassung des Landes   **VStGB**
Brandenburg

                                   6 **3** 14, 15
53 **4** 15

VersG
                                   VwVfGBbg
6 **1** 42
12 **1** 29
12 a **1** 30   5 **10** 1
19 a **1** 29

The manufacturer's authorised representative in the EU is Springer
Nature Customer Service Centre GmbH, Europaplatz 3, 69115 Heidelberg,
Germany. If you have any concerns regarding our products, please
contact ProductSafety@springernature.com

Printed and bound by CPI Group (UK) Ltd, Croydon, CR0 4YY
30/04/2026
02100569-0001